Bernhard Lassahn

Auf dem schwarzen Schiff

BERNHARD LASSAHN

Auf dem schwarzen Schiff

Goldmann

Nach Aufzeichnungen von Raphael Schell

Thanks
to Hans, Roy, Barry and Jude

Fotos:
Aus dem Nachlass von Kris Wood
(Copyright: Peter Ellis)

Umwelthinweis:
Dieses Buch und der Schutzumschlag
wurden auf chlorfrei gebleichtem Papier gedruckt.
Die Einschrumpffolie (zum Schutz vor Verschmutzung)
ist aus umweltschonender und recyclingfähiger PE-Folie.

1. Auflage

Dieses Werk wurde vermittelt
durch die Literarische Agentur Thomas Schlück GmbH,
30827 Garbsen
Umschlaggestaltung: Design Team München
Vignetten: Raphael Schell
Satz: Uhl + Massopust, Aalen
Printed in Germany · GGP Media GmbH
ISBN 3-442-30911-5

Für Elise

Inhalt

Die Crew in Liberia: (hintere Reihe von links nach rechts): Elise, Hans, Morishta, Jude, Maggie, Momo; (mittlere Reihe von links nach rechts): Barry, Roy; (vordere Reihe von links nach rechts): Glyn, Kris. (Siehe auch S. 188–191.)

Die Golden Harvest.

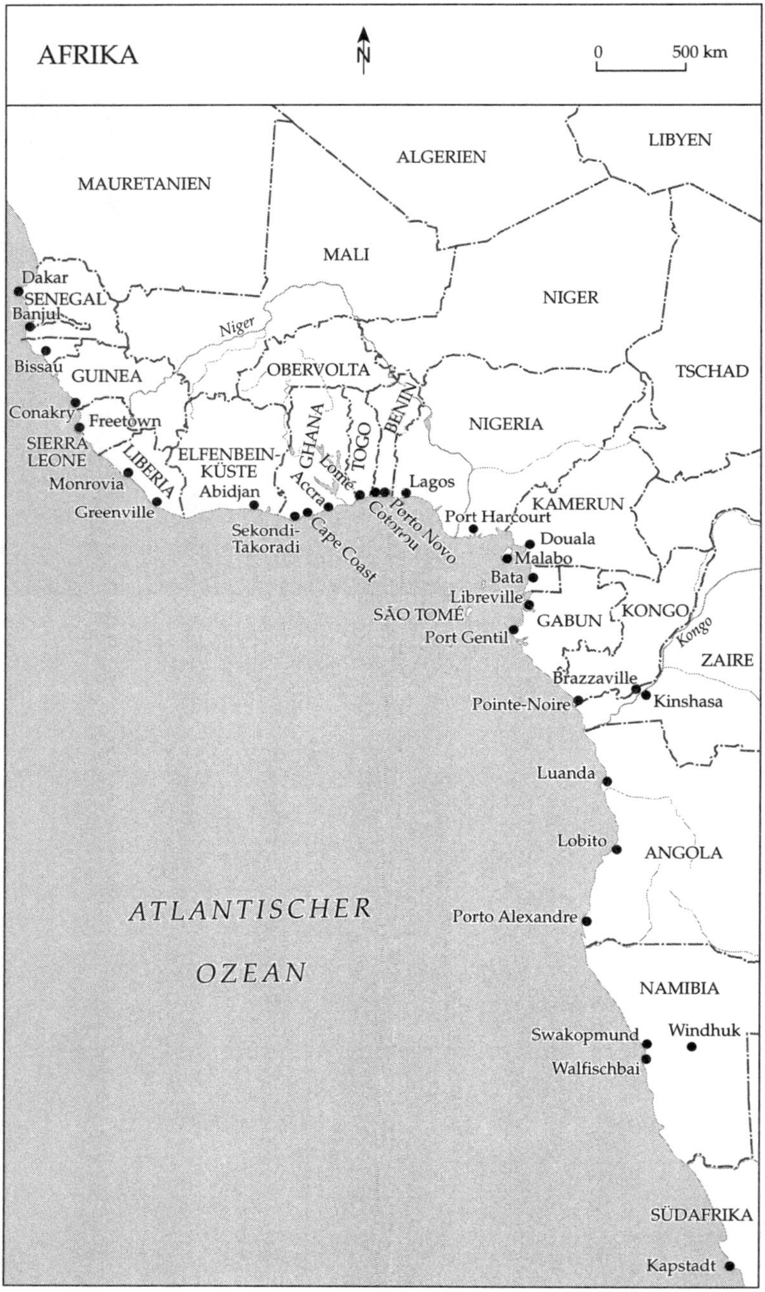
AFRIKA
N
0
500 km
MAURETANIEN
ALGERIEN
LIBYEN
MALI
NIGER
TSCHAD
Dakar
SENEGAL
Banjul
Niger
Bissau
GUINEA
OBERVOLTA
Conakry
Freetown
SIERRA
LEONE
LIBERIA
ELFENBEIN-
KÜSTE
GHANA
TOGO
BENIN
NIGERIA
Monrovia
Greenville
Abidjan
Accra
Lomé
Lagos
Porto Novo
Cotonou
Sekondi-
Takoradi
Cape Coast
Port Harcourt
KAMERUN
Douala
Malabo
Bata
Libreville
SÃO TOMÉ
GABUN
KONGO
Kongo
Port Gentil
ZAIRE
Brazzaville
Kinshasa
Pointe-Noire
Luanda
Lobito
ANGOLA
ATLANTISCHER
OZEAN
Porto Alexandre
NAMIBIA
Swakopmund
Windhuk
Walfischbai
SÜDAFRIKA
Kapstadt

Weit, weit weg

»Schlückchen!?«

Moses schüttelte den Kopf.

Die MS Patria hatte Lagos Anchorage erreicht und die Maschine gedrosselt. Es war kurz nach Mitternacht.

Afrika begrüßte sie mit einer gigantischen Lightshow: Mindestens dreihundert Schiffe – so hatte der Bootsmann geschätzt – spiegelten ihre Lichter im Wasser, als hätte es Sternschnuppen geregnet. Nun war er endlich weit weg. Nun könnte Moses bald schon eindrucksvolle Postkarten schicken, und seine Mutter würde die zwischen die Glasscheiben im Wohnzimmerschrank schieben. Sogar der berühmte Verwesungsgeruch – das Parfüm des Dschungels –, von dem alle sagten, dass er einen wild machte, war zu spüren. Dabei waren sie noch gut zwanzig Meilen vom eigentlichen Hafen entfernt.

»Die Regenzeit kommt erst noch«, erklärte der Spanier feierlich. »Dann fallen Schwärme von fliegenden Ameisen ein, und man kann zugucken, wie alles verschimmelt. Dann aber nichts wie weg.«

»O Señorina, -rina, o Señores, so viele Haare und keinen Kamm«, sang der Elektriker, den sie alle den Blitz nannten, »ja, so ist das hier: Alle wollen rein ins Verderben und müssen ewig und drei Tage in der Dünung schaukeln.«

»Je weiter draußen, desto sicherer bist du vor Piraten.« Der Bootsmann zeigte mit der Flasche Gin auf einen Frachter, der zusätzliche Sonnenbrenner hatte, um die Bordwände besser abzuleuchten. »Und draußen wirst du verrückt.«

»Sind sie hier sowieso«, meinte Gregor und rülpste laut. Er

war schon letztes Mal nicht an Land gegangen. »Du musst die anbrüllen, dann kuschen sie. Du musst den Schwatten gleich zeigen, wer hier der Stärkere ist, sonst hast du verloren.«

Der Blitz zeigte sich wieder von seiner großzügigen Seite und versorgte alle mit Marlboros. Sie hätten zu gerne Piraten auf frischer Tat ertappt. Gregor hatte Fotos von einem echten Überfall im Zementhafen Kirikiri. Darauf war kaum etwas zu erkennen. Er hatte sie dennoch mehrmals herumgehen lassen: »Die kommen mit Kanus und klettern an den Ankerketten hoch wie die Affen.«

»Apapa«, verkündete der Blitz, »ist ja auch«, er verstellte extra die Stimme, »das Grab des weißen Mannes. Die sind hier völlig durchgeknallt, wegen jedem Scheiß beleidigt. Bilden sich sonst was drauf ein, die Größten und Schönsten in Afrika zu sein – und was machen sie? Stecken die eigenen Leute in Treckerreifen und lassen sie auf offener Straße verbrennen.«

»Geh bloß nicht an Land! Vor allem nicht ins Ghetto, nach Ajegunle. Da bist du sofort ein toter Mann.«

Moses schüttelte sich. Er brauchte keine guten Ratschläge, erst recht nicht von Garleff, der nicht nur den Bootsmann, sondern auch den Papa spielen wollte. »Du bist immer so leicht aufgedreht.«

»Du darfst vor allem nie Biafra sagen«, erklärte der Spanier ernsthaft, »da sind sie echt empfindlich.«

»Biafra! Biafra!«, brüllte der Blitz in die Nacht. »Habt ihr's gehört?«

Moses nahm jetzt doch ein Holsten. Sie nickten ihm zu, als wollten sie sagen: Na bitte, du hast es geschafft! Deine erste große Fahrt.

Keiner hatte glauben können, dass es wirklich nach Nigeria gehen würde, sie hatten alle sehr viel Wasser gesehen und empfanden das leichte Vibrieren ihres Schiffes inzwischen schon als normal. Mit KANO VIA APAPA war die Ladung wie mit einer Zauberformel gekennzeichnet. Moses hatte gleich beschlossen, dass ihm die Hitze nichts ausmachen würde, er hatte sich auch keinen dieser blöden Sonnenhüte gekauft, als sie noch einmal in Barcelona angelegt hatten, auch nicht diese Trinkflaschen, mit denen man sich das Wasser in den Mund spritzen konnte. Er hatte so oft wie möglich nach Delfinen Ausschau gehalten, die Glück bringen sollten. Er hatte keine gesehen, er hatte sehr schlechte Augen, trotzdem hatte er die laut Seefahrtsbuch vorgeschriebene Brille gar nicht erst mitgenommen.

»Oh, die molligen Mamis!« Der Blitz konnte es kaum noch erwarten und spielte mit den Kondomen, die der Erste verteilt hatte. »Aber wozu? Eh der Nachwuchs da ist, sind wir wieder weg. Also, wie isses Männer, wer kommt mit? Jiggi jiggi nennt man das hier.« Keiner wollte. Man musste schon froh sein, dass Gregor nicht wieder vor den Gefahren warnte und anschaulich schilderte, wie sich der gute Pimmel in eine Gießkanne verwandelte, und dann der Blitz – wie immer – entgegnen würde: Meiner nicht, wollt ihr mal sehen?

Der Bordlautsprecher meldete sich. Erst war nur das übliche Knacken zu hören, dann ein mehrstimmiges Kichern im Hintergrund – auf der Brücke schien auch Sektlaune zu herrschen. »Zuerst die schlechte Nachricht«, hörte man die Stimme der Funkerin. »Es wird soeben gemeldet, dass die Nigerianer auf dem Mond gelandet sind. Nun die gute: alle!«

Schon am Morgen – kaum hatte sich der Dunst verzogen – war es so unangenehm heiß, dass sich keiner mehr schnell bewegen mochte. Ohne die vielen Lichter hatte Afrika den Glanz wieder verloren. Bei Tageslicht sah man einfach nur viel Wasser in einer hässlich gelb-grauen Farbe. Erst zweimal, als Moses noch klein war, hatten sie ihn zur Erholung an die See verschickt, aber das hatte nicht gegolten: Es war nicht die richtige See und keine richtige Erholung. Vor dem Mittagessen wurde die Post verteilt, die Namen wurden laut vorgelesen; manche hatten sofort geheult, wenn sie nichts gekriegt hatten. Er hatte nie geheult – nie Post gekriegt.

Die kleine Mannschaft von gestern Abend war wieder vollzählig, die Stimmung nüchtern. Sie waren jetzt mit Fernrohren und Fotoapparaten ausgestattet, doch es gab gerade keine guten Motive. Moses überlegte trotzdem, ob er seine Spiegelreflex holen sollte, falls es doch noch etwas zu knipsen gäbe. Das Lotsenschiff zum Beispiel, mit der Aufschrift PILOT auf den Flanken – so, dass man sie lesen konnte, wenn man von oben runterguckte. Die drehten gerade ab, nachdem sie den Zollschrank versiegelt und die Bestechungsgelder eingesackt hatten. Garleff war dabei gewesen und wusste zu berichten, dass es ungewöhlich fix gegangen war, dass sie diesmal gar nicht die Kabinen durchsucht, aber irgendwas von einem Segelschiff erzählt hatten: ein Segelschiff in Apapa – nie im Leben!

»Ich dachte, die Piraten kommen hier mit kleinen Kanus. Na ja, öfter mal was Neues«, unterbrach ihn der Blitz. Jedenfalls machte sich der Kapitän ernsthaft Sorgen wegen der angespannten Lage – sowieso wusste keiner, wie lange es dauern würde, bis sie Westminster Dredging und dann Apapa anlaufen konnten. »Die meiste Zeit des Lebens wartet man vergebens.«

»Das könnte die Bar Beach sein. Dann ist das Victoria Island.«

Gregor ließ das Fernglas rumgehen, durch das man ein paar Masten erkennen konnte, die am Strand aufragten und wie Strommasten ohne Drähte seltsam fehl am Platz wirkten. Plötzlich hatte jemand – wahrscheinlich einer der Matrosen – einen Babyhai an Deck geworfen. Der Schöne Reinhold wollte sofort auf ihn einschlagen, doch Gregor zog sein Messer und stellte sich dazwischen: »Halt! Hübsch langsam!« Er drückte den Hai mit seinem Unterarm auf das Deck, sodass er nicht entwischen konnte, und schnitt ihm zuerst die Augen aus, die wie ausgespuckte Bonbons an Deck lagen. »Der wird gefoltert. Zur Strafe.« Gregor schnitt feierlich die Schwanzflosse ab. Nun konnte sich das Tier nicht mehr so heftig bewegen. Moses fragte sich, ob wirklich keiner gemerkt hatte, dass Gregor dasselbe Messer nahm, das er in der Kombüse benutzte. Der Hai wirkte selbst im verstümmelten Zustand seltsam herablassend, als hätte er für seinen Mörder nur Verachtung übrig. Dann ging es sehr schnell. Gregor schlitzte routiniert den Bauch auf, sodass die Gedärme herausquollen, zusammen mit einem dünnen Rinnsal von schwarzem Blut.

»Der ist hin!« Gregor packte den Hai mit beiden Händen und warf ihn über Bord. Im selben Moment konnte man sehen, wie die Reste des Tieres zerrissen und verspeist wurden, als hätten die anderen Haie ungeduldig gewartet. Die Matrosen verzogen sich wieder. Nicht auf die Augen treten, hätte Moses ihnen am liebsten zugerufen, er aber kriegte kein Wort raus und hatte nur noch den Wunsch, sich sofort die Hände zu waschen. Der Blitz hob die Hände wie ein Priester: »Ich verfluche dieses Triebtier!«

»Weißt du, Moses«, Garleff legte ihm die Hand auf die Schulter, doch Moses machte sich gleich wieder los, »die Hitze macht einen aggressiv. Deshalb sind die auch alle verrückt.«

Im selben Moment meldete sich über Bordlautsprecher die beliebte weibliche Stimme der MS Patria: »Klar bei Anker!« Hier würden sie also bleiben – und sich langweilen, abends mit Beleuchtung.

Der Blitz hielt die Hände immer noch erhoben wie ein Fußballer beim Einwurf. »Ewig bin ich hinter dieser Votze her. Jetzt reicht's mir. Ich krall mir die nächste Negermami.«

Frau Papenkamp war die Einzige, die zu Moses gehalten hatte – er war der Einzige, der nicht Funkvotze zu ihr sagte. Er nannte sie Funkerin, etwas unbeholfen, das ja, aber es war nun mal Sitte, dass jeder an Bord einen Extranamen hatte. Auf der Höhe von Gibraltar hatten ihn die Matrosen überfallen und ihm die Haare abgeschnitten. Moses hatte geweint. Das war das Schlimmste gewesen. Er hatte immer noch Tränen in den Augen gehabt, als er den Matrosen das Essen hinstellen musste. Frau Papenkamp hatte ihn mütterlich in den Arm genommen; es war ihm sehr unangenehm gewesen, weil er von allen beobachtet wurde. Er hatte ihr gesagt, dass es eine Vergewaltigung war, und gehofft, dass sie Einspruch gegen die Formulierung erheben und ihn loslassen würde. Als sie besorgt nach seinem Vater gefragt hatte, hatte er geantwortet, er hätte keinen, was im übertragenen Sinne gemeint und gar nicht mal so falsch war – doch jetzt musste er fürchten, dass es rauskam und sie ihn für einen Aufschneider halten würde, der sich ihr Mitleid erschlichen hatte. Immerhin hatte sie nicht – wie die anderen – scheinheilig seine neue Frisur gelobt. Diese Heuchler! Die wollten ihm klarmachen, dass sie ihn von Anfang an, als er in Lübeck mit seiner Gitarre an Bord gekommen war, abgelehnt hatten. Ihnen hatte er eine letzte Träne ins Abendessen gemischt.

Gleichzeitig war er damit in die Bordgemeinschaft aufgenommen worden. Er wurde von nun an der kleine Moses genannt. Klein war er eigentlich nicht. Sie sollten sich auch nicht täuschen: Wer konnte schon wissen, dass für ihn die langen Haare ein ständiger Kampf waren. Er hatte seinen Vater angebrüllt, dass er nicht nur auf den Führerschein und auf den Studienplatz, den er ihm besorgt hatte, verzichten würde, sondern auf das gesamte deutsche Spießerleben – und zwar vollständig. Und diese Haare hatte der Schöne Reinhold mit beiden Händen zusammengerafft, als wären es Küchenabfälle, einfach weg! Die Gitarre hatte er seit Gibraltar nicht mehr angerührt. Es war eh zu laut an Bord. Überall brummte es, und an Deck war es viel zu windig. Eine Gitarre passte nicht auf so einen großen Frachter.

Er konnte nur schlecht schlafen – bei all den Geräuschen im Hintergrund eigentlich kein Wunder. Selbst mit Ohropax schlief er nicht richtig. Immer hatte er das Gefühl, neben seinem Bett stünde ein Taxi mit laufendem Motor, um ihn abzuholen – und alles hätte ein Ende.

I
Verfluchtes Land

> »Es ist eines der teuersten Länder der Welt und eines, wo man am wenigsten für sein Geld bekommt. Es ist schmutzig, stur, laut, selbstgerecht, verlogen und vulgär. Kurz, es ist eines der unangenehmsten Länder der Welt.«
>
> Chinua Achebe

Die MS Patria hatte schon am frühen Morgen verholt und an der alten Pier von Apapa festgemacht. Nun waren sie tatsächlich im Grab des weißen Mannes angekommen. Moses hatte es verschlafen und wachte nun in einer völlig anderen Szenerie auf: Lkws bahnten sich hupend im Schritttempo ihren Weg durch die Massen, und die Kräne, die ihre Arme hoch in den Himmel reckten, klingelten sich die Gleise frei. Wenn man genau hinguckte, sah man, dass die meisten Kräne beschädigt waren. Immer wieder waren Schüsse zu hören. Gerade wurden die ersten Jutesäcke an Bord geschleppt. Weil sie später noch einmal gebraucht wurden, musste jeder Sack an Deck geöffnet und über den hohen Süll in die Ladeluken geleert werden. Unten warteten schon verschiedene Gangs, die die Palmnüsse gleichmäßig im Laderaum verteilen sollten. Diese Art des Ladens war zeitraubend, aber die Hafenarbeitergewerkschaft bestand darauf. Gregor erklärte ihm alles kopfschüttelnd und bot ihm schon zum Frühstück ein gekühltes Holsten an. Diesmal schien ihm Gregor etwas Vertrauliches mitteilen zu wollen. Dazu nahm er Moses aufs Bootsdeck. Von da aus konnten sie beobachten, wie auf dem Achterdeck eine Gruppe Schauerleute den Müllcontainer plünderte. Was sie nicht gebrauchen konnten, flog über Bord, was irgendwie essbar wirkte, aßen sie sofort oder steckten es ein. »Nigerianische Müllabfuhr«, nannte Gregor das. Moses war klar, dass diese Vorführung noch zum Vorspiel gehörte.

»Weißt du, warum ich nicht an Land geh?« Gregor beantwortete die Frage, eh Moses die Möglichkeit hatte, irgendein Zeichen zu machen. Es gab da nichts zu sehen. Deshalb. Die hatten nichts. Keine Kultur. »In den besseren Vierteln, Victoria Island, wo die Botschaften sind, wird rund um die Uhr geklaut. Da haben sie Nachtwächter und Tagwächter und Hunde, die nur auf Schwarze scharf sind.«

Gregor gönnte sich eine kleine Pause. »Ich bin konsequenter Wichser. Als Koch hat man so seine Möglichkeiten. Von der Gummi-Erna bin ich wieder abgekommen. Jetzt frag aber nicht, was die gekostet hat.«

Moses fragte nicht.

»Siebenhundert. Gleitmittel extra. Dann dieses Reinigen nachher – nee! Allein schon das Aufpusten macht einen jedes Mal alle. Ich sag dir mal was.« Gregor erklärte genießerisch sein Rezept: »Man nehme eine Scheibe Leber, locker in ein Cocktailglas gewickelt, das Ganze auf Körpertemperatur erwärmt. Den Rest verzehren gerade die Bimbos.«

Sie wurden in die Mannschaftsmesse gerufen. Der Kapitän ließ alle kommen, die frei hatten, auch die Matrosen, auch Moses. Es gab doch Ärger. Die Schauerleute wollten die Toiletten an Bord benutzen und verlangten eine warme Mahlzeit um Mitternacht für zwanzig Vorarbeiter.

»Aber…«, der Kapitän zog in aller Ruhe an seiner Pfeife, und Moses verstand, warum solche Besprechungen gerne als internationaler Frühschoppen bezeichnet wurden: Der Alte war souverän, der hatte die Lage im Griff, der könnte gut im Fernsehen politische Diskussionen moderieren. »Aber die Verpflegung der Hafenarbeiter ist nicht unsere Aufgabe. Und die gewünschte Benutzung der Toiletten verstößt gegen die Hygienevorschriften an Bord.« Die Vertreter der Arbeiter waren allerdings sehr erregt und hatten schon mit Streik gedroht. Wenn das Schiff bestreikt würde, müsste es wieder raus auf Reede. Keiner konnte wissen, wie lange.

Moses konnte den Alten nur bewundern, der hatte die Ruhe weg. Nun sein Vorschlag: Der Zimmermann sollte mit ein paar Leuten auf dem Vorschiff ein behelfsmäßiges Plumpsklo errichten. Gregor erhielt den Auftrag, bis Mitternacht einen Eintopf für zwanzig Personen zu kochen, Moses sollte helfen. Außerdem sollte jeder ein paar Pornohefte opfern, damit wollte er die Arbeitervertreter bestechen. »Noch Fragen?«

Gregor war stinksauer und rülpste so ekelhaft, dass sich jeder freiwillig aus seinem Dunstkreis entfernte. »Du hast in meiner Kombüse nichts verloren, das weißt du.« Jeder wusste, dass Gregor keine Zeugen haben wollte, wenn er seinen Eintopf zubereitete. »Mir ist scheißegal, ob du mal als Koch gedient hast oder nicht« – er sagte: gedient –, »mir ist sowieso egal, was du früher gemacht hast. Denkste, ich wüsste nicht, dass du was ausgefressen hast? Los, Kartoffeln schälen!«

Gregor war ein unangenehmer Typ: Erst zog er einen großartig ins Vertrauen, dann kommandierte er wieder herum. Er spuckte dreimal in den großen Kessel und gab ein paar Scheiben fetten Speck zu den Gulaschresten vom Mittag, »nur für den Geschmack«. Das reichte aber erst für vier Portionen und musste noch verlängert werden. Er gab Moses zwanzig Kartoffeln zum Waschen, Schälen und Zerschneiden, »nicht eine mehr«.

Er bereitete inzwischen die Kohlrouladen für den nächsten Tag, um die Zeit sinnvoll zu nutzen. »Die Funkvotze macht mir immer schöne Augen, damit ich das beste Stück für sie zurücklege. So ist das mit Frauen und Fleisch, nur zu deiner Information.« Gregor beruhigte sich nur langsam. »Die Frauen haben es besser, die haben das Jucken nicht so doll. Ist dir noch nicht aufgefallen, dass der Schöne Reinhold immer die abgepackte Butter mitgehen lässt? Mann, du merkst aber auch gar nichts.« Gregor schüttete noch einen halben Eimer Wasser in den Kessel, dazu die Kartoffeln, die Moses inzwischen geschält hatte, und rührte verbissen um. »Das reicht erst für zwölf, höchstens fünfzehn. Die sollen weniger fressen, dann müssen sie auch weniger scheißen, das hat alles so seine Vorteile.« Langsam kam er wieder in Rage. »Die mach ich satt!« Er rannte in der Kombüse auf und ab, fuchtelte mit den Armen und spuckte in den Kessel. Dann streckte er feierlich die Hände über den Topf und sprach mit fürchterlicher Ernsthaftigkeit einen Bannfluch über alle Bimbos aus, die je davon essen würden. Dann motzte er Moses an, weil er die Kartoffeln viel zu großzügig geschält hatte. »Wir sind in Biafra. Hier ist Scheiße Rohstoff. Und das ...«, er meinte die Kartoffelschalen, »ist eine Delikatesse!« Er kippte sie einfach dazu. Dann nahm er sich die Strünke der entblätterten Wirsingkohlköpfe, schlug sie wütend mit dem Küchenbeil klein und warf sie hinterher, »Vitamine, Vitamine!« Wieder spuckte er in den Topf und versuchte, die viel zu flüssige Mischung mit einer Packung Haferflocken zu binden. Jetzt fehlte noch die Würze: ein halber Liter Tabasco. So langsam wirkte Gregor wenigstens halbwegs zufrieden, legte den Deckel drauf und wollte sich gerade ein Holsten genehmigen, als der Spanier plötzlich völlig aufgelöst in der Tür stand.

Sein Hemd klebte am Oberkörper. Er fluchte. Moses konnte nur »una mierda«, »puta madre« und andere Kraftausdrücke, die er ihm mal beigebracht hatte, heraushören: »Die Bimbos scheißen uns die Luken dicht. Die haben mich angepisst, mich!« Sie hatten das Klo nicht akzeptiert und die Mannschaftstoiletten im Kabelgatt aufgebrochen. Angeekelt streifte sich der Spanier das Hemd vom Oberkörper und wollte es in die Mülltonne werfen.

»Nein! Hier ist kein Platz für Niggerpisse.« Gregor warf das Hemd kurzerhand in den Kessel und gab noch eine Hand voll schwarzen Pfeffer und den Saft einer Zitrone dazu. »Die sollen

Flammen scheißen. Haben die wirklich in die Laderäume geschissen?«

»Voll auf die Palmnüsse drauf. Und in Deutschland wird Margarine draus gemacht.«

Gregor gab noch eine Hand voll Salz und eine Packung Süßstoff dazu. Dann fischte er das Hemd mit der Schöpfkelle raus und ließ es ordentlich abtropfen, eh er es mit einem dramatischen Rülpser in die Mülltonne warf.

Der Alte erschien in der Kombüse. Gregor meldete übertrieben förmlich Vollzug.

»Riecht ja nicht schlecht«, meinte der Kapitän, wollte aber nicht probieren. Die Toilette im Kabelgatt war tatsächlich aufgebrochen worden, und er musste – leider – auch die Schweinerei in den Laderäumen bestätigen. Aber es wurde nicht gestreikt, und inzwischen hatten die Schauerleute das Plumpsklo doch akzeptiert. Außerdem wollte er darauf hinweisen, dass gerade die Erschießungen im Fernsehen liefen.

»Das«, meinte Gregor, »muss man einfach gesehen haben. Man glaubt es sonst nicht.«

Zuerst erkannte man Strommasten, die im Sand verankert waren. Dann fuhr die Kamera an den Masten langsam nach unten und zeigte, wie daran die Delinquenten mit einem dicken Strick um den Bauch befestigt waren. Die Hände waren ihnen auf den Rücken gebunden… Moment, waren das nicht die Masten, die sie schon vom Schiff aus gesehen hatten? Das musste die Bar Beach sein. Die hatten sie schon mit Fernrohren vom Windendeck aus beobachtet. Kameraleute und Reporter begleiteten die zum Tode Verurteilten zu den Masten. Die meisten mussten von vier Soldaten gehalten werden, so heftig wanden sie sich und versuchten, sich im letzten Moment loszureißen. Sie streckten ihre Hälse dem Mikrofon entgegen, als könnte das ihre Rettung bringen. Moses verstand nicht, was sie sagten, wahrscheinlich beteuerten sie ihre Unschuld. Die Reporter gingen auch nicht darauf ein und fragten stattdessen jeden: »How do you feel now?«

»Alles Politische«, meinte Garleff.

Der Erste erklärte viel zu ruhig, dass diese Bar-Beach-Show als disziplinarische Maßnahme gedacht sei, um die Bevölkerung ruhig zu halten, es klang fast, als hätte er Verständnis dafür.

Nun zeigte die Kamera die Gesichter in Nahaufnahme. Die Reporter wurden zurückgerufen, es ging ganz schnell: Schüsse knallten, ohne dass man gesehen hätte, woher sie gekommen waren. Die Verurteilten rutschten an den Masten herunter, so weit es die Stricke zuließen. Dann wurde für ein Waschmittel geworben – alles nur nachgemacht, mit schwarzen Hausfrauen, die erst ganz unglücklich wirkten, dann zu einer neuen Marke überredet wurden und strahlten, wie man das von den Mainzelmännchen kannte. Nun sah man auch die Marke, die das Glück gebracht hatte: OMO. Das gab es hier also auch. BLUE OMO. Moses kam es vor, als wäre es sowieso ein afrikanischer Name – Omo, immer schon gewesen, er hatte es nur nicht gewusst.

Die Vorarbeiter verlangten ihre Mahlzeit. Sie hatten sich vor der Kombüse versammelt, klatschten in die Hände und riefen: »Chop, chop!« Moses half, den Kessel auf das Achterdeck zu tragen und auf einem der Poller abzustellen. Schon dafür gab es kräftigen Beifall und neuerliches »Chop, chop!« Gregor öffnete schwungvoll den Kessel – »voilà!« – und warf mit großer Geste den Deckel über Bord. Sofort drängelten alle zum Kessel. Moses und Gregor brachten sich in der Kombüse in Sicherheit, und Moses verriegelte vorsichtshalber die Feuerschutztür.

»Keine Sorge, was glaubst du, was ich schon an die Knackfüße verkostet habe. Die fressen alles, solange ordentlich Pfeffer dran ist.«

Sie konnten es genau durch die Bullaugen beobachten. Einer der Vorarbeiter schien der Chef, vielleicht ihr Vorkoster zu sein. Er hatte inzwischen für Ruhe am Kessel gesorgt und rührte bedächtig im Eintopf. Dazu benutzte er – Moses mochte kaum hingucken – die Abdeckung eines Spülkastens der Bordtoiletten. Er führte eine Probe zum Mund, roch ausgiebig und kaute verdächtig lange, ohne eine Miene zu verziehen. Dann – es war eindeutig am Kehlkopf zu erkennen – schluckte er. Die anderen reichten ihm ungeduldig ihre Konservendosen.

»Was hab ich gesagt?« Gregor triumphierte. Keine zehn Minuten, und der Kessel war leer. Die Vorarbeiter bedankten sich mit Applaus und »Chop, chop, chop! See ya tomorrow!« Moses holte eilig den Kessel zurück in die Kombüse und spülte ihn sorgfältig aus.

Die Sirene jaulte – Alarm! Moses erschrak, obwohl er im selben Moment wusste, dass es nur die vorgeschriebene Übung für den Ernstfall war. Er hatte schon wieder schlecht geträumt: Er hatte im Lotto gewonnen, den Hauptgewinn, es war alles ganz schrecklich. Seine Mutter weinte. Sein älterer Bruder, der nebenbei als Fotomodell jobbte, ein echter Vorzeigebruder, der so gut aussah, dass es für den Kleinen schon ein Trost sein musste, ihm entfernt ähnlich zu sehen, hatte nur vier Richtige. Dem kleinen Moses wurden zur Belohnung Schnittwunden zugefügt, mitten im Gesicht, und das Erstaunliche war, dass er sie nicht spürte, keinen Schmerz, nichts, er wusste aber, dass er für immer gezeichnet war; und als er sich die Hände vor das Gesicht hielt, hinterließ das Blut aus den frischen Wunden ein Streifenmuster auf seinen Händen. Er erkannte auch das Messer, mit dem er geschnitten wurde: das Messer aus Gregors Kombüse.

Wie in Trance legte er seine Rettungsweste an und hastete an Deck, damit vom Bootsmann der vorschriftsmäßige Sitz der Westen sowie die Vollzähligkeit der Crew überprüft werden konnten.

Sie spielten nur, dass sie gerettet würden, es war das vorgeschriebene Manöver, das ziemlich lächerlich wirkte, weil sie unmittelbar an der Pier waren. Sie hatten Wind und Strömung gegen sich und mussten eine Menge Hafenwasser absorbieren. Erst als der Dieselmotor angelassen wurde, schlug die Stimmung um: Die aus Seenot Geretteten wurden zur Besatzung einer Vergnügungsfahrt. Sie tuckerten an der langen Reihe von Frachtern vorbei, die auch Palmnüsse luden. Der Fahrtwind war eine willkommene Erfrischung, und dem Steuermann gefiel es offenbar, absichtlich Schlangenlinie zu fahren. Einer zitierte den Kapitän, der einmal gesagt hatte, dass man seine Vorschriften jederzeit kennen, sich aber nicht immer danach richten müsse. Moses kam es vor, als wollten sie speziell ihm gegenüber demonstrieren, dass sie gar nicht so verbissen bürokratisch waren, wie er ihnen unterstellte.

Bei der Rückfahrt blieben sie in Ufernähe. Es war erstaunlich diesig. Die Dunstschwaden verzauberten die Holz- und Backsteinbauten der Industrieanlagen und angrenzenden Hafenmeisterei zu einer »wildromantischen Szenerie«, wie der Steuermann bemüht ironisch bemerkte. Sie kamen immer näher ans Ufer zu einer kleinen Werft mit mehreren Hellingen. Da lag das schwarze Segelschiff mit den auffällig hohen Masten eines Teeklippers.

Der Steuermann drosselte die Maschine und fuhr langsam näher – das mussten sie sich aus der Nähe angucken. Ein Segler in Apapa! Was hatte der denn hier verloren? Es sah unheimlich toll aus, wie der Zweimaster stolz aus dem Dunst aufragte. Die Segel hingen schlapp in der Takelage. Man fühlte sich an die leer stehenden Wohnungen in amerikanischen Gruselfilmen erinnert, in denen die Möbel mit weißen Tüchern bedeckt sind. Keinerlei Beflaggung war zu erkennen – eindeutig gegen die Vorschriften. Nicht einmal der Name am Bug war zu lesen. Der Steuermann hätte gerne ein Foto von dem Geisterschiff gemacht, hatte aber seine Kamera nicht dabei und musste sich damit trösten, dass ein Foto sowieso verwackelt worden wäre.

2
Endlich die Bühne der Welt betreten

»Während ich auf Bligh wartete, vertrieb ich mir die Zeit damit, die Takelage der *Bounty* zu studieren. Da ich an der Westküste Englands aufgewachsen war, hatte ich das Meer von Kindheit an geliebt und unter Menschen gelebt, die von Schiffen und deren Eigenschaften so sprechen, wie man sich anderswo über Pferde unterhält. Ich fragte mich, wie ich mich wohl anstellen würde, wenn ich den Befehl erhielte, das Oberbramsegel zu bergen oder mich am Tauwerk nützlich zu machen, und ich konnte mich des Zaubers nicht erwehren, der mich bis auf den heutigen Tag beim Anblick selbst des kleinsten Schiffes packt.«

Roger Byam, Kadett auf der *Bounty*

Garleff schüttelte den Kopf: »Alleine zum Landgang?«

Moses nickte.

»Keine Dummheiten!«, rief Garleff hinterher.

Moses musste durch eine Absperrung der Hafenpolizei über einen Zaun, an dem ein paar Bretter locker waren, über eine Müllhalde mit allerlei Schrottteilen, dann konnte er schon hinter der nächsten Rampe die hölzernen Masten erkennen, die Takelage und ein Gaffelsegel, das in der Sonne leuchtete. Das musste der Schoner sein. Er spürte, wie sein Herz klopfte, aber das konnte auch daran liegen, dass er die letzte Strecke ganz schnell gerannt war. Er musste zwei weitere Bretterzäune überwinden und stand auf einer Pier, die noch ganz aus Holz war. Das Schiff lag zum Greifen nahe – im Sonnenlicht wirkte es gar nicht mehr gespenstisch. Am Bug sah er den Namen glänzen, in goldenen Buchstaben und verschnörkelter Schrift: GOLDEN HARVEST.

Es war niemand da, der das Schiff bewachte. Wem mochte das Prachtstück gehören, und was, um alles in der Welt, wollte man damit in Apapa?

Moses sprang kurz entschlossen über das Schanzkleid. »Bitte an Bord kommen zu dürfen!«

Keine Antwort.

Da ihm so schnell keine Übersetzung einfiel, wiederholte er den Satz – es war besser, überhaupt was zu sagen, damit es nicht so wirkte, als wollte er sich an Bord schleichen. Konnte es sein, dass so ein schönes Schiff völlig verlassen war? Moment … da war doch … Zwischen den Masten und Wanten war als Sonnenschutz ein Rahsegel aufgespannt. Im Schatten entdeckte Moses undeutlich eine Gestalt, die ihm den Rücken zugewandt hatte – kein Weißer, kein Schwarzer, vielleicht ein Chinese? Der Koch vielleicht.

»Bitte an Bord kommen zu dürfen!«, wiederholte er. Die Gestalt rührte sich nicht. War die taub? Er blieb unschlüssig stehen. Er hatte die Eingebung, dass er sich eine Menge Ärger ersparen würde, wenn er sofort verschwand, doch er wollte sich erst noch ein bisschen umschauen – stets mit Seitenblick auf diese Gestalt, die sich immer noch nicht rührte.

Ein schönes Schiff, er mochte es sofort: die Wanten mit den Jungfern- und Webeleinen, die Nagelbretter mit den Belegnägeln – all das kannte er bisher nur aus Büchern: die vielen Taue, mit denen die Segel bewegt werden konnten. Die sonderbare Gestalt rührte sich immer noch nicht, schien allerdings irgendwas vor sich hin zu brabbeln.

Er ging nach achtern, um sich das Ruderhaus anzuschauen, das war sicher besser so, wahrscheinlich wollte die Gestalt nicht beobachtet werden. Er ärgerte sich jetzt schon, dass er zu feige gewesen war, die Spiegelreflex mitzunehmen. Hier könnte man tolle Fotos schießen. Als er sich erst mal eine Zigarette anzündete, merkte er, dass er viel zu aufgeregt war, ein Streichholz nach dem andern brach ihm ab – war es denn möglich, dass so ein Schiff gar nicht bewacht wurde? Warum rührte sich diese Gestalt nicht?

Das Ruderhaus war aus Holz; die vertikalen Schiebefenster waren so in die Verkleidung versenkt, dass man freien Einblick hatte. Das Steuerrad erschien ihm fast ein bisschen zu klein für ein Schiff dieser Größe. An der Decke über dem Steuerstand hing ein alter Magnetkompass, der vermutlich deshalb so weit oben hing, damit er nicht von den Zahnrädern und Ketten irritiert wurde.

Halt!

Da hatte sich was bewegt. Direkt hinter ihm. Es hatte verdächtig geknistert. Sehr leise, als würde sich jemand anschleichen. Sein Herzschlag setzte aus, aber er wusste instinktiv, wie er sich verhalten musste. Er drehte sich extra langsam um, um keine ruckartigen Reaktionen zu provozieren.

Ein Huhn. Ein Huhn taperte über das Deck. Ein dünnes Huhn in Afrika, das gelangweilt etwas zu picken suchte. Es wäre zum Lachen, wenn er sich nicht so erschrocken hätte. Er musste sich wieder beruhigen und zog extra langsam an seiner Zigarette, wie es der Alte immer machte.

Plötzlich gab es einen dumpfen Knall. Gleich darauf einen Klagelaut. Moses ließ sich flach auf den Boden fallen, um die Deckung hinter dem Ruderhaus auszunutzen. Vermutlich kam der Knall von der stummen Gestalt. Jedenfalls aus der Richtung. Vielleicht war der Chinese schwer getroffen – aber womit? Es hatte sich nicht nach einem Schuss angehört. Es knallte gleich noch einmal und wieder waren wimmernde Klagelaute zu hören, diesmal lauter.

Er merkte jetzt, dass er sich seine Klamotten versaut hatte; das Achterdeck war vermutlich vor kurzem mit Leinöl behandelt worden. Scheiße! Waschen war da zwecklos. Die Hose konnte er vergessen – und im selben Moment fiel ihm ein, dass es auf ihrem Schiff nicht gestattet war, Abfall über Bord zu werfen. Da knallte es zum dritten Mal.

Vorsichtig richtete er sich auf und schaute durch die offenen Ruderhausfenster zum Vorschiff. Diese Gestalt unter dem Sonnensegel war in sich zusammengefallen, aber offenbar nicht tot, denn sie brabbelte vor sich hin. Dann bäumte sie sich auf und stöhnte erbärmlich. Moses musste dringend etwas unternehmen: »Hallo, verstehen Sie Deutsch? Kann ich helfen? Do you speak English? Can I help?«

Immer noch keine Reaktion. Der Chinese – oder woher der Kerl auch immer kam – konnte offenbar weder hören noch sehen. Vielleicht war er taub und obendrein blind. Er kniete vor einem Holzstuhl, auf dem ein Glas Wasser abgestellt war. Vor ihm lagen auf einem orangenen Tuch zwei Gegenstände: Der eine sah aus wie ein Totschläger, der andere wie ein Tennisschläger, der mit einem Trommelfell bespannt war. Moses räusperte sich übertrieben laut und sagte: »Hallo! Do you speak English? Ich bitte an Bord kommen zu dürfen.«

Keine Regung. Es deutete nichts darauf hin, dass der Chinese verletzt sein könnte. Passend zu dem Tuch hatte er eine orangene Kopfbedeckung mit zwei Stoffbahnen, die bis zu den Schulterblättern reichten. Einen Moment lang war er still. Dann verneigte er sich und stöhnte wieder. Moses zog sich langsam zurück. Er musste sich auf den Schreck gleich noch eine Zigarette anzünden, die erste hatte er im Leinöl verloren. Vielleicht konnte er sich noch schnell das Vorschiff angucken und dann wieder verschwinden.

Ein wunderschönes Schiff, das konnte man nicht anders sagen: Der lange Bugspriet ruhte in einem gewaltigen Pallpfosten und war über massive Kranbalken rechts und links mit dem Schiffsrumpf verspannt, und wenn ihn nicht alles täuschte, stand jetzt doch jemand dicht hinter ihm, diesmal aber wirklich.

»Hello!«, sagte Moses. »Do you speak English?« Er drehte sich ganz langsam um.

Da stand jemand. Ein halb nackter Mann im Lendenschurz wie ein junger Tarzandarsteller mit durchtrainiertem Körper und einem Stirnband, das die langen, gelockten Haare mühsam zusammenhielt. Er schien durch ihn durchzugucken. Waren hier alle stumm? Sicherheitshalber wiederholte Moses: »Do you speak English?«

Erst jetzt schien ihn der Hippie zu bemerken und hob die rechte Hand zum Gruß wie ein Indianer, der »hough« sagt.

Moses – dankbar für das bescheidene Lebenszeichen – redete auf ihn ein: »Very good ship…« Doch es verschlug ihm gleich wieder die Sprache. »I want visit… only look.« Er konnte nur stammeln. »Ich wollte nichts klauen, so was hab ich noch nie gesehen, nur davon geträumt, just dream, you know.«

»Willkommen an Bord. Du kannst ruhig Deutsch sprechen.«

»Was? Bist du Deutscher?«

»It doesn't matter.« In erster Linie, erklärte der Hippie, sei er ein menschliches Wesen, das auf Gottes schöner Erde lebte, da sei es unwichtig, wo er geboren wurde.

»Geht mir auch so. Ich bin nicht gerne Deutscher. Ganz im Gegenteil…«

»Schon gut. Ich heiße Hans. Wo kommst du her?«

»Aus Clausthal-Zellerfeld. Ich meine, von da!« Moses zeigte in Richtung seiner Anlegestelle und erzählte, dass sie gerade Palmnüsse luden.

Bäng! Sie wurden von einem weiteren Knall und einem Klagelaut unterbrochen.

»Pssst!« Hans bedeutete ihm, unter die Persenning zu kommen. Moses folgte ihm zum Hauptniedergang zwischen Fock- und Großmast und fragte flüsternd, ob es denn gestattet wäre, einen Blick unter Deck zu werfen. Hans willigte ein, ihm die Golden Harvest von vorne bis achtern zu zeigen, und Moses hatte sogar den Eindruck, dass er das ganz gerne tat. Über eine steile Holztreppe ohne Geländer folgte er ihm in den Bauch des Schoners. Da war es zwar nur wenig kühler als oben, doch es roch angenehm nach Holz, Teer und frisch aufgebrühtem Kaffee.

Moses musste sich erst an das Halbdunkel gewöhnen und

blieb – um nichts zu verpassen – einen Moment lang am Fuß der Treppe stehen. Während ihm Hans einen Becher Kaffee in die Hand drückte, bewunderte er die Decksplanken, Spanten und die schweren Kniehölzer, die alles zusammenhielten. Das gesamte Vorschiff war offenbar erst vor kurzem zu einer großen gemütlichen Wohnkombüse ausgebaut worden. Wie in einer Wohngemeinschaft.

»Wem gehört denn das Schiff?«, fragte er.

»It belongs to the people.«

»Und wer ist der Kapitän?«

Hans sah ihn an, als hätte er die Frage nicht verstanden. Es wirkte nicht gerade ermutigend. Moses schlürfte den Kaffee, der erstaunlich mild schmeckte. Dann ging die kleine Führung zum Kabelgatt, wo die Mittagssonne durch das geöffnete Vorluk auf ein wunderbares Durcheinander strahlte: dicke Taue am Spantenskelett; Ersatzsegel, von denen manche sorgsam zu Bündeln zusammengelegt, andere geknüllt rumlagen; dazu die Glieder der großen Ankerkette, die zu einer Pyramide aufgeschichtet waren.

Ein malerisches Chaos – genau der richtige Hintergrund, um möglichst beiläufig zu fragen, ob sie zufälligerweise noch einen Mann gebrauchen konnten. Man musste so was ganz beiläufig fragen. Das war der Trick. Damit hatte er auch den entscheidenden Schritt bei seiner Birgit geschafft: Er hatte einfach gefragt, ob sie noch mitkommen wollte, in einem Ton, der ihr durchaus die Möglichkeit gelassen hatte, Nein zu sagen. Sie hatte Ja gesagt. Das war's. Man durfte nicht allzu viel Gewicht auf solche Fragen legen und sich nicht anmerken lassen, wie sehr es einem nahe ging. Damit setzte man den anderen zu stark unter Druck.

Hans schien zu überlegen. Moses tat, als würde er sich mehr für die Tuchbündel interessieren. »Warum nicht?« Sie waren gerade um zwei Mann zu kurz. Er könne das allerdings nicht ohne die anderen entscheiden.

Er konnte nicht ahnen, was er da gerade für eine lebenswichtige Bemerkung gemacht hatte. »Wie viel andere sind es denn? Und wohin soll die Reise gehen?«

Der Hippie wirkte überfordert, wenn man zwei Fragen auf einmal stellte: »Der nächste Zielhafen ist Luanda in Angola, dann geht es nach Lobeto und Walfischbai in Namibia. Wenn du mitkommst, sind wir sieben.« Er reichte Moses ein Flugblatt, das er sich bei Gelegenheit durchlesen sollte, schenkte ihm Kaffee nach und bat zur Fortsetzung der Führung in den Maschinenraum. Er müsse nur aufpassen, dass er sich nicht verletze.

Es sah wüst aus. Der Dieselmotor wirkte wie ein fossiles Ungetüm. An der Vorderseite war ein gusseisernes Schwungrad, dahinter zeichnete sich das ummantelte Auspuffrohr ab wie der Hals eines Sauriers. Das Rohr machte eine Wendung wie ein umgekehrter Siphon und führte quer durch den Raum bis zur Backbordseite, wo es irgendwo oberhalb der Wasserlinie nach Außenbord kam. Überall lagen Einzelteile auf den unbefestigten Bohlen zwischen verrosteten Werkzeugen und ölverschmierten Putzlumpen. »Das Schiff gefällt mir«, Moses wurde langsam übermütig, »aber den Motor kannst du vergessen.«

Hans streichelte vorsichtig eines der Teile, das wie ein Ventil aussah. »In drei Tagen läuft Kati Kelvin wieder wie 'ne Eins.«

Kelvin war die Marke; das konnte man an einem der fast mannshohen Zylinder lesen, Kati vermutlich ihr Spitzname. Zwei von der Crew waren gerade am Flughafen, um Ersatzteile zu holen, die sie aus England angefordert hatten.

»Ich würde den ganzen Schrott über Bord schmeißen.« Sie gingen schweigend wieder hoch zum Ruderhaus, vorbei am Trinkwassertank, vorbei an der MASTER'S CABIN, wie auf einem Messingschild zu lesen stand, das schon von Grünspan angefressen war. »Das ist also die Kapitänskajüte, oder?«

Hans schob mit einem Fuß einen Blecheimer in eine Ecke und ignorierte die Frage. Egal. Moses war entschlossen mitzufahren, er sah sich schon im Geiste klar Schiff machen, die herumliegenden Taue aufrollen und alles ein bisschen auf Vordermann bringen.

»Mir gefällt das Schiff«, wiederholte er, als sie ins Sonnenlicht zurückkehrten. Inzwischen war es ihm egal, dass er eben noch beschlossen hatte, sich nicht allzu viel Interesse anmerken zu lassen. »Ich will unbedingt mitmachen. Und wenn ich jeden Tag das Deck schrubben muss.« Vielleicht ließ sich der Hippie doch noch aus der Reserve locken. Der drehte sich wortlos um, griff sich eine Schlagpütz, warf sie über Bord und zog etwas Wasser an Deck. »Bitte schön!« Der Schrubber stand da vorne.

Das Deck zu schrubben war für Moses immer der Inbegriff schwerer Arbeit auf See; er hatte es nicht so wörtlich gemeint, aber, nun ja, bitte sehr. Das Holz musste gepflegt werden. Dazu musste man es regelmäßig mit Salzwasser schrubben. Das Wasser war allerdings ziemlich dreckig und machte nicht den Eindruck, dass es dem Holz gut tun würde. Es war wirklich sehr anstrengend, das Deck zu schrubben, das war nicht bloß so eine Zeile aus einem Shanty, es war in der Tat schweißtreibend. Es war allerdings auch erstaunlich, welche Wirkung es hatte. Man konnte genau den Rand sehen, bis zu dem er schon geschrubbt hatte. Hans nickte; er ließ es gut sein. Er hatte noch den Höhepunkt seiner Führung zu bieten: den Mannschaftsraum.

In der Mitte war ein hufeisenförmiger Tisch, der dezent den Linien des Schiffsrumpfes angepasst – und mit Karten, Zeitschriften und Büchern hoffnungslos überladen war. Wieder ein herrliches Durcheinander, so ganz anders als auf einem deutschen Schiff, dachte Moses, und doch gab es eine Ordnung, die allem zu Grunde lag: Von der Mitte aus waren zwölf kleine Kojen zu erreichen: vier backbord, vier steuerbord, vier achtern; alle mit grünen Vorhängen, alle zugezogen.

Was mochte dahinter sein? Sechs Mann sollten mitfahren, es gab jedoch zwölf Kojen, die mit ihren zugezogenen Vorhängen verdächtig aufgeräumt wirkten. Ein Schiff war immer auch eine Kirche, das wusste Moses, der Kapitän durfte am Sonntag die Messe lesen, und auf manchen Schiffen gab es im Mannschaftsraum Kruzifixe oder Heiligenbilder, die wochentags hinter einem Vorhang versteckt wurden.

Hans hielt ihm grinsend einen Zettel hin. »Damit schrecke ich immer die Bewerber ab.«

»Wieso das denn?«

»Unser letter of intent. Da steht, dass wir gewaltfrei sind und bei einer eventuellen Verhaftung keinen Widerstand leisten.«

Sie hörten hastige Schritte auf Deck, genau über ihnen, gleich darauf verdunkelte sich das Oberlicht über dem großen Tisch, »Hans, dozo!«, rief jemand, dann erschien ein kahl rasierter Schädel in der Luke. Es war dieser Chinese – oder ein Japaner? –, den Moses schon wieder vergessen hatte. Er wirkte erregt und erstaunlich gesprächig: »Ouch, Hans, dozo. Police me looky, plenty talk, celemony no good, hougch!«

»Peace, Mori, me come!« Hans entschuldigte sich mit einem Schulterzucken. Moses war einen Augenblick alleine. Das musste er ausnutzen. Die Magazine hießen *National Geographics* oder *Natural Environments* – wie im Erdkundeunterricht. Da lagen aufgeschlagene Karten. Mit dem prickelnden Gefühl, etwas Verbotenes zu tun, beugte er sich über die Seekarten, die mit allerhand handschriftlichen Vermerken versehen waren, die er aber nicht entziffern konnte. Auf einer waren die Küstenlinien von Angola, auf einer anderen die Inseln Mauritius, Réunion sowie Madagaskar zu erkennen – warum waren ausgerechnet da so viele Eintragungen? Wir lagen vor Madagaskar, dachte er, und hatten die Pest an Bord, und er war gerade einem Geheimnis auf der Spur. Da lag ein zerknüllter Zettel unter dem Tisch. Moses faltete ihn auseinander und las die krakelige Schrift:

YOU ARE NOT PERMITTED TO LEAVE THE SHIP!

Von oben war eine Stimme zu hören, die Moses nicht kannte, unfreundlich und laut. Er stieg die steile Treppe hoch, guckte vorsichtig raus und erschrak: Ein Polizist, ein sehr dicker Polizist redete wütend auf Hans ein. Moses zog sich schnell wieder zurück in die Kajüte. Es war besser, wenn er nichts gesehen hatte. Womöglich würde er als Zeuge gebraucht.

Er erschrak gleich wieder: Neben der Treppe hing ein großer, ovaler Spiegel, in dem er sich plötzlich selber erblickte. Grauenhaft. Dieses Leinöl. Das hatte er auch wieder vergessen. Er hatte überall Flecken – wie Wunden. Er sah aus wie das lebende Opfer einer Erschießung.

Der Japaner kam die Treppe herunter und schien zum ersten Mal Moses wahrzunehmen. Sie betrachteten sich nachdenklich. Moses konnte nur schwer sein Alter schätzen – vierzig, fünfzig. Der Japaner kreuzte schließlich die Hände über der Brust und verneigte sich. Da Moses nicht wusste, was er machen sollte, verneigte er sich auch auf die gleiche Art.

Hans erschien in der Luke und meldete, dass alles in Ordnung wäre. »Okay! Peace!« Damit wollte er gleichzeitig deutlich machen, dass die Führung beendet war. Na gut. Moses wollte sowieso gehen. Er solle gegen Abend wiederkommen, meinte Hans, dann seien die anderen da. Er solle sich auf jeden Fall das Flugblatt sorgfältig durchlesen. Hans wollte noch erklären, wie er auf direktem Wege zu seinem Liegeplatz zurückfinden könne, quer durch die Absperrungen, ohne dabei den Militärposten in die Arme zu laufen, aber das wusste er schon.

In der Mannschaftsmesse waren wieder alle versammelt. Gregor hatte Kaltschale in zwei verschiedenen Geschmacksrichtungen bereitgestellt, dazu – wie immer um diese Zeit – frischen Kaffee.

»Dieser Schoner wird nicht bewacht«, verkündete Moses und merkte gleich, dass sich keiner dafür interessierte, was ihn ziemlich enttäuschte. »Ich war an Bord, bin einfach über das Schanzkleid gesprungen.« Keiner hörte richtig zu. Erst als er von dieser Gestalt, »vermutlich so 'n Japaner«, erzählte, der »mit 'ner Art Tennisschläger« merkwürdige Übungen gemacht hatte, horchten sie auf und schüttelten mitleidig die Köpfe.

Als ihm der Spanier einen Vogel zeigte, klopfte Moses mit dem Löffel an die Kaffeetasse, wie jemand, der auf einer Familienfeier eine Ansprache halten will, erhob sich und verkündete: »Ich werde auf dem Segler anheuern. Die brauchen noch Leute.«

Einen Moment lang war es still, dann fingen die Ersten an zu lachen. »Nehmen die dich überhaupt?«

»Natürlich. Ich werde mich auszahlen lassen. Ich gehe heute noch hin, um die Sache klarzumachen.« Wieder schien die Kaffeerunde beeindruckt, bis der Erste erklärte, dass es gar nicht so einfach wäre, im Ausland ein deutsches Schiff zu verlassen; der Alte würde das Schifffahrtbuch nicht rausrücken. »Willst du türmen, oder was?« Damit war die Sache vom Tisch.

»Mein Entschluss steht fest.«

Alle blickten Moses ungläubig an. Der Erste zuckte resigniert mit den Schultern: Er hatte gesagt, was zu sagen war.

Garleff stand von seinem Platz auf und nahm Moses gegenüber Platz, er winkte Gregor, noch einen Schluck Kaffee zu bringen, er hatte was Wichtiges mitzuteilen. Er bat feierlich um Ruhe, was nicht nötig war, nun waren alle neugierig geworden. »Hör zu, Moses«, sagte der Bootsmann in seinem Verschwörerton, »halt dich von dem Schoner fern, sonst ist deine Seele verloren. Das ist eine Sekte. Tagsüber musst du für die betteln, nachts ficken sie dich in den Arsch, und wenn du unbequem wirst, bringen sie dich um.«

Moses schlug mit der flachen Hand auf den Tisch: »Ich lasse mir das nicht mies machen.«

Der Bootsmann wurde sauer, sprang auf und starrte Moses böse an. Schlagartig wurde es still in der Messe. Alle warteten darauf, dass einer von beiden zuschlug. Moses konnte nur verlieren: Sie waren beide etwa gleich groß, Garleff war doppelt so schwer. Moses sonnte sich noch einen Moment in der Aufmerksamkeit; alle Blicke waren auf ihn gerichtet – allein das war eine Tracht Prügel wert. Er blickte dem Bootsmann streng in die Augen und sagte, so ruhig er konnte: »Setz dich, Garleff, und schone dich. Wenn du dich mit mir prügeln willst, wirst du deine ganze Kraft brauchen. Außerdem zieh ich es vor, dich auf dem Achterdeck zu verprügeln, wegen der Einrichtung, verstehst du? Ich muss hier nachher sauber machen.«

Keiner lachte. Der Bootsmann starrte ihn fassungslos an. In seinem Gesicht arbeitete es. Gregor verlangte, dass sie mit dem Kinderkram aufhören sollten. Doch die beiden blieben unbeweglich stehen. Alle andern rückten vorsichtshalber etwas zurück, um in der Mitte genug Platz zu lassen, falls sich eine größere Schlägerei entwickeln würde.

Garleff setzte sich wieder. Er sprach sehr leise, in einem Ton – und das war in der Tat eine Sensation –, als würden ihm jeden Moment die Tränen kommen. »Du hast Glück, dass ich einen Sohn in deinem Alter habe. Ich habe seit drei Jahren nichts von ihm gehört. Er ist mit so 'ner Sekte weg, ich weiß nicht, ob ich ihn wieder sehen werde. Junge!« Er schüttelte Moses heftig am Arm. »Ich mein es doch gut mit dir. Ich werd es nicht zulassen, dass du dein Leben ruinierst. Notfalls werd ich dich im Kabelgatt in Ketten legen und nach Deutschland zurückbringen.«

Die Ersten brachen auf, es würde doch keine Schlägerei geben.

»Dann wetten wir um meinen Anteil Bier«, schlug Moses vor und wollte Garleff dazu die Hand reichen. Nun war die Luft raus.

Alle trollten sich wie ein enttäuschtes Publikum nach einem schlechten ersten Akt. Garleff schüttelte den Kopf. Moses merkte, dass die Wette lächerlich war: Er konnte sein Bier sowieso nicht mitnehmen. Er würde es auf jeden Fall verlieren.

Er machte es sich in seiner Koje bequem und nahm sich das Flugblatt vor. Auf der Umschlagseite war die Golden Harvest abgebildet, unter vollen Segeln. Dazu ein zweites Segelschiff, fast noch schöner, die Fri. Über beiden Fotos stand fett gedruckt: »OPERATION NAMIBIA«, eine gewaltfreie unabhängige Direktaktion mit dem Ziel, die weltfremde Rassentrennungspolitik der südafrikanischen Regierung der Weißen anzuprangern und vor aller Welt bloßzustellen. Es folgte eine ausführliche Abhandlung über die Politik der Apartheid, deren Geschichte vom großen Treck der Afrikaander als Reaktion auf die Aufhebung der Sklaverei bis hin zur gegenwärtigen politischen Situation in Angola mit den blutigen Kämpfen der NPLA gegen die UNIDAD und den Ereignissen von Soweto, von denen, wie es hieß, die Welt erschüttert war. Die Apartheidpolitik der Buren – so übersetzte Moses das etwas mühsam – bedeutete die totale Verneinung der Persönlichkeits- und Menschenrechte all derer, die nicht weißer Hautfarbe waren. Das wusste er schon. Er hatte mal einen Artikel im *Spiegel* gelesen, beim Zahnarzt, in Hamburg, als er sich fünf Zähne ziehen ließ, um sofort sein seeärztliches Attest zu kriegen. Er konnte sich noch erinnern. Da gab es ein Foto von einer Parkbank mit dem Schild: WHITES ONLY. So was musste bekämpft werden, klarer Fall. Nun stand er kurz davor, Mitglied einer multinationalen Crew zu werden, die auf dem Schoner Golden Harvest eine Freiheitsbibliothek von siebentausend in Namibia verbotenen Büchern nach Walfischbai transportieren wollte.

Er musste sich erst orientieren. Aus dem Seesack kramte er seine Afrikakarte hervor und breitete sie auf der Koje aus. Den Hafen von Walfischbai fand er schnell. Namibia nicht. Das Land hieß Südwestafrika (ehemals Deutsch-Südwestafrika). Das musste es sein. Weiter. Leider war die Broschüre in einem reichlich anspruchsvollen Englisch geschrieben; gut, dass da noch ein Deutscher an Bord war. Moses musste immer wieder auf den Langenscheidt zurückgreifen. Es half alles nichts, wahrscheinlich würden die ihn ausfragen, eine Anhörung machen wie bei einer Gewissensprüfung, da musste er sich bewähren. Symbolic und direct waren leicht zu verstehen; es sollte eine direkte Aktion sein, die zugleich symbolische Bedeutung hatte; die Bücher wurden dringend benötigt; man enthielt der Bevölkerung praktisch jedwede Informationen vor, als dürften sie nicht mal ahnen, dass es noch eine andere Lebensweise geben könnte als eine, die immer schon von Apartheid geprägt war.

Wie konnte man den Menschen Bücher vorenthalten! Was hätte er im Hinrich-Wilhelm-Kopf-Lager angefangen ohne Bücher? Da hatte es die meiste Zeit geregnet, hinter dem Deich durfte man nicht ins Wasser, weil die Fahrrinne zu nahe am Ufer verlief, man konnte nur den Schiffen zugucken, das taten sie auch, die kleinen Klugscheißer, die über Bruttoregistertonnen fachsimpelten. Er hatte sie alle nicht ausstehen können, und an seinem letzten Tag, als es wieder regnete, war er verbotenerweise in den Ort gegangen und hatte sich für sein Taschengeld einen Elefanten gekauft, aus Plastik, blau, eine Figur aus dem *Dschungelbuch*.

Wenn der Bücherbus kam, war das eine Erlösung. Man musste zusehen, dass man sich gute Stücke sicherte. Beliebt waren *Rettungseinsätze in der Nordsee*, *Die Todesfahrt der Vegesack*, *Retter ohne Ruhm* und alles mit DLRG im Untertitel. Er wollte die echten Abenteuer, so was wie *Wer einmal um Kap Hoorn gesegelt*. Die *Meuterei auf der Bounty* war einer seiner Favoriten, noch besser waren die Fortsetzung über Pitcairn Island und die *Piratenjagd der Pandora*. Natürlich war er auf Seiten von Christian Fletcher und den Meuterern, doch er bewunderte ebenso den verkannten Bligh, dem man so furchtbar Unrecht getan hatte, weil man ihn in den Filmen als Unhold hingestellt hatte. So was war für Leute, die nicht lesen konnten! Wer wusste denn schon, dass der liberale Bligh weit weniger auspeitschen ließ als andere Kapitäne? Deswegen hatten die Meuterer ihn nicht umgebracht, wie sich das für eine richtige Meuterei gehörte. Und wer wusste schon, dass dieser Bligh eine der größten nautischen Leistungen vollbracht hatte, als er sich in seinem Rettungsboot von den Gesellschaftsinseln bis nach Timor durchgeschlagen und sich und seine Getreuen gerettet hatte? Weil sich Moses stets hin- und hergerissen fühlte, wurde schließlich der blinde Musiker zu seiner Lieblingsfigur, von der er sogar schon geträumt hatte. Der Arme hatte sich zwischen dem Kapitän und den Meuterern nicht entscheiden können, vor dem Kriegsgericht wurde ihm seine Blindheit als mildernder Umstand angerechnet, und er musste nicht an den Galgen. So etwas wusste Moses. Er kannte fast jedes Einzelteil von einem Segelschiff! Er wusste, dass Sauerkraut gut war gegen Skorbut, dass am Großmasten Nachrichten für die Mannschaft angeschlagen wurden wie ans schwarze Brett, dass schon das Tragen von Waffen als Meuterei galt und dass Musiker, besonders Geiger, so beliebt waren, dass selbst Piratenschiffe Musiker entführten und manchmal sogar kleine Orchester unterhielten. Er wusste, dass man nicht hinterherspringen durfte, wenn ein Mann über Bord gegangen war, weil für das Williams-Manöver zur Rettung jede Hand an Bord gebraucht wurde. Die Bücher ließen ihn teilhaben an der wirklichen Welt und gaben ihm eine unausgesprochene Überlegenheit. Es würde ihm eine Ehre sein, einen Bücherbus zu den nach Wissen dürstenden Unterdrückten zu segeln.

Natürlich war die ganze Aktion zugleich als Provokation gedacht – das war auch richtig so: Die Mächtigen in Namibia sollten zu einer Reaktion gezwungen werden und dabei ihr wahres Gesicht zeigen. Namibia stand unter südafrikanischer Verwaltung, die Buren hatten dort eine Marionettenregierung eingesetzt, die sich Demokratische Turnhallenallianz DTA nannte – lächerlich! Mitten im englischen Text sprang ihm der deutsche Ausdruck richtig ins Auge. Sie nannten sich so, weil ihre Partei tatsächlich in einer Turnhalle gegründet worden war. Wie konnte man! Da stank es nach Schweiß und Magnesia, da wurden Medizinbälle gewuchtet. Wer sich nach einer Turnhalle benannt hatte, konnte nicht ganz dicht sein. Halblaut sprach er vor sich hin: »Ich gebe hiermit offiziell bekannt, dass ich mich dem Kampf gegen die so genannte Demokratische Turnhallenallianz angeschlossen habe.«

Mit der strengen Zensurmaßnahme, las er weiter, würde die südafrikanische Administration in Namibia den schwarzen Einwohnern alles an Bildung, Wissen – und damit an Macht und Mitbestimmung vorenthalten. Die Operation Namibia wollte nun nicht nur bislang verbotene Bücher an die SWAPO übergeben, sondern damit auch die weißen Statthalter provozieren und die Weltöffentlichkeit auf die Misere aufmerksam machen. Sofort ging die Phantasie mit ihm durch. Er sah sich in Walfischbai einlaufen, lässig an den Fockmast gelehnt, tollkühn der südafrikanischen Übermacht die Stirn bietend, schließlich, vom Kugelhagel des Feindes durchsiebt, an Deck sinken und vor den Augen der Weltöffentlichkeit für einen guten Zweck verbluten – mit einem Buch in der Hand.

Die SWAPO kämpfte für ein freies Namibia, war von vielen Staaten bereits diplomatisch anerkannt und musste somit als einzig legitime Vertreterin des Volkes von Namibia angesehen werden – inzwischen war klar, dass dieses Namibia nur ein anderer Name sein konnte für das Land, das auf seiner Karte noch als »ehemals Deutsch-Südwestafrika« bezeichnet wurde. Verantwortlich für die Idee und Durchführung zeichnete eine amerikanische Friedensgruppe, die sich Philadelphia Namibia Action Group, kurz PNAG, nannte. Sie hatte ihr Hauptquartier in Philadelphia und ein Büro in London.

Seinem Vater brauchte er damit nicht kommen, für den war alles von Moskau ferngesteuert, der kannte die Brüder; sobald man einen vernünftigen Gedanken äußerte, war man nützlicher Idiot kommunistischer Machtinteressen.

Damit war nun Schluss. Moses war entschlossen, mitzumachen, am besten sofort. Wenn sie ihn nur ließen. Das war ein Problem. Er kannte solche Leute wie den Verfasser von diesem Flugblatt: Die setzten jeden moralisch unter Druck. Denen konnte man es sowieso nie recht machen. Immer war man politisch noch nicht weit genug und hatte nicht das richtige Bewusstsein.

Immerhin hatte er mal als einziger Katholik im Rahmen der Aktion Sühnezeichen der bekennenden Christen beim Aufbau einer internationalen Jugendbegegnungsstätte mitgearbeitet. Seine Mutter hatte sich ewig Vorwürfe gemacht, ihren Jüngsten, der so zornig tat, in Wahrheit aber hochsensibel war, ausgerechnet nach Auschwitz reisen zu lassen – er müsste doch schockiert sein. War er auch. Weil sich die Gruppenleiter hemmungslos an die Mädchen herangemacht hatten. Und weil in der BRD immer noch alte Nazis am Ruder waren. Es war natürlich nicht gerade schön gewesen in Oświęcim, aber deshalb hatte er da hingewollt: Er wollte dem Schrecken ins Gesicht sehen, nicht drum herumreden, wenn es um den Tod ging. Er hatte es ziemlich erstaunlich gefunden, dass offenbar keiner mit deutschen Besuchern rechnete. Außer der bekannten Inschrift ARBEIT MACHT FREI und ein paar fotokopierten Briefen von Himmler mit dem Stempel GEHEIM, in denen immer von einem KL die Rede war, gab es keine deutschsprachigen Inschriften oder Erklärungen. Die ganze Anlage wirkte auf schreckliche Art deutsch, nur die Sprache war nicht vertreten. Hinweise, dass man aus Pietätsgründen auf dem Gelände kein Eis essen sollte und dass die Besichtigung erst für Jugendliche ab 14 zugelassen war, gab es nur auf Polnisch, Englisch und Hebräisch. Als er zurückkam, war er erst recht entschlossen, sein Leben in den Dienst einer großen Sache zu stellen und sich nicht länger mit Nebensächlichkeiten wie dem Gymnasium herumzuärgern.

Der Kapitän nuckelte nachdenklich an seiner Pfeife und gab ihm wortlos die Broschüre zurück. Dann nahm er das Fernglas und schaute zur Carterbridge hinüber, als wollte er da das Segelschiff ausmachen, doch es war so diesig, dass man in zwei Kilometern Entfernung nichts mehr erkennen konnte. Moses fürchtete schon, der Alte würde gar nichts mehr sagen und die Sache damit auf sich beruhen lassen. Das Fernrohr erinnerte ihn daran, dass sie beim Einlaufen die Masten der Bar Beach beobachtet hatten. Er konnte nicht glauben, dass da wirklich Menschen erschossen wurden. Hätte er die Masten nicht mit eigenen Augen gesehen, er hätte die Fernsehübertragung für einen Spuk gehalten.

»Du bist beknackt, aber verstehen kann ich das. Hör zu: Von der Sache will ich nichts gehört haben. Als Kapitän bin ich dafür verantwortlich, die Mannschaft gesund und vollzählig nach Hause zu bringen.«

Er saugte an seiner Pfeife. »Was ich jetzt sage, bleibt unter uns, verstanden? Aus persönlichen Gründen hast du meine Zustimmung. Offiziell kann ich dir keine geben, weil du als deutscher Seemann nur in Deutschland an- und abmustern darfst. Wenn du unbedingt auf den Schoner willst, pack deinen Sack und tu, was du nicht lassen kannst. Bist du denn sicher, dass sie dich nehmen?«

»Ja.«

»Bist du auch ganz sicher, dass du mitmachen willst?«

»Ja.«

Moses bedankte sich erleichtert und versicherte, dass ihr kleines Gespräch geheim gehalten würde. Ehrenwort.

»Moment. So einfach ist das nicht. Du musst dafür sorgen, dass du rechtzeitig weg bist. Wenn du dich beim Auslaufen nicht zurückgemeldet hast, bin ich verpflichtet, dich bei der Agentur in Lagos als vermisst zu melden. Die werden nach dir suchen – und dich finden.«

Klar, er war auffällig genug. Es gab nicht nur die Hafen- und die Militärpolizei, die man immer an der Abkürzung MP erkennen konnte; es gab außerdem zwei Staatssicherheitsdienste und, wenn den Kapitän nicht alles täuschte, war neben der Navy sogar die Air Force im Hafen präsent. Selbst der Straßenverkehr wurde vom Militär geregelt. Lagos war voller Soldaten. »Also? Wann will dieser Schoner Apapa verlassen?«

»In drei Tagen, spätestens. Sobald die Maschine repariert ist.«

Der Kapitän legte die Pfeife zum Auskühlen in den Aschenbecher. Eigentlich hätte er noch so etwas sagen können wie: Na gut, dann könnte es klappen. Oder: Viel Glück. Doch Moses musste zufrieden sein. So ein Entgegenkommen hatte er nicht erwarten dürfen. Der war echt Klasse, der Alte. Moses war fast enttäuscht, dass er gar nicht erst versucht hatte, ihn zu überreden: Junge, bleib, wir brauchen Leute wie dich. So was in der Art.

3
Heart of Gold

Schon vor dem Schild NPA DOCKYARD KEEP OUT wurde er von einem Militärposten gestoppt und aufgefordert, ihm in die Wachbaracke zu folgen. In seinem Übermut hatte er einen Fehler gemacht, den er sich jetzt kaum erklären konnte. Hatte er gedacht, ihm könnte nichts mehr passieren, sobald er entschlossen war, sich der Operation Namibia anzuschließen? Wieso hatte er nicht den Schleichweg genommen? Hatte ihn der Alte nicht gerade erst vor den vielen Militärs im Hafenbereich gewarnt? Auch der Bootsmann hatte ihn für verrückt erklärt, als er mit seiner Gitarre von Bord gehen wollte, alleine, nach Anbruch der Dunkelheit. Moses war wortlos an ihm vorbeigeeilt, schnurstracks die Gangway hinunter, mit der Gitarre im Anschlag. Alle schienen freiwillig zur Seite zu treten, als ahnten sie, was in diesem großen Weißen steckte, der da zielstrebig an ihnen vorbeilief – direkt dem nächsten Militärposten in die Arme.

Nun hieß es, freundlich zu bleiben und am besten gleich klarzustellen, dass er auf dem Weg war, für die Unterdrückten in Namibia zu kämpfen – oder lieber nicht? In der Baracke saß ein übergewichtiger, mit Orden behängter Offizier an einem Holztisch, der aussah wie King Kong in Uniform. »Where ya goin?«, herrschte er ihn an, während ihm einer der Soldaten die Gitarre abnahm.

Ruhig bleiben! Es hatte schon schlimme Schlägereien gegeben, weil irgendwelche Idioten an seiner Gitarre herumgefummelt hatten, da war er empfindlich. Er musste sich richtig Mühe geben, ein freundliches Gesicht zu machen; er wollte Musik machen, »with some friends«, er versuchte sogar zu lächeln. »This is a music instrument, not a weapon.«

»Shut up!«

Kapiert. Die verstanden keinen Spaß. Die Gitarre wurde abgeklopft und abgehört, als könne sie einen doppelten Boden haben. Dann holte einer der Soldaten eine Taschenlampe und leuchtete ins Schallloch. Er dehnte dabei die D-Saite so stark, dass Moses fürchtete, sie würde reißen. Dann nahm sich der andere die Gitarre vor und schlug mit der Handkante kräftig dagegen, als müsse sie nun von alleine spielen wie ein Automat, der nicht ohne Gegentreten funktionierte. Dann schüttelte er die Gitarre und lauschte. Es war nichts zu hören. Es schüttelte noch mal. Wieder nichts. Noch mal. Jedes Mal verzog er angestrengt sein Gesicht und rollte mit den Augen. Beim dritten Mal konnte sich Moses nicht mehr beherrschen. Er musste loslachen. Die Situation war zu komisch – merkten die das nicht selber? Allein der Anblick von King Kong in Uniform war zum Schreien, da mochten sie noch so streng aus der Wäsche gucken. Die Soldaten ließen sich anstecken und lachten lauthals mit. King Kong nicht. »Shut up!«

Doch diesmal wirkte es nicht mehr so streng, und sein Anschnauzen galt zugleich den beiden Soldaten, die ein Weilchen brauchten, um wieder Ernst an den Tag zu legen. King Kong wartete solange und forderte Moses auf, seine Taschen zu leeren. Zwei Packungen Marlboro, von denen er sich in Gedanken verabschiedete, mehr nicht. King Kong nahm die angebrochene Packung, fischte eine Zigarette raus, zündete sie an und reichte den Rest an die anderen weiter. Er sagte nichts mehr und ließ Moses zugucken, wie er eine seiner Marlboros rauchte. Moses durfte jetzt keinen Fehler machen; er wollte auf keinen Fall seine Gitarre den Soldaten überlassen.

King Kong sah ihn eindringlich an. Der wartete doch nur auf irgendeine dumme Reaktion. Was mochten die vielen Orden bedeuten? King Kong rauchte und musterte ihn immer noch.

Moses versuchte so zu tun, als wäre er überhaupt nicht ungeduldig. Gut, dass er nicht sein rotes Kopftuch umgebunden hatte. Es hätte vielleicht Eindruck auf die Hippies gemacht, wenn er aussah wie ein Pirat. King Kong wäre bestimmt nicht begeistert gewesen.

Den Pass, bitte. Moses hasste dieses Ritual. Sein Pass war voll mit DDR-Aufenthaltsberechtigungsstempeln, Transitstempeln und einem Einreisevermerk der Volksrepublik Polen, der daneben fast unauffällig wirkte. Es dauerte ein Weilchen, bis King Kong heraushatte, aus welchem Land er kam. »Oh, Germany!« Er hob seinen Zeigefinger und erklärte wichtigtuerisch, dass Germany was Besonderes sei und er schon Filme davon gesehen habe. »Plenty soldiers, plenty war.« Er nahm Haltung an und knallte die Hacken zusammen: »Hurra!« Er strahlte übers ganze Gesicht.

Moses traute dem Stimmungswandel nicht. Die wollten ihn reinlegen. Der Offizier gab den Pass zurück und hob die Hand zum Hitlergruß. Moses durfte auf keinen Fall lachen. King Kong bot ihm großzügig eine von seinen Marlboros an und gab ihm persönlich Feuer: »High Hitler. You are free.«

Die Soldaten lachten. Moses packte schnell die Gitarre ein und versuchte, sich keine Regung anmerken zu lassen. »High Hitler!«, riefen sie ihm nach.

»Bitte an Bord kommen zu dürfen!« Er bekam sofort Antwort und näherte sich mit klopfendem Herzen dem Licht einer Petroleumlampe unter der Persenning. Hier lümmelten sich fünf Personen auf Kissen und Matratzen. Er erkannte sofort den Japaner wieder – der gehörte also dazu – und natürlich Hans, dem er höflich die Hand gab. Die anderen waren jetzt wichtig. Von deren Urteil hing alles ab. Er begrüßte jeden mit kräftigem Händedruck. Einer war ein junger Afrikaner – der schönste, den er bisher gesehen hatte: groß, schlank mit einer ungewöhnlich dunklen Hautfarbe. Er hatte sofort ein Auge auf die Gitarre geworfen, ja, das hatte Moses bemerkt, vielleicht hatte er etwas gut bei ihm. Er hieß Momo, grinste so breit, dass seine Zähne funkelten, und sagte nur: »Welcome!«

Der Typ daneben sah aus wie eine Zweitbesetzung aus *Jesus Christ Superstar,* ein Freak wie Hans, nur dass die Haare dunkel und glatt hinter die Ohren gestrichen waren. Er hieß Roy, kam aus Neuseeland und wurde als Navigator vorgestellt. Er schüttelte Moses ausgiebig die Hand, sagte, dass er herzlich willkommen sei, die Crew brauche dringend Verstärkung, außerdem sei schon lange keine Gitarre mehr an Deck gewesen. Bei dem hatte er bestimmt was gut. Moses mochte ihn sofort. Die beiden würden sich verstehen, das war schon mal klar. Es lief bestens.

Da war noch einer, Kris, der lächelte auch, doch bei ihm war das ironisch. Er sagte »welcome«, nur als Floskel. Der war wahrscheinlich Student. Er hatte sogar seine Aktentasche dabei, ein echter Fremdkörper auf so einem Schiff. Solche Typen konnte man bei jeder politischen Veranstaltung treffen, die waren dialektisch geschult, mit denen durfte man gar nicht erst anfangen zu diskutieren. Kris war vermutlich der intellektuelle Kopf, garantiert derjenige, der die Broschüre verfasst hatte. Kris war klein, sehr klein sogar. Es fiel nicht auf, weil er gerade auf dem Boden hockte. Er würde ihm wahrscheinlich gerade mal bis an die Schulter reichen. Er hatte einen Bart, viel zu viele Denkerfalten, eine altmodische Brille, er sah aus wie einer der Helden auf den Plakaten im politischen Buchladen.

Moses bat Hans, der versammelten Mannschaft zu erklären, dass er die Gitarre auf dem Schoner lassen wollte, egal, ob sie ihn als neues Mitglied akzeptierten oder nicht. Die Gitarre würde bleiben, als Beitrag zur Operation Namibia. Hans meinte, das müsse er schon selber sagen. Moses versuchte es.

Kris guckte skeptisch – der konnte wohl nicht anders. Der Japaner hatte wahrscheinlich nichts verstanden. Ansonsten schien sein Angebot auf allgemeine Zustimmung zu stoßen. Moses wandte sich an Roy. Zu ihm hatte er gleich am meisten

Vertrauen gehabt. »Roy, I want to join Operation Namibia, can I come with you?«

»You are welcome«, sagte Roy sofort. Und zeigte ihm gleich ein Foto von seiner Freundin Maggie und dem Baby – die kleine Anna war erst sechs Wochen alt.

Momo stand auf und machte ihm ein Zeichen, dass er sich ebenfalls erheben sollte – was sollte das denn werden? Moses stand auf, ohne zu ahnen, was auf ihn zukommen würde. Momo umarmte ihn überraschend, drückte ihn richtig fest an sich und verkündete laut: »You are my brother.« Moses hätte weinen können vor Freude. Vor lauter Aufregung wollte er sofort eine rauchen und suchte hektisch seine Taschen ab, bis ihm einfiel, dass er seine Zigaretten eben gerade bei King Kong eingebüßt hatte.

Momo reichte ihm eine Selbstgedrehte: »Take this, brother, African tobacco.« Moses bedankte sich, zog vorsichtig, als wollte er wie ein Experte den Geschmack prüfen, da knallte die Zigarette, und die Glutteilchen flogen umher – sollte das ein Scherzartikel sein? Alle lachten. Auch der Japaner, der sogar richtig albern wirkte.

Momo gab ihm lächelnd neues Feuer und erklärte, dass so was öfter vorkomme, wenn man afrikanischen Tabak rauche. Es roch nicht wie normaler Tabak, aber recht angenehm, nach frischem Heu und Pfefferminz. Er hätte trotzdem lieber eine Marlboro gehabt und erzählte, dass ihm die Soldaten gerade alle abgenommen hätten.

»Sei doch froh, dass du das Giftzeug los bist«, flüsterte Hans. War er womöglich einer dieser Gesundheitsapostel? Jedenfalls erklärte er ernsthaft, dass Nikotin nur Sucht und Siechtum mit sich brächten – warum wollte er sich das antun?

»Hans! Wenn du doch Deutsch redest, tu mir einen letzten Gefallen.« Er sollte Kris und allen anderen erklären, dass er Kriegsdienstverweigerer war, im ersten Verfahren nicht anerkannt, weil er ehrlicherweise zugegeben hatte, dass er bereit wäre, eine Waffe in die Hand zu nehmen, wenn es beispielsweise gegen die Faschisten ginge. Zu einer zweiten Anhörung war er nicht erschienen, da war er auf großer Fahrt. Nun galt er als fahnenflüchtig, weil er sich dem Wehrdienst entzog. Das war schwer zu erklären. Aber wichtig. Daran konnten sie sehen, dass er genau der Richtige war für diese Friedensmission. Er war auch bereit, in die Illegalität zu gehen. Es ging sowieso nicht anders. Er konnte das deutsche Schiff nicht auf legalem Weg verlassen.

Hans wirkte etwas unwillig, er übersetzte schleppend. Kris verzog sofort das Gesicht. Moses merkte schon, dass er gerade einen Fehler gemacht hatte – aber was für einen?

Der neue Deutsche dürfe keine zusätzlichen Probleme machen, meinte Kris, sie dürften keine unnötigen Konflikte mit den Behörden riskieren und damit den Erfolg der Aktion gefährden.

Das war's. Damit hatten sie ihn abgelehnt, oder?

Alle schwiegen. Keiner ging auf Kris ein. Vielleicht hatte Hans das auch nicht richtig übersetzt. Die sollten ihm wenigstens eine zweite Chance geben.

Momo machte eine Geste, als wollte er sagen: Pass mal auf, was ich dir jetzt zeige. Er legte sich den letzten Rest seiner Selbstgedrehten auf die Unterlippe und ließ sie plötzlich im Mund verschwinden, dabei grinste er und blies Rauch durch die Nasenlöcher. Er schluckte, öffnete den Mund und ließ den letzten Rest der Kippe auf seiner Unterlippe verglühen.

Moses war beeindruckt und zugleich verwirrt. Wieso verbrannte sich Momo nicht die Lippen? Wieder mussten alle lachen. Wahrscheinlich weil er ein reichlich blödes Gesicht machte. Momo hatte es geschafft; seine kleine Showeinlage hatte die Stimmung gerettet. Die Ablehnung durch Kris schien vergessen.

Moses nahm sich die Gitarre vor. Grey One, wie sie die Katze an Bord nannten, machte es sich zwischen seinen Beinen bequem. Er fing mit Ragtime an, reine Angeberstücke, mit denen er sich ein bisschen warm spielte.

Momo war sofort begeistert.

Moses wollte gerne dazu singen, traute sich nur nicht so richtig, solange ein kritischer Geist wie Kris im Publikum war. Doch man durfte sich nicht zurückhalten, um das richtige Feeling zu kriegen. Man musste von den Aussagen der Lieder überzeugt sein und jeweils die wichtigen Stellen betonen. Bei ›Hey Jude‹ war es die Zeile: »Don't carry the world upon your shoulder«; denn das hieß, dass man normalerweise das Gewicht der Welt eben doch auf seinen Schultern trug. Das war die Message. Die guten Songwriter verstanden es immer, das kleine Liebeslied mit der großen Weltgeschichte zusammenzureimen. Bei ›Me And Bobby McGee‹ hieß es: »Freedom's just another word for nothing left to lose«, und es gab auch Stellen wie: »Holding Bobby's body close to mine«, das gehörte zusammen, auch so was wie: »Feeling nearly faded as my jeans.«

Die Songs gefielen den Leuten an Bord, das spürte Moses, auch wenn er noch nicht richtig drauf war. Er ordnete sein Repertoire zu kleinen Medleys, kürzte und mischte unbekannte Stücke dazu, wie ›Keep the Fire Burning‹ von Tucker Zimmerman oder ›He Had a Long Chain On‹ über einen entlaufenen Sklaven aus seinem Joan-Baez-Songbook. Zum Abschluss nahm er immer bekannte Sachen, bei denen er sich ordentlich ins Zeug legen konnte: ›Sometimes I Feel Like A Motherless Child‹ oder ›Oh Freedom‹ aus dem Woodstock-Film: »Before I'll be a slave, I'll be buried in my grave.« Da gab es sogar spontanen Applaus.

Die Auswahl der Lieder war sein Glaubensbekenntnis, verriet seine Tagträume, mit Gitarre war er vollkommen ehrlich und verletzlich. Vielleicht würden sie ihn doch akzeptieren, so ein Schiff brauchte solche Musik. Sie wollten ihn eigentlich, das spürte er, und das hieß, dass die Golden Harvest bald sein neues Zuhause sein würde; dabei hatten sie noch nicht gefragt, welche Qualifikationen er mitbrachte, und hatten sich noch nicht nach dem Beruf seines Vaters erkundigt. Er sah sich schon aufbrechen. Er musste nur zusehen, wie er seine wenigen Habseligkeiten an Bord bringen konnte – nicht so einfach, wenn er die Patria nur illegal verlassen konnte und der Bootsmann ihn persönlich in Ketten legen wollte.

In der afrikanischen Nacht waren die Sterne heller und wirkten wie Lebewesen, er hatte das bisher nicht bemerkt, weil auf den Frachtern so starke Lichter brannten; die Windlampe auf der Golden Harvest zeichnete nur einen kleinen Lichtkreis und ließ den Blick auf die Sterne frei. Es war einer der schönsten Momente seines Lebens, und er wusste im selben Moment, dass es nicht gut war, sich dessen bewusst zu sein. Er war glücklich.

Er war immer dann besonders glücklich, wenn er traurige Lieder spielte – das war kein Widerspruch, das war genau richtig so, »take a sad song and make it better«. Die Geräusche im Hintergrund passten ideal als Background-Sound, es roch nach See, Holz, Kakao und afrikanischem Tabak. Alles fügte sich wunderbar zusammen: die Sterne, das Schiff, seine Gitarre – dazu eine internationale Crew, mit der er die besten Lieder der Welt teilen konnte. Da störte auch ein Fremdkörper wie die Aktentasche von diesem Kris nicht so sehr. Es war genau die Stimmung, die in den Jugendlagern angestrebt, aber nie erreicht wurde. Da wollten die Jungs brutale Lieder: ›Negeraufstand ist in Kuba‹, ›Komm, wir schlachten deine Tante‹ – das fanden die witzig. Er hatte es schon aufgegeben, seine Gitarre mitzubringen. Die Mädchen wollten selber singen: ›Kumbaya, My Lord‹ oder ›He's Got the Whole World in His Hands‹ und, wenn es schlimm kam, ›Glory, Glory Hallelujah‹.

Er mochte die Mitsingerei grundsätzlich nicht.

Bei ›Guantanamera‹ hatte er sich ein Zwischenspiel ausgedacht, in das er englische Textzeilen von einer Pete-Seeger-Platte eingebaut hatte, da hieß es: »Con los pobres de la tierra … with the poor people of this earth I want to share my fate.« Auch seine neuen Freunde waren arm. Die rauchten Selbstgedrehte, weil sie sich keine Marlboros leisten konnten; und wenn er das richtig sah, hatte nur Roy eine Armbanduhr. Er wollte auch so sein. Es hatte immer zu seinen Träumen gehört, in einer märchenhaften Armut zu leben, ohne falschen Luxus. Sehr schön passte dazu die Stelle aus den Sacco-und-Vanzetti-Liedern: »Against us is the law and the simple fact that we're poor.« Von den Stücken aus *Hair* gehörte natürlich ›Easy to be kind‹ dazu: »Why do people have no feelings, how can they ignore their friends?«

Manchmal gab es ein verbindendes Geheimwissen, bei ›Heart of Gold‹ heißt es: »I've been to Hollywood, I've been to Redwood« – und dieses Redwood war der Ort, an dem Napalm hergestellt wurde, sodass die Reise von Hollywood nach Redwood so viel bedeutete wie eine Reise zwischen Himmel und Hölle – man teilte eben nicht nur die Stimmung, sondern auch ganze Welten, die dahinter lagen.

Er fühlte, dass er mit seinen Zuhörern einig war, ohne dass er etwas erklären musste. Es waren Lieder mit Bedeutung: songs with meaning. Bei ›Leaving on a Jetplane‹ wurde jemand verabschiedet, der nach Vietnam musste. Erst wenn man das wusste, wurde das schöne Lamento zum politischen Lied, das einem eine Gänsehaut machte, wenn es hieß: »Don't know when I'll be back again, oh babe I hate to go.« Bei ›Universal Soldier‹ gab es allerdings eine Stelle, die er nie verstanden hatte – womöglich hatte Donovan da einen Fehler gemacht. Es hieß: »Without him how could Hitler have condemned him at…«, und er verstand immer: »at Labau«. Das ergab jedoch keinen Sinn. Da sang er immer: »at Dachau«. Bei ›Imagine‹ musste man wissen, dass John Lennon das kommunistische Manifest als Textgrundlage genommen hatte – »Imagine no possession, imagine there's no heaven, imagine there's no country.« So passte es ideal zu seinem Publikum: »Imagine all the people living life in peace.« Leider war es ein Stück für Klavier. Auch die meisten Sachen von den Stones konnte man nicht gut nachspielen, und außer ›Light My Fire‹ nichts von den Doors. Ein echter Jammer war, dass er ›Strawberry Fields Forever‹ und ›Salty Dog‹ nicht bringen konnte. Dafür gab es Lieder, die wie von alleine liefen: ›Bird on a Wire‹, ›Don't Think

Twice it's Allright‹, ›Just Like a Woman‹ – da schien sogar Kris aufzuhorchen, vielleicht war er Dylan-Fan, das waren diese Intellektuellen oft.

Langsam gewöhnte er sich sogar an diesen Kris, der Notizen machte und ab und zu aufblickte. Plötzlich hörte er eine weibliche Stimme: »Cocoa is ready!«

»You're a darling.« »With milk, please!« »Yes, yes!«

»This is Elise«, erklärte Hans, »from New York.«

»The youngest one on board«, erklärte Roy, verbesserte sich sofort und hätte ihm keinen größeren Gefallen tun können: »No. You're the youngest one now, I reckon.«

Eine Frau an Bord! Bei fünf Männern. Wie denn das? Die Funkerin konnte sich nur halten, weil sie mit dem Ersten verheiratet war. Was musste das für ein wunderbares Schiff sein – was für einen Frieden hatten sie gefunden.

»She was a member of the Operation Namibia right from the beginning.«

»Und dieser Japaner?« Moses wechselte schnell das Thema, wie immer, wenn er aufgeregt war. Der hatte noch nichts gesagt.

»His name is Morishta.« Er machte Zeremonien für den Frieden. Er kam aus einem Kloster, in dem alle in Armut lebten, sprach höchstens zwanzig Wörter Englisch. Na dann, dachte Moses, können die mich auch nehmen, ich kann mehr. Manchmal, erklärte Hans, würde Mori ein R sprechen, manchmal nicht.

Und Elise? Er sollte mehr von Elise erzählen, doch Hans sagte nur: »Wait and see.«

Er war von der Petroleumlampe geblendet und erkannte sie erst, als sie dicht vor ihm stand. Sie war groß, schlank und hatte lange blonde Haare. Er mochte ihr Gesicht, es war ein... er konnte es nicht anders sagen: ein irgendwie liebes Gesicht. Sie trug einen langen, offenbar selbst gefärbten Rock, dazu ein weites, weißes Leinenhemd. Sie ging barfuß – wie die anderen auch, an ihr fiel es ihm zum ersten Mal auf. In ihrer rechten

Hand hielt sie einen Steinkrug mit dem Kakao und zwischen ihren Brüsten ein kleines Kätzchen. Er schämte sich im selben Moment dafür, dass er auf so etwas geachtet hatte, aber er hatte es sofort bemerkt: Sie trug keinen BH. Elise reichte Hans den Krug und ihm die Katze. »Hi, I'm Elise and this is Grey Two. Keep her for a moment. What's your name?«

My name? Zum ersten Mal fragte ihn jemand. »Raphael«, sagte er sofort. Er war es leid, der kleine Moses zu sein. Thomas war er lange genug gewesen – Thomas Maria Raphael Schell. Seinen dritten Vornamen hatte er sich immer schon für besondere Gelegenheiten aufbewahren wollen. »My name is Raphael«, wiederholte er, und es klang richtig toll, wie bei dem Partisanensong von Leonard Cohen, bei dem man erst im französischen Teil erkannte, dass es um den Kampf gegen die Deutschen ging: »I've changed my name so often, I've lost my wife and children, but I have many friends« – natürlich hatte er Frau und Kinder nicht verloren, doch von seiner Familie hatte er sich gründlich getrennt. Nun hatte er auch seinen Namen geändert und neue Freunde gewonnen – »the wind, the wind is blowing, through the graves, the wind is blowing, freedom soon will come«.

»Raphael? Like the artist?«

»Yes.« Er gab ihr die Katze zurück, und sie gab ihm eine Selbstgedrehte aus ihrer Rocktasche.

»Light this«, sagte sie und sah ihn lange an.

»I want to join the Operation Namibia. What do you think, Elise? Can I go with you?«

Sie sah ihn immer noch an, sagte aber nichts. Sie reichte die Zigarette weiter an Momo, als müsste das vorrangig erledigt werden. Hatte sie ihn nicht verstanden? Er fragte noch mal und wartete ungeduldig auf ihre Antwort, doch Elise streichelte nur die Katze in ihrem Schoß. Ihr Gesicht wurde immer ernster. Sie trank einen Schluck Kakao, sehr, sehr langsam, aus einem Becher mit der Aufschrift SHE. Ein paar Sekunden lang fixierten ihre Augen das Feuer der Petroleumlampe, dann hob sie die

Katze mit beiden Händen in die Höhe und gab ihr einen schmatzenden Kuss direkt auf die Nase, zog noch einmal an der Zigarette, die mittlerweile über Roy und Kris wieder bei ihr angekommen war, und reichte ihm den Rest. »I hope you will stay. But you must be sure.« Er müsste sich im Klaren sein, dass diese Mission allen das Leben kosten könnte.

»No problem«, sagte er sofort, als sähe er darin das geringste Problem.

Sie war noch nicht fertig, er müsse selber wissen, was er tue, auf dem Schoner gebe es niemanden, der ihm die Verantwortung abnehme. Hier gehe es demokratisch zu, es gab keinen Kapitän.

Umso besser. Jetzt war auch klar, warum Hans die Frage nicht so schnell beantworten konnte. Das war ja wie bei echten Piraten, die ihren Kapitän selbst gewählt hatten.

Momo erklärte es kurz und bündig: »No master, no slave!«

Natürlich war Raphael einverstanden. Jetzt begriff er auch, warum es so wichtig war, dass ihn alle akzeptierten; wenn er mitfuhr, konnte er mitbestimmen.

Elise schaute ihn ernst an: Sie könnten keine Heuer zahlen.

Das war doch klar! Wenn sie ahnten, was sie ihm für einen Gefallen taten, dass sie ihm die Gelegenheit gaben, die Bühne der Welt zu betreten. Und er wünschte sich, dass ganz Clausthal-Zellerfeld, mit allen Ortschaften, die eingemeindet waren, zusehen könnte, und der Kommunistische Bund Westdeutschland mit all seinen Aufbauorganisationen sollte vor Wut in die Flugblätter beißen. Elise reichte ihm die Hand, gab aber noch zu bedenken, dass es kein fließend Wasser gebe. Er solle sich das gut überlegen.

Das hatte er längst. Er hielt ihre Hand, wollte sie gar nicht loslassen, und versicherte zum zweiten, dritten, vierten Mal, dass er ganz sicher war und dass er die Broschüre sorgfältig gelesen und alles verstanden hatte.

»You are welcome!«

Der Japaner war aufgestanden. Er schaute prüfend in die

Runde, lächelte verlegen, kreuzte die Arme über der Brust und verbeugte sich tief: »You go Operation Namibia?«

»Yes!« Sicherheitshalber machte er genauso eine Verbeugung und kreuzte dabei die Arme, auch wenn das leicht als Parodie missverstanden werden konnte.

»Raphael.«

Der Japaner kicherte wie ein Teenie; verbeugte sich mehrmals und sagte immer wieder: »Raphael-san, Raphael-san«, als wäre das ein guter Witz. »Raphael-san, vely good music.« Raphael konnte sich eigentlich nicht vorstellen, dass der Japaner die Musik wirklich mochte, dennoch hatte er das Gefühl, auch von ihm akzeptiert zu sein.

Morishta verbeugte sich ein weiteres Mal vor jedem: »Me sleepy now.« Dann schlich er in demütiger Haltung nach achtern. Alle wünschten ihm eine gute Nacht, er solle was Schönes träumen und recht gut schlafen. Morishta bedankte sich, verbeugte sich wieder und ging.

Was waren das doch für freundliche Menschen! Er wollte auch so werden und sich sofort einen anderen Umgangston angewöhnen. Auf der Patria wurde man Wichser gerufen, wenn man als Erster ins Bett wollte.

Es gab noch eine Runde Kakao für jeden. Nun war die Mannschaft an der Reihe. Alle redeten auf den Neuen ein, als hätten sie nur auf eine Gelegenheit gewartet, von ihren bisherigen Stationen zu erzählen. Sie waren im Senegal gewesen, dann in Gambia, einem der kleinsten Länder Afrikas. Da lagen überall Muscheln, selbst in Banjul, früher waren die sogar ein Zahlungsmittel gewesen. Und es gab da – im Unterschied zu Nigeria – keine Armee, keine Soldaten, nichts. Sie hatten keine Liegegelder zahlen müssen, hatten kostenlos eine Werft genutzt, um ihren Schoner zu überholen. Die Hafenverwaltung hatte sogar Hotelzimmer zur Verfügung gestellt. Auch die einfachen Leute hatten sie unterstützt, sie waren scharenweise gekommen, das Schiff zu bestaunen, hatten Lebensmittel gespendet. Es musste wahrhaft ein wunderbares Land sein.

Dann waren sie in Freetown gewesen und in Sierra Leone. In Monrovia war William Tolbert, der Präsident der Panafrikanischen Organsiation für Afrikanische Einheit, persönlich an Bord erschienen und hatte eine Spende über fünftausend Dollar überbracht. Dazu jede Menge Proviant.

Dann waren sie in Ghana gewesen, dem ersten Land Afrikas, das die Unabhängigkeit erkämpft hatte – Gambia dagegen war das erste Land, das sich dem Tourismus geöffnet hatte, fügte Momo grinsend hinzu. Accra war eine ungeheuer wichtige Station, very important. Ob Raphael schon von Dr. Kwame Nkrumah, dem Begründer des afrikanischen Sozialismus, gehört hätte, fragte Hans auf Englisch – von seiner Taktik des Volkskampfes mit friedlichen Mitteln, ohne heimliche Kompromisse?

Raphael nickte sicherheitshalber.

Auch da hatte es überall Zuspruch gegeben – Raphael sah es bildhaft vor sich, wie die unabhängige Bevölkerung in den Häfen von Accra und Tema zusammenströmte, um der Golden Harvest zuzujubeln. »One must have faith in the best in men, and distrust the worst«, erklärte Kris, »if not, the worst prevails.«

Sie hatten die Erfolgsmeldungen extra zurückgehalten, bis er aufgenommen war. Das war die Belohnung dafür, dass er sich bereit erklärt hatte, ohne Heuer mitzufahren und sein Leben zu riskieren. Die waren von Anfang an fair: Die hatten erst gefragt, ob er sicher war, dann trumpften sie mit ihrem Tolbert und all der großartigen Unterstützung auf. Jetzt wurde erst klar, dass es um eine riesige Sache ging: eine Hoffnung für ganz Afrika.

In Nigeria hatte es allerdings Ärger gegeben mit den officials, und beim Einlaufen wären sie beinahe mit einem spanischen Wassertankschiff zusammengestoßen. Was gab es da zu lachen? Sie lachten, ehrlich gesagt, ein bisschen viel; mit einer Havarie war nicht zu spaßen. Sie hatten Kontakte zur Gewerkschaft, zur Vertretung der SWAPO und zu Wole Soyinka, einem berühmten Schriftsteller, der Theaterstücke geschrieben hatte; denn in Westafrika, erklärte Kris, liebte man besonders das Drama – und natürlich die Musik. Ob er schon von Fela Kuti gehört habe?

Das hatte Raphael – wie er zugeben musste – noch nicht. Das ließe sich aber ändern. Die Crew hatte »very soon« eine Verabredung mit ihm, da könne er mitkommen, schlug Kris vor, als Einführung in die Arbeit von Operation Namibia in Nigeria, das bekanntlich das führende Land der Anti-Apartheidbewegung sei. Raphael war begeistert. Das hieß ja, dass Kris ihm eine Chance gab.

»Fela Kuti!« Momo schien in Verzückung zu geraten, wenn er nur den Namen auf der Zunge zergehen ließ. Fela war der heimliche Black President und Chief Priest, der den Afro beat erfunden hatte. Momo betonte jedes Wort: »Music with a message that would finally lead to the total emancipation of the black race.«

Das wurde immer besser. Jetzt durfte Raphael sogar das Popidol Nigerias kennen lernen. Fela Kuti hatte nicht nur eine politische Partei gegründet, sogar einen eigenen Staat, die Kalakuta Republic – das musste man sich vorstellen: ein großes Haus, wo er mit vielen Freunden wohnte, dazu ein riesiger Garten mit natural Nigerian grass. Plötzlich wurde Momo laut: All die Pflanzen hatten die Soldaten verbrannt, sie hatten das Haus bei einem riesigen Militäreinsatz mit mehr als tausend Soldaten zerstört, Felas Mutter war verletzt worden, eine Schändung der Natur, ein Verbrechen gegen Gott. Fela hatte nun einen Shrine, wie er es nannte, da wollten sie sich treffen.

»Time to go!« Roy stellte erstaunt fest, dass es kurz vor Mitternacht war. Raphael reichte Momo seine Gitarre, die durfte er ausprobieren. Er bedankte sich für den Kakao und lud alle ein, ihn während der Mittagspause auf dem Schiff zu besuchen, um zu duschen und sich satt zu essen. Dafür gab es noch einmal Applaus. Schade, dass der Dutyfree nicht zugänglich war, solange sie im Zollbezirk lagen.

Elise wollte ihn noch zum Zaun begleiten und reichte Grey Two solange an Hans weiter. »Okay, Rafi, let's go!«, sagte sie und nahm ihn ganz selbstverständlich bei der Hand. Elise flüsterte, als würden sie belauscht, dass sie sich schon freue, ihn morgen wieder zu sehen.

»Elise, you must help me. When I leave the German ship, it is not legal. There are many soldiers in Nigeria. We must leave Lagos as soon as possible.«

»All goes well«, sagte sie, und als müsste sie sich selbst beschwichtigen, wiederholte sie das, gab ihm einen Kuss mitten auf den Mund und verschwand in der Dunkelheit. Rafi wusste sofort, warum Birgit sie nicht ausstehen könnte: So eine also, würde sie sagen, mit verächtlichem Ton, der nur ihre Unsicherheit verbergen sollte; denn sie würde sich dieser Elise aus New York hoffnungslos unterlegen fühlen. Als er sich von Birgit verabschieden musste, hatte sie sich benommen, als wären sie verlobt. Er hätte gerne noch einmal mit ihr geschlafen, sie fühlte sich aber irgendwie unter Druck gesetzt, so auf Bestellung, und wollte nur ein bisschen Wärme, außerdem wüsste sie nicht, wie es weitergehen sollte, wenn er auf große Fahrt ging und sie mit ihrer Krankenschwesterausbildung allein ließ.

Elise sah gut aus, war noch jünger als Birgit, hatte einen vollen Busen, lange lockige Haare, eine gute Figur und eine erstaunliche Ruhe. Elise stand sich nicht dauernd selbst im Wege. Die Katzen liebten sie und alle anderen auch! Sie war es gewesen, die nach seinem Namen gefragt hatte, sie hatte ihn zum Rafi gemacht; hatte die wichtigen Fragen angeschnitten, hatte es gewagt, vom Tod zu reden. Sie hatte deutlich gesagt, dass sie hoffe, er werde sich für die Operation entscheiden. Die anderen hatten ihn auch herzlich aufgenommen, selbst Morishta, Momo hatte ihn sogar umarmt, aber Elise hatte sich das richtig gewünscht, sie wollte ihn – sie hatte ihn auf den Mund geküsst, das galt, so eine war das: Sie war schön, sie war mutig, sie lief barfuß im Dunkeln.

War sie wirklich allein? Zu wem mochte sie gehören? Nicht

zu Hans, das war offensichtlich, die hatten sich nicht angeguckt, nicht zu Kris, undenkbar – der war nichts für sie. Roy hatte seine Maggie und das kleine Baby. Elise war stark genug, allein zu sein.

Die Patria wurde immer noch mit Palmnüssen bestückt, überall huschten Schatten. Elise hatte ihn auf den Mund geküsst. Er beschloss, als erste rebellische Maßnahme, seine eingesauten Klamotten über Bord gehen zu lassen, auch wenn das gegen sämtliche Bestimmungen verstieß.

Kaum hatte er sich beim wachhabenden Offizier, der sichtlich erleichtert war, ihn zu sehen, zurückgemeldet, kam Gregor auf ihn zu: Die Fütterung der Raubtiere war wieder ohne Beanstandung über die Bühne gegangen. »Die hab ich vielleicht satt gemacht.«

Rafi hörte nicht hin. Gregor spendierte zur Feier des Tages ein Holsten. Elise hatte ihn gewollt, nicht nur seine Musik. Er legte sich in voller Kleidung in seine Koje und wusste, dass er sowieso nicht einschlafen konnte: »I crossed the ocean for a heart of gold.«

4
Die Politik der kleinen Schritte

»Der Mensch ist nicht dazu geschaffen, untätig zu sein und zu schweigen, Ungerechtigkeit zu ertragen, Unterdrückung zu dulden und nicht nach guten gesellschaftlichen Verhältnissen und dem guten Leben zu streben.«

Nelson Mandela

Rafi hatte beschlossen, nichts zu verraten, schon gar nichts von Elise, und behauptete, dass er ficken war. »Jiggi jiggi nennt man das.«

Sie tippten sich an den Kopf, tick, tick. Der Bootsmann wiederholte – bei der Jungfrau Maria – seinen heiligen Schwur, dass er ihn in Ketten legen würde, falls er versuchen sollte, achteraus zu segeln.

Sie sahen schlecht aus. Es stimmte also: Die Tropen bekamen dem weißen Mann nicht. Ihre Gesichter waren bleich, alle waren erkältet. Es gab ein ständiges Gehüstel und Geschnupfe in der Mannschaftsmesse, sie rauchten trotzdem, und angeberisch, wie sie waren, hielten sie die Zigaretten in die Handflächen gedreht, als müssten sie auch unter Deck die Glut vor Windstößen schützen. Mit solchen Schwätzern hatte er nichts mehr zu tun. Bis zum Mittagessen musste er noch die Kammern der Offiziere putzen, die Bettwäsche abziehen, waschen und bügeln, aber es ging ihm leicht von der Hand – es war das letzte Mal! Demnächst müsste sich ein anderer die Finger an der Bügelmaschine verbrennen.

»Besuch für Herrn Schell!« Er wusste in der ersten Sekunde gar nicht, wer gemeint war. So nannte ihn niemand. Es war das erste Mal, dass er über die Sprechanlage ausgerufen wurde. »Nun komm schon, Moses. Bring gleich frischen Kaffee mit.«

Elise! Natürlich! Sie hatte sich an Bord gemeldet, und der Erste hatte natürlich nichts Besseres zu tun, als ihren Besuch im Schiff hier auszuposaunen. Sein Herz schlug sofort schneller, und frischer Kaffee dauerte unter diesen Umständen zu lange; das hatte der Erste auch nicht verdient, der kippte sich jedes Mal reichlich Cognac dazu, da tat es auch der Rest aus der Kaffeemaschine. Er legte dekorativ einen Keks auf die Untertasse und lachte in sich hinein: Wie serviert man bei Windstärke neun eine Tasse Tee gestrichen voll? Man nimmt einen großen Schluck in den Mund…

Auf der Brücke wurde er freudig von Kris und Roy begrüßt, beide barfuß und mit ihren Hippie-Haaren und Shorts auf der Brücke eindeutig fehl am Platz. Die Blicke des Offiziers waren entsprechend. »Für dich, nehm ich an«, er bat übertrieben förmlich, Herr Schell möge seine Besucher in seine Kammer begleiten.

Das tat der Herr denn auch. Er fragte, ob sie Hunger hätten. Das hatten sie. Sie wollten duschen und waren hellauf begeistert von den sanitären Einrichtungen. Rafi spendierte zwei frische Handtücher – sie konnten es kaum fassen –, Seife, Shampoo, bitte schön. Er machte sich sofort in die Pantry auf, um ordentlich was zu servieren. Vom Samstagseintopf war noch genug übrig, selbst vom allseits beliebten Vanillepudding mit Himbeersoße und vom Mohnkuchen. Roy wollte einfach nicht glauben, dass so eine Nasszelle auf europäischen Schiffen Standard sein sollte. »Germany must be rich!«

Kris hatte schon das einzige Buch entdeckt, als Bibel identifiziert und wieder weggelegt. Dann fiel sein Blick auf die Minolta. »Oho!« Kris fotografierte auch. Es gab sogar eine Dunkelkammer an Bord für die Pressearbeit, die speziell seine Aufgabe war.

»Take the camera with you«, sagte Rafi spontan. Vielleicht wüsste Kris es zu schätzen, wenn er ihm das gute Stück anvertraute. Er hatte noch eine Idee. Er holte seinen Seesack aus dem Schrank und schüttete ihn auf seiner Koje aus. Sie sollten anziehen, was sie konnten. Die beiden schienen zu verstehen. Er musste – leider – noch etwas arbeiten, in einer halben Stunde würde er wieder reinschauen. Kris verzog sich zuerst in die Dusche. Rafi nutzte die Gelegenheit, um Roy nach Kati Kelvin zu fragen.

Roy schmunzelte. Es würde noch dauern, bis die good old lady in die Gänge käme, zwei Wochen, vielleicht auch drei.

Rafi putzte hastig die Fenster und sang halblaut vor sich hin: »This will be the last time, baby, the last time« – nun kam es nicht mehr drauf an. Er hatte längst erkannt, wozu sie einen Moses an Bord brauchten, nicht etwa, um die Drecksarbeit zu machen, keineswegs, die brauchten einen, der an allem schuld war; einen, den sie nach Herzenslust schikanieren und belehren konnten.

Warum war Elise nicht mitgekommen? Wie mochte es ihr gehen? Dieser Kris – das fiel ihm jetzt erst ein – wollte vermutlich das Aufnahmegespräch fortsetzen. Er sollte ein bisschen vorsichtiger sein.

Sie waren soweit: Sauber und frisch eingekleidet standen sie vor seinem Spiegel, strahlten ihn an und bedankten sich noch einmal ausgiebig für das Essen und die Dusche.

Es lagen aber noch zu viele von seinen Kleidungsstücken auf seiner Koje, er redete den beiden gut zu, mehrere T-Shirts übereinander anzuziehen. Dem armen Kris zogen sie einen Pullover über und darüber die Regenjacke, die ihm fast bis zu den Knöcheln reichte. Dazu bekam er drei Paar Socken, damit ihm die Stiefel überhaupt passten. Hosen brauchte er gar nicht anzuprobieren, dafür war er viel zu klein. Roy übernahm zwei Paar Socken und Sandalen, die ihm sogar einigermaßen passten; die Jeans auch. Er kriegte gleich vier T-Shirts und einen

Rollkragenpullover. Bei der Hitze würden sie wahrscheinlich nach wenigen Metern tot umfallen. Dennoch hatten sie gute Chancen, unbemerkt von Bord zu kommen, wenn der Erste nicht misstrauisch wurde; und im allgemeinen Trubel des Schichtwechsels konnten sie vielleicht sogar unkontrolliert zurück. Sie wickelten die Kamera vorsichtig in mehrere Badetücher und legten das gute Stück in den leeren Seesack unter einen Stapel frischer Unterhosen und Socken. Ein ziemliches Risiko, das wusste Rafi auch, aber es wäre genauso gefährlich gewesen, wenn er es später alleine versucht hätte. Er steckte ihnen sogar sein Vietnam Combat Knife zu – ein Kampfmesser mit Blutrinne, ein echtes Wertstück. Sie verabredeten am nächsten Tag, gemeinsam zu Fela zu fahren. Zwanzig Uhr, abgemacht. Er begleitete sie zur Gangway, und sie hatten Glück und wurden tatsächlich nicht bemerkt.

»Say hello to Elise«, rief er den beiden leise hinterher und sah mit Freude, wie seine Kleider langsam die Gangway hinunter verschwanden: Nun hatte er den größten Teil seiner Effekten von Bord. Mit dem kläglichen Rest würde er morgen verschwinden. Vielleicht konnte er sich bei Fela verstecken, bis Kati Kelvin flott war; sich als Begleitmusiker ausgeben und nebenbei ein paar gute Riffs abgucken.

Gregor hatte frei, der Spanier wollte kochen, andalusische Spezialitäten mit Tintenfischen und Schalentieren. »Wenn du das gegessen hast, vergisst du deinen Seelenverkäufer wieder.« Seine Kochkünste hatten immer großen Anklang gefunden. Aber, bitte, Moses wollte ja verzichten zu Gunsten armer Negerkinder, ausgerechnet heute. Natürlich kannte Gregor Fela Kuti nicht.

»Fela Kuti ist so berühmt wie bei uns…«, ihm fiel kein Beispiel ein. Gregor war sowieso nicht zu beeindrucken. »Der Schoner ist voll mit verbotenen Büchern. Eine riesige Aktion gegen die Apartheid. Von Philadelphia aus organisiert.«

»Na und? Du wolltest immer schon auf so ’n Segler, ist doch

scheißegal, was die geladen haben.» Gregor war ein hoffnungsloser Fall. »Du kannst mir doch nicht erzählen, dass du was mit Büchern am Hut hast. Ich hab dich nie mit 'nem Buch gesehen. Horatio Hornblower hab ich alle gelesen. Das sagt dir nichts, stimmt's? Hab ich mir gleich gedacht.«

Er war fertig mit Gregor, sowieso. Wie konnte er so einem erklären, dass die Operation Namibia ein wichtiger Schritt aus der Unterdrückung war? Das war viel zu hoch für den. Er hatte ihn sowieso nie gemocht. Gregor wollte ihm trotzdem was von den spanischen Köstlichkeiten warm halten.

»So bin ich. Geh doch zu deinen Leseratten, wenn du es nicht lassen kannst!«

Er lief wieder dem Bootsmann über den Weg, der sich jede Bemerkung verkniff und stumm zuguckte, wie Moses zum letzten Mal die Scheiben putzte. Er konnte es kaum aushalten; er spürte regelrecht, wie ihn die Blicke von hinten erdolchen wollten. Dann sollte Garleff lieber aufspringen und versuchen, ihn in Ketten zu legen.

»Garleff! Was ist? Ist dir 'ne Laus über die Leber gelaufen?«

Er antwortete nicht. Erst als Moses resignierte und zum nächsten Fenster aufbrechen wollte, fing er an, Selbstgespräche zu führen: »Drei Jahre hab ich nichts von Freddy gehört. Ich war viel weg, wie das so ist, weißt du ja …« Rafi konnte doch nicht mitten im Satz gehen, oder? »Ich hab immer 'ne Kleinigkeit mitgebracht, als er noch so 'n Steppke war, Briefmarken, Muscheln, nichts Besonderes, hier gibt's ja nichts.«

Moses war quälend unklar, ob er jetzt weiterputzen sollte. Schließlich entfernte er sich leise, als würde er sich davonschleichen, immer mit Blick auf den Bootsmann, der sich nicht rührte. In der Tür zur nächsten Kammer blieb er ein letztes Mal stehen. »Tschüss, Garleff!«

Der rührte sich nicht.

»Tschüss, Garleff!«

Er hatte sich zwei Jeans übereinander angezogen, mehrere T-Shirts. Das rote Kopftuch. Er fühlte sich dicker und stärker; das machte gleich Eindruck auf die ausgehungerten Gestalten, die sich auf der Pier herumtrieben. Sie grüßten freundlich und machten ihm sogar den Weg frei. »Yellow«, riefen sie und zeigten auf seine Haare, they call me mellow yellow … Am Hafentor erkannte er einen von King Kongs Soldaten wieder, er holte seinen Pass aus der Umhängetasche und legte freiwillig eine Schachtel Marlboro drauf. Der Soldat steckte sich grinsend die Zigaretten ein und gab ihm den Pass unbesehen zurück. Na bitte, so macht man das hier. Als Rafi fragte, ob er gerade afrikanischen Tabak rauche, strahlte er ihn wie einen neuen Freund an: »Yes, Sir!« Er zog noch einmal kräftig an seiner Selbstgedrehten und schenkte ihn dann den ganzen Rest. Na also. Nigeria war ein freundliches Land, wenn man richtig mit den Leuten umging, der hatte sogar Sir gesagt. Er merkte deutlich, wie mit jedem Zug das Glücksgefühl zurückkehrte, das er hatte, als er hier ganz in der Nähe Elise zum ersten Mal geküsst hatte. Er fühlte sich warm von innen und schwitzte nicht.

Sie kam ihm auf der Holzpier entgegengelaufen, trug wieder dieses wunderbare flatternde Kleid und umarmte ihn heftig. Sie war völlig durch den Wind. Irgendetwas Schreckliches musste passiert sein. »Come on board, hurry up!« Elise war außer Atem; die beiden rannten zur Golden Harvest, als müssten sie jemanden retten. Ihm war klar, dass seine Spiegelreflex verloren war, seine Gitarre, all seine Sachen. Hans stand am Gasherd und brühte gerade frischen Kaffee.

»Was ist los?«, fragte Rafi.

»Something has happened.« Hans war nicht aus der Ruhe zu bringen. Das Treffen mit Fela Kuti musste ausfallen, es hatte Ärger gegeben. Felas Shrine war voller Soldaten – in der Tat schlechte Nachrichten, damit kam die Adresse von Fela nicht mehr als Versteck in Frage. Aber Fela hatte Bücher gespendet, Roy und Morishta holten gerade die Kisten ab. Hans servierte Kaffee mit viel Milch und Zucker. Rafi konnte es kaum aushalten, ihm war längst klar, dass die schlimme Nachricht noch nicht ausgesprochen war – also? Was war passiert?

»Momo and Kris have been arrested«, erklärte Hans, »soldiers came on board…« Elise fing sofort an zu weinen.

»Das kannst du auch auf Deutsch sagen. Du bringst nur Elise zum Weinen.« Rafi hielt ihren Kopf an seine Brust und streichelte ihre Haare; eine etwas verkrampfte Geste, das merkte er selber. Er war nicht der Typ für so was – bisher jedenfalls nicht gewesen.

Hans blieb ruhig: Also, es waren Soldaten an Bord gekommen, um das Funkgerät zu beschlagnahmen. Momo und Kris wollten das verhindern, da sind sie verhaftet worden. Ihn hätten sie auch mitgenommen, wenn sie drei Paar Handschellen gehabt hätten. Jetzt saßen sie in der Patsche: Jeden Samstag sollten sie einen aktuellen Lagebericht nach Philadelphia funken; die Militärs hatten jedoch – aus welchen Gründen auch immer – im gesamten Hafengebiet jeglichen Funkverkehr ins Ausland auf langer Welle untersagt. Eigentlich müssten sie nun ihr Headquarter informieren, damit sämtliche diplomatischen Hebel in Bewegung gesetzt würden, um die Freilassung von Momo und Kris zu erwirken, und genau das ging nicht.

Elise hatte sich erstaunlich schnell ausgeweint. »Do you still want to join Operation Namibia?«

»Sure!« Warum denn nicht? Dachte sie etwa, er würde bei der ersten Gelegenheit das Handtuch werfen? Da kannte sie ihn aber schlecht. Vielleicht konnte er etwas tun. Sie hatten auf der Patria eine moderne Funkausrüstung – und eine patente Funkerin. Frau Papenkamp würde bestimmt helfen, wenn Elise mit ihr von Frau zu Frau redete.

Er nahm Elise bei der Hand, sie rannten los, immer wieder geblendet vom Licht der Gabelstapler, die ihnen entgegenkamen. Unterwegs sprachen sie nicht und hielten sich nur fest an den Händen; am Hafentor grüßte der Soldat und legte die Hand an die Mütze, »Mylady, Sir!«.

Auf der Apapa-Pier ruhten die Arbeiter auf den Palmnusssäckchen aus und rauchten afrikanischen Tabak. Inzwischen konnte Rafi schon den Duft erkennen. Sie pfiffen ihnen hinterher: »Jiggi jiggi!«

Gerade als sie die Gangway der Patria erreichten, wurde Rafi von einem Arbeiter am Arm festgehalten; einer, der ihm, wenn er sich recht erinnerte, schon beim chop chop aufgefallen war. Er bat Elise um einen kleinen Moment Geduld, »for good luck, Ju Ju«. Er hielt ein etwa zwanzig Zentimeter langes, mit Federn geschmücktes, verschrumpeltes Etwas in der Hand, und schaute rührend hilflos zu Elise auf, die sich die Hand vor den Mund hielt, um nicht laut lachen zu müssen. Sie schaffte es dennoch, Rafi zu erklären, dass der Alte sie darum gebeten hatte, seinen Fetisch zu berühren, damit er auf diesem Wege an ihrem Glück teilhaben könne. Sie tat ihm, ohne zu zögern, den kleinen Gefallen. Nun war Rafi dran. Er sollte auch den Fetisch berühren. Der Alte bedankte sich überglücklich.

Auf der Gangway erklärte Elise, dass es sich um ein männliches Geschlechtsorgan gehandelt hatte, »all dry«, das dem Alten seine Manneskraft zurückbringen sollte, wenn es von einem jungen Liebespaar berührt wurde.

Schon im Gang roch es nach andalusischem Essen. Rafi wusch sich die Hände – er konnte es nicht glauben: Das Ding war etwa zwanzig Zentimeter lang gewesen. Er führte ihr die hoch gerühmten sanitären Einrichtungen vor, und während sie sich ein bisschen frisch machen konnte, wollte er mit der Frau an Bord ein Wörtchen reden.

Die saß wie immer in ihrer Funkbude und bastelte an der Anlage. Er fragte, ob sie einen Moment Zeit hätte, eine wichtige Sache, sie würde so gut Englisch sprechen.

»Natürlich, für dich immer. Ein Viertelstündchen.«

Elise war frisch geduscht, hatte sich das Badetuch umgehängt und fragte gleich, ob er Glück gehabt habe.

»Sure! She comes in fifteen minutes. She will help us. She is a very ...« Er überlegte, was mutig auf Englisch hieß; Elise faltete das Badetuch zusammen und stand nun völlig nackt in seiner Kabine, sie hatte nur wenige Schamhaare; ihre Arme und Beine waren braun, sonst hatte sie einen überraschend hellen Körper, als hätte sie immer einen einteiligen Badeanzug getragen, sie hatte eine auffällig dünne Haut, unter der man an einigen Stellen die Adern erkennen konnte.

»There is a problem.« Es kam ihm ganz normal vor, Elise nackt zu sehen – und wahnsinnig aufregend zugleich: Frauen wussten nicht, was sie bei Männern bewirken, doch Rafi war, als wären sie versuchsweise Freunde in einer anderen Welt, in der man über so was schon hinaus war. Die vielen Soldaten waren das Problem. Dieser Shrine von Fela und die Golden Harvest waren nicht mehr sicher. »We need a place to hide.«

Sie hatte sich schon Gedanken gemacht. Es gab da einen schwarzen Arbeiter, der in seiner Pause auf die Golden Harvest kam, a union man; er unterstützte die Operation Namibia. »His name is Ismael. I think we can trust him.« Bei ihm könnte sich Rafi verstecken, bis sein Schiff Nigeria verlassen habe. Sie hatte ihn schon angesprochen, Ismael war einverstanden, er lebte allerdings in Ajegunle. »Are you afraid to go to Ajegunle?«

»Of course not!« Er reichte ihr sein frisch gewaschenes Lieblingsbaumwollhemd und seine letzte Jeans, die noch auf der Koje lag. Sie passte ihr besser als ihm.

Elise ging in der Kammer auf und ab wie ein gefangenes Tier, als hätte es sie nervös gemacht, wieder Kleider am Leib zu tragen; alles wird gut, sagte sie, wie sie damals zum Abschied gesagt hatte, »all goes well«. Es kam ihm vor wie eine Zeile aus einem Song. Er wollte ihr gerne noch Kaffee anbieten oder Zigaretten, Elise wollte nicht.

Endlich klopfte es, und Frau Papenkamp staunte nicht schlecht, eine Frau in seiner Kabine anzutreffen. Sie wollte tatsächlich sofort helfen, er hatte sogar den Eindruck, dass die beiden Frauen sich auf den ersten Blick mochten. Zusammen zogen sie los in Richtung Brücke, als müssten sie da etwas erledigen, wozu sie keine Männer brauchten.

Er steckte inzwischen die schmutzigen Sachen von Elise in die Waschmaschine. Rafi zog Schuhe und Strümpfe aus, als wollte er sofort Verhältnisse einführen wie auf der Golden Harvest. Von dem spanischen Essen war noch genug übrig, er hamsterte zwei große Portionen, stellte in seiner Kammer zwei Teller auf, dazu zwei Teetassen, und als er gerade die Suppe austeilte, kam Elise zurück und wirkte sichtlich erleichtert. Frau Papenkamp hatte weitergeholfen; sie hatte ein Telegramm nach Philadelphia geschickt, ohne Absender, damit niemand gefährdet war.

Rafi konnte sich nicht satt sehen an seiner Elise, die wie verwandelt wirkte, glücklich wie ein Kind über die andalusischen Spezialitäten. Er schenkte den Rest Sherry, den er in der Kombüse gefunden hatte, in die Teegläser, obwohl ihm solche Gesten fremd waren. Er hatte noch nie eine schöne Frau zum Essen ausgeführt, dazu hatte ihm nicht nur das nötige Kleingeld gefehlt, sondern auch das Verlangen nach solch spießigen Vergnügen. Einmal war er mit Birgit in ein Café mit dem lächerlichen Namen PARIS BRAUNSCHWEIG gegangen, sie hatten sich vorher gestritten, und sie hatte den ganzen Abend darauf bestanden, dass ihr der Appetit gründlich vergangen war. Elise wirkte ungemein sinnlich, wenn sie diese Langustinoschwänze pulte und mit sichtbarem Wohlbehagen verspeiste.

Ihre Freunde waren alle sehr aktiv, ein gewisser Moodie aus dem Hauptquartier in London, ein gewisser Barry aus Irland, außerdem hatte sie Kontakte zur britischen Botschaft, da gab es einen, der so ähnlich hieß wie Irving. Die Leute aus Philadelphia hatten sogar Kontakte zur UNO und zu Senator Andrew Young persönlich. Es könne nicht mehr lange dauern, bis das Missverständnis behoben sei und Momo und Kris wieder frei wären. Je mehr Elise erzählte, desto klarer wurde ihm, dass er nun auch jede Menge neuer Freunde hatte – friends in the USA –, die er sonst nie kennen gelernt hätte. Elise war wieder merkwürdig unerreichbar geworden. Er berührte sie mit seinem nackten Fuß vorsichtig, als müssten sie das heimlich tun.

Elise verstand sofort: Sie lächelte glücklich. In Gambia hatten sie auch solche Schalentiere gegessen, alles von der Regierung gestiftet, »very good, hm«.

Hatte die nicht sogar Hotelzimmer gestellt?

Nur ein einziges, sie mussten sich abwechseln.

Rafi spekulierte sofort, mit wem sie das Zimmer geteilt haben mochte. Sie erzählte davon, wie Alex Haley in Gambia an Bord gekommen war, um ein paar Exemplare seines Buches zu signieren – for the people of Namibia! Er lebte eigentlich in den Staaten, doch gelegentlich besuchte er noch die Heimat seiner Vorfahren – hatte Rafi nie von ihm gehört? *Roots* war ein internationaler Bestseller, er könnte es ja bei Gelegenheit lesen – Elise lächelte –, sie hatten es an Bord. Momo war übrigens auch ziemlich bekannt, man nannte ihn in Banjul Professor Momo, wenn auch eher scherzhaft. Momo sprach Mandinka, eine weitere westafrikanische Sprache, Englisch natürlich und – da war sie nicht sicher – ein bisschen Deutsch, auf jeden Fall Schwedisch. Außerdem kam ihr Huhn No Nonsense aus Gambia.

Warum hatte es so einen komischen Namen?

Ganz einfach. Immer wenn es irgendwo hinscheißen wollte, hatten alle »No, No«, gerufen, »No Nonsense!« Außerdem sei dies eine bekannte politische Parole in Afrika: No Nonsense. Nie davon gehört?

Zum Schluss des besten Essens der Welt tupften sie mit Weißbrot die Terrine trocken und fühlten sich rundum wohl. Sie rauchten noch eine. Elise half mit, das Geschirr zurückzutragen, bestaunte die großzügige Ausstattung der Vorküche und folgte ihm in die Bordwäscherei, wo er ihre gewaschenen Sachen in den Trockner steckte und ihr die Bedienung der Bügelmaschine erklärte, die sie aber nicht sonderlich interessierte.

Er holte noch zwei Tee und setzte sich mit ihr in die gemütlichen Stühle der Offiziersmesse. Er hatte natürlich längst mitgekriegt, dass der Schöne Reinhold sie beobachtete, doch Reinhold traute sich nicht, hallo zu sagen: So waren diese Kerls; da musste nur eine schöne Frau in ihre Nähe kommen, schon wurden sie so unsicher, dass sie wie gelähmt waren – wenn der wüsste, dass er diese Schönheit aus New York schon geküsst und nackt gesehen hatte, und zwar vor kurzem erst. Er hatte ihren Körper immer noch vor Augen unter seinem absoluten Lieblings-T-Shirt.

Das letzte Mal, als er in einer Disco war – im GALAXY –, waren ausschließlich Männer da gewesen, tief über ihr Bier gebeugt, keine einzige dancing queen in Sicht, und Rod Stewart hatte gestöhnt: »Do you think I'm sexy?« Eine finstere Szenerie. Damals schon hatte er die Vermutung gehabt, dass er nicht einfach nur einen schlechten Tag erwischt hatte, sondern einen tiefen Blick in die ganz normale trostlose Liebeswelt des weißen Mannes getan hatte – sollte doch der Schöne Reinhold gucken und staunen, sollte er die anderen Matrosen noch holen, alle, die Schmierer aus Marokko auch.

Elise und Rafi lauschten andächtig dem Lärm der Schauerleute, die rund um die Uhr Palmnusssäcke an Bord schleppten, und er fühlte sich wie bei einer Verschwörung. Er und Elise waren die Einzigen, die wussten, dass die Geräusche in Wirklichkeit etwas anderes bedeuteten. Morgen um diese Zeit würde er ein neues Leben angefangen haben. Was sollten sie groß reden? Er könnte Elise sagen, dass er sie bewunderte, weil sie so mutig war, aber dafür fehlten ihm die richtigen Vokabeln. Sollte Reinhold nur zugucken, wie sie einverständlich schwiegen und ihren Tee tranken, so schnell würde der keine schöne Frau mehr zu sehen kriegen, ihn würde er auch nicht wieder sehen und nie erfahren, dass er eigentlich Rafi hieß.

Er verschaffte sich noch einen letzten Überblick über seine Habe: Bis auf seine Büffelleder-Fransenjacke, die er bei HUNDERTMARK auf der Reeperbahn gekauft und auf die er auf keinen Fall verzichten wollte, waren nur ein paar Socken und zwei weiße Oberhemden übrig geblieben. Es war garantiert das letzte Mal gewesen, dass er seiner Mutter einen Gefallen getan hatte: weiße Hemden auf große Fahrt nach Afrika, damit man was Anständiges zum Ausgehen hatte – eine typische Mutteridee. In Zukunft würde er nur noch T-Shirts tragen, abgeschnittene Jeans, vielleicht einen Lendenschutz wie Hans. Er hatte sich auch an das Barfußlaufen gewöhnt; die Socken konnten weg.

Er legte alle Sachen, von denen er sich in Gedanken verabschiedete, auf einen Stapel am Fußende und war richtig stolz auf seine Hinterlassenschaft: weiße Hemden, Socken, den ausgelesenen *stern*, den er sich vor einer Ewigkeit in Lübeck gekauft hatte, eine halb leere Flasche Gin.

Zum Kopfende legte er die Sachen, die er für sein Abenteuer brauchte: seine verspiegelte Easy-Rider-Sonnenbrille, sein rotes Kopftuch, seine Pirantron – die erste größere Anschaffung im Ausland –, den Langenscheidt, Zahnbürste, sein fast leeres Tagebuch, in dem seit Gibraltar keine Eintragungen waren, einen Kugelschreiber – ein blödes Werbegeschenk von einem Elektroladen in Clausthal-Zellerfeld. Geld hatte er nicht mehr. Nur eine Mark und zwanzig Pfennig, die in der kleinen Innentasche über der rechten Hosentasche seiner Jeans steckten; die hatte Birgit deponiert, für ein rettendes Telefongespräch. Er brauchte kein Geld auf der Golden Harvest, erst recht keine DM. Geld machte die Menschen gierig und böse. Er hatte sich immer eine Welt ohne Geld gewünscht, das war seine Vorstellung von Politik. Palludrin hätte er sich besorgen sollen – zu spät –, das Zeug musste man regelmäßig schlucken. Auf seinen Impfpass musste er auch verzichten, auch auf sein Seefahrtbuch, das lag beim Ersten im Tresor.

Er inspizierte – immer noch barfuß – ein letztes Mal die sanitären Anlagen, beschloss aber, außer einer Tube Colgate und einer Rolle Toilettenpapier nichts mitzunehmen. Hatten die auf der Golden Harvest denn überhaupt ein Klo? Er konnte sich nicht erinnern, eins gesehen zu haben.

Er war nur zu müde. Er wollte nicht in die Pantry und sich sein Frühstück holen. Er wollte nicht ausgefragt werden. Sollten die anderen doch kommen, wenn sie ihn vermissten. Es war so einfach. Er musste bloß die Umhängetasche nehmen und los. Doch es war ein großer Schritt, zu groß für einen einzigen Tag. Er legte sich angezogen zurück auf die Koje.

Immer war er zu allen wichtigen Sachen zu jung gewesen, you're still young, that's your fault; alle hatten ihm Ratschläge geben wollen. Dabei war es sowieso nur die Jugend, die zählte. Einer wie Gregor mit seinen Wichsrezepten war doch längst fertig mit der Welt, der vegetierte als Zombie auf dem Abstellgleis. So hätten sie ihn auch gerne: schön stillhalten, Junge, reg dich nicht so auf – du engagierst dich immer so, hatte seine Mutter das genannt. Er war eben ein Kämpfer; kein Popper, der nur seine Karriere im Kopf hatte. Er wollte sich keinen teuren Walkman kaufen, um sich gegen den Rest der Welt abzudichten, auch keine dieser Rollschuhe mit den Stoppern vorne, mit denen die Jungs in der BRD durch die Fußgängerzonen huschten, als könnten sie sich blitzschnell über alles hinwegsetzen. Er nicht. Er wollte eingreifen. War denn noch keinem aufgefallen, dass all die Sympathisanten gar nicht mit den schmerzverzerrten Gesichtern auf den Fahndungsfotos sympathisierten, sondern mit der Ernsthaftigkeit dieser Leute, die endlich was taten gegen die Betonköpfe, gegen die neuen Nazis, gegen die kommerzielle Scheiße, gegen Helmut Schmidt und Boney M – with the poor people of the earth I want to share my fate. Sollten sie ihm doch alle sagen, dass es der Jugend viel zu gut ginge, so ein Quatsch: Die Zeiten waren schlecht, die waren immer schlecht, und man war nur einmal jung; und jung zu sein in der BRD der 70er-Jahre hieß, keine Chance zu haben.

Es klopfte. »Herein!« Frau Papenkamp. Sie hatte offenbar etwas auf dem Herzen. Zuerst wollte sie ihm sagen, dass sie auch schon in einer Wohngemeinschaft gelebt hatte, fast zwei Jahre lang. Ihm war völlig schleierhaft, warum sie das erzählte. »Eine schöne Zeit eigentlich, ein bisschen chaotisch, na ja, aber ganz nett.« Sie war auch auf einer Demo gewesen, gegen Fahrpreiserhöhungen.

Er wartete, dass sie zum Thema kam.

Tja, sie lernte offenbar nur Kerle kennen, die unbedingt auf ein Segelschiff wollten; auch der Kapitän war früher auf einem Dreimastschoner als Robbenfänger gewesen. »Manchmal sind die Jungs richtig verknallt, solange nur Segel dranhängen.« Aber: Sie hatte noch einmal mit ihrem Mann gesprochen, und was Moses da vorhatte, sei selbstmörderisch und außerdem illegal.

Ach nein. Das klang ja, als sei es schlimmer, etwas Illegales zu tun, als Selbstmord zu begehen. Er wusste selber, dass es gefährlich war. Deswegen wollte er es doch!

»Weißt du, Moses, diese Lotsen, die an Bord gekommen sind und unseren Zollschrank versiegelt haben, waren gleichzeitig die hiesige Einwanderungsbehörde, verstehst du?«

Er konnte es nicht leiden, wenn man ihm Dinge erklärte, als wisse er rein gar nichts.

Er hatte keinen Vermerk, dass er in Nigeria eingereist war. Niemand an Bord hatte das. Kein Problem. Sie wollten ja auf demselben Weg wieder ausreisen. Wenn er nun hier bleiben wollte, galt er als illegal eingereist.

Na und? Er sah sie herausfordernd an. Glaubte sie, das könnte ihm Angst einjagen?

Es würde sicherlich Probleme geben, ihn unter diesen Umständen wieder zu repatriieren.

»Ich will nicht repatriiert werden.« Schon dieses Wort! Sie hatte wirklich keine Ahnung: Kaum war er achtzehn, hatte er einen Antrag gestellt, sich die deutsche Staatsbürgerschaft aberkennen zu lassen. Er wollte kein Deutscher mehr sein, als er aus Polen zurückkam. Aber man hatte seinen Antrag abgelehnt mit der Begründung, dass die deutsche Staatsbürgerschaft nicht aberkannt werden könne, solange er noch keine andere erworben hätte. Und für diesen läppischen Bescheid hatte man ihm siebzig Mark Bearbeitungsgebühr in Rechnung gestellt.

»Solange du nicht repatriiert bist, wirst du auch von den deutschen Behörden als Ausländer angesehen.«

Das war ja noch schöner. Was für ein Scheißland war dieses Deutschland: Die eigenen Leute wurden bei der Stange gehalten, indem man ihnen drohte, sie sonst wie Ausländer zu behandeln.

»Moses ...«, sie beugte sich vor, um ihm ein Haar von seiner Schulter zu zupfen – das hätte sie nicht tun dürfen, er hasste sie, allein deshalb. »Ich kann es dir nicht versprechen, aber ich werde mich für dich einsetzen, mein Mann auch. Wenn wir ein gutes Wort für dich einlegen – und das werden wir –, hast du gute Chancen, einen Platz auf der Seute Deern zu kriegen.«

Was war sie doch für eine Spießertante in grauer Hose mit Bügelfalte! Sie sah wirklich aus wie eine Politesse, die bei abgelaufenen Parkuhren Strafzettel ausstellte, wie der Blitz immer gesagt hatte. Die Seute Deern, das wusste er längst, war ein Projekt, mit dem verhaltensgestörte Jugendliche resozialisiert werden sollen, wo sie lernen konnten, sich in eine Gemeinschaft zu fügen.

»Die wird dir gefallen, ein schöner Gaffelschoner, gut in Schuss, sechsunddreißig Meter lang.« Auch die Arbeit an Bord wäre genau, was er brauche. Disziplin und frische Luft hätten bisher jedem gut getan. Und so einer gegenüber hatte er ein schlechtes Gewissen gehabt wegen der Bemerkung mit seinem Vater. Die merkte nicht einmal, wie sie ihn am laufenden Band beleidigte. Sie sollte wieder hoch auf die Brücke, sich von allen Funkvotze nennen lassen und ja nicht versuchen, ihn noch einmal anzufassen.

»Du kannst ja noch ein bisschen darüber nachdenken.«

Das sollte wohl die versöhnliche Schlussbemerkung sein.

Aber nicht lange. In zwei, drei Tagen würde die MS Patria Apapa verlassen und vielleicht nach Amerika fahren. Da wollten sie doch eigentlich alle hin, oder?

Er wurde doch nicht etwa krank. Warum war er nur so müde? Es war alles eingeleitet, die Umhängetasche war gepackt, er konnte gar nicht mehr zurück. Es hielt ihn nichts mehr in

Deutschland, nichts auf diesem weißen Schiff. Doch er hatte das Gefühl, dass ein Schwarm fliegender Ameisen auf ihn einstürmte, wenn er die Tür zu seiner Kammer auch nur einen Spaltbreit aufhielt.

»O Señorina, -rina, -rina, o Señores, so viele Haare und keinen Kamm!« Der Blitz kam ohne anzuklopfen rein. »Ich stör doch nicht, oder?« Schon hatte er den Gin entdeckt. »Darf ich?« »Du musst viel trinken. Besonders in der Nacht. Die Nächte sind das Schlimmste.« Der Blitz gönnte sich einen Schluck und erzählte, dass hier die Gefangenen jede Nacht verprügelt würden. »Man nennt das general beating.« Er sprach es aus, als wäre es ein militärischer Dienstgrad. Darauf musste er gleich noch einen Schluck nehmen.

Klar. Er konnte die ganze Flasche behalten. Dafür sollte er ihm noch einen letzten Gefallen tun. Moses schrieb die Adresse von Birgit auf, er wisse schon.

»Deine Süße aus Braunschweig?«

Genau. Dahin sollte er die Hemden und Socken schicken – und diese Zettel, mit der Schiffspost über die Agentur. Birgit hatte ihm zuletzt poste restante nach Barcelona geschrieben: vierundzwanzig Seiten Chinakladde. Es duftete immer noch nach Patschuli, vermutlich hatte sie die ganze Flasche darüber ausgeleert: Kein Wort über ihren missglückten Abschied, stattdessen ein selbst ausgedachtes Märchen, in dem eine schwarze Prinzessin vorkam, die großes Unheil brachte, ferner zwei Kobolde, von denen einer die Eifersucht und der andere den Neid personifizieren sollte.

Der Blitz staunte. Moses wollte wirklich nach Namibia. »Die gefürchtete skeleton coast entlang. Eine Todesfalle.«

»In der Trampschifffahrt wird viel geredet.«

»Da treiben sie Schiffe aufs Land in den Tod. Da ist Wüste, sonst nichts. Da sind schon viele verdurstet.«

»Ich weiß, man nennt es auch das Grab des weißen Mannes.«

»Im Ernst. Ihr braucht einen guten Steuermann.«

»Haben wir.«

»Und einen guten Motor.«

»Haben wir auch.«

»Na dann.« Der Blitz kramte in seiner Hosentasche und drückte ihm fünf Naira in die Hand. Das Geld musste man hier sofort ausgeben. Los wurde man es so und so. »Also dann: Viel Glück. Für dich und deine Leute.«

Moses umarmte den Blitz spontan.

»Was ist denn jetzt los?«

Er kam bis zur Gangway, ohne von einem Weißen gesehen zu werden. Auf halbem Weg hatte er plötzlich das Gefühl, dass Gregor ihm nachwinkte, aber er schaute nicht hin.

»Where ya goin, Yellow?«, riefen die Schauerleute hinter ihm her. Er wollte sich verstecken, da war es gar nicht gut, wenn er allzu bekannt war. Where ya goin – wäre aber eine gute Zeile für einen Song: Miles from nowhere, where ya goin?

Der Sonnenuntergang war unglaublich. So ein Orange hatte er noch nie gesehen – wie bei einem Hochofen. Er gefiel sich ganz gut in der Rolle des Cowboys, der sich nicht umdrehte, um einen letzten Blick auf die MS Patria zu werfen.

Die Hafenwache von King Kong und seinen Soldaten musste gerade abgelöst worden sein, diesmal wurde er nicht freundlich angegrinst. Die Soldaten fragten, was er ihnen zu Weihnachten mitgebracht hätte. Zu Weihnachten? Was sollte das denn?

Schon nahmen sie ihm grinsend, ohne eine Antwort abzuwarten, seine Uhr ab. Er fluchte ohnmächtig in sich hinein. Die hatten ihm in kürzester Zeit seine schöne Aufbruchsstimmung ruiniert. Er zündete sich die letzte Marlboro an, die sie ihm gnädig gelassen hatten, damit sein Ärger verrauchen konnte; die Zigarette war noch nicht zur Hälfte aufgeraucht, als er den nächsten Schock überstehen musste.

Sein Schiff war weg. Die Masten waren nicht zu sehen; sie waren einfach nicht mehr da. Er rannte genau an die Stelle, an der das Schiff liegen musste. Es konnte nicht – durfte nicht –

wahr sein, es war aber so: Die Golden Harvest war verschwunden. Stattdessen lagen da zwei viel zu kleine Hafenschlepper, die ziemlich heruntergekommen wirkten. Sein Traumschiff war nicht mehr da. Er sprang wütend auf den ersten Hafenschlepper und gleich wieder runter auf die Pier.

Nun stand er am Wasser herum und wusste nicht mehr weiter. Es konnte nur ein böser Traum sein, eine optische Täuschung. So, wie wenn man aus dem Zugfenster schaut und meint, dass der Zug schon weiterfährt, in Wirklichkeit ist es aber der Zug auf dem Nebengleis. Es war so duster an der Pier; eine unwirkliche Beleuchtung; es lagen auch so viele Schrottteile herum – die hatten da vorher nicht gelegen, oder? Er war auf einer Müllkippe gestrandet, verloren in einer unheimlichen Kulisse.

Sein Schiff konnte doch nicht weg sein, seine Gitarre, Elise, all seine Sachen, seine neuen Freunde. Er ging in die Knie, beugte sich tief über das schmutzige Wasser und berührte es vorsichtig mit seinen Händen, als wollte er sich auch mit seinem Tastsinn vergewissern, dass genau da, wo eigentlich das schwarze Schiff liegen musste, nur noch Wasser war. Falls ihn jemand beobachten würde, müsste er ihn glatt für verrückt halten: Da stand ein großer weißer Mann, den sie im Hafen Yellow nannten, vornübergeneigt und berührte mit seinen Händen das ölige Wasser im Hafenbecken.

Im Wasser erkannte er undeutlich die Spiegelung der Masten. Sofort erwachten seine Lebensgeister wieder: Sein Schiff war noch da, nicht weit weg; sie mussten aus irgendwelchen Gründen verholt haben.

Als er die Golden Harvest erreicht hatte, war seine Lähmung noch nicht überwunden, eine besonders freudige Begrüßung gab es auch nicht. Die Stimmung an Bord schien merkwürdig gedrückt.

Der neue Anlegeplatz war nur schwach beleuchtet von einer einzigen Petroleumlampe, die am Fockmast baumelte. Rafi begrüßte Elise, Morishta, Hans und einen schwarzen Arbeiter –

das musste Ismael sein – mit eher müdem Handschlag, keine Umarmung, kein Kuss.

Er lief hastig durch das verloren geglaubte Schiff, als müsste er sich vergewissern, dass alles an seinem Platz war: Hauptniedergang, Kombüse, Hühnerstall, Ankerpyramide. Er stieg in den Maschinenraum, konnte aber nicht erkennen, ob die Reparatur von Kati Kelvin schon Fortschritte gemacht hatte. Er umarmte sogar den Großmast: »I love this ship«, stöhnte er theatralisch.

Hans war mit einem Becher Kakao gefolgt und erklärte, warum die Golden Harvest verholen musste: Ein Navy-Schlepper hatte sie rausgeschmissen, der Liegeplatz werde angeblich gebraucht, sie sollten Lagos so schnell wie möglich verlassen.

Seine Habe lag tatsächlich auf einem Stapel in der Koje, die Elise ihm zugeteilt hatte: Spiegelreflex, Kampfmesser, Gitarre – sogar die Zigaretten, die er eigentlich der Crew spendieren wollte. Warum hatten sie die nicht angerührt? Die waren als Geschenk gedacht. Nun lagen sie da, als hätten sie einen Aufkleber: Annahme verweigert. Wieder fasste er das Schiff an, berührte vorsichtig das Holz, um langsam das Gefühl zu kriegen, wirklich angekommen zu sein. »Wie lange braucht die Maschine denn noch? Du hast gesagt, drei Tage.«

»We have to wait for Momo and Kris anyway.« Dann machte Hans ihn darauf aufmerksam, dass er gerade einen Fehler gemacht hatte: Es war unhöflich, Ismael nicht zu beachten, bei ihm sollte er sich verstecken; höchste Zeit, ihn näher kennen zu lernen.

Elise hatte sich schon Gedanken gemacht: Rafi sollte sich am besten als Amerikaner ausgeben. Da er nicht gut Englisch konnte, sollte er so viel wie möglich schweigen. Die Rolle gefiel ihm: der geheimnisvolle Schweiger aus den USA. Ismael hatten sie nicht gesagt, dass er aus Deutschland kam, nur dass er einer von ihnen sei, der sich verstecken müsse. Elise gab ihm noch einen Strohhut, als Leihgabe.

Eigentlich wäre er am liebsten gleich an Bord geblieben. »Fahrt nicht ohne mich ab«, sagte er mehr zu sich selbst, es ging eh keiner darauf ein. Elise hatte noch die Idee, sein Gesicht einzuschwärzen, es kam ihm zwar albern vor, aber von ihr ließ er sich gerne das Gesicht einschmieren, sodass er aussah wie einer der Marokkaner am Ende der Schicht.

5
Fremde Lebewesen

Schon hatte er die Golden Harvest wieder verlassen, mit Zahnbürste, Colgate, Langenscheidt, Tagebuch, T-Shirt und der Sonnenbrille in seiner ansonsten leeren Umhängetasche. Er ging dicht neben Ismael, der ihn verlegen anlächelte im Getümmel aus Herzlichkeit und Angriffslust, Überheblichkeit und Demut. Er hatte schon zwei Anläufe gemacht, mit Ismael ins Gespräch zu kommen, musste sich aber darauf beschränken, zustimmend zu nicken. »We better take danfo«, hatte Ismael zuletzt gesagt.

»Sure.«

Dies war das echte Afrika: Militär, wohin man blickte, selbst in den kleinsten Straßen. Straßen konnte man die gar nicht nennen: Wege bestenfalls, schlammige Schneisen. Viel mehr Frauen als Männer waren hier unterwegs, dicke Mamis in bunten Kleidern mit großen Mustern und Frisuren, bei denen Antennen unter den Kopftüchern hervorragten, wahrscheinlich mit Drähten verstärkt. Man müsste diese unglaublichen Farben festhalten können, müsste das malen; irgendwie wirkten die Farben intensiver: dieses Orange, Schwarz, Grün, Dunkelblau. Einer trug einen Pappkarton als Kopfbedeckung und stolzierte in Siegerpose durch den Dreck. Andere kauten auf Hölzern, als würden sie Äste essen; einige waren mit Sicherheit geistig verwirrt.

Das Danfo hatte sich als gelbes Sammeltaxi erwiesen, das irgendwo angehalten hatte, ohne dass Rafi so etwas wie eine Haltestelle erkennen konnte. Alle starrten ihn an. Er belegte einen Platz am Fenster zwischen zwei dicken Mamis, und ihm wurde schnell klar, warum er den ergattern konnte: Es gab keine Scheibe – nur dekorative Fransen im Rahmen –, er wurde jedes Mal bespritzt, wenn sie durch eine Pfütze bretterten, jedes Mal lachten alle.

Er musste Ismael gut im Auge behalten. Der stand neben einem älteren Mann, der einen gestreiften Schlafanzug anhatte, der an eine Sträflingskluft erinnerte. Vom Dach aus streckte ein Junge seinen nackten Oberkörper durch das Fenster, hielt seine Hand auf und kassierte. Alle hatten ihr Fahrgeld abgezählt bereit. Rafi nicht. Er konnte unmöglich Ismael bitten, für ihn mitzubezahlen, und gab dem Jungen die fünf Naira vom Blitz. Der warf ihm einen bösen Blick zu und verschwand mit gekonntem Schwung auf dem Dach, als hätte er sich mit seiner sportlichen Einlage ein üppiges Trinkgeld verdient. Rafi bewunderte und bedauerte den Jungen zugleich, weil er als Zehnjähriger – älter war er bestimmt nicht – eine derart gefährliche Arbeit machen musste. Aber er war zugleich stinksauer, dass er ihn betrogen und lächerlich gemacht hatte, nur weil er ein Weißer war.

Es gab erstaunlich viele offene Feuer in halben Ölfässern. Sprüche waren an die Wände gemalt: JESUS IS LORD, politische Parolen: NO CONDITION IS PERMANENT – FORGIVE AND FORGET. Verbotsschilder: KEEP OUT, selbst gemalte Werbung: CUT YOUR KEYS HERE. Auf den Wegen lagen ausgebreitete Pappkartons. Ihm kam der Verdacht, dass die Pappe nur deshalb nicht zum Verfeuern benutzt wurde, weil Leute darin schliefen.

Das Danfo bremste, Ismael sprang ab, Rafi hinterher. Wieder lachten alle hinter seinem Rücken und schrien aufgeregt. Plötzlich packte ihn der Junge an der Schulter, drückte ihm eine Hand voll Münzen in die Hand, raste hinter dem Danfo her und sprang wieder auf. Rafi hatte ihm Unrecht getan. Der hatte nur so böse geguckt, weil er den großen Schein nicht sofort wechseln konnte.

Ismael kaufte ein. »African cooking«, meinte er verlegen. Die Straße war zugleich Geschäft, Frisörsalon und Werkstatt. An manchen Stellen waren kleine Pyramiden aufgebaut – aus grünen Obststücken oder Schachteln mit Marlboros oder Craven

A. So wollte er auch leben, ohne falschen Glanz, ohne Fußgängerzonen mit Glastüren und dieser scheußlichen Musik im Hintergrund. DINNER IS READY hieß es an einer Bretterbude, da konnte man hineingehen und essen, so einfach. Ismael kaufte mit allerhand Palaver eine Dose Tomatenmark und eine Packung Reis. Rafi gab ihm all seine Cobos als Beitrag zum gemeinsamen Einkauf, er sollte sich davon nehmen, was er brauchte. Ismael gab ihm wortlos alles zurück.

Hier lebte Ismael also. Es gab einen Innenhof mit verschiedenen Eingängen. Wände und Boden waren aus Lehm, die Decke aus Holz. Es gab zwei Fenster mit Fliegengittern, ein schmales Bett mit einer bunten Tagesdecke, einen offenbar selbst gebauten Tisch, der viel zu niedrig war, daneben eine gelbe Kiste, die wie eine Seekiste aussah und ihn an die Kiste im Mannschaftsraum der Golden Harvest erinnerte, darauf einen Ventilator, der sich gerade nicht drehte. Das Prachtstück der Einrichtung war ein gemütlicher Omasessel, den er hier zuletzt erwartet hätte. Auf dem Tisch stand verloren eine Flasche White Horse.

»African whiskey«, Ismael lächelte und ließ Rafi alleine. »Keep door shut. Ol time!«

Was nun? Abgesehen von den wenigen Möbeln war das Zimmer leer. Hatte Ismael vorher alles weggeräumt? Es gab noch eine Kerze auf dem Tisch und eine Spraydose der Marke Rosé, wahrscheinlich Raumspray, sonst nichts. Womit wollten sie überhaupt essen? Warum drehte sich der Ventilator nicht? Es war sehr stickig und für die Tageszeit viel zu heiß. Der Whiskey schmeckte nach Spiritus. Ismael brachte eine Schüssel Wasser, damit Rafi den Dreck vom Danfo und seine lächerliche Bemalung abwaschen konnte. Ismael trug die Schüssel wieder raus und brachte das Essen: Reispampe mit höllisch scharfer Soße. »Afican cooking«, wiederholte er, halb entschuldigend, halb stolz. »After dinner we go see friends.«

Ob das eine gute Idee war? Sollte er sich nicht versteckt halten und möglichst niemanden treffen? Außerdem war er müde, aber Rafi tat ihm den Gefallen.

Ajegunle erinnerte ihn sofort an Pfahlbaudörfer: Es gab immer wieder eine etwas erhöhte Plattform, auf der man wie auf einer Veranda sitzen konnte. Die Türen waren groß wie Schaufenster, wirkten offen und einladend; manchmal hing nur ein Fransentuch im Türrahmen und die Antennen der Frauen ragten hervor wie Fühler von Insekten. Dennoch mussten sie sich irgendwie abschließen lassen; es gab auffällig viel Werbung für Schlüssel: 2 KEYS ARE BETTER THAN 1.

Ismael schien eine Menge Freunde zu haben. Manche hatten Pudelmützen, einer trug eine Badekappe. Es musste irgendeinen Grund geben, warum sie immer etwas auf dem Kopf hatten. Rafi gab artig jedem die Hand und lächelte. Einer hatte große Geschwüre am Hals – man konnte gar nicht hingucken –, einer Zähne, die aussahen, als würden sie bluten. Ismael stellte seinen Gast als Mista Rafi vor. Es war also doch eine gute Idee gewesen, den Namen zu ändern. Falls sie ihn von der Patria suchen ließen, dann nicht unter diesem Namen.

»Where ya from?«

Heute war wohl der Tag der großen Fragen: Where ya goin'? Where ya come from?

»Philadelphia!«

Er hatte sich schon überlegt, was er antworten könnte, wenn sie ihn nach seinem Beruf – so was fragten sie normalerweise zuerst – oder nach seiner Rolle bei der Aktion fragen würden: Navigator! Das passte gut zu einem Schweiger, und zu Navigationsfragen müsste er bestimmt keine Fachgespräche führen.

Wo kam diese eisgekühlte Cola her? Offenbar mussten sie jemanden losgeschickt haben, der ihm eine Dose organisiert hatte. Es war leicht, den Schweiger zu spielen; er konnte sowieso kaum was verstehen: weta ut hieß vermutlich without, und da er nicht mal nachvollziehen konnte, ob sie bill oder beer meinten, schüttelte er nur den Kopf.

Ismael stellte ihn als Aktivisten der Operation Namibia vor. Ab und zu konnte er etwas von Angola heraushören. Ismael führte ihn offenbar als Helden der internationalen Anti-Apartheidbewegung vor – peinlich genug; er hatte bisher keine Seemeile mit der schwimmenden Freiheitsbibliothek zurückgelegt.

Kaum wechselten sie die Wohnung – »You fit come with us« –, wurde sofort African music aufgelegt. Eine der Nummern hatte er bestimmt schon viermal gehört: »Everywhere is war, war in the south, war in the east«, danach kam: »It's a rat race.« Er würde diese Armut nie verstehen. Die hatten hier nichts, rein gar nichts. Jeder Stuhl, jede Schüssel war schäbig. Aber es gab einen Plattenspieler und die neuesten LPs von Bob Marley und Peter Tosh: »Get up, stand up for your rights!« Aber dieser Reggae hatte etwas, das musste er zugeben. Wenn da von den brothers in Angola und Simbabwe gesungen wurde, kriegte er jedes Mal eine Gänsehaut; er war jetzt einer von denen, die mitkämpften, »we Africans will fight, we find it necessary«; er gehörte nun dazu, »as we are confident in the victory of good over evil«. Es überraschte ihn, wie kämpferisch die Musik war. Er hatte immer gedacht, Reggae gehöre nach Jamaika, aber es ging um Afrika – »Africa unite« schien allen am besten zu gefallen; einer trug sogar ein Goldkettchen mit dem Umriss des ganzen Kontinents. Er hatte sich gründlich geirrt. Reggae war kein Boney-M-Abklatsch, wie er früher immer gedacht hatte – im Gegenteil: Hier lagen die echten Wurzeln, und die deutsche Schlagerindustrie hatte kommerzielle Scheiße daraus gemacht.

»Fela Kuti ...« Auf dieses Stichwort schienen sie nur gewartet zu haben. »Fela Kuti is a friend of Operation Namibia.« Eigentlich wollte er nichts verraten, konnte sich aber nicht beherrschen; er musste seinen Freunden auch mal was bieten.

Von Fela waren alle begeistert und erzählten, wie Felas Musik sich gewandelt habe. »Fela stopped playing lovesongs«, erklärte der mit dem Goldkettchen, seine neuen Songs seien radikal politisch. »Fela reveales the secrets of the government.« Das müsse er sich mal anhören.

Das hätte leicht peinlich werden können: Erst gab er sich als Freund von Fela aus, dann hatte er nicht mal eine Ahnung von seiner Musik. Rafi war selbstverständlich davon ausgegangen, dass Fela Gitarrist war, doch er spielte Saxophon.

Es tauchten immer mehr Frauen im Türrahmen auf, immer selbstbewusster, schöner. Sie plauderten laut, strahlten ihn an und zeigten mit dem Finger auf ihn. Sie hatten sich geschminkt, als hätten sie genascht und sich dabei den Mund verschmiert; der Lippenstift war um die Lippen gemalt und vergrößerte ihre Münder auf eine sinnliche, aber auch irgendwie alberne Art. Rafi musste lachen – was sollte er sonst machen?

Ismael musste wieder zur Arbeit. Rafi beneidete ihn, dass er zum Hafen durfte. Er hatte allen gegenüber ein schlechtes Gewissen und nahm sich fest vor, wiederzukommen und Geschenke mitzubringen, wenn er seine Heldentaten, für die er schon gefeiert worden war, nachgeholt hatte. Er war – wie er eingestehen musste – auch ein bisschen enttäuscht, dass die Leute ziemlich spießig waren, das konnte man nicht anders sagen. Von außen fielen die Bruchbuden fast auseinander, innen wurde gefegt, geputzt und gebürstet. Sie waren nicht viel anders als seine Verwandten. Sie hatten einen hoffnungslos schlechten Geschmack: kitschige Wandteppiche mit religiösen Motiven, silberne Karaffen und protzige Wanduhren, die überhaupt nicht nach Ajegunle passten. Natürlich hatte er auch viele weiße Oberhemden gesehen – wie die, von denen er sich gerade getrennt hatte. Wenn er später von seinem ersten Tag im Ghetto erzählen würde, würde er nicht verraten, dass ihm die Leute spießig vorgekommen waren, aber er würde sagen, dass sich jeder Deutsche schämen müsste, wenn er erleben könnte, wie herzlich und gastfreundlich diese armen Leute waren.

Kaum hatte Ismael ihn in der Hütte allein gelassen, ging das Gewitter los und schien nie wieder aufhören zu wollen. Der Ventilator drehte sich immer noch nicht – wahrscheinlich war er kaputt. Die Kerze wollte Rafi lieber nicht benutzen. Er saß im Dunkeln auf dem Bett, rauchte eine Zigarette nach der anderen und lauschte auf die Geräusche des Regens. Draußen musste es eine riesige Schweinerei geben; die Wege mussten unpassierbar sein – was mochten die armen Leute tun, die in diesen Pappkartons lebten?

Das Gewitter blieb über Ajegunle hängen. War das jetzt der Anfang der Regenzeit? Würde es nun immer so heftig regnen? Würde er jeden Tag klebrige Reispampe mit scharfer Soße kriegen, neue Freunde treffen und Reggae hören? Wann würde Ismael wiederkommen? Sie hätten sich besser aussprechen müssen. Wie sollte er jemals wieder Kontakt aufnehmen zur Golden Harvest? Wo kamen die Moskitos her? Hatte er nicht Fliegengitter vor den Fenstern gesehen?

Als er aufwachte, hatte es aufgehört zu regnen. Der Ventilator drehte sich und brummte bedrohlich. Er würde das nicht lange aushalten: Entweder war es zu stickig, oder der Ventilator brummte zu laut. Es war hier nicht besser als im Gefängnis.

Der Blitz hatte Recht: Die Nächte waren das Schlimmste. Er hatte schwer geträumt, konnte sich aber an nichts erinnern. Er blieb liegen und beobachtete den Ventilator, der langsam hin und her schwenkte, als würde er den Kopf schütteln. Rafi fühlte sich viel zu schwach, um aufzustehen und nach einer Toilette zu suchen.

Es klopfte. Er hätte am liebsten sofort gerufen: Herein! Aber wer konnte das sein? Ismael würde nicht klopfen. Sollte er nicht lieber so tun, als wäre um diese Zeit niemand im Zimmer? Es klopfte noch einmal. Rafi rührte sich nicht. Vielleicht würde das Klopfen von alleine aufhören, aber Rafi wusste schon, dass er sich da falsche Hoffnungen machte. Es klopfte wieder. Wer konnte wissen, dass er sich hier versteckt hielt? Vielleicht war draußen jemand, der ihm erklären konnte, wo die Toilette war. Es klopfte wieder. Rafi rührte sich immer noch nicht. War die Tür verschlossen? Konnte man sie überhaupt verschließen?

Es klopfte wieder. Diesmal hörte er Stimmen. Frauenstimmen. Dann konnte er es wagen, aufzumachen.

Eine war zwanzig – schwer zu schätzen –, die andere vielleicht zehn. Die ältere hielt ein Baby an der Hüfte. Sie strahlten ihn an, als wollten sie freudig ihre riesigen Porzellanzähne vorführen, und redeten sofort auf ihn ein. Er verstand kein Wort. Er lächelte nur und spielte wieder den großen Schweiger. Sie legten das Baby vor den Ventilator auf das Bett und gingen wieder. Das Baby war in ein Tuch gewickelt; Füßchen und Ärmchen waren frei. Ab und zu strampelte es. Die Luft des Ventilators schien dem Kleinen zu gefallen. Rafi hielt ihm den Finger hin, damit es den mit dem kleinen Händchen umschließen konnte.

Nach einer kleinen Ewigkeit klopften die Mädchen und holten das Baby wieder ab. Schon war die Tür wieder zu. Und nun? Nun war er damit beschäftigt, nicht zur Toilette zu gehen und sich einzureden, dass er sich an den Ventilator gewöhnen konnte. Er versuchte es mit Luftanhalten, Nicht-dran-Denken und Von-einem-Bein-auf-das-andere-Treten.

Es musste etwas Schreckliches passiert sein. Ismael lächelte nicht wie sonst, grüßte nicht. Rafi musste ihn dringend nach der Toilette fragen. Am Ende des überdachten Flurs gab es ein Plumpsklo. Schon auf dem Gang standen verschiedene Schüsseln, Rafi wusste nicht, ob er eine davon benutzen durfte, um sich darin zu waschen. Er entdeckte sogar einen Wasserhahn, aus dem allerdings nichts rauskam, auch nicht, wenn man ihn voll aufdrehte. Es roch nach Lagerfeuern, die irgendwo in der Nähe sein mussten – gemischt mit dem Parfüm des Dschungels, das er gleich wieder erkannte. In der Ecke stand eine Packung Omo mit angeschimmelten Ecken.

Ismael hatte auf dem niedrigen Tisch eine Tageszeitung ausgebreitet. Auf der Titelseite war die Golden Harvest in voller Schönheit abgebildet. Rafi war begeistert. Nun hatten sie es sogar zur Titelseite gebracht. Er nahm zur Feier des Tages einen kräftigen Schluck afrikanischen Whiskeys: TWO ALIENS HELD FOR EXPLOITING NIGERIAS ANTI-APARTHEID-STAND.

Was sollte das? Unter dem Foto hieß es nur: »The ship on which the aliens landed.« Aliens? Waren das nicht fremde Wesen aus dem All? Und was konnte dieses EXPLOITING bedeuten?

Gut, dass er seinen Langenscheidt dabei hatte, doch kaum hatte er sich die Vokabel rausgesucht – to exploit = ausbeuten, ausnutzen –, war ihm klar, dass er einen Fehler gemacht hatte: Ismael wusste jetzt, dass er kein Amerikaner war. Ismael sah ihn auffällig lange an, besorgt, wie es schien; Rafi wusste nicht, wie er den Blick deuten sollte. Ismael ging wortlos.

STAND bedeutete so viel wie Standpunkt, Stellungnahme oder Haltung. Dass Nigeria eines der führenden Länder der Anti-Apartheidbewegung war, wusste er schon, aber wieso wurde Nigeria ausgenutzt? Wieso von der Crew der Golden Harvest, von denen zwei zur Überprüfung ihrer Personalien sicherheitshalber verhaftet worden waren? Vermutlich waren Momo und Kris gemeint. Aber waren die nicht abgeführt worden, weil sie das Funkgerät verteidigt hatten? Es hätte Ärger mit den Behörden gegeben, es liefen ja überall Soldaten herum, die Ärger machten, doch in dem Artikel war von Junkies die Rede, von »university drop outs« – wen mochten sie meinen? Er wusste wenig von seinen Freunden, war aber sicher, dass sie die friedlichsten Menschen waren, die er je getroffen hatte; gutwillig und gebildet, es war eine riesige Gemeinheit, sie so schlecht zu machen. Momo konnte mehrere Sprachen, vielleicht sogar Deutsch, Kris war mit Sicherheit zurzeit einer der klügsten Köpfe in ganz Apapa – Junkies und Aussteiger, die Nigeria ausbeuteten, es war nicht zu fassen!

So was glaubten die Leute womöglich. Bei seinen Eltern war es genauso. Die hatten selber erlebt, wie sie von der Nazipropaganda betrogen worden waren, dennoch glaubten sie alles, was schwarz auf weiß über Terroristen oder die DDR in der Zeitung stand. Was war das überhaupt für ein Blatt? Es sah echt billig aus und nannte sich angeberisch *Lagos Times*.

Ismael brachte zwei Portionen Reispampe. Wieder mit derselben Soße. Sie aßen schweigend. Es war doch nicht einfach, den großen Schweiger zu spielen – das Schweigen lastete jetzt schwer auf ihnen. Warum sagte Ismael nichts mehr? Bestimmt hatten sie auf der Golden Harvest die Zeitung gelesen. Hatten sie Ismael keine Botschaft mitgegeben? Keine Erklärungen? Als sie fertig gegessen hatten, folgte er ihm auf den Flur; er wollte unbedingt helfen, das Geschirr abzuspülen – irgendwas musste er tun. Ismael schien es nicht recht zu sein. Vielleicht war es ihm peinlich, dass er keine bessere Kücheneinrichtung hatte. Der Flur war zugleich die Küche, das war alles. Aus dem Wasserhahn kam ein wenig bräunliches Wasser, wenn man ihn lange genug aufgedreht ließ. Als Spülmittel benutzten sie Omo. Es kam genauso, wie Rafi befürchtet hatte: »We go see friends.«

Der Regen hatte richtige Gräben in die Wege gespült; es waren riesige Pfützen entstanden, in denen Autos stecken geblieben waren. Ihm kamen gleich drei Jungs entgegengerannt – etwa acht Jahre alt –, offenbar wurde er erwartet. Es gab die obligatorische Cola, gut gekühlt und sicher teuer. Die Kinder zupften an seinen blonden Haaren und lachten. Rafi berührte ihre Haare, die sich merkwürdig drahtig anfühlten, und schnitt dazu Grimassen. Die Jungs konnten sich nicht wieder einkriegen vor Begeisterung – plötzlich wurde Rafi klar, wie ihn die Kinder retten könnten; die würden ewig so herumalbern. Er ließ sich mehr als bereitwillig von ihnen in Beschlag nehmen, tobte mit ihnen und kam gar nicht dazu, mit den Großen zu reden, die im besorgten Ton von der Operation Namibia sprachen, von aliens und Angola.

Rafi ließ sich durchkitzeln. Zuerst war sein Lachen gekünstelt, dann wurde es lauter und echter. Es war das erste Mal, dass ihn Afrikaner berührten, wenn man davon absah, dass Momo ihn herzhaft umarmt und das Baby seinen Finger umkrallt hatte. Es musste so kommen: Ganz Afrika hatte nur darauf gewartet, über ihn herzufallen; immer hatten sie versucht, Körperkontakt aufzunehmen, immer waren sie ihm einen Tick zu nahe gekommen. Natürlich war er sich darüber klar, dass er sich in die Lächerlichkeit flüchtete, aber die wollten es so mit ihren Kulleraugen, ihren wulstigen Lippen, ihrem theatralischen Gehabe, das sowieso immer an der Grenze zur Albernheit war. Einer hatte Lippen, so braun wie seine Haut, eine hellrosa Zunge und ganz dunkles Zahnfleisch. In Clausthal-Zellerfeld hatte er einmal einen Afrikaner in der Dusche vom Hallenbad gesehen – eine echte Sensation damals. Da war ihm aufgefallen, dass er auffällig helle Handflächen hatte, die Fußsohlen waren fast weiß, was man immer dann erkennen konnte, wenn er einen Fuß anhob, um ihn gründlich zu waschen, als wäre die schwarze Haut nur eine Art Taucheranzug mit Löchern.

Endlich musste Ismael aufbrechen. Sie gingen wortlos in seine cabin. Ismael zog sich bis auf die Unterhose aus und legte sich ins Bett. Natürlich – was hatte Rafi gedacht? Er konnte schließlich nicht immer zum Schichtdienst aufbrechen, er musste auch mal schlafen, er hatte nur ein Bett. Rafi zog sich aus und legte sich daneben. Ihre Körper berührten sich. Ismael hatte immer noch kein erlösendes Wort zu seinem falschen Gast gesprochen. Rafi versuchte, steif wie eine Mumie zu liegen, und lauschte auf die Atemgeräusche von Ismael, das Summen der Moskitos und auf den Lärm von draußen – rund um die Uhr gab es Streit und Schreie. Ismael schlief ein, ohne sich umzudrehen. Rafi blieb steif liegen, wartete und wartete, um endlich in erlösenden Schlaf zu fallen.

Lagos, 10. September 1978, Uhrzeit unbekannt. Meine Uhr habe ich bei Übergriffen des Militärs, wie sie hier üblich sind, verloren. Ich halte mich in Ajegunle bei Freunden versteckt. Nach dem spießigen Leben auf der MS Patria sehne ich mich keine Sekunde zurück. Ich habe mich der Operation Namibia angeschlossen, um mit friedlichen Mitteln für ein freies Afrika zu kämpfen. Mein Schiff, die Golden Harvest, liegt mit Maschinenschaden bei den NPA Dockyards. Zwei unserer Leute sind verhaftet und werden vermutlich im Gefängnis gefoltert. Bei der armen Bevölkerung finden wir große Unterstützung, auch wenn die Presse Hetzartikel geschrieben hat.

Er musste versuchen, die Zeit so gut wie möglich zu nutzen, jeden Tag mit Hilfe des Wörterbuches Englisch lernen, regelmäßig Tagebuch führen. Das Datum konnte er aus der Zeitung übernehmen. Er musste die Zigaretten rationieren; er konnte nicht wissen, wie lange er noch bleiben musste. Außerdem sollte er sich unbedingt Draht besorgen, um die Löcher im Fliegengitter zu stopfen. Er hatte nicht gemerkt, wie Ismael aufgestanden war, wahrscheinlich zur Frühschicht – wie lange war er schon weg?

Er musste jetzt bewusst das Leben eines Gefangenen führen, der nicht auf eine Uhr gucken konnte. Er hätte doch Ohropax mitnehmen sollen; dieser Ventilator, der sich wieder eingeschaltet hatte, machte entsetzliche Geräusche. Er durfte vor allem nichts mehr von diesem Whiskey trinken.

Es klopfte wieder.

»Come in, please!«

Rafi war völlig überrascht, Hans und Roy zu sehen, und wäre ihnen am liebsten um den Hals gefallen, aber war viel zu erschrocken, weil sie die Gitarre mitgebracht hatten. War es nicht gefährlich, sie durchs Ghetto zu befördern?

»No!«

Wie hatten sie hergefunden? Was gab es Neues vom Schiff? Von Elise? Wurde Momo gefoltert? »Kommt doch erst mal rein!«

Sie hatten Zigaretten für ihn, Craven A. Hans hatte außerdem ein Buch mitgebracht: Hermann Hesse, *Siddhartha*. »A very important book«, da könne er viel lernen.

Rafi war gerührt; es waren wirklich die freundlichsten Menschen, die er kannte. Die Gitarre hatten sie ihm mitgebracht, damit er sich nicht so langweilen sollte.

»Thank you, but I dont't feel like playing in this situation.«

Von der Golden Harvest gab es keine Neuigkeiten. Kein Lebenszeichen von Momo, keines von Kris – fast keines von Kati Kelvin.

»Wie lange muss ich noch hier bleiben?«

»We don't know.«

»Ich kenn mich aus mit Maschinen, ich könnte mal einen Blick drauf werfen.«

Hans winkte ab. Sie hatten die Maschine probeweise angeworfen. Sie hatte getuckert.

Hatten sie schon die Zeitung gelesen?

»Yes.« Doch Roy wollte im Moment nicht darüber sprechen.

»You have troubles with the officials, hm?«

Immerhin, meinte Hans, hatten Sie Glück, dass Roy nicht verhaftet worden war. Wer weiß, wie sie ihn behandelt hätten, die mochten hier keine Neuseeländer.

»Why not?« Wie konnte man jemanden wie Roy nicht mögen?

Die galten als Alliierte von Südafrika. Ihretwegen hatte Nigeria die Olympischen Spiele boykottiert.

Rafi hatte das Gefühl, dass Hans ihm eigentlich etwas anderes damit sagen wollte: Roy war empfindlich. Das konnte er nicht so direkt sagen, wenn er daneben saß. Die waren wirklich leicht erregt in Nigeria, eine angespannte Lage – und, wie es aussah, war das zurzeit alles, was Rafi aus den beiden herauskitzeln konnte. Sie wollten nicht über den Zeitungsartikel reden, auch nicht darüber, wie es weitergehen sollte. Sie mussten zurück, ehe es dunkel wurde – und es wurde hier schnell dunkel.

»Bitte, nehmt die Gitarre wieder mit!« Nun guckten die beiden ziemlich verständnislos.

»Ich kann hier irgendwie nicht spielen.«

Na gut.

Sie sollten Elise grüßen.

Er war erleichtert, dass sie die Gitarre wieder mitnahmen. Im ersten Moment hatte er sogar gedacht, sie wollten ihm die zurückbringen, um ihn aus der Mannschaft auszuschließen oder um zu sagen: Die Operation Namibia ist beendet, hier hast du die Gitarre zurück, tschüss. Vor den brothers mit ihrer Vorliebe für Reggae würde er sich doch nur blamieren; er konnte doch nicht im Ghetto Protestsongs singen – he had a long chain on.

Sie hatten es gut gemeint. Sie wollten ihn aufmuntern. Doch so richtig ermutigt fühlte er sich nicht. Irgendetwas verschwiegen sie ihm. Die arbeiteten gar nicht an der Maschine, die liefen stattdessen durch Ajegunle, um ihn zu besuchen – was für ein Aufwand für so ein bisschen Smalltalk. Wenn er wenigstens mit Elise reden könnte. Die würde ihm die Wahrheit sagen.

Ismael wirkte wie ausgewechselt. Er hatte einen großen Topf mitgebracht. Jemand aus der Familie, ein Onkel – wenn er das richtig verstanden hatte –, war in einer Großküche in Westminster Dredging beschäftigt, da hatte er das Festessen abgezweigt: Huhn in Erdnussbutter. Ismael ließ Rafi, der inzwischen einen Mordshunger hatte, zur Probe schnuppern, und brachte den Topf gleich wieder raus. Wenig später kam er mit einem grauhaarigen Mann, der ihm gerade bis zur Schulter reichte, wieder rein. Er musste ihn beim Gehen stützen: »Papa!« Der sollte, wie es aussah, am Festessen teilnehmen. Ismael hatte außerdem drei Flaschen Star-Beer besorgt, Premium Quality. Dazu gab es Hirse-Mais-Brei.

Ismael schien es richtig zu freuen, dass Rafi das Essen schmeckte. Papa lächelte vor sich hin. Manchmal unterhielten sich die beiden in einer Sprache, die garantiert nicht Englisch war. Es war ein wunderbares Essen – hatte Papa Geburtstag? Er aß mit den Fingern. Beim Huhn fiel das nicht auf, erst beim Hirsebrei. Papa lächelte; Ismael begleitete ihn zurück – er musste in einer der cabins in unmittelbarer Nähe wohnen –, kam gleich zurück, zog sich wieder bis auf die Unterhose aus und legte sich ins Bett. Diesmal wünschte er Rafi noch eine gute Nacht: »See ya tomorrow.«

Plötzlich holte ihn die Angst ein: Es war ein Abschiedsessen gewesen, ein last supper, es würde ein großes Unglück geben. Er hatte eine Vorahnung, dass er nicht nur den eindrucksvollen Papa, sondern auch seinen Ismael nie wieder sehen würde. Nun wurde er langsam auch schon abergläubisch.

Hermann Hesse gefiel ihm sofort. Allein wie es anfing: »Im Schatten des Hauses, in der Sonne des Flussufers bei den Booten, im Schatten des Salwaldes, im Schatten des Feigenbaumes wuchs Siddhartha auf, der schöne Sohn des Brahmanen, der junge Falke, zusammen mit Govinda, seinem Freund...« Das Beste war allerdings ein kleiner Zettel, der aus dem Buch rutschte:

I miss seeing you! Elise.

Diesen Zettel würde er überall mit hinnehmen. Den hatte Elise eingeschmuggelt, wahrscheinlich hatten Hans und Roy das nicht einmal bemerkt. Wie schön es doch war, sich in Ruhe ein Buch zu nehmen und zu lesen. Egal ob es ein Buch aus der Freiheitsbibliothek war oder von Hans. Lesen war etwas Wunderbares. Alle sollten so was tun können: im Schatten sitzen und lesen. Zigaretten hatte er auch genug, Craven A – seine Lieblingsmarke. Elise hatte an ihn gedacht, all goes well.

Es regnete. Wieder kamen die Mädchen und legten das Baby vor den Ventilator. Sie begrüßten sich schon wie alte Bekannte. Wieder reichte Rafi seinen Finger, den das Baby umfasste. Rafi versuchte, sich bewusst an jede Einzelheit der Golden Harvest zu erinnern, als müsse er sie nachbauen: die Decksplanken, Spanten und schweren Kniehölzer, die alles zusammenhielten, das Kabelgatt.

Dann nahm er sich seinen Hesse vor. Der Ventilator schüttelte den Kopf. Das Baby wurde wieder abgeholt. Siddhartha versuchte, sich über das rein Materielle hinwegzusetzen, um zu einer höheren Weisheit zu gelangen.

Ihm fehlte seine Uhr. Ismael hätte längst zurück sein müssen. Durch den Regen wirkte alles viel dunkler, und sein Hunger war kein zuverlässiger Anhaltspunkt, um ein Gefühl dafür zu kriegen, wie spät es war.

Endlich klopfte es. Das musste Ismael sein. Nein. Ismael klopfte nicht. Es waren zwei Mamis, an denen der Blitz seine Freude gehabt hätte. Sie stürmten die Bude und nahmen sie in Beschlag, ohne sich darum zu kümmern, dass hier ein großer Schweiger hungrig über seinem Hesse hockte. Sie waren zu sehr damit beschäftigt, um die Wette zu kichern und den Whiskey niederzumachen. Sie redeten zwar lebhaft auf ihn ein, kümmerten sich aber nicht darum, dass er nie antwortete. Sogar der Ventilator hörte plötzlich auf, als weigerte er sich, für solche Frauen zu lüften. Ihr Auftritt war von Anfang an unwirklich. Sie wirkten wie Figuren aus einem Volksstück: Kraushaare, Kulleraugen, Übergewicht. Die beiden hatten sogar die Tür aufgelassen. Rafi überlegte, ob er sie wieder zumachen sollte, aber das könnte womöglich so wirken, als wollte er sich mit ihnen einschließen.

Sie zündeten die Kerze an und falteten die *Lagos Times* mit der Golden Harvest auf der Titelseite auseinander und breiteten darauf ihr Paket afrikanischen Tabak aus. Es musste African tobacco im Rohzustand sein. Sie hatten riesige Mengen dabei und machten sich daran, die Blüten und Blätter von den Stängeln zu trennen und die Körner auszusortieren. Das mussten diese Körnchen sein, die beim Rauchen explodierten. Sie fertigten sich eine riesige Selbstgedrehte, hatten sogar ein Mundstück dabei und drückten ihm das einfach in den Mund. Es blieb ihm nichts anderes übrig, als mitzumachen, auch wenn er wusste, dass es ihm auf nüchternen Magen nicht gut tun würde. Richtig. Er hatte sofort das Gefühl, seekrank zu werden, und legte sich lang aufs Bett.

Was wollten diese Urweiber mit ihren lächerlichen Klamotten? Warum kam Ismael nicht? Sie ergötzten sich immer wieder am Schauspiel der aufglimmenden Lichter ihrer Zigarette; es knackte und knisterte jedes Mal dramatisch, wenn sie daran zogen. Dann fing eine an, sich auszuziehen, und stolzierte in ihrer Unterwäsche durch Ismaels Hütte, drehte sich und reckte die Schultern, als wollte sie eine Modenschau parodieren. Die andere schien das unheimlich witzig zu finden. Nun zog sie auch die Unterwäsche aus. Er hatte früher mal bei einem Freund, der eine ziemlich dicke Mutter hatte, versehentlich mit angesehen, wie die ihr Neugeborenes stillte. Die hatte riesige Brüste gehabt. Aber nicht annähernd solche. Er wollte am liebsten weggucken, doch all die Bewegungen, all das aufreizende Gehabe verfolgten nur ein Ziel: dass er hinschaute. Die Nackte griff sich die Dose Rosé und begann, sich systematisch einzusprayen: die Füße, selbst die Fußsohlen, die Beine, die Schamhaare, den Bauch – dann reckte sie tänzelnd einen Arm, sprayte sich eine Achsel ein, warf die Spraydose wie ein Barkeeper lässig von einer Hand in die andere, dann kam die andere Seite dran. Zum Schluss der Vorführung kniff sie die Augen fest zusammen, sprühte sich eine Duftwolke voll ins Gesicht und schüttelte sich. Die beiden kreischten vor Lachen. Dann zog sich die andere aus und machte alles nach. Zum Schluss sprayten sie sich gegenseitig den Rest Rosé in die Haare, bis nichts mehr rauskam. Rafi mochte den süßlichen Duft überhaupt nicht. Ihm war schlecht, von der Luft, vom afrikanischen Tabak, vom Hunger. Eine der beiden pustete die Kerze aus, und die beiden ließen sich links und rechts von ihm auf das Bett fallen, sodass er eine Schrecksekunde lang dachte, es würde zusammenkrachen. Die ließen ihn nicht einmal in Ruhe krank sein. Da lag er nun zwischen den beiden Dicken und wusste gar nicht, welche auf welcher Seite lag. Die wollten es ja so. Er drehte sich auf die linke Seite und berührte den riesigen Busen mit den kleinen Antennen. Schon küssten sie sich wild. Einen Moment lang dachte er sogar, er würde keine Luft mehr kriegen. Er musste jetzt dringend zusehen, dass er die Kontrolle über die Situation behielt. Schnell zog er sich seine Hosen aus. Er war schließlich attraktiv, groß, schlank und weiß. Mit langen Haaren würde er sogar noch besser aussehen, aber auch so war er eine imposante Erscheinung. Also gut, erst die eine. Er legte sich auf sie drauf; sie umklammerte ihn sofort – schon hatte er eine Erektion. Du musst, du musst, rief er sich still zu und drang problemlos in sie ein. Die schaff ich, dachte er wütend, die andere auch, und stellte sich vor, wie nebenan der Blitz saß und anerkennend die Zeit stoppte.

Doch die beiden hörten nicht auf zu kichern. Die würden schon noch merken, was sie an ihm hatten – schon fiel er erschöpft zwischen die Riesenbrüste, rappelte sich erschrocken wieder auf und rannte ohne Hose raus, nun war alles egal. Er versuchte, so viel zu pinkeln wie möglich, aber es kam kaum etwas. Sicher das erste Anzeichen von einem Tripper.

Es musste mitten in der Nacht sein, Ismael war immer noch nicht zurück. Warum nicht? Er konnte die Sterne wieder so klar erkennen wie damals, als er auf der Golden Harvest Gitarre gespielt hatte. Er brauchte jetzt Penizillin. Er war krank. Er war hungrig. Er drehte den Wasserhahn auf und wartete. Er nahm Omo und rieb seinen Schwanz damit ein. Als schließlich doch ein bisschen Wasser kam, wusch er sich, so gut es ging. Er hatte sich den Tripper aus reiner Dummheit eingefangen. Er hätte es wissen müssen – und er hatte es gewusst. Er konnte sich mit dem bisschen Wasser nicht mal richtig den Omo-Schaum abwaschen. Er konnte immer noch nicht pinkeln.

Die Dicken schnarchten. Sie machten einen höllischen Lärm – schlimmer als der Ventilator. Er legte sich in die Mitte. Er war sicher, dass er nicht einschlafen würde, schlief aber sofort tief und fest.

Er wachte vom Lärm des Ventilators auf, vom Hunger, von seiner Krankheit. Die Mamis waren nicht mehr da. Es duftete immer noch stark nach Rosé und afrikanischem Tabak. Einen Moment lang war ihm, als wäre alles nicht wahr. Die Dicken waren nicht da, nie da gewesen. Doch er wusste selber, dass er sich nicht in solche Wunschträume flüchten durfte. Er musste den Tatsachen ins Gesicht sehen und weiterkämpfen. Es regnete. Er hatte einen Tripper. Er war jedoch nicht sicher, ob er schon Fieber hatte oder nicht. Er musste zusehen, dass er wieder Wasser lassen konnte, und wollte sich bei der Gelegenheit untersuchen. Da war noch kein Jucken, kein Kribbeln, nichts.

Siddhartha gefiel ihm nicht mehr. Wie konnte jemand in einer dermaßen unwirklichen Welt, in der es keine soziale Not zu geben schien, nach höherer Weisheit streben? Als Siddhartha sich nur von einem Hanfkorn am Tag ernährte, klappte er das Buch ärgerlich zu. Was sollte der Scheiß? Wieso hatte ihm Hans ausgerechnet so etwas empfohlen? War er womöglich auch so ein Träumer?

Waren die auf der Golden Harvest alle ein bisschen weltfremd? War es womöglich doch eine Sekte? Was hatten die eigentlich für Bücher an Bord? Vielleicht fanden die es ganz normal, dass man sich am Tag von einem einzigen Hanfkorn ernährte, nach höherer Weisheit strebte und dazu Zeremonien veranstaltete wie dieser Japaner? Er brauchte keine höhere Weisheit. Er brauchte etwas zu essen. Er musste sich überlegen, was er machen sollte, wenn Ismael nicht wiederkam. Es sah – verdammt noch mal – ganz danach aus. Er hätte schon gestern zurück sein müssen. Nicht einmal das Baby hatten sie heute gebracht.

Er hatte Fieber. So viel war sicher. Jedenfalls ein bisschen. Er versuchte es wieder auf dem Plumpsklo, es kam nichts – woher auch? War es nicht sehr verdächtig, dass er keine aufgeregten Stimmen mehr hörte? Oder war da noch etwas? Wenn er genau hinhörte, waren ganz entfernt menschliche Geräusche im Regen zu hören. Versteckten sich jetzt alle vor dem Regen und hockten in ihren Hütten? Vielleicht ruhte das Leben zur Regenzeit. Vielleicht hatte diese Dicke gar nicht mit ihm schlafen wollen, vielleicht war die nur müde gewesen und ein bisschen überdreht, weiter nichts.

Die Luft war entsetzlich. Wie in einer Konservendose. Da musste man ja rammdösig werden. Er hatte sich selbst in die Scheiße geritten und nicht mal richtig was davon gehabt. Nun musste er sehen, wie er da wieder rauskam.

Noch ein Kapitel Hermann Hesse, dann wollte er sich etwas zu seiner Rettung ausdenken, diesmal ernsthaft. Es war inzwischen klar, dass Ismael nicht zurückkommen würde. Er saß auf dem Sofa und starrte die Tür an, die er halb aufgelassen hatte.

Er hatte keine Ahnung, wie lange er schon so dasaß. Als er merkte, dass es aufgehört hatte zu regnen, hielt ihn nichts mehr in seinem Gefängnis. Er musste raus, den Weg zurück zum Hafen finden.

So hell war es auch nicht. Es roch verräuchert, dabei war nicht mal ein Feuer in der Nähe. Die Wasserschäden waren größer, als er erwartet hatte. Der Verkehr lag völlig danieder. Er versuchte sich zu erinnern, aus welcher Richtung sie mit dem Danfo gekommen waren. Es gab eine mickrige Leuchtreklame für Coca-Cola; das Licht glomm schwach, als hätte es jemand gedimmt. War die Leuchte schon da gewesen, als er gekommen war?

Ein Schwarzer, ein bisschen jünger als er, kam auf ihn zu und grinste ihn sofort auf diese unverschämte Art an, die jeden einschüchterte: »You are an alien!« Er hatte ihn erkannt. »I know. You are an alien.« Es klang, als dürfte er eine Gegenleistung erwarten, allein dafür, dass er so geheimnisvoll tat und »Pssst« machte.

Rafi nickte. Gut, er gab es zu.

Der Fremde bot ihm eine Marlboro an; dieser Fremde wollte vermutlich nichts Böses, dennoch warnte ihn eine innere Stimme. Es war keiner von Ismaels Freunden. Er sollte die Zigarette lieber nicht nehmen. Ihm war schon schlecht.

Der Verschwörer wollte Adressen tauschen. Er hatte seine schon vorbereitet. Womöglich hatte er ihn beobachtet und nur auf den Moment, in dem er sich aus der Hütte wagte, gewartet. »My address. Now give me yours!«

Rafi machte deutlich, dass er nichts zu schreiben hatte, aber das schien dem anderen nichts auszumachen. Er wollte sich das so merken und tippte sich an die Stirn. »I remember. Where're ya from?«

»Philadelphia. Northwest Street«, improvisierte Rafi, »number twentyone«, dazu die Telefonnummer seiner Eltern. Wenn er sich nicht täuschte, hatten die in Amerika Postleitzahlen in solcher Länge, »United States.«

»I know.« Er hatte einen speziellen Auftrag. Rafi sollte ihm sofort, wenn er zurück in den USA wäre ... Rafi unterbrach und erklärte, dass er nach Angola wollte, aber der Einwand wurde nicht beachtet. Rafi sollte schreiben und ihm das System der amerikanischen Lotterie zuschicken.

»Lottery?«

Genau. Es musste das amerikanische System sein. Dann würde er reich werden, very rich.

Rafi nickte; er hatte so viel verstanden, dass er diesem Fremden in dem verregneten Naira-Land zu Reichtum verhelfen sollte, weil er Amerikaner war – nein, er hatte gar nichts verstanden; er hatte wie hypnotisiert die Ratten in den Schlammlöchern beobachtet.

»They are very big«, erklärte der Schwarze stolz. »Don't forget to write! You remember me?«

»Sure.«

Er wusste sogar im Traum, dass er krank war, dass er Fieber hatte und nur deshalb so intensiv träumte. Er war wieder auf der Patria, es gab gerade ein großes Fest, zu dem sich alle wie im Mittelalter verkleidet hatten, wie es den Vorschriften entsprach. Die Matrosen saßen in schweren Ritterrüstungen in der Pantry und legten ihre rostigen Schwerter auf den Tisch. Der Alte war als Mönch verkleidet und hatte einen riesigen Weihrauchschwenker. Auch sein Vater war irgendwo; er hatte ihn noch nicht erkannt, wusste aber, dass er in der Nähe sein musste. Überall waren offene Feuer in den niedrigen Gängen zu den Kabinen – Scheiterhaufen wahrscheinlich.

Es klopfte.

Wieso schwitzte er so stark? Er hatte doch keine Flüssigkeit mehr im Leib. Irgendjemand musste den Außenbordmotor angeschaltet haben. Er lief nur mit gedrosselter Kraft.

Es klopfte wieder.

Warum ließen sie ihn nicht in Ruhe? Er träumte. Er war krank. Er kannte das Klopfen. Es mussten die Frauen mit dem

Baby sein. Gut. Er raffte sich auf, zog sich die Hose an und öffnete. Das war tatsächlich die junge Frau. Ohne Baby. Sie lächelte und reichte ihm eine Tasse heißen Kakao. Sie hatte auch Brot für ihn – Weißbrot, groß wie eine Zigarrenkiste, weich wie ein Marshmallow. Er konnte es fast mit einem Happ in den Mund stecken. Es war unglaublich wohltuend. Er war gerettet. Auch Elise hatte ihm damals Kakao gereicht. Die junge Frau lächelte, bis er ausgetrunken hatte.

Er konnte sich wieder hinlegen. Er hatte das Schlimmste überstanden. Der Kakao hatte ihn wieder belebt. Und das Lächeln. Er war nicht allein. Die würden ihn nicht hängen lassen, irgendwie würden ihn die brothers schon durchbringen. Die Haut dieser jungen Frau hatte fast das gleiche Braun wie der Kakao – eine wunderbare Frau, ein wunderbares Getränk. Mit Kakao war er schon als Kind gesund geworden, mit Kaba, dem Plantagentrank. Nun konnten die Ratten kommen, er war gestärkt. Sollten sie kommen, ihm an den Hals springen und versuchen, die Kehle durchzubeißen, er würde sich wehren. Er hatte noch nicht aufgegeben.

Warum klopfte es schon wieder? Es war ein anderes Klopfen. Es war nicht mehr die wunderbare Frau, die zart und doch beharrlich klopfte. Hier klopfte jemand kräftig und erwartete, dass sofort geöffnet würde. Sofort. Rafi musste gehorchen.

Der junge Afrikaner war viel zu gut gekleidet für Ajegunle. Er trug eine Sonnenbrille. Er wirkte reicher als alle, die er bisher getroffen hatte. Rafi musste ihm erst einmal klarmachen, dass er ihn nicht verstehen konnte, wenn er nicht langsamer und deutlicher reden würde.

Gut, noch einmal von vorne. »I am the brother of Ismael. Ismael has been arrested by the NSO.«

»The NSO?«

Yes. The National Security Organisation. Stimmt. Davon hatte der Alte erzählt. Es gab viel zu viel Militär in allen möglichen Organisationen.

»You must go.« Er betonte das überdeutlich.

Aber Rafi konnte doch nicht... er würde den Weg nicht finden, er wollte sich noch ein bisschen ausruhen.

»You must go now!«

»You show me the way back to the NPA dockyard?«

»No.«

Rafi erkannte jetzt, dass er wirklich sofort gehen musste, weil die NSO möglicherweise schon auf dem Weg hierher war. Deshalb wirkte dieser Bruder so ungeduldig. Er hatte Angst, mit in die Sache hineingerissen zu werden. Rafi packte eilig; den Zeitungsartikel ließ er liegen, der könnte ihn verraten. Er drückte dem Bruder seine verspiegelte Sonnenbrille in die Hand. Er musste etwas bieten, damit sich der Bruder herabließ, ihm wenigstens die Richtung zu zeigen. Es war lächerlich, weil der sowieso schon eine Sonnenbrille trug, aber es war das einzige Wertstück, das er noch hatte.

»Let's go!«

Zum Glück war es dunkel geworden. Es regnete nicht und die Wege waren wieder belebt. Einige Autos steckten fest. Der angebliche Bruder ging zügig voran, als wollte er zeigen, dass er nichts zu tun hatte mit diesem großen Weißen, der ihm durch die Schlammlöcher folgte – an Feuerstellen, Pappkartons und kleineren Schlägereien vorbei. Rafi erschrak jedes Mal, wenn er eine Uniform sah. Sogar die Kinder hatten Uniformen – wahrscheinlich Schuluniformen.

Endlich konnte er sich wieder bewegen; es ging voran. Bald würde er auf seinem Schiff sein. Der Bruder blieb stehen und zeigte mit dem Finger in die Richtung, in der man die Lichter des Hafens erkennen konnte, und verschwand. Den Rest konnte Rafi alleine schaffen. Es ging bergab – immer geradeaus – Richtung Wasser. Rafi meinte sogar, die Seeluft zu schnuppern, aber das war vielleicht nur Einbildung.

Da waren die großen Lichtburgen von Apapa. Er konnte sich immer besser orientieren, je näher er ans Wasser kam – und umso deutlicher wurde ihm, dass die Golden Harvest nicht mehr da war. Er hatte es gewusst. Sie war nicht mehr da. Er konnte sich genau an die Stelle, an der sie liegen müsste, erinnern. Sehr genau sogar. Da lag sie nicht mehr.

Er hatte das schon einmal erlebt. Damals war es ein Test gewesen, eine Warnung; nur, um klarzumachen, dass es diesmal galt. Es war wirklich so: Sein Schiff war verschwunden.

6
Gedichte in der Nacht

»Er hob das Brett hoch, unter dem er seine Bücher versteckt hatte, da lagen sie, und zum ersten Mal betrachtete er sie mit einem Gefühl des Misstrauens. Er hatte den Tom Sawyer und die Schatzinsel und den Moby Dick und Kapitän Scotts letzte Fahrt und Oliver Twist und ein paar Karl-May-Bände, und er dachte: Die Bücher sind prima, aber sie stimmen alle nicht mehr, so, wie es in den Büchern zugeht, so geht es heute nicht mehr zu, in den Büchern wird erzählt, wie Huck Finn einfach wegläuft und wie Ismael angeheuert wird, ohne dass er das geringste Papier besitzt, heutzutage ist das ganz ausgeschlossen, man muss Papiere haben und Einwilligungen, und wenn man weglaufen würde, wäre man sehr schnell wieder eingefangen.«

Alfred Andersch, *Sansibar oder der letzte Grund*

Es war wunderschön im Hafen. Hier war er richtig. Hier gehörte er hin. In nächster Nähe lag ein Kümo, das sich offenbar auf Fischladungen spezialisiert hatte. Es gab eine flackernde Leuchtschrift SHELL und gleich daneben: TEXACO STAR OF NIGERIAN ROAD. Hier war die Verheißung der weiten Welt mit Schiffen aus Liberia und Korea.

Er riss dem nächsten Taxi die Tür auf, ließ sich hineinplumpsen und hielt dem erschrockenen Fahrer – irgendeinem Muselmann mit silbern besticktem Käppi – seine letzten drei Naira vor die enorm großen Nasenlöcher: »Los, du alter Korinthenkacker, nach Victoria Island, aber ein bisschen plötzlich. Victoria Island, sagte ich. Victoria Island!«

Der Taxifahrer wollte einen Einwand wagen, doch Rafi ließ

ihn nicht zu Wort kommen. »Los, du alter Biafra-Bimbo, nach Victoria Island!« Er brüllte, so laut er konnte: »Glaubst du etwa, ich wüsste nicht selber, dass drei Naira viel zu wenig sind!? Das weiß ich. Ich kenn mich aus. Aber das ist alles, was ich habe. Ich gebe dir mein letztes Geld, und nun beeil dich. Du bist meine letzte Hoffnung.«

Er kannte sich wirklich inzwischen aus; er konnte Lagos wie Leggos aussprechen und wusste, dass NPA die Abkürzung war für Nigerian Port Authority. Der Mann tat ihm sogar leid, aber er durfte weder bitte noch danke sagen, er musste ihn ohne Unterlass anschreien, die wollten es ja nicht anders. Bei der nächsten Ampel packte er den Armen am Hemdkragen und guckte ihn an wie den Schönen Reinhold, wenn er sich mit ihm prügeln wollte: »Victoria Island! Verstehst du?«

Rafi musste das tun. Man musste den Schwarzen zeigen, wer der Stärkere ist, sonst war alles verloren. Das hatte Gregor gesagt. Man musste brüllen, drohen und den bösen Blick funkeln lassen. Er durfte nicht aufhören, den wilden Mann zu markieren. Es war tatsächlich seine letzte Hoffnung. Er musste sofort weg vom Hafengelände. Er hatte sich in einer trügerischen Sicherheit gewähnt. Es war nicht einmal sicher, dass die Patria Apapa schon verlassen hatte. Die Gefahr, entdeckt zu werden, war im Hafengelände viel zu groß. King Kong und seine Mannen kannten ihn alle als Yellow. Er war auffällig wie eine Alarmblinkleuchte, und er durfte nicht vergessen, dass die NSO hinter ihm her war. Auch die Hafenpolizei war hinter ihm her, wenn der Alte ihn als vermisst gemeldet hatte, vielleicht ließ ihn auch die deutsche Botschaft suchen und hatte womöglich einen Steckbrief in Umlauf gebracht wie dieses Plakat mit den Fotos der Terroristen.

Die Botschaften lagen alle auf Victoria Island. Auch das hatte Gregor gesagt. Da musste er hin. Zu den Russen. Nur die konnten – mussten ihm helfen. Nun war der Notfall eingetreten: Er würde überlaufen. Die Russen hatten doch überall ihre Finger drin und mischten in Angola mit, ob sie das nun offiziell eingestanden oder nicht. Wenn ihn jemand da einschleusen konnte, dann der KGB. In Angola könnte er sich wieder der Crew anschließen. Er hatte solche Sehnsucht, er hätte weinen mögen, das lag bestimmt daran, dass er geschwächt war, Fieber hatte und alle Energie aufwenden musste, den armen Fahrer unter Druck zu setzen. Was waren das doch für wunderbare Menschen: Elise, Momo, Roy, Morishta, Hans, selbst Kris, ein so kluger Kopf, so freundlich alle.

Sie hatten die Stadtautobahn erreicht und fuhren tatsächlich in Richtung Victoria Island, wie Rafi an den Schildern erkannte, die den amerikanischen roadsigns nachgemacht waren. Der Fahrer jammerte leise vor sich hin; er hatte es aber aufgegeben, von seiner Familie und seinen Kindern zu erzählen und ihm vorzuheulen, dass ihm die Fahrt nur Verlust einbringen würde.

Nun waren sie in einem Teil von Lagos, der ganz auf Weltstadt gemacht war mit mehrstöckigen Häusern, Straßenschildern wie aus amerikanischen Krimis und Plakaten von John, Paul, George und Ringo: EVERYBODY LOVES THE BEATLES. Es sollte eine Werbung für den VW-Käfer sein – eigentlich schrieb sich der Käfer anders, das sollte wohl der Witz dabei sein, doch die konnten hier sowieso kein richtiges Englisch.

Rafi war ein bisschen erschrocken, dass er plötzlich so aggressiv sein konnte. Eigentlich wollte er höflich sein, aber er war zugleich stolz, dass er es bis nach Victoria Island geschafft hatte, in dieses vornehme Villenviertel, in dem die klimatisierten Botschaftsgebäude lagen, unendlich weit von Ajegunle weg.

Die sowjetische Botschaft hatte um diese Zeit noch nicht geöffnet. Auch gut. Er musste sich noch auf seinen Auftritt vorbereiten, ein paar Vokabeln nachschlagen.

Er war nicht in der DKP. Das sprach gegen ihn. So viel er wusste, war das die Gretchenfrage bei den Kommunisten, er war aber bereit, sofort einzutreten und damit genau das zu tun, wovor ihn seine Eltern immer gewarnt hatten. Sie meinten stets, er dürfe zwar seine Meinung äußern – schließlich gab es ja das Recht auf freie Meinungsäußerung! –, aber er sollte sich keinesfalls einer Partei anschließen, schon gar nicht einer linken. Das war die einzige Lehre, die seine Eltern aus dem Nationalsozialismus gezogen hatten. Er konnte sich noch erinnern, dass sie einen Bildband hatten: *Hitler marschiert in die Sowjetzone,* der sollte zeigen, wie sich die Bilder glichen. Hier das Einparteiensystem der NSDAP, dort das der SED mit all den Organisationen, den Jungen Pionieren und was es da sonst so gab. Seine Alten hatten noch mehr solcher Propagandaschriften – gegen diesen Bildband hatte er keine guten Argumente. Sonst schon. Das Erscheinungsbild der Kommunisten war vielleicht unglücklich, aber wer – bitte schön – machte denn eine moralische Außenpolitik? Wo man auch hinsah, waren es die Russen, die all die Volks- und Freiheitsbewegungen unterstützten, und es waren die Amerikaner, die mit ihrer CIA Militärdiktaturen und Marionettenregime aufbauten, um Profite abzuschöpfen. Einmal hatte er auf einer Autobahnraststätte einen Italiener getroffen, einen tollen Typen, total locker mit beneidenswerten Naturlocken, der ihm erklärt hatte, dass sie im Italienischen die deutschen Ausdrücke Kinderheim, Angst und Weltanschauung übernommen hätten, und der stolz von sich behauptet hatte, dass er Kommunist sei – wenn das stimmte, wollte er auch einer sein. An Kampfbereitschaft sollte es nicht fehlen. Sein Problem war allerdings, dass sein Erscheinungsbild im Augenblick auch eher unglücklich war. Er roch nicht mehr gut. Hoffentlich war der Botschafter nicht pingelig.

Er atmete kräftig durch und klingelte. Es tat sich nichts. Er klingelte noch mal. Typisch Sozialismus: Wahrscheinlich funktionierte die Klingel nicht – bei denen klappte auch gar nichts. Er versuchte es noch einmal. Es war kein Witz: Die Klingel ging wirklich nicht. Doch jemand hinter dem Fenster hatte ihn bemerkt und winkte ihn herein.

Der Botschafter war ihm sofort sympathisch; er sah mit seinem Backenbart aus wie ein Hobbysegler und rauchte Marlboro – die Marke des Klassenfeindes; er bot Rafi gleich eine an.

»Well, my friend, what can I do for you?«, fragte er. Dann lehnte er sich zurück, um sich in Ruhe anzuhören, was sein Besucher vorzutragen hatte. Zwischendurch hatte Rafi das Gefühl, er würde die Augen schließen, wie jemand, der sich ganz auf Musik konzentriert.

Er musste nach Angola zu seinem Schiff, der Golden Harvest von der Operation Namibia. Von da aus wollte er den Freiheitskampf der SWAPO unterstützen. Rafi war zufrieden mit seiner Darlegung, sein Englisch wurde immer besser, er war erstaunt, wie gut er noch ganze Passagen aus dem Flugblatt auswendig konnte. Der Russe nickte ihm gelegentlich aufmunternd zu. Dann fragte er, ob dies alles war.

Ja? Alles? Gut. Der Botschafter lächelte. »There is nothing I can do for you«, fasste er kurz zusammen, »absolutely nothing.« Er schüttelte ihm die Hand, wünschte »good luck« und schenkte ihm die ganze Packung Marlboro.

Als er wieder in der Hitze stand, hatte er seltsamerweise immer noch das Gefühl, ein gutes Stück vorangekommen zu sein. Auch wenn er nicht wusste, wohin er sich als Nächstes wenden sollte und warum er ausgerechnet in die Richtung ging, die er gerade eingeschlagen hatte. Zufällig kam er an der britischen Botschaft vorbei; man konnte es ja mal versuchen, hier funktionierte die Klingel.

»My name is Raphael Schell, I am a member of the Operation Namibia …«

»Oh, Mister Schell, please come in«, unterbrach die Sekretärin, »we've been expecting you.«

Er konnte es nicht fassen: Sie hatten ihn erwartet! Er wurde ins Zimmer des Botschafters geleitet – und fiel Kris in die Arme.

Mr. Frank Unwin begrüßte ihn mit Handschlag: »Welcome, Mr. Schell!«

Die Lage war schwierig, aber nicht ausweglos. Alles, was sie zu diesem Zeitpunkt wussten, war, dass die Golden Harvest Lagos in Richtung Süden verlassen hatte. Schiffe, die auf Reede lagen, hatten eindeutig ein Segelschiff gemeldet. Inzwischen war es von den Schirmen verschwunden, es musste also mehr als vierzig Seemeilen entfernt sein. Sobald die Golden Harvest wieder in einen Hafen einlaufen würde, könnte Mr. Unwin das herausfinden, darin sah er nicht das Problem. So ein Schiff ging in der Regel nicht verloren.

Allerdings wusste er auch nicht, wer sich gerade an Bord befand und ob das Schiff noch seetüchtig war. Rafi war hellwach. Seine kleinen Sorgen hatten sich schlagartig aufgelöst: Es gab größere. Sie hatten ihn nicht im Stich gelassen – es gab keinen Grund, sich gekränkt zu fühlen. Die Golden Harvest war sogar beschossen worden, man wusste jedoch nichts Genaues. Als Kris zuletzt an Bord gewesen war, war Momo noch nicht wieder zurück; niemand wusste, wo er momentan steckte. War es denn möglich, wollte Mr. Unwin wissen, dass die anderen alleine losgefahren waren?

Kris nickte unsicher und machte sich Notizen. Rafi sah schnell im Langenscheidt nach, was Folter auf Englisch heißt.

Das war zurzeit alles, was man über die Golden Harvest wusste. Nun zu ihm. Er war deutscher Staatsbürger und ohne Visum in Lagos, »right«?

»Yes.«

Mr. Unwin hatte das ohne Vorwurf gesagt. Er schien das nicht weiter tragisch zu finden. Kris befand sich in ähnlicher Lage. Beide, erklärte er nüchtern, galten offiziell als illegale Einwanderer, sie sollten sich besser nicht erwischen lassen. Das war leicht gesagt, das wusste er selber, willkürliche Verhaftungen waren an der Tagesordnung. Bei den anderen war die Lage noch schwieriger, die hatten gar keine Papiere. Die hatte Kris bei sich. Sollte sich Momo noch in Lagos aufhalten, dann ohne Papiere. Es gab nun theoretisch zwei Möglichkeiten: die beiden könnten sich repatriieren lassen …

Rafi unterbrach aufgeregt, die Vokabel erkannte er sofort.

Dann müssten sie zur »immigration«. Auch das hörte sich nicht gut an. Mr. Unwin schien Rafis Gedanken zu erraten. Er bot an, sie zu begleiten, damit sie ihre Einreise offiziell nachholen konnten – ein gutes Angebot, allerdings auch ein klarer Hinweis, dass es nicht gerade ein leichter Behördengang sein würde. Es war dabei nicht einmal so problematisch, nachträglich einen Einreisestempel zu kriegen; die Schwierigkeit bestand darin, dass die Behörden erwarteten, das sie Nigeria innerhalb von vierundzwanzig Stunden wieder verließen, und im Moment wüssten sie gar nicht, wohin.

Die zweite Möglichkeit – rein theoretisch – wäre, Nigeria auch illegal wieder zu verlassen, zum Beispiel durch den Dschungel nach Benin. Nur wären sie damit nicht viel weiter.

»Wrong direction!«

Mr. Unwin lächelte, aus der Richtung waren sie gekommen, und dann säßen sie ohne Einreisestempel im ehemaligen Dahomé, das nebenbei bemerkt als Ursprungsland des Voodoo galt, was in ihrem Fall sicher keine große Hilfe war. Das sollte wohl eine kleine Kostprobe des britischen Humors sein. »You might be better off if you find a ship.«

Das fand Rafi auch, nur schreckte ihn die Aussicht, wieder nach Apapa zu müssen. Er war jedoch begeistert von diesem Frank Unwin, der ganz selbstverständlich illegale Aktionen in Betracht zog.

Mr. Unwin wollte so schnell wie möglich rausfinden, wo sich ihr Schiff befand. Er wollte ihnen auch ein wenig Geld zur Verfügung stellen. Ein Problem gebe es allerdings: In der Botschaft könne nur eine Person übernachten. Sie hatten nur eine Liege, und die war nicht besonders komfortabel.

Kris erklärte, dass er ein paar Leute hier kenne, bei denen sie unterkommen könnten. Außerdem hatte er noch wichtige Verabredungen, unter anderem eine mit SWAPO-Mann Kampala.

Umso besser. Der Botschafter musste sich entschuldigen, dass er nicht gleich daran gedacht hatte, ihnen etwas zu essen anzubieten. Wenn sie wollten, könnten sie duschen. Danach gab es Sandwich und Käse, der schon am frühen Morgen schwitzte, künstlich wirkende Hotdogs und scharfe HP-Sauce.

The Classic Holbrooks Worcestershire Sauce – endlich mal etwas, was Rafi kannte.

Kris kam sofort wieder auf das Repatriieren zu sprechen, kaum dass sie draußen waren. Es war heiß wie in einer Sauna nach dem Aufguss.

»But we must help the others.«

»They must look for new members.« Kris sprach mehr zu sich selbst, Rafi erschrak sofort. In Ghana waren zum Beispiel zwei Schwarze zu ihnen gestoßen und in Lagos wieder abgesprungen, deshalb hätten sie neue Leute gebraucht.

Aha, so war das!

»Some come, some go.«

Rafi hatte das Gefühl, innerlich zu erstarren: Dann war ja gar nicht klar, ob er dazugehörte oder nicht. Ruckartig fühlte er sich schlechter. Das konnte die Wirkung des Trippers sein, er hatte jetzt garantiert Fieber. Warum sagte ihm denn keiner was? »I did not know.« Es sei doch bestimmt nicht leicht, neue Leute zu finden.

Leicht nicht. Kris verfiel in brütendes Schweigen.

Es war nicht mehr weit zum Federal Government Special Guest House. Kris wusste ungefähr, wo es lag – doch in der Hitze schien jede Entfernung unendlich! Der Schweiß rann ihm in die Mulde zwischen die Schlüsselbeine. Man konnte richtig sehen, wie die Hitze von den Wagendächern aufstieg. Jeder Schritt war eine Strafe. Es war wahnsinnig viel passiert. Ismael war verhaftet worden; Rafi brauchte medizinische Hilfe, zumindest einen, mit dem er offen sprechen konnte. Er hätte gerne erklärt, wie er es überhaupt nach Victoria Island geschafft hatte.

»Who ist the leader oft the SWAPO?«, fragte Kris, nach einer kleinen Ewigkeit. Rafi verstand ihn nicht, und Kris wiederholte die Frage. Rafi verstand das alles nicht: Warum fragte er so was?

»Who is the leader of the SWAPO?«

»Kampala?«

Falsch. Kampala war nicht der Führer der SWAPO, sondern nur der Vertreter der SWAPO in Nigeria. Mit dem waren sie zuerst verabredet. Kris hatte doch erklärt, dass er Kontakte zur SWAPO und anderen fortschrittlichen Kräften geknüpft hatte. Kampala wohnte zurzeit im Federal Government Special Guest House als Gast der Regierung von Nigeria. »Who is the leader of the SWAPO?«

»I don't know, Kris.«

»Sam Nujoma.«

Aha. Sam Nujoma. Rafi verbesserte die Aussprache.

»Where does he live?«

Wer? Dieser SWAPO-Führer? »In Angola?«

»No.«

»In Namibia?«

Wieder falsch. Er lebte in New York im Exil. Sie marschierten weiter, als würden sie durch Sirup waten. Kris tapfer voran, Rafi leicht gebeugt hinterher.

»Who is the leader of the SWAPO?«

»I don't know, Kris, I have forgotten.«

Kris brütete wieder.

Rafi hatte auch eine Frage: Er verstand nicht ganz, warum die Operation Namibia die SWAPO unterstützte, die bekanntlich alles andere als gewaltfrei war.

Nach der nächsten Ewigkeit blieb Kris stehen, um Rafi in aller Ruhe in die nächsten Schritte einzuweisen. Kris wollte mit diesem Kampala allein verhandeln, okay?

Gut, einverstanden. Rafi sollte sich im Hintergrund halten. Kein Problem, das wollte er sowieso; er könnte auch solange draußen warten, aber das fand Kris übertrieben.

Vielleicht dürften sie im Gästehaus übernachten, wahrscheinlich nicht; es unterstand der Regierung, Kampala war selbst nur Gast.

Rafi konnte sich nicht konzentrieren. Wenn dieser Kampala so ein wichtiger Staatsgast war, wurde er dann nicht beschattet? Würde die NSO einen gefährlichen Mann wie ihn nicht zuallererst bei einem Typen wie Kampala suchen? Rafi hatte keine Angst vor der NSO. Er hatte Fieber, hatte Angst, die Golden Harvest nicht wieder zu sehen. Mehr Ängste konnte er zurzeit nicht verarbeiten.

»Kris, I think there is a secret service.«

Einer!? Es gab zwei Geheimdienste. Kris wirkte genervt: »One is called NSO, the National Security Organisation. The other one is simply called BOSS: Bureau of State Security.«

Kris hatte auch Angst. Das war's. Es war wahrscheinlich besser, nichts mehr zu sagen. Rafi hätte ihn gerne nach einem Schluck Wasser gefragt. Kris hatte eine Wasserflasche, wie sie die Touristen aus Spanien mitbrachten. Der Durst hatte ihn plötzlich überfallen – eine innere Trockenheit. Er konnte seine Speiseröhre spüren, als hätte er einen langen Strohhalm verschluckt.

Das Gästehaus erinnerte Rafi an ein Inter-Hotel – oder wie hießen die gleich noch? Natürlich gab es kein rotes Spruchband, dafür roch es aber stark nach Schimmel. Rafi fühlte sich in die DDR zurückversetzt, sobald sie sich an der Rezeption vorgestellt hatten. Es war auf diese unverkennbare Art schäbig und protzig zugleich, auch wenn man sonst von Nigeria nicht gerade sagen konnte, dass es besonders sozialistisch wirkte.

Kampala ließ auf sich warten.

Allein das ständige Zittern der Luft durch den Ventilator machte einen müde. Es war viel zu kalt in der Kantine. Sie saßen stumm da – Kampala ließ immer noch auf sich warten. Als er endlich erschien, wollte Rafi nicht glauben, dass so einer die SWAPO repräsentieren sollte: Er sah fürchterlich aus. Offenbar kam er gerade aus dem Bett – und das am späten Nachmittag! Kampala stank nach Whiskey. Er hatte rot unterlaufene Augen, ein aufgedunsenes Gesicht. Kris beugte sich vor und redete so leise, dass Rafi nichts mehr verstand. Kampala grunzte. Als Kris seine Aktentasche öffnete, winkte Kampala ärgerlich ab; als Kris Notizen machte, wurde er wütend. Sie brachen sofort wieder auf. Kris hüllte sich in Schweigen. Rafi versuchte ein Gespräch: Dieser Kampala habe ihm nicht sonderlich gefallen. Kris reagierte nicht.

Sie waren kaum draußen, da näherte sich ein Schatten von der gegenüberliegenden Straßenseite und stellte sich ihnen angriffslustig in den Weg; er schien ihnen aufgelauert zu haben. Der Kerl trug Badelatschen aus Plastik, nicht an den Füßen, sondern an den Armen, bis zu den Ellbogen hochgeschoben wie verrückte Ärmelschoner: »Hold it!«

Sie blieben stehen, er hatte sie in einer schwachen Sekunde erwischt, er musste es gerochen haben. Zuerst nahm er Kris seinen Leinenhut ab, der – zugegeben – etwas lächerlich wirkte, und betrachtete ihn aufmerksam, als hätte er so etwas noch nie gesehen: »Very beautiful hat, mista. Now, look at me.«

Bei Rafi begnügte er sich damit, an seinem Kopftuch zu zupfen, Rafi hatte es aufgesetzt, um auszuprobieren, ob es wirklich was nützte, wenn man immer etwas auf dem Kopf trug. Rafi stellte sich schon auf seine erste Schlägerei mit einem Schwarzen ein. Sie waren zu zweit, aber er würde Hemmungen haben, einen, der so offensichtlich im Elend lebte, zu schlagen. Rafi wusste schon, dass es nur der erste war, das würde ab jetzt so weitergehen, es hätte längst so kommen müssen in diesem Scheißland. Nun waren ihre T-Shirts dran. Angeekelt befingerte sie der Schwarze von oben bis unten, als müsste er den Stoff überprüfen. Sie erstarrten, ließen es einfach geschehen. »Look at me!«, wiederholte er laut und ungeduldig, als hätten sie ihn beim ersten Mal nicht richtig verstanden. Sie sollten ihn aufmerksam anschauen. Okay. Er führte jetzt sein Hemd vor. Es war fleckig, vorne war ein Dreieck reingerissen. »Why is it«, fragte er, »you are rich and I am poor? Why?« Er verlangte sofort eine Antwort.

»Peace«, sagte Kris leise. »I am not rich.«

Das ließ er nicht gelten. »Why is it, you are rich and I am poor? Why?« Er musste offenbar alles zweimal sagen, beim zweiten Mal aggressiver. »Is it, because you're fuckin white, and me black?«

Wieder schien er eine Antwort zu fordern, wandte sich dann aber plötzlich ab, als hätte er es sich anders überlegt, weil sie es nicht wert waren, dass man sich mit ihnen abgab.

Sie blieben einen Moment lang gedemütigt stehen. Kris schaffte gerade noch ein paar Meter zu einer umgekippten Tonne, dann musste er sich setzen. Da saß er nun – die Aktentasche fest vor seine Brust geklammert. Einen Moment lang dachte Rafi, Kris würde am ganzen Körper zittern. Es ging alles so schnell. Vor kurzem waren sie noch in der Botschaft gewesen wie in einer anderen Welt, sie hatten sich gerettet gefühlt, hatten Hotdogs gegessen – nun waren sie tief gestürzt, am Boden zerstört. Alles sei seine Schuld, jammerte Kris und bat Rafi um Vergebung.

Wieso denn?

ON war gescheitert. Durch seine Schuld. Rafi merkte gar nicht, dass ON die Abkürzung für Operation Namibia sein sollte. Kris redete nur noch in Abkürzungen: ON gescheitert, GH verloren mit all den Büchern an Bord – was hatten Kampala und dieser Schwarze mit seinen Badelatschen ihm bloß angetan!

»No!«, rief Rafi viel zu laut. »No!« Noch war GH nicht verloren, er werde weiterkämpfen, und Kris sei überhaupt nicht an allem schuld. Wie komme er bloß darauf?

Doch, doch; diesen Artikel in der *Lagos Times,* jammerte Kris, den habe er zu verantworten. Er sei schließlich für die Presse- und Öffentlichkeitsarbeit zuständig. »And I should have known better.« Rafi musste sofort an den Beatles-Song denken; dort hieß es auch: »I should have known better.« Die Presse in Nigeria war besonders empfindlich. Das hatte Kris gewusst. Zum Beispiel sei es, sagte er – und es tat ihm sichtlich gut, wieder in die Rolle des Überlegenen zu schlüpfen – in Nigeria verboten, das Nassa-Fieber zu erwähnen – so genannt, weil es in der Nassa-Region zuerst aufgetreten war. Davon fühlten sie sich beleidigt und verboten die Verwendung dieses Begriffes. Der Staat hatte das Pressemonopol, wie in den meisten Ländern Afrikas. Wenn nun die Presse gegen sie war … Kris seufzte. Es war ein Fehler gewesen, dass er versucht hatte, eine Gegendarstellung zu erwirken. Sie hatten ihn festgehalten, bis die GH weg war, und nun saßen sie in der Scheiße.

In dem Moment wurden sie vom Regen überrascht. Mit unglaublichem Lärm ging ein Platzregen nieder, der die beiden ruckartig durchweichte. Sie sprangen auf. »Fucking Nigeria!«, brüllte Kris. »Fucking Nigeria!«, brüllte Rafi, es war ein befreites Lachen, das sich mit dem Donner mischte. Kris riss sich den Leinenhut vom Kopf, setzt ihn wieder auf, nahm ihn wieder ab. Es war sowieso egal, sie waren durch und durch nass und von unten her, vom aufgeweichten Dreck, hoffnungslos eingesaut.

»Fucking Nigeria!«

»Fucking Nigeria!«

»FN!«

»FN!« Sie stapften erleichtert in den Matsch wie trotzige Kinder, die vorsätzlich in Regenpfützen treten. »FN!« Nun war alles egal.

»FN! FN! FN!«

»FN! FN! FN! FN! FN!«

Schon von der Anhöhe oberhalb der Marina Site konnten sie die Lichter der Anlegestelle erkennen, von der aus man nach Apapa übersetzen konnte. Die Vorstellung behagte Rafi gar nicht – alles, nur nicht zurück nach Apapa. Kris stand einfach da, als könnte er keinen Schritt mehr tun. Rafi wollte sich gerne irgendwo hinlegen, er hatte schon eine Nacht durchgemacht. Kris hatte doch etwas von einem Wassertankschiff gesagt, von einem David – was war denn nun damit? Kris schwieg viel zu lange.

Das Wassertankschiff war nicht da.

»FN!«

Kris wollte plötzlich nach Apapa, da gab es eine Fabrik, die für die ON eine Spende zugesagt hatte: einen Sack Reis. Kris redete jetzt ganz leise. Klarer Fall: Er wurde verrückt. Es war doch viel zu gefährlich in Apapa, und außerdem war es unmöglich, mit einem Sack Reis auf dem Rücken durch die Hitze zu schleichen.

Der nächste Schnorrer krallte sich gleich am T-Shirt von Kris fest. Wahrscheinlich hatte er es auf ihn abgesehen, weil er der Kleinere war. »This is Africa! I'm handicapped, I need help.«

Kris versuchte es auf die sanfte Art: Er solle ihn in Frieden lassen, please. Der ließ nicht los und redete unablässig auf Kris ein; er sei dreihundert Kilometer zu Fuß gegangen, um ihn zu treffen und um Hilfe zu bitten, die er ihm gewähren müsse, weil er sie brauche.

Rafi überlegte, was er für eine Behinderung haben könnte, von seiner Boxernase abgesehen war nichts zu erkennen. Vielleicht war er geistig behindert. Als er nach der Brille von Kris griff – es sah aus, als wollte er sie einfach abnehmen –, schrie Kris plötzlich auf, dass selbst Rafi erschrak: »Go away!«

Der Schwarze bewegte sich in Zeitlupe, er schlurfte weiter und murmelte vor sich hin. Diese Schnorrer waren schrecklich: Sie machten deutlich, dass hier keine Hilfe zu erwarten war; es gab zu viele, denen es noch schlechter ging.

Kris verfiel gleich in die nächste Depression: ON gescheitert, GH verloren, London unzufrieden, sie waren beschissen worden, die beiden aus Ghana hatten sie im Stich gelassen. Doch diesmal ließ er sich relativ schnell wieder aufrichten; und beide brüllten ein siebenfaches FN in die anbrechende Nacht.

Die Aussicht war wunderschön, sie müssten nur in der richtigen Stimmung sein, um die Szenerie genießen zu können. Das Schauspiel der Lichter auf den entfernten Schiffen mit den Reflexionen im Wasser war unglaublich. Darüber zuckten riesige Blitze. Über Ajegunle hatte sich wieder ein Gewitter festgesetzt. Vor kurzem hatte Rafi so ein Gewitter in Ismaels stickiger Hütte erlebt, und auf dem Windendeck der MS Patria hatte vor einer Ewigkeit ein fremder, kleiner Moses gestanden, um die Lichter der Schiffe zu bewundern.

Immer wieder riss die Wolkendecke auf und ließ die Sterne durchscheinen, der Himmel war ständig in Bewegung. Da oben war der Teufel los. Kris versuchte offensichtlich – das durfte nicht wahr sein –, neben einem Betonpfeiler einen Schlafplatz einzurichten. Er legte schon mal seine Aktentasche in den Müll.

»No, Kris!« Hier konnten sie sich doch nicht hinlegen. Überall wimmelte es nur so von Insekten, die an den Beinen hochkrabbelten. Sie hatten nicht einmal einen Pappkarton; sie mussten durchhalten, es konnte nur besser werden. Kris ließ sich wieder hochziehen und stolzierte nun zwischen zwei der Betonpfeiler, die offenbar zu einem Autobahnneubau gehörten, hin und her wie ein Gefangener.

»FN!«

»FN!«

Jetzt wurde Kris wirklich wahnsinnig. Er fing an, mit erhobener Stimme Texte zu rezitieren, und verfiel dabei in überdramatisches Gestikulieren, das gut zum Wetter passte: »Out of a fired ship, which by no way but drowning could be rescued from the flame some men leap'd forth, and ever as they came...« Zuerst dachte Rafi, es wäre ein Text von Simon & Garfunkel, aber es musste etwas Klassisches sein, das er wahrscheinlich in der Schule auswendig gelernt hatte. »Wisdom is sold in a desolate market where none come to buy.« Erstaunlich, wie viel Kris von dem Zeug draufhatte: »It is an easy thing to laugh at wrathful elements. To hear the dog howl at the wintery door, the ox in the slaughter house moan...« Nun fing er an zu singen: »Au claire de la lune, mon ami Pierrot, donne moi ta plume pour écrire un mot...«

Rafi musste sich beherrschen. Kris war hoffnungslos unmusikalisch.

»...ma chantelle est morte, je n'ai plus de feu, ouvre moi ta porte, pour l'amour de Dieu.« Kris entschuldigte sich, dass er nicht besser Französisch konnte. Er lernte es erst. In seiner Tasche hatte er Vokabellisten, die er sich jeden Tag vornehmen wollte, a good system, aber dafür war es nicht hell genug. »To see a world in a grain of sand. And a heaven in a wild flower; hold infinity in the palm of your hand. And eternity in an hour.«

7
Eine Zahnbürste für beide

»In Harlem gab es zwei Leihbüchereien, und als ich dreizehn war, kannte ich jedes Buch dieser beiden Büchereien und schaffte mir eine Lesekarte für die 42nd Street an, wo ich auch zum ersten Mal einem weißen Polizisten begegnete… Dickens zum Beispiel bedeutet mir viel, denn in Dickens war eine Wut, die auch in mir war. Und *Onkel Toms Hütte* hat mir viel bedeutet, denn in diesem Buch war eine Wut, die irgendwie auch in mir steckte. Etwas, was ich erkannte, ohne zu wissen, was ich erkannte, wenn Sie verstehen, was ich meine.«

James Baldwin im Gespräch mit Margaret Mead, *Rassenkampf – Klassenkampf*

Als es hell wurde, schien tatsächlich alles gut zu werden, the darkest hour is just before dawn. Als die Farben langsam erwachten, war es einfach nur schön, am Leben zu sein und sich alles angucken zu können. Manchmal hatten sie stundenlang dagestanden und nur geguckt; manchmal war die Zeit schneller vergangen, wie bei einer Spieluhr, die überdreht war; manchmal schien sie überhaupt nicht voranzuschreiten. Die Lage war immer noch beschissen, aber Kris schien sich damit abgefunden zu haben, sich mit diesem Deutschen, der so herzlich wenig Ahnung von Politik hatte, durchschlagen zu müssen. Die ganze Nacht war kein einziges Mal das Wörtchen »repatriieren« gefallen, und Kris hatte auch nicht mehr diesen Sack Reis erwähnt – oder nach dem Führer der SWAPO gefragt.

Kris erkannte das Wassertankschiff, das gerade anlegte, schon von weitem. Nun würde alles gut werden. David freute sich, Kris wieder zu sehen: Der kleine Hippie brachte ihm offenbar Glück. Er hatte doch von diesem Hafenkapitän erzählt, diesem ... David machte eine international verständliche Geste. Nun die gute Nachricht: Der war gefeuert worden. Porque? Dieser ... David wiederholte die Geste – hätte nicht zulassen dürfen, dass die Golden Harvest in Apapa einlief. Als sie in den Schlagzeilen war, wurde das Riesenarschloch gefeuert. Das freute ihn.

Kris kicherte: Es war nicht exakt das, was sie mit ihrer Aktion erreichen wollten, aber nun könnte wenigstens keiner sagen, dass ihre Arbeit wirkungslos wäre.

David strahlte. Die amigos sollten sich keine Sorgen machen. Er würde sie aus Lagos rausbringen, spätestens mañana. Die beiden legten sich in voller Kleidung in der Kombüse, die zu drei Vierteln unter der Wasseroberfläche lag, lang auf den Boden. Kris ging es wieder so gut, dass er anfing Rafi zu belehren. Hatte er schon von der Operation Omega gehört? Nein?

Damals hatten sich die Weltmächte nicht entschließen können, Hilfsgüter nach Bangladesch zu schicken, auch nicht als die Not himmelschreiend war, doch diese Elefanten, wie Kris die Regierungen nannte, brauchten zu lange, um in Bewegung zu kommen. Da hatten Privatleute Lebensmittel auf eilig zusammengestellten Lastwagenkonvois losgeschickt, auch auf die Gefahr hin, dass sie an der Grenze aufgegriffen würden. Sie hofften, dass die Weltöffentlichkeit auf sie aufmerksam werden würde und ihr Unternehmen dadurch geschützt wäre. Das war Operation Omega – und was war passiert? Die Regierungen zogen nach, und schon rollten die Hilfslieferungen auch auf offizieller Ebene. Operation Omega war das Vorbild für die Operation Namibia.

Für Rafi war Bangladesch sofort mit dem Concert for Bangla Desh verbunden, musikalisch enttäuschend, aber ein wichtiges Signal, um zu zeigen, dass auch Leute wie George Harrison auf der richtigen Seite standen. Und obwohl – oder weil – er völlig übermüdet war, machte er sich Gedanken über Songs, die er selber schreiben wollte: If you do something, you can make a mistake / But if you do nothing, you make it all wrong.

Der Motorenlärm weckte sie; sie kriegten starken Kaffee, Rührei und Speck. Rafi war wieder an Bord eines Schiffes, das Schaukeln in der Dünung gefiel ihm sofort. Kris nicht. Rafi mochte allein schon den berühmten Dieselgeruch, von dem die Matrosen bekanntlich sagten, dass er Frauen denken lässt, sie könnten einen Mann ernähren; er mochte auch den dienstbaren Geist am Steuerrad, der ab und zu auf den Boden spuckte und sich als dankbarer Abnehmer von spanischen Kraftausdrücken erwies. Der hatte sogar Vitamintabletten. Rafi steckte sich alle ein. Das war nicht fair, aber es war ein Notfall. Er kriegte sofort einen heillosen Schreck, als er aus den Bullaugen guckte und den Schriftzug NIGERIA GREEN LINE sah – allein die angeberische Übergröße kam ihm irgendwie faschistisch vor.

Kris durfte das UKW-Gerät benutzen, solange David es nicht brauchte. »Calling Roger Moodie!«, rief er zur Tarnung, um nicht den Namen Golden Harvest zu benutzen. Roger war ihr Mann in London; falls jemand von der Crew den Namen hörte, wüssten sie Bescheid. Rafi wusste auch Bescheid: Kris hatte Angst.

Nun waren sie wieder in Lagos Anchorage. David versorgte die Schiffe, die auf Reede lagen, mit Wasser: Sie gingen längsseits, warfen Haltetaue rüber, schlossen den Schlauch an und ließen Frischwasser abpumpen. Jedes Mal nutzte David die Gelegenheit, nachzufragen, ob einer zufällig zwei Passagiere aufnehmen wollte. Kris nutzte solange das Funkgerät: »Calling Roger Moodie« – und fand gleich Kontakt zur Astrid Schulte, einem Schiff unter der Flagge Zyperns. Die hatte die Golden Harvest zuletzt auf dem Schirm gehabt. Kris machte sogar ein Ro-&-Ro-Schiff ausfindig, das vermutlich auf die Golden Harvest geschossen hatte; jedenfalls hatten sie ein Segelschiff beschossen, weil sie es für ein Piratenschiff gehalten hatten.

Kris war nicht mehr ganz dicht. Er war seekrank, das sah

man auf den ersten Blick, und hielt sich immer noch das Fernrohr vor die Brille. Er suchte die GH zwischen den grün-braunen Wellen der Dünung – und wusste genau, dass sie da nicht sein konnte.

Rafi war froh, wieder in vertrauter Umgebung zu sein, merkte aber bald, dass ihr Unternehmen völlig aussichtslos war: Er hatte sich durch Davids mackerhafte Art täuschen lassen. Natürlich gab es Hunderte von Schiffen, die vom Wassertankschiff aus versorgt werden mussten, doch die wollten alle nach Apapa rein. Kris und er wollten raus. Sie waren idiotische Tramper, die an einer Einbahnstraße den Daumen raushielten und eigentlich in die Gegenrichtung wollten.

»Kris, we must go.«

Kris nickte. Man sah ihm an, dass er elendig seekrank war. Er hatte glasige Augen. Hatte er Fieber?

»Yes.«

Hatte er auch solche Kopfschmerzen?

»Yes.«

Glaubte er auch, dass es Malaria war?

»Yes.«

Sie konnten von Glück sagen, dass sie von einem Weißen mitgenommen wurden, der ihnen versicherte, dass er sie nur in sein Auto gelassen hatte, weil sie auch Weiße waren – wo sollte es denn hingehen?

Rafi musste schnell handeln, damit Kris sie nicht zu Frank Unwin dirigierte: »To the German seaman's mission.«

Lagos war durch und durch dreckig – und abweisend mit vergitterten Fenstern und Glasscherben auf den Mauern, KEEP-OUT-Schildern, mit ausgeschlachteten Autos am Straßenrand. Ein Mann lag auf der Fahrbahn und wurde aufgeregt mit Wasser übergossen – wahrscheinlich ein Unfallopfer. Ihr Fahrer erklärte ihnen, dass man die Schwarzen am besten wie Tiere behandelte. Wenn man sie anbrüllte, kuschten sie und sagten: yes, master, please, master! Man dürfe niemals zu viel Entgegenkommen zeigen, dann wurden sie sofort unverschämt; Lagos war tough, da konnten nur die Stärksten überleben. Hier starb man schnell, der einzige Vorteil, den die Stadt zu bieten hatte. Man könne schon daran, dass er noch am Leben war, erkennen, dass seine Einstellung richtig war.

Die beiden fühlten sich zu schwach, um zu widersprechen. Sie verabschiedeten sich müde, kaum schlug die Autotür zu, verfluchten sie ihn mit einem siebenfachen FN.

Es war nicht weit bis zur Seemannsmission – aber war es wirklich eine gute Idee, dahin zu gehen? Sie sahen so heruntergekommen aus, dass Rafi befürchtete, man würde sie am MEMBERS-ONLY-Schild abweisen. Kris war eindeutig am Ende. Rafi hatte jetzt stillschweigend das Kommando übernommen. Er hatte auch schon eine Idee. Er wollte dem Pastor erzählen, dass sie einen Termin hätten und nur eine Nacht bleiben wollten. So etwas war wichtig. Sonst hatten sie Angst, dass sie einen nicht wieder loswurden. Der Pastor fiel auf den Trick herein. Sie durften bleiben.

Die Nacht war schrecklich. Am schlimmsten waren die Moskitos, die vom Neonlicht, das sich nicht abschalten ließ, angelockt wurden. Sie konnten zwei Liegen benutzen, nachdem sie die Tischtennisplatte zur Seite geschoben hatten. Die Liegen waren halbwegs in Ordnung, doch das Gebrumme des riesigen Kühlschranks, der – aus gutem Grund – ein Vorhängeschloss hatte, wurde zunehmend zur Qual. Rafi lag wach und starrte den Verputz der Decke an. Kris stöhnte. Rafi hatte den Eindruck, er rief nach Roger Moodie, dann musste er zwischendurch weggetreten sein. Die meiste Zeit waren sie beide wach.

Lagos, 1. Oktober 1978, deutsche Seemannsmission. ON steckt in Schwierigkeiten. GH ist beschossen worden, wahrscheinlich Verletzte. Kris, zuständig für PR, und ich versuchen, GH wieder zu finden. Wir gelten als illegal eingereist und müssen Nigeria auch illegal wieder verlassen.

Es war nicht einfach, Tagebuch zu führen, wenn man so tief drinsteckte. Außerdem gab es Sicherheitsbedenken. Wie leicht konnte so ein Buch in fremde Hände fallen. Er hatte auch einen Brief an seinen Vater geschrieben, ihm kurz mitgeteilt, dass er sich einer Aktionsgruppe angeschlossen habe, um für die Befreiung Namibias zu kämpfen. Als Absender hatte er die Kontaktadresse der SWAPO in Luanda angegeben, die Kris ihm aufgeschrieben hatte. Rafi lernte sie auswendig und zerriss den Zettel in kleine Schnipsel.

Kris konnte nun in Ruhe seine Aktentasche aufklappen, ohne dass es schaukelte. Zuerst sortierte er den Inhalt neu, sodass obenauf unverfängliche Papiere lagen – falls sie in eine Kontrolle gerieten. Bei der Gelegenheit zählte er das Geld von Frank Unwin nach und machte eine Liste von seinen Ausgaben. Er legte gleich ein bisschen was zur Seite für die Zeche in der Seemannsmission. Sie bestellten zwei Fanta – was sich als Fehler erwies: Das Zeug schmeckte ekelhaft. Rafi warf die letzte Vitamintablette ein und schlürfte den aufbrausenden Schaum ab.

»Na, tropft die Pfeife?«

Er drehte sich erschrocken um – sah man ihm das schon an? Er war so verblüfft, auf Deutsch angesprochen zu werden, dass er nicht wusste, wie er reagieren sollte. Eigentlich wirkte der Deutsche vertrauenswürdig. Rafi fragte ihn gleich, ob er zufällig irgendeine Möglichkeit wisse, illegal aus Nigeria auszureisen.

Nein, keine Ahnung, aber er kannte einen, der noch vorbeikommen wollte, der hatte immer einen Tipp.

Kris schrieb wieder, sie bestellten Tee. Rafi war nervös. Er musste die Gelegenheit ergreifen, es hatte keinen Sinn, die Frage aufzuschieben: »Kris? I have a question. Am I really a member of the Operation Namibia?«

Es schien eine schwierige Frage zu sein. Die Sache war die: Rafi hatte erklärt, dass er Schwierigkeiten mit den deutschen Behörden habe.

Doch nur, weil er den Wehrdienst verweigert hatte und im ersten Verfahren nicht anerkannt worden war. Die hatten damals sogar gefragt, ob er wirklich keiner Fliege was zu Leide tun könne und was er von Insektenspray halte – das musste man sich mal vorstellen: Auf so einem Niveau wurde das abgehandelt.

Doch Kris meinte, wenn die officials einen Grund hatten – egal was für einen –, auf seiner Auslieferung zu bestehen, könnte das die Aktion ruinieren.

»But the others, they want me: Roy, Elise, Hans, Momo, Morishta!« Hatten die nichts zu sagen? »Only because I'm German, hm?«

Kris versicherte, dass er persönlich nichts gegen ihn habe. Die ON war eine internationale Aktion, das war wichtig, damit keine nationalen Gefühle hochkommen konnten; in Südafrika zum Beispiel würden sie die Briten hassen – als wenn das ein Trost wäre! Die ersten KZs waren bekanntlich von Engländern für Weiße in Südafrika errichtet worden – das wollte Rafi gar nicht wissen. Auch nicht, dass die Buren pro German seien. Das machte die Sache nicht besser, ausgerechnet die! Kris öffnete wieder seine Tasche, Rafi sah schon an seinem Gesichtsausdruck, was jetzt kommen würde. Kris war – wenn auch unwillig – bereit, ihm noch einmal Nachhilfe zu erteilen. Er las vor: »A good action should have a clear purpose. A good action should have a simple form.« Kris sah ihn streng an – verstanden?

Natürlich. So schwer war es auch nicht.

»A good action should utilize a symbol that speaks for itself.«

Genau. Bücher auf einem Segelschiff sprachen für sich. Warum machte Kris so ein Brimborium darum?

Kris hatte ein Einsehen. Er hatte schon an Moodie geschrieben, dass sie ein potenzielles neues Mitglied hätten, Rafi konnte sich auch selber an Moodie wenden. Kein Problem, Rafi hatte schließlich ein Wörterbuch und Zeit genug. Also? Was hieß Kriegsdienstverweigerung auf Englisch?

My name is Thomas Raphael Schell. I am a German sailor. I know ships and I am a good cook also. I am a conscientious objector, because I never wanted to have something to do with the German military, because of Adolf Hitler. Now I want to join the ON. I always wanted to fight for freedom for the blacks. I also think books are very important. The African people need information. I am not afraid. The members of the crew want mee to join the ON.

Kris hatte noch eine Idee. Er war so genannter Weltbürger, das wäre vielleicht auch was für Rafi. Die würden ihm einen richtigen Ausweis ausstellen. Wenn Rafi nichts dagegen hätte, wollte Kris ihn vorschlagen.

Er hatte nichts dagegen. Im Gegenteil. Das konnte zwar als Trostpreis gemeint sein, aber er wollte kein Deutscher sein und fühlte sich sowieso als Weltbürger.

Inzwischen war der Bekannte aufgetaucht. Also? Was gab es für Möglichkeiten, illegal aus Nigeria herauszukommen?

Das sah schlecht aus. Vielleicht über Julius Berger, einen deutschen Bauunternehmer, der es in Nigeria zu Geld und Einfluss gebracht hatte. Der hatte eine Niederlassung in Cotonou, dahin gingen regelmäßige Transporte über den Porto-Novo-Creek, in dieses berühmte Seegebiet hinein, wo es noch unzugängliche Siedlungen aus der Zeit der Sklaverei gab. Es sei kein Problem, sich da einzuschmuggeln, man brauche allerdings eine gute Malariaprophylaxe und müsse damit rechnen, überfallen zu werden. In dem Fall solle man keinerlei Gegenwehr leisten, die würden einem sonst die Kehle durchschneiden. Der Deutsche unterstrich das mit einer eindeutigen Handbewegung. Das größere Problem war, dass man aus dem kommunistischen Benin auch nicht mehr rauskam.

Gab es irgendwelche Möglichkeiten, auf ein Schiff zu kommen, ohne nach Apapa zu gehen?

In Tinca.

»Tinca?«

Tin Can Island. Wo wollten sie denn hin?

»Der nächste Zielhafen ist Luanda.«

Der Deutsche verschluckte sich: »Luanda?«

Rafi nickte, und der Deutsche sah ihn an, als ob er es mit einem Bekloppten zu tun hätte. »Pass mal auf, ja: Alle Schiffe, die irgendwas an Bord haben, das eine Mark und fünfzig wert ist, machen...«, er holte übertrieben weit aus, »sooo einen Bogen um Angola. Kein Schwein fährt da hin, alle sehen zu, dass sie da schnellstens wegkommen.« Er seufzte: Früher war Luanda ein Paradies, Nachtclubs und so, eine fast europäische Stadt, richtig schön, konnte man nicht anders sagen. Revolution, Kommunismus, Krieg, alles kaputt. »In den Kinos läuft bis zum Erbrechen *Emanuelle*, die Massen gucken sich das an und staunen nur. Die Weißen haben da nichts mehr hinterlassen. Die haben extra alle Autos kaputtgefahren. Luanda ist tot. Da gibt es nicht mal Hunde. Da liegen Leichenteile auf der Straße, Köpfe, Hände, und keiner räumt sie weg.« Der Deutsche dachte noch ein bisschen nach und kam zu dem Schluss, dass Rafi einen Scherz gemacht hatte. »Du willst doch nicht im Ernst nach Luanda, oder?«

Plötzlich war Rafi wieder in Hamburg. Da waren Möwen, da war dieses Tuten, der Dieselgeruch, dieses aufgequirlte Wasser, der Klang der Maschinen, wenn sie kurz Vollgas gaben und von der Pier abschwenkten. Er merkte auch, woran es lag, dass er jetzt daran denken musste: an der Hafenfähre, diesem HAPAG-Schiff. Damit durfte er mit einer HVV-Karte von den Landungsbrücken nach Schulau fahren und zurück; er sah sich im frischen Wind sitzen, auf genau demselben Platz, und wusste noch, dass er kein Fischbrötchen gegessen hatte wie die anderen, sondern eine Bockwurst. Er hatte sogar noch den Klang im Ohr, wie jemand eine grrroße Hafenrundfahrt anpries. Es war mit Sicherheit dasselbe Schiff. Es war eine seiner frühesten Erinnerungen. Er hatte sich alles genau eingeprägt. Vielleicht hatten sie in Hamburg das Schiff ausgemustert und nach Lagos geliefert. Nun vergammelte es hier: Die Arbeiter flegelten sich auf den Bänken, spuckten auf den Boden, banden sich nicht mal die Schuhe richtig zu. Niemand aß ein Fischbrötchen – da war auch wieder dieser bedrohliche Schriftzug NIGERIA GREEN LINE, der sich aufreizend langsam an ihnen vorbeischob. Sie mussten dringend zusehen, dass sie FN verlassen konnten. Sein Herz klopfte immer noch zu schnell, als sie in Tin Can Island an Land gingen.

Hier lagen längst nicht so viele Schiffe wie in Apapa, sie hatten sofort Glück. Kris wurde ganz zappelig: Seine Astrid Schulte war hier. Die hatten auch eine Frau an Bord, die gelangweilt in der Funkbude saß. Sie erinnerte sich an Kris und bot ihm ein Glas Mineralwasser an.

Rafi kriegte nichts. Egal. Er hatte nichts dagegen, im Hintergrund zu sitzen und ungestört krank zu sein. Er schloss die Augen, versuchte, sich an Hamburg zu erinnern, und hörte dabei auf die Stimmen der Engländer wie auf ein entferntes Wellenrauschen. »He doesn't speak any English, does he? Get rid of the stupid sod... reckons everyone owes him a living... just because they're hanging around doing the hippie bit... he's sucking your blood...« Rafi döste ein und wachte auf, weil diese Funkerin plötzlich laut lachte. »I bet he sponges off you like shit... Loose a couple of wars and they think they invented peace.«

Sie redeten lange nicht, als sie die Astrid Schulte verließen. Die Verschnaufpause war beendet. Sie waren zurück im Bratofen.

Das nächste Schiff war ein verdächtig sauberer Däne. Rafi konnte es nicht glauben: Der Kapitän, der sie skeptisch musterte, war kaum älter als er. Natürlich hatte er sich immer vorgestellt, als Moses loszufahren und als Kapitän zurückzukommen – genau genommen hatte er die Spiegelreflex nur mit, um den historischen Moment festzuhalten, wenn er zum ersten Mal in Kapitänsuniform auf der Brücke stand –, aber er hatte gedacht, dass er dazu noch viel älter werden musste.

Der Däne wirkte unsicher und er war Rafi nicht ganz geheuer. Dem durfte man nicht trauen. Der war im Stande, hinter ihrem Rücken das BOSS oder die NSO zu rufen und sie verhaften zu lassen, sobald sie eingeschlafen waren.

Also doch. Back to Apapa. Wieder mit der Hafenfähre. Es half alles nichts. Rafi wurde wieder einmal mit magischen Kräften von der Gefahr angezogen, na gut, er fügte sich dem Schicksal. Kris schien nicht solche Angst zu haben, an den Kontrollen vorbei ins Hafengelände vorzudringen. Rafi hielt sich dicht hinter ihm und machte es wie der schwächere Teil der Afrikaner – das hatte er herausgefunden: Die einen drängelten und hupten, die anderen ließen sich vom Gewusel mitschleifen wie tote Fische. Kris legte forsch die Hand an seinen Hut, der Soldat erwiderte den Gruß, schon waren sie wieder in Apapa – es hatte auch Vorteile, weiß und selbstbewusst zu sein.

Das erste Schiff war ein Grieche, ein Stückgutfrachter, der gerade beladen wurde – mit genau der umständlichen Methode wie bei der Patria. Sie konnten sich ohne Probleme zum Kapitän durchfragen; der ließ ihnen Kaffee kommen, wollte auch gerne ihr Anliegen anhören, doch sein Schiff war in einem schlechten Zustand, die Mannschaft taugte nichts, die meisten waren besoffen.

Rafi und Kris wollten so schnell wie möglich weg. Sie schleppten sich zum nächsten Seelenverkäufer. Schon die beiden Pakistani mit ihren Turbanen, die gelangweilt an der Gangway standen, sahen verrostet aus – wahrscheinlich hatten sie gerade an der Rostmaschine gearbeitet. Ein Kapitän war nirgendwo zu finden; es war überhaupt niemand zu finden, der zuständig war. In einer Kammer lief ein Fernseher, ab und zu kam jemand rein, guckte ein bisschen zu und verschwand wieder. Es gab nicht einmal eine Klimaanlage, draußen in der Hitze war es noch angenehmer als unter Deck bei den Pakistani. Schließlich machten es Kris und Rafi auch so: Sie guckten sich den Mist im Fernsehen ein Weilchen an, zogen sich über die schwankende Gangway zurück und bedachten die Pakistani mit einem dreifachen FN.

Kris hatte lange nichts mehr von Malaria und vom Repatriieren gesagt; es schien ihm etwas besser zu gehen. Rafi nicht. Jetzt ging es langsam los: Es juckte unangenehm. Er konnte nicht mehr pinkeln, er hatte es beim Dänen versucht – seinetwegen brauchten sie jedenfalls keine Schilder aufzustellen, dass es verboten war, an die Wände zu urinieren. Er hatte schon das Wörterbuch durchsucht: Tripper stand nicht drin, und nun hatte er dauernd das Gitarrenriff von ›Day Tripper‹ im Kopf.

Rafi wusste, dass sie es sich in ihrem Zustand nicht leisten konnten, mehr von solchen Niederlagen einzustecken. Er spürte förmlich, wie ihnen ihre Hoffnungen wie Sand durch die Hände rieselten. Sie konnten es sich nicht leisten, den Anflug eines Gedankens daran zu verschwenden, was sie machen wollten, wenn sie kein Schiff finden würden, das sie aus Nigeria herausbrachte. Sie waren in ihrem Elend so kurzsichtig geworden, dass sie nicht einmal darüber nachdenken konnten, wo sie überhaupt schlafen sollten.

Nein! Rafi hatte wieder einen dieser Schreckensblitze, denen heftiges Herzklopfen folgte: Da lag die MS Patria. Nun war alles vorbei; sie würden ihn einsammeln und auslachen. Es dauerte viel zu lange, bis sein Herz einsah, dass es nicht die Patria war, sondern das baugleiche Schwesterschiff Protector. Er musste vorsichtig sein, die Mannschaft kam aus demselben Dorf wie ihr Spanier, die wussten womöglich von seinem Fall; da war es scheißegal, dass Kris ihn für verrückt halten musste, weil er sich erst hinter Palmnusskernsäcken und dann hinter einem Eisenbahnwaggon versteckt hielt.

Er wollte es auch beim nächsten Schiff nicht probieren: Einem DDR-Dampfer in lächerlichem Klogrün, womöglich mit einem sächselnden Typ an der Gangway. Das hätte ihm den Rest gegeben. Er war doppelt gestraft; egal ob Ost oder West; es waren immer Deutsche, die sich blamierten. Bekanntlich waren die deutschen Schiffe die einzigen der Welt, die ihre

NICHT-BETRETEN-Schilder zusätzlich in der jeweiligen Landessprache aufstellten.

Das nächste Schiff war klein und kaputt. Man musste bedenken: Es war ein auslaufendes Schiff, doch die Mannschaft wirkte, als sei sie schiffbrüchig und habe sich gerade noch mal an Land retten können. Sie wurden freundlich hereingewinkt, der Kapitän ließ veranlassen, dass den beiden etwas serviert wurde, höllisch scharf, ein wunderbares Essen. Da konnte man es wieder mal sehen: Die Ärmsten der Armen halfen ihnen! Am liebsten hätten sie mit diesem Mineralwasser-Minze-Getränk feierlich angestoßen: auf die Koreaner, die sich als ihre Retter erwiesen.

Rafi wäre am liebsten einfach sitzen geblieben; die Koreaner wollten nach Brasilien. Auch Kris bekam wieder so gute Laune, dass er anfing, von früheren Erfolgen zu erzählen, und was sie alles von Operation Omega gelernt hätten; denn Bücher seien besser als Lebensmittel. Die konnten nicht in falsche Hände geraten, wie das in Bangladesch passiert war. Eine Ladung Bücher war ideale Konterbande: Man stelle sich vor, irgendwelche Beamten würden die Bücher beschlagnahmen, die könnten sie ja nicht essen oder auf dem Schwarzmarkt verkaufen, die sollten sie getrost lesen, da könnten sie noch was lernen.

Rafi war in Gedanken in Brasilien, Kris bei seinen Büchern. Sie hatten nicht nur verbotene Bücher an Bord – nein, viel besser. Auf die Mischung kam es an, wie bei Sprengstoff. Sie hatten extra aus Philadelphia Ken und Priscilla anreisen lassen, um die Ladung zu überprüfen. Nur etwa zehn Prozent standen auf dem Index – schlimm genug, der Besitz so eines Buches konnte mit bis zu fünf Jahren Gefängnis bestraft werden, so viel könnten sie nie im Leben absitzen. Der Rest war zumeist naturwissenschaftliche Literatur. So etwas konnte man nicht verweigern – aber auch nur schwer wieder auseinander sortieren. Das freute Kris. Rafi auch. Mit jeder Erklärung wurde er tiefer in die Sache hineingezogen und zu einem echten ON-Mitglied gemacht. Zuerst hatten ihre Leute in Namibia darum gebeten, keine eindeutig linken Bücher mitzubringen, denn es gab diesen Artikel 12, der die Beschlagnahme kommunistischer Literatur vorsah. Das gefiel Rafi nicht – nicht dass er ein großartiger Kunde in den politischen Buchläden war, doch so etwas verstieß gegen das Ideal einer Freiheitsbibliothek.

Das fand Kris auch, er meinte aber, sie sollten sich da heraushalten. Wenn die SWAPO das wünschte, wollten sie nicht mit weißer Arroganz alles besser wissen. »We should not patronize them.« Sie durften ihre Freunde in Namibia nicht in Gefahr bringen. Inzwischen hatten die ihre Meinung wieder geändert und wissen lassen, dass marxistische Bücher auch darunter sein dürften. Kris wirkte sehr zufrieden, er hätte seine Bibliothek am liebsten sofort vorgeführt: Bücher waren so ein wunderbares Symbol – für Freiheit; ein Buch sollte man immer freiwillig lesen, sich selber aussuchen können, daher die große Auswahl. Deshalb musste man auch jede Zensurmaßnahme in aller Offenheit übertreten, schon aus Prinzip. Genauso wichtig war es, dass ihre Auswahl von Büchern nicht ausschließlich einer Weltsicht folgte, sondern versuchte, so breit wie möglich zu sein; denn nur das führte zu Freiheit und zu dem, was Afrika am meisten brauchte: zu Wahrheit!

Kris hatte gut reden. Die Wahrheit war, dass Rafi einen Tripper hatte. Die Wahrheit war, dass sie sich keine Hoffnungen zu machen brauchten. Sie waren Insekten, die auf dem Rücken lagen und verzweifelt strampelten; sie wussten, dass sie auf dem Grunde eines Einmachglases lagen, sie würden es niemals schaffen, die Glaswand hochzukrabbeln: Kein Schiff würde sie von hier aus nach Angola mitnehmen. That was the truth.

Kris geriet in helle Aufregung. Er kannte das nächste Schiff, er hatte es schon in Accra gesehen, da musste es einen Senegalesen geben, mit dem er sich angefreundet hatte. Sie hatten Glück, sie fanden ihn. Er hatte Nachtschicht, seine Kabine wurde so lange nicht gebraucht, da konnten sie sich ausruhen.

Erst gab es Tee, aber den wollte Rafi nicht anrühren, solange er noch nicht pinkeln konnte.

Kaum waren sie unter Deck, schüttete es aus Eimern, dazu tobte eine Windböe, die Planen umherwehte, bis sie an den Kranbeinen hängen blieben. Sie sahen sich das Schauspiel an, kommentierten es mit einem fünffachen FN und fühlten sich gerettet, sie waren noch einmal davongekommen.

»Kris, I must talk to you…«

Nur zu, ermutigte ihn Kris, »speak your mind!«

Wie sollte er das sagen? »I am sick«, fing er an. Kris nickte, das war ihm klar. Rafi hatte geschrien, schon in der Seemannsmission. Also? Was hatte er auf dem Herzen? Er sollte offen sprechen.

Erst musste er sich ein besseres Wörterbuch ausleihen, Kris hatte eins in seiner Aktentasche. Auch da stand nichts von Tripper und unter Geschlechtskrankheiten nur: VD.

Aha: veneral disease. Aber welche? Das wusste Rafi auch nicht, Kris zählte auf, was er alles kannte, und bei gonorrhea meinte Rafi, dass es so etwas sein konnte.

Okay, Kris wollte sich darum kümmern. Nun war es raus. Kris war längst nicht so schockiert, wie Rafi befürchtet hatte, er nahm es wie ein Seemann und ließ sich sogar zu einem Lächeln hinreißen: »VD in FN, hm?«

»Oh yes: fucking Nigeria!«

Kris war ein Seelchen, er fing schon wieder mit seinen Büchern an: Es gab einen Titel, *Love without Fear,* ein völlig überholtes Aufklärungsbuch, auch verboten – und warum? Nicht etwa, weil darin Verhütungsmethoden vorgestellt wurden, sondern nur wegen des Titels: without fear. Denn eine Diktatur beruhte auf Angst, sie verbreitete Angst, und die Machthaber hatten selber Angst, ihre Macht wieder zu verlieren. Das wusste Rafi auch, es gab einen Song von den Young Blood: »Come on people smile on your brother, everybody get together, try to love one another right now.« Da hieß es auch, dass es die Alternative gab: Liebe oder Angst.

Kris wollte wissen, wo er sich seine VD eingefangen hatte.

»In Ajegunle, you know, this one night, I was all alone and there came two very fat women …«

»Two?«

»Yes, two!«

In der Nacht wurde es richtig schlimm, nun hatte er zugegeben, dass er krank war, nun durfte es auch schlimm werden. Rafi schrie wieder. Sie hatten gleich getauscht: Rafi ging auf die Matratze des Senegalesen, Kris auf den Boden. Kris hatte Mineralwasser organisiert. Sollte er das trinken?

Rafi schlief ruckartig ein, wachte ruckartig wieder auf, als hätte er einen Kippschalter. Draußen brüllte der Donner. Kris war immer noch wach. Er hatte plötzlich ein feuchtes Tuch, um ihm den Schweiß abzutupfen. Rafi schwitzte, schlief wieder ein, wachte auf, es donnerte. Es war sehr hell.

Es hatte aufgehört zu regnen. Womöglich hatte Kris gar nicht geschlafen. Er war angezogen und trank seinen ersten Tee. Penizillin konnten sie auf dem Schiff nicht bekommen, Kris hatte sich schon erkundigt, aber wenn Rafi es schaffte, sich aufzurappeln, wollte er mit ihm los, zu dem Polen, wo er eine Spritze kriegen konnte. Genau. Kris war wirklich ein kluger Kopf. Die Ostblockschiffe hatten bekanntlich Ärzte an Bord. Vorher wollte sich Kris noch seine Zahnbürste ausleihen und kurz ins Bad. »Okay, Raph, let's go!«

Die Protector war nicht mehr da, Rafi war so weit heruntergekommen, dass er die Abwesenheit als positives Signal empfand; mehr wollte er gar nicht: Er wollte nicht erschreckt werden; er wollte, dass die Erinnerung an die Patria weg war; er wollte in Ruhe gelassen werden. Penizillin gab es auf dem polnischen Schiff nicht. Auch keine Spritze. Doch sie hatten ein Vitaminpräparat, das wahre Wunder wirken sollte.

Den Nachmittag verbrachten sie auf einem französischen Schiff, wo man ihnen hervorragendes Essen in mehreren Gängen servierte. Diese Franzosen waren Angeber durch und durch, die konnten es selbst in Apapa nicht lassen, gegenüber zwei heruntergekommenen Einzelkämpfern mit ihrer legendären Cuisine aufzutrumpfen. Es gab Wein. Damit leistete, wie Kris feststellte, auch Frankreich einen nicht unerheblichen Beitrag zum Gelingen der ON. Sie durften bleiben, solange es regnete – sollte es doch regnen. Das Essen war super, die Franzosen scherzten über die Engländer im Allgemeinen, Kris frischte seine Sprachkenntnisse auf, und Rafi konnte wieder pinkeln.

Es gab noch eine Sache, die Rafi Kris hoch anrechnen musste: Er hatte sich die Zahnbürste von ihm ausgeliehen, eine Kleinigkeit, aber Kris hatte damit gezeigt, dass er zu ihm hielt.

»Kris?« Rafi hatte eine Frage: Warum musste eigentlich dieser Roger Moodie alles entscheiden?

Kris schien den Sinn der Frage nicht zu durchschauen und erklärte, dass Moodie nur der Leiter des Büros in London war und keineswegs alles entscheiden konnte, es hatte auch schon Konflikte gegeben mit Roy, gerade um die Frage der Kompetenzen. Zuerst hatte London ein anderes Schiff gekauft, die Antilope, leider nicht geeignet für eine Fahrt nach Afrika. Sie mussten es mühsam wieder herrichten, damit sie es ohne Verlust weiterverkaufen konnten, um dann ein besseres zu kaufen. Damit war Roy auch nicht zufrieden; in Gambia hatten sie den alten Fischkutter gründlich umgebaut, da hatte Roy sich endlich durchgesetzt und die Golden Harvest nach seinen Vorstellungen umgerüstet. Ob Rafi denn wisse, wie lange sie in Banjul gelegen habe?

Nein, woher sollte Rafi das wissen – vierzehn Tage, drei Wochen?

»Eight months.«

Die Japaner hatten auch ihre Tricks, sich die Leute vom Leibe zu halten. Bei denen war alles voll automatisiert. Man kam an gar nichts ran. Es lief keiner in ihrer leeren Maschinenwelt herum – wenn doch, dann nur Leute, die nichts verstanden und auch nicht zuständig waren. Sie könnten noch stundenlang in diesem schlafenden Riesen herumlaufen. Immerhin gab es eine

Klimaanlage. Doch die Gänge endeten stets vor verschlossenen Luken. Sie hätten nicht mal was kaputtmachen können.

»Morishta! Are you here? This is Operation Namibia calling!« Sie waren erst in Porto an Bord gekommen, erklärte Kris, er hatte Morishta mitgebracht, sie waren auf dem Landweg nachgereist. So hatten sie die stürmische Biskaya gemieden – schöne Seefahrer waren das. Morishta glaubte, dass alles eins sei, die Energie und die Liebe – verstanden? Kris formte mit den Händen eine Kugel. Das sollte die Erde sein, Energie ging bekanntlich nicht verloren. Die Buddhisten stellten sich vor, dass, wenn – Kris machte mit der linken Hand ein Zeichen für etwas, das ganz klein war – auf dieser Seite ein Schmetterling mit dem Flügel wackelte, auf der anderen Seite – Kris machte mit der Rechten eine Geste, die etwas Großes umreißen sollte – ein Berg einstürzen konnte.

Bei den Italienern gab es wieder was Leckeres. Sie hatten zwar schon bei den Franzosen gegessen, doch die Pasta war auch nicht übel. Generell konnte man sagen: Je ärmer ein Schiff, desto größer die Hilfsbereitschaft, auf europäischen Schiffen war das Essen allerdings besser. Sie fühlten sich sicher wie in einem guten Versteck: Hier würden keine Soldaten mit MGs aufkreuzen, um Weihnachtsgeschenke abzuzocken. Hier waren sie weder in Afrika noch in Europa, Aldo Moro und die Roten Brigaden waren weit weg, Europa war zur Nebensache geworden.

»Raph, I'll tell you something.« Na gut. Rafi hörte zu. Als sie in Portsmouth auslaufen wollten und in der Presse verkündet hatten, dass sie Bücher nach Namibia liefen wollten, gab es Probleme mit den Behörden. Die hatten gefragt: Seid ihr ein Frachtschiff? Sie hatten geantwortet: Nein, wir sind ein Friedensschiff. Dafür gab es keine Kategorie. Kris zwinkerte verschwörerisch: Genau darauf kam es an, man musste etwas tun, für das es noch keine Kategorien gab. Alles andere bewirkte keine wirkliche Veränderung. Die Presse war sofort auf ihrer Seite gewesen und hatte die Behörden unter Druck gesetzt. Die deklarierten daraufhin die Golden Harvest, die ja nicht als Frachtschiff auslaufen durfte, als Vergnügungsschiff. Inoffiziell waren sie also ein Friedensschiff, offiziell ein Vergnügungsschiff. Kris musste richtig lachen: Es könnte schließlich jeder sehen, dass sie zu ihrem puren Vergnügen hier waren und ein wunderbares Luxusleben führten. Darauf erhob er sein Glas mit italienischem Wein.

Kris schien es viel besser zu gehen. Es tat ihm gut, von Zeiten zu erzählen, als er noch Erfolg hatte. Rafi ging es langsam besser. Wenn Morishta Recht hatte, konnte er vielleicht doch irgendwie Gutes bewirken und Elise beistehen, wenn er ganz doll an sie dachte und versuchte, love and energy auf sie zu konzentrieren. Er hatte wieder ein wenig Energie. Damit wollte er gerne Elise – und die ON – unterstützen. Dann wollte er wissen, was Guten Appetit auf Englisch hieß, aber Kris erklärte ihm, dass man so etwas in England nicht sage.

Auf dem Schiff des Senegalesen hatte man sie schon erwartet.

Why? Was war passiert? Sie hatten sich so darauf gefreut, sich langzulegen, doch – Stopp! – sie sollten nicht unter Deck gehen. Eine der Wachen bat sie, auf ihren Freund, den Senegalesen, zu warten. Der würde alles erklären, sie sollten solange oben bleiben.

Kris und Rafi guckten sich fragend an. Sie hockten sich auf das Deck, sodass sie nicht im Weg waren, und warteten stumm auf das kommende Unglück. Sie wurden schüchtern in Augenschein genommen, alle hielten deutlich einen Sicherheitsabstand ein. Einer brachte Kris seinen Koffer zurück; er hielt ihn vorsichtig mit zwei Fingern und stellte ihn Kris vor die Füße wie bei einer Übergabe von Lösegeld. Ein anderer brachte Rafis Umhängetasche und legte sie mit gleicher Geste daneben. Dann brachte jemand die Wasserflasche von Kris.

»Kris? What does this mean?«

»I do not know.«

Sie wurden beobachtet. Alle redeten über sie, ganz klar, es

war aber nichts zu verstehen. Die Mannschaft schien gespannt zu sein, was sie als Nächstes tun würden – würden sie ihre Sachen an sich nehmen und das Schiff fluchtartig verlassen? Würden sie es überhaupt wagen, ihr Gepäck zu berühren? Sie würden jetzt keine andere Übernachtungsmöglichkeit mehr finden. Es war dunkel geworden, nur merkte man das nicht so bei der starken Beleuchtung im Hafen. Sie waren offenbar ahnungslos in eine Falle getappt, gerade als es wieder aufwärts ging.

Warteten die hier etwa darauf, dass sie plötzlich vom Wahn gepackt würden und anfingen zu schreien? Sollte das ein Test sein? Sie waren in ein falsches Stück geraten, das hier bei theatralischer Beleuchtung geprobt wurde. »FN«, flüsterte Rafi fast unhörbar.

»FN«, flüsterte Kris.

»FN.«

Endlich kam ihr Senegalese. Er näherte sich übertrieben langsam und machte Kris Zeichen, dass er ihm ein Stück entgegenkommen sollte.

Kris kam ihm entgegen.

Der Senegalese zuckte mit den Schultern und machte allerhand entschuldigende Gesten; es schien ihm furchtbar peinlich zu sein, verstehen konnte Rafi nichts. Auch nichts von dem, was Kris antwortete.

Der Senegalese entfernte sich, ging dabei leicht gebeugt rückwärts, als er weit genug weg war, drehte er sich plötzlich um und rannte davon.

»He is very sorry«, erklärte Kris.

Das hatte sich Rafi schon gedacht.

Sie konnten nicht mehr in den Kabinen übernachten.

Warum nicht?

Weil Rafi krank war.

Das war doch lächerlich: VD war nicht ansteckend.

Kris verstand es auch nicht.

Wo sollten sie nun schlafen?

Auf dem Deck. Direkt neben der Halogenlampe. Da waren sie einigermaßen geschützt vor plötzlichen Wolkenbrüchen, besonders bequem war es nicht, morgen früh sollten sie das Schiff verlassen. Und nun?

Zähne putzen, meinte Kris. Er gab Rafi ein bisschen aus seiner Wasserflasche, Rafi putzte sich schnell die Zähne und spuckte über Bord. Dann nahm sich Kris die Zahnbürste, hielt sie wie ein Beweisstück in die Höhe, sodass jeder sehen konnte, was er vorhatte: Er putzte sich die Zähne. Mit derselben Zahnbürste wie dieser Kranke! Die Zuschauer verfolgten die Zeremonie mit großem Interesse.

Als Kris nach wenigen Minuten immer noch nicht tot umgefallen war oder sich nicht in Krämpfen auf dem Boden wälzte, verließen die meisten die langweilige Inszenierung und gingen an die Arbeit. Die beiden Aussätzigen richteten inzwischen ihr Notlager ein. Rafi fühlte sich momentan nicht im Stande, eine Lagebesprechung zu machen.

Kris saß einfach nur da und hielt seinen Aktenkoffer umklammert. Man konnte geradezu mit ansehen, wie die Gedanken in ihm arbeiteten. »I've got something for you«, meinte er nach einem Weilchen, öffnete seinen Koffer und gab Rafi ein Buch, als hätte das ganze Problem darin bestanden, dafür zu sorgen, dass Rafi beschäftigt war. Es hieß *The Navigator* und handelte von einer Expeditionsreise in die Südsee. Rafi hatte es geahnt: Die Expedition erlitt Schiffbruch, die Mannschaft strandete auf einer einsamen Insel und musste zusehen, wie sie am Leben blieb. Die Seeleute litten unter entsetzlichen, unbekannten Krankheiten.

Von ihrem Notlager aus konnten sie an der Bordwand entlang die Stelle einsehen, an der die Kabine des Senegalesen liegen musste, in der sie die Nacht zuvor geschlafen hatten. Es war keine Sinnestäuschung. Die Luke ging auf, und die Matratze, auf der Rafi gelegen hatte, wurde durchgezwängt und ins Wasser geworfen – das war gegen die Vorschriften. Dann folgten Decken und Laken mit einigen Ladungen Putzwasser. Der arme Senegalese musste wie besessen seine Kabine schrubben – er hatte sich sogar von seiner Matratze getrennt. Kris sagte nichts. Rafi auch nichts. Die Expedition in der Südsee schien endgültig gescheitert zu sein. Es hatte schon die ersten Toten gegeben.

8
Nur ein guter Freund?

In einem Anfall von Galgenhumor diskutierten sie die Frage, ob sie nach links oder rechts sollten. »Kris? What do you say?«

»I don't know.«

Vielleicht sollten sie eine Münze werfen und ihr Schicksal in die Hände des Zufalls legen. Sie gingen in Richtung der Japaner, vielleicht hatte über Nacht der Schmetterling mit seinen Flügeln geschlagen, neue Schiffe waren gekommen, freundliche Menschen luden sie nach Luanda ein. Vielleicht waren inzwischen alle Soldaten Nigerias auf dem Mond gelandet.

Kris rannte plötzlich los. Er hatte jemanden gesehen. Einen Weißen mit einer Rastamütze. Die beiden fielen sich in die Arme.

Das war Barry. Er hatte Sommersprossen, einen roten Stoppelbart und sah aus, wie sich Rafi schon immer einen echten Iren vorgestellt hatte. Er war nicht viel größer als Kris. Er wirkte ziemlich lebhaft, musste also gerade erst angekommen sein. Barry war überglücklich, Kris hier gefunden zu haben. Eigentlich hatte er das Schiff gesucht.

Kris konnte es nicht fassen. »Barry … Barry …« Afrika hatte ihn begriffsstutzig gemacht: Sein guter, alter Barry war da, leibhaftig in Apapa.

Hatte Kris noch nichts von Barry erzählt? Nein? Der war schon dabei gewesen, als sie die Antilope wieder hergerichtet hatten. »He is Elise's friend.«

Rafi hatte das Gefühl, dass man ihm eine Tür lautlos vor der Nase zugeknallt hatte. Das Blut in seinen Adern war plötzlich zu Blei geworden; er kriegte alles nur noch am Rande mit: In Apapa war die Golden Harvest nicht. Auf Tinca auch nicht. Auch nicht in Lagos Anchorage auf Reede. Barry guckte die beiden an, als hätte er es mit Idioten zu tun. Was um alles in der Welt trieben sie dann hier?

Noch mal von vorne. Barry musste erst mal auf den neuesten Stand gebracht werden: So viel sie wussten, hatte die Golden Harvest gezwungenermaßen Apapa in Richtung Süden verlassen.

Barry machte immer noch ein verdutztes Gesicht. Und? Was trieben sie dann in Apapa?

Tja, das war nicht leicht zu erklären.

Barry machte einen Vorschlag zur Güte: Als erste Maßnahme sollten sie sich was Kühles zu trinken besorgen und was zu essen, er hatte selber noch nichts gehabt, seit er heute Morgen von seinem Hotel aufgebrochen war.

Nun guckte Kris, als hätte er es mit einem Idioten zu tun: Hatte Barry gerade etwas von einem Hotel gesagt?

Allerdings. Oder dachte Kris, er würde in Lagos auf der Straße nächtigen?

Dann hatte Kris also richtig gehört, als er etwas von einem Hotel aufgeschnappt hatte. Da war ein Irrtum ausgeschlossen, oder?

Barry riss sich die Mütze vom Kopf: Bitte, ihm gingen die Haare aus! Das konnte jeder sehen, der Augen im Kopf hatte. Er würde nicht mehr lange leben, brüllte er und beendete damit die Diskussion. Für Rafi erklärte er alles noch einmal langsam: Er hatte sich in Bangladesch eine Hepatitis geholt. »You know, I'm getting old. I'm getting sick.«

Wie lächerlich: Barry wirkte kraftstrotzend im Vergleich zu Kris und Rafi. Jedenfalls wollte Barry noch ein bisschen leben. Deshalb hatte er sich ein Hotelzimmer genommen, ein billiges. Außerdem wollte er sich nicht mit ihnen streiten. Er hätte ihnen auch ganz wunderbare Sachen mitgebracht. Er strahlte. Ganz wunderbare Sachen, für alle. In seinem Hotelzimmer versteckt. Damit könne er nicht zwischen all den Soldaten rumlaufen. Außerdem, erklärte er augenzwinkernd, sei das typisch für Kris: Er hatte Geld von der High Commission – und rührte es nicht an.

Angerührt hatte er das Geld schon, aber Kris wollte sich auch nicht streiten, schon gar nicht mit einem Iren, der seine Haare verlor.

Gut, sie waren sich einig, peace! Sie umarmten sich alle drei wie der traurige Rest einer Footballmannschaft, die den nächsten Spielzug plante. Barry spendierte eine Runde Marlboro und verkündete stolz, dass er ihnen auch ein luxuriöses Taxi spendieren würde, direkt zu Frank Unwin. Let's go.

Frank Unwin war hocherfreut, sie wieder zu sehen. Er hatte Neuigkeiten, wenn auch keine guten. Die Golden Harvest war in Togo, die Crew verhaftet. Er hatte die zuständigen Stellen benachrichtigt, dass die Papiere der Mannschaft nachgereicht werden könnten, normalerweise machte so ein Schreiben Eindruck, aber es gab noch keine Antwort. Telegramme brauchten fünf Tage, einen von Lagos nach Lomé, vier Tage von einem Zimmer im Postamt Lomé zum nächsten. Er wusste nicht, wer verhaftet worden war. Aber es sah nicht so aus, als hätte es schwere Verletzungen oder gar Todesfälle gegeben. Er hatte sich schon Gedanken gemacht, wie sie nach Togo kommen könnten. Am besten mit dem Buschtaxi. Er würde ihnen die Fahrt bezahlen. Die Verbindungen waren recht gut. Es waren nur zweihundert Kilometer, einmal quer durch Benin, dann wären sie in Lomé. Aber – ganz wichtig: In Benin dürften sie nicht den Fehler machen und versehentlich Dahomé sagen.

Es gab noch ein organisatorisches Problem: Mr. Wood und Mr. Schell müssten vorher zur Immigration, am besten morgen Vormittag, da konnte sich Mr. Unwin, wie ihn ein Blick auf seinen Terminkalender überzeugte, freinehmen. Zum Schluss bot er Kris und Rafi an, in der Botschaft zu übernachten.

Barry verzog sich in sein Hotelzimmer. Es gab wieder Hotdogs mit HP-Sauce. Kris holte frisch geduscht seine Vokabelliste raus, Rafi seinen *Navigator.* Sie waren satt, sie waren trocken. Rafi war unglücklich.

»Kris?«

»Yes?«

»Kris?«

Er merkte jetzt erst, wie abgrundtief unglücklich er war: Er war gerettet – zugleich war alles verloren. Barry hatte ihn aus dem Elend in Apapa herausgeholt und ihm Elise genommen – Elise's friend, wie war das gemeint? Der richtige Freund oder nur ein Freund? Und so leicht würde er den Klauen der Bürokratie doch nicht entkommen. Morgen konnte alles wie eine Seifenblase zerplatzen. Kris konnte zu seinen Büchern zurück, Barry zu Elise, er müsste sich von ihnen trennen. Er brauchte einen Impfpass, wenn er Nigeria verlassen und in Benin und Togo einreisen wollte. Er kannte genug Geschichten von Leuten, die an der Grenze festgehalten wurden, weil sie keinen hatten. Er hatte keinen. Der lag auf der Patria im Tresor.

»Everything's allright?«

»Yes, Kris. I want to thank you for everything. Good night.« Noch ein Pieps, und er würde anfangen zu heulen.

»You're sure?«

»Sure!«

Sie wurden im Dienstwagen zur Immigration gebracht. Frank Unwin war ernst geworden, er könne nichts garantieren, nur viel Glück wünschen, sie sollten sich nicht unnötig provozieren lassen.

Die Immigration sah schon von weitem wie ein Internierungslager aus: Stacheldraht, Baracken, Wachtürme – ein perfekter Albtraum. Rafi konnte nur ein leises FN hauchen.

»Come in!« Hinter dem Schreibtisch erhob sich die imposanteste Erscheinung von ganz Nigeria: seriös, stolz – weißes Oberhemd, dezente Krawatte. Er reichte Rafi über den Schreibtisch die Hand und bat ihn höflich, ihm die ganze Wahrheit zu sagen. Rafi war baff. Waren das etwa die gefürchteten Militärs von Lagos? Oder war das ein Trick? »How can I help you?«

»I am a German sailor, I lost my ship. When I was a child, I had a dream to be on a sailboat. So I left my German ship. But I missed the sailboat. So I am here without a ship and without a stamp in my passport.«

»Where do you want to go to?«

»Togo. My boat is in Togo.«

Der Beamte sah sich den Pass mit den Stempeln aus Marienborn, Drewitz und Oebisfelde an, verglich das Foto mit der lebenden Person und lächelte freundlich: »No problem.«

Er rief einen Soldaten und bat Rafi, diesem Soldaten, der ein imposantes Maschinengewehr umhängen hatte und sehr finster guckte, in die angrenzende Halle zu folgen.

Hier war das Lager, die Hölle. Hier saß ein Volk ohne Hoffnung – ein Alter in seiner Nähe zitterte, ein Kind wimmerte. Wenn er zuerst in diesen Raum gekommen wäre, hätte er die Flucht ergriffen und wäre notfalls zu Fuß durch den Dschungel gelaufen. Rafi bekam sofort Schweißausbrüche. Sie hatten ihn reingelegt.

Dies war ein Gefängnis, an der Stirnseite hing ein Porträt des obersten Angstmachers in Uniform: His Excellency Col. – den Namen konnte er nicht lesen. Den Pass hatten sie ihm abgenommen. Einer der Soldaten stolzierte herrschaftlich auf und ab und wippte mit seinem Knüppel, um jederzeit jeden, der aufmucken wollte, zu verprügeln – hier wollte keiner mehr aufmucken; hier traute sich keiner, vom Boden aufzugucken; es war eine schlecht gemachte Parodie auf einen Nazifilm aus einer amerikanischen Fernsehserie.

Nein, es war todernst; er konnte wieder diese würgende Angst spüren, die sich mit der Hitze mischte. So war das also: Der erste Raum war für die Verhöre, da wurde man getäuscht, hier war das Gefängnis. Vom anderen Ende der Halle wurden Kommandos gebrüllt. Es dauerte ziemlich lange, bis Rafi das System verstanden hatte: Die Kommandos, die in Intervallen aufgerufen wurden, waren offenbar Namen. Als er einen Befehl hörte, der so klang wir »Schwarr«, ging er tapfer vor, ließ sich mit seinem Passbild vergleichen, ließ sich böse Blicke gefallen und nahm seinen Pass entgegen. Nichts wie raus!

Holder of this passport is permitted to enter Nigeria in transit to … Nein, das durfte nicht wahr sein. Da hatten sie tatsächlich handschriftlich reingeschrieben: Germany. Er wollte aber nicht nach Deutschland, er wollte nach Togo, sie hatten das falsch verstanden: and remain in Nigeria until … Wieder war handschriftlich eingefügt: 14. 11. 1978. Das war morgen. Er musste morgen zurück nach Deutschland, unless this passport is extended by an immigration officer. Gezeichnet: IKEA. Die machten alles falsch, und man konnte sie nicht mal richtig ernst nehmen.

Frank Unwin beruhigte ihn. Das hatte alles so seine Richtigkeit. Er wollte raus aus Nigeria, egal auf welchem Weg. Bei Kris stand auch, dass er nach Großbritannien sollte. Der Botschafter wirkte erleichtert. Das war noch einmal gut gegangen. Er wusste ja nichts davon, dass Rafi keinen Impfpass hatte. Seine Schützlinge waren auf dem Weg zum Buschtaxi, es ging voran. Rafi hatte solche Taxen schon gesehen: Kleinwagen mit drei Sitzbänken und einem völlig überladenen Dachgepäckträger. Es wurde ständig beladen, verhandelt und gebrüllt. Sobald eins voll war, brauste es ab, und das nächste wurde voll gestopft. Barry war schon da, bestens gelaunt. Frank Unwin kaufte die Fahrkarten und verabschiedete sich, er wünschte good luck und schüttelte jedem lange die Hand, es war fast ein kleiner Staatsakt: Die ON wurde von der British High Commission verabschiedet.

Kanister wurden auf dem Dach vertäut, Körbe angebunden, auch die Reisetaschen von Barry, die er mit großer Vorsicht behandelt wissen wollte. Einer ihrer Mitfahrer hatte eine Schüssel mit Fischen dabei, einer eine Flasche, die statt mit einem Korken mit einem Stofffetzen verstopft war; einer trug einen lebendigen Hahn an seinen Krallen, als wäre das der Henkel. Gepäck musste nicht extra bezahlt werden. Doch Barry erklärte, dass es schon vorgekommen war, dass die Fahrer von besonders fetten Weibern den doppelten Fahrpreis verlangt hätten.

Ihr Fahrer machte einen vertrauenswürdigen Eindruck; er prüfte gerade den Luftdruck der Reifen. Ehe sie losfuhren, wandte er sich ernsthaft an seine Reisenden: Sie sollten sich still verhalten, wenn sie an die Grenze kämen; sie sollten stets freundlich bleiben, das war eine wichtige Anweisung. Keiner dürfte Dahomé sagen, immer nur Benin. Am besten wäre es, wenn sie an der Grenze gar nichts sagten. Nun noch einmal ganz langsam: Dahomé gab es nicht, irgendetwas, das sich Dahomé nannte, existierte nicht, das Land hieß Benin, klar?

Jemand erwähnte Kano, wo inzwischen das meiste von dem Cornedbeef angekommen war, das die Patria gebracht hatte – KANO VIA APAPA. Nun ließ Rafi das Grab des weißen Mannes endgültig hinter sich. Die Landschaft wurde freundlich, die Palmen immer grüner und weniger verstaubt; der rote Farbton der Erde, der in der City nur in Spurenelementen zu erkennen war, tönte mehr und mehr das Bild der ganzen Landschaft. Der Fahrtwind im offenen Buschtaxi war eine Wohltat. In letzter Minute erwies sich Nigeria doch als wunderbares Reiseland.

Beim Grenzübergang wollte sich Rafi eine kleine Inszenierung leisten und bewusst eine vermutlich weiße Linie übertreten, er musste ja nicht gleich den Boden küssen – aber da war keine Linie. Sie sollten aussteigen und sich auf Holzbänke setzen wie bei einer Schule im Busch. Die Uniformierten riefen die Namen auf, stempelten die Pässe mit wichtigtuerischer Geste und signierten – Rafi sah sich das ungläubig an: KRAKE hieß der Soldat, der ihn soeben aus Nigeria entlassen hatte.

Die Soldaten aus Benin lachten nur, als er sein Impfpassproblem ausbreiten wollte: »I am a sailor …«

»Ils sont tous pareilles, ces marins.«

Einverstanden. Wenn es der Preis für die Einreise war, herzhaft ausgelacht zu werden – auch gut.

»Toujour ils ont peur des injections.«

Hier – unter freiem Himmel – würde kein Unglück geschehen, nicht im Schatten der großen Bäume im versöhnlichen Lichterspiel der Blätter. Das war keine Kulisse für Gewalt. Allerdings passten hier auch die kitschigen Uhren nicht hin, die an den Bäumen hingen – dieselben Modelle wie in Ajegunle.

Benin!

Er musste sich alles genau angucken: diese Türme aus aufgeschichteten Autoreifen mit abgefahrenen Profilen – wahrscheinlich zum Verkauf gedacht, aber wer sollte so was kaufen? Diese mit Pappe gedeckten Dächer – hier durfte es eben nicht regnen. Offensichtlich sollte das eine Baustelle sein, die mit einigen trockenen Palmwedeln abgesichert war, es wirkte nicht gerade so, als wäre hier irgendetwas ernst gemeint; er fühlte sich erleichtert. Nackte Kinder spielten mit einem großen Reifen wie auf einer Zeichnung von Wilhelm Busch. Ein Schwarzer mit Regenschirm in praller Sonne.

Barry kannte einen Scherz, eine Art Limerick: »Beware, beware the bights of Benin«, raunte er bedeutungsvoll, »where one came out, though forty came in.«

Was war eigentlich dran an dem Kerl? Was mochte Elise an ihm finden? So gut sah er auch nicht aus mit seinen Sommersprossen. Er war der Typ, der sich in einen Laster setzte und nach Bangladesch brauste, so waren diese Kleinen eben: Mit ordentlich PS unterm Arsch fühlten sie sich gleich größer. Barry war gut drauf, auch wenn seine Laune ein wenig gekünstelt wirkte. Alles, was er entdeckte, war irgendwie witzig: Da hingen Kleider auf einem Baum – »Boutique Le Benin« nannte er das. Er hatte einen Blick für so etwas. Mit ihm konnte man seinen Spaß haben, allein schon, wenn man jemanden sah, der eine Nähmaschine auf dem Kopf balancierte.

Die Proportionen stimmten nicht mehr im Land der freundlichen Eierköpfe, die Laster waren länger als in Deutschland und höher beladen als erlaubt – nicht nur höher als zugelassen; höher, als es einem gesunden Gefühl entsprach. Das konnte nicht gut gehen, die mussten irgendwann umkippen. Die Menschen waren überladen wie die Taxen, sie trugen Lasten auf ihrem Kopf, die etwa zwei Drittel ihrer eigenen Körpergröße ausmachten. Andere ritten auf viel zu kleinen Eselchen, die sich mit nervösen Trippelschritten fortbewegten, saßen viel zu weit hinten auf den Beckenknochen und schlugen viel zu heftig auf die Esel ein, sodass man es nicht mit ansehen konnte – immer mit diesen viel zu dicken Stampfern, mit denen sie auch Hirse oder Mais oder was auch immer in den Mörsern zerkleinerten.

Kurz hinter der Grenze kamen sie schon in die erste Militärkontrolle – aber wie lächerlich! Das waren Kinder, die ein Seil gespannt hielten, entspannt mit dem Fahrer palaverten, freundlich grüßten und noch lange hinterherwinkten.

Ihr Fahrer fluchte, dass es eine Freude war; vielleicht gehörte hier ein nachweisbar großer Schatz an Schimpfwörtern zur Fahrprüfung. Der Straßenrand von diesem berühmten Highway nach Accra war ausgefranst wie ein Plakat, das er an der Grenze gesehen hatte, auf dem der Umriss von Afrika dargestellt war – Seitenstreifen nicht befahrbar, würde man das auf Deutsch nennen. Ihr fluchender Fahrer fuhr mitten auf der Straße und hupte mehr als nötig. Kam jemand von vorne, gab es einen rituellen Machtkampf mit Hupen und Blinken, bis im letzten Moment einer ausweichen musste – der Klügere gab nach. Die Gefahr bestand darin, dass sich keiner als klug genug erweisen würde. Es war ein Schauspiel ganz nach Barrys Geschmack; er feuerte den Fahrer an, beteiligte sich an den Flüchen mit original irischen Beiträgen und kommentierte das Ganze, als wäre es ein sportlicher Wettkampf. Nur die Mofas mochte er nicht – da drehten sich die Pedale, und die Fahrer mussten angestrengt die Beine hochstrecken, »Beware, beware«, deklamierte er – gefürchtete Afro-Mofas, die, wie jeder wusste, nicht bremsen konnten.

Sie näherten sich Cotonou. Man merkte es an den vielen Fahrrädern, was Barry als typisch kommunistisch erkannte; er vermutete sogleich ein brüderliches Abkommen mit der Volksrepublik

China. Er entdeckte sogar Fahrradtaxen, die er daran erkannte, dass die Fahrer ein gelbes Hemd trugen, da konnte man sich auf den Gepäckträger setzen – »first class communist yellow cab!«

Was war das auch für ein Kitsch: ein roter Stern, viel zu groß für das menschliche Maß, als hätten Außerirdische so ein Monument aufgestellt. Direkt davor, mitten auf der Straße, stand ein prähistorisches Buckelrind und kaute. Und da? Da musste irgendetwas passiert sein. Ein Unfall? Eine Menschenmenge blockierte den Verkehr, ihr Fahrer musste fluchend vom Gas. Alle lehnten sich weit raus, um zu sehen, was los war: eine Baustelle mit einem richtigen Bagger, der sich – believe it or not – bewegte; ein Bagger, der baggerte. Da lohnte es sich, stehen zu bleiben und zu staunen. Sie liebten hier offenbar nicht etwa das Drama, sondern die Baustelle und guckten fasziniert zu, wenn mal jemand arbeitete.

Wieder sah man Matratzen am Wegesrand – sollten die verkauft werden oder wollte da jemand schlafen? – und Berge von Muscheln. Ein See links, ein See rechts, und kleine Boote mit Halbnackten, die ins Wasser sprangen, als tauchten sie in ein anderes Jahrhundert. Wo man auch hinguckte, sah man Bilder von einem zauberhaften Afrika vor der Erfindung der Wäscheleine und des Besenstiels. Riesige Spinnweben hielten einen ganzen Busch umfangen, als hätte jemand ein Netz darüber geworfen. Ganz Benin wirkte wie ein einziger Kindergarten, außerdem hieß einer der Orte allen Ernstes GRAND POPO.

Sie näherten sich ihrem geliebten Schiff, es wehte ein frischer Wind, Nigeria war überstanden, womöglich fand Elise diesen Barry nicht so besonders. Kris hatte gesagt: Elise's friend – nicht etwa: Elise's boyfriend. Aber vielleicht sagt man in dem Alter nicht mehr boy.

Wieder hielt am Straßenrand jemand einen Hasen hoch. Wieder war es ein Bild aus der Kindheit. Dann wurde Rafi klar, dass die Hasen wahrscheinlich zum Verkauf angeboten wurden. Die Leute gingen offensichtlich davon aus, dass das Buschtaxi dafür gerne eine Vollbremsung machen würde.

Kaum hatten sie das Land, das nicht Dahomé genannt werden durfte, verlassen, stellte der Fahrer zum Zeichen der Erleichterung die Musik auf volle Lautstärke: »Hold me like you never let me go, 'cause I'm leaving on a jetplane.« Rafi stellte sich aufrecht hin, hielt sich mit einer Hand am Fensterrahmen fest, als wäre er von hinten auf den Wagen aufgesprungen wie der Junge vom Danfo; mit der anderen hielt er den Strohhut fest und sang laut eines seiner Lieblingslieder mit: »Oh, Babe, I hate to go.«

Ein tolles Land, diese République Togolaise. Sie konnten das Meer spüren, überall wuchsen diese wunderbaren Dattelpalmen – Kris hielt sie für Kokosnusspalmen. Am Straßenrand waren kleine Verkaufsstände aufgebaut mit irgendwelchem abgepackten, weißen Zeug. Der Streifen bis zum Strand wurde landwirtschaftlich genutzt, da wurden Gemüse in halb verwilderten Gartenanlagen angebaut, ein grünes, frisches Land. Tannenbäume, wie er sie aus dem Harz kannte, wirkten richtig lächerlich zwischen all den Palmen. Die Hütten am Straßenrand waren nur mit Palmwedeln bedeckt, einfach toll.

Kurz vor Lomé – den Kilometerstand konnte man an rotweißen Meilensteinen ablesen – führte die Straße noch näher ans Meer. Sie entdeckten es gleichzeitig: Da lag sie. Was für ein malerisches Bild: Ein Strand mit windschiefen Palmen wie auf Postkarten, und mitten im tiefen Blau das schwarze Schiff. Hier würde selbst seine Mutter sagen: Junge, das ist aber schön. Das Buschtaxi stoppte; die Reisetaschen von Barry wurden umständlich vom Dachgepäckträger geholt. Wie auf ein Zeichen rasten sie gierig über den Strand, als könnten sie direkt bis zum Schiff laufen. Es war zu schön, um wahr zu sein – Kris bemerkte es zuerst: Da stimmte etwas nicht. Die Golden Harvest lag viel zu tief im Wasser. Außerdem war auf der Seite, die man vom Strand aus sehen konnte, früher groß die Aufschrift OPERATION NAMIBIA gewesen – die fehlte.

Sie stapften am Strand entlang Richtung Hafen, von dem sie schon eine Mole, an der einige Stückgutfrachter mit Ladegeschirr angelegt hatten, erkennen konnten – vorbei an ausgebreiteten Fischernetzen, an Kakteen, an denen sich Plastiktüten verfangen hatten; vorbei an Gärten, auf denen fingergroße Silberfische zum Trocknen ausgelegt waren. Wie verschlafen und klein – im Vergleich zu Apapa – war doch der Hafen von Lomé!

Barry gestikulierte wie ein schlechter Schauspieler, dass er dringend zu dem Segler gebracht werden müsste, fasste sich an den Kopf, deutete auf seine Brust, auf die beiden Mitreisenden, machte Schwimm- und Paddelbewegungen, überraschenderweise hielt er sich den Bauch – vielleicht wollte er den Fischern signalisieren, dass er krank war. Die mussten ihn für verrückt halten.

Dann versuchte Kris, seine Französischkenntnisse anzubringen, immerhin mit dem Erfolg, dass den Fischern klar wurde, was sie wünschten. Einer machte unmissverständlich das internationale Zeichen für Geld, indem er den Daumen an dem gekrümmten Zeigefinger rieb. Barry kramte ein paar Cobo-Münzen aus seiner Hose und präsentierte sie in der ausgestreckten Hand. Die Fischer – jedenfalls hielt Rafi sie für Fischer – musterten das Angebot und lehnten beleidigt ab. Rafi konnte noch ein paar Cobo-Münzen beisteuern, sein restliches Wechselgeld aus Nigeria – nur weg damit. Es reichte immer noch nicht. Kris erhöhte mit ein paar Münzen einer anderen Währung – womöglich aus Gambia –, die sofort skeptisch gemustert wurde. Barry, der das inzwischen als Spiel ansah, an dem er zunehmend Spaß fand, steuerte ein paar irische Münzen bei sowie 25 Cents aus den USA. Rafi fischte schließlich aus seiner kleinen Tasche oberhalb der linken Hosentasche seiner Jeans die letzte D-Mark und zwanzig Pfennig, die ihm Birgit zugesteckt hatte. Barry wog die multinationale Mischung in der Hand und ließ sie verlockend klimpern. Immer noch viel zu wenig, doch nun war offenbar, dass es nicht mehr werden konnte. Einer nahm ihr Angebot schließlich an, besah die Münzen ernsthaft, drehte einige um – es fehlte nur noch, dass er testweise reingebissen hätte – und winkte die drei zu seinem Boot. Es war das schlechteste von allen. Vorne an der Steuerbordseite klaffte ein gefährliches Leck, und es stand zu befürchten, dass bei hohem Wellengang zu viel Wasser reinlaufen würde. Gemeinsam schoben sie die Pirogge ins Wasser. Barry setzte sich hinein, als wollte er sagen: Ich hab bezahlt, nun möchte ich chauffiert werden; ihr Fährmann schimpfte lauthals, auch wenn sie den Wortschwall nicht verstanden, war klar: Erst musste das Boot richtig im Wasser liegen, dann konnten sie einsteigen – ohne dass sie sich mindestens die Füße nass machten, ginge es sowieso nicht. Sie verstauten ihr Gepäck in der Mitte, schoben an und schwangen sich nacheinander ins Boot, das enorm schaukelte. Barry kreischte auf; der Fährmann fluchte und ruderte wild; sie wurden sofort nass. Durch den Schaden an der Steuerbordseite leckte es so stark, dass sie froh sein mussten, wenn sie die Golden Harvest oberhalb der Wasserlinie erreichten.

Rafi hielt sich an einem der Autoreifen, die als Fender dienten, fest, schwang sich hoch und half Kris und Barry mit ihrem Gepäck über das Schanzkleid. Ihr Fährmann verzog sich schimpfend; nun waren sie an Bord, genau da, wo Rafi damals geschrubbt hatte, als er Hans beweisen wollte, dass er auch schwere Arbeit verrichten würde; man konnte immer noch den Rand erkennen, bis zu dem er es gebracht hatte. Barry schimpfte: Wozu hatte er extra eine Leiter gemacht, die hätten sie benutzen sollen.

»Hello there!«

»Huhu!«

»Anybody home?«

Sie ließen sich aufs Deck fallen und blieben liegen wie Sportler, die ihre Ziellinie überschritten und verschnaufen mussten. Die Brise war noch angenehmer als am Strand. Sie hatten es geschafft, raus aus FN, zurück auf die GH. Rafi musste immerzu denken: home again.

Er rappelte sich auf und umarmte den Großmast. Er begrüßte das Schiff und versuchte, alle Einzelheiten in sich aufzunehmen. Die Ankerpyramide fehlte – natürlich, diesmal lag das

Schiff vor Anker mit der Kette im Wasser, sonst war alles, wie er es in Erinnerung hatte, nur viel dreckiger.

»Anybody home?«

»Elise!«

»Roy? Where are you?«

»Momo!«

»Hans!«

»Morishta?«

Psst. Da war was. Ein verdächtiges Geräusch. Das Huhn tappte über das Deck. Kris sprang sofort auf: »No Nonsense!«, rief er, umarmte das Huhn und redete auf das viel zu dünne Tier ein: »How are you, No Nonsense? Did you have enough to eat? What happened to the rest of us?«

Grey One ließ sich blicken. Sie hatte im Segeltuch geschlafen, wurde nun aufgeschreckt durch ungewöhnliche Ereignisse, guckte sich um, eilte den dreien entgegen, kam dabei auf eine Stelle an Deck, die so aufgeheizt war, dass sie sich die Pfoten verbrannte und mit einem schrillen Miauen zurück ins Segeltuch sprang. »Cat on a hot ship«, nannte Barry die Einlage.

Zuerst sah man nur ihren Kopf, der aus dem Hauptniedergang auftauchte; dann eilte Elise mit einem Freudenschrei auf Rafi zu, umarmte ihn. »Rafi!« Auch er umarmte sie heftig. »Elise, meine Liebe, I must tell you ...«

Elise umarmte Kris, was etwas komisch wirkte, weil Kris so klein war; es sah aus, als wäre er ihr Kind, das widerstrebend an den Busen von Mutter gedrückt wurde.

»Barry! What on earth ...« Sie umarmte Barry flüchtig, sie schluckte ihre Verwunderung hinunter, hielt sich die Hände vors Gesicht und guckte noch mal, ob sie auch der erste Eindruck nicht getäuscht hatte: Da waren tatsächlich drei Wundergestalten an Deck erschienen. Auf diesen Schreck musste sie sich erst mal setzen.

»Och! Och!« Morishta war aufgetaucht und verneigte sich vor Rafi-san und den anderen. Tränen glitzerten in seinen Augenwinkeln. »Operation Namibia, very strong people.«

Manchmal sagte er very, manchmal vely. Er kreuzte die Arme über der Brust und verneigte sich immer wieder, »very good, oh! Military no chance«.

Sie stiegen in die pantry, da war es zwar nicht gerade kühler als an Deck, doch sie fühlten sich sicherer. Hier konnte man sie nicht mehr mit Fernrohren vom Hafen aus beobachten. Kris machte sich daran, für alle Kakao zu kochen, Morishta blieb an Deck – seine Gebete waren erhört worden –, er bereitete eine Zeremonie vor, wahrscheinlich um seine Dankbarkeit zum Ausdruck zu bringen.

Elise strich sich die Haare aus dem Gesicht, sie war so glücklich – was sollte sie sagen, wo anfangen? Roy war verhaftet worden, er wurde auf dem Hafengelände stellvertretend für alle festgehalten, sie hielten ihn offenbar für den Kapitän. Momo und Hans waren mit dem Dingi losgefahren, um ihm Mut zu machen. Ach so, das wollte sie auch noch sagen: Momo war wieder da, nun waren alle da, außer Roy. Sie konnte es immer noch nicht glauben … okay, der Reihe nach … Lagos war furchtbar gewesen, da waren Soldaten an Bord erschienen mit MGs, hatten sie gezwungen, auszulaufen, sobald Kati Kelvin Geräusche machte, sie durften kein Wasser bunkern, nichts. Die Soldaten glaubten nicht, dass ihre Maschine repariert werden müsste, sie tuckerte ja. Also, zuerst war Momo zurückgekommen, dann die Soldaten, Kris war noch nicht zurück, egal, sie mussten weg. Als sie in Lagos Anchorage waren, wollten sie die Segel streichen und in neutralen Gewässern – wie Elise mehrfach betonte – auf Kris warten, das ließen die Militärs nicht zu, die kamen mit einem Kriegsschiff und schossen auf sie. Sie hatten dann entschieden, nach Togo zu segeln, in der Hoffnung, dass sie da ohne Papiere weniger Ärger hätten als im kommunistischen Benin, über das sie nichts wussten. In den Gewässern von Lomé waren sie von der Küstenwache aufgebracht worden, und als sich herausstellte, dass keiner Papiere hatte, mussten sie außerhalb vor Anker gehen. Die officials waren aber sehr freundlich, ganz anders als in Nigeria, jetzt würde alles gut, sie hatte nur im Moment ziemliche Kopfschmerzen.

Der Kakao war fertig – die erste Mahlzeit für heute. Kris streichelte stillvergnügt den Aktenkoffer, den er bis hierhin gerettet hatte, schlürfte den heißen Kakao und fing sofort an, irgendetwas zu notieren.

Von oben war der Singsang von Morishta zu hören, der sich offenbar für die passende Zeremonie entschieden hatte.

Rafi ging durch das Schiff, wie er es schon in Apapa getan hatte: Seine Gitarre war noch da, alle seine an Bord geschmuggelten Habseligkeiten, sogar seine Minolta; er legte als Zeichen der Inbesitznahme seine Umhängetasche dazu. Bisher hatte er nur seine Uhr, Sonnenbrillen, seine letzten deutschen Münzen und den Hermann Hesse eingebüßt. Als Seemann wusste er, dass die Effekten immer weniger werden würden. Das waren noch vergleichsweise geringe Verluste. Halt, es fehlte noch etwas: sein Kampfmesser!

Von außenbord war Schimpfen zu hören. Das mussten Hans und Momo sein, die mit dem Dingi anlegten und sich Kommandos zuriefen. Ihr Geschimpfe legte sich ruckartig, als sie merkten, was inzwischen passiert war. Momo grinste wie ein Honigkuchenpferd – jedenfalls musste Rafi an diese blöde Formulierung denken; es war unglaublich, wie Momo seine Zähne blinken ließ. Er sah noch besser aus, als er ihn in Erinnerung hatte: stärker, dunkler, schöner, mit großen Zähnen. Momo umarmte herzhaft seine brothers. Hans gab jedem höflich die Hand. Er hatte Bananen mitgebracht. Roy sei wohlauf. Heute könne man nichts mehr erreichen, die Hafenkommandantur hatte dicht gemacht. Da musste Kris die Papiere eben morgen vorbeibringen und Roy auslösen. Außerdem waren dann vielleicht die Telegramme eingetroffen.

Momo drehte eine Zigarette aus einem großen Blatt Luftpostpapier. Hans kochte ein wunderbares Essen: banane plantain in Palmnussöl, und Rafi ging noch einmal durch das Schiff, um alle Einzelheiten zu berühren: die Ventile von Kati Kelvin, die Wanten, die Belegnägel, das Steuerrad, die Täfelungen in der master's cabin. Er war wirklich auf der Golden Harvest, seinem neuen Schiff. Er merkte selber, dass er damit Distanz hielt zu den anderen, die vermutlich gerade politische Diskussionen führten. Da musste er nicht mitmachen. Noch nicht. Vielleicht wäre es ihnen peinlich, wenn sie ihm gegenüber ihre Niederlage von Lagos aufarbeiten mussten. Rafi schnappte etwas von der »largest standing army in Africa« auf – damit war doch alles gesagt. Was sollte man auch von einem Land erwarten, das so viel Militär gegen die eigenen Leute aufbieten musste!

9
Feeling free

> »Ja, in diesem Sinne bin ich ganz ergeben,
> das ist der Weisheit letzter Schluss:
> Nur der verdient sich Freiheit wie das Leben,
> der täglich sie erobern muss.«
>
> Johann Wolfgang von Goethe

Wie spät? Er blickte instinktiv dahin, wo immer seine Armbanduhr war. Sollte er sich vielleicht lieber einen Schlafplatz unter Deck suchen? Er hatte sich nur kurz zur Katze in das Segeltuch legen wollen, um sich auszuruhen – war sofort eingeschlafen, wieder aufgewacht und blickte in den Sternenhimmel: Im fernen Land, wo keiner auf dich wartet, da sehn die Sterne in der Nacht ganz anders aus. Er kannte die Sternbilder nicht, außer dem Orion; wegen ›Raumschiff Orion‹, was er nicht sehen durfte – seine Eltern erlaubten solchen Quatsch nicht –, so hatte er sich als kleine Entschädigung wenigstens das Sternbild eingeprägt.

Er konnte auch an Deck schlafen; er konnte machen, was er wollte. Barry hatte die Kabine beansprucht, die Elise ursprünglich ihm zugeteilt hatte – wenn schon keine air condition, hatte er gemault… Rafi war es schnuppe. Er könnte ewig so draußen liegen, sich schaukeln lassen, den Sternen tief in die Augen gucken und nichts weiter tun, als sich einzureden: I am home. Apapa war weit, der Schrecken von Lagos vorbei – fast vorbei, er musste noch zusehen, wie er sein Matrosensouvenir, von dem Elise noch nichts wusste, auskurierte. Jetzt hatte er erreicht, was er immer gewollt hatte: auf so einem Schiff sein und draußen schlafen mit Blick auf die Sterne. Er kannte einen kleinen Trick: Wenn man lange genug hochguckte, konnte man sich immer mehr reinziehen lassen: Das war nicht nur ein Sternenzelt, bei dem auf einer Zeltplane Punkte aufgemalt waren, der Himmel war gestaffelt, es ging immer tiefer, je länger man hinschaute. Mit Barry würde er sich einigen. Er hatte den Eindruck, dass sich Elise gar nicht besonders über Barry gefreut hatte. So was merkte man.

Es gab noch ein Gefühl, das erst mal verdaut werden musste: Er war frei, er unterlag nicht mehr dem Tagdienst, es war keiner da, der ihm sagte, was er zu tun hatte. I'm free to do what I want, any old time – hieß es wirklich: old time? Oder: all time? Das war das Blöde an den Stones. Man verstand sie nie richtig.

Hans hatte ihm erklärt, was er über das Gemeinschaftsleben wissen musste – auf Englisch mit verlegenem Lächeln: Solange sie im Hafen lagen, sollte er aufstehen, wann er wollte, er durfte sich zweimal am Tag waschen, dabei nicht zu viel Wasser verbrauchen, denn »water is like gold, you know?«. Mit einem Liter pro Tag sollte er auskommen. Hans hatte ihm gezeigt, wo man Wasser pumpen und sich am besten waschen konnte; noch ein Trick: Alle an Bord benutzten nicht etwa einen Waschlappen, sondern ein praktisches Perlonnetz. Momo würde nur kurz spucken: die berühmte Morgentoilette des Afrikaners; man sollte sich keinesfalls beleidigt fühlen. Rafi wusste inzwischen auch, dass sie nicht etwa Äste aßen, sondern sich mit Hölzern die Zähne pflegten. Das Klo war in der master's cabin. Ein kleiner Schönheitsfehler: Ausgerechnet an der würdevollsten Stelle an Bord war das Scheißhaus, ein einfacher Eimer unter einem gelochten Hocker direkt neben dem Steuerrad. Aber auch ganz praktisch: Man konnte schon durch die Fenster erkennen, ob jemand auf dem Klo saß – nur bei Kris nicht. Gespült wurde mit Salzwasser. Zum Frühstück konnte er sich von dem Maniok nehmen. Ein Teelöffel genügte. Das Zeug quoll unheimlich an, es war eine Art Babynahrung von Tolbert. Es schmeckte nach nichts – reiner Quellstoff ohne Eigengeschmack und Nährwert, den man noch anreichern musste. Entweder mit Nestlé-Milch, ebenfalls ein Geschenk aus Liberia, oder mit dem, was gerade da war. Im Moment war nichts da. Nur ein paar Zitronen. Man musste sehen, dass man sich tagsüber was besorgte. Es gab jede Menge Tunfisch in Dosen. Die sollte Rafi allerdings nicht anrühren, die gehörten zur eisernen Reserve. Gelegentlich kriegten die Katzen eine Dose, weil sie sich weigerten, Maniok zu futtern. So würde sich jeder morgens sein Maniok machen, Kakao kochen und den Rest des Tages abwarten.

Rafi hatte nichts gegen Babynahrung. Er hatte das Gefühl, als müsste er das Leben neu erlernen, da war Babynahrung genau richtig.

Er wachte von der Hitze auf. Es lag ein leichter Dunst auf dem Meer, aber die Sonne brannte schon erstaunlich stark. Es musste sehr früh sein, vielleicht sechs. Die anderen schliefen noch. Er zog sein Flensburger-Tramp-Reeder-T-Shirt über, dazu zum ersten Mal seine abgeschnittene Jeans. Er hatte sich längst zum Barfußgehen entschlossen und konnte sich von seinen überflüssigen Socken trennen.

Dann stieg er ins Dingi, machte sich los und ruderte um das Schiff – ohne sich abzumelden. Hier könnte man gut singen: »Morning has broken like the first morning.« Schade, dass man das schlecht auf Gitarre spielen konnte. Die Dunstschleier verklärten den Blick auf den Hafen Richtung Lomé. Rafi hatte sowieso nur Augen für das Schiff, die stille Königin der Meere. Er wollte auf keinen Fall zurückschauen, er sträubte sich, den Blick in Richtung Lagos zu lenken, als könnte er damit ein Unglück heraufbeschwören. Die Golden Harvest lag zum Greifen nahe vor ihm mit ihrem wunderbar geschwungenen Schriftzug vor dunklem Hintergrund. So hatte er sie zum ersten Mal gesehen bei ihrem lächerlichen Bootsmanöver – genau aus dieser Perspektive. Von der Wasseroberfläche aus ragte sie stolz und geheimnisvoll aus dem Dunst.

Das war nun sein neues Heim.

Er ruderte noch eine Weile. Ein schönes Schiff, aus jedem Blickwinkel schön, von hinten, von der Seite. Rafi erkannte die Stelle, wo die Aufschrift OPERATION NAMIBIA gewesen war – offenbar hatte sich jemand von oben runtergebeugt und die Schrift flüchtig übermalt. Warum wohl? Er erreichte die Stelle, an der die Ankerkette ins Wasser ging, berührte die Ankerkette außerhalb des Wassers und griff so tief wie möglich runter. Er spülte sich Wasser über die nackten Füße, die schon rot wurden – was für ein Genuss, sich eine Hand voll Wasser über die nackten Füße zu spritzen. Jetzt müssten sie ihn sehen können, alle: die Leute von der Patria, die Seebären der Mona Rosa, die falschen Freunde aus Clausthal-Zellerfeld – jetzt sollten sie sehen, was er für ein tolles Gefühl von Freiheit genießen konnte. Man müsste einen Film drehen, der aus einer gewissen Entfernung zeigte, wie er mit dem Dingi als Satellit die Golden Harvest umkreiste. Er ruderte doch so gerne und durfte es so selten – auf dem Dümmer See, wohin sie zu einem Wochenendausflug gefahren waren, wollte er am liebsten nicht mehr aufhören; und dies war nicht Urlaub, es war das richtige Leben.

Die anderen waren inzwischen aufgestanden. Morishta bereitete sich gerade Maniok mit Zitrone und begrüßte ihn mit freundlichem Lächeln, einer knappen Verbeugung und einem erstaunlich akzentfreien »Very good morning, Rafi-san! You sleepy well?«

Ja, genau! Er hatte fast schon vergessen, was für ein freundlicher Umgangston hier gepflegt wurde; es waren die liebenswertesten Menschen, die er kannte. Da gab es doch diesen Song von den Mamas & Papas: »At first so strange to feel so friendly, to say Good Morning und really mean it.«

»Good morning, Hanse-kun!« Morishta kicherte. Hans nickte müde.

»Good morning, Momo, you sleepy well? Good morning Elise! How are you?«

Die beiden reckten sich im Türrahmen, als würden sie Morgengymnastik machen, es erinnerte ihn sofort an Grey One. Momo schenkte allen ein strahlendes Lächeln. Er hatte ein phantastisches Lächeln – eine Offenbarung. Keiner konnte der Welt so die Zähne zeigen.

Elise rieb sich die Augen: »Oh, Rafi, good morning. I heard you had some fun with my sisters in Lagos.«

»Hm?« Fun with sisters? Erst verstand Rafi nichts, dann durchzuckte es ihn. Es hatte sich herumgesprochen. Er hatte die Gelegenheit verpasst, ihr als Erster von seiner Schande zu erzählen. Schon mischte sich verräterische Erleichterung in das Gefühl der Kränkung: Da war die Stimme des Teufels, die ihm einflüsterte: So gut sieht die gar nicht aus, diese Elise, jedenfalls nicht früh am Morgen.

»It's okay«, meinte sie auf eine schnippische Art, die er ihr nicht zugetraut hätte.

Rafi musste immer noch sehr unschlüssig ausgesehen haben, doch sie wiederholte nur: »Okay, it's okay«, als hätte er es immer noch nicht verstanden. »Okay.«

Die Vorstellung, wieder mit Soldaten zu tun zu haben, gefiel ihm gar nicht, doch als Kris anfragte, ob er mitkommen wolle, Roy zu besuchen und – wenn möglich – gleich mitzubringen, konnte er schlecht Nein sagen. So brachen die beiden bei mildem Wetter und guter Laune auf. Kris wieder mit seinem Aktenkoffer. Er erklärte gleich, dass es hier üblich sei, einen beträchtlichen Teil des Tages damit zu verbringen, freundliches Geplapper auszutauschen. Rafi sollte am besten immer nur lächeln, merci sagen und möglichst der Erste sein, der ça va? fragte – auf eine Antwort käme es nicht an, nur auf die Frage.

Kris präsentierte die Papiere.

Der zuständige Soldat war freundlich, wirkte nur verschlafen und unentschlossen; von Telegrammen wusste er nichts. »Quand rembarquez-vous?« Er machte eine ausholende Handbewegung, als wollte er ein Tier verscheuchen, und wiederholte die Frage.

Kris zuckte mit der Schulter. Das wussten sie nicht. Erst wollten sie Roy wiederhaben.

»Bien.« Der Soldat überlegte. »Vous rembarquez …«, wieder die gleiche Geste, »… et ensuite on vous rend votre capitaine.« Er sah sie zufrieden an.

Kris blickte sich Hilfe suchend um. Rafi konnte auch nicht weiterhelfen. Es war nicht mal klar, ob sich der Soldat der Paradoxie bewusst war: Sie sollten erst verschwinden, dann würden sie Roy wiederkriegen – wie das?

Ob sie Roy sprechen könnten?

»Oui, je pense … ça devrait aller.« Sie durften, durchs Gitter. »Mais alors deux minutes.«

Sie wurden zum nächsten Häuserblock geleitet.

»Hey, Roy!«

Der stieß einen Freudenschrei aus: »Ey!« – was für eine Überraschung! Roy erklärte sofort, dass es ihm gut ginge. »I'm fine. I can speak to visitors.«

Da stimmte was nicht. Wieso betonte Roy, dass er mit Besuchern reden durfte? Das war doch klar, das tat er doch gerade.

»Bien, c'est terminé.«

Kris war die Sache auch nicht geheuer. Es hatten sich wieder Wolken auf seiner Stirn zusammengezogen: »It has come to a dangerous standstill.«

Rafi verstand sofort. Standstill hieß Stillstand. Die hatten den längeren Atem. Hier kamen sie nicht weiter. Und man konnte diesem Soldaten nicht mal böse sein.

Schon als sie sich der Golden Harvest näherten, hörten sie Trommelschläge. Rafi hörte sie inzwischen richtig gerne. Kris hatte allerdings das ungute Gefühl, dass es eine ganz bestimmte Friedenszeremonie war, die Morishta ausgewählt hatte; eine um Frieden zu stiften zwischen Barry und Elise. Vielleicht war es Rafi nicht aufgefallen: Elise hatte mit Momo in einer Koje geschlafen.

Barry saß mit nacktem Oberkörper in der Gemeinschaftsküche vor den beiden Kassettenrecordern, die er in traurige Einzelteile zerlegt hatte – die Zeremonie an Deck hatte offenbar nicht den gewünschten Erfolg: Barry brüllte Elise an, die zurückbrüllte, dass sie – bitte – nicht angebrüllt werden wolle, dass sie das nicht verdient habe. Sie lief raus, als wollte sie sagen: So, jetzt geh ich! Doch sie konnte der Rufweite von Barry nicht entkommen, also kam sie zurück in die pantry und lief hin und her wie ein Tier im Gehege. Hätte es Türen zum Zuknallen gegeben, hätte sie jedes Mal eine zugeknallt. Wahrscheinlich musste sie in Bewegung bleiben, in Entsprechung zu ihren inneren Kämpfen; und obwohl sie selber gerade – bestimmt nicht zum ersten Mal – behauptet hatte, dass sie dieses sinnlose, entwürdigende Gespräch beenden wollte, fing sie immer wieder an. Kris' und Rafis Erscheinen schienen die beiden gar nicht zur Kenntnis zu nehmen.

Nein, schrie Elise, das habe sie nicht so gesagt, er würde nicht richtig zuhören und habe noch nie richtig zugehört, es sei auch nicht so gemeint, Barry müsse endlich akzeptieren, dass …

Rafi fühlte sich seltsam erleichtert. Er kannte so etwas. Mit Birigt war es genauso gewesen. Ihre Beziehung hatte zum großen Teil aus solchen Diskussionen bestanden.

»I always told you.«

»No, you did not.«

»Yes I did.«

»No!«

»Yes!«

Es gab wahrscheinlich keinen Mann, den eine Frau nicht in Grund und Boden reden konnte, wenn sie keine Hemmungen mehr hatte, alles an Vorwürfen, Verdächtigungen und Verbesserungsvorschlägen zu einer einzigen Flut von Kränkungen zusammenzubrauen, bis auch der härteste Mann zusammenbrechen musste, unter der Wucht des Eindrucks, nicht mehr geliebt zu werden. Barry war völlig fertig. »It's okay«, brüllte er, er habe verstanden, er sei kein Idiot – Tränen rollten ihm übers Gesicht.

Kris fragte vorsichtig, was es zu essen gebe.

Elise blaffte ihn an, es gebe nichts, weil sie schlicht und ergreifend nichts zu essen hätten. Darin lag das Problem.

Barry machte den nicht besonders glücklichen Scherz, dass sie sich einsperren lassen könnten wie Roy, dann würden sie wenigstens was zu essen kriegen.

Elise rannte wieder hin und her; offensichtlich hätte Barry nichts verstanden, nicht mal die einfachsten Dinge.

In der Erleichterung, dass ihm so etwas nun erspart blieb, mischte sich bei Rafi sofort die Enttäuschung, so schnell die hässliche Seite von Elise zu sehen. Nun war es nicht mehr das klägliche Flüstern, das ihm als Stimme des Teufels einreden wollte, dass sie gar nicht so schön war. Es war nicht mehr dieselbe Elise, die gesagt hatte: I hope you'll stay. Sie war ihren Gefühlen dermaßen ausgeliefert, dass sie es nicht mehr schaffte, die Form zu wahren, die so wichtig war für den Frieden an Bord. Sie waren schließlich auf einer internationalen Mission.

No Nonsense betrat die Bühne, als sich die beiden giftig anschwiegen. Nun konnte sie in der pantry herumlaufen, ohne dass sich jemand die Mühe machte, sie hinauszukomplementieren. Alle guckten auf das Huhn, als könnte es einen Beitrag zur Problemlösung leisten. No Nonsense hackte nach einem Kakerlak, nach einem kleinen – an die großen traute sich das Huhn nicht. Es war immer wieder erstaunlich, wie ruckartig schnell No Nonsense den Hals strecken konnte. Zack. Der Kakerlak wurde zerteilt, und die beiden Hälften liefen in verschiedene Richtungen davon.

Der Sternenhimmel war bedeckt, womöglich würde es regnen, dann müsste sich Rafi doch noch in den messroom zurückziehen, einschlafen wollte er an Deck, doch das konnte er auch nicht so schnell. Es war ja immer der Mangel an Liebe, der dazu führte, dass die Menschen sich in kleinliche Streitereien verstrickten; weil sie nicht lieben konnten, stritten sie und setzten neue Kränkungen in die Welt; und weil sie Gefangene ihrer kleinen Kriege waren, waren sie auch nicht fähig, große Dinge zu leisten. Das war der Hintergrund zu ›All You Need Is Love‹. Rafi hatte sich oft genug mit den politisch Aktiven, von denen die Bundesrepublik überflutet war, herumgestritten; die fanden, dass die Beatles damit objektiv falsches Bewusstsein transportierten. Dabei wollte der Song nur sagen, dass man Krieg nicht mit Krieg bekämpfen konnte, weil dadurch neues Unrecht in die Welt gesetzt wurde. Man musste mit dem Gegenteil kommen: mit love. Schade, dass er das Lied schlecht nachspielen konnte. Es war völlig überarrangiert – eine bedenkliche Entwicklung seit ›Revolver‹. John Lennon hatte den Hit sogar mal als most fucking piece of shit bezeichnet – typisch: Keiner mochte zugeben, dass es ein wichtiges Lied war.

Er musste sofort etwas tun, er durfte sich nicht gehen lassen. Rafi sprang ins Dingi. Leider hatte es auch einen Schönheitsfehler: Es war aus billigem Polyester und passte nicht so recht zu ihrem eleganten Schoner. Klinker aus dunklem Holz wären natürlich schöner gewesen, aber sie mussten froh sein, überhaupt ein Dingi zu haben.

Im Hafen von Lomé war nicht viel los. Eines der wenigen Boote, das an der Mole lag – nicht weit vom einzigen Wrack –, hatte er schon als Spanier identifiziert. Da wollte er sein Glück versuchen. Er wurde erwartet; ein Dicker, zu dem er sofort Zutrauen fand, half ihm an Bord.

Rafi gestikulierte, dass er von dem Segelboot komme – obwohl das klar war –, und fragte nach dem capitano. Der Dicke war nur der Koch, und wenn sich Rafi nicht sehr täuschte, stockbesoffen, versuchte aber, sich das nicht anmerken zu lassen.

Sie gingen unter Deck, wo es einen wunderbaren Eintopf gab, der nach Meerestieren schmeckte, und einen großen Becher Rotwein. Die Spanier schienen ihren Spaß daran zu haben, Bedürftige abzufüttern, da brauchte Rafi gar nicht großartig von ihrer Mission zu erzählen. Er hätte es auch kaum gekonnt. Es war schwer genug, ihnen klarzumachen, dass er noch mehr

Essen brauchte, nicht nur für ihn: »Para mis amigos. We are…«, er zählte acht Finger vor, »eight, una señora, seven hombres.«

Er mochte sie sofort leiden, die freundlichen Nichtsnutze, die gerne mal einem Glas auf den Grund guckten, derbe Scherze machten und jederzeit bereit waren, einen fremden Seefahrer aufzunehmen, weil für ihn jedes Schiff ein Zuhause sein konnte. Sie waren genau die Leute, vor denen ihn seine Eltern gewarnt hatten, weil es schlichte Gemüter waren, wie sein Vater gerne sagte – zu denen fühlte er sich immer schon hingezogen; zu Leuten, die, wie es in dem Song hieß, ordinary people waren, living ordinary lives.

Sie wollten ihm einen großen Fisch mitgeben, den könnte er für seine amigos zubereiten, aber – un momento – sie wollten noch etwas vorführen. Einer, den Rafi bisher für den Kapitän gehalten hatte, stellte sich als el doctor von der Universität von Harvard vor, was alle furchtbar komisch fanden. Er war noch betrunkener als der cocinero. Feierlich holte er Wattebällchen und ein Spritzenbesteck aus einer ovalen Blechschachtel und – Rafi traute seinen Augen kaum – machte tatsächlich ein Feuer in der Schachtel und desinfizierte in der Flamme eine Spritze. Schließlich zeigte er auf einen Matrosen und rief »¡Hombre!« Der Arme musste sich erheben und seine Hose runterlassen; el doctor baute umständlich sein Besteck zusammen, zog das Penizillin auf, visierte eine Stelle auf dem käsigen Hinterteil des Mannes, zeigte noch mal mit dem Finger auf die Stelle, die er treffen wollte, machte Lockerungsübungen und sabberte was von picaduras. Dann stach er zu. Alle – außer Rafi und dem anderen Kerl – applaudierten und riefen »olé!«. Der Doktor verneigte sich und wäre fast über seine Füße gestolpert.

»Para mi también!« Rafi fasste allen Mut zusammen. Das war die Chance, die er nutzen musste. Dann würde es auch mit Elise wieder gut werden. Das musste er noch als Strafe über sich ergehen lassen. »Malade. Matrose, you know?«

»Mañana!«

Der silberne Fisch war viel zu groß – wie Geschenke von Verliebten meistens ein paar Nummern zu groß ausfallen. Big silver ließ sich nur mit Mühe über die Reling wuchten; man konnte ihn kaum anfassen, so kalt war er, aber alle schienen begeistert. Momo wollte gerne ein köstliches Mahl für alle zubereiten, mochte aber den Fisch nicht zerlegen; denn er respektierte die Kreatur zu sehr. Das musste schon der neue Koch übernehmen, auch wenn er es noch nie gemacht hatte; alle Fische, die Rafi bisher filetiert und ausgenommen hatten, waren viel kleiner gewesen – und nicht so kalt. Dann musste er eben so tun, als wenn er es könnte. Auf der Mona Rosa hatte er auch so angefangen.

Es gab jedoch kein geeignetes Messer. Wir sind ein durch und durch pazifistisches Schiff, kommentierte Barry, als sie immer noch kein geeignetes Instrument gefunden hatten, nur eine viel zu kleine, rostige Machete, die Momo im Maschinenraum aufgetrieben hatte. Hans und Kris halfen, eine dicke Bohle als Arbeitsplatte zu installieren, dann ließen sie Rafi mit seinen Tranchierkünsten allein. Ihm war sofort klar, dass es eine riesige Schufterei werden würde; der Fisch hatte eine erstaunliche Kälteenergie, mit der er sich bis zuletzt zu wehren schien. Nicht mal die Schwanzflosse ließ sich so leicht abtrennen, wie er gehofft hatte. Damit wollte er anfangen, als Vorübung, und darauf vertrauen, dass die Sonne inzwischen das Hacken erleichtern würde – es gab keine Erleichterung. Er brauchte eine unglaubliche Kraft, den Kopf abzutrennen, und hatte ihn dann so durchgetrennt, dass er nicht, wie sonst, die Gedärme mit rausziehen konnte, weil innen immer noch alles gefroren war. Es war ihm ganz recht, dass die anderen nicht Zeuge seiner Anstrengungen wurden und sich inzwischen im messroom versammelt hatten und in Erwartung des ersten Filetstückchen die Diskussion nachholten, auf die alle gewartet hatten: Was sollte nun aus Operation Namibia werden?

Rafi hörte immer wieder den Namen Moodie, Angola, Fela Kuti – auch von Ema und Liz war die Rede. Ärgerlich war nur, dass es keinen Mülleimer an Bord gab, um die Reste zu sammeln – dieser Fisch würde sehr viel Verschnitt haben, es war erstaunlich, was er für eine schlechte Qualität hatte, viel zu viele Gräten, viel Essbares würde davon nicht übrig bleiben. Es war ihm richtig peinlich, so viel Abfälle zu haben; er warf die Reste immer nur in kleineren Stückchen über Bord, um die anderen nicht mit einem lauten Platsch auf die wahre Abfallmenge aufmerksam zu machen. Hatten die Spanier ihn verarscht? Die warteten sicher schon darauf, dass als Nächstes die anderen Männer und schließlich die señora blanca die Hosen runterlassen mussten.

Er lauschte jedes Mal, wenn er etwas über Bord warf, ob die anderen aufhorchten – taten sie aber nicht, es ging gerade darum, welche Unterstützung noch von London und Philadelphia zu erwarten war; es hörte sich so an, als wäre da nichts mehr zu erwarten. Barry schien dafür zu sein, bald aufzubrechen; Momo schien aus irgendwelchen Gründen dagegen zu sein.

Rafi guckte unwillkürlich zum Land, als könnte er damit rechnen, dass Roy über das Wasser gegangen kam.

Von Hans hörte man wenig. Elise schien immer noch Kopfschmerzen zu haben, sauer zu sein oder beides, und Morishta war von solchen Diskussionen eh überfordert. Wenn sie Rafi gefragt hätten, wäre er auch für sofortigen Aufbruch gewesen, hätte es allerdings fair gefunden, erst einmal die Meinung von Roy abzuwarten. Die Gedärme ließen sich nur herausnehmen, wenn er den Fisch von unten aufschnitt und dabei eine ziemlich große Hackspur legte: Mit der rostigen Machete war es mehr ein stümperhaftes Rumfetzen als richtiges Schneiden – wieso war eigentlich sein Kampfmesser verloren gegangen? Die Gedärme verbreiteten sofort einen ekligen Gestank. Rafi spülte das Deck, doch davon ging der Gestank nicht weg; auch nicht diese kleinen, silbrig glänzenden Schuppen, die sich rund um sein Gemetzel angesammelt hatten.

Barry wurde plötzlich laut. Momo auch. Dann wurde es wieder leiser. Hans war dran. Rafi hielt die Luft an; Hans sprach von ihm: »He loves the ship!« Hans hatte damit nichts Nachteiliges gesagt – dennoch war es eine glatte Verurteilung. Er war nicht richtig aufgenommen in die Crew; es gab etwas, das gegen ihn sprach: Er liebte das Schiff – das hieß, dass er für die politische Aktion nicht qualifiziert war und als unzuverlässig angesehen werden musste.

Rafi schlug auf den Fisch ein, es war nie gut, wenn ein Seemann zu viel über Fische nachdachte, er kippte ärgerlich die Abfälle über Bord, pützte reichlich hinterher und konnte Momo schließlich einige essbare Teile reichen, die schon begierig erwartet wurden.

Die Mannschaft kannte solche Fische, da wunderte sich keiner über die schlechte Qualität. Rafi hatte dennoch das Gefühl, dass sie vor allem aus Höflichkeit ihm gegenüber einige Bissen runterwürgten und das Essen in erster Linie als willkommene Unterbrechung ihrer Diskussion sahen. Es schmeckte wirklich nicht, wie Rafi, der zum Glück noch satt war, schon an einer Kostprobe merkte. Man musste die Crew geradezu bewundern, dass sie nicht klagte; dass Momo noch eine Zigarette für alle drehte und sich alle – höflich wie immer – eine gute Nacht mit schönen Träumen wünschten.

Für Rafi wurde es wieder eine Nacht unter Sternen. Wieder konnte er nur schlecht einschlafen. Sie hatten seine Zigaretten nicht angenommen. Sein Messer war weg. Er gehörte nicht dazu. He loves the ship. Er hatte einen Termin beim Spanier, vor dem ihm jetzt schon graute, auch wenn es letztlich gut war, dass die Strafe für seine Sünde von Lagos hart ausfallen würde. Es stank in seinen Träumen nach Fisch. Er wusste, dass sich der Geruch noch tagelang halten würde.

10
Schneewittchen klingt so bedrohlich

»Them take our culture away from us
Them give us them culture we no understand
Black people we no know ourself
We no know our ancestral Heritage
We are never together
We are never together at all
That is why Black man dey suffer today
Dem take our culture away
That is why Black man dey suffer today
Dem take our riches away
That is why Black man dey suffer today
Dem take our land from us
That is why Black man dey suffer today«

Fela Kuti, ›Why Black Man Dey Suffer‹

Kris hatte Bücher ausgebreitet und fragte gleich, ob Rafi nicht mal einen Blick darauf werfen wollte, als hätte Rafi keine andere Sehnsucht gekannt. »You want to take a look now?«

Es waren neue Spenden – zuletzt in Lagos – dazugekommen, die noch in die Liste aufgenommen werden mussten.

Rafi griff sich einen Bildband, der obenauf lag, und war überrascht: Leni Riefenstahl über die Nuba – war das nicht irgend so ein faschistisches Buch?

Well, sie hätten viele Fotobände, außerdem jede Menge Magazine. Er durfte gerne alles durchlesen, dazu war es ja da. Auch ernste Literatur – alles, was das Herz begehrte. Wahrscheinlich hatte es noch nie so viele große Literatur auf einem so kleinen Schiff gegeben. Kris hatte verschiedene Listen angelegt. Rafi guckte sie durch, ob Namen dabei waren, die ihm bekannt vorkamen: Nelson Mandela: *I'm Prepared To Die,* Salvador Allende: *Chili's Road to Socialism,* Nadine Gordimer, Wole Soyinka, James Baldwin, Stokeley Carmichael, Albert Camus, Martin Luther King, Gandhi, Leo Tolstoi, Doktor Aldous Huxley – schrieb der nicht was über Drogen? Oft waren es Gruppen oder Organisationen: African National Congress, amnesty international, UN Office of Public Information, World Council of Churches, Free Southern Africa. Rafi konnte sich in den meisten Fällen etwas darunter vorstellen, machte aber offenbar einen hilflosen Eindruck.

Kris kramte was für ihn heraus: »Hannah Arendt, she's German, I reckon.« Kris zog einen der grünen Vorhänge beseite – hier wäre womöglich noch etwas für ihn. Tatsächlich fiel Rafi ein Buch mit *Bounty* im Titel ins Auge.

Das kannte er! Eines seiner Lieblingsbücher – allerdings hätte er das Kris gegenüber nicht zugegeben; der hatte doch bestimmt andere Vorstellungen von Literatur. Aber nein: Kris hielt *Die Meuterei auf der Bounty* für sehr wichtig – so was wie die Französische Revolution auf dem Meer.

Rafi war begeistert. Zum ersten Mal hatte er den Eindruck, dass Kris ihn ernst nahm. Kris kannte sogar Käpt'n Bligh, der – wie beide wussten – noch eine zweite Meuterei und sogar die Schlacht von Trafalgar überlebt hatte. Allerdings konnte Kris das Buch, das er suchte, im Moment doch nicht finden: über Pitcairn Island! Ob Rafi davon gehört habe?

Und ob! Das war die Insel, auf die sich die Meuterer zusammen mit Frauen aus Tahiti zurückgezogen hatten. Da hatten sie die ganze Weltgeschichte nachgespielt. Und mit der letzten Bibel von der Bounty hatten sie ihren Kindern das Lesen beigebracht.

»Did you know ...«, Rafi hätte sofort mit Nein unterbrechen können, wollte ihm aber nicht den Spaß verderben. Rafi wusste tatsächlich nicht, dass Haile Selassie – von dem er immerhin schon gehört hatte – nie Bücher gelesen, sondern sich ganz darauf verlassen hatte, was ihm erzählt wurde. So hatte er den

Kontakt zur Welt verloren und in einer Wahnwelt gelebt. Dabei hatte er als moderner König angefangen, als Hoffnung für alle Schwarzen; er war der Erste gewesen, der Flugzeuge nach Afrika gebracht hatte – oder waren es Autos?

Kris war wirklich ein toller Typ. Wenn er schon Vorträge halten musste, verließ ihn nicht der Humor. So verkündete er mit ironischem Lächeln und zugleich voller Ernst, dass wer nicht lesen will, dem Wahn verfällt. Denn Haile Selassie bekam nur zu hören, was seine Untergebenen in vorsichtigen Worten andeuteten. Dabei wusste er genau, wie wichtig Lesen war. Deshalb hatte er es seinen Untertanen vorenthalten. Er wollte nicht einmal, dass jemand die offiziellen Verlautbarungen des Palastes las; denn der Monarch fürchtete, dass bei seinem Volk durch die Lektüre unweigerlich der Wunsch geweckt würde, auch einmal was anderes zu lesen. Wusste Rafi eigentlich, was es bedeutete, wenn man den Menschen das Lesen verbot?

Rafi zuckte bereitwillig mit den Schultern.

Man nahm ihnen ihre Geschichte. »Identity, you know?«

Sie warteten auf ein Wunder. Roy müsste plötzlich erscheinen. Doch solange das Wunder nicht eingetreten war, wusste keiner, was er tun sollte. Sie bewegten sich langsam, sprachen sogar langsam. Barry erzählte wieder von seinen vielen Krankheiten. Man musste schon fürchten, dass sich seine mufflige Art verbreiten und die Stimmung an Bord beeinträchtigen könnte. Das Frühstücksangebot kommentierte er mit einem Blick, der ohne Worte auskam. Als er zwei Kassettenrekorder gefunden hatte, die beide kaputt waren, schimpfte er unentwegt. Auf was für einem Wrack war er da gelandet. Dabei hatte er so wunderbare Sachen mitgebracht. War noch keinem aufgefallen, dass es in der pantry schon am Morgen unerträglich heiß war? Wollte keiner was dagegen tun?

Barry stöhnte, begab sich schnaufend an Deck und nahm sich das Rahsegel vor. Es sah aus, als wollte er sich eine Bude bauen: Zwischen den Masten wurde eine Bambusstange befestigt, und darüber wurde das Rahsegel geworfen, die Enden wurden über lange Tampen gelegt, die zwischen den Wanten verspannt waren, sodass sie ein Sonnendach hatten, das sich sofort überraschend gut bewährte – es war fast erträglich geworden unter Deck.

Rafi gönnte ihm den Triumph nicht so recht. Barry musste ja so langsam den Eindruck haben, dass sie ohne ihn völlig aufgeschmissen waren. Die kleine Abkühlung tat allerdings allen gut, auch der Gitarre. Rafi konnte sein erstes Openairkonzert in Togo geben – ›Father And Son‹ war ein wunderbares Stück. Rafi bedauerte jedes Mal, dass er den Schlussteil nicht mit sich selber zweistimmig singen konnte. Natürlich musste er immer auch an seinen Vater denken, auf den allerdings die Zeile »I am old but I'm happy« so gar nicht zutraf.

Hauptsache, sie fragten ihn nicht, ob er nicht mal was Deutsches singen könnte. Auf Deutsch ging so was nicht. Ein gutes Lied wie ›The Night They Drove Old Dixie Down‹ war ihm durch den Antidrogensong von Juliane Werding so nachhaltig verleidet, dass er selbst das Original nicht mehr mochte; genauso ging es ihm mit ›What Have They Done to my Song?‹, das mit der Version ›Wer hat mein Lied so zerstört?‹ buchstäblich zerstört war. Die deutsche Sprache machte die Lieder sofort kitschig. Er kannte keine einzige gute Version von einem wirklich wichtigen Lied.

Natürlich gab es auch auf Englisch verlogene Songs und jede Menge kommerzielle Scheiße – ›Eve of Destruction‹ zum Beispiel oder ›Let's Go to San Francisco‹. Doch Rafi erkannte ein gutes Lied, da konnte er sich – wie eine Katze – ganz auf seinen Instinkt verlassen. Manchmal musste er noch etwas nachhelfen, bei ›Working Class Hero‹ ließ er den Schluss weg, auch wenn er von John Lennon war.

Momo wollte, das er ihm ein paar Tricks auf der Gitarre beibrachte, aber er war kein sehr gelehriger Schüler. Bei G-Dur weigerte er sich, den Ringfinger zu benutzen, und griff mit dem Daumen von oben über das Griffbrett. Er wollte nicht einsehen, dass man den Daumen besser hinter dem Griffbrett in Stellung hielt, um schneller umgreifen zu können. Momo hielt grundsätzlich nichts von solchen Vorschriften und vermutete, dass die Gitarrenlehrer, die so etwas ausgedacht hatten, selber zu bequem waren, die Finger zu bewegen, und ihren Schülern nur sinnlose Regeln aufzwingen wollten. »You know, the violin was stolen from the Sankore university of Timbuktou and taken to Italy to be turned into an European instrument.« Bei A-Dur legte er einfach den Zeigefinger über die vier unteren Saiten – dass dabei auch das hohe Fis mitklang, störte ihn nicht.

Momo wollte das Gitarrespielen nicht lernen, ohne es vorher zu revolutionieren; er fand, dass es eigentlich ganz leicht war, und begeisterte sich an seinen ersten beiden (falsch gegriffenen) Akkorden und fing an, einen Song zu improvisieren. Rafi tat freundlicherweise, als wäre er mit der ersten Lektion zufrieden. Er hätte Momo gerne gefragt, ob er im Gefängnis general beating ausgesetzt gewesen sei; schon um seinen Fachausdruck anzubringen, aber Momo schrammte so begeistert, da konnte er nicht unterbrechen. Es fehlte an wahrer afrikanischer Musik, und die meisten seiner schwarzen Brüder, das musste Momo zugeben, waren brainwashed. Aber »Africans started music on earth«, sang er – was sich anhörte wie: ört. Ohne die Gitarre wieder aus den Händen zu legen, erzählte er, dass den Sklaven früher sogar das Trommeln verboten war. Heute war es die kommerzielle Musik Amerikas, mit der die wahre Musik Afrikas verdrängt wurde. Stevie Wonder war eine einsame Ausnahme, das wollte Momo einräumen, »a friend of Fela«. Doch nun hätten sich die Afrikaner einlullen lassen; alle dachten, was aus Amerika komme, sei besser.

»We have the same problem in Germany«, wollte Rafi sagen, aber Momo ließ das nicht gelten.

In allen Büchern, die er von klein an gesehen hatte – und er hatte viele gesehen –, waren immer nur Weiße abgebildet! Das war doch »Scheiße«! Rafi zuckte zusammen. Jetzt fiel es ihm wieder ein. Elise hatte schon gesagt, dass Momo Deutsch verstand. Doch was, bitte schön, sollte er anfangen mit Büchern, in denen nur weiße Kinder zu sehen waren? »Schneewittchen! Scheiße! Schneewittchen!«

Rafi nickte. Wie konnten diese Entwicklungshelfer – oder wer das zu verantworten hatte – so gedankenlos sein, den Kindern in Gambia Bücher mit ausschließlich Bildern von Weißen anzudrehen, wahrscheinlich ausgemusterte Exemplare, die in die Dritte Welt abgeschoben wurden. Es klang lächerlich und zugleich bedrohlich, wie Momo Schneewittchen sagte, als würde er ein Geheimnis verraten, »Schneewittchen! Schneewittchen!«

Lomé, Datum unbekannt.
Die GH liegt im Hafen von Lomé; wir sind mit Instandhaltungsarbeiten beschäftigt. Roy wird von der Hafenverwaltung gefangen gehalten, bis einige Formalitäten geklärt sind. Wir wissen z. Zt. noch nicht, wann er entlassen wird. Wir werden dann Kurs auf Luanda nehmen. Die Stimmung an Bord ist gut, auch wenn es Versorgungsprobleme gibt. Wir sind durch Barry verstärkt worden, der sich besonders bei praktischen Arbeiten bewährt.

Die deutsche Sprache kam ihm wirklich schwerfällig und umständlich vor. Dennoch: Er nahm sich vor, regelmäßig Tagebuch zu führen, allein schon, um eine Art Terminkalender zu haben. Rafi wusste ja nicht einmal, wie lange er schon an Bord war.

Gewisse Dinge gehörten natürlich nicht in so ein Tagebuch: die Termine beim Doktor der Universität von Harvard, bei dem er einen Kreislaufzusammenbruch hatte. Die berühmte Angst des Seemanns vor der Spritze hatte sich wieder einmal als berechtigt erwiesen – doch nun war er auf dem Weg der Besserung. Er hatte die Voraussetzung geschaffen, ein vertrautes Wort mit Elise zu reden. Sie hatten sich bisher angestrengt gemieden – das musste ja nicht so bleiben.

Er wollte mit ihr reden – er sehnte sich so nach ihr. Er musste auch aufhören, seine Freunde zunächst als Rivalen zu sehen. Er sollte froh sein, dass sie so eine tolle Crew waren, mit einem klugen Kris, dem smarten Momo und mit Barry – den hatte er inzwischen richtig gern. Wie war er doch vernagelt gewesen, als er dachte, Barry hätte Elise für sich reserviert. So was musste er überwinden. Auch das gehörte zur Operation Namibia.

Mit der Gitarre konnte er das gut ausdrücken: »I don't want to critizise you, analyze you, categorize you.« Dieser Dylan hatte es echt in sich, gerade dieses Stück wollte er sich immer mal übersetzen lassen. »I ain't looking to compete with you, beat or cheat or mistreat you.« Rafi mochte schon das schnodderige ain't so gerne. Er kam sich vor wie ein Insider, wenn er ain't singen konnte. »All I really want to do, is baby be friends with you.«

Mit Elise nur als Freund zu leben, wäre natürlich schwierig. Da gab es immer diese Spannung, das konnte er nicht leugnen, das wäre auch nicht ehrlich. Klar hatte er sich Küsse im Dunkeln gewünscht – aber immer mit Rücksicht auf die Mannschaft. Liebschaften gefährdeten eine Gemeinschaft, das kannte er von Gruppenabenden, wo alle nur guckten, wen man abschleppen konnte. Außerdem gab es zu jedem Liebeslied eine Kehrseite, zu jedem Liebesglück ein Unglück. Vielleicht gab es sogar insgesamt mehr Liebeskummer als Glück, und das bisschen Glück ragte wie die Spitze eines Eisbergs aus den kalten Fluten.

Barry gab ihm von seinem Kakao ab. Er hatte den Becher mit der Aufschrift SHE – aber da waren sie nicht pingelig. Barry setzte sich zu ihm. Rafi hatte immer schon die Stimmung in der Abendsonne besonders geliebt, wenn die Sonne tief lag und die Welt vergoldete – die kostbarste Zeit des Tages mit den langen Schatten, die man bis zur Neige auskosten musste, denn jeden Augenblick würde man zum Abendessen reingerufen.

Kannte Rafi WAWA?

Es war keine politische Partei, auch keine Musikrichtung, obwohl Rafi sofort an ›Voodoo Child‹ und ›While My Guitar Gently Weeps‹ dachte. WAWA war die Abkürzung für: West Africa Wins Again. Der Stoßseufzer des weißen Mannes, der in Afrika scheiterte. Auch die ON wurde – Barry lächelte sehr gequält – gerade gründlich gewawat. Sie hatten sich schon in London scherzhaft gefragt: Trifft die Golden Harvest in Walfischbai noch vor der Befreiung Namibias ein oder nicht? Wenn sie so weitermachten, könnten sie vielleicht noch rechtzeitig zum Jahrestag der Unabhängigkeit ankommen. Sie hatten eben nicht mit dem afrikanischen Tempo gerechnet, nicht damit, dass es hier gar kein Tempo gab. Ein Blick auf das Landleben sagte alles: Die Zeit stand still. Afrika war ein Standbild. Barry würde das nie verstehen, nicht einmal lange mit ansehen können: Die protestierten nicht, die akzeptierten alles, hier war nichts relevant, nichts dringend, die saßen den ganzen Tag im Schatten und warteten darauf, dass die Zeit endgültig stillstand.

No more wawa blues, no more excuses. Rafi musste sich zusammenreißen, er musste arbeiten, sich weiterbilden. Frauen mochten es, wenn man streng zu sich selbst war, wenn man Disziplin zeigte, auch wenn sie es nicht eingestanden: Sie wollten einen starken, aktiven Mann, er durfte sich nicht hängen lassen und musste dringend den Stapel Papiere durcharbeiten.

Es war genau, wie Elise gesagt hatte. Ihre Leute in London und Philadelphia waren sehr engagiert. Es gab ein ganzes Netz von Ortsgruppen und politischen Buchläden, die im Geiste mitsegelten. Sie verkauften sogar OPERATION-NAMIBIA-T-Shirts, die phantastisch waren: ein Segelschiff, das durch die Wellen fuhr, die Wellen als aufgeschlagene Seiten von dicken Büchern. So ein T-Shirt hätte er auch gerne. Fünfzehn Stück gab es nur.

Es gab viel mehr Unterstützung, als er gedacht hatte: Die vielen Buchläden, Universitäten, Freundeskreise und Spender konnten erwarten, dass es voranging, dass sie mehr taten, als nur auf Roy zu warten. Joan Baez hatte die Aktion mit Benefizkonzerten unterstützt. Er musste nur den Namen lesen, schon fielen ihm Textzeilen ein, da musste er gleich wieder zur Gitarre greifen: »Seagull I don't want your wings, I don't want your freedom in a lie. Vietnam your latest game, playing with your blackest queen…« Sie hatte ihre ganzen Einnahmen für die Aktion gespendet. Many thanks, Joan!

Auch wenn er las, dass James Taylor seine Konzerteinnahmen zum Aufbau von Greenpeace gegeben hatte, hörte er vor seinem inneren Ohr: »I've seen fire, I've seen rain.« Bei Joni Mitchell genauso: »And I saw the bombers turning into butterflys above our nation.« Er hatte schon immer gewusst, dass in diesen Liedern mehr steckte, als den meisten in der BRD bewusst war. Da war man nicht offen für das gewisse Feeling. In London war das anders. Immer war da ein PLEASE in den Rundschreiben, und dieser Moodie kriegte es sogar fertig, den regelmäßigen Spendenaufruf so zu formulieren, dass es nicht hochnotpeinlich war. Da stand einfach MUCHLUV. Das war nicht der Ton der RAF – es war die Sprache der Songs, die er liebte. Er musste jedes Mal an Elise denken, wenn er so etwas las, an die liebenswerte Seite von ihr, zu der sie wieder zurückfinden würde. Er machte sich die Mühe sowieso nur ihretwegen; Politik und Liebe gehörten nun mal zusammen.

In Deutschland konnten sie nur kämpfen. In London konnten sie auch freundlich sein – und Härte zeigen, wenn es nötig war. Sie hatten Informationen über die politische Entwicklung in Südafrika, an die man in der BRD gar nicht herankam – über Einzelschicksale von Autoren, die unter die Zensur fielen. Einer von ihnen, Breyten Breytenbach, wurde 1975 verurteilt, weil er versucht hatte, eine Anti-Apartheidbewegung zu organisieren. Neun Jahre musste er in den Minen arbeiten. Er hatte versucht zu fliehen und stand erneut vor Gericht. Nun drohte ihm die Todesstrafe. Oder dass die Diskriminierung der Schwarzen bis zum Letzten ging. Wenn ein Weißer gehängt wurde, kriegte er einen neuen, sauberen Strick, bei Schwarzen wurden dieselben voll gesabberten Stricke immer wieder benutzt.

Von außenbord waren verdächtige Geräusche zu hören. Rafi hatte gleich ein ungutes Gefühl; er eilte an Deck. Die anderen waren schon da. Sie sahen das Boot der Hafenmeisterei auf sich zukommen – vielleicht wurde Roy zurückgebracht. Nein, Rafis Gefühl sagte Nein; es ging eine Bedrohung von diesem dunkelgrünen Schiff aus, das eindeutig Kurs auf die Golden Harvest genommen hatte. Nun waren die Soldaten an Deck zu erkennen, mit Waffen. Es würde ein Unglück geben: Dieses viel zu klein geratene Kriegsschiff mit einem erhöhten Fahrstand im achteren Drittel näherte sich viel zu schnell, hielt direkt auf die Golden Harvest zu – und donnerte mit einem gigantischen Krachen in die Seite. Holz splitterte. Alle stürzten hin. Genau auf Höhe der Koje, in der Mori immer schlief, war ein gefährliches Loch in die Bugwand gerissen.

Elise schrie auf. Rafi fluchte: »Diese Schweine wollen uns versenken! Die rammen uns!« Selbst Morishta und Hans kreischten und rappelten sich nur langsam wieder auf.

Das Kriegsschiff war längsseits gegangen, die Soldaten enterten und verteilten sich. Die Milchbubis mit ihren französischen Gendarmeriehütchen wirkten, als wären sie selber von dem Zusammenstoß überrascht worden, sie mussten sich erst einmal den Staub von ihren lächerlichen Uniformen klopfen. Offenbar hatten sie in die Knie gehen müssen. Sie blickten sich verlegen um, als hätten sie ganz was anderes erwartet. Einer, der anscheinend ihr Anführer war, stolzierte an Deck auf und ab und verkündete in schlecht verständlichem Englisch, dass alle verhaftet seien.

»Who gives you the right?« Momo baute sich vor dem Offizier auf. Es war deutlich, dass Momo stärker war, allein von seiner Ausstrahlung, er fühlte sich auch viel stärker; die Bubis wirkten ihm gegenüber wie Muttersöhnchen, denen man versehentlich Waffen gegeben hatte. Momo besaß eine natürliche Autorität, stolz verlangte er Auskunft, was ihnen einfiele, das Schiff einer internationalen Friedensmission zu zerstören, und woher sie das Recht nähmen, sie verhaften zu wollen. Die Soldaten entsicherten die Gewehre; es war deutlich das Klick-Klick zu hören.

Stille! Der Offizier schluckte kurz und verkündete leise, dass sie auf Befehl von Eyadéma handelten.

Kris lächelte angestrengt: Wenn Monsieur Eyadema mit der Crew zu sprechen wünsche, gerne, sie hätten sich schon mit anderen Präsidenten getroffen, deshalb müssten sie nicht ihr Schiff kaputtmachen. Der Offizier ließ Kris ausreden. Er überlegte kurz und schlug die Hacken zusammen: »Alors, vite! Venez, tout le monde. On s'en va maintenant. C'est un ordre!«

Mori gab einen Grunzlaut von sich, er hatte verstanden, er bestieg erhobenen Hauptes als Erster das dunkelgrüne Boot – eine eindrucksvolle Erscheinung. Die anderen folgten. Sie sahen an den Soldaten vorbei und ließen sich stumm ausbooten.

Dann schritten sie zügig in Richtung Hafenkommandantur wie die siegreiche Mannschaft einer seltenen Sportart: allen voran ihre Galionsfigur Reverend Morishita, der mit seinem orangenen Schal richtig schick aussah, gefolgt von Momo und Elise, einem märchenhaften Paar, Elise mit wehendem Kleid, Hand in Hand mit Momo, dem schwarzen Prinzen, dann folgte Hippie Hans mit seinen Wuschelhaaren, die beiden Kleinen Barry und Kris, der wieder seine Aktentasche dabeihatte, und als Schlussmann der große Rafi, den man in Apapa Yellow genannt hatte und der passend dazu sein knallgelbes T-Shirt anhatte mit der Aufschrift FLENSBURGER TRAMPREEDER – alle stolz und siegessicher. Rafi fühlte sich unangemessen glücklich; nun gehörte er dazu: mitgefangen, mitgehangen.

Als sie die Hafenkommandantur erreichten, entstand eine peinliche Situation, als wüssten die Soldaten, nun, da sie den Befehl ausgeführt und die Fremden abgeliefert hatten, nicht mehr weiter. Schließlich wurde Morishta zum Verhör gerufen – wenig später wieder rausgelassen.

»Militaly no chance!«

Die Crew lachte erleichtert: Das hätten sie gleich sagen können, dass man Morishta nicht verhören konnte. Nun sollten alle zusammen reinkommen, tous ensemble. Kris legte die Papiere vor, einer rief die Namen auf, die Aufgerufenen meldeten sich, jemand schrieb mit. Das Ganze machte den Eindruck, als wäre damit schon ordentlich was erledigt worden. Die Beamten berieten sich ein Weilchen. »Why«, fragte schließlich einer, »why are your here?«

Momo musste sich beherrschen – man konnte sehen, wie es in ihm brodelte. Sie seien hier, weil diese Soldaten – dabei zeigte er verächtlich auf die Muttersöhnchen – sie geholt hätten.

Der Offizier blieb ruhig. Es waren Telegramme gekommen. Aus dem Ausland. An den Präsidenten.

Kris kicherte und machte die gleiche Bemerkung, die er so schon beim Wassertankschiff gemacht hatte. Es sei nicht exakt das, was sie bezweckt hätten, aber immerhin hätten die Telegramme Wirkung gezeigt. Die Crew fand das sehr amüsant; die Soldaten verstanden allerdings nicht, wieso ihre Gefangenen so gut gelaunt waren. In Lagos hätte bestimmt jemand gebrüllt: »Shut up!« Hier sah es eher so aus, als würde gleich jemand Getränke servieren.

Schließlich fragte einer der Soldaten in höflichem Ton, ob sie, bitte, in kurzen Worten erklären könnten, warum sie gekommen waren. Kris wollte. Elise auch. Kris ließ ihr den Vortritt. Es macht sich gut, dass eine schöne Frau die Stimme erhob. Mit jedem Wort beschämte sie die Soldaten, die sich sicher ihren Teil dabei dachten, dass sie allein unter so vielen strammen Seeleuten lebte: Sie seien gekommen, einen Beitrag zu leisten zur Emanzipation der Unterdrückten in Namibia – »for all your brothers and sisters«, wie Momo ergänzte. Sie stellte die Mitglieder kurz vor. »From The Gambia: Momodou Jaiteh; from West Germany: Hans Ulrich.« Sie sprach es ganz süß als Ulrisch aus, und bei der Gelegenheit erfuhr Rafi, dass Hans Biologie studierte, was alle stark beeindruckte. Oho, Biologie! University! Das verstanden sie.

Was hatten die nur für eine vitale Unruhe, die gestikulierten nicht nur, wenn sie redeten, sie fuchtelten genauso, wenn sie zuhörten. Elise machte das wirklich toll, sie zeigte es den Männern Eyademas, die spürbar kleiner wurden. Der Übersetzer, für den sie immer kleine Pausen einlegte, fasste sich bei jeder Berufsangabe theatralisch an den Kopf: Morishta ging als japanischer Priester durch, Studenten wurden kurzerhand zum Professor befördert, und schon bei der Nennung der Ländernamen war es wie bei einer bedeutenden internationalen Sportveranstaltung: Ireland, New Zealand, United States, Great Britain. Die Soldaten waren still.

Es musste nun irgendwas entschieden werden. Der Offizier meinte schließlich bemüht lässig: Okay, sie könnten wieder auf ihr Boot zurück. Roy würde noch in der Verwaltung gehalten, außerdem – verfügte er überflüssigerweise – seien sie bis auf weiteres nicht berechtigt, das Hafengebiet von Lomé zu verlassen, dies sei eine Anordnung von Eyadema. Sie sollten nun wieder gehen. »C'est un ordre!«

Nun konnten sie den Schaden beurteilen, den die Soldaten verursacht hatten. Es sah böse aus. Rafi war sich sicher: Die Golden Harvest war nicht mehr hochseetüchtig. Momo widersprach ärgerlich – typisch deutsch, es müsse nicht alles perfekt sein, nicht in Afrika. In Ghana sei ihr Schiff auch kaputt gewesen, hätte aber noch so gut ausgesehen, dass es zweimal geklaut wurde. Auch Barry reagierte ärgerlich, doch es war klar, dass er nicht sauer auf Rafi war, sondern darüber, dass er Recht hatte. Das Boot hatte einen schweren Schaden, es tat richtig weh, da länger hinzugucken.

Elise fing an zu weinen. Momo spuckte ins Wasser, streckte seine Faust in Richtung Stückgutpier und fluchte lauthals.

»Och!«, machte Morishta und biss sich auf die Lippen. Kris hielt No Nonsense auf dem Arm und streichelte das Huhn wie ein Kuscheltier. Dann fing es wie auf Kommando an zu regnen, als hätte Momo den Wolkenbruch mit seinen Flüchen herbeibeschworen. Es blitzte und donnerte, alle verzogen sich unter Deck.

Barry heulte hemmungslos. Hans machte sich daran, Kakao zu kochen, als wollte er Zuflucht am Herd suchen. Kris hielt immer noch das Huhn umklammert. Momo hielt Elise umarmt, die immer noch weinte. »Och, och, och«, machte Morishta, als wollte er sagen »No, no, no«. Rafi fühlte sich wieder ausgeschlossen – wo sollte er überhaupt schlafen? In eine der Kojen wollte er nicht ausweichen, die waren ihm zu klein, außerdem war man da zu nah an den Kakerlaken, den messroom würde die Crew womöglich belegen, um weiterzujammern. Wo wollte Mori schlafen? Direkt an der offenen Wunde? Der schien keine Probleme damit zu haben. »Morishta okay.«

»I want to go home«, heulte Barry.

Rafi dachte im ersten Moment, dass dieser Jammerlappen wirklich wenig aushalten konnte; da hätte er mal einen Tag länger in Nigeria bleiben sollen. Dann tat es ihm sofort Leid. »I can't stand it anymore.« Barry meinte nicht etwa, dass er den Schaden nicht ertragen konnte, er konnte es nicht aushalten, dass Elise mit Momo zusammen war.

»Things have changed.« Elise erstickte in Tränen. »I told you already, life is a permanent change.« Momo hielt sie immer noch umarmt.

Barry wurde laut, schlug mit der Faust auf den Kartentisch wie ein Geistesgestörter und mischte in seiner Klage alles durcheinander: Wieder fing er damit an, dass er ein kranker Mensch sei, riss sich die Mütze von der Glatze und klagte, dass er seine Gesundheit geopfert habe für die Menschen in Bangladesch, auch für die Golden Harvest, er hatte persönlich die Leiter geschweißt, hatte an dem Schiff schon in England gearbeitet, als Momo noch gar nicht an Bord war, schon an der Antilope, die dieser idiotische Moodie angeschafft hatte. Rafi war froh, dass er nicht alles verstand. Allein der Tonfall war schrecklich, Rafi konnte auch nicht weghören – sollte er etwa in den Maschinenraum gehen und sich die Ohren zuhalten? Barry hatte die Golden Harvest entdeckt und mit seiner Anzahlung dafür gesorgt, dass sie das Schiff kriegten. Kris könnte das bezeugen.

Der streichelte das Huhn. Es bestritt ja auch keiner!

Doch nun sei alles-alles-alles zerstört, weil die Neger längere Schwänze hätten.

»Please«, schluchzte Elise. Barry sollte bitte-bitte-bitte damit aufhören. Barry hörte aber nicht auf. Hans servierte allen eine Portion Tunfisch – ein deutliches Zeichen des Verfalls; nun wurde sogar den Katzen der Proviant weggegessen. Man hatte die Notreserve angebrochen, weil man nichts mehr zu verlieren hatte, nun war alles vorbei, freedom's just another word for nothing left to lose.

11
Politisch eine Enttäuschung

Alle schwiegen sich durch. Am nächsten Morgen fehlten die freundlichen Begrüßungen. Keiner redete. Alle waren allein mit ihren Gedanken an das Ende der ON.

Die Soldaten hatten ihm sogar seine Rundfahrten verdorben. Rafi musste fürchten, wieder an der Unglücksstelle vorbeizukommen. Er konnte da nicht hingucken. Seine Tante kam ihm in den Sinn. Sie hatte schlimme Beine gehabt und musste sich immer umständlich Wickel darum binden. Es tat ihm weh, da hinzuschauen. Dennoch machte er es. Da war sie, die offene Wunde – schlimmer, als er sich vorgestellt hatte: ein Leck auf mindestens vier Metern.

Die Bubis in Uniform hatten nicht nur das Schiff zerstört, sondern auch seine Lieblingsphantasie. Er hatte sich die Golden Harvest genau angeguckt, sodass er sich in der Lage sah, sie originalgetreu nachzubauen. Es konnte von großer Bedeutung sein, wenn jemand an Bord war, der das Schiff notfalls komplett aus dem Gedächtnis rekonstruierte. Auch sein Gitarrenspiel war ja nur eine Vorübung. Er spielte die Songs zunächst nur nach – dadurch lernte er sie kennen. Dann würde er eigene Lieder schreiben. Alles selber zu machen, war ein äußerst wichtiger politischer Akt. Erst damit war man frei. Sonst hatte man sich dem kapitalistischen Markt nicht entzogen. Nun konnte er nicht mal mehr in der Vorstellung schwelgen, alles selber zu machen – nicht wenn ihn dazu ein Loch anstarrte wie der Rachen eines Raubtiers und ihm zeigte, wie eng die Grenzen waren, in denen er herumkrabbeln durfte.

Rafi sah sich das Leck an, als würde er vor einem Grab stehen – und musste plötzlich kichern, so wie Verrückte manchmal am Grab loslachen und sich nicht mehr beruhigen können. Es war verrückt. Die hatten ihr Schiff gar nicht absichtlich gerammt. Jetzt wurde ihm das erst klar. Es war wie in dem Witz von dem Flößer, der auf eine Insel im Fluss zutrieb und sich nicht entscheiden konnte, ob er steuerbord oder backbord an der Insel vorbeitreiben wollte, und schließlich auf die Spitze der Insel auflief. Unfallursache: mangelnde Entschlussfähigkeit. Die hatten – versehentlich! Das musste man sich mal auf der Zunge zergehen lassen: versehentlich! – ihr Schiff gerammt und damit die Operation Namibia zerschlagen. Was die Militärs in Lagos nicht geschafft hatten, hatten die Idioten von Togo nebenbei erledigt. Die wussten die einfachsten Sachen nicht. Die wussten nicht einmal, dass man nicht gleichzeitig nach links und nach rechts abbiegen konnte. Rafi hockte im Dingi und kicherte wie ein Verrückter.

Sollte es wirklich zu Ende ein? Es hatte so gut angefangen. Kris hatte jede Menge Artikel und Fotos, die das dokumentierten. Vor allem eins:

Links oben unter einem Segel Elise – leider mit nach hinten gebundenen Haaren und viel zu großer Sonnenbrille, sodass man nur wenig von ihr erkennen konnte. Sie wirkte wie ein Star, der inkognito dabei war; es musste sich jeder, der Augen im Kopf hatte, in sie verlieben. Sie hatte diese Bluse an, die sie auch in Lomé ständig trug, ein Batikstoff und ein ganz einfacher Schnitt: Um den Hals gab es einen großen Ausschnitt, von einer Kordel zusammengehalten, mit der der Stoff gerafft wurde. Daneben Hans, der seinen Ellbogen lässig auf ihre Schulter gelegt hatte, sodass jeder gleich erkennen konnte, dass er nichts mit ihr hatte; es wirkte, als wollte er sich hinter ihrer Schulter verstecken und, obwohl er sowieso schon in der letzten Reihe stand, noch ein bisschen zurücktreten. Diese verrückte Mode, auch tagsüber eine Mütze oder ein Kopftuch zu tragen, hatte Hans wohl den Afrikanern abgeguckt, gleichzeitig wurde damit sein Hippie-Outfit etwas getarnt.

Daneben Morishta, mit kahl rasiertem Schädel, die graue Eminenz im Hintergrund. Wenn man ihn ein bisschen kannte, sah man sofort, das er sich in Schale geworfen hatte, extra für das Foto. Er trug die Kleider, die er für seine Zeremonie benutzte. Es sah fast aus, als hätte er einen Rock an. Er hatte alle seine Utensilien dabei, die er stolz und offen vor seine Brust hielt, als wollte er zeigen: Seht her, das sind all meine Werkzeuge, mehr habe ich nicht, nur diesen merkwürdigen Tennisschläger in der rechten Hand und das Krummholz in der linken. Morishta hatte eine sehr interessante Art zu lächeln. Es war sein offizielles Lächeln. Es sah aus wie ein Lächeln, das sich im selben Moment wieder zurücknahm. Ein bisschen einstudiert wirkte es schon. Ganz so, wie sie ihren Mori kannten: stets zurückhaltend und freundlich, und bei aller Freundlichkeit immer auch ein bisschen mürrisch.

Jude sah gut aus, ein Jammer, dass sie nicht mehr dabei war. Sie hatte ganz entzückende Rattenschwänze – so nannte man das wohl – links und rechts und trug eines von diesen Kleidern, das man in Clausthal-Zellerfeld als Omakleid bezeichnet hätte: ein langes, etwas zu weites Kleid mit Karomuster; sie sah aus wie aus einem historischen Film. Ganz rührend. Solche Kleider waren modern geworden, doch die Frauen in der BRD machten sich mit ihrem Folklorelook nur lächerlich. Maggie hatte sich Rafi ganz anders vorgetellt. Sie kam aus Hongkong, sah aber nicht aus wie eine Chinesin – obwohl … vielleicht doch, sie hatte ein pausbäckiges Puppengesicht, und ihre Augen lagen so weit im Schatten, dass man nicht erkennen konnte, ob es Schlitzaugen waren. Maggie sah eher indianisch aus. Sie hatte lange Zöpfe und erinnerte an Ribanna aus einem Winnetou-Film. Ob sie schon schwanger war, konnte man nicht sehen. Momo stand so geschickt vor ihr, dass man nicht erkennen konnte, wie dick ihr Bauch war.

Momo sah gut aus – wie immer: groß, schlank. Die leicht

hohlen Wangen gaben ihm einen entschlossenen Gesichtsausdruck. Man sah ihm an, dass er voller Energie steckte. Er hatte ein viel zu enges Oberhemd an, das waagerechte Falten warf, es war sehr stark tailliert und hatte einen enorm großen Kragen. Momo hatte es bis zum Bauchnabel aufgeknöpft. Er sah wirklich gut aus, das konnte man nicht anders sagen.

In der zweiten Reihe links vor Elise war Barry mit einem Batikhemd, ordentlich frisiert. Er wandte dem Betrachter seine Schulter zu, hatte sich aber halb gedreht und schaute freundlich in die Kamera. Er sah auf dem Foto viel besser aus als in Wirklichkeit. Roy neben ihm auch: wie Jesus. Er hatte die langen Haare hinter die Ohren gestrichen, eine Gesichtshälfte lag im Schatten, die andere sah enorm eindrucksvoll aus. Vor ihm Kris. Er saß irgendwo drauf. So konnte man nicht erkennen, wie klein er war. Kris sah zu Boden, als wäre er von der Sonne geblendet. Er hatte wuschelige Haare, ein hoffnungsloser Fall, so war er, da konnte er nichts machen, womöglich gehörte er zu den Leuten, die unfrisierbar waren. Er war der Einzige, der nach einem Hippie aussah, wenn man Roy als Jesus durchgehen ließ. Bei Hans konnte man die langen Haare nicht erkennen, Barry sah geradezu gut frisiert aus – und dann war da dieser Glyn, der inzwischen wieder abgesprungen war, gleich neben Kris: Der sah aus wie ein Dressman. Er blickte zur Seite, um sein Profil besser zur Geltung zu bringen. Er trug ein Unterhemd, sodass man die Haare auf seiner Brust und möglichst viel von seinen muskulösen Oberarmen erkennen konnte. Er hatte sich so in den Vordergrund gespielt, dass es aussah, als wäre er der eigentliche Mittelpunkt des Bildes, die anderen waren nur als Staffage im Hintergrund zu gebrauchen, damit er vor diesen Gestalten umso besser zur Geltung kam. Er hielt ein Buch in seiner Linken. Es sollte beiläufig wirken, als hätte er – ha, ha, ha – zufällig ein Buch in der Hand, weil die Mannschaft sowieso ständig mit einem Buch in der Hand herumlief. Wie ein eitler Bestsellerautor, der halb verschämt, aber doch aufdringlich genug sein grandioses Werk mit auf das Bild geschmuggelt hatte, sodass jeder den Buchtitel lesen konnte *Liberation without violence.*

Warum war er nicht mehr dabei? War es womöglich ein schlechtes Zeichen, dass ausgerechnet Glyn das Schiff verlassen hatte? Und was war mit den beiden aus Ghana? Die waren auf keinem Foto, die tauchten nie in einer Namensliste auf. Jedes Mal gab es Rafi einen Stich, wenn er eine Liste las: Sein Name war noch nicht dabei – konnte auch gar nicht, aber würden sie den jemals einreihen? Eins der Rundschreiben verkündete, dass Momo in die Mannschaft aufgenommen worden war: *Welcome, Jaiteh!*, hieß es da. Ihn würden sie in London garantiert nicht willkommen heißen mit einem herzlichen *Welcome, Schell!* Oder: *Welcome, Rafi!* Warum wurde Momo – als Einziger, wie ihm jetzt auffiel – beim Nachnamen genannt?

Morgens war es immer noch am angenehmsten. Es war erstaunlich warm und frisch zugleich. Rafi brauchte seine Ausflüge im Dingi. Es wunderte ihn, dass die anderen das nicht auch so machten. Vielleicht vermieden sie jegliche Anstrengung. Dabei brachte es solchen Spaß – um diese Zeit konnte man am besten nachdenken. Wenn erst die Sonne brannte, war man sowieso entschuldigt.

Es konnte nicht wahr sein, dass Barry gehen wollte – woher sollte er das Geld für den Rückflug nehmen? Es konnte schon deshalb nicht sein, weil er gesagt hatte, dass er back home wolle, und home war das Schiff.

Elise ging ihm immer noch aus dem Weg, das war deutlich. Kris war meistens bei den Büchern, Hans schien sein eigenes uanbhängiges Leben zu leben, und Mori hatte sich einfach in seine Koje zurückgezogen, als gäbe es da kein Loch. Rafi verstand sowieso nicht, wie man in diesen Särgen schlafen konnte. Dass Mori auch eine zerstörte Koje hinnahm wie ein Gottesurteil, war eine weitere Steigerung von Demut, die Rafi nur rätselhaft war: Wollte er etwa den Schaden durch bloßes Ignorieren aus der Welt schaffen?

Was war das?

Rafi hatte sich vorgestellt, dass man einen Film drehen müsste, am besten vom Dingi aus, mit genau diesem Blick auf das Schiff – nun hörte er dazu die passende Filmmusik. Es war kein Traum, es war wirklich so, es gab plötzlich einen Soundtrack: Eine wunderbare Musik mit seltenen Instrumenten, die er noch nie gehört hatte, umwölkte das verletzte Schiff. Wie war das möglich?

Die Langschläfer lauschten und standen still wie Statuen. Barry präsentierte stolz seine Konstruktion. In der Nacht hatte er die entscheidende Idee gehabt, und siehe da: Es klappte. Aus den beiden defekten Rekordern hatte er jeweils die Teile, die funktionierten, kombiniert: Auf dem Arbeitstisch, auf dem Rafi den großen Fisch zerkleinert hatte, waren beide befestigt und durch mehrere Kabel verbunden, vom Batteriedeck gespeist. Die Lautsprecher, groß wie Nachtschränke, hingen direkt unter der Decke, da konnte man sie leicht aushebeln und an Deck stellen, die Kabel waren lang genug. Was sie gerade hörten, war ›Tubular Bells‹ von Mike Oldfield. Barry hatte ja angekündigt, dass er schöne Sachen mitgebracht habe, einen ganzen Schuhkarton voller Kassetten, für jeden was.

Barry hatte es wieder mal geschafft: Eine neue Zeit war angebrochen. Momo wollte Bob Marley, kein Problem, Barry hatte passend zu seiner Mütze die richtige Kassette. Rafi erkannte einige Stücke, die er schon in Ajegunle gehört hatte! ›Africa Unite!‹, ›Rastaman Vibration‹. Momo erklärte sich bereit, Rafi in die Geheimnisse des Reggae einzuführen, ihm zu erklären, was J bedeutete und was es mit den Dreadlocks auf sich hatte. Der Text zum Beispiel, den sie gerade hörten, stammte von keinem Geringeren als von HIS Majesty Kaiser Haile Selassie, dem König der Könige, Löwen von Juda, der aus dem Hause Davids stammte wie Jesus. Und Dreadlocks wiederum, Momo zwirbelte seine Haare auf, um zu zeigen, dass damit diese wuseligen Locken gemeint waren, die Rafi bestimmt schon gesehen hatte, waren dreadful locks, ein Schimpfwort, doch die Rastafaris waren stolz auf ihre Haare. Rastas hielten sich nicht an Vorschriften und zahlten keine Steuern an das Babylon System. Da war ja sogar das Rauchen von J verboten! Rastafaris, erklärte Momo feierlich, nannten sich nach Ras Tafari Makkonen, besser bekannt als ever living Haile Selassie, der Erste, der an alle, die ins Gelobte Land zurückkehren wollten, die Parole ausgegeben hatte: liberation before emigration. »You know: reggae is rebel music, reggae is King's music, reggae is roots.« Bob Marley litt noch immer mit den Sklaven und weinte über ihr Unglück, deshalb hieß seine Gruppe auch ›The Wailers‹, denn sie würden, wie in der Bibel geschrieben, weinen und wehklagen um das Schicksal des Volkes, das aus Afrika vertrieben worden war.

Barry war stolz auf sein neues Spielzeug. Für sich wählte er Irish Folk mit De Dannan und den Fureys. Alle schienen die Musik, die sie so lange vermisst hatten, wie ein Grundnahrungsmittel aufzunehmen.

Momo drehte für alle – außer für Hans und Morishta – eine Runde afrikanischen Tabak aus einem Bogen Luftpostpapier, dazu gab es Crosby, Stills, Nash & Young mit ›Winchester Cathedral‹, was gut passte, da der messroom, wie bei allen Schiffen, immer auch eine Kathedrale im Kleinen war.

Jah, erklärte Momo – heute war er mit Vorträgen an der Reihe, auch wenn keiner gefragt hatte –, bedeutete so viel wie Jahwe oder Jehova, und J war eine Bezeichnung für African tobacco. Dann machte er sich daran, einen Kuchen zu backen. No Nonsense hatte Eier geliefert, Mehl war vorhanden, und seine Kuchen waren schon seit Liberia beliebt.

Plötzlich war alles wieder gut

Die Musik, dieser ach-so-gefährliche Revolutionsersatz, wie die politisch Aktiven es so gerne nannten, hatte die Operation Namibia gerettet. Sie hätten den ganzen Tag – ja, Monate! – mit der Wiederentdeckung der Musik verbringen können, für jede Tageszeit, für jeden Hitzegrad war etwas dabei, dazu gab es wunderbaren Kuchen und würzigen J. Es wurde vereinbart, dass in Zukunft derjenige, der zuerst wach wurde, die erste Kassette aussuchen durfte, um die anderen damit sanft zu wecken. Das Leben konnte richtig gemütlich werden – mit Billy Joel und dem ›Piano Man‹ und mit Joni Mitchell, die Kris so gern mochte, die allerdings mit ihrer piepsigen Stimme den anderen ein bisschen auf die Nerven ging. Es gab jede Menge Bob Dylan, und speziell für Elise hatte Barry Buffie Sainte Marie mitgebracht, die sie so gern hörte. Barry empfahl Rafi den ›Apolitical Blues‹: »Telephone was ringing, told me it was Chairman Mao. I don't care who it is, I just don't want to talk to him now. I got the apolitical blues.«

Hans hatte eine Steige angedetschter Mangos vom Markt mitgebracht, bei denen es eine Menge Verschnitt geben würde und die man sofort essen musste. Er hatte sie umsonst gekriegt, die waren übrig geblieben, und so schnippelten sie zu Pink Floyd die überreifen Mangos, sie konnten regelrecht einen Vitaminstoß spüren und mochten gar nicht mehr aufhören, an den Mangokernen zu lutschen.

›Tubular Bells‹.

Kris war also zuerst wach geworden. Nach und nach fanden sich auch die anderen ein, »Good morning, Kris-san, you sleepy well?«

»Good morning, Momo, cocoa is ready, reggae is waiting!«

»Molning Hanse-kun! Hi, hi!«

»Morning!«

»Good morning, my brother!«

»Good morning, Rafi-san, you sleepy well?«

»Good morning, mister music man!«

Elise war krank, sie war in der Kabine liegen geblieben. Barry versuchte, sie zu überreden, ein Aspirin zu nehmen. Sie wollte nicht und schimpfte zunehmend heftiger, dass Barry nichts gelernt habe, dass es keine Hilfe sei, eine Pille zu schlucken, im Gegenteil, dadurch stürze man den Körper in Konfusion, vielmehr müsse man auf seinen Körper hören und lernen, die Signale zu verstehen. So ein Fieberanfall wie der, den sie gerade hatte, sei eine Botschaft, »a natural reaction«.

Barry scherzte. »Headaches are only in your mind!«

Sie fand das nicht witzig. Momo erklärte, dass Elise versuchte, auf natürlichem Wege ihre Schwäche zu besiegen, und sie würde es schaffen; denn sie sei eine Frau mit viel Energie, die »in a positive way« leben könne.

Kris fragte, ob Momo wisse, was Elise hatte.

Das wusste Momo genau. »No worry!«

War es Malaria oder nicht, wollte Kris wissen.

Momo hob beschwörend seine Hände, sodass man seine auffällig hellen Handflächen sehen konnte, und richtete bedeutungsvoll die Augen gen Himmel.

Sie hörten das verdächtige Geräusch trotz der Musik; alle trafen sich an Deck und sahen das böse, dunkelgrüne Schiff. Diesmal näherte es sich langsamer. Wieder waren Soldaten an Bord. Diesmal ohne Waffen. Derselbe Offizier kam und forderte alle auf mitzukommen. Sie zeigten dem Offizier den Schaden, den der Zusammenstoß angerichtet hatte, der zuckte aber nur mit den Schultern, und wenig später liefen sie wieder bei der Hafenkommandantur ein.

Sie wurden getrennt verhört. Eyademas Männer hatten sich diesmal besser vorbereitet. Die Crew hatte sich in falscher Sicherheit gewähnt, hatte Zeit vergeudet und sich nicht auf ein weiteres Verhör vorbereitet. Sie hätten sich wenigstens absprechen können. Sie hatten die Behörden unterschätzt. Die hatten inzwischen Fachleute kommen lassen. Nun – spätestens – würde auffliegen, dass Rafi ohne die notwendigen Impfungen eingereist war.

Diesmal saß er einem Schwarzen gegenüber, der ihn sofort an Roberto Blanco erinnerte. »Junge, du machst vielleicht Sachen, einfach von zu Hause weglaufen, ts, ts, ts.« Rafi musste verdutzt geguckt haben. »Ich heiße Hans. Du bist Thomas.« Hans erhob sich strahlend und reichte ihm die Hand.

»Rafi.«

»Ach so.« Hans blätterte in der Akte. »Hier steht es: Thomas Maria Raphael. Junge, Junge, du bist mir vielleicht einer.«

»Hans, echt?« Rafi musste lachen.

»Der Name ist doch okay, oder?« Hans lachte auch, tja, es gebe noch fünf andere in seiner Familie, die so hießen. »Schöner Name. Also, ich bin Hans. Du kannst mir alles sagen.«

Hans war genau der Typ von Afrikaner, wie sie ihn in seiner Jugendgruppe gezeichnet hatten: gütig, freundlich, mit offenem Blick und einem herzlichen Lachen, immer noch dankbar, dass man ihnen Albert Schweitzer geschickt hatte. Rafi hatte sofort Vertrauen zu Hans und erzählte, dass er immer schon auf einem Schiff mitfahren wollte; Hans würde das vielleicht verstehen: Als er etwa zehn Jahre alt gewesen war, wurde ihm – überflüssigerweise – der Blinddarm entfernt, und er bekam einen Erholungsurlaub im Haus Sonnenschein auf der Insel Langeoog verordnet.

Es war schrecklich. Die Schwestern hatten allen Ernstes darauf geachtet, dass keiner die Hände unter die Decke steckte beim Schlafen, sie kamen nachts und kontrollierten. Man durfte nichts auf dem Teller lassen, und ihm war immer kalt. Es kursierten Gerüchte unter den Jungs, dass ihnen Schlappofix in den Tee gemischt wurde, aber darunter hatte er sich nur wenig vorstellen können. Zur Belohnung durften die Kinder das Meer sehen. Selten genug. Es musste noch Fotos geben, wie sie alle am Strand aufgestellt waren und das Meer sehen durften, da war gerade ein Segelschiff zu erkennen, weit weg am Horizont, und der kleine Thomas hatte sich so sehr gewünscht, dass irgendein Zeichen von diesem Schiff an Land gespült würde, ein Stück Holz vielleicht oder eine Apfelsine, etwas, das er mitnehmen konnte. Es hatte ihm körperlichen Schmerz bereitet, das Schiff entschwinden zu sehen, ohne dass es etwas hinterlassen hatte, und deshalb – »ist die Golden Harvest mein Traumschiff. Da sind Bücher an Bord für die Unterdrückten in Namibia«.

Das wusste Hans schon. Er nickte. »Was sagt denn dein Papi dazu? Deine Mutti?«

Rafi zuckte mit der Schulter.

»Junge, Junge! Du bist mir einer.«

Sie konnten jetzt gehen. Alle. Das war's. Die hatten nicht einmal gemerkt, dass er keine Gelbfieberimpfung hatte. Die waren wirklich etwas unbedarft, die kriegten nicht mal ein richtiges Verhör zu Stande. Die Crew erhielt die Pässe zurück – und ihren Roy. Es kam zu einer allgemeinen Umarmung direkt vor einem Gedenkstein – so groß wie der Adolf-Römer-Stein in Clausthal-Zellerfeld –, der an die guten deutsch-togolesischen Beziehungen erinnerte, Rafi konnte bei einem flüchtigen Blick sogar den Namen Wischnewski erkennen.

»Welcome back!« Im Namen der Mannschaft verkündete Kris feierlich, dass sie Roy willkommen hießen, und parodierte dabei eine militärische – vielleicht nur nautische – Zeremonie. Roy wurde zur triumphalen Musik von ›Tubular Bells‹ begrüßt und noch einmal von jedem in den Arm genommen. Sogar Morishta spielte mit und verneigte sich mit über der Brust gefalteten Armen vor Roy-san.

Elise war überglücklich. Es hatte sie doch belastet, dass einer von ihnen inhaftiert gewesen war. Sie fragte ihn zum zweiten Mal, ob er wirklich gut behandelt worden sei. Roy nickte. Momo umarmte seinen Bruder bestimmt schon zum fünften Mal. Rafi hatte jetzt einen Freund mehr auf seinem Traumschiff.

Alle waren erleichtert. Dennoch, erklärte Kris feierlich, habe die versammelte Mannschaft noch einen dringenden Wunsch: Die lange Abwesenheit von Roy hatte es mit sich gebracht, dass alle auf die Erfüllung dieses Wunsches verzichten mussten, doch nun könne er die Bitte nicht länger zurückhalten, und er habe daher an Roy folgende äußerst dringende Anfrage. Kris räusperte sich: »Roy, please show us the picture of the most wonderful baby of the world.«

Yeah! Alle applaudierten. Roy kamen die Tränen, er machte es tatsächlich: Er ließ die Fotos von seiner kleinen Tochter herumgehen, und alle taten, als hätten sie noch nie ein Foto von einem Baby gesehen.

Roy versuchte sich am Funkgerät. Ohne Erfolg: »Bad signal.« Rafi wusste selber, dass damit die Stärke des Funksignals gemeint war, sah darin aber auch – wie die falsche Übersetzung nahe legte – ein schlechtes Zeichen.

Es gab gleich eine worklist, die – wie auf alten Schiffen üblich – am Großmast angeschlagen war: An oberster Stelle rangierte das Leck, hier musste Roy der Einschätzung des peniblen Deutschen zustimmen: Auch er hielt die Golden Harvest nicht für hochseetüchtig, aber alle hatten das Gefühl, dass mit der Nominierung für den ersten Platz der wichtigen Arbeiten schon ein wichtiger Schritt getan war. Zunächst hielten sie sich jedoch an Punkte, die weiter unten rangierten.

Roy setzte die Brille auf, er hatte inzwischen ein Schreiben an PNAG aufgesetzt und wollte es der Crew vorlesen: »If one cannot fight one's own oppression, one cannot fight against someone else's oppression.« Das sollte eine Kritik sein an der Vorbildrolle, die sich Nigeria anmaßte im Kampf gegen die Apartheid in Südafrika; die hatten genug eigene Probleme, das musste mal gesagt werden – »the voyage of Golden Harvest was politically disillusioning for me«.

Alle fanden das noch viel zu vorsichtig formuliert. Aber so war Roy. Es war, wie er jetzt zugeben musste, doch schlimm gewesen in diesem kleinen Gefängnis am Hafen. Das meiste waren Stehzellen, und die Schwarzen wurden jede Nacht geschlagen, aber – Roy nahm seine Brille wieder ab – wenn er zurückdachte, dann war Lagos der Horror gewesen.

12
Love is the Key

»Gewaltlosigkeit und Feigheit sind entgegengesetzte Begriffe. Gewaltlosigkeit ist die größte Tugend, Feigheit das größte Laster. Gewaltlosigkeit entspringt der Liebe, Feigheit dem Hass. Gewaltlosigkeit ist immer bereit, Leiden hinzunehmen, Feigheit würde sie stets anderen zufügen.«

Mahatma Gandhi

Hans hatte sich unauffällig nützlich gemacht und sich um Frischwasser bemüht – man sollte ihn nicht unterschätzen. Er hatte den Hafenkapitän aufgesucht, der war – rein zufällig – Deutscher und hatte ihnen die Genehmigung gegeben, einen Kubikmeter Wasser zu bunkern. Der Hydrant befand sich – rein zufällig – bei den Spaniern, die Rafi die gefürchtete Spritze verpasst hatten. Die Wasserversorgung in Westafrika lag offenbar ganz in den Händen der Spanier.

Doch wie sollten sie dahin? Segeln konnten sie nicht. Das Schiff war so groß, dass es sich erst in den Wind fallen lassen musste, damit genug Wasser auf dem Ruderblatt war, um manövrierfähig zu sein. Dazu gab es weder genug Wind noch genug Platz, also mussten sie sich Kati Kelvin vornehmen.

Um die Maschine zu entlüften, gab es an jedem Zylinderkopf zwei Ventile mit kleinen Kipphebeln – nachdem die geöffnet waren, setzte Roy mit nackten Füßen das Schwungrad in Bewegung, schon zischte Nebel aus den Öffnungen am Zylinderkopf und verwandelte den Maschinenraum in eine Waschküche. Doch Kati Kelvin wollte noch nicht. Auf der Batterie war nicht mehr genug Saft, Roy klickte am Startschalter herum, aber es half nichts: Sie mussten erst den Generator anwerfen. Das hatten sie in den letzten Tagen nicht getan, und als der Klapperkasten angeworfen wurde, war Rafi sofort klar, warum dies nicht geschehen war: Es machte einen Höllenlärm, das schwarze Schiff brüllte auf wie ein Monster, das aus dem Schlaf geweckt wurde, und sie mussten das Gedröhne noch mindestens eine Stunde aushalten, bis sie am Voltmeter, der nur provisorisch an der Beplankung befestigt war, mit wüst umherhängenden Drähten, ablesen konnten, dass sie genug Strom hatten. Dann wurden Rafi und Barry bei den Zylinderköpfen in Position gesetzt, und Roy ließ über den Elektromotor noch einmal das Schwungrad antreiben. Wieder zischte es aus allen Löchern, doch Roy gab den Befehl, die Ventile vorerst noch nicht zu schließen. Momo lief aufgeregt dazwischen umher, stieß überall an, stolperte und grinste begeistert. Erst als sie alle mit Wassernebel voll gespritzt waren, gab Roy das erlösende Zeichen, die Hebel wurden umgelegt, und die Maschine sprang an. Roy versicherte sich, dass sie noch im Leerlauf blieb – es gab keine richtige Verbindung mit dem Ruderhaus, nur ein selbst gebautes Drahtgestell, das nicht immer funktionierte –, und mit dem vertrauten Kartoffel-Kartoffel-Geräusch setzte sich die Maschine schwerfällig in Gang.

Nun musste der Anker eingeholt werden, eigentlich kein Problem, schon gar nicht im Vergleich zum Anwerfen der alten Maschine, aber Roy war bekanntlich nicht der Kapitän, und nun musste erst mal geklärt werden, wer Befehle geben durfte. Hans hatte sich mittschiffs postiert, um von da aus mögliche Anordnungen weiterzuleiten, damit war er der Einzige, der selber keine erteilte.

Als die Kette senkrecht lag, gab es das Problem, dass alle freiwillig die Dreckarbeit machen wollten, alle rissen sich darum, den Anker an der Winsch hochzuholen; keiner wollte nur daneben stehen und zugucken, dass er auch richtig in die Klüse einlief. Momo und Rafi durften sich schließlich vordrängeln.

Roy musste ein Machtwort sprechen: Er verkündete, dass

Rafi als Jüngster die Ehre haben sollte, am Ruderrad zu stehen. Kein Widerspruch. Roy eilte runter zu Kati Kelvin, und die anderen mussten helfen, die Kommunikation zwischen Maschinenraum und master's cabin aufrechtzuerhalten: Roy gab unten Gas, Rafi lenkte oben. Sie gaben volle Kraft voraus, und Rafi testete den Wendekreis, um ein erstes Gefühl für das Steuerrad und die navigatorischen Möglichkeiten zu bekommen. Das Schiff lag wunderbar in der Hand, Rafi war glücklich. Sie hätten ihn so fotografieren sollen, wie er aufrecht am Ruderrad stand – Bauch rein, Brust raus – und im großen Bogen die Massengutpier anfuhr.

Roy ließ durchgeben, dass er beim Anlegen unbedingt auf den Bugspriet achten sollte, Rafi verstand sofort: Man konnte den leicht abbrechen, wenn man ein Schiff ohne Bugspriet gewohnt war. Rafi drückte die Golden Harvest sanft in die Fender an der Bordwand des spanischen Fischerbootes, die Achterspring wurde rausgeworfen, die Vorderspring, es wurden Bug- und Heckleine gelegt, die Maschine wurde ausgestellt, und damit hatte das erste Anlegemanöver des jungen Deutschen perfekt geklappt.

Sie wurden von hombre, cocinero und doctor erwartet und mit Eintopf bewirtet. Hans ließ, während die meisten noch aßen, vom Hydranten einen Schlauch verlegen und fädelte das Schlauchende über einen verrosteten Einfüllstutzen in ihren Wassertank. Ein Afrikaner öffnete ihnen mit einem T-Stück den Hydranten, und alle aßen weiter, während das Süßwasser plätscherte und cocinero Rotwein ausschenkte.

Als der Tank voll war, war der Afrikaner mit dem T-Stück gerade nicht aufzutreiben. Keiner wusste, wo er abgeblieben war. Das Wasser lief und lief. Erst wurde alles an Behältern, sogar der Scheißhauseimer, mit Frischwasser aufgefüllt – der Mann mit seinem T-Stück war immer noch nicht in Sicht. Dann wurde das Geschirr herausgeholt und mit Süßwasser abgespült. Die Klamotten, die sowieso gewaschen werden mussten, wurden an Deck ausgebreitet und abgespült. Kris fing an, sich auszuziehen und nackt zu duschen, die anderen machten es ihm nach. Hombre, doctor und cocinero verfolgten mit Interesse die Faxen dieser Verrückten. Ihr Interesse ließ erst nach, als sie sicher waren, dass die señora blanca sich nicht ausziehen würde und in ihren Kleidern duschte.

Bei der Rückfahrt drehte Rafi vorsichtig über den Achterspring ab, sodass auch diesmal der Bugspriet in Sicherheit war, die Kommunikation mit Roy klappte bestens: Roy stellte erfreut fest, dass Rafi – typisch deutsch – mitgedacht hätte. Da könnte man sich drauf verlassen, diese Deutschen müssten einfach alles mit Sinn und Verstand machen, anders könnten sie wohl nicht.

Rafi hatte vielleicht einen ersten Schritt getan, um später einmal die Führung zu übernehmen – heute hatte er jedenfalls alles richtig gemacht. Sie tuckerten in die Hafenmitte und ließen den Anker sausen. Rafi gab kurz nach achteraus Kraft, um zu testen, ob der Anker gut saß. Die Maschine wurde abgestellt und die Ankerlaterne angemacht. Es gab Kakao und eine große Tüte African tobacco. Barry nahm Musikwünsche entgegen; außerdem kam er noch einmal darauf zurück, dass er nicht nur Musik, sondern auch noch andere wunderbare Sachen mitgebracht hatte. Alle hatten an diesem äußerst erfolgreichen Tag viel geleistet, waren sauber und satt, man konnte mit der Golden Harvest fahren; zumindest mit Maschinenkraft. Es gab Wasser, love and peace, es ging voran – man musste nur davon absehen, dass das Schiff ein Leck hatte.

Sie hatten das neue Segeltuch aus Lagos, und Hans mit der meisten Erfahrung als Segelmacher gab als Erstes die Order aus: »It is forbidden to step on the main sail.« Es kam Rafi typisch deutsch vor, selbst wenn es auf Englisch gesagt wurde, und es passte eigentlich nicht zu Hans.

»Respect yourself!«, rief Momo.

Hans erschrak, stellte sich aufrecht in Habachtstellung und wusste gar nicht, womit er den Anschiss verdient hatte.

»Your are losing your trousers!«

Alle lachten erleichtert. Es stimmte. Hans rutschte die Hose so weit, dass man am Ansatz seiner Arschbacken die Mulde erkennen konnte. Momo hatte Recht: Man sollte sich nicht gehen lassen, bekanntlich wurden auch auf der Bounty nach der Meuterei als Erstes die Leute neu eingekleidet.

Das alte Segel war eine Patchworkdecke, die nach Schätzung von Roy aus über achtzig Teilen zusammengesetzt war und Gefahr lief zu reißen. Es musste jeden Morgen neu aufgezogen werden, damit es in der Sonne trocknen konnte und nicht im Kasten verrottete – ein Problem, das Rafi schon aus Büchern kannte. Das neue Segeltuch, von London nach Apapa geschickt, war fertig zugeschnitten und maschinell vernäht, nun mussten noch die Ecken verstärkt werden, indem in bestimmten Schnittmustern, die Hans sorgsam festlegte, Kauschen eingearbeitet wurden – selbst gemachte Kauschen, die aus Jute zu Kringeln geflochten wurden und so eingenäht wurden, dass sie Stabilität an den Stellen gaben, an denen das Segel befestigt war.

Das Manilatau musste mit Salzwasser gestreckt werden und wurde zeremoniell mit einem Eimer begossen, damit es sich hinterher, wenn es am Segel festgenäht war, nicht so stark dehnte. Hier konnten alle mithelfen, doch sie arbeiteten viel zu genau, sodass sich hinterher das Segel mehr gedehnt hatte als die Liek. Jede alltägliche Tätigkeit wurde zu einer revolutionären Handlung. Es ging merklich voran, man musste nur einen Moment lang das Leck ignorieren. Glück heißt vergessen können. Arbeit an den Drahtspleißen kam gleich nach Deckschrubben – ein echter Matrosenjob. Barry erklärte begeistert, dass man auf der Golden Harvest immer stolz darauf war, dass solche Tätigkeiten von Frauen gemacht würden – die Männer dagegen kochten. Die Golden Harvest war ein tolles Schiff. Noch toller meinte Barry könnte es nur noch sein, wenn Kris sich nicht allzu oft in der Küche blicken lassen würde.

So hockten sie an Deck, jeder mit Segelmacherhandschuh und Segelnadeln, Bienenwachs und Segelgarn, und alle halfen mit, das Segel zu nähen, dazu gab es Joni Mitchell und Bob

Marley, cocoa und African tobacco – alles bestens, man durfte nur nicht auf das Hauptsegel treten, und Hans musste darauf achten, dass ihm seine Hose nicht rutschte.

Da sie nun schon alle beieinander saßen, wollte Kris in Ruhe und Frieden seine Meinung unterbreiten; er sah drei Probleme, die sich daraus ergaben, dass sie so viel Zeit verloren. Erstens nahm das öffentliche Interesse an dem Projekt ab. Journalisten wollten Sieger sehen. Zweitens: die Kredite. Eigentlich hatte London erwartet, dass die Aktion schon beendet wäre, dann könnten sie das Schiff verkaufen und die Schulden bezahlen. Solange die Aktion lief, wurde das Schuldenloch von Tag zu Tag größer. Es gab einige kurzfristige Kredite und langfristige. Natürlich nur von Banken, die nicht in Südafrika investierten. Doch das änderte nichts an der Tatsache, dass einige Leute viel Geld reingesteckt hatten.

Kris hinterließ ein peinliches Schweigen. Dabei hatte er nicht einmal seinen dritten Punkt vorgetragen: Ihre Aufenthaltsberechtigung für Walfischbai war abgelaufen. Sie hatten eine Einreisegenehmigung von der UNO, da der Hafen offiziell unter UN-Protektorat stand. Die galt ein Jahr. Das war um.

Alle schwiegen weiter und wirkten sichtlich erleichtert, als Hans sich aufraffte, um für alle Kakao zu kochen, und ihm Momo nachrief: »Respect yourself. You 're losing your trousers!«

Die Abende waren zauberhaft – wenn man davon absah, dass es auch die Zeit der Kakerlaken war. Man konnte zugucken, wie sie um den Kerzenschein an der Licht-Schatten-Grenze ihre Fühler ausstreckten, und wenn jemand das elektrische Licht anmachte – husch! –, waren sie weg.

Nicht ärgern, nur wundern, hatten sie schon in der Schule gesagt. Sie waren längst an dem Punkt, an dem sie sich über die Kakerlaken nur noch wundern konnten – wundern, wie schnell sich die Viecher vermehren konnten; das Klima bekam ihnen offenbar gut.

Momo hielt sie für »stupid creatures«, sie bissen auf alles ein, das ihnen in den Weg kam, sie fraßen die Kippen aus den Aschenbechern, das Briefpapier, das sie brauchten, um Js zu drehen. Nicht mehr lange und sie würden sich über die Bücher hermachen. Wie sollte man da Webeleinen für die Steuerbordwanten bauen, wenn man Gefahr lief, von Kakerlaken in den Hintern gebissen zu werden!

Die Viecher wurden immer hemmungsloser. Sie waren der kleine Kratzer im Glück, am Abend von allen Pflichten entschuldigt zusammenzusitzen, Kakao und Tabak herumzureichen und die seidige Luft und die Musik zu teilen. Das war die beste Zeit des Tages, da lag diese Milde in der Luft, und die ersten voreiligen Sterne ließen sich blicken. Selbst der Tonfall ihrer Gespräche wurde sanfter, und aus den politischen Diskussionen war die Schärfe genommen.

Momo hielt die Umbenennung des Sklaven in *Roots* von Kunta Kinte in Toby für eine entscheidende Stelle; sie zeigte, wie ein Schwarzer seine afrikanischen Wurzeln verlor. Er sagte das in dem wunderbar sanften Ton des Abends, keiner schien es besonders tragisch zu finden, Rafi sowieso nicht. Er war froh, nicht mehr Thomas oder Moses genannt zu werden. Es war völlig in Ordnung, dass der Held aus dem *Totenschiff* den Namen seines Buchhändlers annahm, bei dem er all die Abenteuergeschichten gekauft hatte, die ihn auf die See hinausgelockt hatten.

Für einen Afrikaner war jedoch der Name, der oft nur nach schwierigen Prozeduren gefunden wurde, der den Segen der Toten hatte, von großer Bedeutung. Daher gehörte auch die Namensgebung zum Authentizitätsprogramm des Mobutismus – um die wahre Seele des Kontinents wieder zu entdecken, die durch die Kolonialisierung beinah aus der Erinnerung Afrikas gestrichen worden wäre. Deshalb trug Mobutu ein Leopardenfell und ließ sein Porträt in allen Kirchen aufhängen. Rafi musste sofort an das Lied denken, das sie nach der Melodie vom ›Kriminaltango‹ heruntergebrüllt hatten, fasziniert von den fremden Namen: Und sie tanzen eine Rumba / Kasawubu und Lumumba / und Mobutu kann nicht finden, was daran verdächtig wär.

Kris bemerkte, dass Mobutu einer der reichsten Männer war...

»So what«, unterbrach Momo gleich, warum sollte ein Afrikaner nicht reich sein? Joseph Desiré war mit gutem Beispiel vorangegangen, hatte sich in Mobutu Sese Seko und das Land von Belgisch-Kongo in Zaïre umbenannt, Weihnachten wurde abgeschafft. Nach einem Besuch bei Mao hatte er seinen Untertanen eine Einheitskluft verordnet, das berühmte Mobutu-Hemd. Besucher aus dem Westen dagegen waren angehalten, sich zu ihrer Kultur zu bekennen und Krawatten zu tragen. Doch sein größtes Verdienst lag darin, dass er Muhammad Ali eingeladen hatte. Ein Weißer konnte sich nicht vorstellen, welche Bedeutung dieser Kampf des Jahrhunderts – in Liedern besungen und von Gewittern begleitet – für ganz Afrika hatte. Muhammad Ali war ein Star, ein König, ein Intellektueller, ein Künstler, einfach der Größte – auch er hatte seinen Namen geändert. Dafür musste er in Amerika viele Repressalien erdulden.

Rafi wusste nichts davon, wollte es aber gerne glauben. Er erinnerte sich, dass John und Yoko ihre Haare abgeschnitten hatten, um sie Ali zu schenken, als Anerkennung für sein Bekenntnis zu Afrika – auch weil er immer zu Beatles-Musik trainiert hatte. Ehrlich gesagt, hatte Rafi für solche Aktionen nicht viel übrig, die beiden sahen beschissen aus mit kurzen Haaren – wie KZ-Häftlinge. Er war froh, dass seine Haare wieder nachgewachsen waren – noch nicht richtig lang, aber er sah struppig, wild und unrasiert aus, wie ein Pirat, besonders mit dem roten Kopftuch.

Die wunderbaren Sachen, die Barry mitgebracht hatte, waren die Kassetten – und LSD. Barry erzählte ausführlich, wie aufregend es gewesen war, das durch den Zoll zu bringen, denn

Leute, die so aussahen wie er, wurden besonders gründlich gefilzt. Auf keinen Fall durfte man den Fehler machen, die Trips zu den persönlichen Dingen wie Zahnpasta und Tabletten zu packen, da sahen sie zuerst nach.

Jetzt war der Zeitpunkt gekommen, er wollte sie alle mitnehmen auf eine Reise und freute sich schon. Die anderen schienen sich auch zu freuen – außer Morishta, der nichts davon mitbekam, und Hans, der gleich abwinkte. Rafi war sich nicht sicher: Er hatte noch nie einen Trip genommen, wollte aber nicht wieder als Anfänger dastehen. Ihm war irgendwie mulmig – wurde man davon nicht süchtig? Man musste selbst in den Discos auf dem Land aufpassen, dass sie einem nicht heimlich Zeug in die Cola kippten. Doch Barry war sicher, dass es nicht abhängig machte. »Of course not. Why?«

Aber lag nicht eine Gefahr darin, dass man Angst davor hatte und sich diese Angst unter der Wirkung der Droge zu einem regelrechten Horrortrip vergrößerte? Barry zuckte mit den Schultern. Konnte es nicht sein, dass man plötzlich dachte, man wäre ein Vogel und versuchte, aus dem Fenster zu springen?

Jeder kriegte ein Stückchen Löschpapier, das sollten sie nicht schlucken, sondern im Mund behalten, aussaugen, kauen, dann erst schlucken.

Es passierte nichts. Kein purple haze stieg aus der Tiefe. Rafi hatte fast schon vergessen, dass er LSD geschluckt hatte, da ertappte er sich dabei, dass er die Unordnung der verschiedenen Schnüre am Fockmast schon viel zu lange betrachtet hatte. Er versuchte gerade, einen Schraubplating zu flechten, und merkte dass er irgendwie gute Laune hatte – ob das schon die Wirkung vom Trip war? Solche Laune hatte er manchmal auch so. Zugleich hatte er das Gefühl, wahnsinnig gern mit den anderen zusammen zu sein, und spürte ganz stark, wie sehr er sie alle mochte – auch dieses Gefühl kannte er eigentlich schon. Es war nur irgendwie stärker. All die geliebten Menschen fanden sich an Deck ein, und Rafi merkte, dass sie offenbar auch alle gute Laune hatten. Jemand machte den Vorschlag, eine Ruderpartie im Hafen zu unternehmen – was für eine gute Idee, wo Rafi doch so gerne ruderte.

Das Dingi war hoffnungslos überladen und kippelte sehr, aber niemand schien Angst zu haben. Rafi durfte rudern, und wieder merkte er, wie angenehm weich die Luft war, man fühlte sich regelrecht gestreichelt. Die Luft war mild wie sonst nur kurz vor Sonnenuntergang. Auch das Wasser war ein freundliches Element geworden, als bestünde es aus lauter Sofakissen. Es war, als könnte jeder die Gedanken des anderen lesen, wie bei Delfinen, die sich nie verstellten, sodass jedem der Gemütszustand des anderen offenbar war. Sie sahen sich kurz an, als flüsterten sie sich wortlos Liebeserklärungen zu, und alle schienen zu wissen, dass sie gerade einen einmaligen Moment erlebten. Er ruderte extra in Zickzacklinien durch den Hafen, einmal rund um das einzige Wrack, das einfach toll aussah, die Farben waren wunderschön – das müsste man wirklich malen, dachte er wieder, da würde es sich lohnen, eine ganze Woche lang zu versuchen, die richtige Farbmischung rauszukriegen, auch die Konturen waren schärfer, alles glitzerte und blinkte, als wäre es mit Diamantstaub aus dem verlorenen Paradies übersät. Der Staub musste schon immer da gewesen sein, nur fiel er sonst nicht so auf. Sie legten an den sechs verrosteten Pontons an, etwa hundert Meter von der Golden Harvest entfernt. Es war so angenehm, auf den von der Abendsonne aufgewärmten Pontons barfuß herumzulaufen, und sie beschlossen, ein Lagerfeuer zu machen, aus allen Holzteilen, die auf ihrer schwimmenden Rostinsel zu finden waren.

Rafi starrte ins Feuer, um wenigstens ein paar Erscheinungen zu haben, vielleicht würden bunte Blitze zischen, Totenkopfbilder in den Flammen aufscheinen, verrückte Halluzinationen auftauchen – aber da war nichts, was es sonst nicht auch gab. Er hatte nur dieses Grundgefühl von love and peace, diese deutlich spürbare gute Laune und die Zuneigung zu den anderen – zu allen Menschen der Welt. Er konnte sogar den Soldaten verzeihen.

Kris rezitierte wieder Verse. »No man is an island …«, Rafi kannte sie noch aus ihrer gemeinsamen Nacht in Lagos, jetzt waren sie gereinigt von jedweder Furcht; es war die pure Schönheit der Sprache: »What is the price of experience …«

Rafi könnte ihm stundenlang zuhören und merkte, dass es Kris diesmal richtig Spaß machte, er war ein guter Schauspieler. Einer, der jedes Wort durchlebte und sich daran erfreute. Rafi kannte nur die Ballade vom Taucher, weil er die mal als Strafarbeit hatte auswendig lernen müssen. So schlecht war es gar nicht. Das Gedicht barg Geheimnisse, es hatte schöne, fremdartige Worte, zum ersten Mal bemerkte er die strenge Form, die Mühe, die sich jemand gegeben hatte, einen Rhythmus zu halten und die Sprache auf diesem Rhythmus laufen zu lassen, wie ein Zug, der auf Gleisen fuhr und regelmäßig ratterte, sodass man weitergetragen wurde, wie von allein, es war fast schade, dass er nicht mehr wusste, wie es weiterging nach: Wer ist der Beherzte? Ich frage wieder. / Zu tauchen in diese Tiefen nieder. Was für ein schönes Wort: der Beherzte!

Momo reckte seine Hände gen Himmel, er wirkte riesig. Er hatte wieder seinen Umhang an, seine Kutte, und stand da wie eine Gestalt aus der Bibel, immer wieder sprach er von Jah, pries die Schönheit der Schöpfung und versuchte, seine Dankbarkeit in einer Geste großen Stolzes zum Ausdruck zu bringen. Elise war in ihrem Wickelrock schön wie nie; auch in der BRD liefen sie in bestickten Baumwollhemden, Ponchos und Latzhosen durch die Fußgängerzonen, aber die machten sich damit nur lächerlich. Bei Elise war das anders; sie lebte entsprechend, sie hatte nicht ein Folkloreteil wie Falschgeld umgehängt. Elise war, wie es all die anderen Frauen nie sein konnten. Sie erschien Rafi nicht nur wunderschön, sondern geradezu heilig.

Hans verkündete, dass er allen was zu essen machen wolle, und stürzte sich kurz entschlossen ins Wasser, und alle Spritzer des Wassers leuchteten grün auf, es war wie bei einem Zeichentrickfilm, bei dem Licht- und Bewegungsstreifen hervorgehoben waren, nun konnte man diese Streifen und das Aufleuchten des

Wassers auch an den Schwimmbewegungen bei Hans sehen – wahrscheinlich waren sie sonst genauso da, nur jetzt fiel es ihm auf, weil alle Lichtreflexe eine zögernde Hundertstelsekunde langsamer verflogen. Fast im selben Moment erschallte über das ganze Hafengelände ›Morning Morgantown‹ von Joni Mitchell, Hans musste das Schiff in Windeseile erreicht haben und die Musik zur Lautstärke eines Rockkonzerts aufgedreht haben. Wahrscheinlich hatten jetzt alle im Hafengelände was davon und konnten dankbar sein für die wunderbare Musik.

Rafi erinnerte sich, wie er zum ersten Mal eine Stereoanlage getestet hatte – es war toll, Musik in Stereo, Musik im Raum. Nun war es noch besser: Die Musik kam über das Wasser geschritten und verteilte sich über die ganze Hafenbucht, die Musik wurde zu einer riesigen Freilichtbühne mit tief gestaffelten Kulissen. Man konnte jedes Instrument getrennt heraushören, ein jedes befand sich an anderer Stelle auf der Bühne, und alles zusammen ergab ein riesiges Gesamtbild. Er kannte die Songs – da war nichts, was er nicht schon gehört hätte, und doch hatte jeder Klang mehr Tiefe. Barry geriet in wahre Verzückung: Er spielte pantomimisch die Gitarre, das Schlagzeug, den Bass, je nachdem was sich gerade in den Vordergrund geschoben hatte, als würde sich die Musik, die über dem Wasser so viel Raum eingenommen hatte, wieder in ihm verdichten, als strömten die Töne zusammen wie ein Bienenschwarm, der in sein Loch zurückkehrt.

Hans kam zurückgeschwommen, um das Dingi zu holen. Er hatte Essen zubereitet. Wundersamerweise hinterließ auch das Kielwasser ihres kostbaren Beibootes eine Leuchtspur aus vielen fluoreszierenden Kleinstlebewesen, die umso heller aufschienen, je dunkler es geworden war, auch hier gab es wieder diese unglaublichen Lichtstreifen. Eine einfache Bewegung mit einem der Riemen, der nur wenig Wasser verspritzte, erwies sich als wahres Wunder, und dazu die Musik der Allman Brothers, die Stimme von Mahalia Jackson und ›Tubular Bells‹ von Mike Oldfield.

Rafi zog sich zurück, um etwas allein zu sein, falls er doch unerwartet eine Halluzination haben oder irgendein störendes Element diese friedliche Atmosphäre streifen würde wie der Flügelschlag eines schwarzen Vogels; aber da war nichts, auch wenn er sich längst daran gewöhnt hatte, dass es immer einen Pferdefuß geben musste. Roy, Momo, Elise und Kris standen um das langsam niederbrennende Lagerfeuer herum und hielten sich locker an den Händen, es wirkte wie eine Szene aus *Hair*, ein bisschen wie eine Abschiedsszene; aber es war kein Abschied, im Gegenteil: ein Aufbruch, der Anfang eines wunderbaren Gemeinschaftslebens. Rafi stellte sich dazu in dieses wunderbare Gruppenfoto, und es gab nichts, das so selbstverständlich war, wie seine Freunde an der Hand zu halten.

Hans kam mit dem Dingi und dem Essen. Er wurde von allen überschwänglich gelobt und umarmt. Roy nannte ihn »my good mate«, und Kris deklamierte einen Vers, in dem es darum ging, dass Kinder Früchte des Feldes und Blumen darboten – offenbar ein Erntedankgedicht, und Barry unterbrach sein Einmannballett für einen kleinen Scherz: Er kreuzte die Hände über der Brust, verneigte sich wie Morishta und bedankte sich ausgiebig bei Hans-san für das wunderbare Essen aus Kartoffelbrei und Paprikaschoten, die mit Reis und Tunfisch gefüllt waren – alles (außer dem Tunfisch) aus Beständen der Spanier. Es erwies sich als die beste Stärkung, das leckerste Essen, das man sich überhaupt vorstellen konnte. Rafi hatte ein angenehm warmes Gefühl im Magen, und sein Kopf war so klar wie sonst nur am frühen Morgen. Das war nicht nur Nahrungsaufnahme, es war eine bewusste, religiöse Handlung. Als er einen Bissen zum Mund führte, wusste er: Jetzt esse ich, jetzt gerade, hier und jetzt, jetzt kaue ich, jetzt schlucke ich, jede einzelne Bewegung war ihm bewusst, er war hellwach und rundum glücklich.

Wie gut diese Gemeinschaft funktionierte, bewies sich auf der Rückfahrt, bei der sie alle ohne sich abzusprechen eine wunderbare Balance hielten in dem überladenen Dingi, als wären sie eine einzige Person, die sich vorsichtig über dem Wasser bewegte.

Rafi hatte erstaunlicherweise keinen Kater. Es gab keine unangenehmen Nachwirkungen, mit denen er fest gerechnet und die er auch in Kauf genommen hätte. Das Gefühl, dass sich alle mochten, ein Gefühl, größer als es ein einzelner Mensch in seinem Körper beherbergen konnte, dieses Gefühl, das außerhalb von ihnen lag, das sich über die ganze Crew gelegt hatte und von allen geteilt wurde wie das Wetter, war auch am nächsten Morgen noch deutlich zu spüren. Alle begrüßten sich freundlich, es gab Maniok mit Joan Baez.

Sie mussten sich nur kurz ansehen und waren sich einig. Elise hatte keine Kopfschmerzen mehr, Momo grinste sowieso, und Barry spielte wieder den music man, nicht ganz so ekstatisch, doch voller Hingabe – und so bereicherte er selbst Stücke von Joan Baez mit überraschenden Soloeinlagen, die keiner hören konnte, die aber durch seinen Körper gingen, als hätte er sich zur Marionette der Musik gemacht.

Die Bewegungen am frühen Morgen waren langsamer geworden – sie waren sowieso langsamer geworden, seit sie in Togo nicht nur in einem anderen Land, sondern auch in einem anderen Zeitempfinden gestrandet waren. Bei der Gitarre war das besonders deutlich. Rafi ließ die Töne länger nachklingen. Ein einzelner Ton galt mehr. Vielleicht lag es daran, dass Rafi neuerdings jede seiner Bewegungen bewusst wahrnahm: Mit derselben Wachheit, mit der er auf der rostigen Insel gegessen hatte, ging er über die Planken der Golden Harvest, als täte er es zum ersten Mal; nicht mehr getrieben von Sehnsucht oder gehetzt von Angst. Er umarmte den Großmast diesmal nicht mit übertriebenem Pathos. Es genügte, sanft mit den Fingerkuppen an ihm entlangzufahren. Er liebte dieses Schiff, fürwahr, er liebte die Mannschaft, alle. Er hielt sich an den Steuerbord-Großmastwanten fest und schaute nach vorne, als wäre das Schiff in voller Fahrt, als würden ihm die Haare aus dem Gesicht nach hinten geweht, und er wusste: Jetzt habe ich mir all meine Träume erfüllt.

Wieder fanden sich alle von ganz allein mit Segelmacherhandschuh und Segelnadel auf dem Deck ein, jeder schien zu wissen, was er tun musste. Es gab Kakao, und alle schmusten reihum mit den Katzen und dem Huhn. Rafi war frei, really free – vorher hatte er das Gefühl nur gekostet, jetzt war es soweit. Nun hatte er die Verankerung mit seinem früheren Leben aufgehoben – die hatten endgültig verschissen, all die Lehrer und Eltern, die hatten ihn belogen über die Wirkung von LSD, die hatten ihn davor gewarnt wie vor dem Leibhaftigen, und das hieß ja nur, dass sie ihm dieses Erlebnis von love and peace, das er auf der rostigen Insel gehabt hatte, vorenthalten wollten! Die wussten nicht, was Liebe ist, was Frieden ist. Nein, nein und nochmals nein, all diese so genannten Erziehungsberechtigten waren nicht mehr länger berechtigt, ihm irgendetwas über Liebe, Frieden, Religion, Drogen oder Freundschaft zu erzählen. Er entzog sich endgültig ihrem Zugriff; hier und heute, im Hafen von Lomé, weit weg vom Glasschrank seiner Mutter. Hier hatte sich am Tag danach ein großer Bruch vollzogen; er würde sich nicht länger belügen lassen. Alles, was man ihm über Drogen erzählt hatte, war purer Unfug. Die falschen Erziehungsberechtigten hatten keine Ahnung vom Reichtum der Gefühle, von der Schönheit der Schöpfung, die man niemals in all ihrer Pracht würde malen können. Es war nicht verwunderlich, dass die vereinigten Spießer dieser Welt die neue Musik als Affenlärm ablehnten. Sie wussten nichts vom wahren Leben. Das gab es nicht in Clausthal-Zellerfeld, wo die Häuser mit Brettern und Schindeln vernagelt waren. Das wahre Leben gab es unter der Sonne, nackt, arm und glücklich. Hier war das Leben Kampf, jeder Moment zählte, die Kinder trugen Waffen. Die BRD war ein eingepferchtes Rentnerparadies für alle, die den großen Krieg gewonnen hatten und sich nun ein ruhiges Leben machen wollten und dafür die Jugend um das wahre Leben betrogen. Im kalten Norden kannten sie nur die trügerische Geborgenheit ihrer Supermärkte, doch sie könnten es längst wissen: Can't buy me love – Liebe konnte man nicht kaufen, was nützte ihnen ihr Wirtschaftswunder, wenn sie dafür das Wunder der Liebe gegeben hatten? Rafi würde, ohne eine Sekunde zu zögern, jede noch so steile Spießerkarriere gegen ein einzelnes Erlebnis wie das auf der rostigen Insel eintauschen. Diese rostigen Pontons, von der Abendsonne erwärmt, auf denen er barfuß gestanden hatte, trennten ihn endgültig von der alten, von der kalten Welt, die sich auf Unterdrückung von Gefühlen gründete, auf dem Verbot von echter Liebe und Freundschaft. Diese korrupte Welt beruhte auf Wirtschaftskraft und Wehrdienst, dem symbolischen Abschneiden von langen Haaren, bis diese Spießer eines Tages in ihrem blinden Wohlstandswahn die wirkliche Schönheit der Schöpfung vernichtet hatten.

Warum wurde so ein Erlebnis von love and peace verboten und verfolgt? Warum denn? Weil es den masters of war nicht in den Kram passte! Rafi beschloss, ein sturmsicheres Tellerregal zu bauen; das stand nicht auf ihrer Liste, es sollte ein Geschenk für alle sein und gleichzeitig ein Zeichen, dass er dafür war, möglichst bald aufzubrechen.

Wie er sich das gedacht hatte: Elise trug einen Badeanzug. Sie sah toll aus. Er konnte nicht umhin; er musste einfach zugeben, dass er sie immer noch mochte, sehr sogar.

Sie hatten zur rostigen Insel übergesetzt und suchten den Ring, den Momo verloren hatte. Wahrscheinlich war er ihm bei der Überfahrt ins Wasser gefallen. Momo konnte nicht schwimmen. Aber Elise. Sie hatte sich eine Sauerstoffflasche von Bord geholt und tauchte nun nach dem Ring. Es war rührend aussichtslos, sie versuchte es dennoch. Auch Hans, Rafi und Barry halfen – Kris versuchte es sogar ohne Sauerstoffflasche. Das Wasser war nicht tief und die Sicht überraschend gut. Es wäre Zufall gewesen, wenn sie den Ring gefunden hätten, reines Glück. Warum sollten sie nicht mal Glück haben? Sie hätten es verdient. Es war schon ein Glück, zu schwimmen, zu tauchen, immer wieder ins Wasser zu springen. Nur Momo konnte an dem Glück nicht teilhaben. Morishta auch nicht.

Barry deutete auf die beiden und erzählte den Witz, wo ein Flugzeug auf dem Wasser notlanden musste und die Stewardess durchsagte: Hiermit verabschieden wir uns von unseren Nichtschwimmern. Natürlich musste Rafi wieder an das Gedicht vom Taucher denken: Wer wagt es, Rittersmann oder Knapp' / Zu tauchen in diesen Schlund? / Einen goldenen Becher werf ich hinab / Verschlungen schon hat ihn der schwarze Mund.

Sie konnten sowieso nicht mehr tun, als sich ein Vergnügen aus der Suche zu machen. Vielleicht gehörte das auch zu den Nachwirkungen von dem Trip: Rafi war überhaupt nicht ärgerlich. Normalerweise hätte es ihn ziemlich genervt, mit so einem sinnlosen Unternehmen den Tag zu vertrödeln. Doch nicht einmal Momo schien über den Verlust seines Ringes besonders unglücklich zu sein. Sie hatten immer noch eine Superlaune. Alle. Da schadete es nicht, einen Badetag einzulegen.

13
So kommt es zum Krieg

»And until the ignoble and unhappy regimes that hold our brothers in Angola, in Mozambique, South Africa sub-human bondage have been toppled, utterly destroyed – well, everywhere is war – me say war.«

H.I.M. Haile Selassie I, King of Kings, Lord of Lords, The Conquering Lion Of The Tribe Of Judah, with Bob Marley: »War«

Diesmal wollte Rafi unbedingt bei der Mannschaft bleiben und sich nicht mehr, wenn alle diskutierten, leise verdrücken.

Elise war hin- und hergerissen. Sie meinte, die Operation Namibia müsse weitergehen, weil so viel Arbeit und Engagement darin steckten, dann wiederum fand sie, dass sie bereits am Ende sei. »Operation Namibia is dead!« Eine ganz neue Aktion müsse es jetzt geben, die in Lomé beginnen könnte. Sie war es übrigens gewesen, die den Schriftzug »Operation Namibia« übermalt hatte, als Roy verhaftet wurde. Sie hatte es aus Angst getan – vor den Militärs in Lagos, obwohl sie in Togo waren. Rafi verstand das gut: Angst konnte einen einholen. Es war eine spontane Aktion gewesen, in Panik, aber vielleicht »with some meaning«.

Was dachte Roy? Auf seine Meinung hatten alle gewartet – nun offenbarte sich, dass er nichts zu sagen hatte. Nun, da ihn alle erwartungsvoll ansahen, schien es ihm richtig schwer zu fallen, zu sprechen. Wahrscheinlich war er einer von denen, die nicht vor Publikum reden konnten. Er wollte weiter, fand aber andererseits, dass die Golden Harvest nicht hochseetüchtig sei.

Und wer sollte das entscheiden? Das wollte Momo wissen. Sollte das die Crew selbst entscheiden, oder sollten sie auf eine demokratische Entscheidung aus London warten?

Sie rückten näher zusammen in den schwachen Lichtkreis der Petroleumlampe unter der Fockstag, der ihnen zugleich einen gewissen Schutz vor den Kakerlaken bot, die sich meistens nur bis an die Schattengrenze wagten – es war trotzdem besser, sich auf eine Decke zu setzen, damit sie einen nicht in den Hintern bissen.

Barry wollte weiter, notfalls auch mit Leck; jedenfalls sei er nicht den strapaziösen Weg aus Irland gekommen, um hier Urlaub zu machen, auch wenn Lomé in den Reiseführern als Perle Westafrikas bezeichnet wurde. Kris machte sie auf ein weiteres Problem aufmerksam. Sie hätten, meinte er, nicht nur ein Loch und bedenklich wenig Lebensmittel, sie seien auch von der Welt und von wichtigen Informationen abgeschnitten. Sie waren angereist, um Informationen zur Verfügung zu stellen. Nun hatten sie selber keine mehr. Ihre Büros in London und Philadelphia hatten sie anfangs mit aktuellen Lageberichten versorgt, nur so sei es möglich gewesen, dass sie – abgesehen von Nigeria und Togo – stets von offizieller Seite empfangen worden waren. Zwar hatten sie Fehler gemacht, in Ghana beispielsweise, wo sie die offiziellen Regierungsvertreter und die Oppositionsgruppen gleichermaßen bedacht hatten – Kris grinste, als wäre er auch noch stolz auf diese diplomatische Peinlichkeit –, aber da hatten sie immerhin gewusst, wie die Lage einzuschätzen war. Nun waren sie an einem Punkt, an dem sie das nicht wussten. »This is really a problem!«

Na, so was. Rafi hatte immer gedacht, Kris wisse so gut wie alles – wer der Führer der SWAPO war, wie er mit Vornamen hieß und wie viele Whiskeys er getrunken hatte. In Wirklichkeit las er nur von seinem Zettel ab. Kris hätte ja auch ein echter Afrikaexperte sein müssen. Jedenfalls fürchtete Kris nun, dass dieses Segeltuch, das sie in Lagos gekriegt hatten, ein letztes Lebenszeichen von Moodie gewesen war. Über Étienne

Eyadema, den Präsidenten von Togo, dessen Name so viel bedeuten sollte wie »Der Wegweisende«, wusste er nur, was Frank Unwin ihm erzählt hatte. Er war einer der starken Männer Afrikas; wenn er öffentlich auftrat, ließ er sich von tausend Frauen bejubeln, das gehörte zu seinem Persönlichkeitskult, auch dass es Uhren mit seinem Porträt gab. Viel mehr wusste er nicht. Er hatte allerdings schon alles, was sie an Informationen über Angola hatten, zusammengestellt. Das wollte er gerne vortragen.

Auch die Dünung war nur schwach; als müsste sich alles dem gemächlichen Tempo fügen. Selbst die Tiere bewegten sich langsam. Die Musik wurde leiser gestellt. Kris sprach bedächtig. Er hatte verschiedene Papiere herausgesucht, dazu gab es noch einmal Kakao. Rafi konnte es nicht lassen, zuerst an den Witz über die Sachsen zu denken: Sag mal einen Satz mit Angola!

An Gola gönnt ich mich dotsaufen.

Doch er erinnerte sich auch an die Gänsehaut, die er in Ajegunle gehabt hatte, als von den brothers in Angola gesungen wurde, von den Kämpfern, mit denen er nun verbrüdert war.

Angola war eines der ärmsten Länder der Welt, es hatte neunzig Prozent Analphabeten, ein ausgedünntes Land hungernder Bauern, das gleichzeitig reich an Rohstoffen war – Erdöl, Kaffee, Diamanten, Baumwolle. Genauso hatte Rafi sich das vorgestellt. Wirtschaftliche Interessen spielten mal wieder eine entscheidende Rolle. Man musste ein Koordinatensystem haben, in das man seine Informationen einfügen konnte. Die Armut hatte Ursachen. Die entstand nicht im luftleeren Raum. Gerade bei einem Land nicht, das über solche Ressourcen verfügte. Die nämlich waren Angola zum Schicksal geworden. Dadurch wurden die Weißen angelockt. Der größte Schatz waren die Menschen. Das Land wurde durch Sklavenhandel praktisch entvölkert. Was wurde denn einem Land angetan, dem man über Generationen hinweg die männliche, arbeitsfähige Bevölkerung entzog? Kris hatte Zahlen parat. Vier Millionen, las er – und zu jedem Sklaven, der verkauft wurde, gehörte eine Großfamilie, die zusammenbrach. Der Raubbau an Menschen, den die Portugiesen betrieben haben, war so schrecklich gewesen, dass am Anfang dieses Jahrhunderts England und Deutschland geheime Verhandlungen geführt hatten, um Portugal die Kolonie wieder abzunehmen.

Kris musste seinen Becher kurz abstellen, er brauchte jetzt beide Hände, um die weltumspannenden Zusammenhänge aufzuzeigen. Rechte Hand: Neue Welt. Linke Hand: Alte Welt. Also: Die Geschichte der Entdeckung der Neuen Welt und der Reichtum Amerikas einerseits und die Ausplünderung der Alten Welt und die Armut Afrikas andererseits gehörten zusammen. Man brauchte Sklaven für den Anbau von Zuckerrohr. Kris machte mit einer Handbewegung deutlich, dass folglich Millionen von Sklaven in die Neue Welt verschifft werden mussten.

Momo war mit den Zahlen nicht einverstanden. Insgesamt, warf er ein, sprach man bekanntlich von fünfzig Millionen, die in die Neue Welt verschleppt wurden – aber auch diese Zahl war falsch. Es war eine weiße Zahl. Man könnte von Verbrechern keine Wahrheit erwarten. Fünfzig Millionen – so viele waren womöglich in Amerika angekommen. Aber wie viele waren schon auf dem Transport umgekommen? Die gefürchtete middle passage war eine brutale Auslese. Die meisten haben die Fahrt nicht überlebt. Momo erhob sich und deutete mit dem Zeigefinger auf das offene Meer in Richtung Süden – auch wenn er womöglich eher in Richtung Westen zeigen wollte. Da unten, erklärte er feierlich, lagen seine toten Brüder, auf dem Meeresgrund, zweihundert Millionen, mindestens. »Perished at the bottom of the sea!«

Es war still; die Kassette war gerade zu Ende. Gespenstisch still, als würden sich auf ein Zeichen Millionen von Toten aus dem Wasser erheben.

»Angola«, erklärte Momo, »is called the Black Mother of the New World.« Aus Angola stammten große Teile der Bevölkerung Brasiliens und der karibischen Inseln, Luanda war weltweit der größte Hafen für das Verschiffen von Sklaven gewesen. Das bedeutete, dass Portugal einen fünfhundertjährigen Krieg gegen die schwarze Bevölkerung geführt hatte.

Das kam Rafi übertrieben vor: fünfhundert Jahre – das konnte nicht sein. Aber er widersprach lieber nicht. Momo stellte es so dar, als hätte es ununterbrochen Krieg gegeben, Militärexpeditionen hätten Jagd auf Männer gemacht, um sie zu verkaufen. Die einzige Möglichkeit, sich zu verteidigen, habe für seine schwarzen Brüder darin bestanden, sich zu verstümmeln. So hätten sich die Männer Zähne herausgebrochen, oft vergeblich, weil das lediglich ihren Wert gemindert habe. Rafi war froh, dass er den fünfhundertjährigen Krieg nicht angezweifelt hatte. Man durfte nicht widersprechen. Hier waren unsagbare Verbrechen geschehen – man müsste Schweigeminuten einlegen, Schweigestunden, Trauermonate oder -jahre – irgendetwas, das nichts mit Sprache und erst recht nichts mit Zahlen zu tun hatte. Es erschien ihm gar nicht mehr so sinnlos, dass die Nachfahren der Sklaven immer noch an den Verlademärkten weinten.

Frankreich und England hatten schon in den Sechzigerjahren ihre Kolonien in die Unabhängigkeit und ins Chaos entlassen, Portugal klammerte sich verzweifelt an seine Besitztümer. Die Lage war so schlimm, dass schon ein Sprichwort kursierte: Erst wenn die Bäume den Fado sängen, wäre Angola frei – sinngemäß sollte das heißen: nie! Da müsste schon ein Wunder geschehen. Damit trug Portugal dazu bei; dass gerade seine Kolonien wie Mosambik und Angola kommunistisch wurden. Erst mit der Nelkenrevolution, erklärte Kris, war das Kolonialreich des alten Portugal zusammengebrochen.

Momo musste das richtig stellen. Es war eine typisch europäische Sichtweise zu sagen, dass die Nelkenrevolution den Umsturz in Angola und Mosambik nach sich gezogen hätte, damit würde man ignorieren, was vorher in Afrika passiert war. Der Nelkenrevolution ging die Revolution in Guinea-Bissau voraus. Die war es, die das portugiesische Imperium zum Einsturz gebracht hatte, auch wenn man sie in Europa kaum wahrgenommen hatte.

Das meinte Kris auch. Er wollte keineswegs den afrikanischen Anteil herunterspielen. Auch die Freiheitsbewegung in Angola hatte eine lange Geschichte. Sie war das Werk dreier Dichter: Viriato da Cruz, Mario de Andrade und – am berühmtesten – des späteren Präsidenten und preisgekrönten Lyrikers António Agostinho Neto. Das passte doch wunderbar zu einem Schiff voller Bücher. Im Land der Analphabeten gründeten drei Dichter die Freiheitsbewegung, und einer von ihnen wurde der erste Präsident eines freien Angola – und sie waren gerade mit einer Schiffsladung Bücher dahin unterwegs.

MPLA bedeutete Movimento Popular de Libertação de Angola. Allerdings gab es noch die FNLA und die UNITA. Rafi überlegte schnell, ob er sich das notieren sollte. FNLA, die stärkste Gruppe, hieß Frente Nacional de Libertação de Angola und wurde von Holden Roberto geführt. Die UNITA, União Nacional para a Independência total de Angola, wurde von einem früheren Gefährten Robertos geleitet, von Jonas Savimbi. Agostinho Neto und die MPLA waren die Guten. Holden Roberto der Böse, er operierte von Zaïre aus, wurde vom CIA unterstützt, er war langjähriger Mitarbeiter einer großen belgischen Firma – damit war eigentlich alles gesagt. Er war übrigens – vielleicht spielte das eine gewisse Rolle – evangelisch, die Leute von Neto dagegen katholisch.

Robertos Soldaten waren von Mobutu bezahlte Mörderbanden, denen man sogar Kannibalismus nachgewiesen hatte. Außerdem wurden gegen jede internationale Regel Giftgas und Tretminen eingesetzt. Der Krieg hatte das Land zerrissen. Überall waren Militärposten. Bei einem Posten mit Anhängern von Neto begrüßte man sich schon von weitem mit camarada. Wenn es allerdings Posten waren von Roberto oder Savimbi, war camarada ein Todesurteil: Man wurde mit vorgehaltener Waffe gezwungen, sein eigenes Grab zu schaufeln, direkt am

Kontrollposten. Bei solchen Posten redete man sich mit brother an, mit irmão. Sie mussten das Wort nicht lernen. Sie waren auf Seiten der camaradas.

Die UNITA wurde mal von China, mal von den USA und von Südafrika unterstützt. Sie würden sogar vom Teufel Geld annehmen, wie sie selber zugegeben hatten. Sie strebten ein unabhängiges Angola unter weißer Vorherrschaft nach dem Vorbild von Ian Smith in Rhodesien an. Mit der so genannten Operation Orange sollte Luanda in die Zange genommen werden: vom Norden Holden Roberto mit Truppen aus Zaïre, vom Süden Jonas Savimbi mit Truppen aus Südafrika. Allerdings konnte sich, wie inzwischen alle wussten, die MPLA mit Hilfe der Kubaner halten, und Neto hatte die Volksrepublik Angola ausgerufen.

So viel hatte sogar Rafi mitgekriegt. Die Russen hatten die Kubaner vorgeschickt, klar. Offiziell waren die Russen nicht dabei, unterstützten Angola aber mit Versorgungsflügen über ihre Stützpunkte in Mali. Die Amerikaner mischten auch nicht direkt mit. Doch so naiv war keiner mehr; alle wussten, dass hier die Weltmächte aufeinander prallten und sich auf dem Schauplatz eines der ärmsten Länder einen Stellvertreterkrieg lieferten.

Dennoch, Angola hatte sich befreit. Auch wenn der Preis dafür sehr hoch gewesen war. Im Augenblick musste Luanda ein Leichenhaus sein. Es hatte, wie man sich denken konnte, in Luanda viele Nachtclubs gegeben, und aus dem Mutterland waren ab und zu Künstler in die Kolonien geschickt worden, die an den Außenposten die Kultur ihrer Heimat vertreten sollten. So war auch eine berühmte Fado-Sängerin, deren Name Kris gerade nicht einfiel, auf Tournee gewesen, als sie vom Krieg überrascht wurde. Die Freiheitskämpfer hatten sie gekidnappt und an einen Baobab gefesselt. Dann wurde sie gezwungen, den Fado zu singen. Die Bäume hatten also doch den Fado gesungen. Und all die Analphabeten konnten es verstehen: Das Wunder war geschehen.

Rafi wollte die Gelegenheit nutzen, um ein paar persönliche Worte mit Hans zu wechseln. Er hatte sich gerne bereit erklärt, mit Hans in die Stadt zu laufen. Vom Hafengelände marschierten sie einfach am Meer entlang Richtung Stadt. Barfuß natürlich. Es war ein wunderbares Gefühl, wieder Sand unter den Füßen zu haben. Rafi hatte sich das Barfußlaufen richtig angewöhnt. Allerdings hatte er sich auf der rostigen Insel doch Sorgen gemacht; denn ihm war dunkel in Erinnerung, dass man von dem Rost Wundstarrkrampf kriegen konnte, Teer war noch schlimmer. »Hans? Hast du keine Angst vor Krebs, wenn du über heißen Teer läufst?«

»No! You get a Hornhaut, you know.« Hans ließ sich zu einem kleinen Lächeln hinreißen. Man sollte keine Angst vor Krebs haben, der Krebs lebte davon, dass man Angst vor ihm hatte. »The secret of life is to have no fear.«

»Hermann Hesse!«

Nein, Doktor Kwame Nkrumah. Rafi kannte den Namen inzwischen, ihm war aufgefallen, dass alle immer Doktor dazusagten – vielleicht war es ein Titel, der zum Namen gehörte. Er nahm sich vor, sich die Bücher von diesem Doktor mal anzuschauen – wusste jedoch im selben Moment, dass er es wahrscheinlich doch nicht tun würde. »Meine Güte, siebentausend Bücher. Das kann doch kein Schwein lesen.« Es war auch nicht gut, so viel zu wissen. Je mehr man wusste, desto weniger tat man. Sein Vater war dafür ein Musterbeispiel: Der wollte alles so lange differenziert betrachten, bis er gar keine Position mehr beziehen und erst recht nicht mehr tätig werden konnte.

Rafi hatte Pech. Er hatte gedacht, dass Hans ihm leicht zustimmen könnte – er bräuchte einfach nur nicken, und schon wäre zwischen den beiden ein stillschweigendes Einverständnis hergestellt. Doch so etwas tat Hans nicht. Der nahm das viel zu ernst. Der hörte aus so einem harmlosen Satz nicht etwa heraus, dass Rafi einfach ein bisschen Gemeinsamkeit mit ihm suchte, Hans überlegte. Er hatte sich vorgenommen, jedes einzelne Buch, wenn schon nicht durchzulesen, so doch durchzublättern, jedes der Bücher einmal kurz in die Hand zu nehmen, um zumindest einen Eindruck zu haben.

Sie wurden von Kindern umringt, die etwas von einem cadeau riefen, als würden sie das als Spiel ansehen, dass sie nur aus Gewohnheit weiterspielten, weil es sich dem weißen Mann gegenüber so gehörte. Keiner begegnete ihnen mit der Aggressivität, wie sie das aus Lagos kannten. Sie trafen auf ein breites, freies Lachen und einen offenen Blick von stolzen Frauen. Ihnen wurde erklärt, wie diese in Wasser eingelegten Nüsse hießen, die sie kosten durften – Pita Kola –, und wie die großen Eidechsen, von denen manche einen Bart hatten – Agamen –, und die kleinen getrockneten Fische, die man essen konnte wie Chips – Abobi.

Das war das wahre Leben. So wie hier die Menschen miteinander umgingen: ohne Angst, ohne Hass, ohne Geld, ohne Fotoapparat, ohne den Hintergedanken, irgendwelche Vorteile herauszuschlagen. Alle wussten, dass sie alle nur Menschen waren und dass sie eigentlich zusammengehörten. Ihr Lächeln verbreitete sich wie eine frohe Botschaft, wurde vervielfältigt, und es gab den Punkt, an dem die Menge der Freundlichkeiten eine spürbare Kraft wurde.

»Hans! Komm, sag mir die Wahrheit. Da waren doch diese beiden Schwarzen an Bord. Was war mit denen?«

Ja, es gab ein Pärchen, das in Ghana zugestiegen war, Elisabeth und Emanuel, den sie Ema nannten. Hans hatte sie angeworben, räumte er mit angedeutetem Lächeln ein, er hatte auch Rafi reingebracht und Momo, das war sein Schicksal: Er schleppte die Menschen an, Kris die Tiere.

Warum sagte Hans das so komisch? Es war doch gut, dass sie mit Momo einen richtigen Afrikaner dabei hatten.

Eigentlich hatte Hans geglaubt, dass nicht Ema, sondern sein Bruder mitkommen würde, den er viel sympathischer fand, aber sie waren froh, neue Leute zu haben, nachdem Jude und Maggie sie verlassen hatten. Barry auch. Es hatte keiner ernsthaft geglaubt, dass er je wiederkommen würde.

In einem der ersten Flugblätter, die Hans verteilt hatte, hatte es geheißen, dass die Fahrt sechs Wochen dauern werde. Er hatte sich sicherheitshalber für zwei Monate Zahnpasta mitgenommen.

»Die sind um!«

»Kann man wohl sagen.«

»Verlierst du denn nicht deinen Studienplatz? Wie kannst du es überhaupt so lange ohne Freundin aushalten? Und was war nun mit den beiden?«

»Na ja. Es gab einen Zwischenfall in Ghana.«

Hans machte eine Pause, als müsste er genau überlegen, wie er das darstellen sollte, ohne einen Fehler zu begehen. Kurz bevor sie Ghana verlassen wollten, war ein Brief von einem Schiff gekommen, Italiener oder Franzose, egal, die Roy zum Essen einladen wollten, erst nur Roy, weil der ihnen irgendwas repariert hatte. Es war ein kleines Schiff, mehr eine Yacht. Kris sollte auch kommen, wollte aber nicht, außerdem konnten beide sowieso nicht, aus Gründen, die Hans vergessen hatte. Barry musste zu dem Zeitpunkt schon weg gewesen sein … genau, so war es, Barry war nicht mehr da, und plötzlich ist Momo wütend geworden, weil nur Weiße eingeladen waren, eine Schande für alle, Apartheid an Bord. Momo hatte getobt und geflucht, Ema und Elisabeth waren sofort auf seiner Seite; Elise auch, schließlich waren die Schwarzen in einen Streik getreten, von Ghana bis Nigeria. »Die haben 'ne richtige Meuterei abgezogen.« In Lagos waren Ema und Liz von Bord gegangen, direkt in die Fänge dieser Frau vom Nationalen Komitee zur Verbreitung von Informationen über die Übel der Apartheid – so hieß das wirklich, man musste sich das mal auf der Zunge zergehen lassen. Da haben sie ausgesagt, dass man sie gehindert habe, das Funkgerät zu benutzen, was nicht stimmte, alle hatten an dem Ding rumprobiert, nur bei Roy hatte es mal Pieps gemacht.

»Bad signal.«

Hans zuckte viel sagend mit den Schultern.

Rafi hatte das noch nicht verstanden. »Wegen so 'ner Kleinigkeit?« Er hatte eine großartige Schlüsselszene erwartet.

Liz hatte extra Fettflecken auf ihr Kleid gemacht, Hans hatte das zufällig beobachtet und sich schon gedacht: Was soll das denn? Dann hatte sie behauptet, die Männer hätten sie zur Küchenarbeit gezwungen. Dabei legten sie auf der Golden Harvest Wert darauf, dass die Küchenarbeit von Männern gemacht wurde.

Stimmt. Hans kochte für alle Kaffee und Kakao, auch wenn er selber nichts Heißes trank. Aber so waren sie in Afrika: Die liebten das Drama. »Momo ist dann aber gar nicht von Bord gegangen. Der hat erst diese Meuterei …« Rafi konnte das Wort nur mit unverhohlener Sympathie aussprechen, »angezettelt, dann aber nicht durchgezogen?«

Erstaunlich war auch, dass Momo selber dauernd irgendwelche Einladungen hatte, offenbar fand er sofort Kontakt oder kannte sogar Leute, mit denen die restliche Crew nichts zu tun haben sollte. Sie hatten sich schon oft gewundert, wo Momo wieder steckte. Doch als Roy eingeladen wurde, hatte sich Momo wahnsinnig aufgeregt, und Liz und Ema hatten sich – in allem! – nach ihm gerichtet, und seit dem Tag der Meuterei haben sich Momo und Elise zusammengetan. »Die lagen sich weinend in den Armen.«

Je mehr sie sich dem Markt näherten, desto lebhafter und wuseliger wurde es. Verkäufer überholten die beiden Bummelanten mit Glaskästen voller Nüsse auf den Köpfen. Auch hier kauten sie auf Hölzern, grüßten und lachten mit offenen Gesichtern. Die tragbaren Uhrengeschäfte sahen aus wie Doppelfenster: Zwischen den Scheiben waren die Uhren ausgebreitet – Rafi merkte, dass er doch gerne wieder eine hätte.

Natürlich wurden sie angesprochen, ob sie nicht doch Souvenirs kaufen wollten, Sachen, wie Rafi sie mal in Harrys Muschelbasar in St. Pauli gesehen hatte, kitschige Schnitzereien aus Elfenbein, gar nicht sein Geschmack, aber das schien die

Verkäufer nicht zu beeindrucken. Ein »No, thank you, I really do not want this« schienen sie als Eröffnung einer endlosen Diskussion anzusehen; denn dass man etwas nicht wollte, war ja noch kein Grund, sich nicht auf längere, rein sportliche Verkaufsverhandlungen einzulassen, um sich schließlich doch den Überredungskünsten zu beugen. Auch dass Hans und Rafi kein Geld hatten und schon beim Herannahen eines aufgeregt winkenden Verkäufers freiwillig ihre Hosentaschen nach außen stülpten, war kein Argument, das ernsthaft gegen die Anschaffung einer Schnitzerei sprach. Hans bekam einfach ein Sonderangebot in die Hand gedrückt. Er musste es festhalten, um es nicht fallen zu lassen. Sie sollten sich morgen um die gleiche Zeit am selben Ort wieder mit ihm treffen und Geld mitbringen. Er vertraue ihnen voll und ganz. Sie hatten Mühe, ihn wieder loszuwerden. Hans legte das gute Stück vorsichtig auf die Erde, anders ging es nicht. Es war lästig, aber nicht bedrohlich. Ihr neuer bester Freund spielte noch ein bisschen den beleidigten Schwan, dann machte er die Bühne frei für die nächste Nummer. Eine wunderschöne Maske, une pièce superbe! Hier half gar nichts. Selbst wenn sie sich so eine blöde Maske kaufen würden, wäre das noch kein Grund, sich nicht noch eine zweite anzuschaffen.

Irgendwo musste ein Radio laufen, vielleicht sogar mehrere, die an verschiedenen Stellen verteilt waren. Die Frauen summten leise mit. Es wirkte wie in einer Kirche, gelegentlich konnte man ganz leise im Hintergrund ein Radio heraushören, das wie eine weit entfernte Orgel dafür sorgte, dass alle in der richtigen Tonart blieben. Zeitungen flatterten an Wäscheleinen, einfach mit Klammern festgemacht, als wären die Seiten zum Trocknen aufgehängt. Rafi las die Überschriften. Irgendwas mit Eyadema konnte er erkennen. Die Golden Harvest hatte es hier noch nicht auf die Titelseite gebracht.

Irgendetwas fehlte bei Hans: Er sah gut aus, war freundlich, hilfsbereit – vielleicht ein bisschen langweilig. Er hatte das Drama von Ghana ohne Parteinahme erzählt, irgendwie wusste

Rafi bei ihm nie, was er wirklich von den Leuten hielt. Er hatte nicht das Gefühl, dass ihm Hans etwas verschwieg, kam aber nicht so recht an ihn heran. So war Rafi richtig überrascht, als Hans plötzlich sagte: »Morishta ist auch ein ziemliches Schlitzohr.« Und im selben Moment mussten beide lachen: »Schlitzauge und Schlitzohr.«

14
Beginn der Verschwörung

»Just Like A Woman« – es klang, als wäre Kris zuerst wach geworden. Es war aber Barry, der verzückt der Musik hingegeben seine Pantomime abzog und kaum aufhorchte, als Rafi in die Kombüse kam. Er zwinkerte ihm nur kurz zu und meinte, es wäre alles »great, really great«.

Rafi grüßte und hatte sofort das Gefühl, dass da etwas nicht stimmte. Barry wirkte wie einer, der jemanden parodieren wollte, der unter Drogen stand. Rafis erster Gedanke war, dass Barry wieder einen von diesen Trips genommen hatte, vielleicht hatte er noch welche in Reserve. Jedenfalls war die Musik, so großartig Bob Dylan sein mochte, etwas laut für die Morgenstunde – »it's so fucking great, man« –, doch nicht laut genug, um das Stöhnen zu übertönen, das aus der Koje von Elise und Momo zu hören war.

Rafi stockte der Atem; er lauschte, wie er als Kind ängstlich auf den Donner gelauscht hatte. Das Stöhnen von Elise klang wie lautes Weinen, als hätte sie Schmerzen von einer Wunde, die immer wieder aufgerissen wurde. Momo brachte heftige Stöße in kurzen Abständen hervor, wütende Hammerschläge, bum, bum, bum. »Oh, she talks just like a woman, she walks just like a woman…« Es tat richtig weh, das mit anzuhören.

Barry hampelte dazu herum, als würde Jimi Hendrix persönlich die Musik mit unhörbaren Soloeinlagen anreichern, »… but she breaks just like a little girl«.

Der Besuch näherte sich in der Mittagszeit von der kaputten Backbordseite: eine moderne Yacht unter französischer Flagge, sündhaft teuer, alles tipptopp. Damit zu segeln war kein Kunststück, da genügte eine Besatzung von zwei Frauen im Bikini und einem Kerl mit Walrossbart: Jasmin, Michelle und Philippe. Sie kamen wie zu einem kleinen Staatsbesuch, winkten freundlich und gestatteten sich gegenseitig in aller Form, an Bord kommen zu dürfen. Roy bewunderte gebührend ihre Radartechnik, Michelle dagegen fand die Golden Harvest ganz entzückend; und die beiden Französinnen waren äußerst erfreut, eine Frau, allein unter so vielen Männern, vorzufinden, auf so einem süßen Boot, quel vaisseau magnifique!

Man tauschte Freundlichkeiten aus; Küsschen auf die linke, Küsschen auf die rechte Wange. Philippe beschenkte die Crew großzügig mit Eiern und Nudeln. Es gab Reggae, ›Tubular Bells‹ und frisch gebackenen Kuchen. Man saß friedlich zusammen, erfreute sich aneinander und am Sonnenuntergang. Zwischendurch schauten sich die Franzosen eine komplette Zeremonie von Morishta an wie eine Openairvorführung von einem ungewöhnlichen Trommelworkshop. Es hätte nicht viel gefehlt, und sie hätten applaudiert, als er seine Sachen wieder in die orangenen Tücher einwickelte. Zum Schluss bot er wie immer eine kleine artistische Einlage; denn es gehörte dazu, dass er eine Pütz Wasser schöpfte und dabei gefährlich auf dem Schanddeckel balancierte. Man konnte es kaum mit ansehen, weil er fast blind war und selbstverständlich keine Brille trug, aber er konnte wie die Katze gehen; er beherrschte offenbar die Kunst, seinen Schwerpunkt genau richtig zu verlagern.

Die Franzosen wollten nach Bahia übersetzen. Philippe verabschiedete sich mit dem ernsthaft und zugleich schalkhaft vorgetragenen Schwur, dass er den afrikanischen Kontinent nicht eher verlassen wolle, als bis er diese alte Königin der Meere in vollem Schwung gesehen habe.

Rafi hatte wieder ein neues Wort gelernt: Macho. Er konnte sich ungefähr denken, was es heißen sollte: ein Mann mit zwei Frauen im Bikini, so was in der Art. Elise schien den Macho dennoch zu mögen. Barry machte sogar den Vorschlag, Elise an Bord anzubinden, solange der Franzose in der Nähe sei, sonst würde sie womöglich nach Bahia durchbrennen; denn sie würde bekanntlich mit jedem mitgehen, der einen langen Schwanz habe.

Elise machte ein Gesicht, das sagen sollte: Ich-verbitte-mir-solche-Bemerkungen, beließ es aber diesmal dabei. Vermutlich wollten alle gerne nach Bahia übersetzen, egal mit wem, Hauptsache mit einem Schiff, das seetüchtig war. Es musste wunderbar sein, ein Luxusleben in Freiheit zu führen und kurz mal nach Bahia durchzubrennen. Gleichzeitig waren sie stolzer denn je, etwas Besseres zu tun zu haben. Die Ketsch des Franzosen mochte noch so toll ausgestattet sein mit einem Frauen-Männer-Verhältnis von zwei-zu-eins, sie waren mit eins-zu-sechs und einem miefigen Holzboot die eigentliche Attraktion. Vielleicht hatten sie ihren neuen Bekannten auch einen kleinen Stich versetzt – vielleicht träumten die jetzt davon, ein engagiertes Leben zu führen, bei dem es um etwas ging.

Der Macho brachte beim nächsten Besuch ein Geschenk mit, das er – in Ermangelung von Geschenkpapier – in ein weißes Kopftuch gewickelt hatte, das vermutlich von einer der beiden Grazien stammte. Das Tuch durften sie behalten. Was darin eingeschlagen war, auch – es sollte eine Art Trophäe sein, une coupe. Philippe führte sich auf wie der Staatspräsident persönlich: Feierlich überreichte er sein Geschenk und forderte damit die Crew zu einer Regatta heraus, bei der sie Fotos voneinander schießen und anschließend austauschen sollten. Die Männer der ON grüßten militärisch und nahmen die Herausforderung in aller Form an; sie redeten sich mit Commodore an und legten die Hand an imaginäre Mützen. »Que le meilleur gagne!«

Elise machte ein Gesicht, als hätten ihre Jungs endgültig den Verstand verloren.

Nur ein Spiel, »just for fun«, versuchte sich Barry zu rechtfertigen, doch Elise musste leider darauf hinweisen, dass sie nicht hergekommen waren, um ein bisschen Spaß zu haben.

Spaß sei also verboten auf ihrer Friedensmission, das müsse sie gerade sagen. Aber vermutlich gelte dies nur für die »boys«.

Die Herausforderung zur Regatta hatte eine alte Wunde aufgerissen: In Gambia hatten sie endlos darüber diskutiert, ob sie durch Charterfahrten etwas dazuverdienen sollten. Alle waren dagegen – womöglich für weiße Touristen, die es schick fanden, von einem alten Segelschiff aus das wahre Afrika kennen zu lernen. Elise wollte nun partout nicht einsehen, warum sie so eine dämliche Regatta mitmachen sollten, nur weil die Männer irgendwelche Spielchen machen wollten.

»Elise! It is only for fun, don't make a fuss.«

Damit war die Diskussion wieder an der Stelle angekommen, wo sie schon einmal gewesen war. Grey One miaute. Morishta verstand wieder mal nichts, er hörte nur auf den Tonfall, und der schien ihm nicht zu gefallen. Hans sagte auch nichts; alle guckten sich ratlos an.

Roy meinte schließlich, es sei nicht nur zum Vergnügen, vielmehr sehe er darin ein notwendiges Manöver, um die Hochseetüchtigkeit zu überprüfen; auszuprobieren, ob das neue Segel sich bewährte und wie sehr sie ihr Leck behinderte. Nur so könnten sie verantworten, weiterzufahren, vielleicht sogar bald, wenn sich die Übung als erfolgreich herausstellte.

Elise zog eine Schnute wie eine Mutter, die eingesehen hat, dass sie sich ihren Kindern gegenüber nicht durchsetzen kann. Momo flüsterte ein leises »Okay, let's go!« Die Abendluft war weich und wunderbar wie immer um diese Zeit, alle schienen durchzuatmen. Roy wusste womöglich nicht, was er getan hatte; er hatte einen Zauberspruch aufgesagt. Hatten sie sich verhört, oder hatte gerade einer davon gesprochen, dass es bald weitergehen würde?

Okay, Elise wollte nachsehen, was in dem originellen Einwickelpapier für ein Geschenk steckte. Sie hob das Tuch an und lachte schrill auf: Es waren zwölf Emailleuntersetzer mit Sternkreiszeichen. Ihre Eltern, räumte Elise ein, hätten sich womöglich gefreut, wenn sie das von entfernten Verwandten gekriegt hätten, und man könne diese Untersetzer sicher gut gebrauchen, um zwölf Grazien gleichzeitig einen Drink auf einer Yacht zu servieren, dann hätte man was, wo man die Gläser abstellen könnte. Ansonsten seien die Dinger völlig nutzlos. Was, um Himmels willen, konnte man mit diesen coosters anfangen, fragte sie rhetorisch.

Barry machte den Vorschlag, sie in die Inventarliste aufzunehmen.

Elise resignierte: Sie wusste, dass die Männer Spinner waren. Seeleute waren die schlimmsten, die gaben sich Träumereien hin und konnten es nicht lassen, ständig zu reparieren und zu basteln und alles in Stand zu halten; und so wurde für die nächsten Tage geplant, das Schiff seeklar zu machen. Kris wollte den Namen GOLDEN HARVEST mit goldener Farbe nachmalen. Zwischen Fock- und Großmast musste probeweise ein Fischermanns-Segel gesetzt werden. Dazu sollten auch die Drähte wieder abgebaut werden, die Roy gespannt hatte, um besseren Empfang zu haben.

Man konnte fast das Gefühl haben, dass es losging; zumindest war es eine Simulation. Der Fockmast sollte dick mit Leinöl gestrichen werden, die Drähte, Stangen und Wanten – so weit noch nicht geschehen – mit Bleiweiß behandelt werden. Rafi schlug eine allgemeine Entrümpelung vor, musste aber zugeben, dass er außer zwei völlig unbrauchbaren Feuerlöschern mit eingetrocknetem Pulver nichts gefunden hatte, was man wegschmeißen könnte. Barry konnte darüber nur lachen: In Afrika würde nichts weggeschmissen; eine Kalebasse könnte nicht oft genug gespalten sein, um nicht noch in Gebrauch zu sein. Tiere und Menschen starben schnell in Afrika, Gegenstände lebten ewig.

Sie hatten wieder richtig Lust gekriegt. Sie wollten los, als könnten sie die Verspätung aufholen. Das Segelsetzen klappte aus dem Effeff, weil sie sowieso jeden Tag die Segel zum Trocknen hatten setzen müssen. Für das Stagsegel wurden zwei Personen benötigt, für das Großsegel mindestens vier, sechs wären natürlich noch besser.

Roy stand am Ruder, solange die Maschine lief, und wurde schließlich von Barry abgelöst. Kris fotografierte eifrig, Momo kochte Kakao, und als die Maschine endlich ausgeschaltet war, hatte Rafi zum ersten Mal das Gefühl, auf einem Segelschiff zu sein: Endlich war Ruhe, man hörte, wie das Wasser an die Bordwand klatschte, der Wind war sanft, drei bis vier, die leichte Schräglage war noch ungewohnt, aber toll. Elise hatte ihn sogar schon vorsichtig angelächelt: Sie sah gut aus im Gegenwind.

Die Ketsch der Franzosen war optimal gebaut; sie kreuzte wendig vor der Golden Harvest hin und her, die dagegen träge und plump wirkte. Der Macho erwies sich als erstklassiger Skipper, der fotogene Manöver hinlegte. Sie fuhren so lange in Richtung Südsüdost, bis sich die Yacht hinter die Golden Harvest legte, das Zeichen, dass nun die Filme voll geknipst waren und ausgetauscht werden sollten. Rafi stieg ins Dingi und bediente selber die Bugleine, wobei er genau auf die Schwerpunktverlagerung achten musste. Denn vom Dingi aus wirkte die Fahrt viel schneller und Rafi wurde wesentlich stärker von jeder Welle erschüttert. Die Gefahr, dass ihr Dingi ausscherte, war groß. Es riss an der Bugleine wie eine wild gewordene Kuh; es musste wirklich dramatisch aussehen. Schade, dass nun nicht mehr fotografiert wurde. Rafi riskierte einen flüchtigen Blick zurück: Es sah ganz so aus, als würde Elise nicht hingucken können; er kannte so etwas von seiner Oma, die musste bei Familienausflügen immer spazieren geführt werden, weil sie es nicht mit ansehen konnte, wie die Jungs auf die Bäume kletterten.

Die Franzosen kamen nah genug heran, der Macho war einfach gut, das musste man ihm lassen. Sie tauschten die Filme aus. Roy zog das Dingi an der Bugleine zurück zum Mutterschiff; die Franzosen drehten noch eine Ehrenrunde um die Golden Harvest, winkten stürmisch – und ab nach Bahia!

Die Wende klappte gut, sie hatten drei bis vier Knoten Fahrt, mussten nur noch Steuerbordruder geben, die Schoten nach und nach angleichen, so konnten sie problemlos in den Hafen zurückgleiten. Roy übernahm das Ruder, vorsichtshalber wurde auch die Maschine angeworfen; und unter Segeln mit Maschinenkraft versuchten sie, ungefähr denselben Punkt zu finden, an dem sie schon gelegen hatten. Sie nahmen erst im letzten Moment die Segel runter und warfen gleichzeitig den Anker, sodass ein ziemlich heftiger Ruck durch das Schiff ging. Aber sie waren sich einig, dass ihre Probefahrt ein voller Erfolg war. Ihr altes Schiff ließ sich in Schwung bringen.

»When are we leaving?«

Keiner wollte so früh am Morgen antworten. Momo war wütend, dass die Entscheidung, wann sie aufbrechen würden, allein von Roy abhing. Roy sagte nichts, er fühlte sich schwach; er hatte, wenn Rafi sich recht erinnerte, in letzter Zeit sowieso kaum einen Pieps von sich gegeben.

Doch in Namibia warteten die Unterdrückten auf Wissen, Bildung, Macht. Hier lagerten wertvolle Bücher und kamen nicht weiter. Momo wollte sofort aufbrechen, möglich war es ja. Die leidige Diskussion, ob das Schiff hochseetüchtig sei oder nicht, hatte sich als überflüssig erwiesen. Momo fühlte sich längst in der Lage, Kati Kelvin anzuwerfen, wenn es sein musste, auch alleine.

Alle fühlten sich überfordert. Die Operation Namibia war zu einem Elefanten geworden, der sich nur langsam in Bewegung setzen ließ. Zuerst, schlug Elise vor, sollte die master's cabin in people's cabin umbenannt werden, eine Kleinigkeit, gegen die eigentlich keiner etwas haben dürfte.

Aber nicht doch, Rafi konnte nur mit einem Stoßseufzer reagieren: Volkskammer, wie in der DDR! Was war los mit ihr? War sie auch so eine Hundertprozentige geworden? Hans sagte – wie so oft – nichts, Mori sowieso nicht, Kris wirkte angeödet, Barry wollte nach Hause. Momo fand, dass es ein Schritt in die richtige Richtung wäre; sie brauchten keinen Roy als Kapitän: »No master, no slave.« Er fand die Situation unerträglich: Hier war all das Wissen, das man brauchte, um ein Schiff zu führen, »but the skipper ...« Momo tat, als wäre Roy ein strenger Wächter, der keinen anderen ranließ. Roy war in der Tat der Einzige, der sich mit Navigation auskannte, und Momo konnte es nicht länger ertragen, dass die Frage, wann sie ausliefen, von einem Einzelnen abhing. Das sei nicht im Sinne der Operation Namibia. »We do not need your hypocritical power games«, brüllte er Roy an, der erschrocken zusammenzuckte.

Rafi verließ sofort den Mannschaftsraum, so einen Gefühlsausbruch hatte er auf dem verschlafenen Friedensschiff noch nicht erlebt. Er musste sofort zurück in sein geliebtes Dingi.

Es war schreiend ungerecht, wie Roy angegriffen wurde; der machte doch nichts, auch wenn es so wirkte, als würde er irgendetwas ausbrüten, wenn er über die Seekarten gebeugt dahockte – gerade das schien Momo nicht ertragen zu können. Momo war eben so: sofort auf hundert; und Elise nahm solchen Kram wie die Umbenennung der master's cabin viel zu ernst, hochgradig sensibilisiert für jede Art von Beleidigung. Sie wusste auch nichts von der DDR, das musste Rafi akzeptieren – und mit jedem Ruderschlag besänftigte er seinen Zorn. Er musste nur Abstand gewinnen. Momo hatte in gewisser Weise Recht: Die Aktion dümpelte vor sich hin, Hans war ein lascher Typ, den man antreiben musste. Kris jammerte nur, dass es nicht voranging, und Barry wollte nach Hause. Sie waren ein verdammt lahmer Haufen geworden, es war im Grunde nur gut, wenn Momo sie ein bisschen auf Trab hielt.

Sie hatten die Regatta verloren. Die Sieger waren weg, es war nicht mehr notwendig, die Golden Harvest herzurichten, nichts war mehr notwendig. Sie hatten sich zusammengerissen, solange Besuch da war, nun war der Besuch weg. Lahm waren sie geworden, schlapp, krank. Er selber hatte gerade einen Durchhänger, Roy einen Dauerdurchhänger. Rafi hatte die Unterlagen aus London vernachlässigt, hatte *Roots* noch nicht gelesen, das Buch zwar entdeckt, aber – uhh – es hatte einen abschreckenden Umfang.

Am besten konnte er Morishta verstehen; vielleicht war doch was dran an dem unmerklichen Zucken des Schmetterlingsflügels. Seine Zeremonien waren eine innere Reinigung – dazu passte auch, dass er den Abwasch übernahm und das Deck schrubbte. Mori wirkte nur auf den ersten Blick nutzlos. Er hatte die stärkste Disziplin, die größte Power durch seine Bedürfnislosigkeit. Er konnte sich mit den wenigen Dingen, die er für seine Zeremonie brauchte – und etwas Maniok –, am Leben halten und dabei noch Kraft entfalten. Kris nannte Mori immer: the good light. Er sorgte mit seiner Disziplin für Frieden, bekämpfte die Unruhe, die in ihm kochte – manchmal kam es einem vor, als ob er gewaltige innere Kämpfe durchlebte. Jedenfalls versuchte er damit, auch für die Crew Frieden zu stiften. Sein Trommelschlag und das leidenschaftliche Om waren das reinigende Gewitter, in dem sich die Energie entladen konnte, die sonst zu Krieg und Streit führen würde – so wie Rafi sich mit seinen Ruderschlägen abreagierte.

Mit jeder Lichtspur, die von seinen Riemen aufgeworfen wurde, musste er an die rostige Insel zurückdenken, an das großartige Gefühl von love und peace. Wenn Rafi zwischen die Betonpfeiler unter der Stückgutpier ruderte, kam die Welt langsam wieder ins Lot, diese mit Muscheln besetzten Pfeiler bildeten ein beruhigend regelmäßiges Muster, da konnte man leicht seinen Platz bestimmen: drittes Quadrat von der Vorderkante, viertes von der Ostseite. Hier konnte man kleine rote Krebse beobachten, die Fische konnte man fast berühren, sie waren so arglos, kamen so dicht herangeschwommen, doch nie konnte man sie mit dem Ruder antricksen. In diesem gigantischen Netz konnte er auch seinen Platz in der Welt finden und sich gleichzeitig aus ihr zurückziehen. Hier gab er sich seinen Träumereien hin: dick Leberwurst und Butter auf einem frischen Brötchen, die langen Haare von Jude wehten im Wind und kitzelten seine nackten Oberarme – Currywurst mit Pommes frites. Man musste solche Träume haben, auch wenn sich Rafi zugute hielt, kein Träumer zu sein, catch your dreams. Danach konnte er gestärkt an die Arbeit gehen und versuchen, sanften Druck auf die Crew auszuüben, dass sie bald aufbrachen, ohne sich zu streiten, und ihm dabei eine unauffällige Führungsrolle überließen.

Wenn die Schiffe an der Mole ihre riesigen Schrauben anwarfen, wirkte sich das bis in sein geheimes Reich unter der Stückgutpier aus, und es gab jedes Mal eine Mordswühlerei, die gesamte Unterwelt der roten Krebse und Wasserpflanzen geriet in Aufruhr und konnte sich nur langsam wieder beruhigen. Hier konnte er meditieren, hier konnte er von der Reling ins Wasser pissen, ohne gesehen zu werden, er konnte sich zurückziehen von den schlechten vibrations an Bord. Hier wurde alles klarer, der Dunst verzog sich, die Konturen wurden schärfer. Er konnte seinen Zorn schlucken und Frieden finden bei seinem Lieblingsspiel, das er sich zwischen diesen Betonpfeilern ausgedacht hatte: rückwärts einparken. Er suchte sich ein Quadrat in seinem Koordinatensystem aus und versuchte, auf den Millimeter genau einzuparken – natürlich nicht auf den Millimeter, das war nur eine Redensart, die er bei seinen Selbstgesprächen benutzte, aber er war bemüht, so präzise wie möglich zu rudern und seine Manövrierkünste zu perfektionieren.

Große Neuigkeit: Elise wollte kochen! Das wurde angekündigt, als würde ein neues Zeitalter anbrechen, zugleich sollte das ihr persönlicher Beitrag zum Gelingen von Operation Namibia sein. Das Zubereiten selber, die umständliche Kocherei und das Bewusstsein, das man dabei entwickeln konnte – darauf kam es ganz besonders an, vor allem auf den Aspekt, dass man das Essen als etwas Gemeinsames erlebte. Es sollte ein Beitrag zum

Frieden und zur Selbstfindung sein, auch wenn sie nicht sofort aufbrechen würden. Denn auch in alltäglichen Handlungen war Gott gegenwärtig, und jeder Tag konnte eine Herausforderung sein, der man sich guten Mutes stellen müsste, indem man mit positiver Energie und möglichst großem Bewusstsein lebte.

Was auch immer sie sich dabei dachte, sie hatten tagelang nichts Anständiges gegessen, nur von Maniok gelebt, doch jetzt hatte Kris Gemüse mitgebracht – vermutlich mit dem letzten Geld von Frank Unwin. Elise wollte alles zubereiten und kommentierte sich dabei ständig. Sie wollte diesmal alles gruppendynamisch tun, wie sie es nannte; Rafi hielt das sofort für eine verrückte Idee aus Amerika: Gruppendynamik – was sollte das denn sein? Elise hatte den Tisch gedeckt – wie an einem Sonntag; leider war da immer dieser Anflug von verkrampfter Strenge. Vor dem Essen wollte sie gerne einen Brief ihrer Eltern vorlesen. Den kannte die Crew schon, aber bitte, wenn sie darauf bestand. Elise setzte ihre Brille auf und war verwandelt: Rafi konnte gar nicht richtig zuhören, immer nur denken: Das ist Absicht, dass Elise eine so potthässliche – seine Mutter würde sagen: so unvorteilhafte – Brille trug.

Grey One jaulte. »Grey One, please«, bettelte Elise, »be quiet for a minute, will you?«

Die Kazte hielt nicht still. Momo packte sie schließlich, trug sie hoch an Deck und kehrte – ohne sich die Hände zu waschen – an den Tisch zurück. Zum Beten nahm Elise die Brille ab. Sie schloss ihre Eltern Maxim und John ausdrücklich mit ein.

Diesmal sollte das Essen ganz anders sein – war es auch: Es war verkrampft. Als alles fertig aufgebaut war, saßen sie nur steif am Tisch, keiner traute sich anzufangen. Roy guckte irritiert. Bei Hans fiel es nicht auf, der hatte seinen üblichen Hundeblick. Alle warteten. Keiner wusste genau, auf was. Schließlich erhob sich Elise und hielt eine weitere Rede: Dies alles hier, was sie vor sich hatten, diese Speisen, die ihnen Gott geschenkt hatte, war zurzeit alles, was sie hätten, sie sollten das Beste daraus machen und sich dabei stets des Geschenks Gottes bewusst sein. Rafi wusste immer noch nicht, ob er nun essen sollte oder nicht, wie er dreinschauen, wie er sitzen sollte, um Elise nicht zu beleidigen. Vielleicht würde noch ein weiteres Vorgeplänkel kommen. Er war da in ein Spiel geraten, von dem er die Regeln nicht verstand.

Elise bestand darauf, den Abwasch selbst zu erledigen, und betonte, dass die kleine Feier Vorbildcharakter haben sollte. Sie wolle auch dringend darum bitten, dass die Männer nicht so viel fluchten, so entstünde nämlich negative Energie. Sie sollten bitte – sie sprach es nur leise aus – nicht immer fucking sagen; für sie war es immer noch: making love. Zum Nachtisch gab es Kakao mit einem extra Löffel Milchpulver. Elise räumte vorbidllich ab, Momo half, Mori las in seinem Buch mit seiner Nase knapp über der Schrift, der Rest der Männer hatte sich achtern zusammengefunden: Sie rauchten und plauderten leise.

Das war nicht gut.

Allein schon, dass sich ein Grüppchen bildete und über Abwesende redete, war bei einer so kleinen Crew gefährlich – und sie wussten es. Mehr als zwei = Meuterei. Sie hatten sich bisher zurückgehalten, hatten es um des lieben Friedens willen geschluckt. Wenn sie nun doch ihre Frustrationen herausließen, zeigte das nur, wie lange es gebrodelt hatte. Roy hatte es nicht weggesteckt, dass er ständig angefeindet wurde von Momo. Hans konnte es auch nicht ertragen, dass er mit Herablassung behandelt wurde. Rafi wusste genau, was er meinte, so gut kannte er ihn inzwischen, es war seine wunde Stelle: Keiner nahm ihn ernst. Roy nannte ihn seinen guten Maat, das war okay, doch so wie Momo Hans herumkommandierte, tat es ihm weh. Barry meinte, Elise sollte lieber Drahtspleiße machen, Frauen gehörten einfach nicht an den Herd. Roy fasste seine Meinung über das Essen in einem einzigen Wort zusammen: »Spoilt!«

Das fanden die anderen auch, und alle wussten, dass es der Startschuss zu einer Verschwörung war. Es würde noch eine Meuterei geben. Das war der Anfang. Das kleine Wort: spoilt!

15
Du musst doch ungefähr wissen, wo du herkommst

Hans hatte angefangen, einen Artikel zu schreiben; eine Schreibmaschine hatten sie ja, so eingestaubt, dass man gut erkennen konnte, welche Buchstaben besonders häufig gebraucht wurden. Er benützte ungewöhnlich schmales Papier, garantiert nicht im DIN-Format. Das erste Kapitel hieß »Die Idee«, dann folgten Abhandlungen über den »Aufbau der Organisation« und die ersten Eindrücke aus Afrika: »Gestrandet in Gambia«. Hans saß gerade an dem Kapitel »Lebensstil«, als Rafi mit einem Becher Kakao vorbeischaute.

Hans las ihm vor, was er zuletzt geschrieben hatte: »Bisweilen fühlen wir uns wie in einem Gefängnis. Wir liegen in schmutzigen Häfen herum, mit Ratten, Kakerlaken, Moskitos und Maden, das Boot ist nicht sauber zu kriegen, die Leute wollen nach Hause, nirgendwo Platz, um sich zwischendurch mal auszustrecken. Isolation, Abgespanntheit und Leere am Abend, kleine Reibereien, Männer-Frauen-Ungleichgewicht, unverwirklichte Prinzipien, Ideale, die unerreichbar sind. Glücklicherweise haben wir unsere Tiefs zu verschiedenen Zeitpunkten, sodass wir uns gegenseitig daran erinnern können, die Sache auch von der anderen Seite zu betrachten und nicht zu vergessen, dass wir Verantwortung gegenüber Namibia und all den Leuten haben, die uns so großzügig geholfen haben.«

Das Stöhnen war zu laut geworden. Zu laut eigentlich nicht. Doch so, dass beide das Gefühl hatten, sie müssten abwarten, bis die beiden fertig waren. Rafi hatte sogar das Gefühl, er müsste solange die Luft anhalten. Jetzt trieben die es schon tagsüber. Uhhh, uhhh... Wieder klang ihr Stöhnen schmerzerfüllt, Momo wirkte besonders ungeduldig – und genauso unglücklich. Es klang, als müsste es ungeheuer anstrengend sein, sie mussten schwitzen wie die Rennpferde. Wahrscheinlich klebten sie zusammen im gemeinsamen Schweiß. Es tat Rafi richtig weh, herumzusitzen und zum Zuhören verdammt zu sein.

Sie saßen noch ein Weilchen schweigend da, dann fing es wasserfallartig an zu regnen. Da konnte man den Rest des Tages eh vergessen. Rafi verkroch sich in seine Koje, konnte aber lange nicht einschlafen. Er lauschte und ließ dazu Musik in seinem Kopf abspielen, I got the apolitical blues.

Endlich sank er in Schlaf. Doch er wachte sofort wieder auf, weil ihm ein Kakerlak ins Gesicht gefallen war. Dieses blöde Vieh musste an der Decke herumgekrabbelt und ausgerechnet über seinem Gesicht abgestürzt sein. Nun lag er wach und konnte nicht einschlafen. Es regnete immer noch. Die Kakerlaken – hinterlistig wie sie waren – machten keine Geräusche, manchmal meinte man jedoch, sie leise zischen zu hören. Vielleicht kroch gerade eines der Viecher zehn Zentimeter über seinem Gesicht.

Eh er sich seine Einparkübungen gönnte, wollte er sich der Mutprobe stellen, die er ausgedacht hatte. Die Schiffe an der Mole ragten so weit aus dem Wasser, dass ihre gewaltigen Schrauben mit einem Durchmesser der Flügel von fast zehn Metern zu sehen waren. Rafi ruderte an den Wellentunnel und berührte die Schrauben mit den Händen. Er wusste genau, dass die Schraube, wenn sie angeworfen würde, ihn sofort umbringen könnte.

Dann wäre ich weg, sagte er sich – weg klang besser, als wenn er sich sagen müsste, dass er tot wäre. Er wollte gerne weg sein – weg von der Golden Harvest mit all den Geräuschen und lautlosen Kakerlaken. Wahrscheinlich würde er es vorher spüren, wenn die Schraube angeworfen würde, mit Sicherheit gäbe es Geräusche, die ihn warnen würden, aber er war nicht sicher, ob er dann Zeit hätte zu flüchten. Darüber wollte er sich auch kein abschließendes Urteil bilden. Es reichte ihm zu wissen, dass es hochgefährlich war, so dicht an die Schraube heranzufahren und sie zu berühren, als würde er das Leben selber spüren. Er hatte sich vorgenommen, leise bis hundert zu zählen und später die Zeit, die er in dieser Position aushielt, langsam zu steigern, doch es kam ihm aber schon vor der Fünfzig albern vor. Er wollte sich lieber wieder seinen Spielereien hingeben, den Träumen von Currywurst mit Fritten, und seiner Lieblingsbeschäftigung: dem Rückwärtseinparken.

Wer würde sich überhaupt für so einen Artikel interessieren? Rafi hatte sich nicht getraut, Hans zu fragen. Der wäre entmutigt gewesen. Rafi hatte Hans noch nie so hilflos erlebt wie in dem Augenblick, als er unterbrach, seine Brille abnahm, und beide das Ende des Lustgestöhns abwarten mussten. Es kam überhaupt nicht rüber, was an der Operation Namibia so toll war. Es war toll. Er wusste auch nicht, wie er das in Worte fassen sollte. Es gab tolleres Wetter, tollere Menschen, mehr Sterne am Himmel, alles war kräftiger, jedes Gefühl stärker, es gab mehr Farben, das Leben war anstrengender und schöner. Die Probleme waren echter. Wie sollte er jemals wieder in Clausthal-Zellerfeld mit den kleinlichen Luxussorgen leben können! Hier spielte sich das wahre Leben ab. In Deutschland machten sie daraus eine billige Parodie.

Das hieß aber auch, dass die Crew allein war. Keiner konnte würdigen, was sie hier durchmachten. Elise tat ihm inzwischen wirklich Leid. Sie war gewiss unglücklich mit Momo. Sie fühlte sich bestimmt nicht richtig verstanden. Je mehr sie sich an ihn klammerte, desto einsamer wurde sie. Sie brauchte noch mehr Lebewesen, denen sie sich anvertrauen konnte. Deshalb redete sie nicht nur mit den Tieren, sie betete auch gemeinsam mit ihnen.

Der Morgen war friedlich und schläfrig – ohne Anzeichen von Regen – und verführte wie immer zur Langsamkeit. Rafi umruderte das Schiff, kühlte sich die Füße und machte seine Wasserspiele. Vielleicht würde es die Aktion voranbringen, wenn er vor versammelter Mannschaft seine Meinung ausbreitete. Die dachten immer noch, dass er dagegen war, aufzubrechen, weil er derjenige war, der festgestellt hatte, dass ihr Schiff nicht hochseetüchtig sei. Wenn er nun erklärte, dass er seine Meinung geändert hatte – könnte das was bringen?

Er hatte sich noch etwas überlegt: Eigentlich wollte keiner nach Angola. Alle hatten Angst; keiner wollte der Erste sein, der es zugab. Man könnte ja vorher festlegen, dass es jedem freigestellt war, in Luanda von Bord zu gehen. Vielleicht würde es die Mannschaft erleichtern, wenn er erzählte, wie sie sich auf der Patria in die Hose gemacht hatten, als sie in Apapa an Land gehen wollten.

Je mehr er sich dem Schiff näherte, desto deutlicher spürte er, dass er gerade das nächste Unglück verpasst hatte – erstaunlich, wie gut er sich auf seine Intuition verlassen konnte. Alle waren wach. Alle warteten schon auf das Dingi. Was war passiert?

Morishta wollte an Land, erklärte Roy. Im Augenblick war er noch damit beschäftigt, sich den Schädel zu rasieren und unglückliche Grunzlaute von sich zu geben. Sobald er mit dem Rasieren fertig war, wollte er weg. Rafi würde ihn übersetzen. Gerne – aber warum?

Keiner fühlte sich zuständig, ihm den Vorfall zu erklären. Alle waren so betroffen, dass sie nicht einmal Musik ausgesucht hatten. Nur die Klagelaute von Morishta waren schwach im Hintergrund zu hören. »Mori goes«, mehr konnte Momo auch nicht sagen. Sollte das bedeuten, dass Morishta die Operation Namibia verlassen würde – ausgerechnet jetzt, wo sie bald aufbrechen wollten?

Alle sahen betreten zu, wie Morishta seine wenigen Sachen umständlich in sein orangenes Tuch wickelte. Er vermied jeden Blickkontakt, selbst mit Rafi. Er wirkte noch demütiger als sonst, und seine klagenden Laute hatten fast etwas Animalisches. Schließlich erklärte Kris: Morishta war auf Hans mit dem alten rostigen Messer losgegangen.

Wie bitte? Mori war auf Hans losgegangen? Und Hans?

Hans war unter Deck.

Reverend Morishta war fertig. Er hatte seine Sachen gepackt und stand in seiner stolz-demütigen Art leicht gebückt bereit, ins Dingi zu steigen. Er würde keine Erklärungen abgeben. Man konnte nicht mit ihm diskutieren. Man konnte sich nur seinem Willen beugen. Er würde auf der gesamten Strecke keine Regung zeigen. Er würde sich nicht bedanken für die Überfahrt, würde sich nicht verneigen, würde einfach an Land gehen und verschwinden, ohne sich umzudrehen.

So kam es auch.

Rafi machte noch einen kurzen Abstecher zur Schiffsschraube, hielt sich jedoch nur kurz dort auf. Die ersten Worte, die vom Schiff her zu hören waren, stammten eindeutig von Barry: Nun hätten sie einen Märtyrer weniger an Bord.

Ist die ON in Namibias politischer Situation noch relevant?

Das war die zentrale Frage, die sich Hans in seinem Artikel gestellt hatte. Sobald er seinen Text vorgelesen hatte, wollte ihn Rafi nach Morishta fragen.

»Das schwimmende Fiasko des Jahrzehnts«, fing Hans an, »Klammer auf: Afrikadienst, BBC London, Klammer zu. Die Operation Namibia hat sich ohne Zweifel, seit sie ins Leben gerufen wurde, sehr verändert. Vielleicht das am meisten ins Auge Springende sind mangels ausreichender Finanzen und realitätsnaher Einschätzung der Lage die sich ständig hinausschiebenden Termine, was zurzeit einen weitgehenden Zerfall der internationalen Organisation mit sich gebracht hat. Nichtsdestoweniger wissen eine Menge Leute, sogar in Ländern, die wir nie besucht haben, von unserer Aktion, wenn wir auch bisweilen belächelt werden – wie z. B. in einer Schlagzeile im *Windhoek Advertiser:* ›Käuze oder mondsüchtige Idealisten‹.

So mag es einige Zeit dauern, bis weltweiter Protest laut wird, falls wir in Namibia in Schwierigkeiten geraten. Für uns das Wichtigste: zunächst mal dort ankommen. Neben der Sorge um internationale Unterstützung hängt uns die quälende Frage schon zwei Jahre lang wie ein Damoklesschwert über dem Kopf: Hat das Projekt in der gegenwärtigen politischen Lage noch Relevanz?«

»Tut mit Leid, wenn ich unterbreche. Haben wir wirklich so schlechte Presse?«

War es denn ein Wunder? Was sollte man von einer Zeitung aus Windhoek erwarten? Da feierten sie immer noch Hitlers Geburtstag.

Gut, das gefiel Rafi sogar: endlich richtige Feinde. Es klang auch, als wäre Hans irgendwie stolz auf die Meldung im *Windhoek Advertiser.* Das Zitat vom Afrikadienst wurmte ihn allerdings. »Wie schätzt du denn die Funktion der so genannten freien Presse ein?« Rafi guckte, als müsste er noch etwas überlegen. In der Frage steckte schon die Antwort.

Es gab noch fiesere Artikel, in denen behauptet wurde, dass sie auf Golden Harvest pornografische Schriften hätten. Diese Journalisten dachten wohl, dass alles, was verboten ist, aus moralischen Gründen verboten war.

Hans war einfach nicht zu retten, er versuchte sogar für solche Schmierfinken Verständnis aufzubringen. Die Presse hatte sehr wohl die Möglichkeit, sich zu erkundigen, was für Bücher wirklich an Bord waren, wozu hatten sie ihren Kris, der x verschiedene Flugblätter und Listen über die Buchbestände jedem unter die Nase hielt, der es wissen wollte. Doch die ließen keine Gelegenheit aus, den Leuten an die Unterwäsche zu gehen. Es gab eine neue Sorte von Feinden: die Sensationspresse. Die interessierten sich für das Misslingen. Die wollten zugucken, wenn das Schiff kenterte, und im Geiste zogen sie die Aktivisten aus und blätterten lüstern in allen Büchern und Magazinen, ob es da peinliche Stellen gab oder wenigstens nackte Brüste wie im Fotoband von Leni Riefenstahl.

»Die Operation Namibia wurde im Juli 1975 geplant, sechs Wochen nachdem Südafrika eines der Ultimaten der Vereinten Nationen missachtet hatte, sich aus Namibia zurückzuziehen. Im Juni 1976 sahen wir Soweto.«

Davon hatte Rafi immerhin schon gehört.

»Im August sehen wir ein weiteres Ultimatum der UN verstreichen. Im Frühherbst kündigt Südafrika groß die verfassungsgebende Turnhallenkonferenz an, die Namibia Ende 1978 zur Unabhängigkeit führen soll. Die Konferenz besteht aus bezahlten Häuptlingen und Marionetten unter weißem Vorsitz. Das politische Spektrum in Namibia zeigt gegenwärtig drei Hauptkräfte: Erstens die SWAPO – South West African Peoples Organisation. Zweitens die NNF – Namibia National Front, zusammengesetzt aus der SWANU, der South West African National Union und anderen progressiven bis liberalen Gruppen. Und drittens der DTA – Democratic Turnhalle Alliance, geschoben, finanziert und bewaffnet von Südafrika und gefördert durch ausländisches, vor allem deutsches Geld.«

Rafi musste wieder unterbrechen, doch Hans verstand diesmal seine Frage nicht richtig. Er hatte sich zu vorsichtig ausgedrückt. Nein, Hans rechnete nicht mit großer Resonanz. Weil in seinem Artikel deutsche Interessen aufgedeckt würden, die deutsche Beteiligung an der Misere, vor der alle die Augen verschlossen. Hans lehnte sich zurück und nahm noch einen Schluck Kakao. In Deutschland wussten alle, dass sie in Afrika eine Leiche im Keller hatten, er musste nur an den Ausrottungsbefehl von General Trotha erinnern. Aber es wollte keiner wissen. Nicht mal die Studenten. Die blickten nach Westen, liefen in Ponchos herum, spendeten Blut für Nicaragua und sammelten Waffen für El Salvador. »Ich hab es doch versucht!« Hans resignierte noch nachträglich. Er war durch die Universitäten gezogen, Göttingen, Marburg, Tübingen, hatte in jeder Mensa Flugblätter verteilt. Keiner wollte was von Afrika wissen, von Gewaltlosigkeit auch nicht.

Rafi zuckte mit den Schultern. »Kann man sich denken.« In

der BRD war nichts los. Da gab es zurzeit nur ein Thema: die Fahndung nach Terroristen.

Hans fasste die traurige Wahrheit zusammen: »Es gibt im Moment nur zwei gesellschaftliche Gruppen, die unser Projekt und die Idee der Gewaltlosigkeit ideell, materiell und personell unterstützen.« Er machte eine dramatische Pause, damit Rafi schon mal raten konnte, welche das sein mochten. Es war still geworden – doch das Gemeine an der Stille war, dass sie jederzeit damit rechnen mussten, wieder das Lustgestöhn zu hören.

Erstens die Quäker. Die hatten einen großen Gottesdienst veranstaltet, als ihr Schiff in London auslief. Viele Spenden kamen aus ihrer Gemeindearbeit. Toleranz, Gewaltlosigkeit sowie die Liebe zur Natur waren ihre Werte. Viele der Greenpeace-Aktivisten waren bekanntlich Quäker.

Rafi konnte man damit nicht kommen. Er hatte mit der Kirche abgeschlossen. Der Glaube versetzte Berge, der Unglaube sprengte die Ketten. Religion war Trost für die Armen und Alten – nicht für Kämpfer. Rafi zuckte nur kurz, als Hans erwähnte, dass die Eltern von Elise Quäker waren.

»Zweitens die buddhistische Gemeinde in London, die einen ihrer Mönche mitgeschickt hatte.«

»Morishta!« Was war mit ihm?

Eigentlich war ein anderer vorgesehen. Der konnte aber nicht. Da war Morishta eingesprungen. »Als Ersatzmann, verstehst du?«

»Warum ist er von Bord gegangen?«

»Schon im April 1977 hatten die fünf westlichen Mächte, die sich bisher im Sicherheitsrat noch jedes Mal taub gestellt haben, wenn es um wirtschaftliche Sanktionen gegen Südafrika ging, nämlich die USA, Kanada, Frankreich, die BRD und Großbritannien, begonnen, eine diplomatische Initiative zu ergreifen, um Südafrika zu einer Lösung in Namibia zu bewegen. Das führte jedoch nur zu allgemeinen Repressionen und Festnahmen in Namibia, wie üblich mit Folter und ohne Anklage, gefolgt von Unruhen in Windhoek und Katatura, die 48 Tote forderten, unter ihnen Clemens Kapuuno.« Hier machte Hans wieder eine dramatische Pause. »Dann geschieht das Unglaubliche: Am Morgen des vierten Mai dringt Südafrika mit zwölf Kampfflugzeugen und Truppentransportern französischer beziehungsweise amerikanischer Herkunft 350 Kilometer nach Angola ein und ermordet 582 Flüchtlinge aus Namibia im Lager Kassinga.«

Davon hatte Rafi noch nie gehört. Da zeigte es sich wieder: Die Sensationspresse mit ihrem Blick auf nacktes Fleisch verschleierte die wichtigsten Sachen.

»Die anglikanische Kirche von Namibia, von denen drei Bischöfe von der illegalen südafrikanischen Verwaltung in Namibia deportiert worden sind, veröffentlichen daraufhin auf der Konferenz in Lesotho eine Erklärung, in der es unter anderem heißt: Unter diesen Umständen können jetzt die Vorschläge, die von der westlichen Kontaktgruppe vorgelegt worden sind, nicht länger als ausreichende Sicherheitsgarantien …«

»Die Kirche würde ich rauslassen.« Rafi wurde es langsam zu viel, vor allem zu viel Kirche.

»Es geht noch weiter: Ferner sehen wir die westlichen Zielsetzungen als von Habsucht motiviert an – sie zielen vorrangig darauf ab, Namibias Reichtum an Bodenschätzen weiterhin auszubeuten. Wir sehen ferner, dass die fünf Westmächte den unverhüllten Versuch machen, diejenigen Kräfte unter Druck zu setzen, die für die wahre Befreiung des Landes arbeiten.« Hans lehnte sich zurück.

Rafi war sicher, dass es auf die Bischöfe am allerwenigsten ankam, er glaubte nicht an deren Zauber, die konnten ihm auch keine Angst mehr machen. Er hatte sie genauso durchschaut wie seine Lehrer. Rafi wollte jetzt endlich wissen, wann Morishta wiederkommen würde, warum er, wie Kris erzählt hatte, auf Hans losgegangen war; das alles erschien ihm so unglaublich.

»He did it before.«

Als wenn das eine Erklärung wäre. Hans wirkte immer noch so seltsam ruhig. Das konnte einen wirklich in Rage bringen. Tat es ihm denn gar nicht Leid, dass Mori gegangen war?

In Gambia war Mori schon einmal an Land gegangen und hatte Zeremonien abgehalten. Hans hob resignierend die Hände, als wollte er sagen: Was willst du machen, diese Japaner gehen ihrer Wege. Damals hatte auch keiner gewusst, ob er wiederkommen würde. Eines schönen Tages, als ihr Schiff längst nicht mehr in Banjul war, hatte Hans ihn zufällig getroffen, er war an Land, und da war eine Menschenmenge wie beim Straßentheater – und wer war mittendrin?

Hatten sie ihn denn diesmal aufgegeben? Oder warteten sie darauf, dass er zurückkam? Sollten sie ihn suchen gehen?

Hans zuckte die Schultern.

War er damals auch mit dem Messer auf einen von der Crew losgegangen?

Hans nickte. Auf ihn. Da war vermutlich Alkohol im Spiel gewesen, der letzte Rest von dem Sekt, der noch von der Neujahrsfeier übrig war, den hatte er nicht vertragen.

Rafi konnte sich das überhaupt nicht vorstellen. Was machte er überhaupt an Land? Wie konnte er da überleben?

»Er tut Buße.«

Kris wurde mit Applaus begrüßt. Er brachte einen Stapel Post mit – was sich inzwischen alles so angesammelt hatte. Rafi gab es gleich einen kleinen Stich: nichts für ihn. Post war auch ein schlechtes Zeichen. Es hieß, dass man schon viel zu lang festlag und Poste-restante-Fächer eingerichtet hatte. Es war sowieso nicht die richtige Post: nichts aus London, nichts aus Philadelphia, nicht mal ein Newsletter.

Rafi stellte sich vor, dass der Brief von Jude auch an ihn gerichtet war und ihre Liebesgrüße auch ihm galten. Auch die Post von der Fri war für ihn – die war für alle an Bord. Die Fri war nach ihrem Mururoa-Abenteuer, eh sie sich Operation Namibia angeschlossen hatte, auf eine Friedensmission gegangen, über Japan, wo die Crew an der Gedenkfeier in Hiroshima teilgenommen hatte, über Korea und China nach Russland, wo sie versucht hatten, Saatkörner für Friedensbäume und persönliche Friedensbotschaften unter die Leute zu bringen. Eine Aktion, wie sie sich Yoko Ono ausgedacht haben könnte. Es kam Rafi reichlich spleenig vor, was John & Yoko alles ausbrüteten; immerhin sprang ab und zu ein guter Song dabei raus. Dann war es weitergegangen über Vietnam, Kambodscha, Singapur, Sri Lanka – Rafi träumte sich sofort weg, wie früher im Erdkundeunterricht. Er musste nur auf eine Karte gucken, schon ging er auf Traumreise. Auch in Afrika hörte das nicht auf. Die Fri hatte die halbe Welt umsegelt, sie war das bessere Schiff, es gab sogar schon einen Bildband *Fri Alert* – und Jude war die bessere Frau. Er hatte die Nieten gezogen: Er war auf dem falschen Schiff, zur falschen Zeit – als Jude schon weg war. Jude sah gut aus, hey Jude, don't make it bad, take a sad song and make it better. Jude war so rührend besorgt um die Golden Harvest und um die Besatzung einschließlich der Tiere, im Geiste segelte sie noch mit: Hier hätte sie einen großen Deutschen treffen können mit einem roten Kopftuch, der schon von ihr geträumt und sie in seinen Halbtraumbildern berührt hatte; go out and get her. Rafi kochte Kakao für sie, reichte ihr die Zigarette weiter, spielte für sie auf der Gitarre, the minute you let her under your skin, then you begin to make it better. In der Medizinkoje war ihre Hinterlassenschaft, für die ganze Crew, für Rafi persönlich, der wenigstens ihre Mittelchen ausprobieren konnte, diese süßen kleinen Ampullen, gegen Schlaflosigkeit etwa, so was konnte er immer gebrauchen. Er konnte trotzdem schlecht einschlafen, auch wenn er gleich drei von den Pillen nahm.

Kris hielt eine Vorrede, dass es im Sinne der ON sei, wenn sich die Mannschaft unterwegs ein wenig weiterbilde. Man hatte sich für ein Segelschiff entschieden, weil es eine schöne Symbolik hatte – auch weil es langsam war. Während der Reise sollte sich die Mannschaft menschlich näher kommen und auf die schwierige Phase der Konfrontation vorbereiten. Kris sah in dem Unterricht, den sie sich selbst erteilen wollten, einen idealen Kompromiss. Es war nämlich immer so, dass es bei allen Aktiven, die politisch arbeiten wollten, zwei Ansätze gab: Die einen wollten zuerst die Gesellschaft verändern, die anderen wollten erst mal bei sich selbst anfangen. Auch die Diskussionen an Bord spiegelten diesen Konflikt wider. Nun wollten sie an sich selbst arbeiten und gleichzeitig die gemeinsame Sache weiterverfolgen.

Roy hatte sich vorbereitet, fühlte sich aber sichtlich unwohl in seiner Rolle als Professor für Navigation. Er schnaufte immer so merkwürdig verklemmt durch die Nase. Er hatte da irgendeinen Tick. Momo hatte sofort eine Erklärung zur Hand: Roy wollte sein Wissen für sich behalten. »Stop playing games!«

Schon mit der ersten Lektion waren alle sichtlich überfordert. Roy versuchte, das Ganze noch einmal zusammenzufassen: Man brauchte ein Koordinatensystem, um überhaupt Eintragungen zu machen. Das Wichtigste dabei war eine Orientierung an einem Fixpunkt, und was lag näher als das Tagesgestirn, die Sonne. Dann handelte Roy die Fehlerquellen ab, die es auszuschließen galt. Er redete sich dabei immer tiefer in einen Sumpf mit magnetic variation und compass deviation, hight observed und hight comput, Greenwich hour angle, local hour angle, Greenwich maintime und altitude correction, hight of eye correction, lower and upper limp of the bodies. Schließlich verzweifelten alle. Momo kochte: »No more nonsense. No more kindergarten philosophy! We are all human, we all eat, we all shit, if you can do it, I can do it, I am human, too.«

Elise schüttelte den Kopf, als hätte sie es mit einem Verrückten zu tun. Sogar Hans änderte seinen Hundeblick. So kompliziert konnte es gar nicht sein. Es musste einfacher gehen. Roy machte absichtlich ein Staatsgeheimnis aus der Sache.

Momo wollte es wissen: Wenn es mich an irgendeinen mir unbekannten Ort auf dieser Welt verschlägt, welche Möglichkeit habe ich festzustellen, wo ich mich genau befinde?

Roy erklärte, dass man zuerst eine assumed position brauche. Ohne diese ungefähre Standortbestimmung war es unmöglich, genaue Positionsdaten zu errechnen. Im Grunde korrigierte man lediglich die erste, grobe Positionsangabe. Das hieß, dass man gar nicht bei Null anfangen konnte.

Hans wirkte unglücklich. Er saß wie immer schweigend da. Elise war überzeugt, dass alles, was Roy erzählte, reine Panikmache war.

Sie mussten sofort rauchen, um sich zu beruhigen.

War es nicht zu verrückt, um wahr zu sein? Schon im Fernglas war der Grieche deutlich zu identifizieren. Außerdem hatte es Rafi gewusst: Er hatte es im Gefühl gehabt, und sein Gefühl hatte bisher erstaunlich oft Recht behalten. Es war genau der Grieche, den er aus Apapa kannte. Es wäre doch möglich gewesen, aus Apapa auf dem Wasserwege rauszukommen. Ihre Mühe war also nicht vergeblich gewesen, Mühe war sowieso nie vergeblich. Sie hatten es richtig gemacht, als sie in Apapa die Schiffe abgeklappert hatten.

Rafi schmiss sich ins Dingi und wollte so stürmisch losrudern, dass ihm beide Riemen brachen. Die waren morsch geworden, diese lächerlichen Dinger, von denen er nur noch zwei lumpige Meterstücke übrig hatte, mit denen er bestenfalls lederstrumpfmäßig paddeln konnte: vorne im Bug auf einem Bein kniend, mal links, mal rechts wie bei einem Kanu. Rafi wusste auch, warum die Riemen gebrochen waren. Nicht nur, weil sie morsch geworden waren, sie waren vor Hunger zerbrochen.

Rafi überrumpelte den Griechen regelrecht. Der Kapitän hatte offensichtlich keine Lust auf Gesellschaft und fragte schnell, was Rafi wolle, damit er ihn – das war mehr als deutlich – wieder loswurde. Was zu essen, Käpt'n, dringend! Es würde Wunder wirken, wenn sie wieder richtig zubeißen könnten. Es würde die ON einen Riesenschritt voranbringen und alle versöhnen.

Er wurde mit dem Koch in die Kühlkammer geschickt, wo er eine ganze Ziege, die aus einem steif gefrorenen Leinensack herausragte, abtragen konnte. Die Kälte tat richtig weh, und es war ziemlich anstrengend, die Beute die Jakobsleiter runterzuschleppen, ins Dingi zu werfen und mit den lächerlichen Stumpen zurückzupaddeln. Unterwegs konnte er sich schon Gedanken machen, wie man den Brocken überhaupt zubereiten sollte. Er war ja kein richtiger Koch, er war das nur geworden, weil in seinem Seetauglichkeitszeugnis Decksdienst gestrichen war. Er hatte noch die Stimme im Ohr: Können Sie kochen? Küchendienst war die einzige Möglichkeit gewesen, auf kleine oder mittlere Fahrt zu gehen. So hatte er sich von Anfang durchgemogelt, geschickt nachgefragt, was die Mannschaft gerne essen würde, sodass bis Norwegen keiner gemerkt hatte, dass er gar keine Voraussetzungen mitbrachte, sie zu bekochen.

Schon als er den Leinensack entfernte, merkte er, wie sehr das Fleisch von Gefrierbrand geschädigt war. Überall gab es diese weißen und harten Stellen. Es würde eine Ewigkeit dauern, bis er mit seiner Krücke von Machete Fleisch abschneiden konnte. Es war sehr schlechtes Fleisch. Das konnte er jetzt schon sehen. Da stand er nun – ein Hochstapler von einem Koch – ohne richtiges Messer und ohne Grill.

Hans verzog sein Gesicht, sagte aber nichts. Selbst Roy guckte komisch und schniefte wieder. Bei Karl May – wenn Rafi sich recht erinnerte – gab es Szenen, in denen sich die Helden mit Trockenfleisch behalfen: Bären- oder Büffelfleisch wurde in kleine Streifen geschnitten, unter den Sattel gelegt, weich geritten und an der Luft getrocknet. Rafi schlug auf die Ziege ein. Sie fing an zu stinken, eh sie noch richtig aufgetaut war. Es war von Anfang an schrecklich und würde nur noch schrecklicher werden. Karl May hatte ihn reingelegt, der Grieche hatte ihn betrogen, die Ziege stank – Ziegen stanken immer, tot oder lebendig. Die Leichenteile wurden vergeblich in der Sonne ausgebreitet, um sie der salzhaltigen Luft und der direkten Grilleinwirkung der Sonne auszusetzen. Die würden stinken, stinken, stinken – und sonst gar nichts, stinken wie die Untaten seiner Vergangenheit.

Das ideale Schiff für seine Mutprobe lag geschätzt zwei Meter von der Pier entfernt, wo es kaum merklich hin- und herschwang. Rafi war beim dritten Betonpfahl, den er mit dem Dingi unrunden wollte – vier weitere hatte er noch vor sich –, als sich das Dingi nicht mehr bewegen ließ. Der riesige Pott hatte ihn erwischt. Eingeklemmt.

Der Stahlriese musste ganz sachte auf die Pier zugeschwungen sein, gerade als er durch die enge Gasse zwischen Schiffswand und Betonpfahl durchschlüpfen wollte. Es war lautlos passiert. Nun saß er fest. Das Dingi wurde sofort eingedellt. Gut, dass es aus diesem blöden Polyester war und nicht aus geklinkertem Holz – Holz wäre sofort gesplittert. Auf der Bahnhofsuhr gab es manchmal eine winzige Verzögerung: Wenn der Sekundenzeiger kurz vor der Zwölf war, schien er noch einmal einen winzigen Augenblick innezuhalten. So eine winzige Verzögerung hatte er noch. Dann wurde er von Panik erfasst.

Es war das Ende – ein lächerliches Ende, das er nicht verdient hatte. Er würde enden wie in einer Schrottpresse. Es würde nur ein kleines Geräusch geben, das niemand im Hafen hören könnte. Ein Knirschen, als würde ein Kakerlak zertreten. Krrr, das Riesenschiff musste nur durch eine Wellenbewegung bis an die Pier schwingen, und er wäre platt, im Dingi zusammengepresst, platt wie eine Briefmarke. Er wollte ein Gelübde ablegen, nie wieder Mutproben an der Schiffsschraube! Er war eingeklemmt. Das Dingi war beschädigt. Er schwebte in Lebensgefahr. Auf der Golden Harvest stank inzwischen das Ziegenfleisch vor sich hin. Warum musste er auch unnötig die Betonpfähle umrunden? Warum musste er Fahrten unternehmen, bei denen er sich von allen entfernte? Warum war er so ein schlechtes Mitglied einer ansonsten so guten Crew? Warum konnte er sich nicht der nötigen Disziplin fügen, obwohl es um eine gute Sache ging, eine so großartige Aufgabe, wie sie ihm in seinem Leben nie wieder gestellt werden würde.

Er versuchte zu drücken, stemmte sich mit aller Kraft gegen das Schiff und versuchte, es wegzudrücken, zwanzigtausend

Bruttoregistertonnen, mindestens, so was konnte er gut schätzen, es war absurd, das wusste er selber. Was sollte er tun? Man musste alles versuchen, immer, auch und gerade, wenn es aussichtslos erschien, so wie ihm die Lage aussichtslos erschienen war, als er in Apapa auf den erlösenden Schlag eines Schmetterlingsflügels gewartet hatte. Vielleicht könnte er von seiner eigenen Kraftanstrengung zusammenbrechen, implodieren, wie es die Fernsehgeräte angeblich taten. Er würde zerbröseln, an der Kraft zerbrechen, die er aufbieten musste. Es sollte wehtun. Noch mehr. Jedes innere Organ sollte den Schmerz genauso aushalten wie seine Muskeln. Er wollte leiden wie das Dingi.

Rafi schloss die Augen. Er sah ekelhafte Fleischstücke vor seiner inneren Leinwand, Fleisch, das sofort von Schwärmen schwarzer Fliegen zugedeckt wurde, sodass man nichts Rotes mehr erkennen konnte. Noch ließ er nicht nach. Noch war sein Schmerz nicht groß genug. Noch umfasste dieser Schmerz nicht alle Teile seines Körpers. Aber er merkte schon, dass er Blut schluckte – immerhin, im Mund blutete etwas. Er spürte wieder die Stellen, an dem ihm die Zähne gezogen waren. Der große Pott brauchte nur noch einen kleinen Schritt näher heranzuschwingen, dann würde er zerdrückt werden, und auf der Golden Harvest wären sie wütend, weil er ihnen das Dingi genommen hatte. Sein Tod wäre auch das Ende der Operation Namibia, er sah die Schlagzeilen schon vor sich: Dämlichkeit von Thomas Maria Raphael Schell führte zu vorzeitigem Ende des internationalen Bücherprojekts.

16
Eigentlich war er gar nicht mehr da

»Es war furchtbar – und dauerte lange. In der ersten Nacht mussten die Männer regelrecht mit ihm ringen, um ihn auf dem Lager festzuhalten. Dann packte das Fieber ihn, stieg bisweilen so hoch, dass sie ihn in Wolldecken einhüllten und ihn immer wieder mit frischem Wasser vom Wasserfall besprengten. Sein Fuß schwoll zur Größe einer Melone, das Gift kroch den Schenkel hinauf, und er weinte hilflos, so sehr hämmerte es in seinem Bein. Einen endlosen, schrecklichen Tag lang ging Sally mit sich zu Rate, ob es nicht besser sei, das Bein zu amputieren… In der Nacht darauf fragte sie Thorkild und Jenny verzweifelt und aufgewühlt, ob es gerechtfertigt wäre, Adam von seinem Elend zu erlösen…«

Morris L. West, *Insel der Seefahrer*

Das Glück war auf seiner Seite. Unmerklich hatte sich der Pott wieder von der Pier bewegt und das Dingi freigegeben. Hektisch paddelte er aus dem Gefahrenbereich, ließ sich ins Boot fallen und verschnaufte. Ehe er die Augen schloss, hatte er noch feststellen können, dass der Schaden nicht auf den ersten Blick zu erkennen war. Es war noch einmal gut gegangen. Es gab keine Spuren, die ihn verraten würden. Er sah ganz deutlich Morishta im Dingi sitzen und – das war der Beweis, wie unwirklich seine Erscheinungen waren – klopfte dem Japaner freundschaftlich auf die Schulter. So etwas würde er in Wirklichkeit nicht tun, nicht bei Mori. Er redete sogar auf Deutsch mit ihm: Na, Freundchen, wo hast du so lange gesteckt? Nun komm mal fix wieder mit. Sein Herz klopfte immer noch viel zu schnell. Er fasste jetzt einen wichtigen Beschluss: Er würde ein Opfer bringen. Er würde die läufige Katze an Land bringen. Sie hielt es sowieso nicht aus auf dem Schiff. Die Crew hielt ihr Miauen nicht aus. Er würde sie aussetzen, er sah es schon vor sich: Die Katze würde sich wehren und dann an Land verschwinden. Die anderen wussten genauso, dass es sein musste – keiner wollte sich die Finger schmutzig machen. Er würde es tun. Ohne es den anderen zu sagen. Er würde sich ekelhaft dabei fühlen. Er würde die Katze nicht mehr angucken, wenn er sie erst im Dingi hatte.

So kam es auch.

Für die nächste Unterrichtsstunde hatte sich Roy einen anderen Einstieg überlegt. Zunächst sollten sie lernen, im sexagesimalen System zu addieren und zu subtrahieren, weil so Winkel und Zeit gemessen wurden. Er hatte beim letzten Mal bemerkt, dass es da zu Verwirrungen gekommen war. Sie sollten das üben: Würde die 6 überschritten, müsste beim Addieren eine 1 ins nächsthöhere Zeit- oder Winkelmaß transportiert werden. Umgekehrt müsste beim Subtrahieren eine aus dem höheren Maß geliehene 1 als 60 ins niedere Maß übernommen werden.

»Okay, I can do it!« Momo war einverstanden.

Es wurde vereinbart, ab jetzt alles aufzuschreiben, was man gelernt hatte. Wie in der Schule. Winkelminuten und -sekunden wurden nicht als Dezimalbruch geschrieben, sondern mit Apostrophen, einer für die Minute, zwei für die Sekunden. Wobei die Breitengrade zweiziffrig zu schreiben waren, also beispielsweise 25° 04″ Süd, die Längengrade dagegen dreiziffrig: 130° 06″ West. Roy lächelte entschuldigend, er sei nicht der Einzige, der das auswendig kannte: die Koordinaten von Pitcairn Island, die auf der Seekarte falsch eingezeichnet waren und von den Meuterern zufällig als ideales Versteck entdeckt wurden.

Rafi und Kris waren begeistert. Die anderen nicht.

Roy wollte sie noch schnell mit den wichtigsten Abkürzungen vertraut machen: GHA für Greenwich Hour Angle, LHA für Local Hour Angle, GMT für Greenwich Main Time – gut, das wurde notiert. Als Zugabe noch ein paar Namen von Sternen, die Roy bei Gelegenheit zeigen wollte: Alpheraz, Schedar, Diphda, Hamal, Betelgeuse, Shail, Acrux, Alkaid – man musste die Namen nicht unbedingt wissen; man könnte die Sterne auch so im Auge behalten. Aber so machten die Hausaufgaben mehr Spaß.

Nicht für Momo: »We were always looked down-on as second rate citizens, als primitives, as savages, as the Dark Continent, as Third World.«

Ja, wie bitte schön, dachte Rafi, wollten sie denn bezeichnet werden? Fühlten die sich beleidigt, wenn man von Dritter Welt sprach, weil sie Nummer eins sein wollten? Wenn das die Dritte-Welt-Läden wüssten, die es neuerdings gab. Momo richtete sich direkt an Roy, als wäre er gemeint: »The white man was only here to steal our butter.«

Roy blickte auf die Seekarten. Er sah wirklich aus wie ein leidender Jesus im Kleinformat.

Momo redete sich immer mehr in Rage. Jeder Afrikaner habe das Potenzial, etwas Großes aus sich zu machen. Obwohl er selten einem Schwarzen begegnet sei, der tun konnte, wozu er Lust hatte, meinte er aufgebracht.

Aber, Professor Momo, so war das. Auch in Deutschland. Wer konnte schon so leben, wie es ihm beliebte?

Momo war nun nicht mehr zu bremsen. Er schien sich dem Höhepunkt seiner Ausführungen zu nähern: »The blackman is victim to mass murder, vandalism, genocide and barbaric atracitys by the white man in Africa.«

Alle schwiegen. Kris unterbrach seine Notizen und sah auf, als müsste er darüber nachdenken. Elise hielt sich die Hände vor die Augen – Kopfschmerzen? Hans hatte wieder seinen Hundeblick. Barry ließ den Kopf hängen und versuchte so zu tun, als wäre er nicht da.

Gut, Navigation war schwierig, das gab Roy zu. Nicht mal die französische Marine konnte richtig mit einem Sextanten umgehen, das hatte sich peinlicherweise herausgestellt, als sie die Protestschiffe vor Mururoa aufgebracht hatten, die sich sehr wohl in internationalen Gewässern befanden.

Alle wirkten erschöpft. Das Fleisch der Ziege stank. Man konnte es dummerweise bis in die master's cabin riechen. Rafi wollte – komme was wolle – Roys bester Schüler werden und es sogar mit einem Sextanten aufnehmen. Roy hatte extra schon ein Tuch auf dem Tisch ausgebreitet, öffnete die Kiste wieder, holte das gute Stück raus und zeigte, wie man ihn vorsichtig anfasste und wo man ihn besser nicht berührte. Reihum durften alle den Sextanten in der Hand wiegen. Momo weigerte sich glatt, das Ding anzufassen. Elise fand es langweilig.

»The two are not on board.« Barry gab die Botschaft konspirativ weiter: Momo und Elise waren nach Lomé zum Markt und hatten versichert, erst am Abend zurückzukommen. Die Gelegenheit war günstig für eine cocoa-&-weed party, wie sie es offiziell nannten, cocoa=Kakao, weed=Unkraut. Da konnte man getrost nackt erscheinen.

»Your balls are hanging fucking low, man«, kommentierte Barry das Gehänge.

Roy sah an sich runter und grinste: »Low yes, but not fucking.«

Sie fanden sich auf dem Decksabschnitt zwischen Fockmast und Hauptniedergang ein, legten Matratzen aus und lungerten sich hin. Kris erzählte, wie er sich schon in Lagos durch überraschende Nacktheit verteidigt hatte – Rafi war nicht sicher, wie ernst es gemeint war, Kris kicherte so merkwürdig. Doch Nackheit gehörte zur Strategie des passiven Widerstandes. Rafi kam es eher wie ein fauler Trick vor, was ihn nicht überraschte – was sollte es denn schon für großartige Strategien geben? Unter gewaltlosem Widerstand konnte er sich eh nicht viel vorstellen; Kris schon: Plötzliche Nacktheit würde den Gegner unbewusst hemmen und einen Schutzreflex auslösen. Wenn es nicht ausgemachte Sadisten wären, hätten alle eine angeborene Scheu gegenüber einem, der nackt war – zugleich war es ein

Zeichen, dass man keine Waffen trug. Er hatte es in Nigeria ausprobiert und sich sofort ausgezogen; das hatte die Soldaten ziemlich irritiert, und sie hatten ihn gezwungen, sich wenigstens die Unterhose wieder überzuziehen. Immerhin konnte Kris wieder locker über Lagos reden, als hätte er die fucking bastards angeschmiert. Abschließend brachte Kris den förmlichen Antrag ein, in Zukunft bei allen Rapporten die Formulierung »to give a fuck« stets durch »to give a shit of a fuck« zu ersetzen. Einstimmig angenommen.

Als Hans im Hauptniedergang auftauchte, riefen Kris und Roy, als hätten sie das lange geübt: »Respect yourself! You're losing your trousers!«

Hans guckte einen Moment lang verdattert, dann drehte er sich langsam um, zog seine Hose runter und streckte den Spöttern sein Hinterteil entgegen, die es mit spontanem Applaus bedachten und ihn für seine vorbildlichen Kenntnisse in den Methoden des passiven Widerstandes lobten.

Sie mussten dringend die Sau rauslassen. Rafi stimmte die Gitarre nach, und nun wurden irische Männerlieder abgesungen: »Under the old triangle, when we jingle jangle«. Barry kannt so manche Strophe, die es garantiert auf keiner Platte gab. Jeder kriegte noch einen Extralöffel Milchpulver, und grass wurde so geraucht, wie sie es für richtig hielten, ohne diese Wichtigtuerei drum herum. Sie hatten einen Zettel am Großmast, wo vorher die worklist gehangen hatte: zwei Köpfe im Profil, der linke Kopf hatte eine Tüte im Mund und der rechte eine Imperalistenzigarette; der linke Kopf war blumig, mit geheimnisvollen Konturen, Schmetterlingen; der rechte voll mit Geschwüren und der Inschrift: cancer. So war die Welt geregelt.

Oder vielleicht so: Gott hatte die Afrikaner und Affen gleichzeitig geschaffen, beide waren gut gelungen, und Gott sprach zu beiden, sie sollten arbeiten und die Schöpfung bewahren. Doch die Affen wollten nicht arbeiten, sie meinten, es genügte, wenn sie sich ein paar Bananen von den Bäumen rupften. Barry wollte gleich unterbrechen: Falsch, die Afrikaner arbeiteten nicht, die Affen schon, aber sein Einwand wurde abgewiesen, er sollte erst anhören, wie die Geschichte weiterging. Zur Strafe machte Gott die Affen hässlich, die Menschen dagegen schön – mit einigen Ausnahmen, wie Kris der Vollständigkeit halber ergänzen musste –, doch dabei gerieten ihm die Affen dermaßen hässlich, dass es Gott Leid tat, und zum Trost schenkte er den Affen die Musik – so ist die Musik in die Welt gekommen. Doch die Vollversammlung der ersten cocoa-&-weed party war sich ohne Gegenstimme einig, dass ihnen die afrikanische Musik a shit of a fuck wert war. Sie wollten einen reggaefreien Tag einlegen und wieder Dylan hören.

Rafi war froh, dass Momo die Geschichte nicht mitgekriegt hatte, der wäre sicher beleidigt gewesen; der fühlte sich schon gekränkt, wenn Roy versuchte, Astronavigation zu erklären. Kris versicherte zwar, dass es eine original afrikanische Legende war, gab Rafi aber Recht: Momo sollte das lieber nicht hören; es wirkte wie koloniales Denken.

Barry wollte die Gelegenheit nutzen und endlich eine Frage loswerden: Warum sammelten die hier nicht diese Plastiktüten ein, why not? Überall flogen diese Tüten rum und blieben irgendwo hängen, manchmal sah es schon aus, als läge ein Flaum von Plastik auf der Landschaft. In Gambia hatte er mal gesehen, dass jemand daraus ein Seil geflochten hatte, mit dem ein Holzlattenzaun zusammengehalten wurde. Warum konnten sie das nicht alle machen? Die saßen doch nur rum und machten nichts, es war offensichtlich, dass wahnsinnig viel Potenzial brach lag. Die könnten doch Seile knüpfen und sich daran erhängen, wenn ihnen nichts Besseres einfiel.

Hans konnte sich das auch nicht erklären. Die Afrikaner seien irgendwie – wie sollte man sagen? – nicht kritisch.

Überhaupt nicht, damit hatte er ins Schwarze getroffen, das hatten alle schon beobachtet: Die saßen im Dreck und ließen alles auf sich zukommen. Außerdem, wusste Barry, kannten sie kein Vorspiel, no petting, die schnappten sich eine weiße Frau und machten peng, peng.

Peng, peng, machten alle.

Barry hatte noch etwas beobachtet: Momo kletterte in der Takelage rum wie ein Affe, man konnte es nicht anders ausdrücken. Er verschleuderte seine Energie – mit voller Absicht, er wollte nämlich zeigen, dass er der Stärkere war. Barry hatte herausgefunden, wie die Welt in Wirklichkeit funktionierte: survival of the fittest, das war's. Elise ging mit dem Stärksten, Momo hatte die kräftigsten Arme und den längsten Schwanz, »pure biology«. Er hatte das Pech, bei diesem Spiel den Kürzeren zu ziehen. Dummerweise war die Kassette gerade bei ›Just Like A Woman‹ angekommen, Barry fing sofort an zu heulen, »she walks just like a woman, but she breaks just like a little girl«.

Alle redeten auf ihn ein, er solle noch einen irischen Song aus der Kiste packen; versuchten es mit einem Witz: Ein Franzose, ein Chinese und ein Afrikaner sitzen im Gefängnis, und jeder hat zwei Billardkugeln... Doch Barry war fertig mit den Affen und den Frauen, die cocoa-&-weed party war vorbei.

Seine Hände zitterten so, dass die Schrift vor seinen Augen wackelte. Er las das Kapitel über »Gesundheitsbestimmungen für die Einreise nach Namibia« mit dem Gefühl, als bekäme er sein Zeugnis ausgehändigt: mangelhaft, nicht bestanden. Er zitterte immer noch, als er den Zettel zum zweiten Mal durchgelesen und sich vergewissert hatte, alles richtig verstanden zu haben. Er hatte gerade einen kapitalen Fund gemacht. Hier hatte die Crew einen Grund, ihn wieder von Bord zu schicken. Sie mussten es sogar tun. Die Leute in London hatten es schon eingeplant. Sie hatten vermutet, dass die officials in Walfischbai formale Gründe finden – oder besser gesagt: suchen – würden, um dem Schiff die Einreise zu verweigern. Die zuständige Behörde konnte ein Gesundheitszeugnis verlangen, da wären sie in Walfischbai sicher strenger als in Benin. Die Turnhalle-Leute würde also jemanden schicken, um die Crew zu untersuchen, mit dem Hintergedanken, einen Grund zu finden, sie nicht einreisen zu lassen.

Er sah es bildhaft vor sich: Die Crew würde ihn aussetzen – aussetzen müssen. Rafi hatte nun mal – das musste er zugeben! – immer eine Abscheu gegen jede Art von Ausweisen gehabt. Nun rächten sich die Bürokraten, und der lange Arm der Verwaltung mit ihren unendlich vielen Bestimmungen, die sie nach Belieben zu ihren Gunsten auslegen konnten, reichte bis ins ehemalige Deutsch-Südwestafrika.

Er lag auf einer der Schaumstoffmatten zwischen Fockmast und Hauptniedergang, er war krank, und jeder konnte es sehen; jeder konnte über ihn stolpern, wie er da herumlag, halb tot, halb ohnmächtig, halb lebendig. Er konnte sich nicht mehr rühren und wollte es auch nicht. Zwischendurch dämmerte er ein, wachte ruckartig wieder auf, als würde er durch Schwingtüren in verschiedene Welten eintreten. Er merkte, wie ihm Momo einen feuchten Lappen an seine Stirn hielt, wahrscheinlich um das Fieber zu senken, aber warum? Fieber, wie es seine Mutter früher einmal messen konnte, gab es hier sowieso nicht, das war die normale Temperatur in diesen Breitengraden – oder waren es Längengrade? Dann hockte Momo über ihn gebeugt und lauste ihn – Sauberkeit war wichtig: eine Laus, dein Tod. Vielleicht waren es nicht Läuse, sondern Kakerlaken, die Momo von ihm entfernte, egal, er merkte sowieso keinen Unterschied mehr. Er hatte einen Wurm im Bein, aber das war nicht das Problem, den hatte Momo längst gefangen und mit einem Zwirnsfaden festgehalten, nun musste Momo diesen Wurm jeden Tag ein bisschen weiter rausdrehen, nicht zu kräftig, damit er nicht zerriss. Hans versuchte, ihm etwas Maniok einzuflößen, er musste sich den Brei in ganz winzigen Happen reinstopfen lassen, mehr wollte er sowieso nicht. Dann war es wieder Momo, der ihn fütterte – oder hatte sich Hans unmerklich in Momo verwandelt, oder wurde er, wie auf Schiffen üblich, von Momo abgelöst, weil wieder ein Tag vergangen war, ohne dass er es gemerkt hatte, als Strafe dafür, dass er sein Tagebuch vernachlässigt hatte?

Nun hatte er verloren. Er hatte keine Kraft mehr, sich dagegen anzustemmen, dass er auf einem Floß auf Stromschnellen flussabwärts trudelte. Er konnte sich noch erinnern, dass er früher einen großen Teil seiner Kräfte darauf verschwendet hatte, sich dagegen zu wehren – nun ließ er sich trudeln und konnte es sogar ein wenig genießen, wie auf dem Rummelplatz, abgesehen davon, dass ihm schwindelig wurde, aber es war eine ungeheure Erleichterung, sich nicht mehr festklammern zu müssen und sich treiben zu lassen. Da war es doch völlig egal, ob Momo oder Hans ihn fütterte und ob sie ihm Maniok mit Wasser einflößten oder reine Biologie. Die Musik war unglaublich schön geworden, es waren dieselben Lieder, seine alte Freunde, dennoch hatten sie eine Frischzellenkur hinter sich, sie hatten sich extra für ihn herausgeputzt. Bei den Liedern von Joni Mitchell wären ihm sofort die Tränen gekommen, wenn er noch irgendwelche Reste von Flüssigkeiten in sich gehabt hätte, so hinreißend traurig war ›Morning Morgantown‹. Früher hatte er daran nichts gefunden, jetzt merkte er erst, dass darin eine untergehende Welt besungen wurde. Nichts war mehr wie früher. Die ganze Wehmut lag allein schon in dieser zauberhaften Stimme; man konnte eine Gänsehaut kriegen, allein von der Stimme. Wahrscheinlich hatten sich seine Poren geweitet, und die Musik konnte ungehindert in ihn eindringen – dann sah er sich unvermutet auf dem Schonbezug, einem blütenweißen Schonbezug aus irgendwelchem teuren Plastikzeug, der, wie seine Mutter ihm eingetrichtert hatte, blütenweiß war, und er hatte die ehrenvolle Aufgabe, diesen blütenweißen Schonbezug zu beschützen vor all dem Dreck und dem Unrat, der um ihn herum wie eine Brandung anspülte; und er bettelte um Verständnis dafür, dass er in Afrika war, auf einer einzigen Müllhalde, und dass man unter diesen Umständen nicht von ihm verlangen könne, die Sauberkeit des Schonbezugs zu gewährleisten; aber alle versicherten ihm, dass gerade darin seine Aufgabe bestand, auch wenn er wusste, dass es ein hoffnungsloses Unterfangen war.

Jemand steckte ihm eine Tüte zwischen die Lippen, gut so, davon wurde man sofort gesund, wenn nur sein Bein nicht wäre, das immer noch entsetzlich wehtat, und das Gemeine an dem Schmerz war, dass er nicht nachließ, auch nicht wenn er schlief – nein, man musste genau genommen sagen, dass er sowieso nicht schlafen konnte, weil das Bein schmerzte, oder besser gesagt: Er konnte gar nicht mehr unterscheiden, ob er schlief oder dahinvegetierte. Einmal merkte er allerdings, dass er von zwei Sanitätern unter Deck getragen wurde, was nicht so einfach war, weil die beiden nicht an sein Bein anstoßen durften, und er wusste genau, warum er unter Deck getragen wurde, weil es in dicken Tropfen regnete, und wenn er sich dessen noch bewusst war, dann war das ein sicheres Zeichen dafür, dass sein Bewusstsein noch gut funktionierte und längst nicht alles verloren war.

Sein Vater war ganz seiner Meinung, Thomas hatte wieder dieselben gemischten Gefühle gegenüber seinem Alten, allerdings war sein Vater nachgewachsen, er war jetzt so groß wie zu der Zeit, als er acht war. Er äußerte sich sehr anerkennend in seiner viel zu ruhigen Art, die einem ziemlich auf die Nerven gehen konnte, sehr anerkennend sogar, mehr Anerkennung konnte man von so einem Vater gar nicht erwarten, und wie immer war die Anerkennung mit allerlei guten Ratschlägen für den weiteren Lebensweg angereichert, ja, sein Vater fand es in der Tat beachtlich, dass sich Thomas persönlich mit den Präsidenten Afrikas getroffen hatte. Es war wichtig, sich mit den führenden Männern der Welt gut zu verstehen, und er ermahnte ihn: Afrika ist unser Schicksal, Junge, das habe ich schon immer gesagt. Doch dann war da diese Stimme, die ihm bekannt vorkam, es war nicht King Kong, es musste ein anderer kaki soldier sein, der ihn anbrüllte: Go back now, I told you to go back now. Die hatten noch nicht verstanden, dass er kein Schulkind mehr war, man durfte ihn nicht so herumkommandieren.

Das hatte sich noch nicht rumgesprochen, es waren großartige Menschen, die man hier antreffen konnte, das schon, die hatten nur nicht mitgekriegt, dass er nicht mehr der kleine Thomas war, das mussten sie noch lernen, dann würde alles gut werden. Die Kakerlaken lernten gar nichts, die hatten sein Bein schon zur Hälfte angeknabbert, Kakerlaken machen so was, die fraßen einen bei lebendigem Leibe. Dann sah er hin und stellte erstaunt fest, dass sein Bein noch da war – so konnte man sich täuschen. Im Moment war kein Ostblockschiff da, er ließ sich genau aufzählen, was für Schiffe an der Mole festgemacht hatten, dabei machte er eine ganz interessante Feststellung: Es wurden immer weniger, weniger und weniger. Alle verließen Lomé, wahrscheinlich gab es einen einfachen Grund: Es musste der Angola-Krieg sein – oder war es Biafra? –, der sich so rasch ausgeweitet hatte, dass die Schiffe Lomé fluchtartig verließen. Alle, die sich noch bewegen konnten, sahen zu, dass sie schleunigst davonkamen, nur die Golden Harvest mit ihrer offenen Wunde kam nicht voran und musste irgendwann vom Krieg, der sich wie ein Ölfleck auf der Landkarte ausbreitete, eingeholt werden. Ihm konnte es egal sein. Sollte doch der Krieg kommen und das Schiff umrunden, er hatte nur noch einen Wunsch: Der Schmerz sollte nachlassen. Was hatte er denn vom Krieg zu befürchten? Etwa, dass er verwundet werden könnte? Verwundet war er schon, Schmerzen hatte er mehr als genug.

Die Maschine heulte. Kati Kelvin kam also in Schwung, die Golden Harvest wollte sich wohl noch in letzter Minute aus dem Kriegsgebiet zurückziehen, sehr vernünftig, aber die Freunde hatten nicht bedacht, dass Grey One noch an Land war, da konnten sie nicht losfahren, er musste dringend aufstehen und das Auslaufen verhindern, aber er konnte nicht aufstehen – schon gab Kati von alleine Ruhe. Wahrscheinlich hatten sie die Maschine nur zur Probe angeworfen, das wollte die alte Lady so, der musste man zwischendurch das Gefühl geben, dass man sie noch brauchte, nun war sie wieder still. Auch gut. Der Krach war schrecklich. Am schlimmsten war der Generator. Er konnte den Lärm keine Sekunde länger ertragen und war gleichzeitig so einsichtig, dass er verstand, dass der Lärm sein musste, dass er sich damit abfinden musste und lieber das Beste daraus machen sollte: Immer wenn der Generator brüllte, konnte er lauter stöhnen, ohne dass er damit die anderen unnötig beunruhigte oder erschreckte, denn sein Wimmern ging unter in dem Gedröhn, und es tat gut, laut aufzustöhnen, es war, als wollte man mit mentaler Kraft die Krankheit besiegen und sich dabei anfeuern, so hatte Elise das auch gemacht. So konnte man sich nebenbei gut den Tag einteilen: Wenn der Generator heulte, wurde gestöhnt, und er dachte nur: aufhören, aufhören – und hoffte, dass es aufhören würde wie der Zahnarzt mit dem Bohren, und er musste sich selbst überlisten, denn er wusste genau, dass es nicht besser werden würde, wenn der Generator endlich still wäre.

Ärgerlich waren auch die Leichenteile, die überall an Land herumlagen, sogar im Wasser schwammen sie, rund um das Boot; die gingen nicht unter, das wusste jeder: Leichenteile schwammen oben. Je kleiner die Teile, desto besser schwammen sie, und diese Teile stammten aus dem Krieg. Es waren Teile, die noch nicht ganz abgestorben waren, gerade das war so heimtückisch, die Arme konnten sich noch bewegen, man musste höllisch aufpassen, dass nicht zufällig eine geladene Pistole neben so einer Hand in Reichweite lag, da konnte es leicht passieren, dass die Hand sich die Pistole griff und schoss, auch die Füße traten nach einem und versuchten, einem ein Bein zu stellen. Am schlimmsten waren allerdings die Köpfe, die Befehle erteilten in einer Sprache, die er nicht kannte. Zwei starke Sanitäter hoben ihn hoch und schoben ihm den Eimer aus der master's cabin unter, es war sehr freundlich, dass sie ihm so eine kleine Hilfestellung leisteten, ansonsten brauchte er keine Hilfe, er wollte nur auf dem Deck liegen und jammern dürfen, solange der Generator brüllte, er wollte nichts essen, nichts trinken und war streng genommen für niemanden eine Last, denn er war gar nicht richtig da. Er konnte nicht erwarten, dass jemand etwas für ihn tat, er wollte auch nichts. Doch was wollte diese Frau an Bord mit ihrem Bikini? Bikinis waren an Bord verboten. Was hatte die hier verloren? Wieso war der Hafenkapitän da und unterhielt sich mit Hans? Warum ausgerechnet auf Deutsch? Das war nicht erlaubt. Wo hatte der plötzlich den Zollstock her? Warum ließen sie ihn nicht einfach ungestört krank sein? Die Bikinis waren längst nach Bahia abgereist, es irritierte ihn auch, dass er ganz deutlich das Bumm-Bumm von Mori hörte, der seine Zeremonien veranstaltete und sein Om herausrief und damit alles Kranke aus seinem Bein rausließ. Und er wusste genau, dass Mori nicht mehr an Bord war, er hatte ihn persönlich mit dem Dingi an Land gebracht, er konnte sich gut daran erinnern, und er kriegte auch mit, was an Deck alles besprochen wurde. Mori go, hieß es immer wieder, das hatte er schon mehrmals gehört, aber die waren auch nicht geschützt davor, schwere Schnitzer zu machen, so freundlich sie sein mochten, im Augenblick machten sie den Fehler, dass sie Mori und Barry verwechselten, und Barry trat noch einmal an seine Lagerstätte, um sich von ihm zu verabschieden, dabei war er längst schon von Bord gegangen, beziehungsweise Mori, mit dem Barry zurzeit verwechselt wurde. Es war auch nicht möglich, dass Barry gehen würde, das ging gar nicht. Er brauchte ein Auto mit Klimaanlage und einen Autositz mit Schonbezug, das war teuer, so viel Geld hatten sie nicht, wenn sie so viel Geld hätten, könnten sie sofort nach Namibia segeln, doch nun standen alle an Deck, um ihm hinterherzuwinken. Elise weinte sogar. Aber wenn Elise weinen würde – und sie weinte wirklich –, würde Barry sie nicht verlassen, so gut kannte er seinen Barry; ihm ging das doch genauso, er würde doch Elise nicht im Stich lassen, schon gar nicht, wenn beide so herzzerreißend weinten. Außerdem brauchten sie Barry an Bord, Barry durfte nicht gehen, er musste die Maschine reparieren. Die Freunde an Bord würden ihren Fehler schon noch bemerken, zum Glück konnte er ganz gut unterscheiden zwischen dem, was wichtig war, und dem, was man vernachlässigen konnte. Im Augenblick war nur wichtig, dass der Generator lief und damit die Zeit angebrochen war, zu jammern und zu wimmern. Nur das zählte. Danach würde alles besser werden.

Er war selbst überrascht, wieso ihn den Anblick so erfreute: Am Stückgutpier lag ein Schiff der DAL. Rafi konnte sich wieder erheben, konnte wieder sprechen, er brauchte keine Hilfe mehr, wenn er auf den Eimer musste, er konnte vielleicht sogar rudern, es war noch schwierig, das Dingi zu besteigen, aber es ging – nichts wie hin!

Er tauchte langsam wieder aus der Unterwelt der Krankheit auf, auch wenn das Rudern in der lächerlichen Karl-May-Methode weit über seine Kräfte ging und ihm jeder Hausarzt davon abgeraten hätte: Da war ein großes weißes Schiff von der Deutschen Afrika Linie, da waren Deutsche an Bord.

Einer half ihm an Bord zu klettern; es wäre schwer zu sagen, wer wen mit größeren Augen anstarrte: »Sag mal, wo kommst du denn her?«

Rafi war sich bewusst, dass er eine tolle Erscheinung war, er zeigte stolz auf sein Schiff; der Deutsche staunte nicht schlecht. Er war nicht viel älter als Rafi – ein bisschen vielleicht – und winkte ihn in seine Kammer. Rafi konnte es nicht fassen: dieses Bett, so glatt gestrichen, eine herrlich gekühlte Cola, dass es fast schmerzte, die Dose anzufassen; die Verschlussringe wurden in einen sauberen Aschenbecher gelegt, viereckig und groß wie ein Glasbaustein.

»Sag mal«, der Deutsche senkte überflüssigerweise die Stimme, »hast du irgendwie Kontakt zu Afrikanern?«

Und ob!

»Könntest du mir da nicht … ein bisschen Grass besorgen?« Der Deutsche steckte ihm schnell fünf Tausender zu, als wollte er sagen: Diese Geldübergabe hat nie stattgefunden.

»Wie heißt du überhaupt?« Rafi war völlig von den Socken. Wieso kannte so ein langweiliger Typ afrikanischen Tabak? Er hatte immer gedacht, dass er der einzige deutsche Seemann seiner Altersgruppe – vielleicht sogar der einzige überhaupt – war, der durch Kontakt zum wahren Afrika das Geheimnis kannte. So exklusiv war sein Wissen offenbar nicht. Der Deutsche wusste auch, dass man da nicht so leicht rankam. Wie hoch das Risiko war, wussten beide nicht. Mit seiner geheimnistuerischen Art ließ es der Deutsche ziemlich hoch erscheinen – auch durch seine offensichtlichen Bestechungsgeschenke: eine Flasche Portwein, vier Packungen Marlboro, die, selbst wenn sie bei der Crew unbeliebt waren, einen Tauschwert hatten, eine zweite Cola, ein Mars. Besonders verführerisch war das Angebot, in einer original deutschen Nasszelle duschen zu dürfen und den Rest vom Green-Apple-Shampoo aufzubrauchen – unglaublich, was es für phantastische und zugleich überflüssige Neuerungen gab: Shampoo, das intensiv nach Granny-Smith-Äpfeln duftete! Die reine Chemie, die etwas Natürliches in der Überdosis vorzauberte – so erkannte er seine Heimat, schon dieser Name, green apple: typisch BRD! Rafi duschte ausgiebig und wurde sich dabei über das Spielchen dieses Deutschen immer klarer. Der riskierte seine Tausender: Wenn Rafi damit durchbrannte, wäre das Geld eben futsch. Was Rafi für ein Risiko einging, musste er noch rauskriegen.

Er mochte sich kaum von der Dusche trennen, nicht mal von der Kabine; er erkannte die Billigbibel, dieselbe Ausgabe, die er gehabt hatte. Beide wollten nicht mehr über ihren Deal reden, das war jetzt Rafis Problem. Er hatte das Geld und den schwarzen Peter; er sollte sich so bald wie möglich melden. Dieter – so hieß der Deutsche – wusste nicht, wie lange sie noch in Lomé liegen würden.

»Das Problem kenne ich noch.«

»Viel Glück mit dem … du weißt schon.«

»Ja, thanks.«

Portwein und Marlboro wurden als unwillkommene Geschenke beiseite gelegt – die Tausender erregten großes Aufsehen. Alle schauten sich die Scheine an, als hätten sie noch nie Papiergeld in der Hand gehabt. Fünftausend Zeffa, errechnete Hans, waren umgerechnet etwa fünfzig Mark – eine unvorstellbare Summe; davon könnten sie sich lange ernähren. Es widersprach jedoch dem Ehrbegriff der gesamten noch vorhandenen Crew, dermaßen viel Geld ohne jede Gegenleistung anzunehmen. Das war Diebstahl. Sie waren hungrig, aber immer noch hoch sensibilisiert bei allem, was mit Geld und Ehre zu tun hate, gerade wenn Gelder als Spenden- oder Unterstützungsgelder getarnt waren. Wenn schon, dann wollten sie das Geld verdienen. Eigentlich hatten sie ausgemacht, in Afrika kein Geld anzunehmen.

Geschäfte im Spätkapitalismus waren grundsätzlich schmutzig, und diese CFA – zu denen sie Zeffa sagten – waren Bazillenträger; es war besser, man fasste das Geld nicht an. Geld war schmutzig. Hier in Afrika, wo so vieles heller und klarer erschien, war das mehr als deutlich – diese Scheine waren nicht nur symbolisch schmutzig, sie waren dermaßen dreckig, dass man sich ständig die Hände waschen müsste, wenn man Verkäufer wäre.

Dass sie das Geld dringend brauchten, musste nicht erst erwähnt werden. Sie brauchten Vitamine – sie brauchten selber frisches Grass. Außerdem musste man sich auch über eins klar sein: Es war der Kapitalismus, der das Geld vergiftet hatte, sie konnten nichts dafür; und es war die Gesellschaft, die so pervers war, den Handel mit einem Naturprodukt wie Grass unter Strafe zu stellen. Fast alle in Afrika, erklärte Momo, rauchten es regelmäßig, jeder Zweite würde es offen zugeben. Dennoch stand es unter Strafe, und das Risiko, erwischt zu werden, war schon deshalb groß, weil die Soldaten selber gerne rauchten und verschärft Kontrollen durchführten, um an den Stoff ranzukommen. Wenn einer von ihnen loszöge, würde er schnell etwas besorgen können – es aber auch genauso schnell wieder loswerden und obendrein verprügelt werden. Bei der Menge, die man für das Geld kriegte, waren obendrein ein oder zwei Monate Gefängnis drin.

Momo spuckte und schimpfte über die »United Nations fucked up philosophy!« Man hatte schon ab 1961 versucht, darauf hinzuwirken, den Gebrauch von Hanf weltweit zu verbieten und die Pflanze innerhalb von fünfundzwanzig Jahren auszurotten. Momo konnte auch sagen, warum: Hanf war ein Symbol der Kriegsgegner, wer Grass geraucht hatte, würde nicht mehr in Vietnam killen.

Das wusste Rafi schon, neu war ihm allerdings, dass der Feldzug auf den Fanatiker Harry J. Enslinger zurückging, einen kranken Mann, der schon 1937 dieses traditionelle Heil- und Genussmittel zum Narkotikum erklären ließ und anfing, Raucher als Verbrecher hinzustellen.

Der Kampf gegen African tobacco beruhte auf weißen Lügen, ihre Krebszigaretten würden die Amerikaner auf der ganzen Welt verkaufen. Das war »Colonialism today. Grass is not a drug period and it is as good as nature to the human being.« Okay, Momo erklärte sich bereit, welches zu besorgen – er wollte Elise mitnehmen. Alle fühlten sich erleichtert, die beiden wieder ein Weilchen von Bord zu haben, sie mussten nur noch Momos Vortrag bis zum bitteren Ende anhören.

»Rastaman vibration – bäh-arrr – positive!«

Es gab so viele Füllwörter. Bob Marley sang vielleicht so was wie: yea-a, positive, und daraus machte die zweite cocoa-&-weed party ein herzhaftes bäh-arrr, was so viel bedeuten sollte wie: kotz, würg. Sie fassten sich theatralisch, wie man es in Afrika liebte, an den Hals, als würden sie an der Musik ersticken; an den Bauch, als müssten sie sich übergeben – schade, dass Barry das nicht mitkriegte. Auch ›No Woman, No Cry‹ offenbarte jetzt seine wahre Bedeutung: keine Frau, kein Geschrei!

Sie waren sich so wunderbar einig.

Sie waren nur noch zu viert.

Sie brauchten dringend Verstärkung. Roy meinte, sie sollten an Land, um Leute zu shanghaien. Es war als Scherz gemeint, aber sie brauchten wirklich jede Hand. Wenn Momo und Elise auch noch wegblieben – mal angenommen, sie wollten es ja nicht hoffen, aber mal angenommen –, dann wären noch vier von der großartigen Aktion übrig. Wären sie dann in der Lage, das Schiff nach Walfischbai zu bringen?

Es wäre nicht einfach, aber nicht unmöglich. Sie könnten Kati Kelvin anwerfen und los. Sie bräuchten allerdings mehr Diesel.

Vielleicht konnten sie den Tank unterwegs nachfüllen lassen. Wenn Momo und Elise verhaftet wären ... Sie würden nicht einmal wissen, wo sie die beiden besuchen könnten. Letztlich wären sie nicht verloren. Elise müsste zur nächsten Botschaft und sich ausfliegen lassen. Momo würde wahrscheinlich früher oder später irgendwo in Westafrika untertauchen.

Wenn nun die beiden zurückkämen – morgen, übermorgen in drei Tagen – und feststellen müssten, dass die Golden Harvest nicht mehr in Lomé lag, was dann? Die müssten davon ausgehen, dass sie abgeschoben worden waren. Rafi konnte sich noch gut erinnern, was es für ein Gefühl war, an die Anlegestelle zu kommen und sein geliebtes Schiff nicht mehr vorzufinden. Er würde es den beiden nicht gerade gönnen – oder doch? Ehrlich gesagt, würde er es Momo schon gönnen. Er musste es ja nicht laut sagen. Für Momo wäre es nur halb so schlimm: Er war kein Seemann, er wusste nicht, was es hieß, ein Schiff zu verlieren. Elise würde er es nicht wünschen – oder?

Sie ließen den Portwein rumgehen. Ohne Barry war es einfach keine richtige Party mehr. Sie mussten sofort einen Beschluss fassen: Wenn Momo und Elise am nächsten Tag nicht auftauchen würden, wollten sie los, egal wie. Das war die einzige Entscheidung, zu der sie sich aufraffen konnten – außer der, den Portwein niederzumachen.

Rafi lag noch lange wach. Die Sterne waren diesmal sehr unruhig, sie gruppierten sich ständig neu. Er sah sich aufbrechen – es war ein wunderbares Gefühl, das Boot in Bewegung zu bringen. Elise hatte eine Lektion verdient, damit sie mal merkte, wie es war, im Stich gelassen zu werden. Der Gedanke erregte ihn richtig; nun, da er ihm zugeflogen war wie ein schwarzer Vogel. Warum waren sie denn nur noch vier? Das musste man auch mal fragen dürfen. Elise war schuld – es half nichts, den Gedanken zu verdrängen. Elise war schuld, dass sie Barry verloren hatten. So konnte man nicht mit den Gefühlen von Männern umspringen – so nicht, Elise!

17
So macht man das

Alle schwiegen – nicht hundertprozentig, sie grunzten sich freundlich an, dann hing jeder seinen Gedanken nach. Vermutlich hatten alle einen ziemlichen Kater. Keiner mochte der Erste sein, der den Rest der Crew daran erinnern wollte, was sie für einen Entschluss gefasst hatten. Jeder schien im Grunde froh zu sein, dass nichts passierte, einfach nichts. Es lief Musik. Jenny brüllte. Dann gab es wieder Musik. Das einzig Gute war, dass Momo und Elise – falls sie jemals wiederkommen sollten – den Verlust der Flasche Portwein nicht bemerken und auch nicht darüber schimpfen würden.

Momo nickte knapp, um zu zeigen, dass alles geklappt hatte, und flüsterte, dass er erst, wenn er auf dem Schiff in Sicherheit sei, mehr sagen wolle.

Er legte erleichtert die Beute auf den Tisch: mehrere Beutel, in braunem Packpapier eingeschlagen – fast zwei Kilo, schätzte Kris, wenn nicht mehr. Eine Riesenmenge. Die beiden hatten ihre Sache hervorragend gemacht, was natürlich nur durch gute Beziehungen zu den black brothers möglich war. Das war klar. Momo wies trotzdem immer wieder darauf hin. Sie hätten sonst nicht so viel gekriegt, also stand dem deutschen Seemann auch nicht die ganze Ausbeute zu, sie hatten keine Veranlassung, diesem Deutschen Geschenke zu machen. Außerden war ihr Geschäft nicht nur durch Beziehungen möglich geworden, sondern auch dadurch, dass sie sich in Gefahr gebracht hatten. Ihnen stand also eine Art Gefahrenzulage zu. Kurz: Sie beschlossen, ein gutes Kilo beiseite zu legen und dem Deutschen die kleinere Portion anzubieten. Rafi sollte ihm das irgendwie schmackhaft machen.

Es wollte keine rechte Freude aufkommen. Bei jedem meldete sich das schlechte Gewissen. Es wurde wieder und wieder hervorgehoben, dass die angestrebte Aufteilung mehr als gerechtfertigt war. Obendrein fassten sie einen Entschluss: Nach erfolgreichem Abschluss der Operation Namibia wollten sie einen großen Wald mit Grass-Bäumen anpflanzen, mit den Körnern, die sie beiseite gelegt hatten, einen Friedenswald, schöner und größer, als ihn Fela Kuti gehabt hatte. In Namibia würde sich bestimmt ein geeignetes Fleckchen finden. So ein Wald wäre ein schönes Symbol. Auch die Bounty hatte Affenbrotbäume geladen, um sie von der Südsee in die Karibik zu bringen – Gewürze und Samen gehörten eben zu einer richtigen Beiladung, zu den wahren Schätzen an Bord.

Rafi musste warten, bis sein Geschäftspartner frei hatte – er war es nicht mehr gewohnt, aber so war das, jetzt fiel es ihm wieder ein: Freie Zeit war rationiert. Rafi musste sich gedulden, bis er Vollzug melden konnte. Sie verzogen sich eilig in die Kammer, Rafi durfte wieder duschen.

Dieter war geplättet: so viel!

Rafi ärgerte sich sofort, versuchte aber, sich nichts anmerken zu lassen.

»Sag mal, könntest du nicht mal mit deinen Freunden reden, dass ich bei euch mitfahren kann. Nur so ein paar Tage?«

Rafi kriegte wieder Krebszigaretten und Portwein. Da konnte er nicht gleich Nein sagen.

»Ich hab mir das Schiff angeguckt, durchs Fernrohr: echt toll! Da würde ich gerne ein Stückchen mitfahren. Kannst du da nicht irgendwie dran drehen?« Dieter hielt ihn offenbar für allmächtig. Doch er war keiner, dem das Meer in den Knochen kochte. Der hatte es nicht verdient, auf der Golden Harvest mitzusegeln.

»Wir entscheiden alles in der Gruppe.«

»Aber du könntest doch versuchen, deinen Einfluss geltend zu machen.«

In den Papieren stand etwas über die Aufnahmebedingungen für Leute, die sich unterwegs dazugesellen wollten. Doch Rafi hatte sich vorgenommen, eine einsame Adenauer-Entscheidung zu treffen. Es war besser, den anderen erst gar nichts von Dieters Wunsch zu erzählen. Momo und Elise wären sowieso dagegen. Kris, Roy und Hans – dieser Gedanke gefiel ihm noch weniger – wären womöglich dafür, und damit würden seine Freunde noch nachträglich abwerten, dass sie ihn damals gewollt hatten.

Rafi wollte keinen Deutschen mehr an Bord. Er hatte die Entscheidung getroffen. Es musste schließlich jemand an Bord sein, der sich entscheiden – und notfalls eine führende Rolle übernehmen – konnte. Rafi sammelte aus den lächerlichen Karl-May-Fallen, die sie aufstellten, alle Kakerlaken, die noch zappelten. Er nahm dazu die Schöpfkelle aus der Küche, die er anschließend ausgiebig in Salzwasser schwenkte. Die Kakerlaken steckte er in die Tragetasche, die er Dieter noch zurückbringen musste.

Die Männer waren dazu übergegangen, nur noch Lendenschurz zu tragen und, wenn sie nachts unter Deck waren, sogar nackt herumzulaufen. Auch Rafi hatte sich an einen Lendenschurz gewöhnt – so gab es auch nur ein Kleidungsstück, das gewaschen werden musste. Er ahnte, dass er damit einen weiteren Schritt getan hatte. Seine Eltern und alle Lehrer wären dagegen gewesen, denn damit hatte er ein Stück abendländischer Kultur aufgegeben.

Das Frühstück bestand aus Maniok – wie originell! – mit matschigen Mangos angereichert. Es mussten die Reparaturen weitergeführt werden, stets im Wawa-Tempo; sie konnten nur mit dem Material arbeiten, das sie an Bord hatten, mit der

Kraft, die sie selber aufbringen konnten. Es gab keine Maschinen an Bord, jedes Loch musste mühsam mit dem Handbohrer gebohrt werden, und jeder Schnitt durch Holz mit Handsägen bewerkstelligt werden. Wenn man das bei über vierzig Grad machte, wusste man, was man getan hatte. Es waren sowieso keine richtigen Arbeiten, eher seltsame Zeremonien, die zu nichts führten.

Es war doch ein Fehler gewesen, das Tagebuch nicht regelmäßig zu führen. Nun hatte Rafi den Überblick verloren und eine weitere Niederlage erlitten. Der tägliche Kram durfte sich nicht zur Hauptsache aufspielen, man musste ihn durch Disziplin im Griff halten, sonst würde einen der Kleinkram in den Würgegriff nehmen.

Seit Momo und Elise wieder da waren, hatte sich sein Bein verschlechtert. Kris und Roy redeten immer weniger, als hätten sie verlernt, die sprachlichen Möglichkeiten zu nutzen. Die Gitarre ließ sich schon seit Tagen nicht mehr richtig stimmen. Es wurden keine Witze mehr erzählt; man körte keine irischen Songs mehr, auch ›Tubular Bells‹ nicht. Roy hatte offenbar die Hoffnung aufgegeben, aus dem Funkgerät noch mal was rauszuholen. Er saß an Deck und schrieb in ein Tagebuch, und als Rafi mal einen Blick über seine Schulter warf, sah er, dass es Zeichnungen waren von Schiffen, Segeln – alles klar: Roy träumte auch nur vor sich hin. Elise betete mit den Tieren. Hans schrieb nicht mehr an seinem Artikel weiter. Manchmal meinte man immer noch den Fleischgestank von der Griechenziege zu spüren, auch wenn das Fleisch längst über Bord gegangen war. Irgendjemand musste es weggeschmissen haben, als Rafi so krank war, dass er es nicht einmal gemerkt hatte. Elise und Momo stöhnten immer verzweifelter, immer lauter, immer öfter. Ab und zu kam dieser Hafenkapitän vorbei und plauderte mit Hans. Der Stapel Papiere aus London, den Rafi durcharbeiten wollte, wurde und wurde nicht kleiner. Die Kakerlaken vermehrten sich stündlich. Es gab kein Om mehr, kein erlösendes Bäng Bäng. Es wurde viel weniger geputzt; man konnte sich in den Schatten des Sonnensegels setzen und zugucken, wie die Golden Harvest immer dreckiger wurde.

Elise war krank. Sie lag in ihrer Koje und kämpfte mit mentalen Kräften. Doch bei ihr wusste man nie so recht: Ein bisschen krank wirkte sie eigentlich immer. Wenn man sie fragte, winkte sie nur ab: »Oh, I am happy!« Rafi humpelte an ihr Lager, um ihr die medizinischen Vorräte von Jude anzubieten; sie sollte sich davon etwas aussuchen. Elise stöhnte nur. »You are so stupid.«

Na gut, sie wollte in Ruhe gelassen werden.

Sie merkten gar nicht, wie die Tage träge vergingen. Einer nach dem anderen. Es war noch gar nicht lange her, da wollten die vier Freunde zusammen aufbrechen – mit schwerem Schaden in der Bordwand und nur wenig Diesel im Tank. Nun waren sie zurückgeworfen – es passierte wieder mal nichts. Kaum waren The Two, wie sie Momo und Elise inzwischen nannten, wieder da, war alles wieder wie gelähmt. Keiner traute sich, den Mund aufzumachen, weil sie fürchten mussten, sofort von Momo und Elise zurechtgewiesen zu werden. Wenn sie abends zusammensaßen und nach einem anstrengenden, aber fruchtlosen Tag ihre Tüte rauchten, und die beiden endlich runtergingen, um zu ficken, guckten sich die vier übrig gebliebenen Männer einverständig an – bäh-arrr, sie hatten ihre Chance verpasst.

Manchmal wurden die kleinen Lichter angemacht, sie hatten ja diese Luftdruck-Kerosin-Lampen an Bord, aber die waren fürchterlich grell; lieber nahmen sie Kerzen und die kleinen Glühbirnen, die noch genauso an den Drähten baumelten, wie Barry sie einst aufgehängt hatte. Meist war es Hans, der noch eine Runde Kakao reichte. Davon hatten sie Vorräte ohne Ende. Barry hatte irgendwann mal bemerkt, dass sie kein Bücherschiff seien, sondern ein Kakaoschiff.

So saß die geschlagene Mannschaft herum und versuchte, die Abendstimmung, so gut es ging, zu genießen. Dann fing auch Rafi an zu träumen, wenn ihn das Pochen im Bein nicht allzu sehr hinderte: Er sah sich mit der Golden Harvest die Elbe hochfahren, mit dem ›Apolitical Blues‹ voll aufgedreht. Am Ufer blieben die Spaziergänger stehen und lauschten.

Nach dem Waschen warf er gleich einen Blick durch das Fernglas, um festzustellen, was für Schiffe im Hafen lagen und ob er die morgendliche Tour nicht mit einem Besuch bei einem deutschen Schiff verbinden konnte. Er hatte sich inzwischen überlegt, wie man es anstellen musste, Deutsche einzuspannen. Es sollte keiner sagen können, dass sie nicht losfahren könnten, weil noch dieses oder jenes fehlte; er war entschlossen, dieses oder jenes zu besorgen – er hatte im Kopf, was sie noch brauchten, und wusste genau, wie er es einem Deutschen aus den Rippen leiern wollte. Ganz dringend brauchten sie neue Riemen für das Dingi – es war jedes Mal eine Tortur, sich in Karl-May-Manier quer durch den Hafen zu quälen, wenn man dabei von der Sonne gebraten wurde wie ein halbes Hähnchen, weil man von der Wasserseite ranmusste, weil da die Strickleitern hingen. Obendrein lagen die meisten Schiffe an der Westpier, und das bedeutete eine Menge Paddelei. Rafi war immer barfuß und musste jedes Mal, wenn die Leitern mittschiffs hingen, eine endlose Strecke über den glühend heißen Boden laufen, bis er die Mannschaftsquartiere erreichte, eine Quälerei, die jedem in der Seele wehtun musste, der so etwas mit ansah – sie sollten es alle sehen, allein schon für seine Mühe musste er belohnt werden. Da würde doch kein Deutscher Nein sagen können, das waren beachtliche Leistungen, die er erbrachte, da musste er gar nicht groß von den Zielen der Operation Namibia erzählen – sie brauchten ihn nur anzugucken mit geschwollenem Bein, barfuß, mit struppigen Haaren, die inzwischen ganz gut nachgewachsen waren. Er sah aus wie Robinson Crusoe persönlich, ihn würde man schon aus Neugier an Deck lassen.

Sein Trick war, nicht wie ein Bettler aufzutreten. Er musste die Leute dahin bringen, dass es ihnen eine Ehre sein würde, ihm etwas zuzustecken. Er durfte nicht den Fehler machen, zu früh damit herauszurücken, was er benötigte. Er tat immer, als wäre er rundum zufrieden, als bräuchte er nur einen Ratschlag – und den Deutschen wollte er sehen, der ihm nicht sofort damit dienen konnte. Er habe da nur noch ein winziges Problem: diese gebrochenen Riemen – vielleicht hatte jemand einen Tipp, wie man die reparieren konnte.

Und ob sie Tipps hatten! Diese morschen Dinger könne er vergessen, da solle er lieber zusehen, dass er neue kriegte, sie wollten gleich mal nachschauen, ob sie nicht zufällig welche übrig hätten. In der Zeit konnte sich Rafi mit dem Küchenpersonal anfreunden; denn, wie seine Brüder immer gesagt hatten: Er hatte nun mal einen Hang zum Küchenpersonal. Auch da durfte man nicht betteln. Ein richtiger Koch hatte den Naturtrieb, alle Welt zu füttern, ein richtiger Koch ließ auch keine Lebensmittel verderben. Natürlich gab es Schweine unter den Köchen, die absichtlich Brot wegwarfen, sodass Hungernde es mit ansehen konnten – Rafi war sich nie ganz sicher, ob nicht Gregor so einer war.

Die Golden Harvest hatten sie längst bemerkt! Alle! Sie hatten ja nur darauf gewartet, dass sich mal einer meldete. Rafi spielte seine Trümpfe langsam aus: Jawohl, sie waren mit diesem Segelschiff unterwegs. Jawohl, es war ein wunderschönes Schiff. Nein, sie hatten keine Angst, nach Angola zu fahren. Ja, sie hatten eine Frau an Bord. Es musste einfach funktionieren.

Es funktionierte auch.

Elise nannte ihn einen Schnorrer. Seine kleinen Eroberungzüge waren für sie »ship bumming«. Sie war natürlich nur deshalb gegen seine kleineren Eroberungszüge, weil sie das früher selber gemacht hatten. Statt froh zu sein, dass es wieder was zu essen und zu trinken gab, spielte sie die Moralische, als würde Rafi den Afrikanern etwas wegnehmen und nicht etwa den Deutschen. Er bettelte doch gar nicht. Das war doch gerade der Trick. Sie wollte ihn einfach nicht verstehen.

Er gab sich nun erst recht Mühe und machte seine Sache so

gut er konnte – und wenn es nur darum ging, den Kakao zuzubereiten. Die ahnten ja nicht, dass er sich inzwischen einen Ruck gegeben hatte, und wussten nicht, was es für ein Glücksgefühl war, wenn man sicher war, dass man nicht gepfuscht hatte, wenn auch die kleinen Verrichtungen ganz bewusst gemacht wurden. Rafi sah sich beim Wasserkochen genau den Kessel an und das Feuer darunter, und als er den Kakao mit dem Milchpulver und dem Wasser verquirlte, tat er das so intensiv, dass er etwas von sich mit einrührte: love.

Nachdem er im Morgendunst an der Pier nur ein mittelgroßes Stückgutschiff ausfindig machen konnte, ohne zu erkennen, welche Nationalität es hatte, merkte er schon an dem unverkennbaren Klogrün, dass es ein Schiff aus der DDR sein musste. In einem Anfall von Übermut ruderte er näher heran und versuchte es von vorne. Schon von weitem konnte er sehen, dass an der Gangway ein uniformierter Wachposten stand, weiter oben war noch einer postiert.

»Hallo! Sind Sie Deutscher?«

Dumme Frage, zugegeben. Keine Reaktion. Der Posten musste ihn gesehen haben, antwortete aber nicht.

»Ich komme vom Segelschiff Hafenmitte.« Er zeigte mit dem Finger rüber. Der Posten rührte sich nicht. Diese Grenzer waren wirklich ein besonderes Völkchen. Jedes andere menschliche Wesen hätte zumindest seine Augen in Richtung des Fingers gelenkt, wenn auch unwillkürlich. Der nicht. Der blieb ungerührt, da hätte er Faxen machen können wie ein Halbaffe. Dabei sah er nicht mal unsympathisch aus. Schon verstand Rafi: Der DDRler bewegte sich nicht, weil er von oben bewacht wurde. Rafi redete so laut, dass es auch der Mann, der von oben seinen Genossen kontrollierte, mithören konnte: Es ging um ein technisches Problem, für sein Ruderboot mussten noch Ösen an die Flacheisen geschweißt werden, sie könnten sich sicher denken, dass so etwas in Afrika nicht einfach zu erledigen war, da war er froh, ausgerechnet ein deutsches Schiff zu treffen – sie mussten ihm einfach helfen, wenn er mit dieser Masche kam. Da konnten sie doch nicht Nein sagen. Die sagten auch nicht Nein. Sie sagten gar nichts.

Rafi harrte aus, um sich wenigstens eine Antwort abzutrotzen. Es dauerte ein Weilchen, bis der obere schließlich sagte: »Beddeln un hausieren verbooden, junger Mann, würden Se vleischt die Gängweh frei machen?«

Wieso konnte der überhaupt ein Wort wie Gangway aussprechen, ohne daran zu ersticken! Waren die sicher, dass es nicht gegen irgendwelche Bestimmungen verstieß, so ein Fremdwort zu verwenden? Er schnaubte davon. Erst als es zu spät war, fiel ihm ein, mit was er am liebsten gekontert hätte: Sag du erst mal einen Satz mit Angola!

Es half alles nichts. Jeder wusste, dass sie Giftgas an Bord hatten, deutsches Giftgas aus Zuckerrübenmelasse, Zyklon B. Man musste sich ernsthaft überlegen, das Schiff gründlich auszugasen, um die Kakerlaken loszuwerden, auch wenn es womöglich eine endlose Diskussion um das Lebensrecht aller Lebewesen geben würde.

Mittlerweile waren alle genervt – allen waren die Biester schon ins Gesicht gefallen. Alle waren zermürbt – als wären sie angeknabbert. Doch sie konnten sich wehren, sie hatten drei Giftgasbomben, die aussahen wie diese Dinger, die es zu Silvester gab – Donnerschlag hießen die, wenn Rafi sich recht erinnerte, oben mit Lunte dran, dazu eine Reibfläche, wie bei einem Streichholz. Die mussten möglichst weit unten deponiert werden, angerieben an einer Streichholzschachtel – dann hatte man etwa fünf Minuten Zeit, sich in Sicherheit zu bringen.

Die Entscheidung fiel nicht so schwer, wie Rafi befürchtet hatte. Keiner hatte es aussprechen wollen – als es raus war, wirkten alle erleichtert. Der Anker wurde hochgenommen, Kati wurde angeworfen und machte nach zwei Anläufen mit, so konnten sie an der rostigen Insel anlegen. Das Wetter sah stabil aus, sie könnten gut eine Nacht auf ihrer glücklichen Insel verbringen. Den Büchern würde das Gas nichts ausmachen, dennoch schaffte Rafi ein paar kostbare Handbücher von Bord. Natürlich holten sie auch die wenigen privaten Sachen und Lebensmittel – alles, was nicht hermetisch abgeschlossen war.

Sie bewegten sich langsam, es entsprach dem afrikanischen Tempo und war zugleich ein letztes Entgegenkommen an die Kakerlaken; man wollte ihnen durch gezieltes Trödeln eine Galgenfrist gewähren. Elise kümmerte sich um die großen Tiere und redete lange mit dem Huhn. Die Katze wiederum ließ sich erstaunlich leicht von Bord bringen. Wahrscheinlich war sie nur zu faul, sich zu wehren.

Es wäre so schön, das Schiff kakerlakenfrei zu haben. Sonst würde man sich nie richtig wohl fühlen. Man war einfach nie sicher vor diesen Viechern, gerade wenn man schlafen oder sich entspannen wollte, kamen sie einem ins Gehege. Diese Kakerlaken waren immer da, auch wenn man sie nicht sehen konnte. Wieder fiel ihm der Kakerlak ein, der von No Nonsense zerhackt und in zwei Richtungen davongelaufen war – er hatte das Bild deutlich vor Augen. So was musste ein Ende haben. Der Frieden an Bord war es wert, verteidigt zu werden gegen heimtückische Feinde, die sich im Halbschatten heranschlichen. Die fraßen nicht nur Luftpostpapier, die gingen schon an die Bücher.

Hans gab zu bedenken, dass sie in drei Schritten vorgehen müssten. Deshalb hatten sie drei Patronen. Mit einem Angriff würden nur die Kakerlaken erwischt, die aus dem Ei geschlüpft waren. Die Eier selber würden vom Gas nicht berührt. Die nächste Generation müsste in einem zweiten Schlag – etwa zwei bis sechs Wochen später – ausgerottet werden, und erst mit einem dritten Angriff hätte man sie alle erreicht. Egal. Bis dahin waren sie längst in Namibia. Nun wollten sie richtig zuschlagen – wenn schon, denn schon.

Natürlich hatten alle ein schlechtes Gewissen, ein sehr schlechtes sogar – fast so, als könnte man es ihnen ansehen. Roy und Rafi machten sich daran, mit Hanftauen die Luken luftdicht abzuschließen. Rafi ließ sich ein letztes Mal erklären, wie die Dinger funktionierten – es war eine Art Granulat, das bei der Berührung mit der Luft die tödlichen Gase freisetzte. Die Luken waren nun so gut wie möglich versiegelt. Sie mussten nur noch die Bomben zünden, schnell raus, die letzte Luke schließen und dann das Gas wirken lassen. Zwei Tage. Das müsste genügen. Rafi konnte es natürlich nicht vermeiden, an Auschwitz zu denken. Er sah wieder diese Dosen vor sich, die alle in einem Schaukasten gesammelt waren; es wirkte so harmlos – nur eine Ansammlung von Dosen, die man offensichtlich mit einem Taschenmesser geöffnet hatte. Daneben war eine Fahrgenehmigung ausgestellt gewesen: ein Blatt Papier, auf dem stand, dass dies eine Fahrgenehmigung war, die es dem Fahrer erlaubte, nach Dessau zu fahren, um neue Blechdosen zu holen. Erstaunlich, dass sie, um den Nachschub von Zyklon B sicherzustellen, Fahrgenehmigungen ausstellen mussten. Da konnte nicht einfach einer heimlich nach Dessau geschickt werden, nein, nein, da musste schon eine Genehmigung her – einer stellte sie aus, einer unterschrieb, einer fuhr los, einer lud eine Dose ab, einer öffnete sie.

Roy erklärte sich bereit, die Zündungen vorzunehmen, Rafi assistierte. Roy traute sich erstaunlich nah an die Donnerschläge heran. Rafi musste an Bombenentschärfer denken, die offiziellen Helden seiner Kindheit. Zwar würden ihre Gasbomben nicht explodieren, Roy war nicht gefährdet, dennoch war es eine heikle Sache, die Überwindung erforderte. Roy stieg von vorne ins Kabelgatt und zündete eine Gasbombe, dann eilte er zur nächsten Patrone im messroom, dann nach achtern in der master's cabin. Roy flitzte heraus, sie dichteten die Luke ab und verließen fluchtartig das Schiff.

Gut, dass noch was von dem ungeliebten Wein da war, diesmal tranken alle reichlich. Rafi kam ein Lied, das er in der Volksschule gelernt hatte, in Erinnerung: Wer jetzig Zeiten leben will, muss ha'n ein tapferes Herze … Hier wusste er nicht weiter, irgend so was wie: bereitet uns viel Schmerze. So war es mit den Kakerlaken, die hatten ihnen kleine Schmerzen bereitet und großen Ekel. Nun fiel ihm ein, wie das Lied weiterging: Es steh'n ganz unverzagt in seiner blanken Wehre, dass sich der Feind nicht an uns wagt, es geht um Gut und Ehre.

Momo opferte eine Bibel – davon hatten sie reichlich –, um aus dem Papier eine Tüte zu basteln. Bei der Gelegenheit las er Zitate vor und fing übergangslos von der Berliner Konferenz an: »Africa must unite!«

Rafi wusste erst gar nicht, was Momo meinte, aber es hatte in Berlin im Jahre achtzehnhundert irgendwann eine Konferenz gegeben, bei der die Staatsgrenzen in Afrika festgelegt worden waren, die noch Gültigkeit hatten. Berlin war so lächerlich weit weg. Politik war einfach absurd. Die Afrikaner waren gefangen in ihrem Afrika, sie konnten nicht ins Nachbarland, weil da diese Grenzen waren, willkürliche Trennlinien, die man einst in Berlin festgelegt hatte.

Der nächste Tag fing heiß an. Auf der rostigen Insel hatten sie keinen Sonnenschutz, die Pontons heizten sich unglaublich schnell auf. So fingen sie schon früh an zu beraten, ob es nicht langsam genug sein müsste.

Gegen Mittag konnten sie es kaum noch aushalten. Roy und Rafi enterten das Schiff und öffneten die Luken. Sie klappten die Deckel auf und guckten rein – ein unglaubliches Schauspiel: Es mussten Millionen Kakerlaken sein, die überall rumlagen und noch zappelten. Die mussten vom Gas aus allen Ritzen gelockt worden sein und waren verendet. Man müsste sie mit einer Kohlenschütte rausschaufeln. Es war furchtbar, was sie da angerichtet hatten, ein Massenmord. Doch nun waren sie die Biester los. Roy und Rafi konnten der Crew einen großen Erfolg vermelden: Es sah schrecklich aus, der Boden im messroom war bedeckt mit einer dicken schwarz-braunen Schicht, die immer noch zuckte, eine gigantische Schrotthalde aus Kakerlakenpanzern. Sie hätten nicht gedacht, dass sie so viele auf dem Schiff gehabt hatten; es musste unendlich schwer sein.

Natürlich ekelten sich alle vor der Aufgabe, die Kadaver in Eimer zu schaufeln und über Bord zu kippen. Mehr noch fürchteten sie das Gas. Es war zwar unerträglich heiß auf ihrer Insel, dennoch war es besser, das Schiff weiter auslüften zu lassen. Sie bräuchten Gasmasken oder müssten sich wie Taucher einkleiden, und so blieb ihnen nichts anders übrig, als ungefähr abzuschätzen, wann es so weit sein würde, dass man gefahrlos die Kadaver von Bord schaffen konnte.

Sie ließen noch etwa zwei Stunden vergehen. Das musste reichen. Es kam eine leichte Brise auf, damit würde das Gas schneller verfliegen. Roy, Rafi, Hans, Kris und Momo zogen los, um zu tun, was getan werden musste.

Sie schrien auf, als sie durch die Luken sahen.

Da waren kaum noch Kakerlaken. Neunzig Prozent des Ungeziefers, das sie noch vor zwei Stunden gesehen hatten, waren wieder verschwunden. Die mussten sich in der frischen Luft erholt und in Sicherheit gebracht haben.

Momo wurde sofort verrückt. Er führte einen verzweifelten Tanz auf, den man kaum mit ansehen konnte. Barfuß wie er war, sprang er auf die Kakerlaken, trampelte wild auf ihnen herum, ballte die Fäuste und stieß Verwünschungen aus. Er schwor, dass er sie umbringen würde. All die kleinen Ungeheuer wollte er persönlich zertreten und zermatschen. »I can't stand it any more! I'll kill you, all of you!« Er steigerte sich immer mehr in eine Ekelekstase, die alle erschauern ließ.

Die Männer fingen schweigend an, ein paar Eimer vollzuschaufeln, hochzutragen und über Bord zu kippen. Das Einschaufeln der wabbelnden Masse war furchtbar; es war genauso furchtbar, den zu drei Viertel gefüllten Eimer hochzutragen. Wenn auch nur ein Kakerlak am Griff hochgekrabbelt wäre, hätte Rafi den Eimer schreiend fallen lassen. Es war genauso furchtbar, den Eimer zu entleeren. Die waren nur betäubt, die lebten noch, die würden sofort wieder an Bord klettern. Man müsste sie mit dem Dingi ein Stück weit rausfahren … nein, um Gottes willen, wer würde es schon über sich bringen, mit einem

Eimer voll halb toter Kakerlaken in ein und demselben Dingi zu sitzen?

Um die Golden Harvest herum schwammen nun Lachen von zuckenden Kakerlaken. Momo fing an, sich die Füße zu bürsten und sie mit einem scharfen Reinigungsmittel zu waschen, fest entschlossen, den Zwanzigliterbehälter aufzubrauchen. Sie verfielen in einen Putzwahn, sie schrubbten verzweifelt und hätten so ewig weiterputzen können. Alle wollten lieber noch eine weitere Nacht auf der rostigen Insel schlafen und die wund gescheuerte Golden Harvest auslüften lassen.

Jeder suchte sich einen Platz für sich allein. Nur Momo und Elise standen dicht beieinander und flüsterten. Jeder gab sich seiner Schuld hin und dem Gefühl, versagt zu haben. Jetzt fing auch Rafis Bein wieder an zu zucken; das einzig Gute an diesem verdammten Kakerlakenkrieg war, dass er darüber seine Schmerzen vergessen hatte. Nun meldete sich sein Bein wieder, und Rafi schwor, jede Kakerlake, die es wagen würde, sein Bein zu berühren, zu Staub zu zermalmen.

Noch eh es richtig hell – und heiß – werden konnte, ging Rafi mit gutem Beispiel voran, schrubbte das Deck, um das Schiff wenigstens von außen sauber zu kriegen. Momo und Elise wischten Deckbalken, Bänke, Tische. Hans und Roy nahmen sich den Maschinenraum vor und achtern die master's cabin. Alles, was sie auf ihrer Insel an Effekten hatten, wurde gründlich durchgeschüttelt und Stück für Stück zurück an Bord gebracht. Es wurden nur noch wenige Kakerlaken gesehen, vereinzelt im Seesack, in den Kleidern, das Millionenheer hatte sich wieder verkrochen, jetzt ging es darum, das Gas abzuwaschen, von allen Wänden und vom Tisch – immer wieder vom Tisch.

Sein Bein war jetzt richtig schwarz geworden; er hatte längst gemerkt, dass da etwas Unheilvolles im Gange war; sein Bein arbeitete unentwegt und pulsierte. Er musste zu dem Russenschiff, sein Bein glänzte schon, die Haut war zum Zerplatzen gespannt – und war eher bläulich als schwarz. An Deck konnte er sich nur mühevoll bewegen, er konnte das Bein nicht belasten, er musste viel mit den Armen arbeiten. Fieber hatte er, wenn auch nicht stark.

Es war wieder ordentlich was los im Hafen. Insgesamt lagen vier Koreaner da, je zwei an Backbord und zwei an Steuerbord von diesem Russen. Er musste also zuerst an einem der Koreaner längsseits gehen und dann beide überqueren. Dazu war eine Menge Kletterarbeit nötig – es war der reine Wahnsinn: Rafi war Käpt'n Ahab mit dem Holzbein, nicht mehr zu stoppen in seiner Entschlossenheit. Die wollten ihn auch nicht stoppen, denen war es ganz egal, dass da ein auferstandener Käpt'n Ahab über Korea in die Sowjetunion einreisen wollte – wozu er entschlossen war und was er in Russland wollte, war den Lumpengesellen aus Korea egal. Ihr Schiff war viel zu verrostet und lag bedenklich tief im Wasser – man musste schon sehr gleichgültig geworden sein, um das aushalten zu können, da machte eine verrückte Erscheinung an Bord auch nichts mehr aus.

War es nicht verwunderlich, dass er die Situation regelrecht genießen konnte? Die Krankheit gab ihm irgendwie Kraft. Er war am Rande einer Klippe angekommen. Er konnte nicht zurück. Es konnte nur besser werden. Er war unwiderstehlich geworden. Ein gesunder Mensch könnte nie so einen Kampfgeist an den Tag legen wie er mit seinem Hinkebein. Er hatte es schon bis zu den geöffneten Kühlluken geschafft, aus denen die Kälte angenehm herausrauchte, hier konnte er verschnaufen, und er hätte gut und gerne länger da bleiben mögen, wenn er nicht Besseres zu tun gehabt hätte; er musste zu einem Doktor, das war alles, was zählte. Das Leben war plötzlich einfach geworden. Er hielt sich auf dem koreanischen Schiff an der geöffneten Kühlluke fest und hatte von da aus noch knapp fünf Meter Jakobsleiter vor sich, einen Fünfer im Freibad, einen echten Angstgegner, da musste er sich hochhangeln, immer mit den Armen ziehen und mit dem linken Bein auftreten, er musste es schaffen.

Er war fix und fertig, als er oben war, und fragte den ersten Seemann nach einem Doktor. Der verstand kein Wort. Rafi machte das internationale Zeichen für Kapitän, vier Finger auf die Schulter, wie in diesem Ostfriesenwitz, das verstand der Russe auch nicht, aber er machte es gutwillig nach, immerhin. Doch wenn dieser Russe noch eine Sekunde länger einen auf begriffsstutzig machte, würde er auf der Stelle ohnmächtig umfallen, direkt auf russischem Hoheitsgebiet. Es war ein wunderbar heruntergekommenes Schiff, so viel konnte er noch wahrnehmen, gleich würde er am Boden liegen, mitten auf dem halb gerundeten Achterdeck mit schöner Holzgräting und einem freien Ruderstand.

Drinnen brannte ein seltsam kühles Licht – verrückt, was die Russen für Beleuchtungen hatten, man merkte genau, dass sie einen anderen Geschmack hatten. Auf DDR-Schiffen gab es manchmal diese bonbonfarbene Beleuchtung, die nur peinlich war, hier war die Peinlichkeit gleich zwei Nummern größer; hier gab es großartige geschmackliche Verfehlungen zu besichtigen, eine psychedelische Russendisco mit eindrucksvollen roten Balken und Bannern, wie man sich das so vorstellte bei echten Kommunisten.

Der Russe hatte verstanden, er winkte ihn in die Folterkammer. Da wartete eine Frau, sie lächelte, sprach Englisch. Jedenfalls versuchte sie es. Eine ganz liebe Person, das merkte er sofort, eine russische Mami, zu der er sofort Vertrauen haben konnte. Die würde ihn zu einem guten Doktor bringen.

Die Mami war der Doktor. Sie sah sofort, was los war. Immer wenn sie Englisch redete, rutschten ihr russische Brocken dazwischen. Sie fasste das Knie so vorsichtig an, wie es ging, es tat höllisch weh. Rafi hätte am liebsten gesagt, dass er gerne eine Betäubungsspritze hätte – aber wie? Es blieb ihm nichts anderes übrig, als sich ihr anzuvertrauen. Sie ging an ihren Instrumentenschrank – man konnte von außen durch die Glasscheiben erkennen, dass die Folterwerkzeuge hochseefest untergebracht waren, ganz schön schlau, diese Russen. Die waren auf viel schlimmere Fälle vorbereitet. Er richtete sich vom OP-Tisch auf und bekam noch mit, dass Frau Doktor eine Art Skalpell in die Hand nahm, dann legte er sich zurück, um sich dem Schicksal zu ergeben und Dinge geschehen zu lassen, die geschehen mussten.

Schon saß er wieder senkrecht, der Schweiß stand ihm überall, Frau Doktor lächelte. Er legte sich wieder lang, stand sofort wieder senkrecht, und merkte erst dann am Schmerz, dass sich was verändert hatte, der Druck hatte nachgelassen und würde ab jetzt immer weiter nachlassen, das Bein fühlte sich nicht mehr so an, als würde es gleich platzen. Rafi wusste, dass er weiß geworden war; er konnte sich von außen beobachten: Er stand als sein eigener Schutzengel neben dem OP-Tisch und konnte beobachten, wie weiß dieser Patient aus Deutschland geworden war, er hatte einen Kreislaufkollaps hinter sich, aber der große Weiße hatte den Schnitt überlebt, das war das Wichtigste, wahrscheinlich hatte er ziemliche Schmerzen, aber er würde durchkommen, bald würde alles gut werden. Frau Doktor ging an ihren Schreibtisch und holte eine Flasche Djubrowka heraus, die Marke erkannte er – er kannte sich eben aus in den wichtigen Dingen des Lebens: Das war bester polnischer Wodka, mit einem Halm Büffelgras drin. Frau Doktor schenkte ihm ein Schnapsglas ein und desinfizierte inzwischen sein Knie. Das waren notwendige Arbeiten, die zur Instandsetzung gehörten, die nicht mehr wirklich wehtaten, der polnische Wodka wirkte Wunder, Piraten hatten ihren Rum auch nicht getrunken, weil er ihnen schmeckte, es war die einzige Medizin, die sie hatten.

Er konnte sich sogar eine Zigarette anzünden. Wenn er die aufgeraucht hatte, wäre er ganz gesund. Solange konnte er zugucken, wie bei den Russen verladen wurde: Die hatten ganze Paletten mit Fischen in Plastikbeuteln. Als er versuchte zu schätzen, wie viele Fische es pro Tüte sein mochte, konnte er beobachten, wie der Russe durch ungeschicktes Manövrieren einen ganzen Stapel der Ladung verlor – typisch Kommunismus. Die Palette fiel zwischen die Schiffe, nun schwammen da unten die Kisten. Rafi wurde schlagartig gesund. Er konnte sich keine Sekunde länger mit einer Erholungskur aufhalten. Er hastete los, auch wenn es so wirkte, als wollte er flüchten. Natürlich war er noch nicht fit genug, doch er hangelte sich so schnell wie möglich die Strickleiter runter auf Korea eins, weiter nach Korea zwei, runter ins Dingi. Die Kisten könnten inzwischen abgetrieben sein und wären dann nicht mehr zu finden. Paddeln konnte er, da musste er sein Bein nicht belasten. Es war wunderbar, die Schiffe von unten zu sehen, Majestäten im Halbdunkel – da dümpelten auch schon die Kisten, mehr als zehn; er musste seine letzte Kraft aufwenden, wenigstens eine davon ins Boot zu holen, was problematisch genug war, weil er das Bein gestreckt halten musste, solange der Verband noch dran war.

Die Fische wurden sofort als Delikatesse erkannt. So etwas hatte die Crew schon auf dem Speiseplan gehabt. Groß wie Forellen waren sie und hellblau, nicht so bedrohlich dunkel wie bis vor kurzem noch sein Bein. Sie hatten eine dünne Haut mit wenig Schuppen und an den Flanken merkwürdige Dornen.

Kris wusste, dass man sie einfach trocknen konnte – salzen und aufhängen wie an einer Wäscheleine. Sie mussten die Gelegenheit ausnutzen – jetzt oder nie. Und so zogen sie gleich wieder los. Kris half Rafi beim Einsteigen und paddelte hektisch, Rafi zeigte die Richtung und erzählte inzwischen, woher er den eindrucksvollen Verband hatte. Also ging es zurück in Richtung Korea – die leichte Strömung im Hafen hatte ihnen die Kisten schon in ihre Richtung getrieben, ein gutes Zeichen: Die Fische kamen ihnen entgegen. Vier Kisten konnten sie bergen.

Sogar auf dem Ruderhaus – überall, wo freie Flächen waren oder frei gemacht werden konnte, weil es Stellen waren, an denen man nicht oft entlangging – wurden die Fische ausgelegt.

Von weitem sah das schwarze Schiff wahrscheinlich aus, als hätte es einen Ausschlag. Es war ein Hängeboden geworden für getrocknete Fische. Die Russenfische stanken auch nicht. Erstaunlicherweise.

Sie waren gerettet. Sie hatten Trockenfisch. Man konnte die Fische essen wie Chips. Man musste nur ordentlich dazu trinken, das Salz machte sonst die Lippen und Mundwinkel wund. Aber man konnte sich gut einen Streifen rausbrechen und darauf rumkauen. Die Stimmung verbesserte sich deutlich. Alle wurden kräftiger. Am meisten merkte man es bei Kris. Seine Falten glätteten sich zusehends, und seine Laune wurde derartig gut, dass er anfing, vor sich hin zu lachen. Ihm war so etwas wie eine Erleuchtung gekommen. Sie sollten sich den Fisch gut schmecken lassen, alle, sie hätten sich den redlich verdient. Es sei wirklich mehr als gerecht, wenn sie sich daran laben würden. Es war Apartheidfisch. »That's why we were fucked in Lagos!«

Das musste erklärt werden: Die Koreaner fuhren nach Lagos – na dann, viel Spaß, dachte Rafi noch. Der Russe kam aus Namibia. Roy und Hans hatten es sofort kapiert. Elise auch. Für Momo und Rafi mussten die Hintergründe der Boykottpolitik noch einmal erklärt werden. Die Koreaner nahmen den Fisch von den Russen und brachten ihn nach Nigeria. Offiziell boykottierte Nigeria Fische aus den Gewässern von Namibia. Die Russen auch. Offiziell, wie gesagt. Aber sie fischten illegal mit großen Sammelschiffen. Damit ging es nach Lomé, da wurden die Kisten umdeklariert und in neutralen Kisten auf koreanische Schiffe verladen. Das war es, was letztlich bei der Boykottpolitik herauskam. Hans und Roy kannten das schon. Sie hatten sogar erlebt, wie noch in Lagos Anchorage Fisch umverladen wurde. Kris hatte gleich einen Artikel darüber geschrieben. Daher ihr Unglück von Lagos. Weil sie die Wahrheit an Bord hatten.

Nun musste Rafi ganz dumm fragen: Wie hatten denn die offiziellen Stellen in Lagos überhaupt davon erfahren, dass Kris von den umdeklarierten Fischen wusste?

Kris hatte einen Artikel verfasst, außerdem hatten sie in ihren Funksprüchen nach London mitgeteilt, dass sie derlei Machenschaften beobachtet hatten.

Aber war es denn nicht unwahrscheinlich, dass ihre Funksprüche abgehört worden waren beziehungsweise der Artikel von Kris gelesen worden war?

Keineswegs. Kris wollte sich seine These nicht so leicht wieder ausreden lassen. Eins war sicher: Man hatte die Golden Harvest beobachtet, als sie einlief; sie war von Anfang an verdächtig. Wer auch immer sie ausgekundschaftet hatte, musste bemerkt haben, dass sie Zeuge waren, wie die Apartheidfische umetikettiert wurden. Die betreffenden Stellen in Lagos wussten also, dass man auf der Golden Harvest ihr Geheimnis kannte. Deshalb musste die Operation Namibia so tief stürzen. Wegen diesem Fisch.

18
Happy X-mas! War is over

Die Golden Harvest befand sich immer noch im Ausnahmezustand. Überall war sie mit Fischen garniert. Unter diesen Umständen konnte niemand von ihnen irgendetwas erwarten. Sie waren im Augenblick nicht ansprechbar. Auch nicht für die gefährliche Hafenbarkasse, die langsam angetuckert kam und längsseits ging. Es waren mehrere Offiziere an Bord, von denen einer ursprünglich an Bord kommen wollte, aber als er überall die Fische sah, blieb er auf dem Kriegsschiff und fragte in schlechtem Englisch, wie lange die Crew denn noch bleiben wolle.

Die Frage beantwortete sich von selber. Solange überall die Fische auslagen, konnten sie sowieso nicht losfahren. Das war offensichtlich. Außerdem hatten die Soldaten mit ihrem Kriegsschiff ein Leck in die Backbordseite gerissen. Wer sollte das inzwischen repariert haben? Es war immer wieder erstaunlich, wie dumm sich Soldaten anstellen konnten. Sie hatten die Golden Harvest zerstört, und nun fragten sie, wann sie weiterfahren wollten – nicht zu fassen!

Sein Bein wurde schnell besser, er konnte fast zugucken, wie es wieder seine normale Farbe annahm, er konnte wieder auftreten. Er hatte es geschafft, sich selbst zu kurieren, with a little help von den Russen. Er konnte auf dem Deck auf und ab schreiten, aufrecht und stolz wie ein Kapitän. Er ließ seinen Blick schweifen wie ein Kameraschwenk, als wäre alles seins, als hätte er hiermit das Schiff rechtmäßig erworben.

Es näherte sich wieder Besuch von Land. In einem kleinen Boot, wie er es damals angeheuert hatte, als er mit Barry und Kris von Lagos gekommen war. Außer dem Fährmann war nur eine Person an Bord. Rafi stieß einen Jubelschrei aus und rief alle an Deck: Das war ein gutes Zeichen. Nun wurde alles wieder gut.

»Welcome back, Mori! Welcome back!«

Morishta sah schlecht aus. Es schien ihm nicht recht zu sein, so herzlich begrüßt zu werden, er verneigte sich demütig und wollte sich zuerst waschen. Er hatte ein blaues Auge. Rafi guckte verstohlen zu, wie Mori sich gründlich wusch, und konnte klar erkennen, dass er misshandelt worden war.

»Plenty beaty!« Er bedeckte seine Wunden und stammelte. »Operation Namibia vely good, Morishta not very good.«

Sie waren so froh, ihn wiederzuhaben, doch sie konnten seine Demut kaum mit ansehen. Als Hans ihm einen Kakao reichte, wollte Mori den nicht entgegennehmen, erst wollte er seinen Beitrag leisten: Er legte eine Hand voll Münzen auf das Deck. Münzen verschiedener Währung, darunter auch zehn Pfennig. Mehr hatte Mori nicht sammeln können. So viel hatten sie ihm gegeben, als er Buße tat und betteln ging. »Plenty beaty.«

Sie ließen ihn in Ruhe seine Zeremonie machen. Es musste entwürdigend für ihn sein, keine bessere Möglichkeit gefunden zu haben, als wie ein Hund – man konnte es nicht anders sagen: wie ein Hund – bei einer Bande Hippies, die zwanzig Jahre jünger waren als er und täglich schreckliche Musik hörten, um Aufnahme zu bitten. An Land mussten sie ihn furchtbar zugerichtet haben. Natürlich waren sie arm in Westafrika – doch wie konnte man jemanden wie Morishta verprügeln! Was musste das für eine grausame Welt sein da draußen!

Der Hafen wurde nun immer leerer und wirkte irgendwie melancholisch, besonders morgens, wenn noch Dunst über allem lag. Roy meinte, dies könne wohl daran liegen, dass bald Weihnachten war.

Rafi kam es ganz unwahrscheinlich vor, es sah überhaupt nicht nach Weihnachten aus, in Deutschland gäbe es jetzt überall Tannenbäumchen, man könnte vor Eduscho den Weihnachtsmann treffen und an jeder Kasse ›Süßer die Glocken nie klingen‹ hören. Hier war es schwül wie immer. Nun lag nur noch ein einziges Schiff an der Pier, ein großes deutsches Massengutschiff.

Rafi lernte sofort einen Bootsmann kennen, etwa vierzig Jahre alt, ein deutscher Hüne, blond, blauäugig, furchtbar nett – er hatte gleich das Gefühl, den Richtigen erwischt zu haben. Man sah ihm an, dass er darunter litt, sich seine Träume nicht erfüllen zu können. Rafi durfte duschen und ließ ihn jammern, wie die Scheißreederei sein Leben ruiniert hatte. Sie hatten ihn mit Versprechungen aufs Meer gelockt: Abenteuer, fremde Länder – genau darum wurde er betrogen. Es war eine Tretmühle, weiter nichts. Er sah kein Land mehr, symbolisch und konkret, er ging nicht mehr an Land, da war eh nichts los. Sie nutzten ihn alle aus. Rafi wusste auch, warum: weil sie wussten, so einer würde nie achteraus segeln, der würde ein bisschen meckern und sich dann wieder ducken.

Heute gab es keine richtige Seefahrt mehr. Die Seemänner waren lächerliche Figuren geworden, Versager und Säufer allesamt. Beim Stichwort Familie fing sein neuer Freund an zu heulen – und das in seinem Alter! Nun, da es sowieso zu spät war, heulte er ungebremst, als würde er nicht nur um sein verpfuschtes Leben weinen, sondern auch darüber, dass es heutzutage keine richtigen Seemänner mehr gab.

Zu Weihnachten wurde man sentimental, das konnte Rafi verstehen, bei ihm selber war es doppelt schlimm: Er hatte am 24. Dezember Geburtstag. Für seine Eltern jedes Jahr erneut Anlass zu der Bemerkung, dass er ihr kleines Christkind sei. Ihnen gefiel das. Ihm nicht. Denn er war um seinen Geburtstag betrogen. Natürlich achteten seine Eltern – auch seine Brüder – darauf, ihm ein Extrageschenk zu machen; es war trotzdem Betrug. Alle hatten einen Geburtstag für sich alleine. Er nicht.

Vielleicht hatte er sich deshalb schon früh angewöhnt, sich zurückzuziehen. Rafi kannte solche sentimentalen Anwandlungen gut – und war sicher, dass er einen riesigen Fisch an der Angel hatte.

Der neue Freund wollte das Abenteuerleben auf dem Segelschiff mit einer Sachspende unterstützen; Rafi ahnte schon, dass er es mit geradezu revolutionärer Wut auf seine Reederei tun wollte. Rafi musste kurz vor Sonnenaufgang mit dem Dingi kommen, es müsse fix gehen, sie würden danach sofort auslaufen.

Rafi machte sicherheitshalber die Nacht durch, mit Little Feet im Kopfhörer. Er hatte sich die Uhr aus der master's cabin geliehen, um seine Beute nur ja nicht zu verpassen. Er fuhr noch im Dunkeln los, nach Gefühl, er hätte sich eigentlich mit dem Kompass orientieren müssen, aber es klappte auch so. »Pscht!« – »Hallo.«

Schon kam das erste Paket Klopapier herunter, fast ein ganzer Kubikmeterwürfel, dann Konservendosen, Frischobst, Zigaretten, Wein, Segelgarn, Bienenwachs, Waschpulver, Zahnpasta, ein Paket mit Briefpapier, ein Poster, Tesafilm, Umschläge und Kugelschreiber, dazu ein kleines Segeltuch – damit konnte man zwar nicht viel anfangen, aber immerhin. Rafi hatte sich nicht getäuscht. Es war bald Weihnachten.

Sie konnten froh sein, dass sie diesmal darum herumkamen, Weihnachtslieder zu singen, Verlegenheitsgeschenke in Papier einzuwickeln und einen auf Familie zu machen. John Lennon hatte in seiner aufmüpfigen Phase mal gesagt, dass man X-mas seinetwegen zum Teufel schicken könne, sehr zum Ärger der Fanclubs. Weihnachten war den meisten doch noch irgendwie heilig. Später hatte John mit Yoko ein wunderbares Weihnachtslied gemacht, ein unauffälliges Antikriegslied, was man nur mitkriegte, wenn man auf den Hintergrundchor achtete, in dem hieß: »war is over« – und dann: »if you want it«. Gerade die Amis hatten immer ein ziemliches Theater darum gemacht, ob ihre boys auch home for Christmas waren, und in Vietnam musste extra ein Waffenstillstand ausgehandelt werden – für die Amerikaner, versteht sich, den Vietnamesen war Weihnachten egal.

An Bord wollte keiner zugeben, dass Weihnachten etwas Besonderes war. War es auch nicht. Es war ein heißer Tag wie immer: Weihnachtsdeko im Hafen von Lomé, dazu ›White Christmas‹ auf einer Hammondorgel – unvorstellbar. Momo wusste genau, dass man im Westen über Mobutu mit seinem Leopardenfell lachte, aber der Rummel der reichen Welt um Weihnachten war im Grunde viel lächerlicher.

Hombre und cocinero brachten Eintopf, den sie sich warm machen konnten – weil Weihnachten war. Außerdem spendierten sie Rotwein – weil sie Spanier waren. Eine kleine Feier gab es also doch. Bei der Gelegenheit wurde gleich ein Termin ausgemacht, um neues Frischwasser zu bunkern.

Als sich die spanische Delegation verabschiedet hatte, bat Kris mit verlegenem Lächeln in den Mannschaftsraum. Alle versammelten sich um den großen Tisch, der verdächtig aufgeräumt war. Hans servierte Kakao, Momo hatte eine große Tüte gedreht, die er rumgehen ließ, schließlich erhob sich Kris, begrüßte sie zu ihrer bescheidenen Betriebsfeier und wollte gemeinsam ein Lied anstimmen.

Um Gottes willen, nicht doch, nur kein Weihnachtslied – bitte nicht! Rafi wollte gerade protestieren, da sangen sie schon: »Happy birthday to you, happy birthday, dear Rafi, happy birthday to you.« Dann applaudierten sie.

Rafi war überwältigt, ihm kamen die Tränen, zuerst wollte er mit Kris schimpfen und fragen, woher er überhaupt davon wusste – im selben Moment fiel es ihm ein: Kris verwahrte die Pässe. Da hatte er reingeguckt. Was waren es doch für freundliche Menschen, allesamt. Es war – das war nicht übertrieben – sein schönster Geburtstag, ohne dass wie sonst dieses blöde Weihnachten dazwischenkam, endlich ein Geburtstag nur für ihn, im Kreis seiner Freunde, die wichtiger waren als Familie oder Verwandtschaft. Es war sein wichtigster Geburtstag, er war einundzwanzig, »old enough to kill but not for votin'« – hieß es in diesem Protestsong, den er nicht mochte, aber er hatte immerhin das Wort Frustration um die Welt gebracht: »this whole crazy world is just too frustratin'«. Er war jetzt alt genug und keineswegs frustriert, er war happy-happy wie noch nie.

Kris verteilte Post, die er für die Bescherung aufgespart hatte. Herzliche Grüße aus London, MUCHLOVE for all, es würde bald ein neues Meeting geben, bei dem sie überlegen wollten, wie sie helfen könnten, in Gedanken sei Moodie stets bei ihnen. Als PS fügte er an, sie hätten zur Kenntnis genommen, dass es ein potenzielles neues Mitglied gebe, sie überließen es der Crew, darüber zu entscheiden, ob sie den jungen Deutschen aufnehmen wolle oder nicht. Kris legte den Brief zur Seite. Er sei für Ralph, meinte er, als sei es nötig, darüber abzustimmen. Keiner ging darauf ein – wie so oft. Kris hatte sogar noch eine Überraschung: Die Aufenthaltsgenehmigung für Walfischhai war um ein Jahr verlängert worden.

Nun die private Post: Von der Fri, von Maggie – Roy öffnete sofort den Brief, und tatsächlich fielen, wie alle geahnt hatten, Fotos vom most wonderful baby of the world aus dem Umschlag. Kris hatte sogar ein kleines Päckchen – mit seinem Kräuselbart brauchte er sich nicht groß als Weihnachtsmann zu verkleiden – und überreichte Morishta einen neuen Tennisschläger, den ihm sein Meister zugeschickt hatte. Mori konnte es nicht fassen. Er war glücklich, bedankte sich bei Kris, bei allen, noch mal bei Kris und eilte an Deck, um eine Zeremonie vorzubereiten. Natürlich gab es wieder einen langen Brief an Elise von Maxim und John, der aus zwei Teilen bestand: Der eine war für sie, den anderen sollte sie nach dem Essen der versammelten Mannschaft vorlesen. Sogar Hans hatte Post von seinen Eltern; sie wollten wissen, wann er wiederkommen würde, bei ihnen traf dauernd Post von Afrikanern ein, denen er in Gambia seine Adresse gegeben hatte.

Wie im Ferienlager, dachte Rafi gerade noch – Post für alle, nur nicht für ihn –, da überreichte Kris dem Geburtstagskind einen dicken Brief. Die World Citizens schickten ihm einen Pass. Sie hatten ihn aufgenommen. Rafi war nun Weltbürger. Das war ein neuer Pass, und als er die Eintragungen durchlas, kamen ihm gleich wieder die Tränen. Nun war es amtlich: Es war das Schönste, das man ihm zu seinem Geburtstag schenken konnte. In der Spalte Heimatadresse stand es: sailing vessel Golden Harvest. Das war nun sein Zuhause. Offiziell.

Jetzt war er an der Reihe. Er wollte sich auch nicht lumpen lassen, er hatte ebenfalls etwas zu bieten. Also, Achtung bitte: ein Kubikmeter Klopapier – und all die Schätze, die er in Barrys ehemaliger Koje versteckt hatte. Es gab noch einen Riesenapplaus für Rafi. Dann wurde der Tisch abgeräumt für das Essen, danach wollte Momo die Mannschaft in die Geheimnisse des Grass-Rauchens einweisen.

Das Essen tat allen gut, die Spanier waren in Bestform gewesen. Die Verlesung des Briefes ging ziemlich flott, Elise wirkte diesmal sogar ganz passabel mit Brille. Es gab eigentlich nichts Neues, Maxim und John schrieben, dass sie das Gelingen der Aktion stets in ihre Gebete einschlossen. Diesmal hatte auch keiner was dagegen, dass sie feierlich beteten. Elise schloss ausdrücklich Barry mit ein und wünschte, dass es ihm gut ginge, dass er glücklich sei und sich, so wie sie es tat, stets an die gute Zeit erinnerte, die sie beide, ja, die sie alle gemeinsam hatten, Amen. Roy weinte still vor sich hin – das war schon in Ordnung so.

Dann war Momo dran. Er hielt zuerst eine kleine Vorrede und erläuterte, dass es in Afrika üblich war, stets mit einer Danksagung an die Naturgeister zu beginnen. Es war ein Ärgernis, dass Weiße Grass nur zum Spaß rauchten, doch nun wollte er ihnen mal was zeigen, wie man es richtig machte. Dazu musste er in seine Koje abtauchen und ewig herumkramen, ehe er sein Schmuckstück gefunden hatte: »Now I show you my shillum.«

Es war aus Elfenbein. Auf dem vierkantigen Kopf war eine Schnitzerei auf jeder der vier Flächen: Geschlechtsakte in vier verschiedenen Stellungen. Jeder durfte das shillum bewundern und in der Hand wiegen. Nun führte Momo vor, wie man damit umging: Unten wurde ein kleines Steinchen reingelegt und ein bisschen abgepolstert, am besten nahm man dazu diese kleinen Stiele, die man sowieso nicht mitrauchen konnte, so wurde erst mal ein Unterboden für die eigentliche Grass-Mischung gebaut. Zum shillum gehörte noch eine Kokosnuss mit drei Löchern; in das mittlere kam das shillum; an das eine Loch legte Momo seine Lippen mit einem Mick-Jagger-Kussmund; das dritte Loch wurde von einem Finger, mit dem man die Luftzufuhr regulieren konnte, abgedeckt. Momo machte Feuer und entfachte damit ein wunderbares Schauspiel: Überall war Rauch, es sah aus, als würde ihm der Rauch aus den Ohren kommen, und Rafi musste daran zurückdenken, dass Momo schon bei seinem Vorstellungsgespräch solche Tricks vorgeführt hatte. Es schien ihm sichtlich gut zu tun; nur so war es genau richtig, so kam das Grass optimal zur Wirkung, und so musste man eine Danksagung for the gift of Jah zelebrieren.

Ach so, Hans hatte auch etwas. Er erwähnte das, als wäre es nicht weiter der Rede wert: Also, erstens hatte er mit dem deutschen Hafenkapitän, der schon mehrmals mit seiner Frau an Bord war, ausgemacht, dass sie eine zugeschnittene Bohle kriegen würden, damit könnten sie ihr Leck reparieren.

Wusste Hans eigentlich, was er da sagte?!

Das war die Rettung – nur so nebenbei –, nun konnte die Operation Namibia wieder starten. Es gab noch was: Hans führte die gesättigte und glückliche Crew zu seiner Koje, zu einem Bündel alter Klamotten, die in einer Ecke angehäuft waren. Elise erkannte es zuerst. Grey One hatte sich ein Lager gemacht, um schon bald kleine Weihnachtskatzen zur Welt zu bringen. Wahnsinn: Grey One war wieder da, und alle hatten was, worauf sie sich freuen konnten: neue Mitglieder. Die

Katze war Hans zufällig über den Weg gelaufen, sie hatte sich problemlos an Bord bringen lassen und sich eingerichtet, nun lag sie da.

Das Poster in dem Paket Schreibwaren war ein Cartoon von Mordillo: eine Seeschlacht, wie man sie sich so vorstellt, ganz putzig, zwei Piratenschiffe beschossen sich, ein Mast war gebrochen, von den Rahnocken schwangen sich die Knubbelmännchen an Tauen zum gegnerischen Schiff mit Säbeln in der Hand; einer hatte die Nase eingeschlagen, andere retteten sich vor dem Ertrinken, alles recht ulkig in poppigen Farben. Es passte gut an die Wand von Roys Koje, sodass es alle vom Tisch aus sehen konnten. Roy und Rafi wollte es gerade aufhängen, als Elise vorbeikam.

»What is this?«

Das sah man doch. Ein Poster.

Elise war entsetzt. Sie fand es fürchterlich. »Look at all this violence, look here!« Elise ging das Wimmelbild in allen Einzelheiten durch: Fanden sie es etwa schön, wenn einem Menschen die Hand abgeschlagen wurde? Es konnte doch nicht lustig sein, dass Menschen ertranken, dass Blut spritzte, dass einem die Nase abgeschnitten war, als hätte man den Knust von einem Brot abgeschnitten. Elise wollte sich nicht mehr beruhigen. Diese Verstümmelungen überall. Der gebrochene Mast – schrecklich, Zerstörung, wohin man blickte. Überall prägte Gewalt das Verhalten der Menschen zueinander, Gewalt und nochmals Gewalt. Wie konnte man so ein Poster aufhängen wollen!? Das hatte nichts, aber auch gar nichts mit der Operation Namibia zu tun. Sollte das etwa der Stand der geistigen Entwicklung sein, der an Bord erreicht war – es war zum Heulen. Elise wurde laut.

»Elise, it is only for fun.«

»It is not.«

Hans und Kris wurden durch den Krach angelockt, sagten aber erwartungsgemäß nichts.

Momo kam auch und wollte sich gerne grundsätzlich äußern, doch Elise ließ ihn nicht. Das war mal was Neues – hatte Elise etwa was gegen Momo? Der hatte gerade angefangen, von der »self-responsibility of man« zu reden, als sie ihn gleich unterbrach.

»How about the woman?« Schon in der Sprache selbst stecke Gewalt und Unterdrückung. Aber das verstand keiner von den Männern an Bord.

Damit ließ Elise sie alleine. Momo guckte verdattert. So etwas hatte er auch noch nicht erlebt. Er folgte Elise. Kaum waren die beiden raus, befestigten Rafi und Roy das Poster mit Tesafilm. Schon kam sie wieder, Momo hinterher.

Auch das sei ein Akt von Gewalt, ein Zeichen dafür, wie wenig sich die Männer um ihren Willen, um ihre Persönlichkeit scheren würden. Sie werde überhaupt nicht respektiert an Bord.

Schon rauschte sie wieder ab und redete mit den Tieren, dass es jeder hören konnte. Es waren so wunderbare Geschöpfe, alle beide. Bald würden sie noch mehr Katzenkinder an Bord haben, da sollten sich alle freuen. Es war längst kein Geheimnis mehr, dass sie bei den Tieren Zuflucht suchte, weil die Männer sie nicht verstanden. Der Tunfisch musste jetzt aufgespart werden. Grey Two sollte sich zusammenreißen und einsehen, dass der Tunfisch rationiert werden müsse, und No Nonsense sollte unter Deck nicht überall hinscheißen. Elise schnappte sich das Huhn und trug es hoch.

Nachdem das erledigt war, kam sie wieder den Hauptniedergang runter und musste mit ansehen, wie die Männer immer noch wie ein Haufen begriffsstutziger Idioten vor dem Gewaltposter herumstanden.

»What are you looking at me? I am happy!«

Die Planke war genauso dick, wie sie sein musste, zweieinhalb Inches, etwa vier Meter lang und vierzig Zentimeter hoch. Es war eine Riesenschufterei, sie mit dem Dingi vom Stückgutpier abzuholen. Danach hätten die Männer eine Pause verdient gehabt. Nun fing die Arbeit erst an: Die Planke war zu groß geschnitten, sie mussten einen etwa fünfzehn Zentimeter breiten Streifen abschneiden, auf der ganzen Länge. Und das mit einer alten Holzfällersäge mit einem nach unten hin leicht gewölbten Sägeblatt, mit einem Griff an jedem Ende, der durch eine Öse gezogen war, sodass man mit zwei Mann arbeiten konnte. Es war bestes Tropenholz. Bei bestem Tropenwetter. Das konnte dauern. Zum Glück fand Momo Spaß daran, da konnte er sich abreagieren. Er hatte nur einen ziemlichen Verbrauch an Partnern, die nicht lange genug durchhalten konnten. Momo schon. Der konnte die Arbeit vorantreiben, weil er gesund war. Nachdem ihm Roy wiederholt erklärt hatte, wie man seine Kraft einsetzen musste, konnte er nicht mehr viel falsch machen.

Es gab viele Schottersteine. Rafi musste höllisch aufpassen; eine richtige Hornhaut hatte er noch nicht. Kris trug diese Plastiklatschen, flip-flops, wie er sie aus Lagos unangenehm in Erinnerung hatte. Sie hörten schon von weitem einen Muezzin und konnten nicht sagen, ob es eine menschliche Stimme war, die erstaunlich laut sang, oder ob sie mit Lautsprecher verstärkt wurde.

Rafi war erst einmal in der Stadt gewesen – lang war es her –, und doch kam ihm alles vertraut vor. Er erinnerte sich wieder an den ersten Eindruck, den er von Togo hatte: Hier war alles eine Nummer kleiner als in Nigeria, harmlos irgendwie: Frauen trugen ihre BHs über der Bluse. Halb nackte Männer auf Fahrrädern hatten ein merkwürdig weißes Pulver auf den Oberarmen – wahrscheinlich ein Sonnenschutz; märchenhafte Gestalten mit silbern bestickten Kopfbedeckungen trödelten am Strand entlang. Rafi erkannte auch das Rondell mit dem Denkmal wieder – das musste die Stadtmitte sein, da war diese pseudogotische Kirche, bei der er schon beim ersten Mal gedacht hatte: Wie kommt die denn hier hin? Da war der geheimnisvoll summende Marktplatz mit Stoffballen, Obst und Gemüse, Köpfen von Tieren, dazu diese unglaublichen Marktfrauen mit Antennen unter ihren Kopftüchern – keine unter zwei Zentner.

Kris machte es spannend. Erst spendierte er noch einen Drink – Sirup vermischt mit Eiswürfelwasser. Dann holte er aus seinem Köfferchen einen Impfpass vom British Airways Medical Service – bitte sehr. Rafi brauchte eine Choleraimpfung. Kris hatte schon einen Termin arrangiert. Sie hatten bereits ihr Ziel erreicht, drüben war das Eingangstor vom Institut Marieux – das hatte er ja geschickt eingefädelt.

Es gab einen Raum mit einem Paravant, hinter dem gelegentlich eine Schwester hervorlugte, da führte hufeisenförmig eine Schlange von Menschen hin und von da aus wieder zur Tür raus. Hier wurde am Fließband geimpft – »Au suivant!« Als er sich den Oberarm frei machte, hatte er wieder die Beamten in Benin vor Augen, die Sekundenhoffnung, dass sie es bei einem Scherz beließen. Er hatte schon einiges durchgemacht, aber vor einer Spritze hatte er immer noch Angst – so übertrieben das klingen mochte –, er war eben Seemann. Er überzeugte sich, dass sie wirklich eine neue Kanüle nahmen, machte die Augen zu und ließ die Nadel in den Muskel. Der Lohn der Angst war ein echter Impfpass, in dem zwar »T. Schell« stand, aber nun gab es keine Einwände mehr. Sie konnten los.

Sie kauften noch eine Staude Bananen und eine Steige Limonen, dann hieß es Abschied nehmen von Lomé, von einer friedlichen Zeit, einer Wawa-Welt mit Schildern von Loto Sport und Loto Benz – dass die so naiv waren, einen Mercedes-Benz gewinnen zu wollen, was wollten die damit, bei diesen Straßen! Jemand verneigte sich gen Mekka, Kinder spielten mit Murmeln und riefen Unverständliches hinter ihnen her; eins hatte einen Bauchnabel, der wie eine Leberwurst an ihm baumelte. Zwei Krüppel robbten auf speziell gepolsterten Ellbogen durch den Müll. Ein Blinder stützte sich auf ein Kind und ließ sich führen – Bilder wie aus der Bibel.

Es waren wieder Soldaten an Bord, die auf eine baldige Abfahrt drängten. »Allez, circulez!«

Diesmal machten sie einen entschlossenen Eindruck – wahrscheinlich hatten sie Order, sich so zu verhalten, dass man sie auch ernst nahm. Sie stampften mit ihren Stiefeln auf wie kleine Rumpelstilzchen, um ihren Befehlen Nachdruck zu verleihen. »Du vent! Du vent!«

Es lag ein neues DDR-Schiff auf Reede, vielleicht konnte man Kontakt mit denen aufnehmen, wenn man von der Seeseite heranruderte, vielleicht waren sie irgendwie zu beeindrucken und ließen was springen, immerhin konnten sie nicht sagen, dass man »vleischt die Gängweh« frei machen sollte. Rafi ruderte wieder richtig gern, er fühlte sich gesund, da sollte jede Chance genutzt werden – also raus. Er durfte zwar das Schiff nicht betreten, konnte aber fünfundzwanzig Schachteln CARO abstauben, eine polnische Sorte, nun war er wieder halbwegs mit der DDR und den Kommunisten versöhnt.

Die Soldaten waren schon wieder da. Sie stolzierten angeberisch an Bord herum und zeigten ihre MPis vor. Wie lange sie noch bleiben wollten?

Dabei konnten die Männer selber sehen, dass sie Vorbereitungen trafen, um abzureisen. Das zählte nicht. Einer der Offiziere verkündete zuerst auf Französisch und dann in einigermaßen verständlichem Englisch, dass sie genau vierundzwanzig Stunden Zeit hätten, die Hoheitsgewässer von Togo zu verlassen.

Rafi ärgerte sich über den Rausschmiss, ertappte sich aber dabei, dass er froh war, dass es losgehen musste, ja, musste: keine Diskussionen mehr, kein Rumtrödeln – er merkte, wie die Lebensgeister in ihm erwachten. Es war ein Machtwort gesprochen worden. Anders hätte man den lahmen Haufen nicht mehr in Schwung gebracht.

Momo war außer sich. Kaum waren die Soldaten außer Rufweite, brüllte er hinterher, dass diese Bubis kein Recht hätten, sie so herumzuschubsen. Sie seien Menschen und damit alle gleich, wie könnte es angehen, dass sich einer das Recht herausnahm, zum anderen zu sagen: Du gehst hier hin, du gehst da hin – das war nicht menschlich. Momo ballte die Fäuste und versuchte, aus den Augen Blitze schießen zu lassen. »You know this uncle …«

Rafi wusste nichts von diesem Onkel, bei dem Momo zehn Jahre gelebt hatte, als er zur Missionsschule ging. Momo schnaubte, seine Adern am Hals traten deutlich hervor. Dieser Onkel war auch so gewesen. Immer hieß es: Mach dieses, mach jenes, geh dahin, geh dorthin. Immer hatte ihn dieser Onkel herumkommandiert, doch dazu hatte er kein Recht gehabt. Momo musste sich nicht so behandeln lassen, das sollten sie alle wissen. Deshalb hatte Momo auch eine Machete genommen und dem Onkel die Hand abgehackt.

Sein Publikum war still. Elise schluckte. Ja, sie hatten richtig gehört, Momo hatte dem Onkel die Hand abgehackt, zack, ab. Dann war er weggelaufen, weg von der Schule, weg von Sister Magda, in den Busch, so war das gewesen. Sie sahen ihn immer noch unschlüssig an – na gut, dann wollte Momo ihnen mal was zeigen, wenn sie noch nicht richtig verstanden hatten. Er führte sie zu dem Mordillo-Poster und suchte eine Szene aus, bei dem jemandem die Hand abgeschlagen war. »You see?«, zack, ab.

Rafi durfte sich hinter das Ruder stellen, wie beim ersten Mal. Zumindest im Hafengelände. Er ging wieder zu den Spaniern, um noch mal Süßwasser zu bunkern. Sie kriegten obendrein etwas Diesel, das sie mit einer Handpumpe umfüllen konnten – nicht viel, aber immerhin. Alles, was sie an großen Kanistern hatten, wurde mit Wasser gefüllt. Wieder duschten sie – alle nackt, bis auf Elise, die ihren Badeanzug trug.

Sie tranken keinen Wein, obwohl die Spanier mehrmals welchen anboten; doch sie genossen das Essen. Alle wollten die letzte Frist bis zur Neige auskosten und sich ausgiebig vom cocinero, vom doctore, vom capitano und vom hombre verabschieden.

Die Segel wurden zum Hissen vorbereitet, die Maschine ein letztes Mal durchgecheckt, alle Ventile durchgelüftet. Roy guckte, ob die Zu- und Ableitungen intakt waren – okay. Das Dingi wurde mit vereinten Kräften an Deck geholt und vertäut – wenn das kein Zeichen zum Aufbruch war: Nun ging es los.

Zuerst wurden die Wachen eingeteilt: Momo & Elise / Hans & Kris / Roy & Rafi. Morishta blieb verschont – der war sowieso halb blind. Endlich wurde losgeschmissen, Roy übernahm das Ruder, und unter Maschine verließ die Golden Harvest den Hafen von Lomé – tucker, tucker. Alle wussten, wie wichtig dieser Abschied war, man hatte es tatsächlich geschafft, die Lähmung zu überwinden. Rafi war froh, dass Roy am Ruder stand, so war das Schiff in guten Händen, und er konnte die Gelegenheit nutzen, kurz zurückzublicken – obwohl man so etwas nicht tun sollte. Sie passierten die Mole und kamen am Leuchtfeuer vorbei, das die Hafeneinfahrt eingrenzte.

Sie fuhren unter Maschine in die Nacht. Dann wurden alle Fetzen Tuch gesetzt, die sie hatten; alle mussten mithelfen und alle schauten, wenn sie Gelegenheit hatten, noch einmal zurück. Plötzlich raffte Elise ihr Kleid, hängte sich mit nacktem Hinterteil nach Außenbord und erleichterte sich direkt in die natürliche Wasserspülung. Sie hatten gute Laune. Die Lichter vom Massengutpier waren immer noch zu sehen. Elise reichte jedem einen Kakao, »love and peace« sollte das bedeuten. Das war der Abschied vom wawa, von der ehemaligen deutschen Kolonie, den Spuren der Vergangenheit, sie entfernten sich immer mehr von Deutschland. Ein leichter Wind wehte, und es erschien kinderleicht, Kurs auf Luanda zu nehmen. Die Sterne funkelten, als wäre da oben allgemeiner Wackelkontakt.

Rafi musste sich noch an die Enge einer Koje gewöhnen – an neue Regeln und an neue Geräusche. Er versuchte gleich in der ersten Nacht dort zu schlafen, doch als ihm wieder einer der Kakerlaken ins Gesicht gefallen war, nahm er lieber die harte Bank in der Kombüse mit ausreichend Raum für seine Träume über seinem Kopf. Nun war die Koje von Barry frei, die ihm ursprünglich zugewiesen worden war, aber die wollte er nicht. Wie konnte man es da aushalten?

Hans konnte es wohl. Er wollte nicht umziehen. Außerdem hatte es sich Grey One bei ihm gemütlich gemacht. Rafi ging ins Vorschiff, um nach der Wache auf einer Matratze zwei oder drei Stunden in Ruhe zu schlafen – sofern es Ruhe gab und Mori nicht gerade seine Kochversuche unternahm. Nicht nur, dass er nicht kochen konnte, er brachte es auch noch fertig, mit den Töpfen herumzupoltern.

Die Wache von Mitternacht bis vier Uhr früh brachte es mit sich, dass sich Rafi zweimal waschen durfte. Tagsüber war es eine reine Erfrischung, eine Wohltat, im Gegensatz zur Nachtwäsche mit kaltem Wasser. Aber auch bei sparsamem Umgang würde das Wasser knapp werden, wenn sie nicht bald wieder Land erreichten, um neues Frischwasser zu bunkern. Nun, da ihr Boot fuhr, mussten die Bordregeln gewissenhaft eingehalten werden, da genügte es nicht, dass sich jeder von der worklist heraussuchte, was ihm gerade gefiel.

An Deck musste man gut aufpassen und sich bei Schräglage sichern. Beim nächsten Anstrich sollten sie unbedingt darauf achten, die Farbe mit Sand aufzurauen, damit man nicht rutschte. Für ein Wendemanöver wurden all hands on deck gebraucht. Jedes Stagsegel brauchte zwei Leute – sie hatten fünf davon, ein Großsegel brauchte vier, das Fischermanns-Segel drei. Da musste jeder ran. Ohne Order. Es hatte bis jetzt gut geklappt. Zwei Mann – beziehungsweise ein Mann und eine Frau – für die Stagsegel, für das Großsegel vier.

Bei Starkwind wären sie womöglich gar nicht in der Lage, alle Segel zu setzen oder rechtzeitig einzuholen, doch im Augenblick lief es bestens. Roy hatte das letzte Wort, ohne dass es unangenehm auffiel. Es musste möglichst immer so gesegelt werden, dass wenig zu tun war, dann konnte man das Großsegel einfach stehen lassen.

Selbst das Deckschrubben war angenehm, man verschaffte sich Bewegung und kühlte das Deck ab, was sich auf die Stimmung auf dem ganzen Schiff übertrug.

Gegen zwei wurde Kakao vorbereitet, während Morishta noch wach blieb und seine Nase tief in ein Buch steckte.

Keine Schiffsbegegnungen.

Sie hätten eigentlich die Positionslichter anstellen müssen, falls es zu Schiffsbegegnungen gekommen wäre, aber das konnten sie sich auch sparen. Der Kurs war leicht zu halten, auch wenn sie vom Guinea-Strom leicht nach Osten abgetrieben wurden.

Nachts frischte es etwas auf – wind is the doctor, das konnte man wirklich sagen, nun wehten all die Frustrationen, die sich angestaut hatten, weil sie an Land festsaßen, weg, einfach weg. Roy erklärte das Southern Cross und den Orion; Rafi war begeistert, das Kreuz des Südens konnte man auf der Nordhalbkugel nicht sehen – sie hatten viel mehr Sterne, man hatte mehr vom Leben.

Roy war plötzlich wie verwandelt, dankbar, dass sich jemand für die Sterne interessierte, dieselben Sterne, die schon die alten Seefahrer, Entdecker und Meuterer gesehen hatten. Unglaublich, wie alt diese Sterne waren. Auch das Wasser. Ein Tropfen Wasser konnte derselbe sein, der schon das Schiff von Magellan oder Captain Cook berührt hatte.

Elise brachte zum Ende ihrer Wache Kaffee, durchaus freundlich, aber auch angestrengt mit ihrem bekannten Kopfschmerzblick. Rafi machte den Fehler, sie zu fragen, ob sie noch zur Wachübergabe hochkommen wollte.

Sie reagierte wie angeschossen: »Stop playing, man!« Es könnte jeder selber sehen, ob die Segel gut stünden und woher der Wind wehte. Schon ging es los – jede Frage musste man vorsichtig formulieren – die Frau an Bord konnte sich jederzeit angegriffen fühlen. Er solle gefälligst ins Logbuch gucken. Roy hatte auch eine ordnungsgemäße Wachübergabe erwartet, war aber von Momo nur angemuffelt worden. Sie schauten ins Logbuch – und hatten es bereits geahnt:

Thank you mainsail for functioning well.
Thanks to the wind.

Das waren keine ordnungsgemäßen Eintragungen, das waren Gebete, Danksagungen an jedes Segel, an den günstigen Wind. Die beiden hatten einen Stil eingeführt, der allen nautischen Ansprüchen widersprach. Rafi und Roy mussten sich nicht lange absprechen – so etwas mochten sie nicht:

Thanks to the log for doing its job.
Thanks to the focksail for working so well.

Rafi schaffte es sogar, seine erste eigene Positionsbestimmung auf See vorzunehmen. Zum Glück gab es nicht viel zu rechnen, da sie noch innerhalb der Greenwich-Zeitzone lagen. Kris und Hans würden, wenn es nicht allzu diesig war, eine weitere Positionsbestimmung vornehmen und hoffentlich ordnungsgemäß eintragen. Es sah ganz danach aus, als wäre es kein Problem, mit einem Segelschiff um die Welt zu reisen. Auch nicht mit Chaoten an Bord. Die Golden Harvest machte von alleine alles richtig. Das Ruderrad war sowieso im Strobb eingehakt. Wenn Roy kurz in der master's cabin verschwunden war, um den Kurs zu überprüfen, löste Rafi heimlich die Schlaufe, um sich vor das Ruderrad zu stellen, wie man das aus Piratenfilmen kannte. Schade, dass ihn so keiner sehen konnte.

Es kam wieder Ordnung auf das Schiff. Gerade deshalb war das Abweichen von vorgeschriebenen Eintragungen ins Logbuch, wie es Momo und Elise durchsetzen wollten, so eine Beleidigung für alle.

»Roy, we must do something about Momo and Elise.«

»Rafi, I know.«

Es gab den obligatorischen Kakao zur Halbzeit. Das war so festgelegt. Segeln bedeutete nun mal strenge Disziplin. Eigentlich wollten sich Roy und Rafi den Kurs zurufen, dann hätte der andere den Kurs laut wiederholen müssen, wie das üblich war bei schwerem Wetter als Zeichen, dass man verstanden hatte, aber solche Zeremonien waren nicht nötig – schade eigentlich.

Zur Belohnung gab es nach der Wache eine Zigarette. Sie legten sich ins Netz am Bugspriet, als würden sie über dem Meer schweben. Es war gegen die Sicherheitsvorschriften – aber es war wunderbar, sie hatten das Meer mit den Delfinen direkt unter sich und konnten sich noch ein bisschen unterhalten und tief in die Sterne gucken. Nicht mal das Ruderhaus war aus dieser Perspektive zu erkennen; es wirkte fast, als wären sie nicht mehr auf dem Schiff. Manchmal leuchtete das Wasser um den Bug, man konnte weiße Schaumkronen sehen. Es war zauberhaft. Sie waren frei, hatten ihre Wache beendet, ihre Pflicht getan, es ging voran.

Rafi und Roy waren sofort Freunde geworden, wie Rafi erwartet hatte. Kaum war die alte Lady in Schwung, war Roy ein anderer Mensch; als sie in Lomé festsaßen, schien er die ganze Zeit bedrückt gewesen zu sein, nun war er gelöst und sprach von einem »fairly seaworthy ship« und seinem Wunsch, Elise »safely back home« zu bringen. Sie überlegten sogar, ob sie um Kap Hoorn segeln könnten. Rafi meinte, das sei kein Problem, allerdings müsste die Golden Harvest deutlich verstärkt werden. Sie hatten gute Mastbacken und Längstsalinge, hatten Vorkehrungen für Maststengen und ein gutes Eselshaupt. Rafi hätte sie gerne mit mehr Tuch höher getakelt und obendrein mit einem zweiten Gaffelsegel ausgerüstet. Es gab zwar für den Fockmast eine Rah, doch Rafi hätte das Schiff am liebsten zu einer richtigen Brigg ausgebaut. Roy dagegen fand gerade den eleganten Schonerstil besonders schön.

Rafi hatte hochgestapelt, so gut kannte er sich gar nicht aus, aber sie hätten sich noch stundenlang so unterhalten können.

Als Nächstes wollte Roy wissen, wie es so in Berlin war. »Tell me! How is it possible to have a city divided?« Roy war überrascht, dass Berlin nicht genau auf der Grenze zwischen Ost- und Westdeutschland lag, dass es Korridore gab, durch die man den Westteil erreichen konnte, dass die aber nicht links und rechts Zäune hatten, wunderte ihn – was nützte das?

Rafi konnte ihm versichern, dass deutsche Grenzbeamte im Kontrollieren und Schikanieren Weltniveau erreichten.

Gut, das wollte Roy glauben. Er nahm zur Probe eine Zigarette der Marke CARO – »not bad«. In Namibia – mehr noch in Südafrika – war alles eingezäunt. Roy war noch nicht da gewesen, das hatte man ihm erzählt: überall Zäune, überall. Da ging nicht etwa eine Mauer durch das Land, da gab es Tausende von Zäunen. »What it is like in Berlin?«, fragte er mit einer Naivität, die Rafi bisher nur von Amerikanern kannte. Schwer zu sagen: Wie ist es denn so in Berlin?

»Is it like Hongkong?«

»No, it is different.« Woher sollte Rafi das wissen? »How is Hongkong?«

Maggie war aus Hongkong; sie war früher für die Briefings zuständig gewesen. Jetzt hatte sie ihr Baby, ohne Zweifel der größte – hoffentlich nicht einzige – Erfolg der Operation Namibia. Philadelphia hatte allerdings kritisiert, dass Maggie das Schiff wieder verlassen hatte. Roy schüttelte den Kopf: Was hatten die für Vorstellungen, die dachten wohl, dass Maggie das Baby auch in einem Gefängnis in Südafrika zur Welt bringen könnte, damit die ein bisschen Material hätten für ihre Pressearbeit.

Die Geduld der Freunde wurde gleich bei der nächsten Wache wieder strapaziert.

> Thank you mainsail, thank you focksail,
> it is a blessing.

Sollten sie das hinnehmen? Jetzt wurde stramm gesegelt, da musste man sich an gewisse Regeln halten. Roy vertraute Rafi an, er sei im Grunde davon überzeugt, dass ein richtiges Schiff einen Kapitän brauchte – doch das durfte man ja auf diesem Schiff nicht laut sagen. Es ging nicht darum, dass jemand persönlich Macht ausüben wollte, weil er besser als der Rest sein wollte, es war schlicht eine Frage des Überlebens auf hoher See. Segler waren nun mal ein besonderer Menschenschlag. Roy schnaubte wieder. Sie hatten sich schon oft Gedanken gemacht, warum sie in das Atomtestgebiet segelten, ob es dabei wirklich um die Unversehrtheit internationaler Gewässer ging, oder ob sie wegliefen – wovor auch immer. Alle Weltumsegler hatten private Probleme, so was konnte man nicht verstecken, an Bord kam alles raus. Roy holte noch einmal Luft und erklärte, was seine Meinung zu den wahren Beweggründen war. Kurz gesagt: Es kam gar nicht darauf an. Es ging nicht darum, warum man etwas tat, sondern dass man überhaupt etwas tat. Rafi kannte das Problem aus *Lord Jim,* Roy von Greenpeace New Zealand, das nebenbei bemerkt in seinem flat in Wellington gegründet worden war, als Bodenstation für die Fri. In Aktion treten – das allein war wichtig. Man wusste doch sowieso nie, was letztlich dabei rauskommen würde.

19
Die Toten kehren zurück

Diesmal war Kris schuld. Er hatte ins Logbuch geschrieben:

Ingine function okay.

Elise fasste das sofort als Beleidigung auf. Es sollte wohl ein Witz sein, aber ein schlechter: Ihre Maschine mit einem Indianer zu vergleichen und aus engine ein ingine zu machen – wie geschmacklos! Es bedeutete eine krasse Missachtung der Würde der Indianer – und was für Indianer galt, galt ebenso für Frauen und Afrikaner. Man durfte nun mal keine dummen Scherze auf Kosten der Unterdrückten machen, das passte nicht zur Operation Namibia und ihrer Vorbildrolle. Kris müsste wissen, dass so in Amerika in bösartig abwertender Absicht Indianer bezeichnet würden: als menschliche Maschinen.

Kris wollte erklären, dass der Frauenname für ihre Maschine auch keine Beleidigung des weiblichen Geschlechts sei, aber das ließ Elise nicht gelten: Das konnte außer ihr sowieso niemand beurteilen, es war einfach nur ein Beispiel, an dem sich zeigte, dass Kris noch ein anderes Bewusstsein hatte.

Rafi wollte beschwichtigen: Möglicherweise war es nur ein Schreibfehler. Elise konnte da nur schmerzlich aufstöhnen: no excuses! Ob Rafi nicht wisse, dass sich gerade an Fehlleistungen offenbare, was einem nicht bewusst sei, Fehler seien ein Zeichen; und Rafi als Deutscher könne sich über solche Feinheiten sowieso kein Urteil erlauben. Damit war nicht nur Kris disqualifiziert mit seinem unterentwickelten Bewusstsein, auch Rafi, dem endgültig deutlich sein musste, dass er sich mit Elise nie auf demselben Niveau unterhalten könnte. Sie stand so ungünstig im Wind, dass ihr die Haare wild am Kopf flatterten, als würden sie zu Berge stehen, ihre Haut war gerötet, sie war hässlich und fuchtelte wild mit den Armen, als wollte sie sich einer Invasion von Ungeziefer erwehren.

Roy kam wieder auf sein Lieblingsthema zu sprechen. Er meinte, die Golden Harvest brauche einen, dem man so ein Schiff seetechnisch anvertrauen könne; einen, der sich auskenne. Roy wollte ihm bei der Gelegenheit auch gleich ein Geheimnis anvertrauen: Er hatte einen Freund in der Schweiz, den er nur anrufen musste, schon würde am nächsten Flughafen ein Ticket für ihn nach Hause bereitliegen.

Rafi war elektrisiert; im ersten Moment noch erschrocken: Das hieß ja, dass Roy sich absetzen konnte – und vermutlich auch wollte, schließlich wartete daheim seine kleine Tochter auf ihn. Dann wurde ihm klar, was Roy damit sagen wollte: Rafi sollte von nun an der heimliche Kapitän sein. Das war die Wachübergabe.

Die Delfine kamen wie auf ein Stichwort. Sie sprangen erstaunlich hoch, es platschte und klatschte und machte einen ziemlichen Krach. Es war ein richtiges Wunder. Rafi musste sofort an Außerirdische denken – allein schon wie zauberhaft sich diese Tiere bewegten. Sie würden die Wende bringen. Es war ein Zeichen, das man nicht falsch verstehen konnte. Nun hatte sich das Glück offenbart. Diese wunderbaren Freunde der Menschen demonstrierten fröhlich ihre Unterstützung für die Operation Namibia. Sie hinterließen jedes Mal solche Lichtspuren, wie Rafi sie noch von der rostigen Insel kannte.

Kris wurde auch angelockt, er war sofort wie verwandelt: entspannt und zufrieden. Delfine! Das bedeutete, dass sie auf dem richtigen Kurs liefen. Es waren mehr als dreißig Tiere, viel mehr. Sie stiegen über die Kranbalken in den Bug, um sie noch besser zu sehen und zu begrüßen, diese dunklen Rümpfe mit Leuchtspuren wie Kometen. Man konnte sie sogar riechen. Sie stanken ein bisschen wie vergammelter Fisch, aber das störte ihren majestätischen Auftritt nicht. Roy erzählte, dass er mit der Fri mal in einen schweren Taifun geraten war, irgendwo im Japanischen Meer, sie hatten die Orientierung verloren, plötzlich waren Delfine aufgetaucht, denen waren sie gefolgt, und als es aufklarte, konnten sie tatsächlich den Fujiyama erkennen.

Die Delfine wussten, was sie taten; es war eindeutig, dass sie ihrerseits die Golden Harvest entdeckt hatten und erforschten. Sie umkreisten das Schiff; tauchten darunter durch, spielten mit ihrer neuen Entdeckung und grüßten die Besatzung.

Es musste etwas geschehen mit Momo und Elise. Ihr Fanatismus zeigte sich in allem, ob sie einen guten Morgen wünschten, ständig die Hände falteten oder ins Logbuch eintrugen: Thank you mainsail. Immer musste Momo ihnen beweisen, dass sie bourgeois waren, nicht fähig, den eigenen Kräften und Jah zu vertrauen. Elise fühlte sich stetig angegriffen; man konnte nicht vorsichtig genug sein. Ständig fühlte sie sich gekränkt, dann teilte sie gnadenlos Beleidigungen aus und zeigte, wie unerbittlich sie jeden Fehler der anderen registrierte. Bisher hatte Rafi gedacht, man müsste Elise gegenüber Rücksicht walten lassen, er hatte sich ihr gegenüber elendig schuldig gefühlt, einfach nur, weil er sie mochte.

Kris beteuerte, dass er mit seiner unvorsichtigen Bemerkung niemanden beleidigen wollte, es seien auch weit und breit keine Indianer in Sicht, sie hätten zurzeit andere Probleme als beleidigte Indianer. Er habe in Wahrheit Mitgefühl mit der armen Maschine, was ihm die Männer natürlich sofort abkauften. Sie waren eher überrascht, dass Kris so gekränkt war – er sollte das nicht so an sich heranlassen. Kris war sensibel. Er mochte es nicht, grundlos beschuldigt zu werden.

Roy stöhnte. Er hatte es gewagt, Momo aufzufordern, sich ordnungsgemäß ins Logbuch einzutragen. Als Antwort hatte Momo ihm vor die Füße gespuckt.

Ungläubig sahen sie die Logleine achtern am Heck senkrecht nach unten hängen, sie bewegte sich keinen Millimeter, auch wenn die Golden Harvest unter vollen Segeln lag. Das Meer war spiegelglatt. Es wurde nur durch eine leichte Dünung in Trippelschritten japanischer Größenordnung hin und her bewegt. Natürlich wussten alle, dass eine totale Flaute Unglück bringen würde. Rafi enterte über die Wanten zum Großmast hinauf, um nach Wolken Ausschau zu halten, am Horizont war der Himmel etwas diesig, aber Wolken konnte er nicht melden, und so hielten Momo und Elise seine Kletterübung für sinnlose Spielerei, mit der er sich nur wichtig machen wollte. Über ihnen brannte die Sonne unerbittlich, und die Luft war zäh wie Sirup. Genauso eine brütende Stimmung musste auf der Bounty geherrscht haben, bevor die Meuterei zum Ausbruch kam.

Mori machte seine Zeremonie, und man konnte ihn nur bewundern, wie er es schaffte, seine Übungen in voller Länge durchzuziehen. Sie hatten kein Sonnensegel gespannt – es ging auch nicht, weil alles gesetzt war. Sie ließen die Segel einfach stehen. Wenn sie auch nur etwas von dem Tuch eingeholt hätten, hätten sie der Flaute nachgegeben.

Ein Wort lag in der Luft. Keiner sprach es aus. Alle dachten sowieso daran: Haie! Es war lebensgefährlich, ins Wasser zu gehen. Ein weißer Hai könnte schon in der Nähe sein und sie umrunden. So ein Vieh brachte Grauen mit sich und schickte es voraus – das Grauen war da, hatte sie schon erreicht. Immer wenn Rafi auf das Wasser sah, war es ein ängstlicher Blick, als wollte er sich nur vergewissern, dass der Hai noch nicht angekommen war.

Auf der Wache von Momo und Elise lief jedes Mal ›Rastaman Vibration‹; Rafi fand die Musik inzwischen überheblich, eine billige Protzerei, die sich ständig wiederholte. Momo bediente Elise neuerdings; zum Schluss ihrer Wache goss er ihr Wasser über die Füße, wobei sie jedes Mal »thank you, my brother« säuselte und Momo sie mit inbrünstigen Blicken bedachte.

Es gab nichts zu tun.

Das war schlecht für die Stimmung an Bord. Man konnte nur erschreckend tief ins Wasser gucken, das in Stockwerken organisiert war, sodass man verschiedene Etagen von Fischvorkommen beobachten konnte, die sich die Meerestiefe aufgeteilt hatten. Für jede Sorte schien es eine extra Schicht zu geben. Das Meer war hierarchisch organisiert. Da herrschte Ordnung. Jetzt kam es raus. Man konnte es mehr als deutlich erkennen, weil die See völlig unbewegt war. Doch vielleicht würde sich die See nicht gerne in die Karten gucken lassen. Vielleicht würde sich das Meer rächen, dass sie an Bord dieses kleinen Schiffes etwas herausgefunden hatten, was eigentlich keiner wissen durfte. Es war besser, nicht so tief hinunterzugucken. Ein Seemann sollte sowieso nicht so viel über Fische nachdenken. Außerdem sollte man nie lange ins tiefe Wasser schauen. Man wird nur verrückt davon.

Als wenn es noch nötig gewesen wäre, die Stimmung anzuheizen, erwähnte Kris Macias Nguema Biyogo, der in dem von der Welt vergessenen Äquatorialguinea schon ein Achtel der Bevölkerung umgebracht hatte und, um Angst und Schrecken zu verbreiten, sogar Kinder verspeiste. Sie befanden sich ganz in der Nähe. Roy könnte das bestätigen. Rafi wusste sofort, dass es Ärger geben würde. Wieso musste Kris ausgerechnet jetzt anfangen, einen Vortrag über Äquatorialguinea zu halten? Es mochte ja alles stimmen – aber wie würde sich das auf die Stimmung auswirken? Sie konnten den Ort nicht verlassen, an dem sie von diesem Menschenfresser gesprochen hatten; es war, als würde der Schrecken nun bei ihnen bleiben.

Momo wollte nichts mehr davon hören, auch nichts mehr über Idi Amin oder all die anderen »black Hitler«. Er könnte, ohne auf einen Zettel zu gucken, mindestens drei Völkermörder nennen, die schlimmeres Unheil angerichtet hätten.

Rafi eilte aus der Kombüse, als müsste er nachgucken, ob der weiße Hai schon anfing, das Boot anzugreifen; er hörte noch undeutlich, wie Momo von Cecil Rhodes sprach und von König Leopold dem Zweiten. Nein, nein, nochmals nein, Hitler war und blieb der größte Verbrecher aller Zeiten, darüber ließ Rafi nicht mit sich reden. Er wollte gerne zugeben, dass es auch in Afrika furchtbare Verbrechen gegeben hatte, aber seinen Hitler, dachte er – so seltsam ihm das vorkam – seinen Hitler wollte er sich nicht nehmen lassen. Rafi atmete durch. Diese Flaute machte einen verrückt. Sie waren in den Rossbreiten. Sie würden noch durchdrehen.

Rafi warf eine Angel aus – es war seine Wache, und die frischen Lebensmittel waren verbraucht. Elise brauste sofort auf, er würde offenbar versuchen, zum Mörder zu werden. Mörder, Killer. Nun war es raus. Elise hatte es ausgesprochen. Wieder sah sie wie eine Hexe aus. Rafi antwortete nicht, versuchte es aber mit dem bösen Blick. Hatten sie etwa vorher nie geangelt? Nie Fisch gegessen? Hatte denn nicht Elise mit ihm zusammen andalusische Spezialitäten mit allerlei Schalentieren genossen, hatte sie abgepult, dass es eine wahre Freude war, das mit anzusehen? Rafi holte die Angel mit aufreizend langsamen Bewegungen wieder ein, als wollte er sagen: Ich gebe nach, demonstrativ gebe ich nach, ganz langsam, in Zeitlupe. Du wirst noch sehen, was du davon hast, und wirst dich an diese Szene erinnern – doch dann wird es zu spät sein.

Auf der nächsten Tagwache – Momo und Elise schliefen – legte Rafi leise, damit keiner geweckt wurde, Dylan auf: She talks just like a woman, she walks just like a woman. Elise – er hatte gedacht, dass sie schlief – stürzte herbei und stellte die Musik ab: »It's not necessary to listen to this stupid idiot. He has not found yet what he is looking for.«

Was sollte so schlimm daran sein, dass er noch nicht gefunden hatte, was er suchte? Mal ganz abgesehen davon, dass Rafi diese Bedeutung bisher gar nicht herausgehört hatte – aber das wusste Elise womöglich besser. Er mochte die Songs, konnte sie sogar nachspielen, außerdem war es seine Wache. Jetzt war Elise zu weit gegangen: Anderen die Musik ausschalten durfte man nicht. Das verstieß gegen die Gesetze an Bord. Elise hätte sie wenigstens ausblenden müssen oder fragen, ob sie die Kassette wechseln dürfe. Rafi fühlte sich hilflos dem Zorn von Elise ausgeliefert. Wenn sich bei der nächsten Wachablösung die drei Meuterer zusammenfanden, würde er das vorbringen. Es war, als würde man anderen aus dem Buch ihrer Träume Seiten ausreißen und sie zerknüllen, bevor sie gelesen waren.

Elise fühlte sich genötigt, endlich mal grundsätzlich, wie sie es immer schon wollte, zu Bob Dylan Stellung zu nehmen: Sie könne es nicht ertragen, was für ein kranker Mensch er sei, früher habe sie ihn auch gemocht irgendwie, das schon, aber er sei ein kranker Mensch mit seinem untergründigen Frauenhass, ein Mensch, der ihr nur Leid tun könne.

Roy kam dazu. Sie sei vielleicht ein klein bisschen empfindlich bei vielen Sachen, sagte er in übertrieben sanftem Ton.

Das hätte er nicht tun sollen.

Was für ein Quatsch. Elise explodierte. Also, erst einmal müsse sie feststellen, dass man gar nicht überempfindlich sein könne, das sei grundsätzlich unmöglich. Es sei gut, empfindlich zu sein; man könne nicht empfindlich genug sein. Wenn zwei verschiedene Menschen ein und dieselbe Wolke betrachteten, würde jeder etwas anderes darin erkennen, für den einen würde sie vielleicht nichts bedeuten, für den anderen eine ganze Menge, und sie habe nun mal eine ganz besondere Sensibilität für unterschwellige Demütigungen. Und die werde sie sich nicht kaputtmachen lassen.

Es musste so kommen. Das nächste Treffen brachte die erwartete Verschwörung. Rafi schloss sich den Klagen über die beiden an, Roy und Kris verstanden ihn sofort. Alle schwiegen ein Weilchen, dann machte Roy in aller Vorsicht einen Vorschlag: Sie sollten zu dritt Momo im Schlaf überwältigen und ihn im nächsten Hafen absetzen. Nur so könne man das Schlimmste verhindern. Kris nickte, es wirkte aber nicht überzeugend. Auch Rafi war nicht begeistert.

Damit war der Vorschlag vom Tisch. Man konnte doch nicht ihren Vorzeigeafrikaner fesseln oder womöglich in Ketten legen, he had a long chain on. Was sollten denn die officials im nächsten Hafen sagen? Elise würde es sowieso nicht zulassen. Sie war das Problem. Außerdem war Flaute. Wie lange müssten sie Momo gefangen halten, ehe sie weitersegeln könnten? Dann gäbe es womöglich starken Wind, und sie bräuchten jede Hand an Deck – dass Elise Dylan abgeschaltet hatte, na gut, vielleicht hing das mit ihrem Beziehungskrach mit Barry zusammen, so was machte die Menschen ungerecht. Außerdem waren alle nervös. Wegen der Flaute. Wegen der Haie. Wegen der schrecklichen Ordnung, die unter Wasser herrschte. Wegen des Vitaminmangels. Wegen des Unglücks, das auf sie zukommen würde. Nun tat es Rafi fast wieder Leid, dass er sich über Elise beschwert hatte, je mehr er darüber nachdachte, desto größeres Verständnis brachte er für sie auf – ihm fehlte sein Dingi, er müsste wieder seine Runden drehen können und mal allein sein. Aber er traute sich nicht mit dem kleinen Boot auf das Wasser, solange der weiße Hai in der Nähe war.

Alle wurden aufgeheizt, als würde ein innerer Motor auf Hochtouren laufen. Keiner wäre auf die Idee gekommen, ein erfrischendes Bad zu nehmen. Es wäre sowieso nicht erfrischend. Roy hatte schon mal in tropischen Gewässern gebadet, das sah zwar immer toll aus, war aber enttäuschend, weil das Wasser pisswarm und viel zu salzig war, und dann diese Haie. Rafi musste immer an den Film *Der weiße Hai* denken; er hatte den Film nicht gesehen, trotzdem hatte ihm allein schon das Plakat Angst eingejagt. Dieser Hai war immer gegenwärtig, wenn er bei seiner Tagwache ins Wasser sah oder sich bei der Nachtwache das Wasser vorstellte – Haie griffen gerne im Dunkeln an. Es war, als würde der Film in seinem Kopf ablaufen, und die Angst war plötzlich wieder da, als er sich nach seiner Nachtwache ins Netz am Bugsprit legen wollte – bloß nicht! Haie bewegten sich dicht unter der Wasseroberfläche. So ein Hai könnte, wenn er so tief über dem Wasser hing, auftauchen und zuschnappen. Haie hatten eine unheimliche Kraft im Zubeißen. Wie eine tonnenschwere Presse. Man durfte den weißen Hai nicht mal berühren. Er hatte eine Haut wie diese Glasscherben auf den Mauern in Lagos, mit denen die Grundstücke gesichert waren. Wenn man einen Hai streifte, würde man bluten, das wäre das Ende.

Same shit, different day. Die Hitze war unerträglich geworden. Momo und Elise waren unerträglich geworden. Diese Tiefe war eine unheimliche Bedrohung, die nie nachließ. Sie war immer da. Direkt unter ihnen. Die Tiefe machte sie alle klein. Sie waren eine zerbrechliche Nussschale – zum ersten Mal passte dieses Bild von der Nussschale, das es schon als Karikatur gab; auch die Golden Harvest war nur ein Nichts in einem abgrundtiefen Unheil.

Der Generator war schrecklich. Er erinnerte ihn jedes Mal an seine Krankheit. Sie ließen Jenny nicht mehr laufen – so wie Kinder meinen, wenn sie schön brav sind, dass sie dann nicht bestraft werden, so hofften sie auf eine Belohnung, wenn sie in den Rossbreiten nicht so einen Krach machten. Das Anwerfen der Maschine klappte sowieso nicht. Kati machte bluff-bluff und sprang nicht an. Sie hatten nicht mehr genug Diesel, um sich mit Maschinenkraft aus der Flaute zu bringen. Roy wollte Kati sowieso nur anwerfen, um sich zu vergewissern, dass sie starten würde, falls man sie mal brauchte. Es war eine Zwickmühle: Wenn sie die Maschine ausprobierten, vergeudeten sie Diesel. Dass sie gar keine Probeläufe machten, war ein Zeichen für den allgemeinen Verfall. Es blieb ihnen nichts anderes übrig, als darauf zu hoffen, dass sich KK, wenn sie gebraucht würde, von alleine erholt haben würde.

Momo und Elise lästerten, sobald sie Roy mit dem Sextanten erwischten. Sie hielten es für zwecklos, die Position bestimmen zu wollen – was nicht stimmte, denn sie wurden durch den Guinea-Strom abgetrieben. Er wollte doch damit nur mal wieder zeigen, dass die Weißen den Schwarzen überlegen sind, fuhr Momo Roy an und lachte gekünstelt.

Sie verbrauchten Frischwasser und Lebensmittel, sie kamen vom Kurs ab – auch wenn Momo und Elise das nicht einsehen wollten. Es wurde mit jedem Tag schlimmer, mit jeder Stunde, mit jedem Tropfen Wasser, der weg war.

Roy hatte errechnet, dass sie womöglich auf die Insel Principe zutrieben. Alle nahmen es zur Kenntnis, keiner sagte was dazu – was denn auch? Rafi schleuderte bei seiner Wache das Log extra weit weg vom Schiff, nur damit es eine Zeit lang nicht so deprimierend schlaff nach unten hing. Das nützte auch nichts. Es gab keinerlei Kräuselbewegung auf dem Wasser. Unter diesen Bedingungen stellte sich Rafi auch nicht mehr heimlich vor das Ruderrad. So ein Hai konnte unter Wasser ein gewaltiges Tempo entwickeln und sogar durch eine Holzverkleidung brechen wie ein Motorrad.

Roy wusste, dass Segler dazu neigen, verrückt zu werden. Leute, die bei gutem Wetter vernünftig waren, schickten plötzlich eine Flaschenpost an ihre Familie und fingen an, laut zu singen. Bei einer Flaute fühlte man sich von einer höheren Gewalt beobachtet. Wenn man das wusste, konnte man nicht aufhören, daran zu denken. Das war das Problem. Dann war dieses Gefühl immer da, und je mehr man versuchte, nicht daran zu denken, desto mehr steigerte man sich hinein.

Falls man einen Schabernack machen wollte und scharf darauf war, aus Jux einen Orkan zu erleben, konnte man ein Geheimrezept anwenden: Man musste am Fockmast kratzen. Das war Aberglaube, klar. Rafi war aber sehr überrascht, dass Roy so was auch kannte.

Man konnte es ja ausprobieren, wenn sowieso alle verrückt wurden. Sie brauchten es ja keinem zu verraten. Nur zum Spaß. Sie wollten ihre Nachtwache nutzen, um einen internationalen nautischen Zauber durchzuführen. Sie rauchten in Ruhe, obwohl sie sich vorgenommen hatten, das immer erst nach der Wache zu tun, und bereiteten sich auf ihre kleine Zeremonie vor. Jeder kratzte beim Fockmast an allen vier Seiten.

Plötzlich fühlte sich Rafi sicher, dass ihr Hokuspokus funktionieren würde. Er überlegte sogar, ob sie vorsichtshalber ein Segel einholen sollten. Womöglich würde ein richtiger Wirbelwind aufkommen. Was meinte Roy? Der lachte nur leise.

Sie waren kaum in der master's cabin, als sie die Geräusche hörten. Es mussten Schiffe sein – drei oder vier mit Motor angetriebene kleine Schiffe. Roy und Rafi eilten an Deck, um die Positionslichter zu setzen, damit sie nicht gerammt wurden, und draußen in der Schwärze der Nacht bemerkten sie beide gleichzeitig, dass diese Schiffe zwar gut zu hören, aber nicht zu sehen waren. Die fuhren ebenfalls ohne Positionslampen durch die Nacht: Piraten.

Wenn sie Lichter setzten, würden sie die anlocken. Sie hielten die Luft an, trauten sich nicht mehr aufzutreten und fürchteten um jedes Geräusch, das ihr Schiff machte – sie lauschten nur und warteten, dass sich die Motorengeräusche wieder entfernten.

Niemand hatte sie bemerkt.

Sie waren noch einmal davongekommen. Die Piraten waren sehr nahe gewesen – schwer zu schätzen –, nun waren sie wieder weg. Es war still. Still und schwarz. Sie hatten beide einen heillosen Schrecken gekriegt. Das war die Strafe, dass sie den Klabautermann herausgefordert hatten. Man sollte mit solchen Dingen keine Scherze machen. Sie würden diese Schiffsbegegnung nicht im Logbuch festhalten.

Elise weckte Rafi um Mitternacht mit einer Tasse Kaffee. Wie immer war sie freundlich – aber nicht so angestrengt freundlich. Im fahlen Licht konnte er sofort erkennen, dass sie verändert war, kleinlaut und schutzbedürftig; es war eine Elise, die er noch kannte. Rafi hätte sie sofort in die Arme schließen mögen: Komm, wir vertragen uns wieder, es wird alles wie früher.

»Rafi, please help, there is something wrong.« Ihre Stimme klang seltsam – auch vertraut. Rafi wurde es schlagartig klar:

Sie hatte Angst. Er sprang sofort auf und merkte, dass auch an ihm etwas nicht stimmte: Er war klatschnass geschwitzt, wie damals, als er krank war, aber er fühlte sich nicht krank. Es musste an der Luft liegen. Die Luft war stickig geworden, stickiger als sonst, da war so ein merkwürdiger Geruch, der, als er mit seinem Becher in der Hand an Deck ging, draußen noch intensiver wurde. Es roch nach Schwefel, nach Verwesung, nach fauligem Irgendwas – aber warum mitten auf dem in Stockwerken gestaffelten Meer? Warum mitten in der Nacht?

Momo und Roy waren schon an Deck und wirkten auch verstört. Alle lauschten. Es gab fremde Geräusche. Roy meinte, es hörte sich an, als würden sich Leute unterhalten, sehr viele, als hätten sich etwa dreihundert Menschen, die sich nur flüsternd unterhielten, in einem Tanzsaal getroffen. Sie waren umzingelt von einem fernen Flüstern.

Rafi meinte, es klänge eher, als würde das Meer unter ihnen anfangen zu kochen. Eins war sicher: Die Geräusche kamen näher, sie bewegten sich langsam auf die Golden Harvest zu. Es konnte nicht mit rechten Dingen zugehen. Es hörte sich eher an wie ein entferntes Plappern. Es klang aber nicht wirklich menschlich. Es war stockdunkel. Kein Mond war zu erkennen, keine Sterne. Das Plappern klang doch irgendwie menschlich. Oder?

Es musste eine dicke Wolkendecke über ihnen liegen, die so etwas wie einen Treibhauseffekt bewirkte – vielleicht war das eine Erklärung. Während der Wache von Momo und Elise war die Temperatur um ganze fünf Grad angestiegen. Es erwies sich also doch als sinnvoll, regelmäßig die Temperatur zu messen. So hatten sie immerhin einen Anhaltspunkt. Sie wussten allerdings nicht, was es bedeutete. Rafi hatte nur eine mögliche Erklärung: Sie mussten sich über einem Vulkan befinden, der gerade dabei war, auszubrechen.

Keiner stimmte zu. Keiner widersprach. Rafi fragte Roy, ob ihm bekannt sei, dass hier Vulkane unter der Wasseroberfläche wären, vielleicht gebe es darüber was in einem nautischen Handbuch.

Roy antwortete lange nicht. »I do not know, Rafi.«

Es waren doch menschliche Stimmen. Wie konnten sie hier wieder wegkommen? Sollten sie versuchen, Kati Kelvin anzuwerfen, vielleicht würde es diesmal gelingen.

Rafi holte eine Probe Wasser und hielt sie im Ruderhaus ans Licht. Das Wasser war ungewöhnlich gelblich, sehr stark getrübt und voller kleiner Teilchen. Das sprach dafür, dass sie sich über einem Vulkan befanden. Jedenfalls wurde das Wasser von unten aufgewühlt. In der master's cabin gab es einen Suchscheinwerfer, den man im Ruderhaus an einem langen Kabel installierten konnte. Momo stand schon vorne auf der Back bereit, um Ausschau zu halten.

Als das Licht aufleuchtete, brüllte Momo etwas Unverständliches und stürzte zu den anderen zurück, verletzte sich dabei den Zeh, fluchte und wirkte, als er zurück im Licht des Ruderhauses war, bleich vor Schreck. »Bodies!«, stammelte er. Leichen waren da – warum um alles in der Welt redeten die Leichen? Wo sollten die so plötzlich herkommen?

Sie ließen den Suchscheinwerfer nach steuerbord und backbord schweifen – nichts zu sehen. Keine Leichen. Das Plappern wurde jedoch lauter. Vielleicht waren es doch keine menschlichen Geräusche. Dieses Brodelgeräusch hatte zugenommen. Roy meinte, dass es vermutlich Fischerboote ohne Positionslichter waren, die versuchten, auf hoher See ihre Netze auszulegen – aber es war offensichtlich, dass er sich damit nur selbst beruhigen wollte. Keiner glaubte seiner Theorie. Alle hatten Angst; da wurde es auch nicht besser, wenn einer versuchte, sie mit allzu offensichtlichen Tröstungen zu beschwichtigen. Es konnte nicht sein. So viele Fischer konnten nicht ausgeschwärmt sein, um hier gleichzeitig zu plappern, alle in der gleichen Lautstärke.

Vom Süden her war ein erstes Wetterleuchten zu erkennen. Der Schwefelgeruch konnte eventuell von der Gewitterstimmung herrühren – es war jedoch nur schlecht auszumachen, wie weit das Gewitter weg war. Der Verwesungsgeruch dagegen kam eindeutig aus dem Wasser, von unten, aus der Tiefe.

Blitze zuckten und erhellten die Golden Harvest wie in einer psychedelischen Disco, die Segel reflektierten das Licht, und die bleichen Menschen an Deck wirkten wie lebende Leichen. Alle waren eine Sekunde lang nur noch in Schwarz-Weiß vorhanden, jede Farbe fehlte, sie wurden zu Gespenstern – als wären sie von einem göttlichen Suchscheinwerfer erfasst, gestellt und geblendet.

Im Licht der Blitze waren die Leichen zu erkennen. Etwa eine Kabellänge entfernt schwammen weiße Pakete im Wasser – längliche weiße Pakete. Da mussten die Leichen drin sein. Das Wasser schien irgendwie in Bewegung zu sein, die Pakete wurden von einer geheimnisvollen Kraft geschoben, nur die Golden Harvest war wie festgenagelt. Das Log hing senkrecht und schlaff wie gehabt. Auf dem Wasser waren jetzt sogar Wellen auszumachen, kleine Wellen, wie bei einem Wellblechdach, und wenn nicht alles täuschte, dann schwammen diese weißen Pakete langsam auf sie zu.

»You see the bodies?« Momo zeigte auf die weißen Pakete mit den Leichen. Er versuchte, es stammelnd zu erklären: So wurden an den großen Flüssen die Menschen bestattet, indem man sie in Tücher packte und ins offene Meer treiben ließ. In der Bucht von Biafra war das nicht ungewöhnlich.

Aber so viele?

Das verstand Momo auch nicht, ein Wunder. Es konnte irgendwo ein Massaker gegeben haben. Doch wieso redeten sie miteinander?

Auch Hans, Kris und Morishta erschienen an Deck. Keiner sagte etwas. Alle lauschten. Alle warteten auf ein erlösendes Gewitter, damit sich endlich alles änderte. Mit jedem Blitzlicht wurde die Angst neu auf die Gesichter gezuckt. Morishta stellte sich mit verlegenem Lächeln dicht zu den anderen – was er sonst nie tat: Er suchte Körperkontakt. Sie nahmen sich wortlos in die Arme und hielten sich fest, direkt am Fockmast.

So erwarteten sie das Unglück.

Jemand machte eine Zigarette an – wahrscheinlich war es Kris – und ließ sie rumgehen. Es war keinerlei Sprache aus diesem Plappern zu identifizieren, und es war immer noch nicht sicher, ob es wirklich menschliche Laute waren. Es sollte ja afrikanische Sprachen geben, in denen Schnalz- und Klicklaute vorkamen – aber so hörte es sich auch nicht an.

Dann ging ein erster Ruck durch das Schiff – es musste so kommen. Seltsam schabende Geräusche waren zu hören; sie mussten irgendwo aufgelaufen sein, in irgendetwas reingetrieben, reingeschoben sein, wahrscheinlich zusammengestoßen mit einem ganzen Packen solcher Leichen; nun würden sich die Untoten plappernd über das Schiff hermachen, mit ihren toten Fingernägeln an der Bordwand kratzen, um schließlich an Deck zu klettern. Allen lief der Schweiß hinunter. Wieder wurde der Suchscheinwerfer installiert – irgendwas musste man ja tun – und nach steuerbord und backbord geschwenkt.

Das Meer war grün. Das war gar kein Meer – es war eine Wiese mit kleinen Büschen und vielen Leichen. Sie waren von der Wiese eingeholt worden. Rundherum war kein Wasser zu sehen, nur Sträucher und Grünzeug. Rafi enterte den Großmast, um einen besseren Überblick zu bekommen. Es schauderte ihn, er kletterte schnell die Wanten hoch – die unheimliche Wiese mit all den Leichen im Rücken –, die konnte er nur überwinden, wenn er versuchte, nicht darüber nachzudenken und sie rasch hinter sich zu bringen, so wie man, ohne lange nachzudenken, manchmal seinen Kopf unter Wasser halten musste. Er krallte sich schnell am Großmasttopp fest, um Ausschau zu halten. Es war eine gewaltige Fläche, die mit dem nächsten Blitz erhellt wurde, eine riesige schwimmende Insel, die nun die Golden Harvest umschlossen hielt, sodass ihr Schiff wie eine Spermie in einer Eizelle wirkte. Die Blitze wurden häufiger, sie kamen jetzt nicht mehr nur von Süden, sie kamen von überall her. Auf dem Mast war es – allein wegen der Blitze – viel zu gefährlich. Rafi musste eiligst zurück, wieder an der kritischen Stelle, an der er die Leichen im Rücken hatte, vorbei.

Alle fanden sich im Ruderhaus ein, jede Feindschaft war vergessen. Sie konnten nichts tun, sie konnten nur die Ankunft der Leichen abwarten. Rafi schnappte sich die Pütz, um noch einmal eine Wasserprobe zu nehmen; irgendetwas musste schließlich getan werden. Vielleicht würde das Wasser inzwischen kochen. Roy holte das Log ein, sicherheitshalber, das war besser so, vielleicht würde es abreißen oder abgeknabbert werden.

Die Wiese schien durchlässig zu sein. Im Eimer war tatsächlich Grünzeug, kleinere Äste waren dabei, kleine Wurzeln, dazu viele kleine Fische, die alle plapperten. Der ganze Eimer schien zu plappern. Als der Eimer auf Deck gestellt wurde, waren die Fische plötzlich still. Als der Eimer ausgeleert wurde, sah man die toten Fische, die nicht mal mehr zappelten. Sie mussten in dem Moment, als der Eimer an Bord abgestellt wurde, gestorben sein. Das Experiment wurde sofort wiederholt. Es waren die kleinen Fische, die das Plappergeräusch machten, sie gingen sofort ein – damit verstummte das Plappern.

Es konnte nur so sein, dass sie sich südlich der Nigermündung befanden und in eine schwimmende Insel reingeraten waren, in der sich allerhand Leichenpakete verfangen hatten, die begleitet wurden von einer bestimmten Art kleiner Fische, die in ihrer Vielzahl dieses merkwürdig plappernde Geräusch gemacht hatten. Dennoch beruhigten die Erklärungen nicht, die Angst ließ nicht wirklich nach. Es gab noch Nachwehen der Angst. Sie hatten gerade etwas erlebt, für das es keine richtige Erklärung gab. Sie hatten die Toten sprechen hören. Sie hatten es gemeinsam erlebt, es war kein Traum. Es war ein letztes Zeichen aus Nigeria, die Leichen kamen aus der Nähe von Port Hancourt, auf der Karte war das eindeutig zu erkennen.

Keiner konnte sich wieder hinlegen oder die Wache fortsetzen, als wäre nichts geschehen. Keiner wusste, was man ins Bordbuch eintragen sollte. Wie sollte man so etwas nennen?

Wer sollte es eintragen? Erst wenn es wieder hell wäre, könnte man darüber nachdenken. Sie überlegten, ob sie nicht wenigstens das Großsegel einholen sollten, da sie nun schon mal alle an Deck versammelt waren, falls sie doch eine überraschende Sturmfront abkriegen sollten, aber keiner konnte sich aufraffen.

Dann fing der Regen an. Erst war jeder einzelne Tropfen zu hören; die Tropfen mussten groß sein wie Kirschen. Sie waren immer noch gelähmt; sie blieben stehen, wo sie waren, obwohl sie wussten, dass der Regen stärker werden würde. Dann wurde eben geduscht. Eine Viertelstunde lang fiel ihnen der Himmel auf den Kopf; so was konnte man nicht mehr Regen nennen. Das Wasser stürzte nieder, dazu brüllte der Donner, als würden Berge einstürzen, die Blitze zuckten – allerdings gab es immer noch keinen Wind. Doch die Luft wurde gereinigt, vom Schwefel und den Spuren des Teufels.

Rafi hatte noch nicht genug Mut beisammen, um allein seine Runde über das Deck zu gehen und einen Kontrollgang zu machen. Er war wieder der kleine Thomas, der sich nicht traute, im Dunkeln in den Keller hinunterzusteigen und eine Schütte Kohlen zu holen. Sie blieben noch ein bisschen im Ruderhaus und fühlten sich zum ersten Mal vom Meer umrundet und gefangen. Das Wasser war feindlich, schwarz, dunkel und ohne jede Hoffnung. Kris hatte mal einen Weltumsegler kennen gelernt, der ihm gesagt hatte, dass man akzeptieren müsse, dass man sich nicht alles erklären könne, was man unterwegs erlebte. Das war besonders wichtig für Abenteurer, die alleine reisen. Wenn man anfinge, über solche Dinge zu lange nachzudenken, würde man nur Kraft verlieren.

Kurz vor dem Schlafengehen hörte Rafi wieder das Geräusch der Delfine. Da lohnte es sich, noch mal aufzustehen. Er guckte nach und sah deutlich, wie sie ihre Leuchtspuren hinterließen. Das machte ihm wieder Mut, wenigstens eine Pütz zu holen: Die Wasserprobe ergab, dass nun das Wasser klar war. Die Delfine hatten das erlösende Zeichen gegeben.

Er wachte von der Bewegung des Schiffes auf. Das Knarren, das nur im ersten Moment etwas unheimlich war, zeigte, dass es weiterging, dass ihr Schiff wieder in Fahrt war, nun konnte er sich beruhigt auf die Seite drehen, bis Momo ihn zur nächsten Wache weckte – mit Kaffee und einem Zug von seiner Zigarette. Wind Südsüdwest, drei bis vier, sie lagen leicht auf Backbordseite, sie hatten eine Geschwindigkeit von drei, vielleicht sogar vier Knoten. Mori trommelte.

Sie hatten Schiffsbegegnung mit einem Kümo, das in Richtung Duala fuhr. Rafi winkte. Von der Mona Rosa hatte er auch immer Segelschiffen zugewunken – nun war es umgekehrt. Aber sie waren viel zu weit weg. Das Tuch am Großsegel dehnte sich sehr, es gab immer eine Falte, die besser vom Wind ausgenutzt werden müsste. Rafi saß auf der Abdeckung am Hauptniedergang und döste ein, noch im Halbschlaf konnte er sehen, wie Mori die Pütz über Bord warf und wieder hochholte. Morishta stieg auf die Reling, hielt sich an den Wanten fest, warf wieder den Eimer und – Rafi konnte es im Halbschlaf sehen – war mit einem Ruck verschwunden.

Er sprang hoch: »Mann über Bord!«

Er sprang zu der Stelle, an der Mori abgestürzt war. Tatsächlich! Mori war über Bord gegangen: »Man overboard!«

Rafi sah sich um. Hans stand am Ruder, er suchte sofort nach seiner Brille, die er glücklicherweise in Griffweite hatte. Rafi schnappte sich das Fernglas und sah auf das Meer hinaus, das schon von der Abendsonne gefärbt war und bedenklich blendete. Man konnte kaum etwas erkennen. Mori war schon etwa dreißig Meter hinter dem Schiff zurück, sein Kopf ließ sich allerdings im Fernglas einigermaßen deutlich orten, auch seine zappelnden Hände. Vor allem die weiße Farbe von seiner Kutte und das Reflektieren des Lichtes auf seiner Glatze war zu erkennen – die letzten Eindrücke von Morishta, durchzuckte es Rafi. Er drückte Hans das Fernglas vor die Augen: »Behalt Mori im Auge, egal, was passiert. Das ist ein Befehl!«

Rafi sah sich um, es war niemand an Deck. Rafi konnte unmöglich alleine einen Williamsturn fahren. Dafür wurden alle Hände gebraucht. Es hätten sieben Schoten gleichzeitig bedient werden müssen, davon eine dreifach geschorene Taille. Die Crew war dazu gar nicht in der Lage, selbst wenn sie alle innerhalb kürzester Zeit an Bord erschienen – man musste hart Steuerbordruder geben und dann im Winkel von sechzig Grad auf die alte Route zurückfahren – es war hoffnungslos: Man konnte gar nicht hart Steuerbord geben, weil die Golden Harvest durch den Wind gehen würde. Rafi brüllte, so laut er konnte: »Man overboard!«, und stampfte verzweifelt mit dem Fuß auf Deck.

Elise erschien sofort, gefolgt von Momo.

»Morishta is overboard!«

Elise brüllte giftig zurück. »Why?« – und noch ehe Rafi antworten konnte, entledigte sie sich ihres Wickelrocks und sprang über die achterne Reling mit einem Kopfsprung ins Wasser und kraulte in die Richtung, in der sie Mori vermutete. Rafi stand hilflos daneben. Es war gegen jede Regel, einfach hinterherzuspringen. Bei einem Mann-über-Bord-Manöver wurde jede Hand gebraucht.

»Roy!«, brülle Rafi, wo war Roy geblieben? Der musste sofort aufwachen, »Roy, help! Please, Roy, help!«

Warum erschien Roy nicht an Deck? Roy sollte kommen und alles in Ordnung bringen. Mann-über-Bord konnte immer heißen, dass ein Mann verloren war, den man auch mit einer erfolgreichen Wende nicht mit Sicherheit wieder fand. Wenn jemand hinterhersprang, hieß es, dass zwei Mann verloren waren. Mit zwei Verlusten konnte die Golden Harvest nicht sicher weitersegeln – Rafi konnte gar nicht so schnell denken, die Ereignisse waren schneller, jeder Bruchteil einer Sekunde zählte. Nun wurde ihm auch klar, warum Morishta über Bord gegangen war: Er hatte seine Zeremonie gemacht wie immer, mit all den Bewegungen wie in Lomé und in Zeiten der Flaute; er war auf die Reling gestiegen und hatte den Eimer runtergelassen, hatte aber vergessen, dass die Golden Harvest wieder in

Fahrt war – der Zug des vollen Eimers hatte ihn aus dem Gleichgewicht gebracht. So war es gekommen. Nun wusste Rafi immerhin, warum alles so gekommen war.

»Roy, Kris, help! Please!«

Er warf mit Bewegungen, die ihm selber linkisch und viel zu langsam vorkamen, den Rettungsring über Bord – zu spät, sinnlos, der Ring war unerreichbar für Elise, für Mori sowieso, der inzwischen – wo war er überhaupt? – Hunderte von Metern abgetrieben war.

»Help! Roy, where are you! Help! Mori overboard, Elise overboard!«

Wo war Momo abgeblieben? Er hatte ihn doch eben noch gesehen.

Rafi eilte zurück ins Ruderhaus und stellte sich hinter das Rad, doch er wusste nicht, ob er nun Steuerbordruder geben sollte, um wenigstens so zu tun, als würden sie ein vorgeschriebenes Wendemanöver anstreben, oder nicht. Rafi blickte sich um – konnte denn keiner helfen? Hans fixierte immer noch und konnte melden, dass Elise offenbar Mori erreicht hatte. Der Rettungsring trieb sinnlos an einer zwanzig Meter langen Leine hinter der Golden Harvest her.

In dem Moment sprang die Maschine an.

Da war Roy also abgeblieben. Der war gar nicht erst hochgekommen, um nachzufragen, der hatte sich gleich Kati Kelvin vorgenommen und Glück gehabt. Kris erschien im selben Moment an Deck auf Posten, auch Roy kam hoch und jagte die Maschine volle Kraft voraus durch den Wind immer dem Zeigefinger von Hans nach. Sie hatten zum Glück nur etwa zweieinhalb Knoten Fahrt gehabt, da der Wind wieder nachgelassen hatte. Pro Minute hatten sie etwa sechzig Meter zurückgelegt. Elise und Mori mussten fast einen Kilometer entfernt sein.

»We can make it, we can make it«, nuschelte Roy sehr undeutlich, aber Rafi konnte ihn gut verstehen.

Elise versuchte, Mori über Wasser zu halten. So viel konnte

Hans berichten – aber es hatte noch keine erlösende Wirkung. Erst in dem Moment, als sie selber mit bloßem Auge Mori und Elise erkennen konnten, fühlten sie, dass eine Rettung möglich war; aber der Himmel verfärbte sich, und als sie endlich längsseits waren, wurde es schlagartig dunkel, so wie man das in den Tropen erwarten konnte: Gott machte das Licht aus. Rafi warf Elise ein Tau zu und traf sie dabei unglücklich.

Elise fluchte, kaum, dass sie an Bord war und wieder sprechen und pusten konnte, ob es wirklich notwendig gewesen wäre, ihr das Tau ins Gesicht zu schlagen, wenn sie versuchte, Mori das Leben zu retten.

Morishta ging sofort auf die Knie und fing an zu beten, er faltete die Hände über die Brust; er musste gestützt werden, sonst wäre er sofort umgekippt. Elise war völlig fertig, konnte aber nicht aufhören zu schimpfen, dass sie von diesem Tau getroffen wurde, als hätte jemand versucht, sie umzubringen. »This stupid German kraut tried to kill me.«

Sie keuchte, und alle rechneten damit, dass sie Wasser spucken würde, aber das tat sie nicht. Auch als einen Moment lang keiner etwas sagte, lagen die Vorwürfe immer noch in der Luft wie ein ungelöster Gewitterdruck.

»It is against the regulations …« Es wusste doch jeder, dass man bei Mann-über-Bord nicht hinterherspringen durfte, dafür gab es Vorschriften, das war auch sinnvoll. Warum half ihm keiner, die Regeln zu erklären? Rafi konnte das im Moment nicht so gut. Nicht in Englisch: Es war ein klarer Verstoß gegen die Sicherheitsbestimmungen. Es wurde jede Hand an Bord gebraucht, um einen Williamsturn zu fahren.

Elise schrie ihn an – es war ein Rätsel, woher sie plötzlich wieder so viel Energie hatte: »Mori cannot swimm!« Sie betonte jede Silbe ekelhaft deutlich, als wollte sie klarmachen, dass sie mit einem Ausländer redete. Außerdem redete sie offenbar mit einem Idioten, der so einfache Dinge nicht wusste, wie die, dass Mori nicht schwimmen konnte. »Mori cannot swim!«

Warum unterstützte ihn niemand? Er hatte doch Recht. Man musste sich an Regeln halten. Dazu waren sie da. Die waren zur Sicherheit der gesamten Mannschaft gemacht. Das waren Verabredungen, die jeder Seemann einging, wenn er ein Schiff betrat. Die Sicherheit der Mannschaft und des Schiffes hatte Priorität. Rafi wusste im selben Augenblick, dass es nicht der richtige Moment war, Recht zu behalten.

»You are so German!« Elise sah ihn hasserfüllt an.

Warum griff niemand ein? Die anderen mussten doch auch fühlen, dass ein großes Unglück geschehen war. Wenn Gott das Licht etwas früher ausgeschaltet hätte, wäre alles zu spät gewesen. Vielleicht hatte Gott sogar eine zögernde Minute die Dunkelheit zurückgehalten.

Sie waren alle nicht richtig erleichtert. Vielleicht litten die anderen still an dem Wissen, dass nun nichts mehr sein würde wie vorher – Elise war unfehlbar geworden. Die Männer mit ihrem Wissen um die Regeln der Seefahrt hatten versagt. Roy kümmerte sich schweigend um die Maschine und anschließend um den Kurs.

Elise keuchte immer noch und wollte von niemandem angefasst werden, von niemandem, nicht mal von Momo.

Rafi kochte Kakao – was sollte er sonst auch tun? –, und Momo übernahm solange die Wache. Rafi fragte noch, ob er eine Zigarette für alle drehen sollte, eine Friedenspfeife, die sie sich verdient hätten. Alle waren einverstanden, aber nicht sonderlich begeistert.

Momo stieg in seine Koje, um Vorräte zu holen, und kam entsetzt zurück – das müsse sich Rafi unbedingt angucken: Unter dem Bett, wo er die Vorräte versteckt hatte, waren Rattenscheiße und nur ein kläglicher Rest Grass. Es reichte mal gerade noch für ein shillum. Sie hatten Ratten an Bord, aber keinen Tabak mehr.

20
Food is for sharing

»Land! One point starboard!«, verkündete Kris.

Davon wurde man gerne wach. Rafi rappelte sich auf, um sich das selber anzugucken. Die Insel war etwa fünf Seemeilen entfernt und in der diesigen Luft gut zu erkennen. Sie hatten zweieinhalb Knoten Fahrt unter vollen Segeln, sie würden bald da sein. Im Almanach stand, dass wilde Vegetation zu erwarten war, tausend Meter hohe Berge und die berühmte Kompass-Bucht – hier konnten Schiffe an der markanten Nordsüdgeraden ihren Kompass überprüfen. Das klang alles sehr gut. Sie beschlossen, nicht die Hauptstadt San Antonio auf der anderen Inselseite anzulaufen, sondern die Shelter-Bucht, in der man auch das Klappern von Kati überprüfen könnte.

Über den riesigen Bäumen – Giganten unter den Pflanzen – schien die Luft zu vibrieren. Wenn man näher hinguckte, erkannte man Lianen, die diese Majestäten in den Würgegriff nahmen. Der Pico de Principe und Morro Papagaio waren deutlich auszumachen, links ein Plateau, das gewaltig hoch wirkte. Da gab es riesige Parabolspiegel – eine Forschungsstation oder etwas Ähnliches; rundherum die Berge, über und über Grün, eine Urlandschaft, in der man Saurier vermuten würde. Kris musste es gleich fotografieren, auch wenn es auf Fotos nie richtig zur Geltung kommen würde. Sie konnten aufatmen; sie waren in einem Seegraben gewesen, die Tiefe hatte stets als unheimliche Kraft gewirkt, von der das Land die Erlösung brachte – wie in dem Volkslied, in dem es heißt: Sie konnten zusammen nicht kommen, das Wasser war viel zu tief. Rafi konnte förmlich spüren, wie die Angst – vor Haien, vor der Tiefe, vor dem Unfassbaren – von ihm abfiel. Da sie bei erneut abflauendem Wind nur noch eine Meile pro Stunde Fahrt hatten, ließen sie Kati einfach laufen, auch wenn sie heftig klapperte. Momo, sichtlich stolz auf die Schönheiten Afrikas, versprach allen zum Abend ein leckeres Essen mit frischem Gemüse und Obst und danach eine Zigarette mit afrikanischem Tabak, den man hier überall kriegen könne, darauf sollten sie sich schon freuen. Endlich gab es Grundberührung mit dem Lot, Rafi konnte zum ersten Mal eine Fadentiefe ausrufen.

Schon waren erste Eingeborene zu erkennen, die aufgeregt winkten. Ein Hund kläffte. Man hörte die Vögel schreien, Papageien wahrscheinlich; Vögel, die einen Heidenlärm machten, auch beim Fliegen knarrten und knatterten sie laut. Man konnte das Land riechen. Sie ließen das Schiff einfach auslaufen, bis sie bei einer Tiefe von zwölf Faden Anker werfen konnten. Maschine stopp!

Sie sahen den Einbaum, der von der Westspitze her auf sie zukam, als sie gerade die Stagsegel runternahmen. Er umrundete das Schiff einmal, doch ehe die Runde abgeschlossen war, fiel der Motor aus, und man konnte den Fahrer fluchen hören. Alle versammelten sich auf der Steuerbordseite, vielleicht konnten sie helfen. Er trug ein zerlumptes Hemd, das womöglich militärisch wirken sollte, eine Schulter guckte raus. Er hatte Shorts an, die so schlecht saßen, dass man sogar auf Entfernung einen Teil seines Geschlechts raushängen sah. Er schimpfte wütend in seinem Einbaum herum und versuchte immer wieder, den Motor anzuwerfen, indem er an dem Band zog, wie Rafi das von dem neuen Rasenmäher seines Vaters kannte. Der Mann wirkte unglaublich zornig, schnappte sich schließlich ein Paddel und bewegte sich fluchend auf die Golden Harvest zu. Die Crew winkte und grüßte freundlich. Aber alles, was man aus dem Einbaum verstehen konnte, war etwas, das sich anhörte wie »Bandera!«.

Er sah widerlich aus. Rafi hätte das in Anwesenheit von Elise und Momo nie ausgesprochen, aber er sah einfach widerwärtig aus, wie er breitbeinig in seinem Einbaum saß und ihm die Eier aus der Hose hingen. Ein Menschenfresser. Als er längsseits kam, wollte Roy ihm die Hand reichen, er wollte sie nicht annehmen, er brüllte immer wieder »Bandera!« – dann paddelte er zurück, und alle blickten ratlos hinter ihm her, bis er das Land erreicht hatte.

Sie hatten noch nicht mit dem Großsegel angefangen, als sie merkten, dass sich dieser Einbaum wieder näherte. Diesmal fiel der Motor nicht aus. Diesmal war der Menschenfresser nicht allein; mit ihm saßen zwei Uniformierte im Boot mit Schiffchenmützen, schweren Stiefeln und Maschinengewehren. Sie enterten und verteilten sich, einer nach vorn, der andere verschanzte sich achtern hinterm Ruderhaus. Sie hockten sich auf ein Knie und richteten die Waffen auf die Mannschaft; es wirkte wie eine Übung. Der Menschenfresser fuhr mit dem Einbaum zurück.

Alle versammelten sich instinktiv am Hauptniedergang und berieten sich leise. Was mochten die Bubis in Uniform wollen? Kris vermutete, dass sie Kalaschnikows hatten, wusste aber nicht, was das zu bedeuten hatte.

Die Soldaten schienen zu warten. Der eine erhob sich vorsichtig; der andere machte es ihm nach. Die Waffen hielten sie auf den Hauptniedergang gerichtet. Hans ging langsam auf den Soldaten, der sich achtern postiert hatte, zu. Der schrie auf und fuchtelte mit seiner Maschinenpistole. Hans ging unbeirrt weiter. Es war offensichtlich, dass der Soldat derjenige war, der Angst hatte. Hans kam langsam immer näher. Das Gebrüll des Soldaten wirkte wie ersticktes Schreien.

Momo flüsterte: »Hans is an idiot!«

Hans baute sich vor dem Soldaten auf und legte seinen Finger auf die Mündung der Kalaschnikow, so wie man seiner Geliebten zärtlich den Finger auf die Lippen legt. Pssst. »I do not like this manner«, sagte er in seinem gewohnt freundlichen Ton.

Momo schnaufte, er hatte seine Meinung geändert. »Hans is a genius!«

Der Soldat drehte sich Hilfe suchend um. Ein zweiter Einbaum mit zwei weiteren Soldaten an Bord machte längsseits fest, sie redeten aufgeregt durcheinander. Rafi war sicher, dass es nicht Spanisch war.

Hans drehte sich um und ging langsam zurück zum Hauptniedergang. Die neuen Soldaten bezogen eilig ihre Stellungen: einer achtern, der andere verstärkte den Posten vorn.

Hans erhob seine Stimme: »No weapons on board!«

Die Soldaten verstanden ihn offenbar nicht. Hans ging wieder auf sie zu. Diesmal waren sie besser vorbereitet: Zwei stellten sich Schulter an Schulter, richteten parallel ihre Waffen nach vorn und marschierten im Gleichschritt auf Hans zu, dem nichts anderes übrig blieb, als sich zurückdrängen zu lassen.

Nun ging Elise zu den Soldaten und lächelte sie verkrampft an: »You are welcome on board. But we do not like your guns. Please go home und come back without guns.« Elise wiederholte alles und versuchte es durch Gesten zu unterstreichen, als würde sie mit Taubstummen reden, sie deutete auf die Waffen, auf das Land, wohin sie – bitte – zurücksollten, um dann ohne MPis wiederzukommen.

Die Bubis sahen sich verstört an und setzten sofort eine unnahbare Miene auf, als hätten sie nicht nur nichts verstanden, sondern auch nicht hingeguckt – sie schauten an ihr vorbei wie Denkmäler.

Neue Soldaten kamen. Es schien niemand unter ihnen zu sein, der Befehle geben konnte. Vielleicht wirkten sie deshalb so ängstlich. Sie wollten keinen Fehler machen. Wie Kakerlaken, dachte Rafi: Die waren auch leicht in Panik zu versetzen; wenn sie sich bedroht fühlten, wurden sie unberechenbar.

Das Wichtigste war jetzt, keine schnellen Bewegungen zu machen, die missverstanden werden konnten. Elise stieg langsam in die Kombüse ab und – man hörte es an dem vertrauten Klappern – setzte Wasser auf. Rafi folgte ihr in Zeitlupe, holte die Gitarre hoch und fing an, ohne nachzustimmen: »We shall overcome…« Er verhaspelte sich an der Stelle »deep in my heart« – ausgerechnet bei einem so einfachen Stück, das er nicht einmal besonders mochte. Er musste neu ansetzen, damit sie zusammen singen konnten – Elise besonders laut. Selbst bei Mori wirkte es, als ob er mitsingen würde, obwohl er nur den Mund bewegte wie beim Gottesdienst. Die zweite Strophe »We are not afraid« klappte schon besser, und nach »We shall live in peace« wurde die erste Strophe wiederholt. Rafi hätte ihnen am liebsten zugerufen, dass sie nicht nur ihre Waffen, sondern auch die Stiefel abgeben sollten. Hier liefen alle barfuß, mit den schweren Stiefeln taten sie dem armen Schiff Gewalt an.

Momo und Elise boten Kaffee an.

Aber wie! Elise hatte ihre vereinfachte Art zu sprechen aufgegeben und redete ohne Punkt und Komma. Es war lächerlich. Sie musste doch wissen, dass die Soldaten kein Englisch verstanden – warum redete sie in einer dermaßen komplizierten Sprache mit all den Höflichkeitsfloskeln wie »would you please be so kind«? Sie säuselte sich um Kopf und Kragen. Rafi mochte gar nicht hinhören.

Der Kaffee wurde rundweg abgelehnt – wie nicht anders zu erwarten war.

Auch Momo redete in einer peinlichen Tour auf die Soldaten ein. »Look, I am black, you are black.«

Rafi blickte Roy nur kurz an, sie waren sich einig; wie die beiden sich hier aufführten, gefiel ihnen nicht, sie hätten sich besser absprechen müssen. Es lag Gift in der Luft. Die Soldaten mussten den Eindruck haben, dass Momo der Kapitän war, der versuchte, mit dem Stolz der Schwarzen, wie sie ihn aus Nigeria kannten und der Unterwürfigkeit, wie man sie in Togo gesehen hatte, seine brothers zu beeindrucken: »We are human, you are my brother, I am black, you are black.« Aber die ließen seinen Wortschwall vorbeirauschen – geschah ihm recht.

Endlich erschien jemand, der wie ein Offizier aussah, in Begleitung von einem, der wie ein Techniker wirkte, da er einen ziemlich zerlumpten Blaumann ohne erkennbare militärische Abzeichen trug. Der Offizier – oder was immer er sein mochte – redete erst mit den Soldaten, dann sprach er die Crew an. Es kam immer wieder Bandera vor. Schließlich konnten sie etwas raushören, das klang wie »Passaporte«.

Warum nicht gleich so! Das konnte man auch höflicher sagen. Elise eilte in die master's cabin, um die Pässe zu holen. In dem Moment, als Elise abgestiegen war, konnte sich Roy nicht mehr beherrschen – was war los? Ausgerechnet Roy! Er brüllte die Soldaten an, und es war ihm offensichtlich egal, ob sie ihn verstehen konnten oder nicht, er beschimpfte sie als »not civilized« und warf ihnen Piraterie vor.

Rafi konnte da nur zustimmen: »Ihr könnt euch doch nicht auf dem Schiff wie die Trampeltiere benehmen.« Schließlich fiel beiden etwas ein; es war zwar englisch, aber deutlich: »Stupid idiots! Stupid idiots!«

Die Soldaten erhielten von irgendwoher einen Befehl, sie rückten zusammen und gingen im Gleichschritt auf die beiden Protestierer zu, die sich schnell in die Kombüse flüchteten.

Vietnam. Plötzlich fiel es Rafi ein: Vietnam. Daran hatte schon diese Vegetation erinnert: an Vietnam. Hier war der Dschungel, hier konnten Barbareien passieren, die in Kulturlandschaften nicht vorstellbar waren. Hier waren sie fern der Zivilisation, von hier drang nichts vor in die Welt der *Tagesschau*, in der es Nachrichtensprecher mit Krawatte gab. Es war ein Fehler gewesen – jetzt erst wurde es ihm klar –, seine Habseligkeiten an Birgit schicken zu lassen. Nun mussten die alle denken, dass er verschollen war, er könnte sterben, und es würde nicht einmal in der Zeitung stehen.

Kris und Hans flüchteten in die Kombüse. Da fanden sie sich alle wieder, überrascht vom beschleunigten Verlauf der Ereignisse, von Deck vertrieben, wie Burgherren, die sich vor den Eroberern in den Turm zurückgezogen hatten. Rafi überlegte sogar, ob es möglich wäre, sich unter Deck zu verbarrikadieren – dazu war es nun zu spät, oder?

»Haben wir eine reelle Chance, sie zu überwältigen?« Es klang überheblich und unangemessen, war aber genau die Frage, die sie klären mussten. Sollten sie einen Gegenschlag wagen? »Hans, was meinst du? Sag doch was!«

»It is forbidden to have weapons on board.«

Mori trommelte, bei ihm wusste man nicht, ob er das zur Abwehr der Soldaten machte oder so entrückt war, dass er seine Zeremonie durchzog, egal was gerade an Bord passierte. Rafi hatte gleich das Gefühl, dass die Soldaten jedes Hantieren mit Gerätschaften, die sie nicht kannten, als Provokation empfinden würden – genau: Plötzlich wurde es still. Rafi guckte vorsichtig hoch und konnte gerade noch sehen, wie Mori einpackte. Einer der Offiziere rannte nervös hin und her – irgendwas musste ihn gereizt haben.

Sie fingen an, mit den Gewehrkolben auf den Boden zu schlagen. Wahrscheinlich hatten sie Anweisung, das zu tun: Es war ein schrecklich unrhythmisches Klopfen, als würde ein schlecht organisiertes Heer anmarschiert kommen – wie primitiv! Das machten sie nur, um die Luft mit Aggression aufzuladen.

Auch durch das Achterlug kamen Soldaten – von überall her, sie schienen sich zu vermehren wie in alten Trickfilmen mit Verfolgungsjagden, in denen sich die Polizisten albtraumhaft vervielfältigten. Sie schienen irgendwas zu suchen. Roy wollte im Maschinenraum entlüften, damit sich kein Dunst bilden konnte. Sie zerrten ihn gleich wieder raus: Roy zappelte und rief, dass er die Maschine klar halten wollte, Kati musste entlüftet werden – vergeblich.

Auch Momo wurde in die Kombüse gedrängt, er redete unaufhörlich – jemand müsste ihm endlich mal sagen, dass er die Klappe halten sollte, es war peinlich genug! Momo machte alles nur noch schlimmer. Elise hatte inzwischen aufgehört mit ihrem Gesäusel. Sie sah verstört aus, als hätte ihr Reden etwas aufrechterhalten, das nun zusammengebrochen war. Sie schien auf das Schlimmste gefasst zu sein.

Sie mussten sich nicht absprechen: Sie wollten zu Abend essen. Nun waren alle beisammen, rund um den Tisch, an dem sie Weihnachten gefeiert hatten. Das war sicher eine Maßnahme im Sinne des passiven Widerstandes. Vielleicht erinnerte es die Soldaten an ihre Familien und beruhigte sie irgendwie. Die Soldaten konnten sich gerne überzeugen, dass diese Fremden harmlose Menschen waren, die sogar vor dem Essen beteten – jedenfalls taten sie so.

Sie opferten Tunfisch und machten alles, wie sie es getan hätten, wenn die Soldaten nicht da gewesen wären. Die trampelten inzwischen auf der Treppe rum, hoch, runter. Acht von ihnen gingen vor dem Mordillo-Poster in Stellung und brüllten. Zwei fingen wieder an, mit den Gewehren auf den Boden zu hämmern, doch diesmal machten nicht alle mit.

Das Aufstampfen nahm plötzlich ein Ende. Es wurde verdächtig ruhig. Man hörte sogar die Kaugeräusche. Einer der Soldaten, der offenbar etwas zu sagen hatte, erteilte Anweisungen. Dann war es wieder eine Sekunde lang still. Plötzlich stand einer der Soldaten auf und trat Hans, der an der Backbordseite des Tisches saß, den Stuhl weg. Für Rafi sah es aus, als würde Hans plötzlich abtauchen, er lag der Länge nach auf dem Boden und gab leise Klagelaute von sich. Das war insofern beruhigend, weil es bedeutete, das er sich nicht das Genick gebrochen hatte.

Sie hatten sich offenbar geeinigt, mit Hans anzufangen: Sie ließen ihn noch ein bisschen wimmern, dann zogen sie ihn an den Haaren den Hauptniedergang hoch, genau wie in den Szenen, die Rafi mal in der *Tagesschau* gesehen hatte, als bei Demos in Amsterdam Hippies weggezerrt wurden.

Kaum war der Gang frei, stürzten sich zwei auf Roy und zogen ihn an Deck. Kris wurde am Bart gezogen. Brutal – man konnte nicht hingucken. Dann war Rafi dran. Bei ihm kam es nicht mehr überraschend, er ließ sich drängen, wurde getreten, ging schon halb freiwillig hoch und ließ sich an Deck fallen, als wäre er besinnungslos.

Es war laut geworden. Die Vögel schrien. Wieso schrien diese Tiere wie auf Kommando, als wären sie auf Seiten der Soldaten? Auch Elise wurde an den Haaren gezogen, sie schrie: »Fucking whanker!« Momo wollte beruhigend auf sie einreden: »My sister …«, doch Elise schrie weiter. Alle brüllten durcheinander. Man konnte keine Einzelheiten mehr verstehen. Dann bin ich entschuldigt, dachte Rafi; die Ereignisse hatten ihn überrannt, sie fanden nicht im richtigen Tempo statt, man durfte unter diesen Umständen nicht ernsthaft von ihm erwarten, dass er noch mitverfolgen konnte, was alles passierte. Er registrierte immerhin, dass noch mehr Einbäume gekommen waren.

Die Mannschaft lag zerschlagen am Boden. Hans stöhnte. Er versuchte, sich aufzurichten, brach sofort wieder zusammen und krümmte sich vor Schmerzen. Vielleicht war ein Wirbel gebrochen oder angebrochen – oder das Steißbein, so hieß das, genau –, plötzlich fiel Rafi das richtige Wort ein, als hätte er danach gesucht. So was konnte bleibende Schäden hinterlassen. Womöglich war Hans gelähmt. Auf solche Notfälle waren sie nicht vorbereitet. Sie hatten nur diese Pillen von Jude – was sollten sie mit einem Schwerverletzten machen? Rafi wusste nur so viel: Hans durfte sich nicht bewegen, man musste ihn auf einer Bahre ins nächste Krankenhaus tragen, er durfte sich auf gar keinen Fall erheben, davon würde es nur schlimmer werden. Doch es war bestimmt kein Krankenhaus in der Nähe.

Schon stürzten sich die Soldaten wieder auf Hans: Er wurde wieder getreten. Wie konnten sie einem Schwerverletzten Hilfe verweigern und ihm noch schlimmere Verletzungen beibringen?! So ein Verhalten verstieß bestimmt gegen jede internationale Konvention. Nun war endgültig klar, was von diesen Wilden zu erwarten war. Die hatten sich abgesprochen, sich zuerst Hans vorzunehmen, die ließen sich durch seine Verletzung nicht abhalten.

Dann Roy.

Dann Kris.

Als er die ersten Tritte abkriegte, konnte er sich noch trösten, dass er nun erst recht entschuldigt war – man durfte wirklich nicht von ihm erwarten, dass er in dieser Situation etwas unternahm. Es ging so schnell, dass er gar kein Gefühl für die Situation entwickeln konnte. Er hatte den Schrecken, dass Hans vor seinen Augen verstümmelt wurde, noch nicht verarbeitet; er hatte auch die Konsequenzen, die es für ihn und die Operation Namibia haben würde, noch nicht bedacht. Das musste alles auf einen späteren Zeitpunkt verschoben werden. Er musste die Stumpfheit seiner Gefühle aufrechterhalten, weil ihn genau das schützte. So konnte er die Schmerzen besser ertragen. Es war nicht so schlimm, getreten zu werden – nicht so schlimm, wie er befürchtet hatte. Der erste Tritt war der Schlimmste, doch dann hatte man eine imaginäre Grenze überschritten, da flog eine Sicherung raus, dann kam es nicht mehr darauf an. Wenn er später davon erzählen würde, könnte er sagen: Leute, es ist halb so wild, der erste Tritt ist schlimm, danach geht es irgendwie, auch wenn man bei jedem hofft, dass es der letzte sein möge, und sich intuitiv wehrt. Wirklich schlimm war, mit anzusehen, wie Mori geschlagen wurde – wie konnten sie einen alten Mönch schlagen! Es war schlimmer als alles, was sie Hans angetan hatten. Mori war über vierzig, der war kein Hippie, von dem sie sagen konnten, dass er mal eine Tracht Prügel verdient hätte, weil er allein durch seine Erscheinung eine Provokation war. Das war Reverend Morishta, das gute Licht, er hatte gerade dem Tod ins Gesicht gesehen.

Kris hatte sich frei machen können, zog sich nackt aus und fing an, sich gründlich zu waschen. Er redete freundlich vor sich hin und sagte sinngemäß, dass er sich jetzt waschen müsse. Da sie ihn sowieso nicht verstehen konnten, kam es nur auf den Ton an. Die Soldaten waren irritiert, sie mussten sich erst noch beraten.

Nicht lange. Kris wurde gezwungen, sich wieder anzuziehen, auch wenn er noch nass war, egal. Ihm wurden die Hände auf den Rücken gefesselt.

Nun war er still. Kris sollte als Erster über die Reling in eines der Boote umsteigen.

Das ging nicht. Mit auf dem Rücken gefesselten Händen konnte man nicht so steil absteigen, dazu musste man sich festhalten. Kris versuchte deutlich zu machen, dass er sich nicht grundsätzlich weigern wollte, ihren Befehlen Folge zu leisten, dass er jedoch die akrobatische Leistung, die sie offenbar von ihm verlangten, nicht vollbringen konnte. Rafi erfasste die Situation sofort und wusste im selben Moment, dass die stupid idiots noch ein Weilchen brauchen würden, ehe sie das verstanden. Kris konnte sich nicht verständlich machen. Er wollte mit den Händen dahin zeigen, wo er sich festhalten wollte – es wirkte immer, als wollte er sich befreien. Endlich löste einer der Soldaten die Fesseln. Kris stieg brav in den Einbaum und ließ da sich erneut die Hände auf dem Rücken fesseln.

Dann Mori.

Dann Roy.

Dann Elise.

Nun kam es auf jede Sekunde an. Rafi hätte die Zeit nicht vertrödeln und sich wie eine Schnecke zusammenrollen dürfen, er wusste längst, dass ihn nur der Mann im Blaumann retten konnte. Er näherte sich ihm langsam, damit es nicht wie ein Fluchtversuch wirkte, und versuchte, seine Aufmerksamkeit auf sich zu lenken. Er zeigte mit dem Finger auf seine Brust: »Alemania, Germany, Deutschland, Alemán.«

Der Mann in Blau reagierte: »Alemania di Chonikér?«

Damit konnte Rafi nichts anfangen, fühlte sich aber gerettet: Jemand redete mit ihm und versuchte, ihm etwas verständlich zu machen. Dieser Jemand sprach sogar davon, dass er »Professör« sei, was offensichtlich ein Missverständnis sein musste, dieser abgewrackte Handwerker konnte unmöglich Professor sein, doch ließ er wenigstens eine Regung erkennen; in der Mauer der Gewalt lockerte sich ein Steinchen. Professör zeigte auf seinen Blaumann und sagte etwas, das sich wie »Aleman« anhörte, als wollte er bestätigen, dass er Deutscher war – das war noch unwahrscheinlicher. Dann hörte Rafi »San Antonio« raus.

»San Antonio?« Vielleicht wollte Professör sagen, dass sie dahin hätten fahren sollen. Sie konnten das nachholen. Dann sagte er etwas, das sich wie »Berlin« anhörte.

»Du Berlin?«

Professör nickte heftig: »Berlin!«

Vielleicht war er doch Deutscher – warum sprach er dann nicht deutsch? »Bist du Deutscher? Ich bin Deutscher. Mein Freund auch. Bist du aus Berlin?«

Er nickte wieder. »Berlin. Sim! Sim!«

Das konnte nicht wahr sein. Jetzt erst fiel ihm das FDJ-Abzeichen mit dieser bekannten Sonne und den Buchstaben FDJ auf. Das war doch das FDJ-Abzeichen, wie er es kannte, oder? Sofort ging eine innere Warnleuchte an: Kommunisten, Vorsicht! Hatten sie womöglich etwas im Gepäck, das die Vopos nicht sehen durften? Er erkannte diese Panik noch gut aus Marienborn. Man durfte keine LPs mitführen, keine Kalender, in denen der 17. Juni eingezeichnet war, keine Illustrierte des Klassenfeindes. Wie würden sie auf die Grasskörner reagieren?

Hans flüsterte, dass er nur simuliere und dass Rafi darauf eingehen solle, es sei eine Methode des passiven Widerstandes.

»Mein Freund aus Deutschland ist krank. Er ist schwer verletzt. Ich muss mich um ihn kümmern.«

Professör nickte. Er schien das problemlos zu verstehen. Er redete mit dem Offizier, zeigte auf Hans und Rafi, nickte und erteilte ihm die Erlaubnis, bei dem Verletzten zu bleiben.

Momo versuchte es immer noch mit der anbiedernden Masche. Man konnte nur hoffen, dass ihn keiner verstand. Dann wurde Momo plötzlich laut und verlangte, zum Hafenkapitän gewählt zu werden. Rafi fühlte dem Verletzten – überflüssigerweise – den Puls und legte ihm den Handrücken an die Stirn, um zu sehen, ob er Fieber hatte. Momo erklärte sich kurzerhand zum Hafenkapitän und wurde im selben Moment abgeführt.

Rafi peilte durch das Fernglas, konnte aber kaum etwas erkennen. Es waren nur die Stimmen und Motorengeräusche zu hören, überblendet von den Lauten des Urwaldes, it was hell out there – entfernte Schreie, die lauter und lauter wurden, je mehr sich Motoren und Menschen entfernten.

Hans ließ sich auf das Vorderdeck fallen: die perfekte Darstellung eines Schwerverletzten – vor kleinem Publikum. Er lag unnatürlich gekrümmt vor dem Hauptniedergang, es sah erschreckend echt aus. Die Geräusche der Nacht drehten auf. Das Schiff musste wie in einem Resonanzkörper liegen, alles wirkte viel lauter, nun ging das nächtliche Gemetzel in der Tierwelt los.

Rafi war sicher, dass sie mit Nachtsichtgeräten und Abhöranlagen beobachtet würden. Er flüsterte, dass er Hans unter Deck bringen werde, er solle weiter simulieren, unter Deck seien sie besser geschützt. Rafi schleppte ihn mühsam in seine Koje. Da blieb er liegen und wimmerte. Rafi ging wieder an Deck und lauschte. Er musste einen Kontrollgang machen – alleine. Vielleicht hatten sie heimlich einen Soldaten an Bord gelassen. Das Dingi hätte ein gutes Versteck geboten – da war niemand. Er müsste auch im Maschinenraum nachsehen – traute sich aber nicht.

Er hatte eine Idee.

Er stellte den Kassettenrekorder an. Das würde einen akustischen Schutzwall bieten, durch den hindurch sie nicht abgehört werden konnten. Die erstbeste Kassette war Ry Cooder. ›If walls could talk – ain't you glad?‹

»Kakao?«, fragte er flüsternd. »Mal ehrlich, fehlt dir wirklich nichts?«

Hans antwortete nicht.

»Setz dich doch an den Tisch!«

Hans schleppte sich mühevoll an den Tisch. War er doch schwer verletzt? Oder machte er eine Show für die Kameras, die durch die Schiffswand hindurchgucken konnten?

Jesus on the mainline, sang Ry Cooder. Wieso hatten sie die

Kassette nicht schon mal gehört? Dieser Ry Cooder war klasse, eine echte Entdeckung. Doch was sollte es eigentlich heißen: on the mainline? Führte er etwa Telefongespräche mit Jesus?

Hans wusste es auch nicht. Jetzt kam es raus. Hans musste zugeben, dass er auch nicht alles verstand, was an englischen Ausdrücken um sie herumschwirrte, er hatte jedoch eine Vermutung: mainline hieß Hauptschlagader. Aber was hatte Jesus da zu suchen? Konnte es denn sein, dass es von einem Fixer handelte, oder davon, dass da jemand einen direkten Draht zu Jesus hatte?

Hans flüsterte, ihm gefiele das schon, aber eigentlich mochte er klassische Musik, er spielte Bratsche.

Hans war immer für eine Überraschung gut. Die ganze Zeit hatte er es sich gefallen lassen, mit Rock, Irish folk und Reggae beschallt zu werden, und liebte eigentlich klassische Musik. Am wenigsten mochte er Fela Kuti, den Terror-Saxophonisten. Hans hatte ihn aufgesucht; Fela war gerade in Westberlin gewesen bei einem Jazzfestival. Er hatte sich heimlich in Ostberlin mit Sam Nujoma in einer VIP-Lounge getroffen. In Felas Shrine gab es sofort eine derart heftige Schlägerei, dass sogar Hans in Versuchung war einzugreifen.

»General beating«, Rafi lächelte – das Lächen erstarb ihm im selben Moment: Vielleicht wurden die anderen gerade verprügelt, und er saß hier mit einem falschen Kranken, der ihm unvermittelt offenbart hatte, dass er die Klassik liebte. Er hatte nie ein richtig privates Wort mit Hans gewechselt. Wie sah er die Sache mit dem Männer-Frauen-Ungleichgewicht, wie er es genannt hatte? Was hielt er davon, dass Elise vor ihren Ohren rumfickte?

War da was? Rafi stellte die Musik aus. Ein Motorengeräusch – oder hatte er sich getäuscht? Jedes Plätschern an der Bordwand konnte bedeuten, dass sich ein Einbaum näherte.

Hans ließ sich nicht aus der Ruhe bringen; zuerst waren noch mehr Frauen an Bord gewesen, mehr Paare: Maggie mit Roy, Jude mit Momo …

»Was?«

Zuerst waren die zusammen, dann war Barry gegangen, Jude auch, und dann wurden Momo und Elise ein Paar.

Rafi versuchte im Ruderhaus zu übernachten, halb auf der Grätting sitzend. Er nickte nur kurz ein, immerzu lauschte er mit einem Ohr auf die nächtlichen Geräusche. Es war so laut, da konnte er sowieso nicht einschlafen. Das Fischermannsegel, das immer noch nicht eingeholt war, machte andere Geräusche als sonst; es flatterte und schlackerte mit dem unteren Ende gegen den Mast, wenn ablandige Winde in das Segel trafen. Er traute sich kaum zu pinkeln und stellte sich so, dass die Berge mit den Parabolspiegeln und Nachtsichtgeräten in seinem Rücken waren, damit die Beobachter sich nicht beleidigt fühlen konnten. Er schlief vor Erschöpfung ein – nur kurz – und wurde von der Sonne, die in der Bucht ohne jede Brise extrem heiß war, gleich wieder geweckt. Er hatte schlecht geträumt – nein, es war kein Traum; es war die Wahrheit: Momo hatte mit Jude geschlafen, mit seiner Jude.

21
Sie verstehen uns nicht

»Die Bewohner machten uns mehrmals Zeichen, von denen wir nicht wussten, ob wir sie als Drohung oder freundliche Einladung auffassen sollten … Es kam vor, dass wir mit einem Steinhagel angegriffen wurden, und ein anderes Mal zeigten die Einheimischen, die auf unsere absichtlich schlecht gezielten Flintenschüsse mit trotzigem Geschrei antworteten, uns förmlich an, dass sie am nächsten Morgen mit Verstärkung zurückkehren und uns angreifen würden. Diese scheinbare Ritterlichkeit war eine Kriegslist. Sie wollten uns sicher machen und kamen nicht am Morgen, sondern in der Nacht …«

Kommandant James Cook: Aus dem Tagebuch der Weltumseglung 1768–1771 mit der *Endeavour*

Hans schlief. Er ließ sich nicht wecken.

»Aufstehen!«

Keine Reaktion. Er war doch tot. »Arise! Arise!«

So war Hans, er war doch schwer krank gewesen und hatte nur so getan, als ob er gesund sei, damit sich niemand Sorgen machen sollte. Hans fühlte sich nicht kalt an, aber das bedeutete womöglich nichts bei den Temperaturen, vielleicht wurden hier die Leichen nicht so schnell kalt.

»Hans!«, rief Rafi verzweifelt. »Hans!«

»Nicht so laut!«

»Wie geht es dir heute?«

»Pssst!«

Rafi musste sofort etwas tun. Er entschloss sich, auf den Fockmast zu entern, um das Segel zu bergen. Die Hitze war schlimmer als in Lomé, viel schlimmer sogar, es war eine Überwindung, über das Deck zu gehen, und in der Hitze zu arbeiten war, als müsste man ständig einen zusätzlichen Gegner bekämpfen. Vielleicht würden ihn die Soldaten beobachten, wie er das Segel mit den vielen Teerflecken barg. Sollten sie. Das war unverfänglich. Das Segel war in der Sonne weich geworden und ließ sich nur schwer einholen, als würde es sich zur Wehr setzen.

So, die nächste Aufgabe musste her.

Das Schiff war dreckig, das war besonders deutlich, wenn man von oben heruntergucktе, da waren sogar die Fußabdrücke zu erkennen. Rafi putzte und putzte und schrubbte das Deck wie ein Besessener. Er wurde sofort von seinem deutschen Waschzwang befallen und hätte am liebsten die ganze Ekelfarbe abgebrannt, dieses klogrüne DDR-Grün. Doch durch sein Schrubben wurde alles nur noch klogrüner und DDR-mäßiger.

In der Farbenbox hinter dem Großmast fand sich immerhin blaue Farbe. Aber viel zu wenig. Es war auch noch etwas Schwarz da und Gold. Aber nur kleinere Dosen, um Konturen nachzumalen. Er fand nichts als einen Heizköperpinsel und als Deckfarbe nur Klogrün. Er nahm das Blau, egal, wie weit es reichen würde. Es musste etwas getan werden.

Allein für die zwei Meter vom Vordersteven zur Samsonpost brauchte er zwei Stunden. Rafi war fix und fertig, gerötet, aufgedunsen und kurz davor, einen Hitzschlag zu kriegen. Das war es, was er wollte: am liebsten ohnmächtig umfallen und vor aller Welt entschuldigt sein.

Er musste wieder nach Hans sehen.

Hans stöhnte. Theater oder nicht?

Da fiel ihm schon die nächste Aufgabe ein. Ein Glas nach dem anderen wurde nach draußen getragen, immer so, dass er dabei von den Parabolspiegeln nicht gesehen werden konnte, immer das Glas durch den Körper verdeckt, vorsichtig ausgeleert, im toten Winkel möglicher Beobachter. Er sah den Grass-

Körnern wehmütig hinterher, viele schwammen oben, einige gingen gleich unter – vielleicht würde sich in einigen Jahren ein riesiger Wald aus dem Wasser erheben. Dann brachte er die Gläser wieder runter in die Kombüse und wusch sie sorgfältig – um der Spurensicherung keinerlei Anhaltspunkte zu geben – aus.

Musik oder nicht? Vielleicht galt die Musik, die sie hatten, als subversiv. In der DDR wurde zeitweise eine normale LP der Stones als Vorstufe zur Rebellion angesehen. Musik hatte auch immer den Nachteil, dass man Geräusche, die von außen kamen, nicht so gut hören konnte und nicht vorgewarnt war, wenn sich jemand näherte.

Es kam in der Tat jemand. Da waren eindeutig Paddelschläge zu hören. Auffallend leise. Offenbar versuchte jemand, sich heimlich zu nähern.

»Bleib liegen!«

Kaum hatte er den Kopf durch den Hauptniedergang gesteckt, sah er, dass mehrere Einbäume auf sie zukamen. Drei oder vier. Es mussten noch weitere längsseits liegen. Er nahm jetzt allen Mut zusammen und stieg an Deck: Insgesamt sieben Einbäume, in denen jeweils ein Schwarzer saß, hatten sich um das Schiff verteilt. Sein erster Gedanke war, dass es keine Afrikaner waren, vielleicht Aborigines, völlig andere Menschen als die, die er bisher gesehen hatte: wilder, urtümlicher. Sie waren nackt und hatten nur einen Bindfaden als Gürtel, an denen bei einigen eine Machete hing. Menschenfresser!

Rafi ging an Bord auf und ab und versuchte, so freundlich zu erscheinen wie möglich. Er lächelte und schaute extra lieb, er summte sogar eine Melodie vor sich hin, kein bestimmtes Lied, ein Mm-Mm-Mm, das harmlos wirken sollte, als wäre er ein netter Spaziergänger, der nur zufällig auf den falschen Wanderweg geraten war. »Hello! How are you?!«

Sie grunzten.

»Do you speak English? Parlez-vous français? Hablas español? Sprechen Sie Deutsch?«

Wieder Grunzen, böse Blicke. Sie hatten vorgeschobene Kinnpartien, sahen irgendwie grimmig aus. Sie deuteten auf das Schiff. Sollte er runter zu Hans, um ihm zu sagen, dass sein Spiel vorbei war und sie sich jetzt verteidigen müssten? Doch wenn er nicht mehr an Deck zu sehen wäre, würden sie das als Zeichen zum Entern sehen, falls sie nicht sowieso sofort entern würden. Er durfte nicht allzu freundlich sein, das würden sie womöglich als Aufforderung verstehen, an Deck zu erscheinen. Andererseits hatte es auch keinen Zweck, einer solchen Übermacht gegenüber Drohgebärden zu machen. Vielleicht sollte er eine weiße Fahne hissen.

Sie hatten noch das weiße Halstuch von dem Macho, und obwohl ihm selber Zweifel kamen, dass eine Friedensflagge respektiert würde, war er sofort begeistert, wieder eine Aufgabe zu haben. Er wartete einen Moment ab, in dem es schien, als würden sie nicht entern, jedenfalls nicht sofort – ja, es sah tatsächlich so aus, als hätten sie sich in einer Wartestellung eingerichtet.

Er eilte unter Deck. »Hans, die haben unser Schiff umzingelt, ich muss sofort eine Friedensflagge machen!«

»Wer?«

»Weiß auch nicht.«

Rafi eilte weiter durch den Maschinenraum in die master's cabin, breitete das weiße Tuch aus und warf noch mal einen Blick auf das Wasser: Die Position der Einbäume war unverändert. Schnell zur Farbenbox und zur schwarzen Farbe: er nahm sich einen Pinsel für Feinarbeiten und hastete zurück zur master's cabin. Der Pinsel erwies sich als ungeeignet, das Tuch gab viel zu sehr nach: Er hätte jemanden gebraucht, der es stramm zog – plötzlich fiel ihm der Unterschied zwischen einem Mercedesstern und dem Peace-Zeichen nicht mehr ein. Sein Bruder hatte mal ein Kettchen von einer Klassenfahrt aus London mitgebracht, daran musste er sich jetzt erinnern. Immer wieder zuckte er zusammen, weil er meinte, dass sie ihn von hinten überfallen wollten. Die Geräusche an Bord waren lauter denn je. Die Moskitos gemeiner.

Ein Blick durch die Speigatt zeigte ihm, dass sie tatsächlich näher gekommen waren. Man konnte nicht vorhersehen, was sie tun wollten: Erst schienen sie die Golden Harvest umrundet zu haben, als wollten sie sich das Schiff mal auf Entfernung angucken, nun rückten sie immer weiter ran. Er war gerade noch rechtzeitig fertig geworden, jetzt musste sich zeigen, ob sie die Flagge erkannten.

Als er versuchte, die Flagge zu setzen, konnte er schon ihre primitive Sprache hören, bei der sie sich offenbar nur mit irgendwelchen Grunzlauten verständigten. Die Flagge, noch feucht, wurde gehisst und flatterte in einer sanften Brise. Er beobachtete die Eingeborenen. Sie sahen die Flagge, das war offensichtlich, sie hatten bemerkt, dass da eine Flagge war, aber es war keine Reaktion zu erkennen.

Die Kanus hatten sich schnell verteilt, es sah ganz so aus, als versuchten sie, von beiden Seiten gleichzeitig das Schiff zu entern; die waren raffiniert, die handelten nach Plan. Sie hielten sich an den Fendern fest, die ersten Köpfe guckten schon über die Reling.

»Wait!«, rief Rafi, obwohl sie nicht warten, sondern verschwinden sollten, doch ihm fiel nichts Besseres ein. »Wait!«

Die warteten nicht. Die kamen näher und würden gleich über die frisch gestrichenen Stellen an Deck laufen. Jetzt musste ihm schnell etwas einfallen. Glasperlen verschenken. Doch woher sollte er Glasperlen nehmen? Rafi eilte zurück in die master's cabin – vielleicht die kleinen Tabletten in den niedlichen Packungen von Jude? Gab es denn noch was Glitzerndes? Da lagen noch die Zinnuntersetzer herum, die sie als Trophäe von der Regatta erhalten hatten.

Der Erste war schon an Deck. Ein Monster. Überall behaart. Er war nackt bis auf den Riemen am Bauch, an dem ein großes Messer hing. Er hatte Narben, von denen einige offenbar Verzierungen, andere Verletzungen waren. Rafi streckte die Hände aus und hielt ihm die Untersetzer entgegen. Die anderen beobachteten die Szene aufmerksam. Rafi nahm einen Untersetzer, drehte ihn ein bisschen hin und her und reichte ihn dem vermeintlichen Anführer – grapsch, schon hatte er es an sich gerissen. Er hielt ihn in die Sonne, als erwartete er, dass die Sonne durchscheinen oder sich wie bei einer Lupe ein Brennglaseffekt zeigen würde. Er guckte so grimmig wie zuvor. Nun kamen die anderen. Rafi machte Bewegungen, als wollte er einen Lastwagen, den man schwer einparken kann, einwinken, sie sollten zurückbleiben. »Wait!«

Sie kamen näher. Der Nächste hatte auf der Backbordseite das Schiff geentert. Ihm ging Rafi vorsichtig entgegen und streckte ihm den nächsten Untersetzer hin – grapsch! Nur waren sie auf der Steuerbordseite neugierig geworden: »Bitte sehr, nehmt doch diese kleinen Geschenke entgegen.«

Hauptsache, sie hatten den Eindruck, dass jemand freundlich mit ihnen redete. »Für dich auch, bitte sehr. Und für dich!« Er verteilte alle zwölf Untersetzer und zeigte seine leeren Hände vor, um deutlich zu machen, dass er keinen mehr hatte. Er wagte wieder einen Blick zu dem Anführer, der hatte sich gerade umgedreht und machte Anstalten, das Deck zu verlassen. Rafi sah ihnen nach: Alle hielten ihr Geschenk in der linken Hand, alle betrachteten es lange, und nun, da sie schon wieder auf dem Rückzug waren, ließen sie sich sogar eine gewisse Freude anmerken, die sie in der Nähe des Schiffs nicht gezeigt hatten. Man konnte vereinzeltes Grunzen vernehmen. Jetzt fiel ihm auch ein, wie diese Dinger auf Englisch hießen: coaster!

Die Bilgen mussten gelenzt werden. Das Schiff nahm nicht mehr ganz so viel Wasser auf, immerhin, es lag jetzt recht ruhig. Sie waren wieder allein. Doch zuerst musste Hans versorgt werden. Er lag immer noch auf dem Bett und jammerte, als Rafi runterkam, um ihm einen kurzen Bericht zu erstatten. Zuerst musste Musik angestellt werden, damit er in Ruhe von Menschenfressern und Untersetzern erzählen konnte. »Nun sind sie weg.«

Hans stöhnte. Doch nun fand zum ersten Mal so etwas wie

eine Lagebesprechung statt – das hätten sie schon vorher machen sollen, statt sich über ›Jesus on the mainline‹ zu unterhalten. Hans bezeichnete – immer noch flüsternd – die Verhaftung der Mannschaft als Geiselnahme, und es war, als wäre mit diesem Begriff schon ein großer Teil der theoretischen Vorarbeit geleistet, dem als Nächstes die Ausarbeitung und Ausführung des Rettungsplans folgen würden.

Sie könnten in der Nacht an Land rudern, Rafi konnte schon tagsüber unauffällig das Dingi losmachen, sodass man es in der Dunkelheit schnell flott kriegte. Sie könnten sich im toten Winkel der Nachtsichtgeräte, im Schatten des Ruderhauses halten und von da aus das Dingi zu Wasser lassen. Auf dem Wasser wären sie relativ sicher; man würde da nicht nach ihnen suchen – das hätte einen gewissen Überraschungseffekt, vielleicht würde es ihnen gelingen, die Geiseln zu befreien. Wahrscheinlich gab es Hütten am Strand, die sowieso nur notdürftig zu Gefängnissen ausgebaut waren. Vermutlich hatten sie hier gar keine richtigen Gefängnisse. Es war aber sicher, dass sie bewacht würden, und es war auch sicher, dass die Wachen bewaffnet waren. Man musste zudem die Menschenfresser in die Planung einbeziehen und sicherheitshalber davon ausgehen, dass sie mit den Soldaten zusammenarbeiteten.

Wie wäre es, den Anker zu lichten und ein paar Meilen rauszufahren, um so die Gegenseite zu zwingen, sich zu melden? Das würde allerdings ziemlich viel Mühe machen und hätte wahrscheinlich keinen echten Nutzen. Die dritte theoretische Möglichkeit war, einfach abzuwarten. Das war das Beste. Damit waren alle Möglichkeiten durchgesprochen, sie hatten getan, was sie konnten.

Als die Sonne am höchsten stand, waren wieder Schraubengeräusche zu hören. Rafi steckte vorsichtig den Kopf hoch: Es näherte sich ein Fischkutter, etwa halb so groß wie die Golden Harvest, mit einigen Leuten, die an Deck standen, darunter Roy.

»Roy kommt!« Hans sprang sofort auf. Auch Elise war deutlich zu erkennen; Momo, Morishta, sie alle standen in der vorderen Reihe, hinter ihnen Soldaten. Zuerst kamen ein paar Soldaten an Bord, keiner grüßte, dann kam die Mannschaft, die ausgebrannt wirkte. Sie nickten sich freundlich zu, aber auch von ihnen sagte keiner was, nur Roy gab bekannt, dass die Golden Harvest nach San Antonio fahren müsse, es klang resigniert, aber sachlich. Roy hatte offenbar den Befehl, das Schiff nach San Antonio zu bringen, sich aber schon mit allen zerstritten, weil er auf dem Standpunkt beharrte, dass es technisch unmöglich sei, da erst die Maschine repariert werden müsse.

Zuerst versuchten sie, Jenny anzuwerfen. Die Soldaten gestikulierten wild. Sie hatten sich vermutlich vorgestellt, dass die Machine sofort gestartet würde. Roy stöhnte: Oh, shit, mit was für Idioten hatte er es hier zu tun! Wie lange würde es dauern, bis sie einsahen, dass man erst den Generator laufen lassen musste, um Strom für den Start der Maschine zu haben?

Es dauerte.

Es machte einen Höllenlärm, als Jenny aufheulte, Rafi schrak zusammen, als hätte er Jenny noch nie heulen gehört. Wieso war auf dieser verwunschenen Insel alles lauter? Es war, als hätte ein launischer Gott den allgemeinen Lautstärkepegel angehoben. Roy stellte pantomimisch den geplanten Startvorgang noch einmal dar – ganz langsam für Doofe. Inzwischen enterte jemand, der offenbar Kapitän des Fischerbootes war, mit dem sie gekommen waren. Der schien zu verstehen, was vor sich ging, und konnte den Soldaten klarmachen, dass der Krach von Jenny keine Befehlsverweigerung darstellte, sondern dass der Motor auf diesem fremden Schiff tatsächlich derartig umständlich in Gang gesetzt werden musste.

Roy wollte erklären, dass die Maschine momentan nicht richtig arbeitete, aber ein flüchtiger Blick auf Kati Kelvin bewirkte eher, dass der Kapitän in Bewunderung verfiel, so was

Tolles hatte er offenbar noch nie gesehen. Dem würde man nie klarmachen können, dass KK erst repariert werden müsse.

Das nächste Problem: Es gab keine Seekarte. Im Almanach fand sich nur eine kurze geografische Beschreibung; und Roy versuchte sein Bestes, klarzumachen, dass er sich weigerte, ohne Seekarte die Verantwortung zu übernehmen. Der Bewunderer von Kati nickte, er schien verstanden zu haben; er fand sich mit Momo, Elise und einigen Soldaten in der master's cabin ein und zeichnete auf einem Blatt Papier ein paar Striche, die offenbar die Küstenlinie darstellen sollten.

Roy lehnte die Krakel-Krakel-Zeichnung glatt ab – und damit auch die Verantwortung als Navigator.

Nun hatten die Soldaten keine Lust mehr, noch länger zu warten, sie griffen sich Rafi und Roy, hielten ihnen die Gewehre an die Brust und zwangen sie, die Maschine sofort anzuwerfen.

Es klappte erstaunlicherweise, Kartoffel-Kartoffel machte Kati; die Soldaten mussten das als Erfolg empfinden. Sie wollten zwar wieder dazwischenfahren, als Momo und Rafi den Anker einholten, aber sie verstanden ausnahmsweise recht schnell, dass dieses Ankereinholen nicht gegen die Anweisungen war. Roy gab unwillig halbe Kraft voraus. Sie liefen mit fast leerem Tank mit Maschinenkraft, das Großsegel immer noch gesetzt.

Es gab Kaffee und Versuche einer ersten Verständigung. Der Kaffee wurde diesmal angenommen, und die Crew lernte gleich ein Wort: obrigado. Das hieß offenbar Danke. Man konnte sich das leicht merken, weil es so ähnlich klang wie obligatorisch – wie sagt man? Danke – es war obligatorisch, sich zu bedanken und einen freundlichen Umgangston zu versuchen, vielleicht würde sich die Stimmung langsam bessern.

Außerhalb der Bucht an der Westküste wurden auch die Stagsegel gesetzt, um die Maschine, so gut es ging, zu schonen. Der erste Zylinder klopfte wieder verdächtig. Das Fischerboot, das sie begleitete, behinderte sie ziemlich, sie waren es offenbar nicht gewohnt, in Begleitung von einem Segelschiff zu fahren.

Roy wirkte immer noch beunruhigt. Überall sah er Klippen und die Gefahr, auf eine Untiefe aufzulaufen. Er wiederholte, dass er ohne Seekarte keine Verantwortung übernehmen könne, aber das beeindruckte keinen. Nun, da der Motor lief, hatten sich seine Bedenken als unwichtig erwiesen, durch die Klippen würde man schon kommen, selbst wenn das Wasser an der Nordspitze recht unruhig war und sie zunächst eine Wende fahren mussten. Die Soldaten ließen es zu – standen allerdings ziemlich im Weg. Immerhin: Die Wende klappte, auch wenn die Golden Harvest ungünstig in den Wellen lag und anfing, stark zu schlingern. Die Soldaten blieben sitzen, die Beine lang ausgestreckt, die Gewehre an die Reling gelehnt.

Sie waren auf der Stelle seekrank. Rafi merkte es sofort.

Das war die Gelegenheit. Manche hatten die Augen geschlossen, anderen war die Waffe umgefallen, als hätten sie die aufgegeben. Denen war es so schlecht, man könnte sie leicht überwältigen und ihnen die Waffen abnehmen.

Rafi kreuzte Blicke mit Kris; er musste gerade das Gleiche gedacht haben: »Remember, this is a non violent action.«

Da fiel ihm noch was ein. Wenn er sie schon nicht überwältigen sollte, dann konnte er ihrer Seekrankheit noch ein bisschen nachhelfen. Rafi nahm sein rotes Kopftuch und drehte es vor ihren Augen, als wollte er sagen: Guckt mal genau zu, wie sich das dreht. Es funktionierte. Im ersten Moment guckten sie doch. Ihnen war so schlecht. Man konnte darauf warten, wer der Erste sein würde, der kotzen musste.

Sie mussten nicht lange warten.

Es sah aus, als würden ihnen Fäden aus dem Mund hängen. Sie würden es als Erleichterung empfinden, wenn sie einen kleinen Stoß kriegten und über Bord gingen. Sie steckten sich an, als würden sie sich anfeuern, wer die längsten Fäden raushängen lassen konnte.

Nach fünf Seemeilen in östlicher Richtung wendete das Schiff mustergültig nach Süden; sie waren nun im Windschatten der

Insel und mussten die letzten sieben Seemeilen nach San Antonio wieder mit Maschinenkraft zurücklegen. Kurz vor dem Ziel wurden sie vom Sonnenuntergang überrascht; es wurde ruckartig dunkel, Licht aus – es gab keine Seezeichen. Wieder schimpfte Roy, dass er die Verantwortung nicht übernehmen könne.

Momo und Elise wollten die Soldaten beschwichtigen: obrigado, bisher hätte ja auch alles geklappt, obrigado, obrigado. Momo bot sich an, die Sache zu übernehmen, er würde das schon hinkriegen. Die Soldaten waren offenbar selber von der plötzlichen Dunkelheit überrascht und wussten auch nicht, was sie machen sollten. Elise meinte, dass Momo übernehmen sollte, wenn Roy nicht wollte; Rafi wollte widersprechen, ihm fiel bloß nichts ein, Roy konnte nur wiederholen, dass er nicht die Verantwortung übernehmen könne und sich weigere …

Dann gab es ein kräftiges Rucken – und es knirschte furchtbar: Die Golden Harvest war auf eine Sandbank aufgelaufen. Einen Moment lang war es still.

Momo zeigte mit dem Finger auf Roy und brüllte ekstatisch: »Arrest this man!« – als hätte Momo den Soldaten Befehle zu geben.

Die Soldaten rührten sich nicht.

Elise stand daneben und sagte auch nichts.

Momo wiederholte: »Arrest this man!«

Dann brach der Tumult los. Die Soldaten standen sich gegenseitig im Weg und kabbelten sich. Rafi meinte sogar, ein Handgemenge zwischen Roy und Momo zu sehen – es war aber zu dunkel, und es passierte alles gleichzeitig. In den Discos hatten sie neuerdings Flackerlicht, das ließ die Tanzbewegungen wirken wie bei einem Stummfilm, der nicht ganz im richten Tempo vorgeführt wird. Alles war nur noch schwarz-weiß. Es war wieder tierisch laut geworden; die Stimme von Elise war herauszuhören, Getrampel, Bäng-Bäng von Morishta – Rafi konnte sehen, wie ein Soldat, dem offenbar der Geduldsfaden gerissen war, Mori den Kolben in die Nieren stieß. Rafi sah, wie Hans an den Haaren gezogen wurde, aber das war nicht so wichtig, weil es nur die Wiederholung einer alten Fernsehsendung war. Momo wurden von zwei Soldaten die Hände auf dem Rücken zusammengehalten.

Inzwischen war das Begleitboot längsseits gegangen, um die Gefangenen an Land zu bringen. Immer noch brüllte jemand, obwohl schon alle überwältigt und brav an Deck aufgestellt waren. Roy konnte die Soldaten überreden, ihn kurz in die master's cabin zu lassen, um etwas zu holen: einen Reiseführer von Hongkong und Macao mit einigen portugiesischen Vokabeln. Sowie das Zeremonienbuch von Mori. Dann wurden auch Roy und Rafi weggebracht – und an genau derselben Stelle, an der er als Moses die Golden Harvest zuerst betreten hatte, musste er sie jetzt wieder verlassen, und er tätschelte die Schanddeckel noch ein letztes Mal: »Ciao, alte Lady!«

An Land war nur sehr wenig Licht. Rafi erkannte seinen Mann aus Berlin, diesmal redeten sie nicht. Wahrscheinlich wusste er inzwischen, dass man ihn reingelegt hatte, als sie so getan hatten, als könnte Hans sich nicht bewegen. Auf der Pier wurden die Gefangenen unter Gebrüll versammelt, um in einer Kolonne zu Fuß in die Stadt zu gehen.

Die Straße war in schlechtem Zustand, in gnädiges Dunkel gehüllt fiel das nicht so auf. Sie kamen an eine breite Treppe von einem Haus, das auch schon bessere Zeiten gesehen hatte. Rafi war es leid, er war fertig mit Afrika: Warum mussten sie alles vergammeln lassen? Wie konnten sie das ertragen, in Müll und Ruinen zu leben? Warum machten sie nichts dagegen? Warum merkten sie nicht mal, dass sie die Falschen verhaftet hatten?

Sie wurden durch eine zweiflügelige Tür in einen Vorraum geführt – es musste so was wie ein Rathaus sein, das zugleich als Gefängnis diente, ein Haus, das früher einmal imposant gewesen war. Nun hing hier eine letzte Glühbirne, die noch weniger Licht gab als die auf der Golden Harvest. Es waren noch

Reste vom Stuck zu sehen, koloniale Pracht, völlig heruntergekommen, mit Wasserflecken an der Wand. Alle kauerten an der Wand auf dem Fußboden. Roy blätterte in seinem Wörterbuch.

Die Tür ging auf. Soldaten kamen mit einem Offizier, den sie noch nicht gesehen hatten. Er grüßte knapp, stellte sich breitbeinig vor die Crew, stemmte die Hände in die Hüften und grinste wie ein glücklicher Gewinner in einer Quizsendung, dann sagte er etwas, dass sich so anhörte wie »Good evening!«.

Roy hatte etwas gefunden und sagte den Satz auf: »A culpa foi sua!« Er näherte sich dem Offizier, zeigte auf den Satz, falls er ihn nicht verstanden hatte.

Der guckte, grinste und schüttelte den Kopf. Dann nahm er sich das Buch, zeigte auf Roy und sagte: »It was *your* fault.« Dann zeigte er auf alle und wiederholte den Satz. Es wirkte so komisch, dass alle grinsen mussten. Roy wiederholte: »It was your fault! A culpa foi sua!«, und der Offizier echote: »It was your fault! A culpa foi sua!«

Der Offizier duldete das Spielchen ein Weilchen, schien sogar seine Freude daran zu haben und brach es plötzlich ab. »Bom!« Er machte eine Handbewegung, als wollte er sagen: So weit, so gut. Dann fragte er überraschenderweise in gut verständlichem Englisch – wahrscheinlich hatte er sich vorbereitet: »Where are your weapons?«

Er beobachtete die Reaktion genau. Sie war eindeutig. Alle schüttelten die Köpfe und reagierten ehrlich überrascht. Waffen hatten sie nicht – natürlich nicht, sie waren eine peaceful non-violent action group. Der Offizier wirkte verunsichert. Die Reaktion konnte unmöglich gespielt sein.

»Where are your weapons?« Er wollte der Frage noch eine zweite Chance geben, aber die Mannschaft konnte nur verneinen: Sie hatten keine.

Momo erklärte, dass aufrechte Menschen mit überlegenem Geist keine Waffen nötig hätten, Waffen seien Krücken. In dem Moment fiel einem der Soldaten scheppernd ein Magazin aus seiner Kalaschnikow. Es hallte unheimlich. Alle Blicke waren auf den armen Milchbubi gerichtet. Die Soldaten reagierten auf den Lärm, als wäre es ein Befehl gewesen: Sie gingen sofort in Abwehrhaltung, brachten sich in Deckung, entsicherten und richteten die Waffen auf die Gefangenen. Momo wollte hilfsbereit das Magazin aufheben. Doch das galt offenbar als Ergreifen von Waffen. Die Soldaten setzten sich wie auf ein Zeichen in Bewegung und rückten gemeinsam gegen Momo vor, der sich zurückdrängen lassen musste. Der Offizier bückte sich schließlich und reichte dem Soldaten das Magazin, der sogleich versuchte, es wieder einzubauen.

Alle warteten. Die ganze Welt machte eine Pause, bis der Zwischenfall beendet und das Magazin wieder am Platz war. Der Soldat zitterte viel zu sehr, er kriegte das Magazin nicht wieder zurückgesteckt; je mehr ihm bewusst wurde, dass alle nur auf ihn warteten, desto heftiger zitterte er.

Den Offizier ließ das kalt. Er wartete und gab schließlich den Befehl, den Raum zu verlassen. Die Soldaten gingen.

Die Gefangenen kauerten sich in der Nähe der Rückwand. Jeder fühlte für sich allein. Nur Momo und Elise waren zusammen und hielten sich an den Händen.

Würde der Anker halten? Müsste die Golden Harvest nicht gelenzt werden? Hatte Grey One inzwischen geworfen? Rafi versuchte, einen Blick in den Flur zu werfen. Da hing ein Poster mit einem Gesicht und dem Namen darunter: Agostinho Neto.

Die Tür ging auf. Soldaten kamen in einem lächerlichen Stechschritt und nahmen ihre Position ein, als würden sie eine Übung durchziehen, die eigentlich für größere Räumlichkeiten gedacht war. Sie bildeten ein Spalier für einen groß gewachsenen Soldaten mit Schirmmütze. Er trug ein großes Tablett, das er auf theatralisch ausgestreckten Armen vor sich her balancierte. Dann verbeugte er sich unangemessen würdevoll vor den Gefangenen, grüßte militärisch und knallte dabei die Hacken zusammen. Er grinste, sodass es wie eine Parodie auf alles Militärische wirkte.

Kris rief ihm noch »Obrigado!« zu.

Darauf drehte er sich noch mal um, verbeugte sich besonders feierlich und wiederholte den militärischen Gruß mit Zusammenknallen der Hacken.

Es gab Reis mit weißen Bohnen in roter Soße – es schmeckte weniger scharf, als sie vermutet hatten, eher labberig. Sie aßen mit gutem Appetit – mit den Händen. Es gab keine Gabel, keinen Löffel. Momo stöhnte über die Weißen und führte vor, wie man mit drei Fingern essen konnte. Alle – außer Morishta, der nur stumm in einer Ecke kniete – aßen so den Reis auf afrikanische Art.

Die Soldaten ließen wieder den Clown auftreten, der diesmal sieben Becher Kakao brachte – für Rafis Geschmack zu sehr gesüßt. »Estava bom?«

Nach dem Essen sah die Welt gleich anders aus, wer aufs Klo musste, brauchte nur dem Geruch zu folgen. Auf dem Fußboden konnte man sich einen Platz zum Schlafen suchen. Das Licht würde, wie es aussah, die ganze Nacht anbleiben und Moskitos anlocken.

Am Morgen trampelten die Soldaten herein, ließen den Clown auftreten und Brot bringen. »À sua saúde!« Er knallte mit den Hacken, weil er merkte, dass so etwas sein Publikum amüsierte.

Nach dem Frühstück guckte Rafi mit Roy aus dem einzigen Fenster – einem großen vergitterten Fenster mit schadhaftem Fliegengitter. Man konnte die ganze Bucht übersehen. Am Ende der Bucht waren Häuser zu erkennen, die in erstaunlich gutem Zustand schienen. Wie Spielzeughäuser. Roy bemerkte es zuerst, wusste aber nicht, wie er das in Worte fassen sollte. Es waren nur Attrappen, auf Holzplatten gemalte Fassaden, die hinten verstrebt waren. Sollte hier ein Film gedreht werden? Oder wollte Principe etwaigen Besuchern, die nicht so genau hinguckten, eine heile Welt vorspiegeln?

Wenn man ganz ans rechte Ende des Fensters ging, konnte

man sogar die Golden Harvest sehen, die mit ihrem Großsegel viel zu tief in der Bucht lag. Sie würde bald sinken und mit der schwangeren Katze an Bord untergehen.

Sie träumten sich beide aus dem Gefängnis heraus. Die Bude war so brüchig. Konnte man nicht irgendwie das Eisengitter sprengen und zum Schiff schwimmen?

Die Solaten kamen wieder und brachten Pritschen – schwer zu sagen, ob es eine neue Schikane sein sollte, weil sie die erst am Morgen brachten, oder ob sie organisatorische Schwierigkeiten gehabt hatten und nicht früher welche besorgen konnten. Die Soldaten blieben, nur um eine halbe Stunde lang rumzustehen und die Pritschen zu bewachen. Dann kam der Clown mit dem Mittagessen. Er brachte einen riesigen Paradiesapfel, doppelt so groß wie eine Pomello-Pampelmuse, die äußere Schicht gröber als bei einer Pampelmuse, darin rispenartig angeordnet zwetschgengelbe Früchte um einen mandelkerngroßen Kern, den man ablutschen konnte. Roy war begeistert, auf Pitcairn hatte es genau solche Früchte gegeben.

»Non chop!« Morishta wollte deutlich machen, dass er in einen Hungerstreik getreten war. Er legte sich auf den Rücken mit den Beinen auf der Feldpritsche; er nahm das Essen demonstrativ nicht wahr und guckte nicht von seinem Buch auf.

Der Clown versuchte, besonders liebevoll auf ihn einzuwirken, beugte sich wie eine besorgte Mutter über ihn und machte die Bewegungen, die essen bedeuten sollten – indem er die Finger zum Mund führte – sehr langsam, sehr geduldig, sodass sie auf keinen Fall bevormundend wirkte. Der Clown fasste sich auf seinen imposanten Bauch, machte kreisende Bewegungen, die Hunger anzeigen sollten, und rollte mit den Augen. Er war ganz in seinem Element, dennoch war ihm anzusehen, dass ihn die Essensverweigerung irgendwie bedrückte.

»Military no good. Military no chop. No military, chop okay.«

Die Soldaten sahen sich hilflos nach einem Übersetzer um. Kris versuchte, so gut es ging, zu dolmetschen.

Ja, sollte das etwa heißen, dass dieser Japaner, der provokativ wie ein Rückenkranker die Beine hochlegte, erwartete, dass sie ihre Uniformen auszogen, nur damit er das Essen anrührte? Sie konnten nicht nachvollziehen, wieso jemand kein Essen annahm.

Es war bedrückend still. Keiner der Gefangenen sprach. Man hörte draußen einen Hund, ab und zu eine Frauenstimme. Man hörte das Trampeln der Soldaten im Gebäude. Roy und Rafi standen am Fenster und malten sich wieder Fluchtpläne aus. Sie flüsterten, nicht mal die anderen konnten sie hören: Man müsste die Gitterstäbe verbiegen, einen Stab entfernen, das würde reichen, man könnte auf dem Dach entlangschleichen …

Sie hörten ein Traktorengeräusch, das schnell näher kam. Gleichzeitig war Kindergebrüll zu hören. Es näherte sich ein Behelfstrecker, wie ihn früher mal ein Gärtner in Clausthal-Zellerfeld gehabt hatte. Ein Motor vorne, der eine Ladefläche hinter sich herzog, auf der zur Adventszeit Weihnachtsbäume auf den Markt gefahren und verkauft wurden. Dieser Trecker war voll beladen mit Kindern, die – wie man deutlich erkennen konnte – blaue Hemden mit FDJ-Abzeichen trugen, dazu rote Pioniertücher. Professör war auch dabei. Sie fuhren zügig am Fenster vorbei, die Kinder reckten die Fäuste den Gefangenen entgegen und brüllten dazu Parolen, die von der Crew keiner verstand. Die Geräusche entfernten sich wieder und näherten sich erneut. Der Trecker hatte gewendet und kam wieder vorbeigeknattert. Diesmal mussten die Kinder ihre Fäuste in die andere Richtung strecken, diesmal hielt das Gefährt direkt vor dem Fenster an, damit deutlich wurde, für wen diese Demonstration gedacht war.

Inzwischen hatten sich auch Momo und Elise ans Fenster gestellt. Die Kinder streckten ihre Fäuste und wiederholten ihre Parolen. Kris meinte, das Wort Solidarität herauszuhören. Es war eindeutig Professör, der die Kinder anfeuerte.

Professör ließ Gas geben, sie zischten wieder ab, sangen eine

Hymne und verschwanden. Die Gefangenen guckten noch lange hinterher.

Gegen Abend waren laute Frauenstimmen zu hören, es musste eine größere Menge von Frauen sein, die sich an der Treppe versammelt hatten und aufgeregt durcheinander riefen. Sie schimpften offenbar auf die Soldaten ein; immer wieder zeigten sie auf das Fenster und forderten in einem keifenden Ton irgendwas, das mit der Crew zusammenhängen musste.

Schließlich erschien die bekannte Abordnung Soldaten, die diesmal auf ihren Aufmarsch verzichteten: Die Gefangenen sollten sich auf der Veranda aufstellen. Wahrscheinlich hatte sich herumgesprochen, dass Fremde mit einem schwarzen Schiff gekommen waren und im Rathaus gefangen gehalten wurden. Als die Crew vollständig auf der Veranda zu besichtigen war, applaudierten die Frauen.

Dann war es wieder still. Die Frauen guckten zu, wie die Crew Zigaretten rauchte, sich auf der Veranda ein bisschen die Füße vertrat und dabei Zurufe entgegennahm, die vermutlich zustimmend gemeint waren. Auch die Mannschaft nahm die Einwohnerinnen von Principe in Augenschein: Schäbig gekleidet, primitiv, wahrscheinlich waren sie gekommen, um endlich mal eine echte blonde Frau zu bestaunen. Es war vermutlich als Aufmunterung gemeint – aber irgendwie mochte Rafi die Frauen nicht.

Die Soldaten beschlossen, dass es nun genug war, die Gefangenen wurden wieder zurückgeführt.

Elise und Momo redeten mit vereinten Kräften auf Mori ein, seinen Hungerstreik abzubrechen. Momo fand es eine völlig unsinnige Sache, eine typisch weiße Idee. Warum sollte er sich selber schaden, wenn ihm sowieso schon Schaden zugefügt wurde? Fucked up brains hätten so etwas ausgebrütet, der reine nonsense. »Mori, you must be strong, in your mind and your body.«

Mori reagierte nicht.

Momo versuchte weiter auf ihn einzuwirken. »You must be strong. We all must be strong. For Operation Namibia.«

Elise nickte heftig. Es sah einfach zu blöd aus. Sie taten, als müssten sie mit einem Minderbemittelten reden, und wirkten, als wären sie selber minderbemittelt. Kris konnte es auch nicht mehr mit ansehen und forderte sie auf, die Entscheidung von Mori zu respektieren. Die beiden knurrten. Sie ließen nur unwillig von ihren Bemühungen ab – nicht etwa, weil sie der Aufforderung von Kris Folge leisten wollten, sondern weil sie selber merkten, dass man mit Mori nicht diskutieren konnte.

Am Abend gab es Reis, Bohnen, Kakao, wie am Vortag. Wieder rührte Mori nichts an. Wieder kamen einige Offiziere, darunter auch der Grinsemann vom Vortag, mit dem Roy sich schon auseinander gesetzt hatte – und ein Neuer mit anderer Uniform und anderer Mütze. Der wurde vorgestellt als compañero aus Kuba. Er war etwas kleiner und dicker und ließ angeberisch seinen Castro-Schlüsselanhänger klappern – wahrscheinlich wollte er immer und überall hervorheben, dass er ein Auto hatte. Mit dem aufgeschlagenen Fremdenführer wurde das It-was-your-fault-Spielchen noch mal neu inszeniert, damit der Kubaner auf den letzten Stand der Diskussion gebracht wurde. Okay. Das hatte er verstanden.

Sie versuchten zunächst eine Verständigung in Stichworten:

»Kuba, Castro!«, sagte der Neue. Die Crew nickte artig, um zu bestätigen, dass ihnen die Namen etwas sagten.

»Hemingway!«, schlug Kris vor.

Der Kubaner nickte. Wieder kam die Frage nach den Waffen. Wieder wies die Crew empört die Unterstellung, sie habe Waffen an Bord versteckt, von sich, wieder fiel das Stichwort non-violent direct action! Wieder wirkten die Offiziere verwirrt. Sie tuschelten.

Der Kubaner versuchte es auf Englisch: »Write down all the story about your life!«

Sie grüßten militärisch knapp, traten ab und ließen die Mannschaft schreiben. Die Soldaten verteilten sieben Bleistifte und einen Stapel Papier.

Roy und Kris diskutierten, ob sie der Aufforderung Folge leisten sollten. Roy war so wütend, wie man ihn kaum gekannt hatte: Sie wurden schlecht behandelt, diese stupid idiots brachten das Schiff mutwillig in Gefahr – es war die Sorge um das Schiff, die ihn so aufbrachte –, und nun sollten sie schon wieder etwas Bescheuertes tun. Kris dagegen sah es als gute Möglichkeit an, die Absichten von Operation Namibia zu erläutern. Das konnten sie sich dann übersetzen lassen. »They don't know what to think of us.«

Hans meinte – ruhig wie immer –, jeder sollte seine Geschichte aufschreiben, dann schlage er vor, dass sie sich Morishta anschließen und ebenfalls in den Hungerstreik treten sollten.

Schon ging der Streit wieder los.

Warum, wollte Momo wissen, sollte er seinen Körper bestrafen? Gott habe ihm einen wunderbaren Körper gegeben, mit dem er sorgsam umgehen müsse, den wolle er nicht im Angesicht seiner Feinde mutwillig schwächen.

Aber es sei ein Grundsatz der Operation Namibia, versuchte es Hans mit nervtötender Geduld, stets gemeinsam zu handeln und gemeinsam gewaltlosen Widerstand zu praktizieren, dazu gehöre auch ein Hungerstreik, genauso wie das Prinzip, keinen Widerstand zu leisten, wenn man verhaftet werde.

Momo wollte sich nicht länger über die Grundsätze der Operation Namibia belehren lassen, darüber wusste er inzwischen bestens Bescheid. Er wurde wütend. »You must be healthy, you must be strong, if you want to fight.«

Elise nickte verstört.

Die Soldaten brachten einen Tisch, an den sie sich setzen sollten, um ihren Lebenslauf aufzuschreiben. Rechts oben sollte der Name hin. Die Soldaten nahmen jedes Blatt einzeln hoch und zeigten noch mal, dass rechts oben der Name hin sollte. Rechts oben. Verstanden? Rechts oben.

Was sollte er schreiben über ein Leben, das gerade erst angefangen hatte? Sollte er rechts oben Rafi oder Thomas angeben? Wo geboren? Er schrieb sicherheitshalber: *Deutschland im Harz.* Bloß nicht: *West.* »Wie heißt noch mal Abitur auf Englisch?«

Hans antwortete nicht.

Berufliche Karriere als Seemann: *cook on Mona Rosa, Moses on MS Patria* – Fakten, die sicher unverfänglich wirkten. Gegen so einen Lebenslauf konnten sie nichts haben. Der Langenscheidt war noch in der Umhängetasche, es war ein großer Rückschritt, den wieder benutzen zu müssen; aber Hans wollte nicht helfen und wiederholte viel zu langsam auf Englisch, sodass es jeder verstehen konnte, dass Rafi als Mitglied einer internationalen Crew sich auch einer internationalen Sprache bedienen sollte.

»Weiß ich selber, du Arsch!«

Alle guckten herüber. Rafi erschrak, dass er so gebrüllt hatte. Schon gut – sie konnten wieder weggucken. Dann versuchte er es eben alleine, richtiges Englisch konnten die sowieso nicht: *peace, Auschwitz, anti-fascist, conscientious objector* – das hatte er noch in Erinnerung. Wahrscheinlich würde es einen guten Eindruck machen, wenn er die DDR in voller Länge so oft wie möglich erwähnte, sie würden sowieso seine vielen Transitstempel bemerken. *I love ships.* Dagegen konnten sie nichts haben. Ein wenig Stolz wollte er auch zeigen, Haltung bewahren: *I protest against the treatment of the crew and the ship.* Da ihm nicht einfiel, was Verbündete auf Englisch hieß, und Hans nicht helfen wollte, musste er mit der Bemerkung *We should be working together* abschließen, sollten die anderen das ausführlicher erklären. Kris schien gerade einen Roman zu verfassen, auch Momo, der dabei wie ein Tattergreis vor sich hin brabbelte. Roy war längst fertig, Hans war sowieso langsam. Rafi konnte wieder in Ruhe vor sich hin dösen und unter den Moskitos und seiner Verstopfung leiden.

Die Soldaten sammelten die Zettel ein, überprüften kurz, ob

auf jedem rechts oben ein Name stand. Gut, das war der Fall. Nur bei Morishta nicht. Sie nahmen den Zettel, den sie ihm zugeteilt hatten, unbeschrieben entgegen, ließen sich nichts anmerken – plötzlich schnappte ihm einer der Soldaten sein Zeremonienbuch weg.

Morishta sprang sofort auf und schimpfte. Keiner konnte ihn verstehen. Mori guckte sich hilflos um – seine Freunde mussten ihm jetzt beistehen, er brauchte sein Buch. Sie mussten ihm helfen, bitte, bitte. Mori legte sich auf den Boden mit hochgelegten Füßen und gab verzweifelte Klagelaute von sich.

Alle redeten gleichzeitig auf die Soldaten ein.

Momo flehte mit gefalteten Händen: »Please, give the book to this man, a religious man, he needs the book« – und er dehnte das »needs« ganz jämmerlich. Es war würdelos, wie Momo bettelte und wieder mit dieser Brother-brother-Tour kam: »I am black, you are black, my brother, please.«

Vergeblich.

Rafi sehnte sich nach einem Liter Frischwasser. Einfach nur Wasser. Um sich nach Currywurst zu sehnen oder nach einem frisch gezapften Bier, dazu waren seine Sinne schon zu abgestumpft – Frischwasser, das war alles, was er wollte. Immerhin würde er diesmal besser einschlafen können, da sie ihre Feldpritschen schon zu Anfang der Nacht hatten und wussten, dass sie gar nicht erst darauf warten mussten, dass das Licht ausgeschaltet würde.

22
Con los pobres de la tierra

»He's the one who must decide, who's to live and who's to die, and he never sees the writing on the wall.«

Buffie Sainte Marie, »Universal Soldier«

Sie wurden mit Stechschritten und der bekannten militärischen Zeremonie geweckt. Der Clown kam breit grinsend rein, um Frühstück zu bringen. Alle streikten – außer Momo und Elise.

Die hatten das Essen nun für sich alleine.

Ja, wenn ihr nicht wollt, meinten sie, wir freuen uns, wir wollen dem Körper etwas Gutes tun, »the body is a temple«.

Wer nicht will, der hat, und wer nicht isst, ist satt, musste Rafi denken. Die beiden schmatzten vorsätzlich wie bei einer Inquisition, bei der die Peiniger opulente Speisen im Angesicht ihrer Opfer aßen. The Two lobten das Essen, segneten es vorher und aßen genüsslich. Sie fütterten sich gegenseitig, »my brother«, »my sister!«.

Rafi fand es sogar – zum Teil jedenfalls – einleuchtend, wie Momo argumentierte, aber es war nicht in Ordnung, aus der Gemeinschaft auszusteigen. Der Clown brachte wieder diese wunderbare Frucht, die sich Rafi tapfer versagte.

Sie wurden aufgefordert, geordnet das Rathaus zu verlassen. Draußen mussten sie warten, bis zwei Geländewagen vorfuhren, die schon von weitem irgendwie nach Ostblock aussahen. Auf die wurden sie nun verteilt. Vielleicht konnte man bei Tageslicht das Geheimnis der Kulissen ergründen.

Nein, es war nichts zu erkennen. Es ging zurück zum Hafen, wo immer noch das Fischerboot lag. Die Golden Harvest war noch nicht untergegangen.

Sie wurden aufgefordert, in das Fischerboot zu steigen. Sie wurden frei gelassen – warum kriegten sie dann ihre Pässe nicht zurück?

Kris schien Gedanken zu lesen. Wenn sie erst einmal weg wären, könnten sie sich neue Pässe besorgen, meinte er. Es ging längsseits, es war ein tolles Coming-home-Gefühl. Rafi knutschte begeistert die Reling. Die Luken waren geschlossen. Die Soldaten bewachten die Niedergänge. Sie sollten an Deck bleiben, keiner durfte nach unten. Warum nicht?

Sie wurden zur Steuerbordseite beordert, da sollten sie sich auf die Reling setzen mit den Beinen nach außenbord. So war das also: Sie sollten erschossen werden und dann ins Wasser kippen. Er hatte keine Ahnung, woher er wusste, dass es so gemacht wird, aber so wurde das gemacht, da war er sicher.

Rafi hatte keine Angst. Er hatte auch gar keine Zeit, Angst zu haben. So war das also, wenn man erschossen wurde, dachte er, dann war man im letzten Moment nicht in Panik, dazu war es sowieso zu spät. Vielleicht gab es eine Art Sicherheitsmechanismus im Körper, der bewirkte, dass man sich in solchen Situationen ruhig verhielt und keine Zeit hatte für Nebensächlichkeiten wie Angst.

Angst war überflüssig. Das merkte man gerade in solchen Momenten, in denen man berechtigterweise Angst haben könnte – und keine mehr hatte. Man musste sich überlegen, was in so einer Situation wichtig war, was man tun konnte – außer eine Zigarette zu rauchen. Rafi bat um eine Zigarette. Sie wurde ihm sofort gereicht. Letzte Wünsche mussten erfüllt werden. Als er die Zigarette anzündete, zitterte er nicht. Er wusste, dass er noch so lange leben würde, wie die Zigarette brannte. Das wollte er ausnutzen. Es würde viel passieren in der Zeit, sehr viel. Er rauchte. Er dachte an nichts anderes als an diese Zigarette.

Es war ein Fehler. Sie waren im Hungerstreik, eine Zigarette auf nüchternem Magen bekam ihm nicht. Nun würde gleich einer kommen, Genickschuss und aus. Rafi saß im Mittelfeld. Das war unangenehm. Links oder rechts hätte er gewusst, dass er der Erste oder sowieso der Letzte wäre. Nun kam es nur darauf an, sich nicht gehen zu lassen. Jetzt musste man Haltung bewahren und die Soldaten durch Würde blamieren. Die sollten sich ein Leben lang quälen, dass sie solche Leute erschießen mussten, die sich in letzter Minute so stolz und ungebrochen gezeigt hatten. Als er in Plötzensee die Hinrichtungsstätte besichtigt hatte, wurde betont, wie würdevoll die Opfer in den Tod gegangen waren. Das war ihm damals befremdlich erschienen und eine vorwitzige Stimme in ihm hatte dazwischenrufen wollen: Darauf kam es auch nicht mehr an. Doch. Darauf kam es an. Rafi hatte sich immer in die Opfer hineinversetzt, sich ausführlich vorgestellt, wie es war, wenn es plötzlich neben einem knallte, wenn der Nebenmann umkippte, wenn man den kalten Stahl an der eigenen Schläfe wahrnahm.

Die Soldaten gingen immer noch hin und her. Es waren noch keine Geräusche herauszuhören, die auf das Entsichern der Waffen schließen ließen. Dann kam der Einbaum in das Blickfeld, der schon an der Pier neben dem Fischerboot gelegen hatte, darin Professör zusammen mit einem Soldaten, der ruderte. Sie umkreisten langsam die Golden Harvest. Dann hielten sie vor ihnen an. Professör hatte eine viel zu große Kamera dabei – ein vorsintflutliches Modell, wie sein Vater das genannt hätte – und knipste von da aus, sodass er die gesamte Crew auf einem Foto hatte.

Sie waren gerettet, die Zigarette schmeckte doppelt so gut. Sie waren großartig gewesen. Keiner hatte gewinselt. Keiner war aus der Rolle gefallen. Sie hatten eine schwere Prüfung bestanden und waren neu geboren. Leider wurden sie nun aufgefordert, wieder das Fischerboot zu betreten, und das hieß, dass sie das Schiff verlassen und wieder ins Gefängnis mussten.

Elise versuchte, unter Deck zu kommen, und machte ein Riesentheater und Gejammer. Unter Deck sei eine Katze, die Junge kriege und Essen brauche, aber das verstanden die Soldaten nicht, auch nicht, als Elise nur »Cat!« rief. Sie erlaubten ihr allerdings, nach unten zu gehen. Nur kurz. Mit Bewachung.

Sie wirkte erschüttert, als sie wieder hochkam, durfte aber nicht mit den anderen über das sprechen, was sie gesehen hatte. Oder wollte sie nichts sagen? Oder konnte sie nicht?

Roy und Hans durften noch einmal pumpen – was auch dringend nötig war.

Allen war das Leben geschenkt worden, sie sollten sich jetzt eigentlich erleichtert fühlen, glücklich und dankbar sein – und sich vertragen; doch schon waren die kleinen Sorgen wieder da, Magenprobleme, Mückenstiche. Diesmal ging sogar das Licht aus, die Moskitos bissen trotzdem. Rafi imaginierte Fluchtpläne, er lief extra in die falsche Richtung vom Boot weg, die Soldaten hinter ihm her, er duckte sich hinter eine Regentonne, die Soldaten hechelten an ihm vorbei, hinter ihrem Rücken rannte er zum Schiff; er malte sich das aus, um besser einschlafen zu können. Mori stöhnte.

Momo und Elise konnten auch nicht schlafen und flüsterten. Rafi ertappte sich dabei, dass er sie belauschte, als wären sie Feinde. Er konnte kaum etwas verstehen, aber feststellen, dass sie sich auch flüsternd mit brother und sister anredeten. Seine Mutter schluchzte immer, wenn sie etwas bedrückte, sein Vater schwieg sich eisern durch, das kannte er schon, nur brauchte er diesmal ungewöhnlich lange, um mitzukriegen, wieso alle so schrecklich sauer auf ihn waren, dass sie es nicht in Worte fassen konnten. Ununterbrochen war die Alarmanlage zu hören, keiner wusste, wie man sie wieder ausstellte. Auch seine Brüder waren entsetzt: Wie konnte er ihnen so was antun, wusste er denn nicht, dass seine Mutter schon lange darauf gewartet hatte, dass er ein anständiges Mädchen mit nach Hause brachte – und nun so etwas! Eine Schwarze!

Am Morgen wachte er tatsächlich vom Schmatzen auf. Er träumte es nicht, es war ein übertriebenes Schmatzen, einfach ekelhaft. Momo und Elise schmatzten wie die Schweine. Die waren völlig durchgeknallt. Sie schmatzten extra widerlich und betonten, dass sie das nur zum Vorteil der Operation Namibia täten, weil sie die fehlgeleiteten Weißen überzeugen wollten, den Hungerstreik abzubrechen. Sie sollten sich nicht weiterhin sinnlos quälen. Bei den Idioten von Principe sei das sowieso nicht die richtige Maßnahme, die hätten den Hungerstreik noch nicht mal zur Kenntnis genommen. Dann schmatzten sie weiter. Zwischendrin hörte man Mori herzzerreißend aufstöhnen. Es war nicht auszuhalten. Kris konnte es nicht mehr ertragen. »Mori? Are you okay? Can we help?«

»Book!«

Wieder war das Getrappel der Stiefel zu hören – diese Stiefel würden ihm noch den Rest geben. Das Getrappel von Militärstiefeln war das schrecklichste Geräusch, das man sich vorstellen konnte. Es waren wieder Befehle zu hören, gebrüllte Befehle, die sich verzweifelt und angsterfüllt anhörten, Schüsse. Draußen war Krieg, eindeutig. Irgendetwas ging gerade kaputt, es klang, als würde Holz zerbersten. Sie drängelten sich ans Fenster, konnten aber nichts erkennen. Sie rauchten hastig, obwohl sie wussten, dass es ihnen nicht bekommen würde.

Neue Soldaten trampelten herein und zeigten auf Momo: Er sollte abgeführt werden. Er durfte sich noch von Elise verabschieden; sie zelebrierten das mit einem Ritual, das sie sich von Mori abgeguckt hatten. Sie falteten die Hände über der Brust zusammen und verneigten sich respektvoll voreinander und redeten sich ein letztes Mal mit »my brother« und »my sister« an, dann umarmten sie sich wie ein Liebespaar. Elise weinte nicht. Momo auch nicht. Alle gingen wieder ans Fenster und konnten beobachten, wie Momo, der sich nicht umdrehte, auf einen Geländewagen geladen und in Richtung Hafen davongefahren wurde.

Schon polterten neue Soldaten rein und zeigten auf Morishta. Der weigerte sich, dem Befehl Folge zu leisten. Er blieb liegen, wo er war. »Book«, jammerte er, »book!«

Vier Soldaten schleiften ihn raus, ein jeder packte ihn an einem Arm oder Bein. Die anderen Soldaten hatten sich neben der Tür aufgebaut, entsicherten ihre MGs und hielten die Mannschaft in Schach.

Sie wurden der Reihe nach rausgeholt. Jeder von einer anderen Einheit. Erst Elise, die freiwillig, wenn auch murrend mitging und nicht gezogen werden musste; dann Hans, Roy, Kris.

Rafi blieb übrig. Was hatte das zu bedeuten? Vielleicht wussten sie inzwischen, dass er sich der Mannschaft als Letzter angeschlossen hatte, womöglich wurde ihm das als mildernder Umstand angerechnet. Vielleicht hatten sie in seinem Lebensbericht einen Hinweis gefunden, der ihm eine Sonderbehandlung einbrachte.

Mori kam aufrecht stehend von zwei Soldaten geführt zurück, zwar klapprig auf den Beinen, aber voll Stolz und Verachtung in seinem Blick. Ein gutes Zeichen. Mori hatte überstanden, was auch immer die Soldaten mit ihm gemacht haben mochten. Wieso kam Momo nicht zurück? Den hatten sie zuerst geholt. Morishta legte sich sofort wieder hin und rief nach seinem Buch.

Nun kam Rafi an die Reihe. Immerhin hatte er den Vorteil, dass er jetzt wusste, dass Mori überlebt hatte. Es war also möglich zu überleben. Das musste er sich immer wieder sagen: Man konnte das überleben, was auch immer nun auf ihn zukommen würde.

Sie führten Rafi raus und schlossen sofort hinter ihm ab. Es ging durch den Gang, den er schon kannte, eine Treppe hoch, einen Flur entlang in einen Raum, der ein Fenster zur Straße hatte. Es war lebenswichtig, sich die Lage der Räume genau einzuprägen. Oben waren die Räume genauso heruntergekommen wie unten. Über dem Schreibtisch hingen Poster von Agostinho Neto und Fidel Castro Ruiz. Hinter dem Schreibtisch wartete ein Offizier, den er noch nie gesehen hatten. Ein Spind war in der Ecke zu erkennen. Kein Ventilator. Es war heiß und staubig, als wären sie hier in einem Land mitten in der Wüste – wahrscheinlich war lange nicht mehr gefegt worden. Es lagen zerbrochene Stühle in der Ecke, an denen die Beine fehlten. Sofort ging seine Phantasie mit ihm durch – er stellte sich vor, dass die Stühle zerbrochen waren, weil man sie anderen Gefangenen über den Kopf geschlagen hatte. Sie mussten mutwillig zertrümmert worden sein. Auf dem Tisch lagen Papiere, Stempel und Stifte. Der Raum wirkte unnatürlich leer – irgendetwas war hier vorher drin gewesen, das man extra rausgeräumt hatte. Rafi durfte sich setzen.

Professör kam und stellte sich hinter den Offizier. Von draußen waren furchtbare Schreie zu hören, dann Schüsse, von hinter dem Haus. Gleich darauf wieder ein Schrei, ein schrecklicher Schrei. Rafi war sich sicher, dass es Kris war, der gerade geschrien hatte. Ein Todesschrei. Wieder Schüsse. Rafi musste nun davon ausgehen, dass Kris tot war – schrecklich: So redeten die Politiker immer: Ich gehe davon aus, dass … Rafi hasste diese Formulierung. Wieder Schüsse, wieder Schreie; Rafi konnte sie diesmal nicht zuordnen. Eine Frauenstimme war nicht dabei. Das konnte bedeuten, dass Elise noch lebte.

Jetzt ertönten Schreie von der Straßenseite. Vielleicht gab es Straßenkämpfe, die schon bis zu diesem Gefängnis, das sicher eine zentrale Bedeutung hatte, vorgedrungen waren. In dem Fall musste er mit einem Schnellgericht rechnen. Rafi war stolz, wie klar er in so einer Situation noch denken konnte.

Der Offizier schien sich von den Schreien und Schüssen nicht irritieren zu lassen – das musste ein ganz abgebrühter Bursche sein. Er überprüfte in aller Ruhe die Personalien und vergewisserte sich, dass er Thomas Maria Raphael Schell vor sich hatte. Er tippte auf den Pass und fragte, ob es seiner sei.

Rafi nickte.

Der Offizier sprach überraschenderweise recht gut Englisch – warum hatten sie den nicht schon früher geholt, um sich von

Kris den Sinn der Aktion erklären zu lassen? Er sprach allerdings sehr langsam. Er schlug die Lagos-Seite auf und studierte sie sorgfältig. Ausgerechnet Lagos. Vielleicht hatten Ikea oder Krake Zeichen reingestempelt, die ihm nun zum Verhängnis wurden. Der Offizier reichte den Pass an Professör weiter. Der deutete aufgeregt auf die Transitstempel, und die beiden flüsterten unendlich lange.

»You were in Berlin!«

»Yes, I was in Berlin, some time ago.«

Wieder flüsterten die beiden. »East or west?« Sie wirkten unsicher, als wüssten sie selber nicht, was ihnen lieber wäre. Es schien da ein Problem zu geben mit diesem Deutschland, das sie nicht richtig einschätzen konnten. Im Pass von Hans, fiel Rafi ein – Hans war bestimmt vor ihm hier gewesen, vielleicht sogar im selben Raum – gab es keine Transitstempel, vielleicht war es das, was sie verwirrte: Da waren offenbar zwei Deutsche an Bord, einer aus dem Westen, einer aus dem Osten. Der Offizier versuchte, eine klare Entscheidung herbeizuführen, er zeigte mit dem Finger auf Rafi und stellte ihn vor die Alternative: »Communist? Capitalist?«

»No capitalist, I am a human being. It does not matter where I was born. I live on this earth, I want peace …«

Davon wollten sie nichts mehr hören. Die Frage war einfach und klar: »Communist? Sim? Não?«

Rafi wollte nicht lügen und einfach yes sagen, aber von den beiden Möglichkeiten, die sie ihm anboten, stimmte Kommunist schon eher. »Maybe. I want peace.« Er wusste selber, dass man sich nicht rausreden konnte: Entweder war man in der Partei oder nicht.

Die beiden wirkten nicht zufrieden, wurden aber auch nicht ärgerlich, womöglich hatten sie den Eindruck, dass sie trotz der Schwierigkeiten gewisse Fortschritte machten.

»Chonikér?«, fragte Professör.

Rafi zuckte die Schultern, er verstand nicht, was er meinte. Dabei wirkte Professör so glücklich, als hätte er endlich das

Schlüsselwort gefunden, mit dem sich alle Unklarheiten beseitigen ließen. Die beiden berieten sich, konnten sich aber nicht einigen.

»Alemania Chonikér?« Er betonte es immer auf der letzten Silbe.

»Ach so!« Plötzlich war es klar – Rafi reagierte ganz spontan: »Erich Honecker, no, no!« Nun war alles zu spät. Er hatte gehofft, einen Vorteil daraus ziehen zu können, dass sie nicht wussten, aus welchem Deutschland er kam. Nun hatte er sich verraten.

Aha. Das war es also. Der Offizier schlug mit der flachen Hand auf den Tisch – warum nicht gleich so – »Bom! Capitalist!« Jetzt galten keine Ausreden mehr. »What do you want? Why do you come with the ship? What is your work?«

Rafi wollte zu einer Erklärung ansetzen, doch schon war der Offizier ungeduldig, er wollte nicht noch einmal zulassen, dass Rafi ihn mit unklaren Äußerungen hinhielt. Rafi wurde sofort unterbrochen, eh er richtig angefangen hatte. »Are you revolutionary?«

»Yes, revolutionary«, es klang nicht besonders überzeugt, aber ein Revolutionär war er schon irgendwie, »we all want to change the world.«

»Bom! Revolutionary, okay! Where're the weapons?«

»We have no weapons, we are non-violent direct…«

Das ließ sich der Offizier nicht länger bieten. Er wollte nicht mehr hinter den Stand der Ermittlungen zurückfallen. »You are revolutionary, bom! Where're the weapons?«

»We want peace.«

Der Offizier überlegte. Man sah ihm an, wie sehr es in ihm arbeitete. »Peace?«, sagte er mehr zu sich selbst, als hätte er die Vokabel noch nie gehört.

Rafi bat um einen Bleistift und ein Blatt Papier. Er zeichnete das Peace-Zeichen auf.

Sie schüttelten den Kopf und zuckten mit den Schultern. Sie mussten sich beraten.

Der Offizier schlug wieder mit der flachen Hand auf den Tisch. »Bom!« Er gab einen Befehl an die Soldaten, ihn wieder abzuführen. Sie blieben oben, Rafi hatte gedacht, er habe alles überstanden und könne die Treppe wieder runter, zurück zu Mori, aber nein. Sie führten ihn in einen Übernachtungsraum mit Stockbetten wie in einem Schullandheim, wo es darum ging, wer oben schlafen durfte und ob der Untermann Matratzensport machen konnte. Es gab keine Matratzen. Die Stockbetten warteten wie Skelette in einem Museum für ausgestorbene Kinderträume, es waren nur die Gestelle eingehängt, auf die man Matratzen legen könnte, falls welche da wären. Drahtsprungfedergeflecht – so würde man das in korrektem Deutsch nennen, in dieser schrecklichen Sprache. In eines dieser Drahtgeflechte sollte er sich reinlegen. Warum? Gab es etwa keine Matratzen in Principe?

Es war nicht gerade bequem, man konnte sich einklemmen – aber was musste er da sehen? Da war ein Gewehrschrank direkt neben der Tür, durch die sie ihn hereingeführt hatten – halb offen, es waren vier Kalaschnikows zu erkennen, eindeutig.

Er musste nur den richtigen Moment abpassen, wenn die Soldaten einen Augenblick lang nicht hingucken, schon könnte er den Waffenschrank erstürmen, die MGs an sich reißen und einen Ausfall wagen. Selbst wenn die Soldaten wachsam waren, hatte er gute Chancen, als Erster den Schrank zu erreichen, er müsste sich mit der Sprunghaftigkeit dieser Eidechsen, die sie in Togo beobachtet hatten, erheben und schon beim ersten Geräusch, das er verursachte, den Schrank erreicht haben. Die Tür stand einladend offen. Die MGs konnte man bestimmt leicht herausnehmen. Die Soldaten saßen dösig rum und ließen sich davon täuschen, dass Rafi so ruhig dalag. Die unterschätzten ihn. Die wussten ja nicht, was in seinem Kopf vorging.

Der Zustand seines Magens sprach gegen so eine Aktion. Sein Magen drohte jeden Moment mit dem totalen Zusammenbruch. Er hätte diese Zigarette nicht rauchen sollen. Man musste vorher die Bewegungen in Gedanken immer wieder durchspielen, sodass sie einem vertraut waren, wenn man sie ausführte. Dann war man im Vorteil, weil man wusste, was man tun würde. Er sah sich neben dem Bett stehen, er hatte es irgendwie geräuschlos geschafft, die Beine auf die Erde zu stellen und sich in die Senkrechte zu bringen. Er musste nur noch den Arm ausstrecken.

Welches Bein musste man zuerst nehmen? Am besten beide, damit man einen festen Stand hatte. Er musste sich dann, kaum, dass er eine Kalaschnikow gegriffen hätte, sofort umdrehen, um nicht von hinten überrascht zu werden.

Natürlich war es sinnlos. Sie waren schließlich auf einer Insel. Wie sollte er jemals Elise retten – falls sie nicht schon exekutiert war – und mit ihr zusammen das Schiff erreichen?

Nein, es war doch nicht sinnlos. Wenn draußen Straßenkämpfe tobten, konnte er womöglich Bundesgenossen finden, die nur auf ihn und die erbeuteten Kalaschnikows warteten. Vielleicht hatten sich seine Freunde auch schon zu den Aufständischen durchgeschlagen. Es war ein verführerischer Wink des Schicksals. Wenn, dann jetzt. Er konnte nicht länger auf eine bessere Gelegenheit warten, es war die beste aller möglichen Gelegenheiten.

Er sah sich, mit der Kalaschnikow die Verfolger in Schach haltend, durch den Flur stürmen, die Türen aufreißen und seine Freunde einsammeln, die sich um ihn scharen würden, um gemeinsam einen Ausfall zu wagen. Sie könnten den Hafen erreichen, von da aus entweder zum Schiff schwimmen oder – noch besser – eines der da liegenden Boote flottkriegen. Sie müssten auf Momo verzichten – sowohl bei der Variante, die Golden Harvest schwimmend zu erreichen, als auch bei jeder anderen, weil Momo sich offenbar nicht mehr im Gebäude aufhielt. Er hörte sich knappe Rufe ausstoßen: Come, Mori, quick, Elise, come here, Kris, Roy, Hans!

Neben der idealen Version musste er auch eine pragmatische Version durchspielen. Er war eine Schrecksekunde davor, aufzuspringen, und wurde nur durch einen unerklärlichen Widerstand zurückgehalten. Die Überrumpelung würde gelingen, die hätten es auch nicht besser verdient, diese tollpatschigen Soldaten, die er gar nicht erschießen müsste, die würden sich sofort ergeben. Er müsste sich jedoch überlegen, ob er tatsächlich einen – zumindest einen – Soldaten erschießen würde, ehe er aufsprang. So viel wusste er jetzt schon: Er musste sich das vorher überlegen.

Ja, er würde einen erschießen. Er würde sogar hingucken. Ja! Nur dann könnte die Flucht gelingen. Er musste gleich zeigen, dass er Ernst machte, sonst wären sie hinter ihm her. Er brauchte nur noch einen kurzen Countdown, um sich selbst den letzten Push zu geben.

Gerade rechtzeitig fiel ihm ein, dass man ihn nur auf die Probe stellte. Die Soldaten taten extra unaufmerksam. Die Kalaschnikows waren nicht geladen. Sonst würden die nicht so offen im Schrank hängen. Die Soldaten hielten bestimmt irgendwo – für ihn unsichtbar – ein geladenes Gewehr bereit, um ihn sofort zu erschießen: Auf der Flucht erschossen, würde es dann heißen, mit einer Kalaschnikow in der Hand. Selber schuld. Nee, nee, so leicht konnten sie ihn nicht reinlegen.

Rafi wurde wieder in das Verhörzimmer geleitet. Diesmal war der kleine Kubaner dabei und fragte nach Sinn und Zweck der Operation Namibia.

»Peace. Awareness.«

Er sollte das, bitte, erklären. Sie wussten nicht, was er meinte.

Rafi guckte genauso ratlos wie die Offiziere.

Der Kubaner versuchte es mit Händen und Füßen: Wenn nun der Feind käme und bum-bum machte, wie würde er da Frieden machen können ohne Waffen? Es war wie bei der Anhörung der Kriegsdienstverweigerung! Da wurde auch gefragt, was man denn tun würde, wenn der Russe die Freundin vergewaltigte und man zufällig ein Gewehr in der Hand hätte. Eigentlich war diese Befragung nicht zulässig und hatte schon Legendenstatus, aber bei seiner Befragung war es natürlich auch wieder auf den Tisch gekommen. Nur dass sie es nicht ganz so plump machten, ohne Russen und ohne Vergewaltigung, als würden sie diese Frage in Anführungsstrichen stellen, nur um zu sehen, ob er sich gegen die Frage wehren würde. Wie sollte er das alles dem Kubaner erklären? Normalerweise würde er zum Gewehr greifen, wenn es gegen Faschisten ginge, »but at the moment I am a member of an international crew with Operation Namibia, a non-violent direct action …«

Das hatten sie alles schon gehört. Der Kubaner probierte es noch mal, als wollte er sagen: Los Junge, wir sind uns doch einig, als Revolutionär braucht man Waffen, wir sind alle Revolutionäre, wir wollen dir nichts Böses, sag uns, wo die Waffen sind, dann ist es gut.

Rafi konnte sie nur enttäuschen. Sie hatten keine.

Der Kubaner versuchte es geradezu verzweifelt: Also, sie segelten in Richtung Namibia – richtig? Das war ziemlich gefährlich – richtig? Da könnten Piraten kommen – richtig? Und gegen Piraten müsse man sich verteidigen – richtig? Dazu brauchte man Waffen – richtig?

Rafi verstand sofort, dass es ein Kompromissangebot war. Auf jedem Schiff brauchte man Waffen – nennen wir sie mal Bordwaffen, schon zur Selbstverteidigung. Sagen wir mal: gegen Piraten. Wenn er nun wenigstens verriet, wo diese Bordwaffen versteckt waren, dann wäre man sich ein gutes Stück näher gekommen, nicht wahr? Wenn Rafi diese Bordwaffen vorweisen könne, müssten seine Verhöroffiziere nicht nachgeben, dann hätten sie mit ihrem gesamten Weltbild, das sie auch nicht zur Diskussion stellen wollten, Recht behalten, jedenfalls teilweise – über den Rest würde man sich auch noch einig. Eine Einigung lag geradezu in der Luft; der Kubaner machte das so deutlich, wie es ohne Worte möglich war: Greif zu, das ist deine Chance, zeig uns die Bordwaffen, dann wird alles gut.

Rafi hatte eine Idee, er deutete sogar die Melodie an: »Con los pobres de la tierra quiero yo mi suerte echar.«

Der Kubaner und Professör unterhielten sich lange. Der Kubaner gab einen Befehl, einer der Soldaten verließ den Raum. Kurze Zeit später kam er mit anderen Soldaten und einem Gefangenen, der in einem erbärmlichen Zustand war.

Momo!

Rafi zuckte zusammen. Er war kaum wieder zu erkennen, von der Folter entstellt.

Es war doch nicht Momo. Der arme Kerl war kleiner. Man konnte ihn nicht richtig erkennen, er ließ den Kopf so weit nach unten hängen, als hätte er keine Kraft mehr, sich aufzurichten. Die Soldaten hielten ihn unter den Armen und befahlen ihm zu stehen, was nur mit Unterstützung von der Seite her klappte. Ein Soldat zog ihm von hinten am Haar, sodass er seinen Kopf erheben musste, um den Offizier anzusehen.

Es war eindeutig nicht Momo. Sein Gesicht war stark aufgedunsen, entstellt, ein Auge war zugequollen, die Lippen viel zu dick, er musste geschlagen worden sein. Vermutlich erst vor ein paar Minuten. Obwohl ein Soldat ihn fest an den Haaren zog, rutschte der Kopf immer wieder nach vorn, und Blut tropfte auf den Boden.

»Do you know this man?«

Rafi verneinte.

Dann kam der Schreck. Jetzt war ihm klar, was hier vor sich ging. Das war eine Gegenüberstellung. Wahrscheinlich vermuteten sie, dass die Crew mit dieser armen Kreatur gemeinsame Sache machte. Da würde es nicht viel nützen, wenn er abstritt, ihn zu kennen. Gleich würde der Schwarze gefragt werden, und es war gut möglich, dass er behauptete, Rafi zu kennen, wenn er sich davon irgendeinen Vorteil versprach.

Sie fragten ihn irgendwas auf Portugiesisch. Der arme Kerl verneinte. Rafi war gerettet. Der Arme hatte ihn nicht reingelegt, er hatte die Wahrheit gesagt. So funktionierten diese Verhöre also: Vor Entsetzen sagte jeder die Wahrheit. Das war der Trick dabei.

Vielleicht war er doch nicht gerettet. Der Offizier wurde jetzt immer wütender. Er schlug mit der Hand auf die Papiere und gab Befehl, alle abzuführen. Rafi guckte auf den Blutfleck auf dem Boden und wusste, was ihm bevorstand: Sie wollten ihn foltern. Nicht mehr lange und er würde auch so aussehen und wieder vor die Offiziere gebracht werden, gestützt von drei Soldaten. Hätte er doch nur die Kalaschnikow gegriffen und sie alle niedergemäht. Sie hatten ihn im ersten Teil des Verhörs in einer trügerischen Sicherheit gewiegt; er hatte sich nicht klar genug vor Augen geführt, was Folter bedeuten würde, das war ein Fehler gewesen – wenn er das gleich gewusst hätte, hätte er sich durch nichts hindern lassen, aufzuspringen und wenigstens zu probieren, ob die Kalaschnikows geladen waren. Schlimmer als jetzt hätte es nicht kommen können; er wollte am liebsten noch mal zurück zu der Stelle, als er in dem Drahtgestell lag und die Soldaten an dem Tisch dösten.

Ihm war heiß, ihm war gleichzeitig kalt, er ging wie gelähmt, jeder Schritt war unwirklich, seine Aufmerksamkeit war zum Zerreißen gespannt. Der Gefangene vor ihm wurde am Flurende nach rechts abgedrückt, er nach links. War das ein gutes Zeichen oder ein schlechtes? Nun ging es die Treppe hinunter. Doch ein schlechtes Zeichen.

Wieder war ein Schuss zu hören, diesmal lauter als vorhin, danach Geschrei, das er nicht näher bestimmen konnte. Wieso gab es erst Schüsse, dann Schreie? Dann waren es keine Todesschüsse. Halt: Er durfte nicht wieder den Fehler machen und sich in falscher Sicherheit wiegen. Er musste davon ausgehen – so schrecklich diese Formulierung war – dass alle tot waren, vielleicht mit Ausnahme von Morishta.

Er musste jetzt an sich denken: every man for himself. Jeder Schritt konnte der letzte sein. Eine neue Gelegenheit durfte er sich nicht noch mal entgehen lassen. Die Nazis hatten eine Zyankalikapsel, damit konnten sie sich davonmachen. Sein Vater hatte oft genug Adenauer zitiert und betont, dass man den Kommunisten nicht trauen dürfe. Nun war es zu spät. Er war viel zu nett gewesen. Er hatte sich fast angebiedert. Er hätte im Verhör ganz anders auftreten sollen. Es war dumm gewesen, auf die DDR-Transitstempel zu hoffen und zu glauben, dass die irgendwie Gutes bewirken könnten. Er hatte immer noch die Möglichkeit, einen eindeutigen Fluchtversuch zu machen, erschossen zu werden und so um die Folter herumzukommen.

Die Zeit verging höllisch langsam. Die Soldaten öffneten eine Tür, sie waren plötzlich im Freien, ein Innenhof, in dem es allerlei Grün gab, die Sonne schien, das Leben war wieder da. Es war viel zu schade zu sterben, wenn die Sonne schien. Hier wollte er seine letzte Möglichkeit noch nicht nutzen. Vielleicht kamen sie wieder in einen Raum oder in einen Flur.

Es musste der Innenhof vom Gefängnis sein; er konnte ein Haus erkennen, das in viel besserem Zustand war als ihr Gefängnis, da wohnte sicher der Gefängnisdirektor. Er sollte sich mit dem Gesicht zur Wand aufstellen. Die Mauer war durchlöchert, es war aber – Rafi guckte genau hin – kein Blut zu erkennen. Er sah auf den Boden: auch kein Blut.

Warum musste er eigentlich alles zweimal erleben? So wie er das Schiff in Lagos verpasst hatte, einmal zur Warnung, danach richtig, so auch hier: erst eine Scheinexekution auf dem Schiff, nun richtig. Er fühlte sich seltsam erleichtert. Er überzeugte sich noch einmal von seinen Argumenten, auf die es jetzt einzig und allein ankam: Die anderen waren wahrscheinlich tot, er hatte sich richtig verhalten, sich keine Versäumnisse vorzuwerfen, er hätte sie nicht retten können. Wenn sie tot waren, gab es auch für ihn keine Hoffnung. Es gab noch einen Vorteil: Er würde nicht gefoltert werden. Es würde schnell gehen. Er musste nur auf die Geräusche hinter seinem Rücken achten. Das tat er.

Er zuckte zusammen. Die Soldaten waren direkt hinter ihm. Sie redeten nicht, wirkten aber irgendwie unruhig, er hörte ihre schrecklichen Stiefel. Dann machte es klick – das war das Geräusch, auf das er gewartet hatte. Es klang, als hätte jemand abgedrückt – vielleicht war keine Munition drin. So ging das sowieso nicht. Erst müsste man einen ordentlichen Schießbefehl hören. Das musste sein. So waren die Regeln. Einen Befehl hörte er nicht.

Doch. Jetzt. Da war der Befehl. Ganz deutlich. Nicht umdrehen. Nur stehen bleiben. Der Befehl wurde wiederholt. Dann packte ihn jemand an der Schulter und drehte ihn um, er sollte nach vorne gucken. In zehn Meter Entfernung standen eine Menge Soldaten. Die Waffen waren nicht auf ihn gerichtet. Ein Stuhl war da, auf drei Beinen. Darauf war eine Kamera aufgebaut. Wieder dieses vorsintflutliche Modell. Professör fotografierte und hatte offenbar ziemliche Schwierigkeiten damit: Die Kamera machte gelegentlich Klick, schien aber nicht richtig zu funktionieren.

Professör schraubte umständlich ein Objektiv auf. Rafi wurde wieder von allen Seiten fotografiert, von vorne, von hinten, von der Seite. Er fand das keineswegs beruhigend. Es konnte nur bedeuten, dass sie es hinauszögern und vorher noch eine Dokumentation erstellen wollten. Er empfand keinerlei Gefühl der Erleichterung. Er war immer noch in derselben Situation: Er war kurz davor, erschossen zu werden. Es gab nur einen lästigen Zwischenfall, der alles verzögerte. Vielleicht wurde er doch noch gefoltert. Er wurde wieder abgeführt und unter groben Befehlen abermals in das Gebäude geführt.

Erst da merkte er, wie schlecht es ihm ging. So schlecht, dass er auf der Stelle in Ohnmacht fallen könnte. Der Schwächeanfall kam mit ziemlicher Verspätung. Er erkannte auch die Veranda wieder, auf der er zusammen mit den anderen den aufgeregten Frauen von San Antonio vorgeführt worden war – er sah es als gutes Zeichen. Diese Veranda war ein Ort, an dem man sich sicher fühlen konnte. Es würde vielleicht doch noch alles gut werden. Wenn ihm nur nicht ausgerechnet jetzt so elend wäre.

Eine Tür wurde aufgeschlossen, er wurde in einen Raum geschubst. Da waren die anderen. Sie lebten: Elise, Kris, Roy, Hans und Mori, der immer noch auf dem Boden lag und wahrscheinlich die ganze Zeit in dieser Stellung verbracht hatte. Es machte alles so unwirklich, man musste sich das einmal vorstellen: Zur gleichen Zeit, in der er zwei Verhöre, eine Gegenüberstellung und verschiedene Fluchten mit mehreren Toten durchleiden musste, hatte dieser Japaner die Beine hochgelegt und seinem Zeremonienbuch nachgejammert.

Keiner wollte reden.

Rafi fragte Kris vorsichtig, wie sein Verhör gewesen war. Kris wollte nicht darüber sprechen. Auch gut. Rafi wollte auch nicht gerne reden; er stellte sich an seinen Fensterplatz und sah zur Golden Harvest hinüber, bis es dunkel wurde. Es war viel zu still in ihrem Gefängnis. Momo war immer noch nicht wieder da.

Wieder blieb die Zeit einfach stehen, ihm ging ein Lied durch den Kopf, das sie im Jugendlager gesungen hatten: Wir sind jung, die Welt ist offen, oh, du schöne weite Welt. Dann kam der Refrain: Bruder, lass den Kopf nicht hängen, kannst ja nicht die Sterne sehn. Aufwärts blicken, vorwärts drängen. Wir sind jung, die Welt ist schön – von wegen: Bruder, lass den Kopf nicht hängen, da hätten sie mal diesen armen Kerl sehen sollen, der seinen Kopf nicht mehr hochhalten und garantiert keine Sterne mehr sehen konnte. Rafi ärgerte sich jetzt, dass er viel zu freundlich zu diesen Schweinen gewesen war. Er hätte ihnen deutlich die Meinung sagen sollen, dass es unmenschlich war, wie sie mit ihren eigenen Leuten umgingen und mit ihren Verbündeten, seine Freundlichkeit war eine peinliche Lüge gewesen – und sie hatte ihm nichts eingebracht. Mori hatte es besser gemacht: Er hatte gar nicht erst mit ihnen geredet. Es war falsch, freundlich zu solchen Leuten zu sein, dadurch hatten die nur Verdacht geschöpft. Ein Hungerstreik stimmte einen sowieso unfreundlich: Hungry mob is angry mob. Warum hatte er sich das angetan? Wenn man sich zwang, freundlich zu sein, aus Angst, geschlagen zu werden, dann verkümmerte die Seele. So war das. Er konnte förmlich spüren, wie seine Seele verkümmerte. Er stand am Fenster, guckte raus, fühlte sich schwach und hungrig und merkte, wie seine Seele verkümmerte wie eine Blume, die im Zeitraffer vor seinen Augen verwelkte.

23
Leichte Schläge auf den Hinterkopf fördern das Erinnerungsvermögen

Draußen entstand wieder ein Tumult – die Stimme von Momo war deutlich herauszuhören. Es wurde geräuschvoll aufgeschlossen, Momo wurde reingeschubst, gleichzeitig kam der Clown mit dem Essen. Momo und Elise begrüßten sich feierlich: Erst fielen sie sich in die Arme, dann wiederholten sie ihr kleines Zeremoniell und verneigten sich, »brother«, »sister«. Momo sah schlecht aus. Es war besser, ihn nicht anzusprechen. Momo sagte nichts. Die beiden aßen schweigend.

Nach einigen Bissen fing Momo langsam wieder zu reden an. Er brauche jetzt alle Kraft, alles, was er hatte. Er werde das Leben ernst nehmen und habe jetzt ein neues Bewusstsein. »Now I know what it is like.« Die beiden schmatzten genüsslich. Mit ihren mit Reis und Bohnen verklebten Händen falteten sie die Hände und beteten inbrünstig für peace and love. Momo stöhnte: »They mean it!«

Alle legten sich auf die Pritschen. Rafi drehte sich so, dass er Elise sehen konnte, die wie eine Kuh kaute. Sie tat ihm Leid. Er musste an Lagos zurückdenken: I miss seeing you. Sie war so abhängig von Momo – das konnte unmöglich ihrem eigenen Ideal von Emanzipation entsprechen. Sie war keine freie Frau mehr aus New York, sie war eine gefügige Vasallin von Momo – nannte man das so: Vasallin? Gab es so ein blödes Wort überhaupt? Rafi wollte versuchen, ihr gegenüber gerecht zu sein, das hatte sie verdient, er strengte sich an, nüchtern zu überlegen, ob es etwas gab, das er ihr sagen musste – wenn er nur ein einziges Mal wieder so mit ihr reden könnte wie damals auf der Patria. Er würde sagen: Elise, you saved the life of Mori and I still love you – so würde er anfangen, ein guter Anfang –, but there is one thing, I think you were doing wrong. When Momo said: Arrest this man! That was a mistake. In this moment, Momo was no longer one of us – do you understand? He was no longer one of Operation Namibia. You should have done something. How can you still follow Momo, whatever he is doing?

Wieder war es Kris, der es nicht aushalten konnte, keine Erklärung für die Ereignisse zu haben: Wahrscheinlich hatte eine Rebellenbewegung die Insel bedroht, und die Militärs mussten glauben, dass ihr Schiff die Aufständischen mit Waffen versorgen wollte.

Keiner ging auf seine Theorie ein.

Elise fluchte plötzlich und wurde dabei ganz rot im Gesicht. Kris stellte sich ans Fenster, guckte raus und sah furchtbar traurig aus. Die Moskitos bissen in Gesicht, Hände und auf die Knöchel. Rafi hatte Fieber und geschwollene Füße von den Stichen. Allen ging es schlecht. Mori hatte Schweißausbrüche, und seine Stimme zitterte jedes Mal, wenn er jammerte; es war, als würde er am ganzen Körper zittern. Mori hielt sich selber den Kopf fest, weil es kein anderer tat. Aber es musste doch jemand seinen Kopf festhalten.

Nun wurde Kris rausgeholt.

Er kam nach einer Ewigkeit zurück, sagte nichts und wurde noch einmal geholt, wieder verging eine Ewigkeit. Vielleicht hatten sie doch noch einen Weg gefunden, aus ihm etwas herauszupressen.

Rafi stand am Fenster und sah schon, dass sich mehrere Geländewagen näherten – erstaunlich, dass die hier so viele Fahrzeuge hatten. Nun kamen etwa sechs Soldaten, die sie noch nie gesehen hatten, alle sehr gut gekleidet. Sie hatten Brillen mit grünen Gläsern – Pilotenbrillen, oder wie nannte man das? Es musste eine Art Eliteeinheit sein, green barrets oder etwas in der Art. Zwei setzten sich locker auf die Tischkante. Die anderen blieben stehen. Die Tür blieb offen. Sie legten den ganzen Stapel Pässe auf den Tisch und warteten noch einen Moment, um sich zu vergewissern, dass alle zuhörten. Schließlich verkündete einer von ihnen: »You have to leave this island at once!«

Dann schlugen sie einen Pass nach dem anderen auf, verglichen die Bilder und verteilten die Pässe und wiederholten noch einmal, dass sie keine Erlaubnis hätten, länger in Principe zu bleiben.

Die Soldaten führten sie ab. Elise ließ sich nicht anfassen; sie schlug um sich, als wollte sie Insekten abwehren. Sie gingen betont langsam, ließen sich nicht drängen, obwohl sie nichts lieber wollten, als die Insel zu verlassen; es war der reine Trotz. Mori wollte nicht ohne sein Buch gehen.

»No book, Mori no go!« Er wirkte ärgerlich. »Book necessaly. Military no good! No politic. Book!« – Dabei zeigte er auf seinen Kopf und sein Herz.

Mori wurde rausgetragen wie ein Möbel. Die anderen waren schon auf die Geländewagen verteilt. Es konnte losgehen. Kris redete aufgeregt auf einen der Soldaten ein, den er schon zu kennen schien. Plötzlich sprang Kris auf und lief noch einmal ins Gebäude. Es war riskant, aber sie würden ihn nicht erschießen; wenn er in das Rathaus zurücklief, war es keine Flucht.

Er kam mit Moris Buch zurück, und als er es ihm in die Hand drückte, konnte man sehen, dass Kris keine Kraft mehr hatte und in sich zusammensackte. Es war überstanden, geschafft, aber das Gefühl der Erleichterung würde sich erst einstellen, wenn sie wieder auf der Golden Harvest wären.

An der Pier warteten schon die Obrigado-Leute und Professör. Warum mussten schon wieder so viele Soldaten mitkommen? Wieso kamen alle mit an Bord? Sie öffneten die Abdeckung zum Hauptniedergang – es sah schlimm aus: Die Kojen waren durchsucht und zerwühlt worden, als wären Einbrecher da gewesen, die aus Wut alles zerstört hatten. Roy warf zuerst den Generator an. Der Lärm machte alles noch schlimmer. Als sie sich an das spärliche Licht gewöhnt hatten, sahen sie überall Molotow-Cocktails – was sollten die hier? Hatten sie die als Lichtquellen benutzt? Oder wollten sie die Golden Harvest sprengen?

Das Fischerboot versuchte, die Golden Harvest von der Sandbank zu drücken. Die Maschine wurde angeworfen, es klappte sogar – mit zischenden und fluchenden Ventilen. In der Bilg war viel zu viel Wasser. Frischwasser war nur für etwa zwei Tage da; sie würden in der nächsten Flaute verdursten. Es gab keine Lebensmittel, keinen Kurs. Roy wiederholte, dass er die Verantwortung unter diesen Bedingungen ablehnte. Das kannten die Soldaten schon – das interessierte sie nicht.

Das Fischerboot kam längsseits, um die Soldaten, die noch an Bord waren, aufzunehmen. Sie gingen also. Aber vorher entfesselten sie einen Riesentumult, schubsten, wen auch immer sie von der Crew schubsen konnten, trampelten, als hätten sie Order, vor ihrem Abgang ordentlich Schaden anzurichten und jeden zu schlagen.

Das Fischerboot eskortierte die Golden Harvest bis außerhalb der Dreimeilenzone – da feuerten sie einen Schuss ab. Rafi brüllte sich heiser: »Una mierda! Puta madre!«

Wieder fielen Schüsse. Die Soldaten schossen in die Luft. Nein, sie schossen gezielt. Alle ließen sich auf das Deck fallen und suchten Deckung. Da das Fischerboot nur einen Lichtpunkt hatte, konnte man nicht genau sagen, ob es wirklich zurückblieb. Sie hatten rüdes Wasser. Rafi wurde sofort seekrank. Es kam viel zu viel Wasser über, Rafi war klatschnass, er fror vor Erschöpfung, es wäre so leicht gewesen, jetzt abzurutschen und über Bord zu gehen.

Momo und Elise machten sich daran, für alle was zu kochen, doch der Hungerstreik wirkte noch nach. Es war einfach kein

Appetit da, Rafi wollte nur noch tot sein und nichts mehr essen. Er hing über der Karte, um eine Markierung zu setzen und mit Roy zusammen eine Entscheidung zu treffen, wohin sie segeln sollten. Auch Roy war viel zu schwach, um irgendeinen klaren Gedanken zu fassen.

Momo und Elise brachten einen Napf mit Reis, und alle wussten, ohne sich abzusprechen, dass sie nach dem Hungerstreik ganz langsam essen mussten; das taten sie auch. Rafi wollte unbedingt – auch wenn es viel zu kühl war – an Deck bleiben, damit ihm nicht noch schlechter werden würde; Wildgänse rauschen durch die Nacht, mit schrillem Schrei nach Norden. Unstete Fahrt, habt Acht, habt Acht, die Welt ist voller Morden.

Es war eine windige Nacht. Er hätte gerne – wie Mori – an irgendwas geglaubt. Rafi war sogar viel zu erschöpft, um zornig zu sein. Die Bilgen wurden gelenzt; es war anstrengend wie nie. Kris kam mit der Nachricht, dass die Schreibmaschine fehlte, ebenso seine Kamera. Rafis Minolta war noch da. Die kriegte Kris jetzt. Von den Kassetten fehlte nur eine: Bob Dylan, die mit der Aufschrift: ›Mozambique‹, auf der ›Just Like A Woman‹ drauf war. Hans meldete, dass Grey One fünf Junge gekriegt hatte.

Es war im Moment viel zu deprimierend, eine Mängelliste zu erstellen. Das Schiff war verwüstet, entweiht, geschändet. Sie trafen sich in der master's cabin zu einer Krisensitzung – sogar Morishta, der angestrengt versuchte, wenigstens Stichworte aufzuschnappen. Eine Prüfung mit dem Zirkel ergab, dass direkt gegenüber ihrer Position Bata in Äquatorialguinea gelegen war. Damit war die Stimmung restlos vergiftet. Elise und Momo guckten Roy an, als wollten sie sagen: Das kommt davon, dass du diesen Hokuspokus machst!

Backbord wurden Grauwale gesichtet, eine ganze Herde – nannte man das überhaupt Herde bei Walen? Rafi überlegte, wer ihm erzählt hatte, dass die stur ihren Kurs beibehielten und schon kleinere Segelschiffe, denen es nicht gelungen war, rechtzeitig auszuweichen, gerammt hätten. Sogar die Halbblinden an Bord, die sich an Deck versammelt hatten, konnten deutlich erkennen, dass die Tiere ihren Kurs hielten; es würde einen Zusammenstoß geben, zumindest sehr knapp werden, falls sich die Wale nicht beeilten – oder falls die Mannschaft nicht sofort versuchte, die Fahrt zu verlangsamen oder den Kurs zu ändern. Sie waren unfähig, sich auch nur einen Zentimeter zu bewegen. Wenn es einen Zusammenstoß geben würde, dann war das eben Schicksal. Sie konnten im Augenblick nur zugucken und geschehen lassen, was geschehen musste.

Es war so knapp, dass sie den letzten Wal fast gestreift hätten.

Momo war erschüttert; er hatte erlebt, wie miserabel es seinen Brüdern und Schwestern in Principe ging, und statt zu schimpfen, wie schlecht die Crew behandelt worden war, entdeckte er sein Mitleid für seine Peiniger. Warum, so fragte er sich, wollte die Golden Harvest eigentlich nach Namibia? Die Ärmsten in Principe wären es genauso wert, dass man seine Kraft und Liebe zu ihrer Hilfe einsetzte. Er redete, als würde ihr Schiff mit jedem Meter ihr Ziel verfehlen, als hätten sie die Bücher genauso gut in San Antonio lassen können. Momo warf den weißen Männern an Bord vor, sowieso viel zu unreflektiert zu Büchern zu stehen und diese wie Fetische zu verehren, allein schon, weil es Bücher seien, weil sie als Weiße keine Berührung mehr zu der mündlichen Überlieferung der Schwarzen hätten. Es gab in Afrika die berühmten Griots, die tagelang – zu Musikbegleitung – Familiengeschichten erzählten konnten.

»Do you want to go to Namibia at all?«, fragte Roy.

Momo überlegte: Hätte Karl Marx nicht so einen kapitalen Unfug geschrieben, wären die Brüder und Schwestern in Principe nicht verdorben worden, »spoilt in their hearts, spoilt in their heads«. Bücher konnten sehr gefährlich sein.

Roy wurde laut, wie man es ihm kaum zugetraut hätte: Warum hatte er dann mit diesen Idioten kollaboriert?

»I did not collaborate!«, brüllte Momo noch viel lauter, Augen und Nasenflügel weit geöffnet. Im Gegenteil. Er hatte auf dem elektrischen Stuhl gesessen.

Roy sah ihn ungläubig an.

»Electric chair«, wiederholte Momo, ob Roy nicht wüsste, dass schwarze Gefangene stets brutaler behandelt würden als weiße. »I told you times without number.«

Roy schwieg. Auch Rafi war sprachlos.

Roy müsste jetzt Momo vorhalten, dass der beim Einlaufen in San Antonio gefordert hatte: Arrest this man. Genau das müsste Roy jetzt zur Sprache bringen, doch Rafi wusste selber, dass Roy nicht der Typ dazu war, als hätte er Hemmungen, den Finger in die Wunde zu legen. Roy war eben – falls man das so nennen konnte – das Gegenteil von einem Scharfmacher.

Momo zeigte auf seine nackte Brust: »I was fried on the electric chair«, schrie er. »I was grilled!« Das Herz seiner Brüder sei von einem gewissen Karl Marx aus Deutschland oder vom Yankee-Dollar vergiftet.

Elise gab ihm Recht: Sie waren alle schuldig durch die Verbrechen ihrer Väter und Vorväter, die durch Sklaverei und Kolonialismus den Kontinent geschändet hätten.

Die Väter wären also schuld, fragte Kris ironisch, und nun sollten sie das alles ausbaden.

Momo wies ihn sofort zurecht. Er sollte bloß nicht so grinsen. Es sei das typische überhebliche Grinsen des weißen Mannes. Darin offenbare sich nichts weiter als die reine Dummheit, die sich überlegen wähnte. Kein Wunder, dass die weißen Männer an Bord seine Gedanken nicht nachvollziehen könnten.

Ja, sie sollten sich schämen, insistierte Elise, sollten sich endlich ihrer Schuld bewusst werden und sich dazu bekennen.

Rafi wollte nicht hingucken, wenn sie so redete. Er sah zu Grey One hinüber, die unter dem Mordillo-Poster ihre Jungen leckte; eine rührende Szene, die jedoch im Augenblick keine Gefühle in ihm auslöste. Die kleinen Katzen hatten erstaunlich kurze Schwänze, die nach hinten immer dünner wurden.

Sie sollten sich schämen, wiederholte Elise, so wie die Männer an Bord redeten, wie sie fluchten, wie sie Afrikaner im Grunde verachteten.

Hans räusperte sich, er wollte etwas sagen.

Elise schnaubte. Ihnen sei wohl entfallen, was sie alle für niederträchtige, rassistische Äußerungen getan hätten, als ihr Schiff in Lomé gerammt wurde.

Rafi enterte den Großmast, um Ausschau zu halten, ob Äquatorialguinea, Grauwale oder neue schwimmende Leichen in Sicht waren – und um in Ruhe nachzudenken, so wie früher in einer besseren Welt bei seinen Runden mit dem Dingi. Er nahm das Buch mit, das Kris für ihn in Lomé gesucht hatte, die Fortsetzung der *Meuterei auf der Bounty*, in der offenbart wurde, was aus Fletcher Christian und seinen Mannen geworden war – es war so schön, zu lesen: Auf Tahiti gab es wunderbare Frauen, die mit nacktem Oberkörper umherliefen, mit Mandelaugen und Hibiskusblumen im Haar; die kamen mit nach Pitcairn Island, schon gab es Krieg.

Auf den Längssaligen stehend, mit dem Buch dicht vor der Nase, fiel ihm wieder seine Zeit in Otterndorf ein: die Schnitzeljagden, die Negro-Spirituals, die Gruppenspiele. Einmal hatte er tatsächlich den Hauptpreis gewonnen: einen Aufenthalt auf dem Kutter Haifisch, der schon im Weltkrieg gedient hatte und nun in der Ostemündung lag; ein recht großes Schiff mit Mast, Krähennest und Ruderhaus – enttäuschenderweise ohne Ruderrad –, unter Deck ein toller Gemeinschaftsraum, mit Kojen genau wie auf der Golden Harvest. Wieso fiel ihm das jetzt erst auf? Damals hatte er sich auch nicht richtig wohl gefühlt; er hatte das Schiff gemocht, sehr sogar, aber nicht die anderen Preisträger, die ihn spüren ließen, dass er nicht dazugehörte. Nun war er wieder auf einem Schiff, das er liebte, und wieder war da jemand, der ihm alles verleidete. Momo war überall auf dem Schiff präsent, man konnte ihm nicht entgehen. Selbst hier oben musste er immer an Momo denken. Er nannte die Weißen neuerdings das Produkt einer fucked up kindergarten philosophy. Er benutzte eben gerne das Wort Kindergarten, am liebsten im Zusammenhang mit Philosophie. Jedenfalls waren die Weißen von Kindesbeinen an mit nutzlosem Wissen voll gestopft. Es klang hasserfüllt, als wäre es ein Verbrechen an Momo persönlich, dass die Weißen alle so viel wussten. Doch in Wahrheit wussten sie nichts; nichts, was sie wirklich brauchten, das konnte man an Roy und Kris sehen, die alles nur aus Almanachen kannten und vom wirklichen Leben keine Ahnung hatten. Dann wiederum hatte Momo gnädige Momente und ließ durchblicken, dass er den Weißen verzieh, denn es war eine besondere Eigenschaft der Schwarzen, dass sie vergeben konnten, wie schon Haile Selassie zur Überraschung der restlichen Welt die besiegten Italiener begnadigt hatte, um zu zeigen, wie großmütig der König der Könige war. So wollte sich auch Momo bemühen, die Weißen nicht zu verachten, denn er konnte verstehen, dass sie gefangen waren in ihrer heuchlerischen Überlegenheitsphilosophie. Doch sie sollten lernen, ihre Schwäche als Zeichen zu erkennen. Da jede Krankheit ihre Ursache in sündhaftem Verhalten habe, sollten sie in sich gehen und überlegen, warum sie sich krank fühlten und nicht mehr wüssten, wie man die Operation Namibia fortsetzen solle.

Eigentlich wollte Rafi lesen. Doch er wurde immer wieder abgelenkt. Es war ein schwacher Trost, sich vorzustellen, dass es Momo rasend machte, wie er sich zum Lesen zurückzog. Er dachte sogar daran, sein Tagebuch mitzunehmen, wusste aber, dass er nicht in der Lage wäre, über Principe Eintragungen zu machen. Er könnte jedoch die wahre Geschichte seines Lebens aufschreiben.

Man konnte so etwas nicht auf Knopfdruck. Warum war er nicht geblieben, wo er geboren wurde? Weil er drei Ohrfeigen zu viel einstecken musste, genau drei. Es war eine weit verbreitete Ansicht, dass ein bisschen Strenge den Kindern nicht schadete. Doch damit war er, wie man gerne leichtfertig so dahinsagte, mehrere Tode gestorben. Es gab Schulausflüge in die

Umgebung, sogar nach Hamburg, einmal zum Überseemuseum Bremen. Einmal nur zu den Pfauenteichen in der Nähe der elterlichen Wohnung. Dabei fielen dem jungen Thomas Häuser auf, die auf dem Kopf standen. Jedenfalls sahen sie von weitem so aus: Warum stehen denn diese Häuser auf dem Kopf? Das hatte den Lehrer so wütend gemacht, dass er rot vor Zorn auf Thomas einschlug. Erst viel später hatte er eine Erklärung. Die Häuser gehörten zu einer riesigen Giftgasfabrik, die totgeschwiegen wurde: WERK TANNE, eine Panzerfabrik; gerüchteweise konnte man da noch Leichen entdecken. Die Zwangsarbeiter hatten angeblich orange gefärbte Haare gehabt, ein Farbton, der ein echter Fremdkörper gewesen sein musste, so wurden die immer Papageien genannt. Erst als Thomas etwa zwölf war, hatte er wieder einen Ausflug dorthin gewagt und sich einen Spaß daraus gemacht, die butzenscheibenartigen Fenster zu bewerfen und – wenn möglich – einzuschlagen. Die Fenster hatten die Größe von LP-Covern und mussten mehrfach getroffen werden. Da erschien der Förster, Thomas konnte nicht mehr flüchten, wurde gepackt und geschlagen: Dein Vater kriegt 'ne Anzeige, der freut sich jetzt schon. Tage-, ja wochenlang wollte er voller Angst den Briefträger abfangen. Die dritte Ohrfeige steckte er als Messdiener ein, es war gerade Nikolaus, es wurde Theater gespielt. Diesmal hatte er Bernhard, der in der Schule neben ihm saß, mit eingeladen, weil er so stolz war auf seine Rolle, auch wenn es wieder mal eine Frauenrolle war. Eine Haushälterin im Gemeindehaus begrüßte sie schon so komisch und bat den Gast, kurz nach oben zu gehen, kaum allein, schlug sie ihm völlig unerwartet ins Gesicht, ob er sich nicht schäme, das Gemeindehaus zu entweihen. Er kriegte erst später raus, dass die Entweihung darin gelegen hatte, dass Bernhard nicht katholisch, sondern evangelisch war.

Am dritten Tag waren sie so nah an Libreville, dass sie schon Gefahr liefen, auf Untiefen zu stoßen. Es gab keine Lichtzeichen, allerdings war der loom, wie es Roy begeistert nannte, deutlich auszumachen. Da war er tatsächlich schon, der verheißungsvolle Schimmer über einer großen Stadt, den man bis auf fünfzehn Seemeilen erkennen konnte.

Sie waren gerettet.

Ein Blinklicht war zu erkennen – vielleicht ein Schiff auf Reede, aber so weit draußen? Sie versuchten es mit dem Funkgerät – tatsächlich, das Männerspielzeug war ausnahmsweise mal zu gebrauchen: Das Licht gab sich als Ölplattform Ocean King, von der sie klar bleiben mussten, zu erkennen. Im Almanach war außerdem ein Blickfeuer auf Cap Esterias erwähnt; Roy konnte es auf Steuerbord ausmachen; damit war klar: Sie hatten Libreville erreicht. Die Blinkfrequenz stimmte, und durch eine zusätzliche Peilung konnte die Position bestätigt werden.

Schon gab es Diskussionen, ob sie ohne Revierkarte bei Nacht einlaufen sollten. Roy war dagegen, vor der Küste zu kreuzen, bis die Nacht vorbei war; in der Mündung des Gabun könnte die Strömung das Kreuzen und Positionieren erschweren.

Da war schon dieses schreckliche Knirschen, das Schiff lief mit einem Ruck auf – wie Roy befürchtet hatte, noch schlimmer als in Principe; sie hatten viel Wind in den Segeln und die Strömung gegen sich; das untere Stagsegel wurde sofort in Fetzen gerissen.

Für Momo war klar, dass Roy schuld war: »You think you are so damned superior!« Sie schrien sich an, es gab ein Gerangel zwischen den beiden, ohne dass es wirklich zu einer Schlägerei kam. Es war kurz davor, irgendwo mussten sie hin mit ihren Händen, ihrer Verzweiflung, ihrer Wut.

Rafi resignierte, er war zu müde, um mitzumischen, außerdem musste er sich für seine Wache fit halten. »Amüsiert euch, ich geh in die Koje!« Da hörte er das Getrappel der Schritte direkt über seiner Nase: Es wurde gestritten, gerufen; das Schiff selber schien mit seinen Geräuschen mitzuschimpfen.

Plötzlich pladderte es auf das Deck, als würde aus riesigen Eimern gepützt. Nun mussten auch die anderen nach unten kommen, um das Einzige zu tun, das man tun konnte: warten, warten, warten, dass die Flut sie wieder von der Sandbank drückte.

Um Mitternacht wurde Rafi aus dem Schlaf gerissen und zur Wache geweckt. Der Regen hatte jetzt nachgelassen, man konnte deutlich eine Uferpromenade erkennen, dahinter die Lichter der Stadt. Es musste wunderbar sein, auf dieser Promenade zu flanieren, es gab – unvorstellbar, aber wahr – richtige Lichter, aufgereiht wie zu einer Perlenkette.

Gegen sechs Uhr richtete sich die Golden Harvest auf. Es war kein Anker gesetzt, sie brauchten nur noch auf Wind zu warten, um mit all hands on deck das Schiff wieder flott zu kriegen. Passend dazu ging die Sonne auf; nun merkten sie erst, dass es doch eine ziemliche Entfernung bis zu dieser Promenade war. Erst gegen neun warfen sie die Maschine an, erstaunlicherweise spielte Kati Kelvin mit. Das Ufer war viel zu grün für Afrika, Rafi konnte vier Faden melden, noch drei. Roy musste ständig die Maschine abschmieren, damit sie nicht überheizt wurde, er fuhrwerkte wie ein Wilder mit nacktem Oberkörper im Maschinenraum. Rafi durfte sich wieder hinter das Steuerrad stellen – schon näherten sich die ersten Zodiaks, aus denen laute Popmusik zu hören war, die sie nicht kannten, hier hatten sie offenbar schon einen neuen Musikgeschmack. Es waren weiße Jungs, die sich einen Jux daraus machten, mit Schnellbooten in der Mündung herumzukurven und ein unbekanntes schwimmendes Objekt zu umrunden – reiche, gut gelaunte Urlauber, von denen nichts zu befürchten war. »He! Ho!« Kein einziges Militärboot in Sicht – was musste das für ein wunderbares Land sein!

Ganz unproblematisch war ihr Ankerplatz – so nah an der Mündung – allerdings nicht. Manchmal hatte das Schiff durch die starke Strömung ein besonders widerliches Schaukeln. Mit dem Dingi konnten sie das Land wahrscheinlich nur in slack water erreichen, bei Tidengleichstand, zweimal am Tag, jeweils bei voller Ebbe oder voller Flut. Ausflüge mit dem Dingi wie in Lomé würde es hier nicht geben. Sie hatten schon diese riesigen Holzstämme gesehen, die – offenbar von Flößen herausgerissen – mit einer Geschwindigkeit von etwa fünf Knoten auf dem Fluss trieben wie Torpedos. Man durfte sich keinesfalls von solchen Stämmen treffen lassen. Die Strömung war gewaltig: obnoxious current, nannte es Roy; Rafi wusste nicht genau, was es bedeuten sollte, aber es klang schon so unheilvoll. Es war nicht einmal gesagt, dass ihr Anker standhalten würde. Rafi versuchte sich einzureden, dass sie sich relativ sicher fühlen konnten. Stämme, die hier antrieben, hatten den Hauptstrom verlassen und deutlich an Kraft verloren, dennoch war es ein ziemlich ungemütlicher Platz.

Roy konnte berichten, dass sie die bad-signal-area verlassen hätten. Endlich ein gutes Zeichen. Er hatte Kontakt zu Philadelphia. Da diskutierten sie gerade, ob sie ihnen Verstärkung schicken könnten. Sie hatten schon in einem vegetarischen Restaurant ein fund raising dinner veranstaltet, und Priscilla und Ken hatten angefangen, Portugiesisch zu lernen und wollten sie in Luanda treffen.

In der Nacht wurden sie jedes Mal geweckt, wenn Stämme das Schiff berührten und sich quer vor den Bug oder auf die Ankerkette legten. Rafi traute dem Frieden gar nicht. Er hatte das Gefühl, er hätte die ganze Nacht nicht geschlafen, er hörte immer wieder Schraubengeräusche; Menschenfresser erschienen von allen Seiten an Bord; er schrak von Zeit zu Zeit hoch, weil er dachte, dass er unerlaubt in Tiefschlaf gefallen sei.

Schon vom Schiff aus konnte man ein großes Hotel erkennen. Wie lange hatten sie kein Hotel – auch nur von außen – gesehen! Dazu diese wunderbare Küstenpromenade mit gepflegten Palmen, von denen einige aus der Reihe tanzten und sich schräg in den Wind gehängt hatten. Die rötlichen Dächer zwischen dem vielen Grün machten sofort einen freundlichen Eindruck, allein der Farbton der Dachziegel wirkte irgendwie beruhigend, es sah aus wie irgendwo am Mittelmeer – sie hatten wieder die Zivilisation erreicht.

Das Schiff wurde hafenklar gemacht, alle versammelten sich zu einer ersten Besprechung unter Deck – es hätte so gemütlich sein können, wenn Momo nicht ein Problem auf die Tagesordnung gebracht hätte: Er wollte zum Hafenkapitän gewählt werden; er machte geltend, dass alle mal an die Reihe kämen, wenn man es mit der Demokratie ernst meine. Kris und Roy waren schon dran gewesen, Rafi war noch zu neu, jetzt stand ihm die Aufgabe zu.

Sie wussten nicht einmal, wann sie an Land gehen sollten. Die Erleichterung, dass sie es bis hier geschafft hatten und wieder in Kontakt mit Philadelphia standen, hatte ihre Kräfte erschöpft. Die einzige Entscheidung, die sie treffen konnten, war, Hans zum Hafenkapitän zu wählen – eine Kompromisslösung, die Momo mit plötzlichem Auflachen kommentierte.

Roy klopfte ihm lässig auf die Schulter: »Okay, my good mate, respect yourself, be our captain in Libreville.«

Der neue Hafenkapitän musste mit allen Pässen an Land gehen, Formalitäten erledigen und nach Wasser fragen. Gemeinsam ließen sie bei Tidengleichstand das Dingi zu Wasser, und Hans machte sich los in Richtung Mole, wo es ganz so aussah, als gäbe es da Baracken, in denen die Zollbeamten zu finden waren. Rafi schrubbte inzwischen die Fußspuren vom Deck und säuberte den Stall von No Nonsense. Da er gerade in einen Putzrausch verfallen war, nahm er sich gleich das alte Segel vor: Es war sehr schwer geworden und faulte schon bedenklich vor sich hin. Er ergriff kurz entschlossen das rostige Küchenmesser, um das Tuch in kleine Stücke zu schneiden, da ein richtiger Seemann niemals große Stücke über Bord warf, weil die sich leicht in Schrauben verfangen konnten.

Als Hans zurückkam, fing er erst einmal über das zerschnittene Segel zu jammern an, ehe er berichten konnte, was er erreicht hatte: Ob Rafi denn nicht gewusst habe, mit wie viel Liebe das Segel genäht sei, es habe von Gambia bis hier gereicht, die ganze Arbeit, die ganze Liebe.

Momo mischte sich sofort ein: »Hans, can't you see it's stinking« – gefolgt von einem allgemeinen Vortrag, dass es nicht gut sei, kaputtes Zeug zu behalten; man müsse sich trennen von allem, was schlecht und verfault sei, aus schlechtem Material entstünden schlechte vibrations.

Hans wirkte niedergeschlagen. Man musste ihm jedes Wort aus der Nase ziehen; einen Hafenmeister hatte er nicht erreicht, sorry, er hatte jedoch herausgekriegt, wo man einen finden konnte, einige Kilometer flussaufwärts Richtung Ovendo. Erstaunlicherweise war niemand zuständig, nicht mal interessiert. Er hatte kein Frischwasser, aber ein Fischerboot ausfindig gemacht, das bereit war, vierzig Liter abzugeben.

Momo schnaubte, Elise stöhnte herzzerreißend, als wäre etwas Schreckliches passiert. Sie erklärten sich feierlich bereit, sofort Frischwasser zu holen. Wenn ihr Hafenkapitän nicht mal in der Lage war, das Allernötigste zu regeln, mussten sie das eben tun. Sie leerten alle Behälter, die sie fanden – außer dem Pinkeleimer –, und warfen sie hastig ins Dingi. Hans hatte ihre Geduld überstrapaziert, die beiden mussten sofort handeln und ruderten los, ohne sich von Hans umständliche Erklärungen anzuhören.

Sie waren noch nicht lange weg, als allen klar wurde, dass sie nicht so bald wiederkommen würden. Die Strömung hatte derartig zugenommen, dass die Ungeduldigen wahrscheinlich bis zum nächsten Tidengleichstand warten mussten. Sie versammelten sich alle im Mannschaftsraum, erleichtert, dass sie die beiden ein Weilchen los waren und in aller Ruhe tun konnten, was man in Afrika sowieso tun musste: warten.

Nicht lange, da waren von außenbord Schraubengeräusche zu hören. Ein Zodiak ging längsseits; der Motor wurde gerade abgewürgt. Vorsichtig wagten sich Roy und Rafi an Deck und sahen drei Jugendliche – vermutlich dieselben, die sie schon beim Einlaufen umkreist hatten.

»Il y un putain de courant ici!« Sie wirkten unverschämt gut gelaunt. Einer der drei konnte ein bisschen Englisch und versuchte zu erklären, dass hier die Strömung ungeheuer stark war. »Puh«, machte er – dabei mussten die sich wirklich nicht beklagen, die hatten es gut in ihren Zodiaks. Sie fragten höflich, ob sie an Bord kommen dürften: »On peut monter à bord?«

Klar doch. »Permission granted!«

Sie staunten. So ein wunderbar vergammeltes Schiff hatten sie noch nie gesehen. Sie kriegten Kakao – mehr hatte die Crew gerade nicht zu bieten. Die Jungs aber, sie hatten eine kleine surprise in einer Plastiktüte. Rafi holte schon mal die Gitarre heraus und spielte ein bisschen Ragtime im Hintergrund. Die Jungs kicherten und wiesen immer wieder auf ihr Gastgeschenk hin, schließlich konnten sie es nicht länger aushalten und holten aus ihrer Tüte ein Einmachglas, das zu drei Vierteln mit Tabac africain gefüllt war.

Als Momo und Elise zurückkamen, herrschte wieder Frieden auf der Golden Harvest. Die Jungs hatten zufälligerweise einen Freund namens Jojo, der ihren Maschinenschaden beheben konnte – pas de problème. Damit war alles wieder in bester Ordnung. Es musste von weitem so aussehen, als wären sie alle die besten Freunde, die im Schein der kleinen Bootslampe hockten und wussten, dass die Golden Harvest in Wirklichkeit nur love und peace geladen hatte.

24
Lalala

»Mit einem Wort, die Kommunisten unterstützen überall jede revolutionäre Bewegung gegen die bestehenden gesellschaftlichen und politischen Zustände. In allen diesen Bewegungen heben sie die Eigentumsfrage, welche mehr oder minder entwickelte Form sie auch angenommen haben möge, als die Grundfrage der Bewegung hervor… Die Kommunisten verschmähen es, ihre Ansichten und Absichten zu verheimlichen. Sie erklären es offen, dass ihre Zwecke nur erreicht werden können durch den gewaltsamen Umsturz aller bisherigen Gesellschaftsordnung.«

Karl Marx, Friedrich Engels, *Manifest der Kommunistischen Partei*

Die Hauptstraße war noch breiter als eine deutsche Autobahn, hörte allerdings abrupt bei einem eindrucksvollen Gebäude auf, das dem staatlichen Sender RTG gehörte. Rafi und Kris flanierten auf dem Boulevard de la Indépendence. Sie konnten gar nicht genug kriegen von all den Anblicken: Frauen, sexy, stolz, in T-Shirts mit dem Porträt von Omar Bongo, Schönheiten mit riesigen Kulleraugen, langen Hälsen, hohen Absätzen und wippenden Hinterteilen, in unglaubliche Farben gehüllt. Auch hier zupften sie ständig an ihren Tüchern – richtig praktisch waren die offenbar nicht. Dennoch trugen sie solch ein Selbstbewusstsein zur Schau, dass sich die beiden Helden sofort mickrig fühlten. Kris konnte auch gar nicht verstehen, was Rafi an dem Café PARIS-GABUN so komisch fand – nicht nur komisch; es machte ihn irgendwie wehmütig. Eines Tages würde er sich da reinsetzen und sich fühlen wie einer, der selbstverständlich dazugehörte.

Was war das doch für ein Luxusland! Es gab Hochhäuser mit Klimaanlagen, aus denen immer etwas Wasser tröpfelte. Kris wies auf den Präsidentenpalast von Omar Bongo hin, den er schon vom Schiff ausgemacht hatte – man konnte ihn gar nicht übersehen. Er war sichtlich froh, dass er wieder was erklären konnte: Gabun war völlig von Frankreich abhängig, grundsätzlich waren zwar die ehemals französischen Kolonien wirtschaftlich schlechter gestellt als britische, Gabun war eine Ausnahme. Deshalb konnte Omar Bongo schalten und walten, wie er wollte und sich mit einer Leibgarde in Phantasieuniformen mit Pfauenfedern umgeben, als wäre er der König eines vergessenen Märchenlandes. Wahlen fanden jeweils an seinem Geburtstag – ohne Gegenkandidaten – statt. Die Franzosen gönnten sich so ein Urlaubsparadies, in das sie selber alle Luxusgüter lieferten. So war denn auch Gabun – neben China – das einzige Land gewesen, das nicht gegen die Atomtests auf Mururoa gestimmt oder sich zumindest der Stimme enthalten hatte.

Rafi konnte nicht glauben, dass der Präsident wirklich so hieß, es musste ein Künstlername sein – war es ja auch. Albert-Bernard hatte sich nach einer Pilgerfahrt nach Mekka in El Hadj Omar Bongo umbenannt, um damit die ideale Verbindung zwischen Afrika und dem Islam zu symbolisieren. Rafi probierte, ob er es noch konnte – in voller Länge: Hadschi Halef Omar Ben Hadschi Abul Abbas Ibn Hadschi Dawud Al Gossara.

Kris seufzte; es gab ein neues Problem: eine Einladung zu einer Strandparty mit Grillen und Surfen. Einer der jungen Franzosen hatte sie überbracht, ohne zu ahnen, dass er damit höchste Alarmstufe auslöste.

Ehe Kris anfing, alle Vorteile aufzuzählen, die Operation Namibia von dieser Einladung haben könnte, betonte er unmissverständlich, dass alle eingeladen waren, alle – auch Momo und Elise.

Die lachten lauthals. Sie wollten sowieso nicht.

»I do not trust these people«, meinte Momo, auf seinen Instinkt könne er sich verlassen. Stattdessen wollte er mit Elise das wahre Afrika erkunden. Elise hatte sich schon richtig schick gemacht, hatte eine Hose angezogen, die Rafi noch nie an ihr gesehen hatte – sie sah richtig gut aus. Sie wollten keinesfalls mit bourgeoisen Vergnügungen ihre Zeit totschlagen. So zogen sie los, aufgetakelt, aber mit Leidensmiene, um in Libreville die Ärmsten unter den Armen kennen zu lernen.

Roy hatte etwas. Rafi konnte sich auch auf seinen Instinkt verlassen. Roy wirkte bedrückt. Vielleicht wollte er das Schiff nicht gerne verlassen. Irgendetwas stimmte nicht mit ihm.

Eine Party wollte sowieso keiner. Aber essen! Allein die Vorstellung, dass es ein Barbecue geben würde, ließ Rafi zum Tier werden. Er würde sich beherrschen müssen, nicht schon über die Grillkohle herzufallen.

Kaum hatte man sie vom Schiff geholt, wirkten sie wie klägliche Gestalten, denen jeder Glanz fehlte: Kris noch kleiner, Hans noch lascher, Roy noch stiller. Nun ging erst mal dieses mediterrane Rumgehänge los: Wer fuhr mit wem mit? Wer musste noch auf wen warten, wen noch kennen lernen? Rafi redete sich immer wieder ein, dass sie dies nur mitmachten, um Kati Kelvin flottzukriegen. Obendrein gab es Kleiderspenden, die sie gut gebrauchen konnten. Es waren sympathische Menschen, die ihre Freundlichkeit ernst meinten. »Bienvenue, vous êtes ici chez vous!« Die konnten es sich leisten, seltsame Robinsons zu verköstigen, egal was die für Sorgen im Gepäck hatten. »Bonjour des amis de Jojo sans doute? Nous sommes les parents!« Madame war charmant; Papa erwies sich als liebenswürdiger Franzose wie aus einer Gauloise-Werbung. Man musste ihn einfach mögen.

Wenn sie gefragt wurden, woher sie kamen, sagten sie einfach: aus Togo. Die ahnten doch sowieso nichts vom Leben auf der Golden Harvest. Allein schon diese lässige Sprache! Einer bot Zigaretten an, die er als »Dünnüll« anpries. Rafi ließ das Geplapper an sich vorbeirauschen wie das Geräusch der Brandung. Sie kamen fast um vor Appetit. Rafi war sowieso alles andere als ein Partylöwe, und dieses französische Getue mit Küsschen hier und Küsschen da war gar nicht sein Fall: Man langweilte sich, tauschte Belanglosigkeiten aus, wartete auf das Essen. Doch jedes Lächeln – ob aus Verlegenheit oder Routine – war Balsam für ihre Wunden. Sie mussten es einfach genießen, mussten jede Stunde ohne Vorwürfe und Beschimpfungen auskosten. Die Zikaden surrten dazu im Hintergrund wie der alte Filmprojektor aus dem Erdkundeunterricht.

Kris vermutete gleich neuen Sprengstoff. Er hatte eine Familie kennen gelernt, die zu irgendeinem Sängerkreis gehörte. Hans und Roy verstanden sofort, wo das Problem lag: Es würde neue Diskussionen um die Frage von Charterfahrten geben. Das hing ihnen dermaßen zum Hals heraus. Sie gaben einen shit of a fuck für den Kommentar, den Momo dazu abgeben würde. Kris hatte die Charterfahrt sowieso schon zugesagt.

Endlich gab es die legendäre »Börwürscht« – allein die Aussprache galt als abendfüllendes Unterhaltungsprogramm. Dazu wurde jede Menge Salat aufgefahren, Couscous – Küsschen hier, Küsschen da, und alles in einem Vorort von Libreville, der tatsächlich Lalala hieß.

Rafi kriegte sogar einen echten *stern* in die Hände, leider mit schrecklichem Titelbild. Nach so langer Zeit auf See sollte jeder Matrose einen Anspruch auf ein frauenfeindliches Cover haben – nicht auf eine blöde Story über einen Massenselbstmord in Französisch-Guyana, in einer Kulisse wie der Urwald von Principe. Der Rest der Welt musste inzwischen total abgedreht sein. Die brachten sich massenhaft um, weil irgendein Verrückter das befahl: Those who do not remember the past are condemned to repeat it. Rafi blätterte das Heft nach Werbung durch, darauf konnte man sich verlassen, irgendwas mit Hygieneartikeln.

Die Jungs schenkten der Crew mit allerhand geheimnisvollem Getue eine Grass-Pflanze in einem Blumentopf. Den musste man so stellen, dass er möglichst viel Sonne kriegte. Leider schien ihnen selber das Rauchen nicht zu bekommen, sie hingen rum wie Karikaturen auf Haschischraucher; einer gähnte dauernd, alle wirkten abgeschlafft. Roy hatte sofort besagten Jojo kennen gelernt, Kris einen Experten für Edelhölzer und bemühte sich angestrengt um höfliche Konversation.

Die Jungs schwärmten von Europa, Frankreich, Paris. Denen konnte man nicht mit Principe kommen. Ausgerechnet Hans kam nicht von einem Gesprächspartner los, der ohne Pause vom Militärdienst erzählte und langweilige Fotos vorzeigte. Einer von Jojos Freunden trumpfte unerwartet damit auf, dass in der Walfischbai überhaupt nichts los sei, ein bisschen Industrie, sonst gar nichts. Keiner der Helden der Operation Namibia wollte offenbaren, dass sie genau dahin wollten; keiner hatte die Kraft zu widersprechen.

Wenn Rafi jemals den Ehemaligen der Patria von dieser Party erzählen würde, dann von Yvonne, dem Topmodel aus Frankreich, die unbedingt mit dem Kapitän des verrückten Schiffes ins Bett wollte. Sie sah schon gut aus und war offenbar richtig scharf darauf, einen echten Kapitän ins Bett zu zerren. Sie fragte Hans, ob er der Kapitän dieser tollen Friedenspiraten sei. Hans verneinte höflich, Rafi verneinte, Kris auch: »It is the privilege of the captain to fuck!«

Kris wollte jetzt nicht den Kapitän spielen, er hatte gerade einen Typen kennen gelernt, der wie ein Allen-Ginsberg-Verschnitt aussah. Er hieß Hervé – Rafi hatte so einen Namen noch nie gehört und kürzte ihn sich als RW ab. Die beiden tauschten Büchertitel aus, als würden sie Pingpong spielen. Kris nannte einen Titel, RW nickte nackdenklich oder begeistert und nannte seinerseits einen. Ein Weilchen stand Rafi daneben wie das fünfte Rad am Wagen, dann wurde er weitergereicht, um einen Claude kennen zu lernen, der ihm vorgestellt wurde als jemand, der ihn mal in den Urwald mitnehmen und mit Iboga bekannt machen könnte – einer heiligen Droge. Rafi mochte Claude sofort: Er war ein schlaksiger Typ, der so wirkte, als würde er innerlich vor lauter Ungeduld von einem Bein aufs andere treten.

Etwas abseits vom Grill wuchs Zitronellgras. Hans hatte es sofort entdeckt und erklärt, dass man daraus Tee herstellen konnte. Ihr Wasser an Bord war nicht mehr genießbar, mit Zitronellgras könnte man es aufwerten. So ernteten sie gemeinsam die Pflanze – sie mussten etwas mitbringen, das sie Momo und Elise vorweisen konnten, auch wenn es womöglich peinlich wirkte, dass sie sich abseits zusammenfanden, um sogar das wild wachsende Gras abzurupfen, wo sie doch schon Unmengen von Lebensmitteln gehamstert hatten.

Hans schlug vor, eine neue Liste mit dringend zu erledigenden Arbeiten anzulegen. Das klang gut, doch Roy konnte sich nicht länger zurückhalten, er offenbarte die schlechte Nachricht, unter der er gelitten hatte. Es dauerte ein Weilchen, bis Rafi die Tragweite erfasste.

Ihre Leute in Philadelphia, mit denen Roy nun Kontakt hatte, baten darum, die Operation Namibia abzubrechen, zumindest auf Eis zu legen. Nun überlegte Roy, ob er es Momo und Elise weitersagen sollte. Man konnte sich deren Reaktion vorstellen – und ersparen.

Hans und Kris waren wie vor den Kopf geschlagen. Was bildete sich das Büro in Philadelphia ein? Sie wollten die ON stoppen? Ausgerechnet jetzt? Roy schnaubte wieder: Die SWAPO hatte darum gebeten. Die Verhandlungen mit der Turnhallen-Allianz standen vor einem Durchbruch, eine publikumswirksame Aktion könnte da zu Irritationen führen.

Kris konnte es nicht fassen: Wie konnte die SWAPO so naiv sein zu glauben, dass man mit der Turnhallen-Partei, die bekanntlich am Tropf von Südafrika hing, verhandeln könnte. Wie konnten sie sich einwickeln lassen und glauben, die Verhandlungen stünden vor einem Durchbruch! Roy konnte ihm nur Recht geben. Das Problem war, dass die SWAPO kein Interesse mehr an der Operation Namibia hatte. Es war nicht die Schuld ihrer Leute in Philadelphia, dass die ganze Aktion abgeblasen werden sollte. Denen tat die Sache Leid.

Kris konnte wieder eines seiner Lieblingsworte anbringen: Dilemma. Das Dilemma war, dass sie auf Wunsch der SWAPO unterwegs waren.

Rafi verstand so langsam: Es sollte ein Bauernopfer gebracht werden. Die SWAPO konnte sich ab sofort einreihen in die Einheitsfront internationaler Scheißpolitiker, die im Grunde alle gleich waren: Immer waren diplomatische Erwägungen wichtiger als Menschen. Erst wussten sie nicht, ob sie kommunistische Bücher wollten oder nicht; nun wussten sie nicht, ob sie die Operation Namibia überhaupt noch wollten. Rafi hatte sofort den ›Apolitical Blues‹ in voller Lautstärke.

Hans meinte, dass man im Moment besser nichts sagen sollte. Sie müssten zwangsläufig eine Pause einlegen, solange Kati Kelvin nicht flott war. Wer konnte schon wissen, wie sich die SWAPO in einer Woche entscheiden würde. Philadelphia wollte trotzdem zwei Leute schicken – hatte er das so richtig verstanden?

Ja, das wollte Philadelphia, schnaubte Roy: Die Amerikaner hatten schon einen Fehler gemacht, als sie auf den Abstecher nach Lagos bestanden. Roy hatte immer betont, dass die bessere Route von Accra direkt nach Luanda führte, aber sie hatten nicht auf ihn gehört, weil es ein nautisches Argument war, kein politisches. Und die Crew hatte ihren Arsch dafür hinhalten müssen, dass man im klimatisierten Philadelphia immer noch glaubte, dass Nigeria das führende Land der Anti-Apartheidbewegung war. Er hatte in seinem Schreiben diese Entscheidung bereits kritisiert, hoffentlich deutlich genug.

Rafi hatte sich so sehr daran gewöhnt, Schiffsplanken unter

den Füßen zu haben, dass ihm das Leben an Land sowieso zweitrangig vorkam. Das ließ die Nachricht von PNAG einigermaßen erträglich erscheinen: Das war nicht so wichtig. Wenn sie erst wieder an Bord wären, sähe das gleich ganz anders aus.

Momo grinste. Wie es ihnen denn beim Polizeipräsidenten gefallen habe?

Hä?

Ihr Gastgeber. Hatten sie nicht gemerkt, wer das war? Ein Polizist. Kein kleiner. Der Oberbulle von Libreville.

Wie hatte Momo das herausgekriegt?

»Everybody knows.« Da hatten sich die Jungs also herumgetrieben: beim Feind. Da spielte auch ihre Ausbeute keine Rolle mehr: die Grass-Pflanze im Topf, die Kiste Bananen, Maracujas und stark duftende Honigmelonen im Netz – schon gar nicht die eigenhändig gezupfte Zitronelle. Es zählte allein der Verrat: Sie waren in der Höhle der Unterdrücker gewesen, hatten sich mit Burenwurst füttern lassen und eine gute Zeit gehabt.

Momo hatte seine Beschimpfungen noch nicht beendet, da stoppte ein Küstenpatrouillenboot. Es musste so kommen. Die Soldaten fragten gleich: »Vous êtes passés à la capitainerie?« Sie sahen sich an Deck um, fragten aber nicht nach dem Kapitän – was ziemlich verwunderlich war. Sie guckten sich auch nicht besonders gründlich um. Sie wollten nur wissen, ob Fisch geladen sei. No. »Vous êtes des touristes?« Auch nicht. Gab es Fracht, die angemeldet werden müsse? Nein. Sie grüßten höflich und verließen das Schiff wieder.

Momo konnte weiterschimpfen. Er war grundsätzlich dagegen, jemanden aus Philadelphia kommen zu lassen. Sie hatten Walfischbai fast erreicht. Für den triumphalen Einlauf brauchten sie niemanden mehr, der in letzter Sekunde aufsprang. Die Probleme mit der Maschine waren sowieso reine Panikmache, die Golden Harvest war ein Segelschiff. Das letzte Stückchen konnte man an der Küste entlangfahren, da brauchte man nicht solchen Hokuspokus, wie Roy ihn machte. Momo war in der Lage, ein paar Brüder zu finden, die sich überzeugen ließen, die Aktion zu einem erfolgreichen Ende zu führen, sodass sie etwas hätten, worauf sie als Afrikaner stolz sein könnten, gerade weil sie es ohne Hilfe von Philadelphia oder London geschafft hätten.

Jojo kam tatsächlich mit ein paar Freunden, um den Schaden zu beheben, und sie schienen sogar Freude daran zu haben, etwas in Ordnung zu bringen. Die Zylinderköpfe wurden abgenommen, jeweils zwei wurden mit Seilen ins Dingi gelassen und an Land gerudert, wo sie von Jojo in Empfang genommen wurden; der hatte ein Auto, das für Rafi immer als typisch französisch galt. Es sah unmöglich aus. In Deutschland sah man solche Dinger so gut wie nie. Rafi wusste noch gut, dass sie die Plattschnäuzer genannt hatten.

Auf der Golden Harvest war es sehr ungemütlich geworden. Der Maschinenraum hatte sich über das ganze Schiff ausgebreitet. Selbst in der master's cabin war Fettpapier ausgebreitet, auf dem die Schrauben und Ventile lagen, als wäre ihr Patient bei aufgeschnittenem Bauch mitten in einer Operation.

Momo erklärte, dass der weiße Mann ja nicht glauben sollte, dass er all die wunderbare Technik erfinden konnte, weil er irgendwie intelligenter sei. Der technische Fortschritt, der Europa und Amerika reich gemacht hatte, war erst durch den Sklavenhandel möglich gewesen, durch das Opfer, das Afrika bringen musste. »Consider: the industrial revolution was only possible because of slave money.«

Während die Weißen sich um die Maschine kümmerten, wollte Momo für neues Personal sorgen und den ersten Freiwilligen, den er bereits angeworben hatte, einweisen. Momo führte sich auf wie der Kapitän, er gab Kommandos, als er mit dem Dingi anlegte, und redete ohne Unterbrechung auf den Neuen ein –

einen schmächtigen Schwarzen, der gar nicht erst vorgestellt wurde. Momo hatte alles entschieden – sogar den Schlafplatz hatte er schon festgelegt. Er führte die Golden Harvest vor, als wäre sie seine Eigentumswohnung. Er deutete stolz auf das Ruderhaus, das Steuerrad, den Kompass.

Plötzlich kriegte der Neue einen Schreikrampf und konnte nicht mehr aufhören. Was hatte er Schlimmes gesehen? Seinen Schlafplatz? Kakerlaken? Die offene Wunde von Kati Kelvin? Warum brüllte er so entsetzlich? Weil gerade wieder mal ein besonders widerliches Schaukeln das Boot erfasst hatte?

Momo wandte sich ab und tat, als sei er nicht mehr zuständig für den Schreihals. Hans bot sich an, ihn zurückzurudern. Es war nicht einfach, der Freiwillige sollte still sitzen, tat es aber nicht; er brachte das Dingi beinah zum Kentern. Er war kaum zu beruhigen. Hans brüllte ihn an, dass man es bis auf der Golden Harvest hören konnte. Rafi war sicher, dass Hans auf Deutsch brüllte. Sobald sie nah genug an den Wellenbrechern waren, sprang der Freiwillige aus dem Dingi und kraulte die letzte Strecke zurück an Land. Kaum hatte er das Ufer erreicht, lief er, ohne sich umzublicken, schreiend über den Strand.

Hans kam zurück und fragte, ob er irgendwas falsch gemacht hatte. Er konnte überhaupt nicht verstehen, dass Roy, Kris und Rafi immer noch grinsten.

Nun war sogar das Wetter gegen sie. Der Regen kam fast waagerecht, sodass man keine Wellen mehr erkennen konnte, wenn man auf das Wasser guckte. Sie kamen sich vor wie unter Wasser. Es erinnerte Rafi seltsamerweise an einen Schneesturm, den er mal im Harz erlebt hatte: Es sah aus, als würden die Flocken direkt auf ihn einstürzen. Es gab fast jeden Abend Gewitter. Der Nieselregen hielt den ganzen Tag an. Das Wasser war weich und drang überall ein. In Nigeria hatte es ab und zu mal heftig geregnet – dann war Schluss gewesen. Hier wurde die Feuchtigkeit langsam zum Dauerzustand. Man konnte sich nicht mehr an Deck aufhalten, unten wurde es immer enger. Rafi sehnte sich nach einem Föhn, sogar nach dem Wäschetrockner der MS Patria. Gut, dass sie wenigstens die Kleiderspenden hatten. Selbst Momo und Elise zogen sich Pullover des Polizeipräsidenten über und umarmten sich extra lange, um sich warm und trocken zu halten.

Elise hatte wieder einen Brief bekommen – es hatte sich in den USA offenbar schnell herumgesprochen, dass die Golden Harvest wieder zu erreichen war. Elise hatte die Brille schon aufgesetzt, um vorzulesen, überflog den Brief noch – schon zogen Gewitterwolken über ihre Stirn. Sie zerknüllte den Brief kurzerhand. »Bullshit!«

Momo lobte seine Schwester und sagte etwas, das sich anhörte, wie »right done« oder »write down«. Rafi fragte nach, ob er meinte, dass Elise alles aufschreiben sollte – Momo nickte – oder dass Elise gut daran getan hatte, den Brief ihrer Eltern wegzuwerfen – Momo nickte wieder. Er wusste selber nicht, was er sagen wollte. Das war der Beweis. Das wollte Rafi nur wissen.

Unendlich viele Dinge mussten in Stand gesetzt werden. Dass die Zylinderköpfe geschliffen und wieder montiert waren, hatte niemand bemerkt. An Bord war es noch genauso ungemütlich, sogar noch dreckiger. Viel zu viel Arbeit blieb liegen.

Alles ging viel langsamer voran als in Lomé. Das Holz musste mit Leinöl eingestrichen werden, sobald der Regen eine Pause einlegte. Sofort roch es tranig und verdarb allen die Laune noch mehr. Die Stagen mussten erneuert werden; die Beschläge wurden in Zeitlupe entrostet und mit Bleimennige behandelt. Die meiste Zeit nahmen wieder einmal die Drahtspleiße in Anspruch. Es war eine einzige Quälerei. Dass es mal eine Zeit gegeben hatte, in der sie friedlich in der Abendluft draußen gesessen hatten und gemeinsam geraucht hatten, war plötzlich unvorstellbar. Dass Rafi an Deck geschlafen hatte, dass er morgens eine Rundfahrt mit dem Dingi unternommen hatte – das lag ganz, ganz weit zurück.

Momo konnte ohne Pause Vorträge halten. Er hatte den Eindruck, dass hier ein sinnloser Perfektionismus durchgezogen werden sollte. Merkten die weißen Jungs immer noch nicht, dass so was in Afrika aussichtslos war? Waren sie so verblendet, dass sie nicht einsahen, dass die verschiedenen Arbeiten, die sie sich vorgenommen hatten, eine Flucht waren? Momo hatte sich überlegt, dass er keine Verantwortung mehr im Bereich des Schiffes übernehmen wollte – nicht, solange Roy seine power games machte. Sie sollten ja nicht denken, dass es eine revolutionäre Tat wäre, ein Schiff aus Europa in Afrika zu reparieren. Momo wiederholte es unmissverständlich: »I do not care for the ship!«

Roy wurde wütend. »Say that again!«, verlangte er.

Momo wiederholte es genüsslich: »I do not care for the ship.« Kleine dramatische Pause. »I care for the mission!« Er kostete seinen Triumph voll aus. Nun war es klargestellt. Momo war der Kämpfer. Leute, die sich darin verloren, ein Schiff seetüchtig zu machen, waren Hobbybastler. Roy versuchte gerade, das Dingi aufzutakeln. Ein Mast mit Segel in der Größe des Sonnensegels – meinte Roy jedenfalls – könnte viel ausmachen; die Pendelfahrten waren viel zu aufreibend. Die Strömung bedrohte sie, sie wurden ständig weggedrückt, als wollte man ihnen deutlich machen, dass sie hier unerwünscht waren. Momo lachte nur. Ein so wichtiges Teil der Operation Namibia wie ein Dingi sei kein Spielzeug, orakelte er finster, Roy solle die Finger davon lassen.

Es regnete ausnahmsweise nicht. Kris und Rafi ruderten an Land, die beiden waren wieder unterwegs, um sich die abgelegenen Viertel anzusehen – und um sich von den Reparaturarbeiten und der Stimmung an Bord zu erholen. Die Slums waren gut versteckt, doch man hörte schon von weitem die Trommeln und roch das Feuer. Das Stadtbild sah ganz passabel aus, geschickt begrünt mit Palmen wie riesige Fächer, mit denen sich ein unsichtbarer Riese Frischluft zufächelte. Sie hörten einen Muezzin, der Singsang klang wie leidendes Vieh und mischte sich mit dem entfernten Rauschen eines Generators. Ein Michelinmännchen war auf eine Wellblechwand gemalt und wirkte durch die Wölbungen seltsam schlank. Auch hier wurden Plastiktüten als Papierdrachen benutzt – die Kinder versuchten es wenigstens: Sie zogen diese Tüten an Bändern hinter sich her und hofften, dass sie sich stolz in die Luft erheben würden – vergeblich. Eine Märchengestalt hockte auf der Erde und las ein Buch mit arabischen Schriftzeichen. Rafi fand die Slums erstaunlich spießig – genau wie in Ajegunle: Kitsch im Dreck. Auf Kühlerhauben von ausgedienten Autos wurde wichtigtuerisch Medizin verkauft, es wurde überall gezupft und geputzt und gefegt, selbst hier trugen sie weiße Hemden.

Von der Hügelkuppe aus konnten sie in der Ferne die Golden Harvest in der Mündung des Gabun erkennen. Es sah toll aus. Wenn man nicht wusste, was für Probleme gerade an Bord herrschten, war es ein wunderbares Bild. Kris wollte gerade ansetzen, Rafi in seine neuesten Pläne einzuweihen, da entdeckten es beide: Ein Militärboot ging längsseits – es war wieder so weit: Kaum war eine Verschnaufpause eingetreten, schon schlug das Militär zu.

Die beiden rannten wie wahnsinnig zurück in Richtung Mole – so schnell das bei der Hitze möglich war. Sie waren sofort aus der Puste. Sie hatten längst keine Kondition mehr.

Kris ruderte wie wild – Rafi hatte freien Blick auf das Drama und konnte berichten, was er sah. Soldaten waren nicht zu erkennen. Auf halber Strecke konnte er beobachten, dass sich das graue Schiff von der Golden Harvest löste und langsam auf sie zukam. Jetzt konnten sie die Inschrift lesen: RADIO TELEVISION GABONAISE.

Mori machte seine Zeremonie an Deck, als wäre nichts geschehen. Hans konnte berichten, dass sie alle zu einer Talkshow eingeladen waren, live; die Leute von RTG würden schon bald wiederkommen, um sie abzuholen. Sofort wurde heftig diskutiert. Elise wollte eigentlich nicht. Momo schon. Er sah darin eine gute Gelegenheit »to tell the truth«.

Rafi wollte auch nicht – wenn er Gelegenheit gehabt hätte, die Unterlagen besser durchzuarbeiten, ja, dann vielleicht. Einer müsse sowieso an Bord bleiben. Mori würde sich mit seiner würdevollen Art gut machen, auch wenn er nichts sagte. Kris wollte natürlich, nun war der Pressemann der Operation Namibia wieder gefragt. Er wollte gleich zu neuen Bücherspenden aufrufen, kramte sofort in seinem Köfferchen und stellte ein Dossier zusammen.

Roy war skeptisch. Er fürchtete, dass es eine Falle sein könnte wie bei diesem Komitee zur Verbreitung der Wahrheit über die Übel der Apartheid. Sie diskutierten immer noch heftig, als sie von einem eindrucksvollen Boot abgeholt wurden.

Sie kamen zerstritten zurück. Die Crew hatte von Omar Bongo persönlich eine Einladung zur Elefantenjagd erhalten; er hatte das im Fernsehen verfolgt und sich spontan gemeldet – was die Fernsehleute sensationell fanden.

Momo und Elise hatten empört abgelehnt.

Dann war die Frage gekommen, die man erwarten konnte: Was, bitte schön, hielten sie von Libreville, wie gefiel ihnen Gabun? Da hatte Momo losgelegt: Die Armut würde nur versteckt, auch in diesem scheinbar reichen Land gab es bittere Armut.

Kris meinte, dass es eine unhöfliche Antwort war.

Momo fand es gerade gut; man dürfe den Leuten nicht erzählen, was sie hören wollten. Er war sicher, dass man ihn richtig verstanden hatte, die Menschen waren dankbar, dass endlich jemand die Wahrheit gesagt hatte.

Kris fand, dass sich Momo damit keine Freunde gemacht

habe. Die Ärmsten unter den Armen hätten kein Fernsehen und verstünden kein Englisch.

Momo wurde laut. Was hieß schon Freunde? Er habe den Kämpfern aus der Seele gesprochen.

Kris erwähnte noch, dass Gabun den vierthöchsten Lebensstandard in Afrika habe, aber auch das verhallte ohne Echo.

Kris und Rafi zogen wieder los – hauptsächlich um von Bord zu flüchten –, aber auch weil Kris einen Plan hatte. Außerdem wollte er natürlich mit seinen Französischkenntnissen angeben: »Pouvons nous voir le directeur, s'il vous plaît?«

Der directeur war freundlich, gut gelaunt – und schien sofort zu wissen, worauf das alles hinauslaufen würde.

Kris erzählte von der Operation Namibia; es hörte sich wie immer großartig an. Kris gestikulierte dazu wie ein Afrikaner. Es war nicht gelogen, was Kris da ausbreitete. Er vergaß nur die Kleinigkeit, dass die Aktion im Augenblick völlig daniederlag.

Der directeur fasste es grinsend zusammen: »Bien, que puis-je faire pour vous?«

Nun musste Kris irgendwie die Kurve kriegen. Ja … äh … »Il nous faudrait de la peinture.«

Na gut, der directeur fand, dass die Show belohnt werden sollte. Er schlurfte in den Lagerraum. Kris hielt den Zeitpunkt für gekommen, jetzt auch Rafi einzuweisen, und erklärte verschwörerisch, dass er beschlossen hatte, Operation Namibia voranzubringen, er glaubte nämlich nicht, dass die Verhandlungen mit der Turnhallen-Allianz vor einem Durchbruch stünden. Roy war angeschlagen, das sah jeder, nun musste Kris wieder ran. Er hatte sich schon um neue Leute gekümmert. Hervé wollte sich anschließen, und von diesem Gesangsverein wurde eine beträchtliche Summe geboten, wenn sie ein bisschen angeln und baden dürften, umgerechnet fast fünfhundert Mark, aber sie wollten erst nach der Fahrt die genaue Summe festlegen. Baden war problematisch und angeln sicher nicht im Sinne von Elise. Kris wollte aber nicht mehr diskutieren; davon hatte er die Schnauze voll. Er wollte Tatsachen schaffen. Die Operation Namibia brauchte jemanden, der die Führung übernahm. Geplant war eine Fahrt quer durch den Gabun zum Cap Esterias, wo man die Elefanten brüllen hören konnte. Sie mussten nur vorher das Schiff noch ein bisschen schönmachen. Deshalb waren sie hier, um die Farbe zusammenzubekommen. Kris lächelte verschmitzt, als wollte er sagen: Siehst du, ich hätte es sogar geschafft, einen Sack Reis zu schleppen.

Hervé erschien an Bord und brachte eine Kiste Maracujas mit, die verdammt lecker schmeckten – dagegen war nichts zu sagen. In seinen bunten Klamotten sah er allerdings unmöglich aus. Dem weißen Mann standen solche Farben einfach nicht. RW dachte womöglich, dass er gut Englisch sprach, aber wenn er was von »dawning of the age of aquarius« sagte, musste man ziemlich rätseln, was er meinte. Als sie auf Französisch umstiegen, wurde es noch schlimmer: Nun verstand Rafi seinen Kris nicht mehr, der wirkte plötzlich so verändert – so schleimig irgendwie, anbiedernd. Das war nicht mehr sein Kris; die beiden turtelten regelrecht. Hervé hatte ein Apartment in diesem lächerlichen Lalala und lud Kris ein, jederzeit bei ihm zu übernachten. Kris wäre ihm am liebsten gleich um den Hals gefallen und sofort abgehauen. RW wollte auch gerne bei der Operation Namibia mitmachen, aber erst in den Schulferien. Außerdem hatte er – das musste er unbedingt hervorheben – einen anderen Geschmack, was Bücher anging: Science-Fiction. So was fand er gut. Und Karl Marx natürlich. In seiner angeberisch französischen Art wollte er einem ernsthaft weismachen, dass die populären Krimis in Wahrheit hochpolitische Bücher waren, anarchistisch und rebellisch. Das fand Kris auch.

Momo war gegen eine Beteiligung von Hervé; für ihn war er ein Freund des Polizeipräsidenten. Kris ließ sich nicht erschüttern. Schließlich hatte er schon Farbe besorgt, Tatsachen geschaffen. Kris kündigte schon mal die Charterfahrt an. Und Momo erlaubte es.

Das kam überraschend. Momo grinste schon so komisch. Aha, eine Charterfahrt also! Gut, er wollte die Benutzung des Schiffes genehmigen – abgemacht. Momo triumphierte. Für ihn war das ein weiterer Beweis dafür, dass die Weißen mit der Operation Namibia gescheitert waren. Sie würden schon noch sehen, was sie davon hatten. Momo brauchte es gar nicht auszusprechen, sein Blick sagte alles: Für ihn war es ein moralischer Sieg und bewies seine Größe, dass er ihnen, die nur noch nicht gemerkt hatten, dass sie längst verloren hatten, diese Kinderei zubilligte.

Die Fahrgäste wurden mit Zodiaks übergesetzt und betont freundlich an Bord begrüßt. Das Wetter war heiter bis wolkig, die Temperatur erstaunlich frisch, Wind drei bis vier aus Südwest – ideales Wetter zum Segeln. Der Leiter der Gruppe, den Rafi von der Party dunkel in Erinnerung hatte, hielt eine kurze Ansprache: »Nous sommes très honorés de l'hospitalité…« lalala; alle versprachen, bei Manövern nicht im Wege zu sein und sich möglichst unter dem Großbaum und am Fockmast aufzuhalten.

Roy und Rafi gaben sich lautstark Befehle und wiederholten sie korrekt, wie sie es schon auf ihren Wachen gerne getan hätten – es war nicht notwendig, machte aber Eindruck. Als die Segel gesetzt wurden, gab es ein ziemliches Gewusel. Wie immer hatte keiner das Kommando. Diesmal versuchten aber alle, wenigstens so auszusehen, als hätten sie was zu sagen. Ihre größte Sorge war, dass ihre Gäste seekrank würden, das Deck voll kotzten und nachher nicht mehr spendierfreudig genug waren. Sie wollten auch nicht fluchen, solange Gäste da waren, taten es aber doch, und es gab auch entsprechend pikierte Blicke. Das Tuch stand gut. Die meerwärts gerichtete Strömung machte das Manövrieren leicht – es brachte richtig Spaß. Da war auch wieder diese wunderbare Ruhe, als der Motor endlich abgestellt wurde. Es schien den Gästen zu gefallen. Sie fotografierten dauernd. Wenn das so war, wollte die Crew ordentlich was bieten, so wurde mehr an den Segeln herumverbessert, als nötig war – wie mit diesen Tüchern, die man auf dem Boulevard trug.

Den Kindern wurden Badehosen angezogen, sie wurden eingecremt. Es war genau Rafis Horrorvorstellung von einem Urlaub – ausgerechnet an der Stelle, an der er sich immer wusch. Die Kinder konnten einem wirklich Leid tun; Rafi war froh, dass er unrasiert war, dass er fast schon stank, jedenfalls stark roch, keine Badehose hatte und kein Sonnenöl. Nun wurden die Kühltaschen geöffnet, schon machten die ersten Schnäpse die Runde.

Die Crew fragte nicht, ob sie was abkriegte, dazu waren sie zu stolz, auch wenn da echte Leckereien ausgepackt wurden. Momo und Elise spielten erstaunlicherweise mit; es schien ihnen zu gefallen, dass sie als heimliche Stars angesehen und besonders oft fotografiert wurden. Es gab allerdings Meinungsverschiedenheiten, wie nah man an das Cap Esterias heranfahren konnte, hier waren sie schon mal auf Grund gelaufen. Roy war sehr in Sorge.

Eigentlich war die Aussicht langweilig. Sie mussten mal wieder was bieten. Also wurden die Schoten verändert, besonders die Großschote. Dazu mussten sich die Passagiere umgruppieren, das brachte ein bisschen Leben an Bord. Die Strömung wurde stärker, sodass sie trotz guter Fahrt von etwa vier Knoten nicht mehr vorankamen, wie man durch Landpeilungen leicht feststellen konnte. Der Leiter der Gruppe machte daher den Vorschlag umzukehren, »Rentrons?« Okay. Sofort wurde die Wende gefahren. Dabei lief eine Leine durch reine Schusseligkeit aus dem Block und knallte zwischen die Passagiere auf Deck – ein kleiner Zwischenfall ohne Folgen. Die Gäste tranken noch mehr Schnaps.

Sie wurden nun nicht mehr so weit abgetrieben, hatten aber verstärkt Wellengang. Doch die Golden Harvest war jetzt gut stabilisiert und – da konnte man sagen, was man wollte – machte im spätnachmittaglichen Sonnenlicht ordentlich Eindruck. Es sah genau nach dem Abenteuer aus, das die Passagiere wahrscheinlich heimlich ersehnten. Sie würden zufrieden zurück in ihre Spießerwohnungen gehen, froh darüber, dass sie nur ein wenig von dieser Romantik gekostet hatten – und dass bald wieder Schluss war.

Rafi kletterte auf den Bugspriet herum. Mit seinem roten Kopftuch wirkte er wie ein Bilderbuchpirat. Ein schönes Motiv: rotes Kopftuch vor grünem Urwald mit dem Palast von Omar Bongo im Hintergrund.

Schon war der Abholservice mit den Zodiaks in Sicht. Die ersten Kinder fingen an zu quengeln. Es dauerte aber noch ewig, bis die Segel geborgen waren, der Anker geworfen war und die ersten Zodiaks anlegten, um zuerst Frauen und Kinder in Sicherheit zu bringen.

Nur ein harter Kern von sieben oder acht Sängern verblieb an Bord. Der Himmel war wunderbar klar; die Lichter der Stadt hatten nun wieder diesen friedlichen Schimmer. Es war angenehm warm. Es gab noch eine Runde Kakao, und beim Schein der Petroleumlampe erwarteten alle den spannendsten Teil: die Bezahlung. Erst musste Rafi die Gitarre rausholen, sie hätten gehört, es gebe eine an Bord. Kris musste das verpetzt haben. Na dann: ›Glory Hallelujah‹, ›He's Got The Whole World in His Hands‹ – sei's drum.

Die Herren hatten sich inzwischen entschlossen, noch ein bisschen was draufzulegen, und insgesamt – umgerechnet – achthundert Mark spendiert, was gleichzeitig eine Unterstützung für ihre Aktion sein sollte. Sie sangen noch a cappella ›Oh freedom‹, und ›Swing Low Sweet Chariot‹ – und verabschiedeten sich mit wehmütigem Lächeln.

Keiner sprach es aus, aber es war klar: Kris hatte die Operation Namibia mit seiner Initiative gerettet. Nun gab es gleich eine Einkaufs- und Wunschliste: Zitronen, Tunfisch, Vitamine. Das

Schiff brauchte: frische Pinsel; eine Spezialfarbe für den Rumpf, der, wie Roy vortrug, dringend auf den Strand gelegt werden musste, zum beaching, damit sie sich um den Muschelbewuchs kümmern konnten. Aus dem Tidenkalender hatte er schon den idealen Tag dafür ausgesucht.

Sie wollten wieder mal richtig essen. Alle sollten einkaufen dürfen, was sie wollten, um daraus was Schönes zu kochen. Kris beantragte, neue Filme zu kaufen, um die Arbeit der Operation Namibia zu dokumentieren. Außerdem wollte er ein paar Fotos entwickeln lassen, damit sie was in der Hand hätten – genehmigt.

Momo wollte Importware aus dem Kongo besorgen, deutlich besser in der Qualität, das würden sie sofort merken, wenn er die erste Tüte gedreht hätte – auch genehmigt.

Rafi beantragte ein bisschen Kleingeld für sich, um einmal ins PARIS-GABUN zu gehen und einen Kaffee zu trinken.

Elise war entsetzt. Das hätte sie wirklich nicht gedacht. Momo bot an, ihm vorzurechnen, was man für das Geld im Ghetto kaufen konnte. Rafi winkte ab.

Endlich konnten sie den Supermarché mit diesem riesigen Parkplatz von innen sehen. Kris wollte zuerst kochen und exklusive Zutaten kaufen, irgendwas mit Curry, »Commonwealth cooking«, meinte er gut gelaunt. Es gab alles. Sogar Einkaufswagen – Fabelwesen einer fremden Welt! Wie lange hatte Rafi keinen Einkaufswagen mehr gesehen! Wie sehr hatte er die früher als Monumente des falschen Luxuslebens verabscheut.

Kris laborierte ewig an seinem Curry. Alle verdrückten es schweigend. Rafi musste sich sehr beherrschen. Er schlug vor, Kris dürfe noch mehr Filme kaufen, wenn er verspreche, sich nie wieder in der Küche blicken zu lassen. Roy prustete, als hätte er sich verschluckt. Rafi fiel ein, dass Kris ihm mal erklärt hatte, dass man in England nicht guten Appetit sagte – kein Wunder!

Kris kriegte die Spötteleien gar nicht mit. Als sie beim Kaffee waren, wollte er ernsthaft von Rafi wissen, wie denn sein Essen so gewesen war. Erstaunlich, dass so ein kluges Kerlchen derartig naiv fragen konnte. Dann musste Rafi eben auch so deutlich antworten, wie man das in Afrika, wo man das Drama liebte, machte. Er gab eine ausführliche Darstellung verschiedener Schmerz- und Krampfzustände, hängte sich dramatisch über die Reling, als müsste er ohne Ende kotzen. Rafi konnte so was gut, es erinnerte an ihre Pantomime zu ›Rastaman Vibration‹ von der cocoa-&-weed party. Als er sich umdrehte, um zu sehen, ob Kris verstanden hatte, sah er, dass Kris weinte.

Auch die Presse erschien. »Bonjour!« Mit einer Fotografin und einem Korb ReGab-Bier, auf das sie ziemlich stolz waren: République Gabonaise Bière. Gut gekühlt! »Vous vous laisserez bien tenter par une bière bien fraîche!?«

Elise war gleich auf hundert und machte sie an, dass sie ihr Scheißzeug behalten könnten und ihr Gift nicht an Bord bringen sollten. Sie war hässlich geworden, sehr hässlich sogar. Wieder setzte sie zu einer ihrer endlosen Litaneien an.

Roy und Rafi nahmen schnell ein Bier, um nicht unhöflich zu wirken, und machten Zeichen hinter ihrem Rücken, aus denen die Gäste sehen sollten, dass Elise einen Sonnenstich hatte. Sie einigten sich immerhin auf ein Gruppenfoto, zu dem sogar extra das Großsegel aufgezogen wurde.

Wieder ein Beispiel für die Verlogenheit der Presse, fauchte Elise: Wenn sie schon ein Foto machen müssten, dann genauso armselig, wie die Wirklichkeit war, ohne extra ein Großsegel aufzuziehen, nur weil es schöner aussah – was wussten diese Leute schon vom wahren Leben? Daran waren sie gar nicht interessiert, die wollten doch nur gestellte Bilder.

Rafi konnte die Fotografin kurz zur Seite nehmen und eine von seinen neuen Vokabeln anbringen: »She is going tropo, you know.«

Es war eine Schande, wie die Gäste behandelt wurden. Die Leute waren nett, sie fragten dauernd, ob sie was helfen könnten. Sie hatten enorm gute Laune. Möglicherweise war das sogar ihr Dauerzustand. Es wirkte wie ein Fremdkörper auf der Golden Harvest. Sie nahmen das Leben leicht, hatten gekühltes Bier und sagten tatsächlich: C'est la vie. Sie erzählten, dass Omar Bongo – auf Anregung seiner Tochter – Bob Marley nach Gabun eingeladen hatte, um damit ein Zeichen für ganz Afrika zu setzen. »Qu'est-ce que vous en pensez?«

Etwa zwei Kabellängen entfernt war ein Schiff vor Anker gegangen, das irgendein Forschungsschiff sein musste. Roy war nicht zu halten, er musste sofort Kontakt aufnehmen, um die ungewöhnliche Erwärmung und Beobachtung der schwimmenden Leichen mitzuteilen. Kris und Rafi kamen mit. Sie wurden freundlich an Bord begrüßt und kriegten als erstes Alkohol angeboten, den sie ablehnten, und Zigaretten, die sie annahmen. Die Herren Wissenschaftler waren sicher, dass all das Treibgut aus der Niger-Mündung gekommen war.

Genau, Roy hatte die gleiche Theorie, es tat ihm richtig gut, endlich wieder ernst genommen zu werden, ein Fachgespräch unter Männern zu führen. Dabei taten ihre Gastgeber, als wäre es gar nichts Ungewöhnliches, sie hatten sowieso diese weltmännisch akademische Art, alles nicht weiter schlimm zu finden. Roy wollte gar nicht mehr weg, auch nicht, als sie ihm die ganze Stange Marlboros schenkten – eine Geste der Freundlichkeit und ein Zeichen, dass die Besuchszeit zu Ende war.

So konnten die drei gestärkt zurück, um neue Vorträge von Momo über sich ergehen zu lassen und aufzupassen, dass sie nicht dauernd in den Dünnschiss traten, den die Katzen neuerdings über das Deck verbreitet hatten – offenbar war ihnen der Zitronellenzusatz nicht bekommen.

Das Radio war wirklich keine Hilfe. Es gab wieder Neuigkeiten. PNAG schlug allen Ernstes eine Gruppentherapie vor, verbunden mit dem konkreten Angebot, aus Philadelphia zwei Fachleute zu schicken, die mit ihnen Übungen machen wollten.

Roy wurde wütend: Er hatte gedacht, sie schickten Seefahrer! Gruppendynamische Übungen – wie stellten die sich das vor? Sollten sie sich unter Deck zusammensetzen und sich ganz ehrlich sagen, was sie voneinander hielten, bis alles, was man tat, künstlich geworden war? Sie brauchten Leute, die anfassten. Wollten die etwa welche schicken, um mit Elise zu kochen? So ein Quatsch. Rafi dachte nur: Philadelphia Frischkäse.

Auch Momo wollte keine Hilfe aus den USA. Er wollte direkt nach Luanda. Er hatte neue Freunde getroffen, die er demnächst mitbringen würde, dann könnten sie aufbrechen. All die Gefahren, vor denen die hysterischen Weißen gewarnt hatten, hatten sich als nonsense erwiesen. Man durfte nicht in Angst leben. »You can not live in a negative way.« Er hatte jedenfalls keine Angst, weil er für eine gute Sache kämpfte und weil Jah ihn leitete. Das Schiff brauchte ein beaching, okay, das könnten sie selber machen; dazu brauchten sie keinen Sextanten, Momo würde auch ohne Roy nach Luanda finden. Schon die ersten Seefahrer waren Schwarze gewesen, die lange vor den Portugiesen den Kontinent umsegelt hatten, ohne Funkgerät, ohne den falschen Luxus des weißen Mannes.

Hans gegenüber wurde Momo immer dreister, er war sicher, dass Hans absolutely stupid war. Hans war nur der vorgeschobene Hafenkapitän und Roys Marionette.

Roy zog sich, so gut es ging, zurück und malte Schiffsmodelle in sein Logbuch. Kris litt. Ihm waren die Worte ausgegangen. Manchmal setzte er an, etwas zu sagen, und brach gleich wieder ab. Seine Argumente waren verbraucht und wertlos wie Geldscheine nach einer Währungsreform.

Momo fing wieder von seinem Onkel an: Was war der doch für ein furchtbarer Heuchler gewesen. Momo schüttelte sich immer noch. Was hatte er schon für Schwachköpfe erleben müssen, die versucht hatten, ihm Vorschriften zu machen; die versucht hatten, Macht über sein Leben zu erlangen. Im Rückblick erschien ihm sein Leben als einziges Aufbegehren gegen solche Schwachköpfe, wie auch Roy einer war. Aber letztlich hatte er sich durchgesetzt. Dazu machte er wieder die Handabhackbewegung.

Rafi wollte wieder mal etwas bieten. Er wollte was zu essen für die Mannschaft auftreiben, so wie er es in Lomé geschafft hatte. Er hatte immerhin die deutsche Seemannsmission ausfindig gemacht. Eine geschlagene Stunde Fußmarsch in der feuchtheißen Luft, und er war da. Der Pfarrer spendierte eine ganze Kiste Lebensmittel: Schokolade, Kekse, alles haltbare Sachen, die er wieder eine geschlagene Stunde lang zurückschleppen musste.

Rafi war total erschöpft – da unterlief ihm ein navigatorischer Fehler: Er trieb mit dem Dingi knapp an der Golden Harvest vorbei und wurde sofort von der Strömung erfasst. Schlagartig wurde ihm klar, dass er nun aufs Meer hinausgedrückt wurde. Er brüllte um Hilfe, ruderte, was er nur konnte, brüllte, ruderte, brüllte und musste einsehen, dass es tatsächlich aussichtslos war, gegen die Strömung zu rudern. Er würde ins offene Meer treiben, wenn man ihn nicht retten würde. Aber wie? Unter ihrem täglichen Pendelverkehr hatte sich ein Abgrund aufgetan. Sie mussten dringend weg von hier, das hatte er schon immer gedacht. Bei so einer Strömung nutzte das Dingi nichts.

Momo und Elise warfen ihm eine dicke Festmacherleine zu. Die musste er erreichen. Musste. Es ging nicht anders. Er schlug wild mit den Riemen, sodass er wieder Blut im Mund schmeckte. Er konnte gerade noch das Leinenende greifen. Dann waren seine Kräfte am Ende. Er konnte sich nicht mehr zum Schiff hangeln; er musste sich ziehen lassen; ihm war kalt und elend. Er zitterte am ganzen Leib. Die Bein- und Armmuskeln vibrierten, als hätten sie sich selbstständig gemacht, so was hatte er noch nie erlebt. Erst lange nachdem er an Bord gezogen worden war, konnte er wieder sprechen:

»We have to go!«

25
Zum Zerreißen gespannt

Sie mussten unbedingt einen besseren Liegeplatz finden. Es war eine enge Durchfahrt zwischen Mole und Wellenbrecher, aber dahinter schienen sie besser geschützt zu sein, da gab es Festmachertonnen, da lagen andere Schiffe. Roy musste sehr vorsichtig fahren, aber sie erreichten schließlich mit einlaufendem Wasser eine freie Tonne, warfen eine Bugleine aus und machten die Golden Harvest fest. Hier wollten sie so lange liegen bleiben, bis man sie vertrieb oder man ihnen einen besseren Platz zuwies. Nun lagen sie jedenfalls nicht mehr in der Strömung. Momo und Elise blieben an Bord, Mori sowieso; die vier Männer machten einen kleinen Bummel und guckten sich an, was an der Pier so alles los war.

Kris entdeckte es zuerst: Da wurden Kanonen entladen. Von einem chinesischen Schiff. So, so. Kris hatte einfach einen Blick für so etwas, er machte sich gleich Notizen: Kanonen für Omar Bongo aus China – aha. Schade, dass er den Fotoapparat nicht dabeihatte, das hätte er gleich dokumentieren können.

Da hatte sich doch ihr Ausflug schon gelohnt; sie hatten eine wichtige Entdeckung gemacht, da war es nur gerecht, wenn sie sich ein bisschen erholten. Auf einem deutschen Schiff konnten sie einen Film sehen: *Der weiße Hai* – warum nicht? Sie wurden herzlich an Bord begrüßt und bewirtet. Sie hatten jetzt richtig Lust, sich so was auch mal anzugucken. Hans und Rafi mussten als Dolmetscher für Kris und Roy arbeiten, aber die sahen ja selber, was los war. Es gab sogar ein paar schöne Szenen: Als die Männer angeberisch ihre Wunden vorzeigten und einer schließlich sein Hemd hochzog, um die größte Wunde vorzuzeigen: sein gebrochenes Herz.

Dies änderte allerdings nichts daran, dass sie den Film alle nicht besonders mochten. Aber es machte trotzdem Spaß, sich einen wenig anspruchsvollen Film anzugucken, dazu Bier zu trinken – außer Hans natürlich – und Chips zu knappern. Endlich kam man auf andere Gedanken und konnte am Ende froh sein, dass man das alles nicht erleben musste. Kris erinnerte an die Szene zum Schluss, als Vögel über der Unglücksstelle kreisten – genauso, wenn er das richtig in Erinnerung hatte, hörte auch *Moby Dick* auf, um den Triumph der Natur zu symbolisieren.

Im Dunkeln konnten sie die Golden Harvest nicht mehr erkennen. Als sie näher kamen, sahen sie, dass sie seltsam zur Seite geneigt lag. Dann erfassten sie plötzlich die Lage und erstarrten: Ihr Schiff war in höchster Not. Das Wasser war abgesunken, und die Ebbe hatte die Golden Harvest unter die Pier gedrückt. Die Festmachertonne hatte sich so weit geneigt, dass ihr Poopdeck schon teilweise unter der Pier lag, so konnten sie der Golden Harvest gleich aufs Dach steigen. Deshalb hatten sie auch das Schiff im Dunkeln nicht mehr gesehen. Die Golden Harvest hatte schon achtern auf einem unter Wasser liegenden Doppel-T-Träger aufgesetzt, die Strömung drängte das Schiff immer weiter dagegen, und wenn man es nicht wieder davon loskriegen konnte, drohte es eingedrückt zu werden. Auch die Leine drohte zu reißen, bei acht Knoten Strömung würde die Golden Harvest ganz unter die Pier gedrückt und zerquetscht werden.

Non Nonsense rannte aufgeregt hin und her. Momo und Elise schimpften sofort, dass die Jungs verantwortungslos gewesen seien, sie so lange allein zu lassen – wo sie denn gesteckt hätten? Kati Kelvin sei nicht angesprungen, der Generator auch nicht, das Seil werde gleich reißen.

Man konnte jetzt sogar unter die Pier runtergucken. Rafi stelle sich auf den T-Träger, er lag vielleicht zwanzig Zentimeter unter Wasser, man konnte sich draufstellen – es war allerdings nicht ganz ungefährlich. Momo reichte ihm die Brechstange. Nun konnte Rafi versuchen, die Golden Harvest von der Druckstelle wegzudrücken. Von außen musste das komisch aussehen: so als würde er neben dem Boot auf dem Wasser stehen und versuchen, das Boot wegzustemmen. Es knirschte unangenehm und zog sofort das Holz in Mitleidenschaft. Es war sinnlos: Er fügte dem Schiff genau den Schaden zu, vor dem er es bewahren wollte. Rafi drückte mit aller Kraft. Er beschädigte wieder nur den Rumpf – zum Glück oberhalb der Wasserlinie.

Als es ihm gelang, die Golden Harvest frei zu kriegen, war die Gefahr noch größer geworden, dass die Leine nun reißen könnte und ihr Schiff ganz unter die Pier gedrückt würde. Das Ruderhaus war noch knapp zwei Meter von der Pier entfernt und lag so tief, dass es sofort abgerissen würde.

Mori überprüfte die Belastung der Bugleine und machte mit Gebärden deutlich, dass die Leine schon krachte, er machte eine passende Grimasse und einen Grunzlaut. Sie mussten sofort etwas unternehmen. Aber was?

Momo konnte es nicht lassen, Roy und Kris wegen ihrer Vergnügungssucht zu beschimpfen: Wie bitte?! Einen Film hätten sie sich angeguckt, nicht zu fassen! *Der weiße Hai,* ausgerechnet *Der weiße Hai* war doch »Scheiße«. Auf einem deutschen Schiff. Und Bier habe es gegeben. Das Seil knackte.

Das Dingi wurde mit vereinten Kräften so weit wie möglich nach vorne gezogen, um eine zweite Leine auszubringen. Rafi hangelte sich über die Kranbalken runter und ließ sich in das Beiboot fallen, das sofort anfing, wild zu schlingern. Rafi musste sich vorsichtig in den Bug des Dingis vorarbeiten, dabei genau den Schwerpunkt wahren – er musste es mehrmals versuchen, sich dann langsam aufrichten, um die überspannte Leine als Halteseil zu greifen. Er schaffte es: Breitbeinig stand er im Dingi und versuchte sich mit den Füßen zu stabilisieren. Mit beiden Händen hielt er das Seil fest, das sich wie ein Stahlseil anfühlte – so mächtig war die Spannung. Rafi versuchte, sich mit gestreckten Armen ziehend auf die Festmachertonne zuzubewegen. Es war eine Höllenanstrengung, die nicht nur all seine Kräfte kostete, es war zugleich eine wackelige, artistische Einlage. Als Kind hatte er mal auf einem Läufer versucht, sich auf dem frisch gebohnerten Holzboden vorwärts zu bewegen und an der Anrichte entlangzuhangeln, dabei war er böse aufs Gesicht gefallen.

Er musste es schaffen, es kam auf seine letzten Kraftreserven an; wenn es ihm nicht gelang, das zweite Seil zu legen, würde die Golden Harvest zerschellen. Du musst, du musst, sagte er sich immer wieder.

Er schaffte es – aber nur bis kurz vor die Festmachertonne. Hier war der Strudel um die dicke Tonne so wild, dass er mit seiner Methode, sich fortzubewegen, nicht dagegen ankam. Es war zum Verzweifeln: Kurz vor dem Ziel tat sich noch eine kleine zusätzliche Schwierigkeit auf, die ihm den Rest gab. Da schwamm ihm eine dicke Leine mit einem Palstek entgegen. Ein gütiger Gott reichte ihm in auswegloser Situation eine helfende Hand und trieb ein Tau in dem gurgelnden Strudel in seine Richtung. Ein riesiges Glück – so ungewöhnlich auch wieder nicht. An der Festmachertonne waren sowieso solche Seile mit Palstek, und die Strömung trieb sie genau in seine Richtung. Nun musste er nur noch rankommen.

Dazu musste er eine schier unmögliche artistische Einlage schaffen: Er musste auf dem Dingi mit nur einem Fuß Halt suchen und mit dem anderen Bein versuchen, das Seil aufzufischen und so weit über seinen Fuß zu hängen, dass er es aus dem Wasser heben konnte. Es war eine enorm kipplige Sache. Es war höllisch schwer – und sah bestimmt lächerlich aus. Er wusste, er könnte sterben in den Fluten des Gabun, er konnte nur hoffen, dass RTG live dabei war, wenn er von den Fluten weggespült wurde und nur noch gurgelnd ausrufen konnte: I do this for Africa, for Operation Namibia! For Jude! For Elise!

Als er es geschafft hatte, ließ er sich ins Dingi plumpsen und gegen die Bordwand der Golden Harvest donnern. Kris und Hans zogen ihn an Bord. Er zitterte am ganzen Körper, als würden Stromschläge durch seine Arme zucken und die Muskeln zum Vibrieren bringen; er glaubte kotzen zu müssen – und dieses Gefühl wollte kein Ende nehmen.

Elise hatte eine Heldentat vollbracht, als sie Mori gerettet hatte. Rafi hatte auch eine vollbracht, es hatte lächerlich ausgesehen, es war aber auch eine echte Heldentat gewesen – Rafi wusste jetzt schon, dass seine gar nicht erst zählte.

Erst bei Tidengleichstand wurde es wieder ruhig. Unverschämt ruhig sogar. Nun war es ein Kinderspiel, das Boot loszumachen. Als wenn es niemals diese Strömung gegeben hätte. Sie ließen sich aber nicht täuschen; sie fuhren zurück zum alten Liegeplatz, auch wenn das mit anstrengenden Dingifahrten verbunden war.

Sie litten alle; sie versuchten – das war deutlich –, sich aus dem Weg zu gehen. Das Schiff hatte einen Schaden im hinteren Bereich, der bei Licht besehen gar nicht mal so tragisch war; doch die Golden Harvest hatte einen Knacks weg – so hatte seine Mutter das genannt, wenn jemand einen Unfall überlebt hatte: Der hatte einen Knacks weg, der nie mehr richtig gekittet werden konnte. Seine Eltern gehörten zu denen, die sich den neuen Vokabeln, mit denen alles psychologisch erklärt werden sollte, verschlossen: Man hatte einen Dachschaden oder einen Knacks, so nannte man das, nicht etwa ein Trauma oder etwas Psychosomatisches.

Alle waren durchgedreht. No Nonsense war verschwunden. Vielleicht sogar über Bord gegangen. Rafi war sicher, dass No Nonsense noch an Bord gewesen war, als er zuletzt den Stall gereinigt hatte. Nun war das Huhn weg. Elise geisterte durch das beschädigte Schiff wie eine Mutter, die in Ruinen nach ihrem Kind ruft: »No Nonsense, where are you, my dear, please answer!« Nun erschien sie völlig aufgelöst im Mannschaftsraum: Sie hatte einen Fünfdollarschein gefunden. Bei Kris in der Koje!

Rafi, der sie ebenso fassungslos anstarrte, konnte gar nicht ermessen, was das bedeutete. Elise wollte sich auch nicht länger damit aufhalten, ihm die Tragweite des Vergehens zu erklären. Rafi ahnte Schlimmes.

Die Stahlreling, die Barry einst gefertigt hatte, war zerquetscht, da war gar nichts mehr zu machen, sie musste über Bord. Das war wirklich kein großer Schaden, aber ein Abschied von Barry. Jetzt merkte Rafi erst, wie sehr er ihn vermisst hatte. Er hätte heulen können. Wahrscheinlich hätte Barry sowieso vorgeschlagen, die Fahrt mit dem Dingi und mit zwei symbolischen Büchern an Bord fortzusetzen. Die Golden Harvest hatte ihren Knacks weg, das Dingi dagegen war mit dem kleinen Segel, das Roy konstruiert hatte, ganz gut aufgerüstet.

Es regnete und regnete, es war unangenehm warm und feucht und tropfte durch den Hauptniedergang. Die Golden Harvest war ein fauliger Knast geworden – man wollte nur noch weg. Bei Regen waren die Kakerlaken noch schrecklicher, und jedes Mal wenn das Boot einen Schlag abkriegte, schienen sie sich noch zu vermehren.

Als Rafi sich in die Koje legen wollte, zuckte er zusammen: Sein Kampfmesser lag unter der Decke. Das musste Elise dahin gelegt haben. Das hieß, dass es plötzlich wieder aufgetaucht war, Elise aber nicht darüber sprechen wollte. Ein Zeichen – aber was wollte sie damit sagen? Langsam wurde auch er tropo. Was sollte eigentlich die Aufregung um diese fünf Dollar? Wieso war das Huhn verschwunden und sein Messer wieder aufgetaucht? Wieso hatten die Soldaten in Principe, die alles nach Waffen durchkämmt hatten, sein Kampfmesser nicht gefunden? Er zitterte immer noch vor Schreck. Er musste sich einen anderen Platz zum Schlafen suchen.

Er ruderte an Land – ins PARIS-GABUN, um einen Kaffee zu trinken und ein Croissant zu essen. Alleine. Er hatte sich Kleingeld aus der Gemeinschaftskasse genommen, er hatte es deutlich genug angekündigt, da konnte ihm keiner vorwerfen, dass er heimlich Geld nahm. Er hatte sich das verdient nach seiner Heldentat, jawohl, es stand ihm zu – er musste sich frei machen von der Missbilligung durch Momo und Elise. Auch wenn sich sofort sein schlechtes Gewissen meldete und er sich ausmalte, was die beiden dazu sagen würden. Er hörte ganz deutlich den Tonfall ihrer Ansprachen, dass ihm der Kaffee von Tolbert wohl nicht mehr gut genug sei, dass er solche bourgeoisen Vergnügungen nur deshalb brauche, weil er schwach sei, weil er das wahre Afrika nicht kennen lernen wolle – was wohl die Ärmsten unter den Armen dazu sagen würden, wenn sie wüssten, dass die Weißen so viel Geld ausgäben für derart zweifelhafte Vergnügungen!

Er dachte schon selber so: Sie hatten in letzter Zeit ein allzu bequemes Leben geführt, ein Schlag ins Gesicht der vielen Leidenden. Sie hatten Geld ausgegeben, dreckiges Geld, das sie vom Polizeipräsidenten und seinen singenden Freunden hatten, sie waren im Supermarché gewesen und hatten sich in sinnlosen Kochkünsten geübt. Der Unfall war eine Warnung gewesen.

Er konnte auch schon ein bisschen Französisch: »Café au lait, s'il vous plaît.« Natürlich merkte er, dass hinter ihm getuschelt wurde. Er hörte sogar, dass die Gäste von Friedenspiraten sprachen, man erkannte ihn. So klein war die Welt in Libreville.

Draußen hielt ihn ein fast zahnloser Alter an: »Dites, une question!«

Selbst der musste schon was mitgekriegt haben.

»Dites, une question: Le bateau noir là, c'est bateau de guerre?«

»No, no!« Rafi winkte heftig ab und lächelte. »Peace! Paix!« Wie nannte man das auf Französisch?

Auch der Alte wirkte ratlos. »Oh, alors, c'est un bateau de paix?!«

»Yes, yes. Oui, oui!«

Darüber musste der Alte noch ein wenig nachdenken. »Bien! J'aime mieux ça!« Er schleppte sich weiter und bedankte sich noch einmal ausgiebig für die freundliche Auskunft.

Es war nur ein erster – zugegeben kleiner – Schritt gewesen, sich von der Crew zu entfernen. Nun kam der zweite. Rafi wollte zu Claude. Er wusste, dass damit ein neues Leben anfangen würde. Rafi war wieder aufgeregt wie damals, als es ins Ferienlager ging. Plötzlich wirkte alles schön. Jede Holzbaracke war toll. Jeder Kleinbus. Es war ein wunderbares Gefühl von Freiheit, nicht mehr auf dem muffigen Schiff zu sein.

Claude war ein einziger Aufbruch. Bei so viel Energie fühlte sich Rafi sofort geborgen. Claude bewegte sich auch als Fußgänger viel zu schnell mit seinen überlangen Beinen – im Auto wurde er zum Rennfahrer. Rafi sah gleich, dass als Gaspedal einfach ein Strick über eine Rolle zum Motor gelegt war, als hätte er das von Kati Kelvin abgeguckt. S'ENT FAUT LA MORTE stand oberhalb der Windschutzscheibe. Claude schimpfte unablässig auf die Gabunesen, egal ob Rafi ihm folgen konnte oder nicht – Barry hätte seine Freude daran gehabt. Wie oft hatte Claude kostbare Zeit verloren, nur weil alle so elendig langsam und selbst zum Klauen zu faul waren. Er konnte noch viel schlechter Englisch, als Rafi in Erinnerung hatte, sie konnten eigentlich nur telepathisch kommunizieren. Egal. Rafi wurde sofort mitgenommen, und Claude erzählte von einem »Coupe de lune« und von George Simenon, was irgendwas mit diesem teuren Hotel zu tun haben musste, das Claude mit Frischobst belieferte, und er machte dabei Zeichen, dass sie alle ballaballa waren: die Reichen, die in solchen Hotels logierten, und die Verkehrsteilnehmer. »Vite, vite!«

Rafi verachtete den Luxus genauso, fand es aber toll, sich mal in der Nähe aufzuhalten. Claude war Mathelehrer in Marsaille gewesen, doch hier lag das Geld auf der Straße. »L'argent, ici, il suffit de se baisser pour en trouver!« Der Wagen war überladen mit Obst, das er unbedingt noch loswerden musste. Aus dem Rest wollten sie sich einen Obstsalat machen.

Rafi hatte immer gedacht, dass sich das wawa von Lomé nicht wiederholen dürfte, doch hier lief sowieso alles anders: Sie saßen nicht mehr abends an Deck und hörten Musik. Alle verließen so oft wie möglich das Schiff, jeder in eine andere Richtung, wie ein Glas, das zersprungen war und Scherben in alle Richtungen geschleudert hatte. Kris trieb sich mit diesem RW rum, Momo und Elise streunten durch das wahre Afrika – nun hatte auch er sich abgewandt, um seinen Ausstieg vorzubereiten. Er wollte irgendwann mit Claude in den tiefsten Urwald, wollte Iboga probieren, er wollte weg von Momo und Elise. Nun blieben nur Roy und Hans, die sich um das Boot kümmerten, doch Rafi wusste, dass Roy aufgegeben hatte. Rafi hatte längst aufgehört, davon zu träumen, dass er der heimliche Kapitän war. Damit war das Schiff verloren. Wenn Philadelphia tatsächlich noch zwei Leute schicken würde, wäre es zu spät.

Claude verbrachte wenig Zeit in seiner Wohnung – entsprechend sah die Bude aus: Er war immer nur kurz da, um zu schlafen – wenn es unbedingt sein musste – und um sich Iboga aus dem Kühlschrank zu holen. Er führte es mal vor. Es stank entsetzlich. Wie Kotze. Man konnte es auch nicht einfach so einnehmen. Wenn man nicht die Zeremonien und das Drumherum machen wollte wie im Urwald, musste man wenigstens etwas tun, um den Brechreiz zu überlisten – Claude konnte das sehr eindrucksvoll darstellen, er hätte gut bei der cocoa-&-weed party mitmachen können. Verraten durfte er Rafi nichts. Es waren schon Leute umgebracht worden, weil sie Iboga weitergegeben hatten.

Claude hatte leider den alten Hausdiener mit übernehmen müssen. »Le boy était compris dans la location.« Der hielt immer irgendwas in der Hand, sodass es von weitem so aussah, als würde er arbeiten. Er bewegte sich nur in kleinen Schritten, peu à peu; es war völlig unverständlich, wie ein aktiver Mensch wie Claude so jemanden überhaupt aushalten konnte, aber er gehörte nun mal zu seinem vergitterten Appartement dazu wie die beiden Sessel, der Tisch und die Matratze, die einfach auf der Erde lag, »... je n'ai pas eu le choix!«

Rafi konnte gerne bleiben. Einen Tag, zwei, drei – egal. Rafi könnte ja erst mal ein paar Tage bleiben und sich langsam an den Abschied von der Golden Harvest gewöhnen.

Der Pendelverkehr war selbst mit dem verbesserten Dingi umständlich und kräftezehrend. Man konnte immer nur zu bestimmten Zeiten fahren – und alle wollten so oft wie möglich weg.

Rafi guckte zum Schiff rüber, um zu sehen, ob das Dingi da war. Es war nicht da.

Als er in Richtung Boulevard trottete, um da zu suchen, bemerkte er einen verdächtigen Farbtupfer am Strand – es sah fast aus wie das Dingi, war allerdings halb im Sand eingegraben.

Es war das Dingi – oder das, was davon noch übrig war. Der Schreck, der ihn wenig später wie ein Faustschlag traf, mischte sich sofort mit wilden Schuldgefühlen: Das Boot war gestrandet; wer auch immer drin gewesen war, war vermutlich ertrunken – nur, weil er sich inzwischen bei Claude herumgetrieben hatte, weil er fremdgegangen war. Er raste zur Unfallstelle und rechnete damit, die Leichen von Roy, Kris oder Hans zu finden.

Als er das Dingi erreicht hatte, wagte er eine erste Einschätzung: Was auch immer passiert sein mochte, das Boot war zerstört. Der Mast, den Roy installiert hatte, war gebrochen, das Segel zerrissen. Rafi konnte nur noch Teile ausbuddeln. Sie hatten jetzt kein Dingi mehr. Das Unglück musste erst vor ein paar Tagen passiert sein. Rafi grub wie wild mit den Händen und wusste längst, dass es sinnlos war.

Dünnüll musste in der Nähe wohnen, der hatte, wenn sich Rafi recht erinnerte, ein Zodiak, der musste helfen. Rafi rannte in Richtung Lalala und konnte nur langsam nachdenken, als würde sich etwas in ihm dagegen wehren: Es war schlimm genug, dass sie kein Dingi mehr hatten, doch es musste noch ein schlimmeres Unglück gegeben haben, sonst wäre das kleine

Boot längst geborgen worden. Dass sich keiner um die Wrackteile gekümmert hatte, konnte nur bedeuten, dass die Crew personell geschwächt war – eine Formulierung, hinter der sich die ganze Tragik versteckte: personell geschwächt!

Vielleicht hatte es einen Zusammenstoß gegeben, weil jemand das mit dem Segel aufgerüstete Dingi nicht mehr unter Kontrolle hatte. Das war am wahrscheinlichsten. Wer könnte dabei umgekommen sein? Hans vermutlich! Der war meistens mit dem Boot unterwegs.

Dünnüll war auf einer Plastikliege eingenickt. »Qu'est-ce qui c'est passé?«

Rafi musste es mit Händen und Füßen versuchen: »Dingi, crash! Tote! Muerte! Muerte!« Er zeigte mit der Handkante an den Hals. »Roy, Hans, Kris muerte!« Er zeigte mit dem Finger an den Kopf wie jemand, der sich erschießen will – das passte nicht so ganz, doch Dünnüll schien zu verstehen oder ließ sich zumindest von der Aufregung mitreißen: Sie mussten sofort los.

Sie brachten den Außenborder an, einen 20 PS Johnson, ein tolles Teil, nur hatte Rafi im Moment keinen Sinn dafür. Es waren nur zehn Minuten Fahrzeit, die konnte er kaum aushalten. Dünnüll war völlig überrumpelt. Rafi guckte sich die Augen aus.

An Deck der Golden Harvest war nichts zu erkennen.

»Hallo?«

Keine Antwort.

»Roy, Kris, Hans, where are you? Hello?«

Est als sie festmachten, erschienen Momo und Elise an Deck. Danach Morishta.

»Where is the dinghi?« Momo war geladen. Warum waren Roy, Kris und Hans so lange weggeblieben? Hatten sie etwa vergessen, dass er und Elise einen wichtigen Termin an Land hatten! Als Rafi herausbrachte, dass ihr Dingi zerstört war, wurden sie noch wütender.

»Crash?« Das musste ja so kommen. Momo hatte gleich

gesagt, dass ein Dingi kein Spielzeug ist. »Roy is not perfect!«

Dünnüll hatte eine Vermutung: Omar Bongo hatte eine Rede gehalten. Darauf folgten manchmal wahllose Verhaftungen. Damit wollte die Polizei beweisen, dass sie zu irgendwas gut war. Es könnte sein, dass die Freunde verhaftet worden waren. Dünnüll wollte mal nachfragen. Damit wurde er verabschiedet.

Mori wirkte sehr beunruhigt. Er hatte nur die Aufregung mitgekriegt, aber nicht verstanden, worum es ging. »Dinghi? Dinghi?«

Keiner konnte ihm helfen.

»Dinghi? Roy-san? Hans-san? Kris?« Er bereitete eine Zeremonie vor. Eine Totenmesse, musste Rafi denken, eine Totenmesse.

Momo und Elise wollten sofort zu ihrer Verabredung. Momo entschied, dass sie dazu die Rettungsinsel benutzen wollten. Wozu hatten sie so was?

Elise hatte Einwände, doch Momo war nicht zu bremsen, dies war ein Notfall. Rafi widersprach gar nicht erst, er war viel zu neugierig, wie so ein Ding funktionierte. Die Rettungsinsel wurde über Bord geworfen – es passierte gar nichts; das Teil dümpelte neben der Golden Harvest her, mehr nicht. Rafi hatte erwartet, dass sich durch die Berührung mit Wasser irgendwas tun würde. Nichts. Erst als Momo kräftig an der Schnur zog, machte es leise Puff, und das Ding blies sich auf, war jedoch viel kleiner als erwartet. Das sollte für sechs Leute reichen? Man würde sofort seekrank werden, allein schon vom Gummigestank. Die Insel war so windempfindlich, dass sie viel zu stark auf den Wellen tanzen würde. Elise sah schon blass aus, eh sie eingestiegen war. »My brother come in, let's try it.« Momo wirkte noch elender.

Die Rettungsinsel drehte sich ständig um sich selbst. Man konnte nur noch die Köpfe der beiden herausragen sehen. Rafi war sicher, dass sie kotzen mussten: Sollten sie, sollten sie ihre

Gummizelle voll kotzen, dass sie bis zum Bauch in ihrer ausgekotzten Galle steckten. Sie trieben trotz heftigem Herumgepaddel so weit ab, dass sie etwa da ankamen, wo das Dingi gestrandet war.

Kaum waren die beiden außer Sicht, war ein Motor zu hören, ein Zodiak näherte sich mit Hans, Roy, Kris und Cyril, der das Ding steuerte. Die drei wirkten sehr geknickt. Ja, sie waren verhaftet worden, in einer kleinen Zelle mit stinkenden Gefangenen. Sie hatten die ganze Nacht stehen müssen. Roy hatte gewusst, was passieren würde: Das Dingi würde bei Flut an die Steine gedrückt, er wusste, dass es passieren würde – so war es auch gekommen, und er hatte nichts dagegen machen können. Sie waren froh, dass Momo und Elise gerade nicht an Bord waren. Da hatten sie wenigstens eine kleine Verschnaufpause.

Roy war im Moment viel zu geschwächt, um sich über die Benutzung der Rettungsinsel aufzuregen. Natürlich war es ein Fehler, ein Verstoß gegen die Sicherheit auf See, man konnte sie nur einmal verwenden. Roy wurde plötzlich wütend auf ein Land, in dem Leute von der Straße weg verhaftet wurden, einfach so. Dann war er wieder zutiefst unglücklich darüber, dass sie nun kein Dingi mehr hatten und auch keine Rettungsinsel. Dann fluchte er wieder über Omar Bongo.

Cyril wollte ihnen das Zodiak leihen. Ihm war es egal. Er brauchte es gerade nicht. Er müsste bloß wieder an Land abgesetzt werden. Da würde er ihnen einen Ersatzkanister Gemisch spendieren, dann sollten sie das Zodiak seinetwegen benutzen, solange sie kein Dingi hatten.

Roy und Rafi fuhren gleich wieder mit, um sich mit dem neuen Gefährt vertraut zu machen und den Kanister abzuholen. Roy wollte sofort zurück an Bord, auf keinen Fall zur Unfallstelle, solange Gefahr bestand, Momo und Elise zu treffen.

Rafi brachte also Roy zum Schiff und fuhr gleich weiter Richtung Mole, um sich alles noch mal in Ruhe anzugucken.

Es machte ungeheuren Spaß, mit dem Zodiak zu fahren, es ging so leicht, endlich war man unabhängig von der Strömung, Rafi hätte am liebsten den ganzen Tag Fährmann gespielt. Da lag nun die Rettungsinsel, Momo und Elise waren nicht zu sehen – auch keine Spuren von Erbrochenem.

Er sah sich die Reste vom Dingi an. Es war traurig genug, aber vielleicht nicht ganz so schlimm. Mit Glasfasermatten und Zweikomponentenkleber konnte man es vielleicht wieder flottkriegen.

Doch zuerste brauste er mit seinem Lieblingsspielzeug zurück zur Golden Harvest. Mori war glücklich wie ein Kind, dass Roy, Hans und Kris noch lebten, er hatte Glitzertränen in den Augen, »Och, dinghi!« – man könne bestimmt »repair« machen. Rafi stimmte zu, »no problem«.

Roy, Hans und Kris wollten sich den Schaden nun doch mal angucken, am besten gleich, solange Momo und Elise nicht da waren – also wieder ins Zodiak und los.

Sie hatten gerade angefangen, die Reste des Dingis zusammenzulegen, da tauchten die beiden auf. Sie ignorierten ihre Freunde und wandten sich demonstrativ dem Zodiak zu; sie hatten sofort verstanden, dass sie darüber verfügen konnten, und verlangten, damit an Bord gebracht zu werden. Sofort. Rafi übernahm das.

Elise schimpfte auf die Technik im Allgemeinen, jede neue Entwicklung bringe gleichzeitig neue Probleme, so gesehen gebe es keinen echten Fortschritt, denn auch die Probleme würden sich jeweils fortschreitend weiterentwickeln. Wenn man sie so reden hörte, musste man annehmen, dass sie den Steinzeitkommunismus propagierte. Rafi verkniff sich jeden Kommentar, Ausdrücke wie Steinzeitkommunismus hatte er sowieso nicht auf Englisch zur Verfügung. Es ging Elise sowieso nur darum, dass er sich schlecht fühlen sollte, weil er sich offenbar schon mit dem Zodiak angefreundet hatte.

Momo fragte gleich, wie man so was bediente. Rafi musste

jetzt schnell eine Entscheidung treffen: Sollte er ihm die nötigen Handgriffe zeigen oder nicht? Es war eine Machtfrage, das hatte Momo sofort gemerkt. Rafi könnte sich nun stur stellen oder so tun, als wenn es kompliziert wäre. Er überlegte nicht lange, er zeigte Momo, wie man das Zodiak bediente. Unter Seeleuten machte man das so.

Mori, der gerade noch überglücklich war, stand inzwischen reisefertig an Deck, stolz und mürrisch mit seinem orangenen Kopftuch, das im Wind flatterte. Er wollte an Land.

Rafi war froh, noch ein bisschen den Fährmann zu spielen und sich von der schlechten Stimmung zu entfernen. Also setzte er Mori ab, der mit einer knappen Verbeugung ohne Wort verschwand, und brauste weiter Richtung Mole, wo das Dingi inzwischen geborgen war.

Kris, Roy und Hans hatten nun alle Teile an Land geschleppt. Sie waren auch der Meinung, dass man es reparieren konnte. Es gab noch Kunstharzteile an Bord, die ihnen Rafi nur allzu gerne bringen wollte, da konnte er gleich wieder hin und zurück.

Sie würden es schon hinkriegen, einigermaßen wenigstens, jede einzelne Schwachstelle musste noch einmal mit Harz ausgeklebt werden. Es war mühsam, aber es würde gehen.

Sie arbeiteten so lange wie möglich. Lieber wollten sie in der Hitze arbeiten als an Bord bei Momo und Elise herumsitzen. Sie wurden immer stiller und guckten zu, wie es dunkel wurde. Nun half alles nichts. Sie mussten zurück.

Schon ging das Donnerwetter los: Die beiden warfen Roy mangelndes Verantwortungsbewusstsein vor. Roy ließ alles über sich ergehen und guckte nur unglücklich auf seine Füße. Er war völlig fertig. Das merkte doch jeder. Das hielt die beiden nicht davon ab, auf ihn einzudreschen. Roy hatte endgültig verspielt, verschissen. Die Zeit, in der er sich als Kapitän aufführen konnte, war ein für alle Mal vorbei. Roy solle sich ja nicht einbilden, dass er noch irgendwas zu sagen habe. Ab jetzt galten keine Befehle mehr von Roy. Nun hatte sich gezeigt, was Momo immer schon gewusst hatte: Roy war ein Versager, er war nicht bereit und auch nicht fähig, Verantwortung zu übernehmen, er werde noch in Armut enden, er könne seinem Schicksal nicht entkommen, es werde ihm ergehen wie allen Weißen, die in Afrika an ihrer Überheblichkeit zerbrochen seien.

Roy wollte einwenden, dass die beiden die Rettungsinsel nicht hätten benutzen dürfen, aber er konnte nicht ausreden.

»It is your fault!«, wies Momo ihn zurecht, er solle ja nicht anfangen, anderen die Schuld in die Schuhe zu schieben.

Hans, Kris und Rafi standen nur sprachlos daneben. Sie hatten jetzt kein Dingi mehr. Roy war nicht mehr ihr heimlicher Kapitän. Sie hatten den Boden unter den Füßen verloren, sie waren Artisten ohne Netz, Seefahrer ohne Rettungsboot, das verstieß nicht nur gegen Sicherheitsregeln, das verstieß auch gegen alle ihre Gefühle.

»It is your fault!«, wiederholte Momo. Damit das klar war. Kaum wollte Roy anheben, etwas zu sagen, fuhr Momo dazwischen: »It is your fault.«

Elise irrte durchs Schiff: »No Nonsense, where are you? My dear, where are you hiding?«

Hans schrieb scheinbar ruhig Zahlenreihen im sexagesimalen System, wie er es im Lomé gelernt hatte. Kris machte Notizen und strich sie wieder durch. Momo hackte immer wieder symbolisch Hände ab. Keinem schien aufgefallen zu sein, dass Mori sie verlassen hatte. Langsam wurden sie wirklich alle tropo.

Momo und Elise wollten an Land – Rafi chauffierte sie. Ausgerechnet jetzt ging der Außenborder kaputt, er machte ein paar gluckernde Geräusche und verstummte ganz. Momo zeigte aufgeregt auf das Öl, das aus dem Motor tropfte und die Umwelt verschmutzte. Elise fühlte sich bestätigt: Wie war doch die Zivilisation arrogant, wie brutal setzte sie sich über die Natur hinweg.

»Oh, yes, my sister.«

War etwa die Technik mehr wert als die Natur?

»No, my sister.«

Rafi konnte es nicht mehr mit anhören. Wenn doch der Außenborder endlich wieder Lärm machen würde.

Was gab es doch für wissenschaftlichen Unsinn, der nur Schaden anrichtete.

»Oh, yes, sister.«

Nichts als Ärger mit dieser neuen, angeberischen Technik, mit Rudern ginge es schließlich auch, selbst bei der Strömung – meinte Elise jedenfalls.

Es stimmte nicht. Das Zodiak ließ sich nur mühsam paddeln. Es war einfach nicht dazu gemacht.

Auch daran konnte man sehen, wie gedankenlos die Menschen waren, die so was erfunden hatten.

Roy war zur Strafarbeit verurteilt. Er sollte das Dingi alleine wieder zusammenbauen. Es sollte ihm eine Lehre sein, er sollte einsehen, dass er nicht perfekt war. Stets habe er, statt sein Wissen zu teilen, versucht, anderen zu beweisen, wie minderwertig sie seien, weil sie irgendwelche Probleme nicht lösen konnten. Dabei war es Roy selber, der die Probleme bereitete. Hätte Roy das Dingi nicht als sein Spielzeug angesehen, wäre der Unfall gar nicht erst passiert.

Hans, Rafi und Kris halfen Roy – Ehrensache – und ließen manchmal sogar den Eindruck entstehen, sie würden ganz alleine am Dingi arbeiten. Roy litt genug und fluchte immer wieder leise über die SWAPO.

Jedes Mal wenn Momo nahte, sagte Rafi, so laut er konnte: »Achtung, der Sklaventreiber kommt!«

26
Was ist denn überhaupt passiert?

»So hart Christian nun auch mit mir verfuhr, so erregte doch die Erinnerung an meine Güte einige Anwandlungen von Reue in ihm. Als man mich von dem Schiff drängte, fragte ich ihn, ob das der Dank für die Freundschaft sei, die ich ihm erwiesen hätte. Er schien darauf sehr betroffen zu sein und antwortete mir erregt: ›Das ist es eben, Kapitän Bligh! Ich leide wie in der Hölle! Ich bin in der Hölle!‹«

Kapitän William Bligh, *Die Meuterei auf der Bounty*

Das Dingi war – rechtzeitig zum beaching – notdürftig wieder hergestellt, diesmal ohne Segel. In der Nähe des Yachtclubs von Lalala hatte Roy eine Stelle ausfindig gemacht, die für eine Strandlegung geeignet war. Schon am Abend des Vermessungstages gab es wieder Vorwürfe, was Roy für wissenschaftlichen nonsense machen wolle, seine Planungen seien sowieso nichts wert, man solle sich auf den Instinkt verlassen.

Roy blickte nicht auf, er wartete ab, bis Momo fertig war.

Alle hatten sich am Ruderhaus versammelt, tranken Kakao und versuchten, gemeinsam die Manöver abzusprechen. Hans stellte Fragen an Roy, die beiden berieten sich, dann erklärte Hans in seiner ruhigen Art, was sie tun wollten: zwei Anker ausbringen, danach das Schiff an den Palmen befestigen. Bei Ebbe würde sich die Golden Harvest in eine Schräglage bringen, sodass man versuchen könnte, erst die eine, dann die andere Seite zu bearbeiten.

Momo und Elise gingen kommentarlos, als wollten sie sagen,

dass sie dermaßen langweilige Vorträge nicht ertragen konnten, sie wussten auch so, was zu tun war. Alle schwiegen. Wenig später hörte man die beiden heftig stöhnen. Ah, Ah... Roy, Kris, Hans und Rafi standen am Ruderhaus und guckten in ihre leeren Kakaobecher.

Roy entdeckte ihn zuerst. Morishta stand bewegungslos an der Mole.

Hans ruderte ihn herbei.

Sie waren so abgestumpft, dass sie sich nicht einmal mehr richtig freuen konnten, dass ihr »gutes Licht« wieder da war. Sie begrüßten ihn nicht gerade herzlich, Mori verneigte sich knapp. Roy wies ihn ein: Er konnte Teer aufkochen, wenn sie das Schiff an Land auflegten. Mori nickte.

Schon beim Hochnehmen des Ankers war die Stimmung scheußlich. Als die Maschine angelassen wurde, gar noch schlechter. Bei jedem Handgriff wusste Rafi, dass er Unglück bringen würde – keine falsche Bewegung, dachte er immer, es war eine Stimmung wie in einem Krimi: keine falsche Bewegung.

Mit einlaufender Flut fuhren sie Richtung Lalala. Für die fünf Meilen brauchten sie anderthalb Stunden, ohne die Maschine zu strapazieren. Alle schienen froh zu sein, dass sie bei dem Krach nicht sprechen mussten.

Wieso war eigentlich sein Kampfmesser wieder aufgetaucht? Rafi war nicht in der Lage, einen klaren Gedanken zu fassen, aber sein Gefühl – auf das er sich inzwischen verlassen konnte – sagte ihm, dass es jetzt ein Unglück geben würde.

Als sie die Peilmarkierungen erkennen konnten, schienen alle einen Moment lang nicht mehr weiterzuwissen. Das Schiff musste jetzt in die richtige Position gebracht werden, um mit halber Kraft voraus auf den Strand zu fahren. Roy sah sehr nachdenklich aus. Momo und Elise beschränkten sich darauf, abseits zu stehen und zuzugucken. Rafi war die Sache sowieso nicht geheuer: Stranden ist nie gesund für ein Schiff; der Rumpf könnte an Steinen zerbrechen. Als es dieses gewisse Knirschen gab, zuckte er richtig zusammen. Es war genau das Geräusch wie vor San Antonio. Doch der Strand stieg sanft an, die Golden Harvest lag ohne Schaden auf Grund – nur wenige Meter entfernt von den schiefen Palmen. Mit dem Dingi sollte nun der vordere Anker angebracht werden, dann der achtere, um gegen den Ebbstrom zu stabilisieren. Erst danach sollten weitere Leinen zu den Palmen verlegt werden. Kris und Hans stiegen ins Boot, um den Anker anzunehmen.

Plötzlich schrie Momo auf: »Elise, come here!« Er legte ihr lässig den Arm um die Schulter und gab Befehl, zuerst den achteren Anker zu legen.

Hans, ruhig wie immer, antwortete, dass ihr Dingi besetzt sei, um, wie besprochen, den vorderen Anker zu legen.

Roy kam sofort aus dem Ruderhaus gerannt und schimpfte: Keine Anarchistenspiele mehr, er wollte den vorderen Anker legen, keine Zeit verlieren und tun, was geplant war. Roy kletterte runter ins Dingi, Momo hinterher. Er packte Roy an den Schultern: Von ihm werde er sich nichts mehr sagen lassen, seine Entscheidungen würden nur Desaster bringen.

Roy flüsterte. Rafi konnte nicht verstehen, was er gesagt hatte. Momo schlug zu und traf Roy voll ins Gesicht. Roy schubste Momo – der verlor den Halt und fiel aus dem Dingi. Elise sprang mit einem Satz von Bord – sie musste sich dabei ziemlich wehgetan haben – und landete zwischen Roy, Kris und Hans. Dann schlug sie wild um sich, ohne zu wissen, wohin sie zielte und wen sie traf. Momo versuchte inzwischen, wieder ins Dingi zu steigen. Hans und Kris halfen ihm dabei – das waren selbstverständliche Handgriffe und Hilfestellungen unter Seemännern. Alle wussten ja, dass Momo nicht schwimmen konnte. Das Dingi hatte nun viel zu viel Wasser absorbiert, war überladen, trieb ab und versank nach wenigen Metern.

Nun sah Rafi nur noch die Köpfe rausgucken, alle versuchten, in Richtung Strand zu schwimmen – sie paddelten wie die Hunde, spuckten Wasser und erreichten schnell den Strand.

Momo und Elise gingen nach links, die anderen nach rechts, als hätten sie einen Fototermin und sollten sich dazu in zwei Gruppen am Strand aufstellen und still stehen.

Mori guckte Rafi hilflos an, machte Grunzlaute und fragte etwas, das Rafi nicht verstand.

»Come back!«, brüllte Rafi, sie konnten das Zodiak nehmen, um den Anker zu legen. Sie durften jetzt keine Zeit verplempern. »Come back!«

Einen Moment hielt die Erstarrung an, dann sprangen Hans, Roy und Kris ins Wasser und kraulten zurück. Sie brachten den Anker ins Zodiak, legten ihn achtern aus und paddelten zurück zur Golden Harvest.

Da wurden sie schon von Momo und Elise erwartet. Momo grinste. Die Ebbe hatte das Wasser inzwischen so stark abgezogen, dass er einfach durch das Wasser waten konnte. Momo grinste, als wollte er sagen: Ich bin schon da.

»I do not take any responsibility as long as this madman is on board«, verkündete Roy und verschwand unter Deck, Hans und Kris folgten, sodass sie vermutlich nur noch den Anfang von Momos Antwort mitkriegten:

»We don't find it necessary …«

Die drei erschienen wieder, ready to go, sie hatten trockene Kleider angezogen und schnell ein paar Sachen zusammengepackt. Kris hatte die Spiegelreflex umhängen. Sie würden es keine Sekunde länger aushalten, erklärte Roy. Dann bestiegen sie das Zodiak, paddelten an Land und stellten sich wieder am Strand auf. Ihre Energie hatte gerade noch gereicht, das Schiff zu verlassen und die lächerliche Strecke bis an Land zu paddeln.

Da standen sie nun.

Elise erschien an Deck, sprang ins Wasser und holte das Zodiak zurück, es gebe viel zu tun, schimpfte sie, plaudern könne man später. Mit sinkendem Wasser mussten die Muscheln abgeschabt, es musste geteert und kalfatert werden. Rafi hatte das alles nicht verstanden: Es war sinnlos, dass Elise das Zodiak holte, man konnte jetzt zu Fuß an Land gehen. Es war alles sinnlos – es war auch sinnlos, dass Hans, Kris und Roy an Land herumstanden und am Schiff so viel zu tun war.

Momo funkelte Rafi böse an, er solle sich entscheiden: »Your friends« – er sprach es zutiefst verächtlich aus – oder »the ship«.

Wie stellte sich Momo das vor? Sollte sich Rafi das Zodiak nehmen und zu seinen Freunden paddeln? Oder gar zu Fuß dahin gehen? Das war doch absurd. Rafi hatte ein Gefühl, als müsste er platzen. Wieso wurde er vor so eine unsinnige Alternative gestellt? Die Freunde oder das Schiff – diese Entscheidung galt nicht.

Unter Deck roch es stark nach Teer, den Mori – wie abgemacht – aufgekocht hatte. Rafi fing an, die Muscheln abzukratzen – was sollte er sonst tun? Das musste getan werden; erst mussten diese verdammten Muscheln abgekratzt werden, dann konnte man weitersehen. Er guckte immer wieder zum Strand, wo die drei immer noch unbeweglich dastanden.

Die Arbeit ging erstaunlich schnell voran; das alte Werg konnte leicht herausgeschabt werden, dann wurden Hanfschnüre reingelegt, festgeklopft, Teer wurde verschmiert, fertig.

Kris fotografierte vom Land aus. Das war beruhigend zu wissen. Es gab immerhin ein Dokument. Zwischen den Muscheln waren wieder diese kleinen roten Krebse.

Die Arbeit ging schneller voran als die Ebbe; Rafi konnte schon Teile unter der Wasserlinie abkratzen und von oben nach unten Grundierung aufbringen und Schwarz drüberstreichen. Er hatte die ganze Zeit das Gefühl, als stünde hinter ihm ein Geistesgestörter mit erhobener Axt. Er hatte einen Druck im Kopf wie ein Luftballon. Die drei standen immer noch unschlüssig am Strand – nur wenige Meter entfernt. Rafi gewöhnte es sich an, heimlich hinzugucken, und zwar immer dann, wenn er sowieso in die Richtung sehen musste, sodass Momo und Elise, falls sie ihn zufällig beobachteten, nicht das Gefühl hatten, dass er ständig Ausschau hielt. Die Arbeit ging viel zu schnell voran und war – ehrlich gesagt – ein ziemlicher

Pfusch. Noch vor Sonnenuntergang war die Steuerbordseite fertig. Das Wasser war inzwischen so flach, dass Rafi sogar den kleinen Propeller anfassen konnte.

Es wurde dunkel. Die drei Statuen waren nicht mehr zu erkennen. Erst jetzt kam es Rafi zu Bewusstsein, dass sie zerstritten waren – mehr noch als zerstritten; sie waren getrennt: Hans, Kris und Roy hatten das Schiff verlassen. Er musste der Tatsache ins Gesicht sehen. Er hatte seine Freunde verloren. Die Situation war nicht richtig deutlich, weil das Schiff viel zu nah am Strand lag und weil die drei jederzeit zu Fuß an Bord kommen konnten. Es wirkte irgendwie nicht wie ein endgültiger Schritt. Aber sie würden nicht wiederkommen. Er müsste sich überlegen, was er ohne seine Freunde machen sollte, aber das konnte er nicht.

Die Golden Harvest sah gespenstisch aus: Ein gestrandeter Wal. Rafi guckte immer wieder, ob die drei nicht doch wieder auftauchen würden – er wusste, dass sie nicht kommen würden –, dennoch sah er immer wieder nach. Sie waren nicht da. Es konnte gar nicht sein, dass alle drei auf einen Schlag fehlen sollten. Er verstand nur langsam, was passiert war: Momo und Elise hatten die Macht an sich gerissen. Es war jetzt ihr Schiff. Es war auch klar, nach welchen Regeln die Machtübernahme erfolgt war, die mussten gar nicht erst ausgesprochen werden: »Das Land gehört denen, die es bearbeiten.«

Es roch sehr stark nach Teer. Nur nach Teer. Es fehlte der versöhnliche Geruch von Kaffee oder Tabak. Momo und Elise flüsterten, Rafi konnte nicht verstehen, was sie sagten. Er hörte auch nicht richtig hin. Er hatte einfach keine Kraft mehr. Die verdammten Muscheln hatte ihm die letzten Kräfte genommen, der Streit, der Druck im Kopf.

Nun mussten sie warten, bis der nächste Höchststand erreicht war, um das Schiff auf die andere Seite zu legen. Allein darauf kam es jetzt an. Alles andere konnte später noch geregelt werden. Roy hatte den idealen Zeitpunkt ausgesucht, der musste genutzt werden. Es war jetzt auch erstaunlich kalt geworden.

Der Großbaum wurde langsam ausgeschwenkt. Rafi kletterte auf die Nock, um ein zusätzliches Gewicht darauf zu geben. Es sah aber ganz so aus, als würde es nicht klappen. Rafi konnte einfach nicht mehr richtig nachdenken. Es war nicht ausgeschlossen, dass Momo und Elise sich wieder mäßigen würden. Vielleicht würde sie die Arbeit zur Vernunft bringen, Disziplin und frische Luft hatten noch keinem geschadet. Was hätte denn Roy an seiner Stelle getan? Er hätte sich auch auf die Nock gesetzt und versucht, das Schiff auf die andere Seite zu legen, weil es genau das war, was getan werden musste. Die Golden Harvest legte sich sehr langsam um.

Weiter, weiter, Momo trieb sie an – Rafi konnte schon längst nicht mehr. Er hatte seine letzte Kraft in die Waagschale geworfen – wie er das aus Kindertagen kannte. Kinder konnten so was: Die konnten sich schwer machen. Rafi hatte seine letzte Kraft gegeben, um sich schwer zu machen. Nun hatte er keine Reserven mehr. Er konnte nicht mehr und wollte auch nicht mehr.

Morishta auch nicht.

»No work, no chop!«, rief Momo.

Morishta ging, ohne sich umzudrehen.

Na gut, wenn keiner wollte, dann mussten Momo und Elise eben Tag und Nacht durcharbeiten, sie waren bereit dazu. Rafi und Mori verzogen sich in die schiefen Kojen, Momo und Elise machten betont geräuschvoll mit ihrem Nass-in-nass-Pfusch weiter. Die Schräglage war einfach grotesk. Man konnte in der Koje nur mit Füßen abgestützt Ruhe finden; nein, man konnte überhaupt keine Ruhe finden. Es war ein Ausnahmezustand. Der galt nicht. Rafi konnte nicht schlafen; er hörte auf die Kratzgeräusche: mal hastig, mal heftig, mal vorsichtig, mal wütend – für die Golden Harvest brachte das nicht viel, doch jedes Kratzen sicherte die Machtübernahme.

Der nächste Sachzwang bestand darin, die Golden Harvest wieder von Land wegzubringen. Momo erteilte dazu lautstark Anweisungen. Es kostete Kraft, von einem Verrückten gesagt zu kriegen, was sowieso klar war. Alles kostete Kraft: dass Roy, Kris, Hans nicht mehr da waren; die Blicke hin zum Strand, wo sie einmal gestanden hatten.

Der vordere Anker musste ausgegraben werden. Das wusste sowieso jeder. Rafi konnte das zusammen mit Mori übernehmen, weil der auch sofort kapierte, was zu tun war. Momo befehligte gern. Jetzt kam es raus. Es gefiel ihm, den Boss zu spielen: Ankerbeseitigung erfolgt, jawohl, zu Befehl, Vollzug gemeldet. Nun mussten sie noch die Leinen von den Palmen lösen und mit der Winde das Schiff mit dem ablaufenden Wasser über den achteren Anker herausziehen.

Es ging nur zentimeterweise voran; im Laufe des Tages wurde die Golden Harvest etwa hundert Meter rausgezogen, ins nächste Wasserloch rein, wo sie zuerst einmal liegen blieb.

Elise schimpfte wieder. Sie hatte den Fünfdollarschein in der Hand, den sie bei Kris in der Kabine gefunden hatte. Das zeigte deutlich, wie kleinlich Kris war. Er hatte heimlich fünf Dollar für sich reserviert. Damit wollte er nach Hause fliegen.

Rafi konnte es nicht fassen. Das war lächerlich, er konnte nicht mit fünf Dollar nach Hause fliegen, Kris hatte das Geld gespart – »so what«?

»So what«!? Es ging ums Prinzip. Kris hatte es schon einmal gemacht, erklärte Elise widerwillig: In Gambia hatten sie Kris dabei erwischt, wie er sich fünf Dollar zur Seite gelegt hatte, und das bedeutete, dass Kris nicht bereit war, sich zu bessern; nicht bereit war, zu lernen, sich in die Gemeinschaft einzufügen.

Sollte Elise doch diesen angeblichen Verrat in allen Farben ausmalen, ungerecht wie sie war, sollte sie nur, sie hatte es nötig, sich über andere zu erheben. Rafi glaubte ihr sowieso nicht mehr – doch eins wurde ihm klar: Kris würde nicht zurückkommen. Er hatte seinen besten Freund verloren, davon musste er jetzt ausgehen. Er wollte Kris verteidigen, hervorheben, dass Kris sich verdient gemacht hatte – es war zu spät. Elise würde es sowieso nicht zur Kenntnis nehmen; für sie war Kris gestorben. Sie bedauerte nicht, dass er für die Operation Namibia verloren war. Man müsste tough sein, wer nicht die Kraft hatte, durchzuhalten, schied besser aus. Auf Dauer konnten sich kleinliche, halbherzige Leute mit unfertigen Gedanken nicht bewähren. Leute, die nicht gefunden hatten, was sie suchten, würden zwangsläufig auf der Strecke bleiben.

Momo wirkte sehr zufrieden; er war überrascht, wie leicht alles ging. Er hatte sich vorgestellt, dass die Weißen, die sich stets anmaßend und überlegen zeigten, mehr Widerstand leisten würden. Aber was – wenn er mal fragen durfte – war denn vorgefallen? Eine Meinungsverschiedenheit über ein technisches Problem, mehr nicht. Doch die Weißen machten mal wieder aus einer Mücke einen Elefanten. Es war eine völlig überflüssige Meinungsverschiedenheit, an der die Weißen selber schuld waren. Wenn es nach ihm gegangen wäre, hätten sie sich nicht streiten müssen. Er konnte es sowieso besser alleine. »No more masters from now on.«

Momo betonte times without number, wie erleichtert er war, dass er nun keine Befehle mehr annehmen musste von inkompetenten Weißen, die selber eingestanden hatten, dass sie die Verantwortung nicht übernehmen könnten. Was konnten diese Weißen schon?! Sie waren schwach, krank, unentschlossen und überheblich. Wie sollte man mit solchen Weichlingen je etwas erreichen? Momo hob die Hände wie ein Schauspieler aus einem dieser billig gemachten Filme über das Leben Jesu: Schluss jetzt, nun sollte kein Wort mehr darüber verloren werden. Jetzt würde es erst richtig losgehen, man hätte die Bremsklötze nicht mehr an Bord. Die Verräter waren es nicht wert, dass man sich ihretwegen Gedanken machte und Energie darauf verschwendete, in ihre Seele zu schauen. Man musste nach vorne gucken, »into the future«.

Das Dingi konnte gleich in der ersten Phase der Ebbe gehoben werden, na bitte. Das beaching war erfolgreich abgeschlossen, das Schiff war in guter Lage: Es würde nicht mehr stecken bleiben, sie konnten los.

Es gelang Momo im Alleingang, die Maschine anzuwerfen: »You see how easy it goes!« Roy hatte sie an der Nase herumgeführt, man musste nichts vorher schmieren. Momo war überglücklich, wie gut die Golden Harvest lief. Er rief freudig: »Look, my sister«, die allerdings nur müde mit »Oh, my brother« reagierte – Kopfschmerzen?

Sie fuhren zurück zu ihrem alten Ankerplatz in der Mündung mit der starken Strömung. Das Ankerwerfen klappte prima: ›Rastaman Vibration‹ wurde voll aufgedreht. Danach ›War‹ und ›Rat Race‹.

Momo hatte es geschafft. Sie waren weg von den drei Geiern am Strand von Lalala. An ihrem alten Ankerplatz in der Mündung konnte jeder das Schiff sehen, die drei konnten es finden, falls sie danach suchten – so what! Momo hatte keine Angst.

Ein Zodiak näherte sich mit Kris und einem unbekannten Franzosen. Alle guckten schweigend zu, wie Kris an Bord kletterte. Er redete nicht, er stieg zu seiner Koje hinunter und kramte in seinem Aktenkoffer. Momo stellte sich neben ihn, beobachtete alles, sagte aber nichts. Jedes Mal wenn Kris irgendwohin wollte, machte ihm Momo demonstrativ den Weg frei, als wollte er sagen: Bitte schön, ich stehe dir nicht im Weg, du kannst gehen, wohin du willst.

Das Schweigen wurde unerträglich; die kleinsten Nebengeräusche, die das Wasser an dem Boot machte, waren jetzt überlaut zu hören. Elise hielt sich stets in der Nähe von Momo auf – sein bleicher Schatten.

»Kris, äh …« Rafi wusste auch nicht, wie er anfangen sollte.

Kris hatte sein Köfferchen gepackt, öffnete es ein letztes Mal und suchte fünf Fotos für Rafi heraus, die er bei der Charterfahrt geknipst hatte. Er blickte Rafi lange an. Schließlich griff er sich Rafis Tagebuch, das auf dem Tisch im Mannschaftsraum lag, schrieb seine Adresse hinein und ging ohne ein Wort, ohne sich umzudrehen.

Rafi fütterte die Katzen, gab ihnen eine doppelte Portion und streichelte sie lange. Selbst die Katzen wirkten verstört, aber es konnte sein, dass Rafi sich das nur einbildete. Er hätte am liebsten sofort die ganzen Vorräte an sie verfüttert.

Momo und Elise waren mit dem Dingi an Land. Rafi und Mori mussten an Bord bleiben.

»Momo, Elise no good.« Morishta verstand das alles nicht. No work, no chop, hatte Momo gesagt. Was sollte das bedeuten? Nun hatte ihm Momo sogar untersagt, seine Zeremonien zu machen. »Celemony no good?« Mori konnte unglaublich griesgrämig gucken. Nun machte er seine Zeremonie – solange Momo nicht an Bord war, musste er das ausnutzen. Voll Aggression brüllte er sein Om und brach fluchend ab, als er merkte, dass er vergeblich versuchte, Frieden in sich hineinzuzwingen. Er rasierte sich den Schädel, wie er es getan hatte, als er in Lomé von Bord gegangen war.

Das Dingi näherte sich. Rafis Magen krampfte sich sofort zusammen. Die beiden schimpften, er musste nur den Tonfall hören. Sofort wusste er Bescheid. Es waren noch mehr an Bord. Hans! Der musste einiges ertragen können, der konnte es sogar aushalten, mit den beiden in einem kleinen Dingi zu sitzen. Sie hatten noch jemanden dabei, einen Schwarzen, der schon von weitem unheimlich wirkte. Im ersten Moment dachte Rafi, dass es jemand sein musste, den er aus Lagos kannte – nein, doch nicht, er hatte ihn noch nie gesehen. Er hieß auch Momo und wollte sich der Operation Namibia anschließen.

Hans kriegte wenigstens den Mund auf: »I want to talk to Rafi. Alone.«

»No«, das erlaubte Momo nicht, »everybody same face.«

»Dann reden wir eben in unserer Muttersprache«, Hans lächelte und umarmte Rafi völlig überraschend.

»Scheiße!« Momo war sehr ärgerlich. »I speak German, remember, Scheiße.«

»Also, die beiden anderen, die ich jetzt nicht namentlich erwähne, aber du weißt sicher schon, welche ich meine?«

Rafi nickte.

»Sie wollen wieder zurück an Bord kommen, sobald diese beiden hier nicht mehr da sind.«

»Das höre ich gerne.«

»Wir müssen nur zusehen, dass wir diese beiden – du weißt schon ...«

Rafi nickte wieder.

»... wieder loswerden. Am besten, denke ich, wenn sie gerade an Land sind. Dann schnappen wir uns das kleine Beiboot und hängen sie ab.«

»Dinghi!« Momo lachte böse. Sie sollten sich nur ja nicht einbilden, dass er nicht genau mitkriegte, worüber sie redeten. Er hatte alles verstanden, es ging um das Dingi.

Der Plan war viel zu nahe liegend. Wenn Momo und Elise an Land gingen, mussten sie das Boot verstecken oder versuchen, jemanden zu finden, der es solange bewachte.

»Die haben mich erwischt, als ich das Dingi übernehmen wollte, deswegen bin ich hier. Ich habe das natürlich abgestritten und gesagt, ich wolle an Bord, aber ich fürchte, Momo weiß Bescheid.«

Schluss jetzt. Momo beendete die Unterredung. Sie hatten genug gequatscht. Er hatte alles verstanden. Jedes Wort. Momo behandelte sie wie Gefangene, denen er großzügig eine Besuchszeit eingeräumt hatte; er teilte ihnen nunmehr mit, dass sie abgelaufen war. »Stop your games!« Sie sollten sich daran gewöhnen, dass nun andere Sitten herrschten, mit den Spielchen war Schluss. Momo drängte Hans zurück – Hans ließ sich schieben. Momo musste ihn zurückrudern, solange Tidengleichstand war; er durfte keine Zeit verlieren. Er hatte so viel zu tun. Er musste sich noch um den Neuen kümmern.

»Okay, Hans, come back. Grüß Kris und Roy von mir. Ich

mache auf jeden Fall mit, wenn ihr einen Plan habt. Ganz, ganz liebe Grüße an die anderen beiden!«

Die Erstgeborenen einer mohammedanischen Familie hießen oft Momodou, erklärte Momo, ihr neuer Momo war Weißbrotbäcker. Sie hatten genug Weißmehl an Bord, nun gab es Baguette.

Danach musste der Neue das Deck streichen. Rafi und Mori weigerten sich – auch wenn Rafi froh war, dass endlich das Klogrün übermalt wurde. Der zweite Momo machte von Anfang an alles falsch: Der Anstrich an Deck musste mit Sand aufgeraut werden, damit man bei schwerer See nicht ins Rutschen geriet. Dazu musste der Sand gleich in den Eimer gegeben werden. Aber es war aussichtslos, Momo so was beizubringen; der wollte keine guten Ratschläge hören und wusste alles besser. Doch unter seinem Regime wurde die Golden Harvest zugegebenermaßen sichtlich schöner. Es war wie nach der Meuterei auf der Bounty, da hatten die Meuterer als erste Maßnahme Uniformen angezogen und sich richtig herausgeputzt.

Rafi nannte den Neuen Momo Two, als könnte er Momodou nicht richtig aussprechen. Es war eine kleine Boshaftigkeit am Rande, weil Momodou nichts weiter war als ein zweiter Momo, ohne eigenen Willen, ein Schatten des neuen Kapitäns. Rafi schwor sich, kein einziges Wort mit ihm zu reden.

Momo, der Erste, trat tollpatschig, wie er war, in einen Farbeimer. Rafi war schuld, weil er zugeguckt hatte und sich ein Grinsen nicht verkneifen konnte. Dazu lief mit scheppernden Bässen Bob Marley, und Momo sang laut mit. »Until that day…« – Momo hob den Zeigefinger – »victory of good over evil.« Elise hatte wieder Kopfschmerzen und drückte ihren Kopf tief in ein Kissen, das sie mit sich herumtrug. Sie sei aber in der Lage, den Schmerz durch mentale Kraft zu besiegen. »I am happy.«

Sie wollten sofort nach Walfischbai – nonstop. Momo zischte: »Now!« Sie mussten schnell handeln; Kris, Hans und Roy hatten die Operation Namibia verraten. Sie waren nun eine große Gefahr für das Projekt. Sie könnten irgendwas planen... Elise war schon enttäuscht, aber nicht sonderlich überrascht. Auf so einer Reise konnte man nicht lange durchhalten, ohne zu zeigen, wer man wirklich war, es war ein Prozess der Selbstfindung. Die drei hatten das Schiff verlassen – darin lag auch etwas Gutes, dieses Gute musste man versuchen zu erkennen, nun waren die schädlichen vibrations nicht mehr da, die bad spirits, sie könnten sich eine Menge Ärger ersparen, sinnlose Diskussionen und power games.

Kati startete – Kartoffel, Kartoffel. Momo One hatte es geschafft. Es ging los. Momo Two kriegte eine Ölkanne in die Hand gedrückt, wusste aber offenbar nicht, was er damit anfangen sollte. Nun wurde kurz Gas gegeben, um auf den Anker zuzufahren. Elise holte die Kette ein – schon waren sie in Fahrt, das Dingi achtern im Schlepp. Gegen leichten Wind unter Maschinenkraft fuhren sie in den Sonnenuntergang.

Mori und Rafi schauten sich ratlos an.

Er blieb so lange an Deck, bis der Boulevard de la Indépendence nicht mehr zu erkennen war, nur noch der loom. Er stand wie erstarrt da und guckte zu, wie er sich immer weiter von Libreville entfernte. Er hoffte immer noch, dass Hans, Kris und Roy plötzlich mit einem Zodiak auftauchten und die Golden Harvest enterten. Solange das Land in der Nähe war, konnte immer noch ein Wunder geschehen.

Es war kein loom mehr in Sicht. Es war dunkel geworden, sie waren zügig rausgefahren, ohne Positionslichter zu setzen. Er hörte, wie Momo zum Funkgerät ging, Drähte herausriss, und hörte am Platschen, dass er das Funkgerät über Bord geworfen hatte.

Momo Two hatte immer noch die Ölkanne in der Hand – wahrscheinlich hatte ihm Momo nicht mitgeteilt, dass er sie weglegen dürfe. Er sah verstört aus, ein finsterer Geist an Bord, irgendwas mümmelte er vor sich hin. Der würde noch mit der Ölkanne schlafen gehen, der tickte nicht richtig. Er mochte das Schiff nicht, ihm war sofort schlecht – noch einer, der das Meer nicht vertrug.

Momo One rannte hektisch hin und her, baute sich angeberisch im Hauptniedergang auf und gab Anweisungen. Sie brauchten jede Hand an Bord, wer nicht arbeite, werde bluten. Rafi versuchte, es dem guten Mori, der sich Hilfe suchend an ihn wandte, irgendwie zu dolmetschen: »No work, blood!«

Mori sah ihn ungläubig an. »Blood?«

Sie verabredeten, so gut es in Zeichensprache möglich war, zunächst so zu tun, als würden sie gehorchen, um die Lage zu entschärfen. Sie lächelten beide ein japanisches Lächeln und folgten den Aufforderungen von Momo übertrieben langsam.

Momo war immer noch überwältigt, wie leicht alles ging. Das Schiff lief praktisch von alleine.

Auf die Frage nach dem Logbuch wurde er sofort fuchsig. »Stop playing, man!« – er würde jeden Hafen finden, sie müssten nur mit Maschinenkraft von der Küste weg, um nicht auf eine Sandbank aufzulaufen, das hieß: nach Westen, später Kurs Luanda.

Die Wellen wurden stärker, je weiter sie sich von der Küste entfernten. Die Golden Harvest geriet nun in eine widerliche Lage. Sie schaukelte stark. Selbst Rafi wurde schlecht. Er konnte sich nicht mehr dem Meer fügen, da war gleich dieser innere Widerstand, der ihn seekrank werden ließ. Elise und Momo litten genauso. Jetzt mussten Wachen eingeteilt werden. Rafi fand es nur fair, eine Wache zu übernehmen. Sechs Stunden für jeden. Mori und Rafi bildeten eine Wache, Elise mit den beiden Momos die zweite.

Halbe Kraft, Westsüdwest, Wind zunehmend drei bis vier aus südlicher Richtung.

Um Mitternacht gab es nach alter Sitte zur Wachablösung Kakao.

Es gab auch neue Sitten: Logbuch und Karten waren in Momos Kojen. Rafi und Mori sollten, so befahl Momo, weiterhin den vorgegebenen Westkurs einhalten, sonst würden sie bluten. Rafi versuchte einzuwenden, dass sie auf São Tomé treffen würden, doch Momo ließ keinen Widerspruch zu.

Rafi versuchte, einen leichten Südkurs reinzumogeln. Der Wind drehte gerade leicht auf Südsüdost. Da konnte Rafi gut etwas nach Süden abweichen, ohne dass Momo es merkte. Kati würde nicht mehr lange mitmachen, das Öl wurde knapp, der Diesel war schon zu drei Vierteln verbraucht, und das Fett würde nur noch wenige Stunden reichen. Es dauerte ein Weilchen, bis Momo einsah, dass die Maschine dringend eine Ruhepause brauchte. Rafi schlug vor, die Segel zu setzen. Darüber musste Momo noch ein wenig nachdenken.

Gut, er hatte nachgedacht, er gab Order, die Segel zu setzen: Stagfock, Großsegel, Binnenklüver, Stagsegel, schließlich lagen sie unter vollem Tuch bei Westsüdwestwind, der sie sowieso zwang, einen eher südlichen Kurs zu nehmen, solange das Segeln so einfach bleiben sollte, wie Momo sich das wünschte.

Der Himmel war gelblich grün. Es wurde jetzt sehr warm. Die Luft war klar, die Wolken lagen ungewöhnlich tief. Keiner hatte Erfahrungen mit so einem Wetter. Der Wind nahm ständig zu, bis sie acht Knoten erreichten und in einer höllischen Schräglage Fahrt aufnahmen. Momo war begeistert und ängstlich zugleich. Keiner hatte ihm gesagt, dass so viel aus dem alten Schiff herauszuholen war. Die Weißen hatten ihm etwas vorenthalten; erst durch ihn wurde das Schiff so schnell.

Das Großsegel konnten sie im Moment nicht herunternehmen, die anderen Segel auch nicht, weil sie dann kein Gleichgewicht gehabt hätten, es kam viel zu viel Wasser über, die kleine Windhutz über den Kojen von Elise und Momo wurde plötzlich abgerissen – einfach so, zack, weg.

Die Golden Harvest brannte durch. Rafi konnte nur noch staunen, er konnte sich nicht rühren, aber auch nicht ausruhen, sie mussten dem Teufel ein Ohr absegeln.

Momo hatte es die Sprache verschlagen. Immerhin konnte er jetzt keine schlauen Sprüche mehr von sich geben. Rafi musste zugeben, dass es ihm eine gewisse Befriedigung brachte, mit anzusehen, wie Momo und Elise hilflos zu den Segeln aufschauten.

Er konnte sowieso nicht schlafen, und die beiden konnten unter diesen Umständen nicht alleine mit Momo Two die Wache übernehmen. Also, was sollte er tun?

Durchmachen, was sonst!

Das neu gestrichene Deck war nicht mit Sand aufgeraut. Rafi hatte es gewusst. So wie die Golden Harvest momentan schaukelte, war es lebensgefährlich, über Deck zu gehen. Es kam immer wieder Wasser in den Hauptniedergang, sogar ins Vorlug. Unter diesen Umständen musste jede halbe Stunde gepumpt werden, man musste verflucht aufpassen, dass man nicht ausrutschte. Der Sternenhimmel stürzte senkrecht in die Tiefe.

Erst gegen neun ließ der Wind nach. Nun waren es nur noch vier Knoten in einer nicht mehr ganz so fürchterlichen Schräglage. Sie blieben immer noch sehr hart am Wind, möglichst westlich, viel zu hart, es kam zum Laffen – es musste so kommen. Der Wind griff auf die Leeseite der Segel über und prügelte das Schiff. Daran konnte Rafi auch nichts mehr ändern. Er war nicht zuständig. Er grinste schadenfroh, mehr als er eigentlich wollte, es kam einfach so aus ihm raus, er grinste nur und grinste – und wusste selber, dass es blöd aussah. Das Schiff lief völlig aus dem Ruder, sollte es doch. Das Laffen wurde immer heftiger. Die Segel knallten, als würde jemand ausgepeitscht. Dann legte sich die Golden Harvest wieder voll in den Wind. Momo brüllte Kommandos – es konnte ihn eh keiner verstehen, sollte er doch rumschreien, wenn er nichts Besseres zu tun hatte.

Er half mit, die Stagsegel zu bergen, das musste getan werden und ging auch ohne Kommandos. Die Golden Harvest drehte bei, sie trieben in Richtung Nordosten, stundenlang, ohne dass es eine Kontrolle über den Kurs gab. Momo ließ das Schiff einfach treiben. Es war ihm offenbar peinlich, um Rat zu fragen.

Wo waren sie jetzt? Die Armbanduhr von Roy war im Ruderhaus deponiert. Doch die Navigation wurde sowieso durch die starke Wolkendecke erschwert. Der Sextant war entweder in Momos Kammer versteckt oder über Bord gegangen.

Rafi legte sich hin und fiel sofort in Tiefschlaf.

Etwa zwei Stunden über der Zeit weckte Momo ihn zur Nachtwache bei völliger Windstille. Rafi merkte gleich, dass Momo ihn nicht aus Freundlichkeit hatte länger schlafen lassen, ihm war die Flaute irgendwie peinlich, er hatte warten wollen, bis das Schiff wieder in Fahrt war. Da hätte er noch lange warten können. Sie waren wieder in den Rossbreiten, nun würden sie krepieren wie die Pferde. Die beiden gingen schlafen, für sie gab es nichts mehr zu tun. Momo Two schlief auch. Rafi war dran, er war mit Mori und der Flaute allein.

Der Wind macht Pause. Totalflaute. Die Rossbreiten haben uns wieder erwischt. Momo hat das Schiff nicht mehr unter Kontrolle.

Mori wirkte krank. Rafi bot ihm an, sich unter Deck auszuruhen, und Mori nahm den Vorschlag dankbar an – er musste wirklich krank sein. So blieb Rafi nichts anderes übrig, als alleine zu wachen. Sie hatten jetzt Windstärke eins und kamen nur Meter für Meter voran. Er wollte das Log rauslegen, doch Momo musste es an sich genommen haben, vielleicht um zu vermeiden, dass Rafi merkte, wohin Momo überhaupt wollte. Es war überhaupt nicht mehr möglich, die Position zu bestimmen. Es war keine Zeit markiert, es gab keine Eintragungen. Es half nichts: Rafi musste sich darüber im Klaren sein, dass Momo bewusst das Risiko einging, alle umzubringen.

Gegen Ende der Wache frischte der Wind auf, sie fuhren in südwestlicher Richtung. Morishta hatte sich nur mühsam aufgerappelt, um zu helfen, nun kauerte er als klägliche Figur auf dem Stuhl im Ruderhaus, hatte hohes Fieber und musste sich gleich wieder hinlegen. Der Wind wurde ständig stärker, Rafi konnte nur hoffen, dass er nicht ganz so stark werden würde wie in der letzten Nacht. Gegen ein Uhr sah er ein Leuchtfeuer und suchte hektisch in der master's cabin eine Seekarte, wo er erstaunlicherweise eine fand. Es waren eindeutig die Leuchtfeuerfrequenzen von São Tomé. Sie mussten sofort vom Wind abfallen und südlichen Kurs aufnehmen, um nicht auf Klippen zu laufen oder in die Hände der Soldaten zu fallen.

Der arme Mori musste wieder aus dem Schlaf gerissen werden – es half nichts –, um die Präventergei durchzuholen und Kurs in südlicher Richtung aufzunehmen. Die Großschot wurde gefiert, auch vorne mussten die Schoten gefiert werden, um Fahrt zu verlieren. Das Leuchtfeuer ließ Rafis Herz sofort schneller schlagen. Plötzlich saßen ihm wieder alle Gespenster im Nacken: Soldaten, Menschenfresser, Gefolterte. Es dauerte Stunden, bis das schreckliche Leuchtfeuer nicht mehr zu sehen war.

Er hatte sich noch längst nicht beruhigt, doch er beschämte Momo bei einer ordnungsgemäßen Wachübergabe mit frischem Kaffee und dem Satz, auf den er sich schon gefreut hatte: »We just passed São Tomé!« Er weidete sich an Momos Entsetzen. »If you want to go back to the electric chair – this way!«

27
Es steht geschrieben

»So sollt ihr alle Einwohner vertreiben vor eurem Angesicht und alle ihre Säulen zerstören, dass ihr also das Land einnehmet und darin wohnet, denn euch habe ich das Land gegeben, dass ihr's einnehmet.«

4. Moses 33

»Willst du aber leibeigene Knechte und Mägde haben, so sollst du sie kaufen von den Heiden, die um euch sind.«

3. Moses 25

In Gedanken versuchte er die Strecke noch mal durchzugehen, sie mussten den Äquator passiert haben: Neptun die Füße küssen, Speckschnurschlucken – all dies lächerliche Zeug ging ihm durch den Kopf. Gegen elf – grob geschätzt – wachte er auf: wieder Flaute; sein Instinkt hatte ihn geweckt. Es würde neues Unglück geben. Er rührte sich Maniok pur in der Kombüse an; er hasste das Zeug inzwischen. Momo und Elise waren schon an Deck, wuselten und trampelten herum. Das war nicht gut.

Sie hatten drei Bücherkisten an Deck geschleppt, hauptsächlich Bibeln mit rotem Einband. Momo hatte mehrere davon unterm Arm, eine in der Hand, er riss ein paar Seiten heraus und warf sie über Bord.

»What the hell are you doing?«

Momo schien in Trance zu sein. »I hate books, especially this.«

Wieder wurde eine Bibel nach außenbord geschleudert. Momo holte mit der rechten Hand weit aus: »With compliments to Sister Magda!«

Rafi sah sich sofort im Film von der Meuterei auf der Bounty, da gab es diese Szene, in der die Brotpflanzen über Bord geworfen wurde, die Kamera blieb bei der Ladung, die noch kurze Zeit auf dem Wasser trieb, während sich die Bounty zum Horizont hin entfernte. So ging es ihm: Er war nur noch Zuschauer.

Es waren falsche Bibeln, denn Gott war in Wirklichkeit schwarz. Momo wusste schon lange – nicht erst aus den Songs von Bob Marley –, wer das wahre Volk Israel war: die Sklaven Afrikas! Doch das konnte der weiße Mann nicht eingestehen und hatte falsche Bibeln in Umlauf gebracht. »I was in Europe«, erklärte Momo feierlich, er hatte es mit eigenen Augen gesehen, die Kirchen in Europa waren leer, die Weißen glaubten selber nicht, was in ihrer Bibel stand.

Momo wandte sich direkt an Rafi. Warum würde sich der weiße Mann wohl weigern, die neuen Erkenntnisse der Wissenschaft anzuerkennen? Die Forschung hatte längst bewiesen, dass der erste Mensch ein Schwarzer war. Wenn Gott den Menschen nach seinem Antlitz geschaffen hat, hatte er ihn schwarz gemacht. Und warum, wollte Momo als Nächstes wissen, würde die Kirche die Existenz von Ufos leugnen, obwohl es erwiesen war, dass es sie gab, sogar Jimmy Carter hatte eins gesehen. Dennoch leugnete es die Kirche, weil sie jegliche Wissenschaft, auf die sich die Macht des weißen Mannes gründete, aus dem Glauben heraushielt, weil sie sonst die Überlegenheit der Schwarzen anerkennen müsste: The Black Supremacy. Rafi brauchte gar nicht so verwundert aus der Wäsche zu gucken, Momo würde sowieso nicht erwarten, dass er ihn verstehen konnte. Aber er wollte es in einfachen Worten versuchen: Der weiße Mann war nach Afrika gekommen und hatte Bibeln. Der schwarze Mann hatte das Land. Er lernte, beim Beten die Augen zu schließen. Als er die Augen wieder öffnete, hatte der weiße Mann das Land und er die Bibeln.

Elise hatte noch etwas entdeckt: »Look!« Eine Bibel in Afrikaans! Wer konnte so was an Bord geschmuggelt haben! Unfassbar! Afrikaans war die Sprache der Unterdrückung.

Die beiden machten eine Zeremonie daraus, Bücher und Zeitschriften über Bord zu werfen. Elise entdeckte immer neue frauenfeindliche Cover: »My brother, look at this!« Es war eine Beleidigung für Frauen. Momo konnte es nicht fassen: Das sollte überlegenes Kulturgut sein?!

Rafi hatte damit nichts mehr zu tun. Er verstand diesen Film, der gerade ablief, nicht. Das war ein ganz normales Titelblatt von *National Geographic;* es zeigte eine Frau, die in einem Reisfeld arbeitete. Es war, so viel Rafi wusste, eine durchaus seriöse Zeitschrift mit wissenschaftlichen Artikeln. Doch Elise hatte befunden, dass es frauenverachtend war. Oft drückte allein schon der Titel die Dummheit der Verfasser aus, die Kränkung für die Menschheit. Es war schade um die Bäume, die sterben mussten, um Papier daraus zu machen, auf das solche Lügen gedruckt waren. Sie mussten sich der vergifteten Fracht entledigen.

Momo versuchte, die Bücher vorher zu zerreißen, als könnten sie womöglich die Wasserung überstehen, wieder auftauchen und weiteren Schaden anrichten. Er hatte wirklich zu viel Energie. »Sister Magda!« Er rupfte wütend an den Bibeln herum. »Sister Magda!«

»I do not understand«, bemerkte Rafi kleinlaut.

War es denn ein Wunder? An Momo würde es nicht liegen. Wenn Rafi nicht folgen könne, liege das einzig und allein an ihm.

»Sister Magda?«

Oh, Sister Magda! Was hatte sie dem kleinen Momo alles angetan! Momo beschrieb sie als wundervolle und zugleich grausame katholische Ordensschwester. Er zitierte aus der Bibel – es war erstaunlich, was er alles auswendig kannte. Momos Eltern waren von britischen Kolonisten als Widerstandskämpfer hingerichtet worden. Nach ihrem Tod musste Momo von seinem Onkel erzogen werden; dazu machte Momo wieder die Handabhackbewegung, bis er schließlich in eine Besserungsanstalt kam, wo er von Sister Magda gequält und missbraucht wurde.

Wütend griff er sich als Nächstes die Navigationsbücher: Alles Unfug, Prothesen für Leute, die verlernt hätten, ihrem Instinkt zu vertrauen; das waren Bücher für Kranke, dabei war jeder selber verantwortlich für seine Krankheiten, die nur eine natürliche Reaktion auf sündhaftes Verhalten waren. Sie brauchten auf einem Friedensschiff keine Prothesen. Nun, da sie von kranken Leuten wie Roy, Kris und Hans verlassen waren, erst recht nicht. Damit gingen die Navigationsbücher über Bord.

Was ist Wahrheit? Momo richtete die Frage theatralisch an das Meer. Keinesfalls sollte Rafi darauf antworten. Das wollte Momo selber erledigen. »What ist truth?« Das, was Gott durch ihn sprach. Es war doch sonnenklar. Der Beweis lag auf der Hand. Der Beweis war, dass die Welt momentan im Unfrieden lebte. Daran waren einzig und alleine die Lügen der Menschen schuld. Lügen machten die Welt krank. Deshalb musste man sie bekämpfen. Auch die Golden Harvest war ein Nest der Lüge, man musste sie sofort umbenennen in Peaceship Eart.

»Ört?«

»Earth!«, verbesserte Elise.

»Peaceship Eart!«, wiederholte Momo feierlich, ohne seine Aussprache zu verbessern. Das sollte der neue Name sein, auf den das Schiff hiermit umgetauft war.

Rafi gefiel das gar nicht. Man durfte ein Schiff nicht umtaufen, das würde Unglück bringen. »You cannot do that.«

»Bullshit!« Das war Aberglaube. Aberglaube war Lüge. Lüge musste vernichtet werden.

Es würde ein Unglück geben, wenn ihr Schiff auf hoher See auf einen neuen Namen getauft würde, das wusste jeder Seemann. Nur Piraten machten so was.

»Nonsense!« Umgekehrt: Es war ein Unglück für das Schiff, das solch üble Fracht transportieren musste, einen dermaßen verlogenen Namen zu haben: »Golden Harvest!« Momo sprach es verächtlich aus. Es sei überhaupt nichts Goldenes an diesem Schiff, hier werde nichts geerntet. Das Schiff musste befreit werden vom Ballast der Lüge. Hier musste gründlich gesäubert werden, ehe sie den Ärmsten unter den Armen unter die Augen treten konnten.

Dann gingen Momo und Elise wieder ans Werk, weitere Bücher an Deck zu bringen und kurz entschlossen über Bord zu werfen.

»My sister, look at this!«

»My brother!«

Rafi stieg auf zu den Längssaligen und las sein Navigationsbuch von A. C. Gardener. Sein Vater hatte mal erzählt, dass es in der Zone verboten war, Bücher von George Orwell zu lesen – manche hätten es heimlich getan und jede einzelne gelesene Seite im Ofen verbrannt, um keine Spuren zu hinterlassen.

Er musste seinen Gardener retten. Dieses Buch mussten sie ihm schon gewaltsam aus der Hand reißen. Er konnte sich allerdings gerade nicht konzentrieren.

Er stieg wieder runter und verzog sich ausnahmsweise in seinen Sarg. Sie hatten schon immer Seiten aus den Bibeln, von denen sie – zugegeben – sehr viele an Bord hatten, herausgerissen, um Tüten zu drehen. Es war spaßig gemeint, sie hätten es dennoch nicht machen sollen. Es war ein Fehler gewesen. Nun war alles zu spät. Die Kakerlaken hatten sich auch wieder vermehrt. Sie waren noch frecher geworden. Als wüssten sie jetzt, dass die Menschen ihnen gegenüber machtlos waren. Früher hatten sie sich zurückgehalten und im Halbdunkel versteckt. Jetzt nicht mehr. Man sah sie überall. Sie führten sich auf, als würde ihnen schon längst das Schiff gehören.

Jeder Mensch braucht Anerkennung.

Das war immerhin ein Anfang. Wenn auch kein guter. Allein dieses *Anerkennung,* handgeschrieben in seinem Tagebuch, wirkte hoffnungslos fehl am Platz. Dennoch. Er musste versuchen, seine Gedanken zu ordnen, Rettung zu finden in einer

Ordnung, die größer war als er. Er hatte keinen mehr, den er fragen konnte, was zu tun war. Und er brauchte dringend eine übergeordnete Instanz. Zumindest einen Plan.

Ich lege die Arbeit nieder, bis ich eine bessere Lösung gefunden habe. Momo verbreitet Lügen und Beleidigungen über mich. Es ist nicht möglich, auf vernünftige Weise mit ihm zu reden. Momo ist ein gefährlicher Verrückter, der sich und seine Philosophie über alles liebt und die Golden Harvest zweckentfremdet. Zitat: »I hate books, I do not take mess.«

Normalerweise wäre Ausbooten der Fall gewesen.

Momos Aktion ist Piraterie.

Eh ich meinen Stolz aufgebe, begehe ich Selbstmord.

Elise ist nicht der Rede wert.

Die deutsche Sprache war ihm reichlich fremd geworden, wie er jetzt merkte.

Wenn ich mich diesem Unsinn beuge, schade ich mir.

Ich bin nicht verantwortlich für Momos Entscheidungen.

Rafi musste gleich wieder aufhören. Dabei war es sicher gut, seine Gedanken niederzuschreiben, selbst wenn er dabei nur Stichworte festhalten konnte – festhalten, das war es, er musste sich festhalten an den Sätzen.

Es half ihm nicht – das musste er sich eingestehen –, die Ereignisse aufzuschreiben. Es konnte ihn sogar zurückwerfen. Er war in einer Notlage, da musste man klar unterscheiden: Was würde einen zurückwerfen, was weiterbringen? Weiterbringen würde einen jede Art von Tätigkeit – reparieren, pumpen, Kakao kochen, den Gardener lesen. Zurückwerfen würde einen jedwedes Wühlen in der Vergangenheit, jedes Selbstmitleid. Dazu gehörten auch seine Vorstellungen von einem tragischen Ende. Da durfte er sich nicht gehen lassen, er durfte gar nicht erst auf den Geschmack kommen, sich den Untergang des Schiffs auszumalen. Das war der Teufelsweg. Er stand an einem Scheideweg, der ihm erstaunlich deutlich war. Es war falsch, mehr als nötig daran zurückzudenken, wie Momo die Bücher über Bord geworfen hatte – schlimmer noch, wie er vorher absichtlich Seiten herausgerissen hatte. Das waren negative Energien, wie sie Momo gerne vorführte, um ihn zu erschrecken. Darüber durfte er nicht mehr nachdenken, sonst würde er von der negativen Kraft angesteckt. Man durfte nie zu lange den negativen Weg gehen. Auch seine Schadenfreude gehörte dazu. Ein Tagebuch zu schreiben konnte ebenfalls negativ sein, man konnte verführt werden, um sich selbst zu kreisen.

Das Boot gehört nach wie vor der ON.

Ich betrachte es als unbedingt notwendig, dass alle Entscheidungen gemeinsam getroffen werden.

Er hatte immer noch dieses würgende Gefühl im Hals. Er hatte das einfach so hingeschrieben, dass er die Arbeit niederlegen wollte. Es war auch eine durchaus richtige Überlegung, aber wie sollte er das konkret machen? Bei seiner Wache würde nur Mori merken, ob er arbeitete oder nicht. Dann wiederum gab es Tätigkeiten, die einfach getan werden mussten, die das Schiff verlangte, nicht Momo. Wie sollte er die Befehle von Momo verweigern, aber dem Schiff treu bleiben?

Die Golden Harvest ist mein zuhause, ich verlasse sie nicht.

Momo verletzt meine Menschenwürde.

Ich habe immer wieder verantwortungsbewusst Entscheidungen getroffen und gehandelt und bin immer wieder gedemütigt und beleidigt worden. Schluss damit.

Er blätterte planlos im Langenscheidt. Wie fremd war ihm doch die deutsche Sprache geworden.

Momos Verbrechen gegen die Menschlichkeit.

Was war denn überhaupt passiert? Wie war es so weit gekommen? Er musste alles festhalten, dokumentieren. Vielleicht würde eines Tages sein Tagebuch gefunden. Er hatte einmal eine Phase gehabt, in der er gerne Schach gespielt hatte gegen seinen Vater, für den das eher ein Intelligenztest als ein Spiel war. Da durfte man seinen Zügen niemals hinterhertrauern; durfte gar nicht erst anfangen zu verhandeln, ob man noch mal zurücknehmen könne, und durfte sich gar nicht erst überlegen, wie alles zu vermeiden gewesen wäre, wenn … berührt, geführt. Rafi ging dennoch noch mal alles durch. Da war kein Zug, den er rückgängig machen müsste, oder? Hätte er mit Roy, Hans und Kris an Land gehen sollen? Hätte er gleich sagen sollen, dass er dafür war, Momo zu fesseln? Hätte er nicht zu Claude gehen dürfen? Sich nicht über die Kochkünste von Kris lustig machen?

Mutwilliges Zerstören des Funkgeräts, sodass keine Notrufe gegeben werden können.

Vernichtung wichtiger Navigationsbücher.

Weigerung, ein Logbuch zu schreiben.

Elise, Momo, Momo Two und Mori waren im Augenblick in Sichtweite. Rafi verkündete nun seinen Streik, seine Stimme zitterte, doch er war laut genug: »I declare that I go on strike from now on. I do not collaborate with Momo any longer.«

Morishta hatte gleichzeitig seine Zeremonie angefangen, mit Strohmatte, seinem obligatorischen Glas Wasser, wie immer. Mori blickte dabei – wie gewohnt – nicht auf, so wusste Rafi nicht, ob er die Deklaration mitgekriegt hatte oder nicht.

Aber Momo musste es – das war sicher! – verstanden haben, er kümmerte sich nur nicht darum. Er ignorierte es einfach, guckte extra nicht hin. Er starrte auf Morishta, als wäre sein Verhalten im Augenblick viel interessanter als alles, was Rafi jemals sagen könnte. Momo war ganz davon in Beschlag genommen, wie Morishta seine Zeremonie vorbereitete, als hätte er so was noch nie gesehen.

»What is the matter with you, you are not really sick, you are just pretending!« So war das also, Mori stellte sich krank, wenn er arbeiten sollte, aber seinen Hokuspokus könne er trotzdem machen. Schluss mit dem Bäng-Bäng, wenn er essen wolle, müsse er gehorchen; ab jetzt werde nur noch Momo kochen, und er teilte unmissverständlich mit: »No work, no chop.«

Momo griff sich Morishtas Stuhl und warf ihn über Bord.

Als Mori nicht reagierte, schnappte er sich Morishtas Buch, holte weit aus wie ein Fußballer beim Einwurf – warf das Buch aber nicht über Bord, sondern brachte es schnell in seine Koje. Rafi stand bereit, einzugreifen, falls Momo sich an dem alten Mönch vergreifen würde. Er wartete nur darauf. Momo brauchte den Japaner nur anzufassen, es würde eine Explosion geben, dann würde Momo merken, dass Rafi jemand war, der zuschlagen konnte, wenn es ernst wurde. Und es war ernst. Seine innere Stimme forderte: Los, Momo, fass ihn an, mach doch, du wirst dein blaues Wunder erleben, dann habe ich einen Grund einzugreifen. Momo schien das zu riechen. Sein Instinkt warnte ihn, dass er nicht zu weit gehen durfte. Noch nicht.

Die Lebensmittel waren jetzt in der Kammer von Momo und Elise in Sicherheit gebracht worden: die letzten Limonen, Katzenfutter, Milchpulver.

Rafi genoss die Situation irgendwie doch – das musste er sich eingestehen, er genoss es, frei von Verantwortung zu sein. Doch es war im Augenblick sehr gefährlich, sich hängen zu lassen. Es wurde ernst. Jeder Augenblick konnte entscheidend sein.

Momo kam ihm an Deck entgegen, bemerkte ihn und wechselte zur Steuerbordseite, so wie jemand die Straßenseite wechselt, um einer Begegnung aus dem Wege zu gehen. Hatte Momo Angst vor ihm? Angst davor, dass Rafi ihn über Bord stoßen könnte und keiner mehr da wäre, der ihn retten konnte? Er traute ihm das offenbar zu. Wenig später wiederholte sich die Szene auf der Steuerbordseite. Momo wich ihm aus. Er wollte damit demonstrieren: Ich weiß, was du vorhast, aber ich bin vorbereitet, ich bin dir stets einen Zug voraus.

Das nächste Mal trafen sie sich auf neutralem Boden im Mannschaftsraum. Ihre Blicke kreuzten sich. Momo sah ihn an, als wollte er sagen: Siehst du, ich hab dich reingelegt.

»Momo? Who do you think you are?«

Momo antwortete in einem melodischen Singsang: »I am not the part of an organisation or community, I am no revolutionary, I am no missionary, no martyr, and no suicider, I am Momodou Jaitey und where I end begins the rest of the world.« Dann drehte er sich um, wirkte richtig high, berauscht von dem, was er gerade zu Stande gebracht hatte. Er war glücklich. Er hatte gerade wieder einen Song geschrieben und live aufgeführt.

Rafi durfte von nun an nur aus der Entfernung mit ansehen, wie Momo Two an dem gemütlichen Ofen, den er immer gemocht hatte, arbeitete. Rafi war aus der Kombüse verbannt. Er durfte nicht mal mehr Smutje sein. Die Brote wurden sofort an Momo abgeliefert, der übernahm die Verteilung. Die Meuterer kriegten wenig ab – nur damit Momo zeigen konnte, was unter seiner Leitung alles möglich war: wunderbar frisches Baguette. Auch das Wasser wurde rationiert. Sie durften ab sofort die Handpumpe nicht mehr benutzen. Momo wollte selber pumpen, wie zum Beweis gab er jedem ein halb gefülltes Glas – wenn sie etwas wollten, mussten sie ihn darum bitten.

Vielleicht, dachte Rafi, hatte er Angst, vergiftet zu werden. Kaffee und Kakao gab es nicht mehr, jedenfalls nicht für Rafi und Mori, die sich im Streik befanden, es gab nur dieses halb volle Glas Wasser als Zeichen der Großzügigkeit von Momo One. Es gab sogar Essen, auch wenn er angekündigt hatte: no work, no chop. Doch Momo war gnädig. Es gab Maniok ohne alles.

Er war nicht lange gnädig. Plötzlich schüttelte er Mori und versuchte ihn einzuschüchtern: »You must work, Morishta, work!«

Mori gab keinen Laut von sich.

Rafi schlief sich aus – er wollte am liebsten gar nicht mehr aufstehen. Auch wenn er sich durchgerungen hatte, nicht zu arbeiten, war er dennoch erschöpft. Es war anstrengend genug, das Unglück mit anzusehen. Auch wenn er frei war von Verantwortung – sollte Momo doch das Schiff steuern, wohin er wollte. »I do not take any responsibility«, sagte er leise vor sich hin, in genau dem Tonfall, in dem Roy das gesagt hätte.

Er verzog sich nach vorne zum Bugspriet und las in seinem A.C. Gardener. Auch das war seine Art von Streik. Er hätte zu gerne Delfine gesehen, wusste aber, dass sie sich unter diesen Bedingungen nicht zeigen würden. Er führte Selbstgespräche, auch wenn es ein Zeichen von Schwäche war.

Gegen Abend gab es Essen. Momo One hatte mit viel Theater gekocht, sogar auf das Essen gespuckt – er hatte jedenfalls von weitem so ausgesehen, Rafi wusste nicht, ob es womöglich nur gespielt war. Das Essen war mit Kakerlakenbeinen garniert wie in einem feinen Restaurant: drei Beinchen an den Tellerrand. Rafi schnipste sie lässig weg, musste sich aber ziemlich überwinden, einen Löffel zu essen.

Die See ist ruhig, kein Wind. Wir laufen mit Maschine. Momo ändert ständig den Kurs. Wir wissen nicht, wo wir sind. Momo wird immer gewaltsamer. Er vergreift sich am Privateigentum der Mannschaft und wirft wahllos alles über Bord. Diesel geht zur Neige.

Auf das Lesen konnte er sich zurzeit nicht konzentrieren. Jedenfalls nicht lange. Arbeiten wollte er nicht. Schlafen konnte er nicht. Nun halfen auch die Tabletten in den kleinen Flaschen nicht mehr, auch nicht, wenn er gleich fünf Stück davon nahm. Dummerweise erwischte Elise ihn dabei und meldete es Momo. Der nahm sich die ganze Hinterlassenschaft von Jude, trug sie hinaus und warf sie über Bord. Es sei nur zu seinem Besten, er müsse sich von dem Unsinn trennen.

Momo grinste schon. Diesmal hatte er den Teller, den er Rafi servierte, mit halbierten Kakerlaken garniert. »You will bleed!«, drohte er. »I push you overboard.«

Rafi schnipste die Kakerlaken weg und tat, als würde er essen. Er machte übertriebene Kaubewegungen, führte den Löffel zum Mund und voll wieder zurück zum Teller. Er würde keinen Bissen runterkriegen. In solchen Situationen durfte man überhaupt nicht an Essen denken. Das tat er auch nicht. Er hatte nur einen Gedanken: Der Wind frischte auf, das konnte sehr gefährlich werden. Wenn er noch weiter auffrischte, sogar lebensgefährlich.

Wenig später eine weitere Drohung. Momo hat in mein Essen Kakerlaken gekocht und sagt, wenn ich es nicht esse, wirft er mich über Bord. Ich weiß nicht, wie lange ich noch gewaltlos bleiben kann.

Rafi blieb nach Möglichkeit unter Deck. Nun wurde Momo Two herumkommandiert. Rafi konnte es bis nach unten hören. Wie lange konnte er das noch aushalten? Sollte er beten, dass gute Geister Momo und Elise beeinflussten? Er hatte so was noch nie gemacht. Er kannte sowieso nur das Vaterunser. Warum eigentlich nicht? Mori betete schließlich auch. Als Kind hatte er die neunmalkluge Idee gehabt, dass ihm der liebe Gott sicher nachsehen würde, wenn er vergessen hatte, zur Nacht zu beten. Er hatte es oft genug vergessen und ein schlechtes Gewissen deswegen gehabt. Wollte Gott so was? Hatte er keine anderen Sorgen, als sich darum zu kümmern, dass ein Kind in Clausthal-Zellerfeld auch wirklich jede Nacht an ihn dachte? Dann betete er schon aus Trotz nicht. Dann wiederum dachte er genauso schlau: Schaden kann es auch nicht. »Vater unser, der du bist im Himmel …«

28
Nur Deutsche können so was

»Der Kapitän Josef Fredericks von Bethanien bittet Seine Majestät den Deutschen Kaiser über das von ihm beherrschte Gebiet die Schutzherrlichkeit übernehmen zu wollen. Seine Majestät der Deutsche Kaiser genehmigt diesen Antrag und sichert dem Kapitän Seinen Allerhöchsten Schutz zu. Als äußeres Zeichen dieses Schutzverhältnisses wird die deutsche Flagge gehisst.«

Bethanien, den 28. Oktober 1884
Schutzvertrag für Deutsch-Südwestafrika

Es hatte sehr stark aufgefrischt. »Scheiße! Scheiße!«, es ging wieder los. Es gab sofort ein widerliches Schlingern, dazu ein fürchterliches Gewitter. Es krachte und schepperte – Töpfe polterten in der Kombüse. Durch den Hauptniedergang leuchtete das Zucken der Blitze und erinnerte ihn jedes Mal an die schwimmenden Toten.

Bei dem Wetter musste er einfach raus, auch wenn er sowieso nichts machen konnte. Viel zu viel Wasser kam über Deck – allein schon durch dieses widerliche Stampfen, das die Wellen klatschend an Deck warf. Es tropfte, knarrte, knirschte. Dazu waren Momos nervöses Trampeln und das Laffen wie ein Hohngelächter zu hören, wieder fuhren sie viel zu hart am Wind. Sie hatten einfach keine Ahnung und donnerten stur dem Abgrund entgegen.

Es gab einen schmerzhaften Ruck, Holz splitterte, jemand schlug mit einem riesigen Prügel um sich – jedenfalls hörte es sich so an. Rafi hielt sich am Fockmast fest, die Golden Harvest war total aus dem Ruder gelaufen – und das bei dermaßen starkem Wind, da konnten die Masten brechen, wenn die Segel falsch standen, wie jeder wusste, der Schiffe mochte. »Ellie, please«, schrie Momo, »please!«

Aha, so war das also: Momo sagte Ellie zu seiner Schwester, er hatte ihr einen neuen Namen gegeben – endlich mal eine sinnvolle Maßnahme. Es war nicht mehr Elise, in die er sich in Apapa verliebt hatte, das war irgendeine Ellie, mit der er nichts zu tun hatte. Die beiden fauchten ihn an; es sei ihre Wache, er solle nicht im Weg stehen.

Rafi ging wieder nach unten. Oben ging alles kaputt; es gab immer wieder dieses gemeine Knirschen, besinnungsloses Schlagen – Rafi konnte es nicht mehr ertragen, musste sich wieder aufrichten, musste sich das ansehen, musste versuchen, das wilde Umsichschlagen irgendwie zu beenden.

Die Segel standen falsch, die Golden Harvest war durch den Wind. Das sah doch jeder. Momo beobachtete ihn, aber das war Rafi im Moment egal. Er musse sich gut festhalten, das Schiff schlingerte stark und stampfte, er klammerte sich an das Spantenskelett – eine ähnliche Szene hatte es auch beim *Weißen Hai* gegeben, man konnte leicht abstürzen, direkt dem Hai ins Maul. Überall kam Wasser durch die Fugen, das Holz arbeitete wild.

Die Stagsegel wurden schweigend geborgen, in beigedrehter Position konnten sie die folgenden Stunden verbleiben, ohne dass es weitere Schäden gab. Rafi konnte sogar wieder unter Deck gehen – sollten sich die beiden doch den Kopf zerbrechen, was nun zu tun war. Er hatte mehr als genug geholfen.

Es war niemand in der Kombüse. Rafi machte sich sein Maniok – ob es nun verboten war oder nicht. Jetzt konnte er die Schäden besichtigen. Es tat ihm im Herzen weh, das Schiff so angeschlagen zu sehen. Die Nagelbank war aus der Verankerung gerissen. Der Wind hatte das teilweise schon morsche Holz im Vorschiff rausgerissen. Auch das Deck selber war beschädigt. Es hatte sich nicht bloß so angehört – es war wirklich zu schwerem Schaden gekommen. Die Schoten waren inzwischen wieder behelfsmäßig zusammengeknotet und verlängert. Immerhin war der Bugspriet nicht gebrochen.

Auch Momo und Elise erschienen an Deck, um sich die Schäden anzusehen. Sie sahen Rafi, taten aber, als bemerkten sie ihn gar nicht. Die Golden Harvest war wieder unter vollem Tuch und hatte sich einigermaßen stabilisiert. Rafi verzog sich; er musste sich das noch einmal ansehen, wenn Momo nicht in Sicht war. So, wie es im Augenblick war, ließen sich die Segel nicht mehr sicher setzen. Man konnte sich leicht an dem gesplitterten Holz verletzen. Das musste dringend in Ordnung gebracht werden.

Rafi hielt es nicht sehr lange unter Deck aus, er guckte noch einmal hoch. Momo war gerade nicht zu sehen. Die Gelegenheit musste er nutzen. Mit der Brechstange schlug er die losen Teile ab, um sie über Bord zu werfen.

Momo stürzte auf ihn zu und stieß ihn, Rafi torkelte und verlor die Brechstange. Momo nahm die Brechstange, holte aus und schlug zu. Rafi konnte ausweichen. Er war selbst überrascht, wie schnell er reagieren konnte. Die Brechstange war Momo durch den Schwung aus der Hand gefallen, er griff sie sich schnell, ehe Rafi sie an sich reißen konnte. Momo baute sich vor ihm auf. Im Pfadfinderlager war Thomas stets ein beliebtes Opfer gewesen; um der Klassenkeile zu entgehen, musste er die anderen überraschen. Er schlug immer blitzschnell dem Ersten aufs Auge und ging dem Nächsten an die Gurgel. Das war sein Trick. Damit rechneten sie nicht. Auch jetzt musste er blitzschnell handeln. Rafi riss ihm die Brechstange aus der Hand und warf sie über Bord. Sie standen sich eine Sekunde lang gegenüber. Dann rannte Rafi unter Deck und holte sein Kampfmesser.

Momo wartete am Hauptniedergang und stürzte sofort auf ihn los. Erst im letzten Moment sah er das Messer und schreckte zurück, dabei stieß er gegen die Gasflaschen und konnte jetzt nicht mehr ausweichen. Rafi drückte Momo die Machete gegen den Hals. Er sah ihm in die aufgerissenen Augen. Rafi hielt seinem Blick stand. Er hatte sich längst entschieden, dass er zu denen gehörte, die hingucken, wenn es so weit ist.

Momo wusste, dass er verloren hatte. Rafi war hellwach. Er war den Bruchteil einer Sekunde davon entfernt, ihm die Gurgel durchzuschneiden. Mit einem Ruck nahm er die Machete von Momos Hals und warf sie über Bord.

Rafi ging mit extra langsamen Schritten nach unten. Er zitterte am ganzen Leib. Hatte Elise ihn gesehen? Ach – das war nun auch egal. Er hatte Gewalt angewendet, er war nur eine Haaresbreite davon entfernt gewesen, zum Mörder zu werden. Es wäre so leicht gewesen.

God help me. I'm done for now.

Backbord waren jetzt Bohrinseln zu sehen. Momo sagte begeistert zu Ellie, dass er längsseits gehen wollte, da bekämen sie mehr Diesel, als sie je aufbrauchen konnten. Sie hätten es geschafft, er jubelte, das musste Luanda sein, er war angekommen, die Bohrinseln konnten nicht mehr weit vom Land entfernt sein.

Rafi versuchte, ihn vor den Verankerungen einer Bohrinsel zu warnen. Da könnte ein Schiff explodieren. Momo lachte nur. Rafi hatte nichts mehr zu sagen. Keine Panikmache – »you can not live in a negative way«.

Rafi resignierte. Außerdem war es sowieso Quatsch: Man konnte nicht einfach bei einer Bohrinsel anlegen. Das war keine Tankstelle.

Wir nähern uns einem Bohrfeld. Momo meint, es ist Luanda (Spinner), und will Diesel holen. Er ist total verrückt.

Als ich ihm meine Bedenken mitteile und ihm versuche klarzumachen, dass er zum Ölfeld Abstand halten soll, packt er mich und beleidigt mich laut und wüst. Dass er mich schlachten und kochen und essen will, dass ich ein weißer Ausbeuter bin usw. Momo brüllt dauernd Befehle zu Momodou und Morishta. Sie müssen alle Segel setzen und sie nach zehn Minuten wieder runternehmen. Momo verliert total den Überblick, wird hysterisch und verbreitet Chaos.

Es war tatsächlich Land in Sicht. Weit weg, aber deutlich genug zu erkennen. Nun wusste Momo nicht, wie er darauf zuhalten sollte. Die Manöver, die er ausprobierte, brachten ihn nicht in die gewünschte Richtung; er versuchte sich an Kati Kelvin und brachte sie tatsächlich in Schwung – sie machte furchtbare Geräusche, als wollte sie protestieren. Sie würde das nicht lange durchhalten.

Rafi musste irgendwie rauskriegen, wo sie überhaupt waren, und suchte in den Karten nach Ölfeldern. Er legte den Kopf direkt unter den Kompass und versuchte, von da aus zu peilen. Es war nur eine Vermutung; eventuell war es Kap Lopez, was er da südlich ausmachen konnte. Dann wären sie nicht weit von Port Gentil – immer noch in Gabun.

Wir erreichen Land. Nach allen meinen Berechnungen kann es sich nur um Port Gentil handeln. Momo ist verrückt und gefährlich.

Mit der Maschine ist etwas nicht in Ordnung. No 1 schlägt stark.

Ich mache Momo darauf aufmerksam, werde jedoch verhöhnt, dass ich Angst hätte und so weiter.

Nach einer Stunde geht die Maschine aus.

Ich machte mehrere Peilungen. Wir sind in Port Gentil. Ich finde unsere exakte Position. Ich lese alles nach, was ich finden kann. Gefahren, Strömung, Reede.

Trotz meiner heftigen Einwände startet Momo die Maschine und nach einer Minute ist sie endgültig kaputt.

Vermutlich ein Kolbenfresser: Er war gerade achtern und sah weißlich-grauen Rauch aufsteigen, der verdächtig nach Öl roch. Im *Weißen Hai* war es eine der schlimmsten Szenen gewesen – allerdings war der Rauch da dunkel –, da wusste man endgültig, dass es vorbei war. Rauch an Bord ist die Hölle. Rafi war sicher, dass es kein Feuer war, das auf das Schiff übergreifen würde – er war genauso sicher, dass ihre Maschine nun total im Arsch war.

Momo ist irre. Ich versuche so diplomatisch und freundlich wie nur möglich zu sein. Aber jede Information, die ich gebe, wird mit Demütigungen und Beleidigungen beantwortet. Momo ist nun von der Idee besessen, dass wir uns im Kongo befinden – völlig hirnrissig.

Rafi versuchte ihm zu erklären, dass sie unmöglich im Kongo sein könnten. Doch Momo hörte sich das nicht lange an – schon änderte er seine Meinung: Sie waren in Angola – Hauptsache, er konnte Rafi widersprechen.

Rafi gab auf. Ihm sollte es recht sein: Vielleicht hatten es Roy, Kris und Hans inzwischen geschafft, nach Luanda vorzudringen, da würden sie Seite an Seite mit Agostinho Neto die angeschlagene Golden Harvest wieder übernehmen. Auf so einen Gedanken schien Momo gar nicht zu kommen. Er hatte keine Angst. Er war auch nicht vorsichtig. Das machte ihn so stark – und gefährlich. Er war verrückt vor Furchtlosigkeit. Konnte man das so nennen? Genauso war es: Vor Furchtlosigkeit war Momo durchgedreht.

Momodou ist primitiv. Er tut alles, was Momo ihm befiehlt, er hat keinen eigenen Willen.

Ich weiß nicht, wie lange ich die Beleidigungen noch aushalte.

Nero.

Hier musste ein kleines Stichwort genügen. Zunächst jedenfalls. Eine Szene ging ihm schon lange nicht mehr aus dem Kopf. Die beiden hatten sich Kissen geholt und es sich ausgerechnet da gemütlich gemacht, wo die Sturmschäden besonders schlimm waren. Die mussten inzwischen einen total dekadenten Geschmack haben – wie konnte man inmitten von Ruinen, in denen der Rauch der zerstörten Maschine aufstieg, eine Party machen!? Momo feierte seinen Triumph. Er hatte Luanda erreicht – jedenfalls beinahe! Er musste nur noch auf die günstigen Winde warten, die ihn ans Land brachten. Mit Rafis Gitarre spielte er selbst gemachte Lieder mit seinen zwei Akkorden, genau wie Peter Ustinov in diesem Film, in dem Nero in eitler Selbstvergessenheit sang und dichtete, während Rom im Hintergrund brannte.

Ich habe gekocht. Am Abend versucht mich Jaiteh mit allen Mitteln herauszufordern. Jaiteh beleidigt und demütigt mich. Als ich nicht darauf reagiere, fängt er an, auf mich einzutreten und mich zu schlagen, wobei er meinen linken Fuß schwer verletzt. Ich bin gedemütigt, aber ich habe mich nicht zu Gewaltanwendungen zwingen lassen.

Sein Fuß war wieder angeschwollen, und Momo, der offenbar einen Instinkt für so was hatte, traf ihn genau an der Stelle, wo es wehtat. Rafi hatte einen neuen Plan. Er verwendete nicht mehr den Namen Momo in seinem Tagebuch. Er wollte dieses Wort nicht mehr hören und nicht mehr schreiben. Er strafte diesen Mann, der ihm unter diesem Namen bekannt war, damit, dass er ihn ab sofort nur noch als Jaiteh bezeichnete.

Momodou und Mori sind geschockt von Jaitehs Verhalten.

Jaiteh hat respektlos zerstört, wofür unzählige Menschen Jahre ihres Lebens hingegeben haben.

Jonestown.

Wieder nur ein Stichwort, aber Jaiteh hatte es wörtlich gesagt, wörtlich: Those who do not remember the past are condemned to repeat it. Woher hatte er das? Er hatte ihn wieder geschubst und geschlagen, es hatte – ehrlich gesagt – nicht besonders wehgetan, dennoch ließ sich Rafi zu Boden fallen und schlug nicht zurück, weil es sonst totalen Krieg gegeben hätte.

In der Kombüse hielt Jaiteh wieder einen Vortrag. Er wollte Frieden. Es war nicht seine Schuld, dass es auf der Welt so viel Unglück gab und so viel Lügen. Dagegen kämpfte er. Er wollte Gutes für diese Erde tun. Deshalb war es auch nicht richtig, schlecht über ihn zu denken. Er hatte die Tagebücher von diesem Deutschen gelesen und jedes Wort verstanden. Es wunderte ihn nicht, dass so ein fehlgeleiteter Geist schlecht über ihn urteilte, aber es war falsch. Sie sollten in Zukunft nicht mehr schlecht über ihn sprechen. Nicht mal schlecht über ihn denken; denn schon damit, dass man Schlechtes dachte, brachte man das Gift an Bord. Elise machte ungerührt den Abwasch.

Als ich beim Saubermachen bin, stürmt X herbei und schlägt wüst auf mich ein, dass ich zu Boden gehe. Die folgenden zwei Stunden brüllt X, wie er mich killen will und wie ich bluten werde, wobei er mich immer wieder tätlich angreift. Mori versucht seiner Empörung Ausdruck zu verleihen, wird jedoch von X niedergebrüllt.

Es wurde frischer, es wehte eine Brise, die Rafi an das Segelwetter an der Nordsee erinnerte – und so was tief in Afrika! Ein Fischerboot näherte sich von Backbord, und sie brüllten sich Grüße zu. Rafi zeigte in Richtung Land und fragte, wo sie überhaupt seien. Port Gentil. Also doch.

Es ist nicht möglich, sich vernünftig mit X zu verständigen.

Solange ich an Bord bin, kann er seine Wahnsinnsidee nicht durchsetzen. X will mich mit allen Mitteln loswerden. Ich habe keine Angst. Zitat: Wenn irgendjemand ein falsches Spiel treibt oder Unsinn macht, wird er bluten. O ja. Ich werde fürchterlich gewalttätig werden.

X ist bis zuletzt von der Idee besessen, wir seien in Luanda.

Die Golden Harvest lag gut im Wind. Es schien ein Kinderspiel zu sein, mit einem Segelboot zu fahren. Sie passierten einen Tanker unbekannter Herkunft – Rafi versuchte gar nicht erst, den Heimathafen zu identifizieren, so weit war es schon gekommen, nicht mal diese lieb gewordene Angewohnheit galt noch. Im Fernrohr waren jetzt immer mehr Boote zu erkennen, die hinter einer Umfriedung hervorkamen. Viel war hier nicht los. Wie gewohnt warfen sie etwa fünfhundert Meter vom Strand entfernt Anker. Geschafft. Auch Momo Two, der – beschränkt wie er war – wieder das Ölkännchen in der Hand trug, schien erleichtert zu sein.

Morishta stand mit maskenhaftem Lächeln an Deck und schaute zum Land, als würde er ins Nichts starren.

Rafi sah aus dem Hauptniedergang nach achtern und traute seinen Augen nicht. Momo und Elise hatten den Bottich an Deck geschleppt, saßen drin und seiften sich ein. »My brother.«
»My sister.«

Süßwasser! Das war sein erster Gedanke. Die beiden waren endgültig durchgeknallt: Sie badeten im letzten Rest Süßwasser. Dabei wusste doch jeder, dass Wasser so wertvoll wie Gold war. Rafi wusste aber auch schon, was sie entgegnen würden, wenn er es wagen sollte, sie zu kritisieren. Sie könnten jederzeit neues besorgen, nun, da Land in Sicht war, kein Problem. Als sich ihre glänzenden Körper erhoben, konnte Rafi erkennen, dass Momo eine Erektion hatte – sie berührten sich feierlich, immer wieder die Schulter, langsam an den Seiten entlang, als wollten sie einen menschlichen Körper modellieren. Dann erhoben sie beide die Hände wie auf ein Zeichen und ließen sich vom Wind trocknen.

Sie hatten immer noch ein seliges Lächeln, als sie sich ihre Kleider anzogen, um mit großen Behältern an Land zu rudern und sich bei den Ärmsten unter den Armen in Luanda anzumelden. Sie nahmen Momo Two mit. Rafi wusste, dass sie ihn gleich wieder loswerden würden, doch die waren so weggetreten, dass sie an so eine nahe liegende Möglichkeit gar nicht erst dachten. Beglückt legten sie ab und ließen Rafi und Mori zurück, der sofort die Gelegenheit für eine ausgedehnte Zeremonie nutzte.

Rafi guckte zu, als hätte er so etwas noch nie gesehen. Was sollte er machen? Die Oms wollten diesmal kein Ende nehmen. Mori schien sehr unzufrieden zu sein, als er seine Utensilien einwickelte, er kauerte sich abgewandt von Rafi an Deck und führte laut Selbstgespräche.

Plötzlich wurde Rafi klar, wie einsam er war. Er konnte sich nicht mit Morishta aussprechen – schlimmer noch: Mori hatte mit angesehen, wie er gewalttätig geworden war. Er hatte nichts dazu gesagt, aber Rafi wusste genau, dass Mori das ablehnte. Es wäre ihm lieber, wenn Mori ihn irgendwie bestrafen könnte dafür, dass er beinah die Beherrschung verloren hätte.

Momo und Elise stritten heftig, als sie zurückkamen. Sie hatten kein Frischwasser gekriegt. Momo Two war ihnen entlaufen. Wahrscheinlich hatten sie nun auch bemerken müssen, dass sie nicht in Luanda angekommen waren. Rafi und Mori wurden mit Missachtung gestraft, The Two hatten jetzt wichtigere Probleme, als sich mit ihren Untergebenen herumzuärgern. Sie machten das Dingi fest und verzogen sich sofort in ihre Kammer. Man konnte ihr Geschimpfe bis oben hören. Mori hielt unglücklich seinen Tennisschläger umklammert. Rafi lauschte atemlos. Die beiden brüllten sich nieder.

Nicht lange. Momo stürmte an Deck, während Elise noch von der Koje aus hinterherschimpfte. Momo brüllte Rafi an, aber Rafi verstand ihn nicht, weil er versuchte, auf das zu achten, was Elise gerade sagte. Schon hatte Momo ihn erreicht und gegen die Schulter gestoßen, als wollte er ihn aus dem Weg haben.

Rafi taumelte rückwärts und machte instinktiv Abwehrschläge.

Momo sprach irgendwas von »ört« und rempelte ihn so heftig, dass Rafi zu Boden ging.

Morishta eilte herbei und stellte sich daneben: »No! No!« Es war ein hilfloses Bellen, das sich nicht traute, laut zu werden. Mori machte eine so klägliche Figur, dass jemand ihm hätte zu Hilfe eilen müssen. Rafi versuchte, sich wieder aufzurappeln, doch Momo hielt ihn unten, ohne einen anderen erkennbaren Grund als den, dass Momo im Augenblick einfach nicht wollte, dass Rafi sich wieder aufrichtete.

Mori suchte verzweifelt nach Worten: »Violence no good. Operation Namibia no violence.«

Er hastete unter Deck und kam unvermutet schnell mit seinem gepackten Bündel wieder: »Mori go Japan. Mori go teacher. Violence no good.«

Dann baute er sich in seiner demütig stolzen Haltung auf – es war klar, dass er das nicht wiederholen würde, er würde da so lange stehen bleiben, bis ihn jemand an Land brachte.

Momo ließ von Rafi ab. Er hatte nun ein neues Problem, das zunächst erledigt werden musste. Rafi durfte sich solange erheben. Momo rief nach Ellie. Die kam, sagte nichts, schien die Situation jedoch sofort zu erfassen. Momo ordnete an, dass sie zurück an Land rudern würden, um Mori abzusetzen und Frischwasser zu holen. Momo deutete auf Elise und auf seine

Brust: »We go!« Das war deutlich: Rafi fährt auf keinen Fall mit, damit der uns nicht auch noch abhaut.

Reverend Morishita verbeugte sich knapp: »Sumi masen. Me sorry, Raphael-san good, Momo no good!«

Mori umarmte Rafi plötzlich – es war ein merkwürdiges Gefühl. Rafi war ziemlich überrascht, er hätte nie erwartet, dass Mori so reagieren würde. Mori sah streng an Momo und Elise vorbei, als er das Dingi bestieg.

Good luck, wollte Rafi hinterherrufen, aber es blieb ihm in der Kehle stecken. Er kriegte nichts raus, er sah bewegungslos zu, wie das Boot immer kleiner wurde. Das »gute Licht« war nicht mehr an Bord. Rafi war allein auf der Golden Harvest, gefangen in Sichtweite von Port Gentil, totally numb.

Diesmal hatten sie Frischwasser mitgebracht. Momo zeigte stolz den Kanister vor. Die beiden deponierten den sofort bei sich. Wenn Rafi einen Schluck wollte, musste er es sagen. Rafi durfte weder an Land, noch durfte er essen oder trinken, wie er wollte. Denn Rafi war nicht brav gewesen. Sie hatten so viel Ärger mit ihm gehabt, weil er nicht arbeiten wollte, dennoch hatten sie ihm zu essen gegeben, obwohl er mit seinem Streik die ganze Aktion zum Scheitern bringen wollte und alle in große Gefahr gebracht hatte. Momo war immer großzügig zu ihm gewesen, hatte ihn gepflegt, als er krank war in Lomé, auch wenn er es nicht verdient hatte; denn er war ja nur – Momo sagte es extra deutlich – »a fucking kraut!«.

Rafi zuckte zusammen. Er wusste, was das bedeutete. Seine Haftbedingungen sollten verschärft werden. Ohne Mori und ohne Momo Two an Bord war bei Momo die Hemmschwelle noch weiter gesunken.

Er wiederholte: »Fucking kraut!«

Momo wollte provozieren, das war klar, doch so leicht ließ sich Rafi nicht zu unüberlegten Reaktionen hinreißen.

Die fucking krauts essen Kinder.

Weiter so, Momo, nur weiter. Rafi versuchte, das alles nicht an sich herankommen zu lassen. Wenn es allzu offensichtlich war, dass man gereizt und ins Unrecht gesetzt werden sollte – obendrein dermaßen plump –, konnte man es leichter aushalten.

Er solle nicht so widerwärtig grinsen. Momo wusste genau, was er getan hatte: Er hatte No Nonsense gegessen.

»Hä?« Rafi verschlug es nun doch die Sprache.

Elise wurde herbeizitiert. »Ellie. Come here!« Sie sollte bestätigen, dass No Nonsense nicht mehr an Bord war. Das konnte sie bestätigen. Rafi hatte es auch gar nicht abgestritten; er wusste selber, dass No Nonsense nicht mehr da war, und hatte auch keinen blassen Schimmer, wo ihr Huhn geblieben war.

Momo wusste es. In seiner deutschen Gier hatte Rafi No Nonsense gegessen. Bei lebendigem Leibe. Da krauts bekanntlich keine halben Sachen machen, hatte Rafi sogar Federn und Knochen verschluckt, um keine Spuren zu hinterlassen. Das war der Beweis. Es gab keine Spuren. Nur Deutsche waren in der Lage, dermaßen gründlich alle Spuren zu vernichten. »Only krauts can do that.«

Rafi sah Hilfe suchend zu Elise. Jetzt aber, jetzt musste Elise eingreifen und widersprechen. Das konnte sie nicht durchgehen lassen. Sie konnte bestätigen, dass man nicht einfach Hühnerfedern essen kann. Sie musste etwas sagen!

Elise schüttelte den Kopf, als könnte sie es nicht fassen. »No Nonsense was such a dear!« Tränen klangen in ihrer Stimme mit. So ein gutes Tier. Sie hatte das Huhn immer geliebt. No Nonsense hatte Eier geliefert – ihr kleiner Beitrag zur Operation Namibia. Elise schniefte. Sie atmete noch einmal tief durch und musste schweigen: Noch ein Wort über No Nonsense, und sie würde in Tränen ausbrechen.

Momo sah Rafi strafend an. Da konnte er sehen, was er angerichtet hatte. »We all loved No Nonsense.«

Tatsächlich. Elise schluchzte. Momo ließ sich davon nicht bremsen: Die Katze würde er auch noch essen, das sah Momo schon kommen, so gründlich waren diese Deutschen. Rafi solle sich nicht einbilden, dass er die Führung übernehmen könne, nur weil er Deutscher sei. Er habe von Anfang an versucht, sich als Kapitän aufzuspielen, und sich schon in Lomé gerne hinter das Steuer gestellt. Momo hatte das alles genau beobachtet. Rafi habe auch nur deshalb mit Roy kollaboriert, weil er in Wirklichkeit selber der Chef sein wolle. »But you are not the Führer.« Momo betonte jede Silbe. Die Deutschen würden bekanntlich immer versuchen, die Befehlsgewalt an sich zu reißen, Momo kannte die krauts, alle Welt kannte sie. Immer mussten sie die Besten sein und würden doch nichts als Unglück bringen, weil sie nicht akzeptieren konnten, dass die Welt sie nicht brauchte. Rafi hatte selber zugegeben, dass die Deutschen schrecklich waren, aber er solle nicht vergessen, dass er auch einer sei.

Es war niemand da, der widersprechen konnte, nicht mal mehr jemand, der »No! No! No!« stammelte. Elise hatte ihre Chance verpasst. Sie hätte ihn verteidigen müssen gegen den Vorwurf, dass er No Nonsense gegessen hatte. Nun hatte Momo wieder so viel geredet, dass seine Anschuldigung, so absurd sie auch sein mochte, unwidersprochen durchgegangen war.

»Remember my uncle!«, brüllte Momo. »Remember!«, wiederholte er drohend. »Remember!«

Momo und Elise waren wieder an Land. Sie hatten neue Freunde und neue Aufgaben gefunden, von denen Rafi nichts zu wissen brauchte. Er hatte nichts mehr zu sagen. Sie wussten selber nicht, wann sie zurückkehren würden. Rafi musste es nicht wissen, er sollte ruhig damit rechnen, dass sie jederzeit wiederkommen konnten, dann käme er nicht auf dumme Gedanken. Sie nahmen ein paar Bücher mit, um sie zu verkaufen, und außerdem – Rafi traute seinen Augen nicht, wurde er langsam tropo? – das Funkgerät! Momo hatte es also gar nicht über Bord geworfen, sondern nur so getan – aber warum? Warum hatte er seinetwegen so eine Show abgezogen? Rafi wollte einwenden, dass sie das Gerät nicht verkaufen durften, aber wusste selber, dass es nichts nützen würde.

Leicht waren seine Wachen nicht. Die Einsamkeit war schlimm, irgendwie anstrengend. Rafi kriegte Hunger allein schon von der Einsamkeit. Plötzlich waren alle Geräusche lauter. Es hörte sich an, als würde etwas in der Pfanne brutzeln, Rafi wusste selber, dass er sich das nur einbildete, es war nur so ein Geräusch, das die Wellen verursachten.

Natürlich kam er auf dumme Gedanken. Er könnte die Sache sabotieren, indem er die Golden Harvest so präparierte, dass sie nicht mehr flottzukriegen war. Er könnte den Großmast bersten – das war sein erster Einfall. Wirklich ein dummer Gedanke. Wie sollte man aus eigener Kraft den Großmast bersten?! Er könnte das Großsegel zerstören, aber er wusste, dass er es nicht übers Herz bringen würde, eimerweise Salzwasser in das Großsegel zu kippen, auch wenn das die einfachste Methode war. Einfacher, als ein Leck zu schlagen. Er könnte das Schiff in Brand setzen – er erschrak, dass er das überhaupt gedacht hatte, nur weil ihm das seltsame Geräusch wie entferntes Brutzeln vorkam. Piraten konnten ein Schiff abfackeln. Er nicht. Er könnte ja auch seine Gitarre nicht zerstören. Er liebte doch das schwarze Schiff; er ging von vorn nach achtern und tätschelte die Golden Harvest. Er stieg in den Maschinenraum und streichelte Kati Kelvin. Er kletterte sogar in die Masten, um die Golden Harvest überall zu berühren.

Sie fühlte sich anders an. Er blieb vor dem Mordillo stehen und betrachtete die dargestellte Gewalt in allen Einzelheiten: abgehackte Hände, abgehackte Knubbelnasen; Säbel, die hinten reingesteckt waren und vorne wieder rausguckten… Gewalt überall an Bord, er konnte nicht mehr davor fliehen.

Diesmal hatten sie einen Amerikaner mitgebracht, der Mike hieß. »Nice to meet you.« Bei ihm waren sie gewesen, wenn sie Wichtiges zu tun hatten. Sie brauchten Platz, um ein neues Stagsegel herzustellen. Mike hatte Platz. Sie hatten schon Pläne gemacht. Rafi wurde gar nicht eingeweiht. Er wurde dem neuen Besuch vorgeführt wie ein missratenes Kind, das zwar noch zur Familie gehörte, aber bald schon in ein Heim geschickt würde.

Mike galt viel mehr als Rafi. Er kriegte alles angeboten, was die beiden zu bieten hatten: Bücher, Kakao und beste Ware aus dem Kongo. Allerdings vertrug dieser Mike das Schaukeln in der Dünung nicht. Er wollte sofort an Land gebracht werden.

Rafi war wieder allein. Er fühlte sich wie ein Halbtoter, alles, was er machen konnte, war nutzlos. Da er nicht den negativen Weg der Gewalt gehen wollte, war sowieso alles nutzlos. Er hatte keine Lust, irgendetwas zu reparieren. Er konnte sich auch nicht einreden, dass es bald weitergehen würde. Wohin auch? Er hatte nicht einmal mehr Lust, sich seinen A. C. Gardener vorzunehmen, wenn Momo gerade nicht an Bord war, dem zum Trotz er sich das Buch vor die Nase halten konnte. Er hatte keine Lust auf seine Gitarre, er konnte keine Pläne schmieden; er konnte nicht mal darüber nachdenken, ob es ihm gelingen würde, an Land zu schwimmen – wahrscheinlich nicht. Er wusste nicht, wie stark die Strömung war.

Ein Boot legte an mit einem Franzosen, der ihm sofort unsympathisch war. Vielleicht war der Typ verrückt. Es war eine echte Sensation, dass überhaupt wieder ein fremdes Lebewesen in seine Nähe gekommen war, nachdem sein Universum auf so wenige Menschen zusammengeschrumpft war. Der Franzose fand alles morsch, kaputt, vergammelt, vermoulu, pourri. Das hatte gerade noch gefehlt. War er etwa gekommen, um ihm das mitzuteilen? Warum blieb er dann so lange? Er schien sich nicht mehr losreißen zu können: Er wollte bleiben und alles merde finden. War das die gefährliche Mischung aus Lethargie und Zynismus, die man sich als Weißer so leicht in den Tropen einfangen konnte? Es gab überhaupt keine richtige Verständigung, außer dass Rafi mitkriegte, dass der Franzose alles scheiße fand, aber gleichzeitig nicht wieder gehen wollte, als müsste er auf dem schrecklichen Schiff Zuflucht finden vor einem noch größeren Schrecken. Wie sollte Rafi ihm verständlich machen, dass er Vitamine brauchte? »I need Sauerkraut!«

Es klang furchtbar albern: ›The fucking kraut‹ brauchte Sauerkraut.

Der Franzose schien zu verstehen und ging zurück in sein Boot. Er brachte ein Netz Zwiebeln und etwas Reis. Mehr hatte er auch nicht. Die milde Gabe stimmte ihn selber mild. Er wollte noch ein bisschen bleiben, aber nichts mehr kritisieren. Rafi ließ ihn. Erst als er sich endlich aufraffte, machte er eine letzte Geste, mit der er zeigen wollte, dass er an seiner Stelle das Schiff einfach versenken würde: gluck, gluck. Rafi begleitete ihn zurück auf sein Boot. Am Steuerhaus hatte er an der Stelle, wo bei ihnen die umstrittene Aufschrift MASTER'S CABIN war, ein Schild angebracht: HAVE WIFE MUST TRAVEL. Er verschwand ohne Gruß.

Rafi wollte auf eine bessere Gelegenheit warten, von so einem wollte er nicht gerettet werden. Und wenn Rafi nicht das Netz mit den Zwiebeln in Händen gehabt hätte – er musste schnell alles essen, ehe Momo und Elise zurückkamen –, hätte er das sowieso alles für einen Spuk gehalten.

Schon wieder legte ein Flussboot an, eine richtige African Queen, mit einem jungen Franzosen an Bord, der kein Englisch verstand. Er war freundlich und zeigte Rafi seine Sammlung Insekten, die er sorgfältig in Gläsern aufbewahrt hatte: Spinnen, Schmetterlinge, Heuschrecken, Käfer.

Noch ein Verrückter! Da musste man ja tropo werden. Da kam extra jemand längsseits, um seine Sammlung Insekten vorzuzeigen. Als gäbe es auf der Golden Harvest nicht schon genug davon. Der interessierte sich nicht für das Schiff, nur für seine araignées papillons, coléoptères. Manchmal klang es, als würde er das deutsche Wort Käfer benutzen, das sich bei ihm anhörte wie Kaffer. »Je vais régulièrement à Majumba.«

Na und? Was sollte Rafi in Majumba? Warum erzählte ihm

dieser Verrückte, dass er regelmäßig nach Majumba fuhr? Rafi wollte nicht nach Majumba. Von so einem Ort hatte er noch nie gehört und wollte auch nichts davon hören.

»Cette araignée est très intéressante. Très rare!«

Was zählten solche Besuche schon? Momo eins, zwei, drei … Mike, eins, zwei, drei … Es waren doch alles nur verlorene Reisende: Der eine wollte nach Bahia und hatte zu viele Untersetzer in seinem Schrank, ein anderer fuhr regelmäßig nach Majumba und jagte hinter Leuten her, die seine Insekten noch nicht gesehen hatten – zum Schreien, wenn es nicht zum Heulen wäre. Das Wort Wanderzirkus fiel ihm ein, es passte nicht so ganz, doch ihm kamen alle, die an ihm vorüberzogen, vor wie traurige Clowns, die für sein Leben nebensächlich waren.

»J'en ai encore d'autres de cette espèce.«

Er musste nur ein bisschen warten. Aus dem Ogowe-Delta kam wieder ein Boot – diesmal unter deutscher Flagge. Rafi winkte aufgeregt und nahm die Leinen in Empfang. Sie grüßten, wie es sich gehörte, mit Hand an der Mütze: die komplette sechzehnköpfige Maschinencrew der Margarete Wiesenthal, allesamt stramme Jungs.

»Tolles Schiff, hier! Bitten an Bord kommen zu dürfen!«

»Permission granted!«

Kati Kelvin hatte es ihnen sofort angetan: Sie stellten schnell die Mängel fest und machten Verbesserungsvorschläge. Sie schraubten den Kurbelkasten auf, als wäre es ihr Schiff.

»Kolbenfresser! Das kriegen wir schon hin.«

Ein Teil von ihnen fuhr gleich wieder los, der andere Teil machte sich über Kati her – sie waren hellauf begeistert. Weil es so eine wunderschöne alte Maschine war. Und weil sie ordentlich zeigen konnten, was sie so draufhatten.

Schon kamen sie von der Margarete Wiesenthal wieder mit Öl und jeder Menge Werkzeug. Es ging ruckzuck: Der Ölwechsel wurde vollzogen, Schläuche ausgetauscht. »Das wär's fürs Erste.«

Sie nahmen Rafi mit, er konnte in der Kammer des Ersten Offiziers duschen und sich richtig satt essen. Sie kamen schnell zur Sache, sie hatten gleich gemerkt, was da los war – schon rein technisch, da konnte man ihnen nichts vormachen. Also: Sie könnten die komplette Golden Harvest an Deck hieven und nach Deutschland bringen, das ließe sich bewerkstelligen.

Rafi sagte Ja und Amen. Die Maße des Schiffes wurden durchgegeben und ordnungsgemäß wiederholt. Rafi kannte alle auswendig. Sie kamen sich alle ungeheuer wichtig vor, als sie sich die Zahlen auf der Zunge zergehen ließen. Rafi ließ sich zu gerne vom Rausch der Bedeutung einfangen, den die Welt der Zahlen mit sich brachte. Er kannte sogar das Gewicht des Schiffes. Was würde Roy dazu sagen, wenn er ihn so sehen könnte?

Die Deutschen verstanden sich gut – auch wenn sie aus unterschiedlichen Welten kamen und sich siezten –, da war etwas, das sie miteinander verband: diese sachlich knappe Art, sich auf Fakten zu beschränken; da konnte man sich sofort geborgen fühlen. Diese Margarete Wiesenthal war mit ihren drei Konsolen ein richtig schönes Schiff – anders als die Golden Harvest, aber auch schön. Wie sie so in der Mündung des Ogowe direkt vor Port Gentil lag, sah sie aus wie das Schiff eines Eroberers. Wenn man sich hier auf das Deck stellte und den Blick schweifen ließ, fühlte man sich sofort überlegen.

Rafi wurde ins Krankenrevier geschickt und am Fuß behandelt. Ihm wurde wieder richtig schlecht, als ihm der Fuß verbunden wurde, aber er wurde mit einem frischen Bier auf dem Achterdeck entschädigt.

Als er da in der warmen Tropennacht stand, fiel ihm ein, wie er die Deutschen, die ihn völlig überrumpelt hatten, wieder davon abbringen konnte, die Golden Harvest in die BRD zu bringen. Er hatte sehr wohl mitgekriegt, dass einer von ihnen das Wort Repatriieren benutzt hatte. Er sah wieder die Hose von Frau Papenkamp vor sich – mit Bügelfalte! Er wollte doch nicht ernsthaft in ein Land zurück, wo man damit rechnen musste, dass da Frauen mit Bügelfalten herumliefen! Diese Deutschen passten sowieso nicht nach Afrika. Die sollten lieber verschwinden. Dann brauchten sie sich auch nicht darüber zu beklagen, dass hier das Wasser manchmal so weit aufgeheizt wurde, dass es nicht mehr als Kühlwasser zu gebrauchen war. Dann sollten sie eben ihre Finger von diesen Breitengraden lassen. Es gefiel ihnen sowieso nicht. Die mit ihrer Zahnpasta, ihrem Sonnenöl, ihren Filterzigaretten, ihrer Malariaprophylaxe, ihrer Sorge um die Preise im Dutyfree. Wieso war er denen überhaupt eine Erklärung schuldig? Die brauchten gar nicht erst die Wahrheit über die Operation Namibia zu wissen. Die wussten sowieso nichts vom wahren Afrika. Nein, Rafi wollte nicht das Ende der ganzen Aktion verantworten müssen. So einfach war es auch nicht. Noch hatte er nicht verloren.

Rafi erklärte, dass er die Gewichtsangabe noch einmal korrigieren müsse.

Sie nahmen das ernst. »So? Wie denn?«

Wieso sei er so sicher, dass es genau eine Tonne war, um die das Gewicht nach oben korrigiert werden müsse? War noch was mit der Ladung?

Rafi sagte es ohne jede ironische Anwandlung: »Kakerlaken.«

Sie tranken noch ein Bier – und kamen einfach nicht mehr darauf zu sprechen, die Golden Harvest an Bord hieven zu wollen, auch wenn es technisch jederzeit möglich wäre.

Es genügte, wenn die Deutschen ihm eine Kiste Frischobst mitgaben und etwas Eintopf in einer Konservendose.

29
Ein Kuss im Dunkeln

Momo nahm zur Kenntnis, dass die Maschine repariert war, fand es aber nicht so bedeutend. Er hatte wichtigere Dinge zu tun. Er hatte wieder einige Bücher mitgenommen, die er zu Geld machen wollte, um Tabac africain zu kaufen. Sie wollten außerdem Kokosnüsse aufschlagen, denn sie brauchten dringend eine Bereicherung zum Maniok, nachdem das Frischobst der deutschen Spender in kürzester Zeit verbraucht war – das meiste hatte Rafi gegessen.

Furchtlos wie Momo war, ließ er Rafi mitkommen. Sie hatten vor, drei Tage an Land zu bleiben, oder länger, so lange, wie sie brauchten, um das Segel fertig zu machen. Vielleicht wollte Momo demonstrieren, dass er keine Angst hatte, Rafi zu verlieren. Er hatte sowieso keine Angst vor Rafi; er schien sich hundert Prozent sicher zu sein, dass er ihn kleingekriegt hatte. Vielleicht war es auch die Belohnung dafür, dass Rafi nicht mit den Deutschen mitgegangen war. Nun durfte er an Land.

Das Dingi hatte nur noch ein Paddel, irgendwo mussten Momo und Elise das zweite eingebüßt haben. Momo rackerte sich ab. Doch er schien unerschöpfliche Kraftreserven zu haben. Sie kamen sogar mit nur einem Paddel gut voran. Die Strömung war nicht besonders stark. Noch erstaunlicher war, dass sie es überhaupt zu dritt in dem kleinen Dingi aushalten konnten.

Bei Mike war es überraschend schmutzig. Offenbar hatten nicht alle Amerikaner einen Hygienefimmel. Mike mit Sicherheit nicht. Er hatte überhaupt keine Möbel, nur einen viel zu kleinen Tisch und ein Moskitonetz, unter dem er schlief. Er hatte aber Platz genug, um das Segeltuch auszubreiten. Sie mussten nur zusehen, dass sie nicht in diesen stinkenden Haufen mitten im Zimmer traten – ein Ochsenfrosch, den Mike erschlagen und einfach liegen gelassen hatte.

Wie konnte er das aushalten? Entweder war er so schwach, dass er sich nicht überwinden konnte, die Überreste zu beseitigen, oder so abgestumpft, dass es ihn nicht mehr ekelte. Rafi schauderte. Abgestumpfte Leute waren gefährlich – wie Afrikaner, die im Müll hockten. Die würden einem nie helfen; man könnte elendig vor ihren Augen krepieren, die würden sich nicht rühren.

Rafi wollte sofort zurückgebracht werden – auch wenn er alleine wachen müsste; alles besser, als die ständige Bedrohung durch den Ochsenfrosch auszuhalten.

Immerhin konnte er in Ruhe angeln. Es war wie verhext, nichts biss an. Wenn er sich durch Lichten des Ankers etwas weiter raustreiben ließ, um bessere Angelplätze zu finden… Ja, was wäre, wenn er sich treiben ließe mit der Strömung… Er müsste es nur schaffen, den Anker zu lichten. Rafi versuchte, sich schnell einen ersten Überblick zu verschaffen: Es waren noch mindestens zehn Liter Frischwasser in Momos Koje; er müsste die Kammer aufbrechen, das wäre nicht das Problem. Es gab auch Regenwasser, das nicht verschlossen war; er könnte außerdem neues sammeln. Natürlich konnte er überleben – und würde sich eines Tages in Südamerika auffischen lassen. Wenn er schwach wurde, durfte er sich nicht zu viel bewegen, um möglichst an Kraft zu sparen. Er müsste schon bald im offenen Meer sein und – je nach Wind und Strömung – in etwa fünfzig Tagen in Brasilien. Da könnte er ein neues Leben anfangen mit neuer Identität, oder als Robinson, falls er unerkannt einen unbesiedelten Küstenstreifen erreichte.

Sein erster Gedanke war, dass er den Macho mit seinen beiden Frauen im Bikini treffen würde, rein zufällig – so unwahrscheinlich war das nicht. Der würde ihm sofort weiterhelfen. Oder jemand anders. Egal. Jeder, der nicht gerade einen stinkenden Frosch in seinem Zimmer hatte, würde helfen. Er konnte überall auf dem Meer neue Freunde treffen. Er musste nur los. Doch ohne Maschine war es für einen alleine zu schwer, die Ankerwinsch zu bedienen. Die Strömung lag voll auf der Kette. Zu zweit oder dritt wäre es gegangen, oder wenn er eine Möglichkeit hätte, auf den Anker zuzufahren …

Er musste es versuchen.

Es ging! Es ging! Er schaffte es, den Anker zu liften. Er hätte es selber kaum zu denken gewagt, aber es klappte. Wenigstens einmal war das Glück auf seiner Seite. Die vereinten Kräfte von Strömung, Wind und seinen Muskeln wirkten so günstig, dass er den Anker hochkriegte. Er drehte kräftig an der Winsch – und die Golden Harvest floatete.

Peu à peu entfernte sie sich von ihrem Ankerplatz. Sie bewegte sich – wenn auch nur langsam. Die Strömung war nicht sehr stark, es war hier nicht wie in Libreville; hier ging alles gemächlich. Aber es ging. Es war seine Chance gewesen, er hatte sie genutzt. Er fand sogar noch einen Rest Tabac africain, eine Zigarette gönnte er sich zur Feier seiner Befreiung.

Wo würde er ankommen? Würde er von einer Küstenstreife aufgebracht werden? Oder bekam er unberührte Paradiese zu sehen, in die bisher nicht mal ein *Geo*-Reporter eingedrungen war? Woher kam ihm nur dieser Aufbruch ins Ungewisse so bekannt vor? Wieso war ihm das nicht eingefallen: Es war das Ende vom *Totenschiff*. Der Held ließ sich einfach ins offene Meer treiben, und keiner wusste, wie es weiterging. Er hatte das Buch immer gemocht.

Da machte die Golden Harvest einen Ruck. Der Anker hatte sich in einer Sandbank verfangen. Er saß fest, da konnte er an der Winsch schuften, so viel er wollte. Scheiße! Das war ja ein schöner Befreiungsschlag gewesen. Nur wenige Meter hatte er geschafft. Vielleicht eine Zigarettenlänge. Nun saß er fest – und

Momo und Elise mussten merken, dass er versucht hatte, mit der Golden Harvest durchzubrennen – und dass er selbst dazu zu blöd war.

Schon kam eine Yacht längsseits, diesmal mit jungen Franzosen an Bord. Sie grüßten freundlich; zuerst erfolgte der rituelle Zigarettenaustausch, dann die entscheidende Frage: Kannten sie Tabac africain?

»Oui.«

Na dann! Er hatte gleich ein gutes Gefühl gehabt, als er sie von weitem sah. Nun hatte er seine Retter gefunden. Die hatten auch gesagt: »Viens donc avec nous!« Da musste er nur noch oui sagen. Er packte seine Gitarre ein und steckte sich die fünf Fotos von Kris in die Gesäßtasche. Schon brausten sie in einem billigen Plastikschiff den Ogowe aufwärts und erreichten einen Teil des Hafens von Port Gentil, wo Momo ihn bestimmt nicht suchen würde.

Die Jungs gehörten zu einer Band, für die sie noch einen Namen suchten. Ihre Katze hatte schon einen: Black Power. Sie hatten einen Übungsraum mit alten Polstermöbeln und einem Mosaik aus Kronkorken an der Wand. Rafi hatte es irgendwie geahnt. Pascha war Schlagzeuger, Joeman Gitarrist, Victor Bassist. Peter gehörte auch dazu, saß aber nur still rum und drehte Tüten für alle. Sie spielten improvisierten Blues. Rafi durfte auch. Endlich konnte er den ›Apolitical Blues‹ mit Verstärker spielen.

Hier konnte er schlafen. »Tu peux dormir ici, si tu veux!« In dem Sessel, alles bestens. Es gab heimliche Gesetze für Musiker: Man traf ganz automatisch die richtigen Leute. Was in Brasilien funktioniert hätte, klappte hier auch: Man fand sich, magnetisch angezogen, von allein. Es gab extra lange Tüten, die Joeman gedreht hatte, dazu Nescafé mit Milch, und schon saß ein Mädchen mit vielen Antennen auf seinem Schoß und Black Power zu seinen Füßen. Er war wieder mal Ehrengast im Ghetto. Pascha hatte auch einen Onkel, bei dem Rafi morgen gegen Abend vorbeikommen sollte, da könnte er arbeiten. »Tu viens de quel pays?«

Sie verständigten sich hauptsächlich in E-Dur. Wer solche Musik gemeinsam hatte, würde niemanden im Stich lassen. Die Golden Harvest lag inzwischen in verräterischer Position verlassen in der Dunkelheit.

»L'Allemagne, c'est comment au juste?«

Rafi antwortete mit einer Handbewegung, die bedeuten sollte: na ja, so lala. Sie wollten sowieso nicht wirklich wissen, ob er Tourist war oder Kommunist und wie es in Deutschland so zuging. Sie wollten nur wissen, wann sie die Tonart wechseln sollten. Es klang alles ein bisschen nach John Mayall, Alexis Corner oder Jonny Winter. Und wenn sie versuchten, englisch zu singen, war es ziemlich daneben, doch auf die Texte kam es eh nicht so an. Die hatte Rafi immer ziemlich fragwürdig gefunden, jedes Mal ging es um irgendein Liebesleid, nur selten waren es Songs with meaning. Die Musik beim Blues war leider um Lichtjahre besser als die Texte. Fela hatte zu Recht aufgehört, Liebeslieder zu singen. Rafi fand die Blues-Texte inzwischen nur noch peinlich. Man merkte auch bei Joeman, dass er die gar nicht richtig verstand. Er machte nur die Laute nach, die er von Platten abgehört hatte.

Zum Frühstück traf er sich mit Victor. Sie liefen ein wenig ziellos umher – so machte man das in Afrika. Man schlug die Zeit tot, so gut man konnte. Rafi kannte das schon: Die Wege waren schlammig. Da waren wieder Mamis, die am offenen Feuer Schmalzkuchen herstellten. Die Hütten hatten so eine Art Veranda; man musste die Schuhe ausziehen, wenn man die Wohnungen betreten wollte. Frauen lehnten in den Eingängen, in bunte Tücher gehüllt mit Antennen in den Haaren wie Insekten. Alles war schäbig. Selbst die Palmen sahen ausgefranst und irgendwie krank aus. Rafi kannte das. Afrika hatte ihm nichts mehr zu bieten.

Zum Abschied musste er Victor hoch und heilig versprechen

– auch solches Getue kannte Rafi –, dass er sie wieder besuchen und niemals vergessen würde. Sie könnten sich gar nicht verfehlen, er musste nur nach Victor und seinen Freunden fragen, man brauchte hier keine Adressen, man kannte sich auch so.

Im Hafen war wenig los – viel weniger als in Lomé. Ein paar Versorger lagen im schmutzigen Wasser, und es gab eine Hütte, die vermutlich so was wie eine Hafenkneipe sein sollte. Da fragte Rafi nach einem Job – so gut es ihm möglich war. Der Dicke schien zum Glück sofort zu wissen, was er wollte. »Tu cherches du boulot?«

Genau.

Dann sollte er ins Hinterzimmer gehen. »J'ai quelque chose pour toi.« Quelque chose – so viel verstand er. Es würde schon das Richtige sein. Es war sowieso egal. Er würde alles nehmen. »Tu es bien marin, pas vrai?«

Im Zimmer wartete eine dicke Mami auf ihn. Sie winkte ihn aufgeregt näher, er sollte an ihre Brust kommen. »Me Rose«, sie zeigte auf ihre Brust. »Is good?« Sie fasste sich unter die Brüste und schob sie hoch, damit sie größer wirkten. »Is good?«

Rafi wollte einen Job, er wollte keineswegs, dass diese Rose an ihm irgendeinen Job verrichtete. Wie konnte er sich da wieder rausziehen?

»Is good?«

Er musste ihr irgendwas geben. Das war die einzige Möglichkeit. Er opferte die Fotos von der Golden Harvest, die sie begierig entgegennahm und dann etwas ratlos betrachtete: »Oh!«

Mehr hatte er nicht zu bieten. Aber er musste zahlen, auch wenn er ihre Leistungen gar nicht in Anspruch genommen hatte. Er musste dafür zahlen, dass er ihre stinkige Kammer betreten hatte und sich ihr »Is good?« angehört hatte; dafür, dass er noch einmal mit einem blauen Auge davongekommen war. In Afrika musste man für alles zahlen. Nun war er die Fotos los, die letzten Beweisstücke seiner Zeit mit der Operation Namibia, das letzte Zeichen von Kris.

Er versuchte, diesen Onkel zu finden. Er entdeckte dabei zufällig das Dingi, es war außerhalb des Hafengeländes festgemacht.

Momo und Elise waren also an Land, dann hatten sie wahrscheinlich noch gar nicht gemerkt, dass er versucht hatte, mit dem Schiff zu fliehen. Er durfte ihnen nicht über den Weg laufen. Zum Glück lebte dieser Onkel in einer anderen Gegend als Mike – im Garten eines reichen Franzosen mit einem eindrucksvollen toten Baum. Da standen ein paar Holzstiegen um ein Feuer herum. Das war alles. Rafi musste nur noch warten, bis er kam.

Wie tief war er gefallen. Er war mit einer internationalen Mission angetreten und in der schlammigen Provinz gelandet, bei einer dicken Mami mit riesigen Brüsten. Diese Leute hier – da sollte er sich nichts vormachen – waren viel zu blöd für die Operation Namibia. Hier brauchte keiner ein Buch. Nun wurde ihm klar, was es bedeutete, dass er Hans, Kris und Roy verloren hatte: Er war der einsamste Mensch in Afrika. Wie sollte er bei diesen Idioten, mit denen er sich nicht mal richtig verständigen konnte, neue Freunde finden? Afrika hatte bei ihm verschissen. Er konnte sich genau erinnern, wann er zum ersten Mal dieses Gefühl gehabt hatte: als sie in San Antonio an Land gebracht und abgeführt wurden. Wie schäbig war alles gewesen, wie kaputt, wie dreckig, wie laut! Er konnte es nicht mehr mit ansehen: diesen mörderischen Gleichmut, diese aufgeblähten Bauchnabel, die wie Würste an den nackten Bäuchen der Kinder baumelten. Er hatte es mal gerne gemocht, hatte sich für die Armen auf dieser Welt einsetzen wollen, nun war es ihm gründlich verleidet.

Pascha tauchte auf und freute sich richtig, Rafi bei dem toten Baum zu treffen. Rafi freute sich nicht. Er trauerte seinen alten Freunden nach. An Roy und Kris durfte er keine Sekunde länger denken, sonst würde er am helllichten Tage anfangen zu heulen. Wie gut hatte er sich doch mit Barry verstanden! Wie vermisste er seine Scherze. Was würde er dafür geben, noch mal eine Zeremonie von Mori zu sehen, bäng-bäng. Pascha war natürlich ein netter Kerl und mittelmäßiger Musiker; Rafi tat ihm Unrecht und wusste es.

Die Arbeit gefiel ihm gar nicht. Zuerst mussten sie irgendwelche Leinen zusammenrollen, dann wieder warten. Irgendwann zogen sie los, Richtung Strand zu einem Marché aus Beton mit kleinen Verkaufsbuden drum herum. Auch da war nicht viel los. Wieder mussten sie warten. Rafi erkannte von weitem die Yacht des Käfersammlers. Womöglich trafen sie den, wie er gerade hinter irgendwelchen Spinnen herjagte. Die Ochsenfrösche quakten viel zu laut. Mörderisch laut. Es war ein schreckliches Geräusch. Es tat richtig weh. Wie konnten so kleine Tiere so viel Krach machen. Es war viel zu kalt in der Nacht. Das Auslegen der Leinen machte wenigstens ansatzweise Spaß – ansonsten war alles nur sehr unangenehm. Die Fische waren ekelhaft, hässliche Grundfische mit Bart und Dornen, poisson-chat und épinoche. Diese Biester wuselten einem um die Beine herum; die Arbeit war ekelhaft und dauerte viel zu lange. Der Onkel war obendrein Nichtraucher und duldete nicht, das sich Rafi und Pascha mit Tabac africain die Arbeitszeit versüßten. Pascha hatte sowieso nichts dabei. So hockten sie schlecht gelaunt bis zum Arsch im Wasser – es wurde immer kälter, und die Fische wurden immer fieser. Rafi wollte am liebsten jeden Moment alles hinschmeißen –, warum machte er so was überhaupt? Wieso war er ausgerechnet hier gelandet? Eine Nacht konnte er es vielleicht noch durchstehen, aber nicht länger. Ein Seemann sollte sowieso nicht so viel über Fische nachdenken. Er gehörte hier nicht hin. Was hatte er mit diesem Joeman, Victor, Peter und Pascha zu schaffen? Ohne Gitarre hatte er Pascha nichts zu sagen und musste sich darauf beschränken, ihm zu versprechen, dass er ihn nicht vergessen würde.

»Tu ne nous oublies pas!«

Und dass sie sich wieder mal treffen wollten.

»Quand est-ce qu'on se reverra?«

Versprochen. Aber nie wieder bei diesem Onkel, bei diesen

Fischen, diesem toten Baum. Rafi wollte gar nicht wissen, wie sich Haken und Fangleine und das ganze Zeug auf Französisch nannten, er wollte es gar nicht erst lernen.

Kaum näherten sie sich mit ihrem Fang der Markthalle, eilten ihnen die ersten Frauen entgegen und kauften die besten Teile für ihre Schüsseln – die waren nicht zu retten: Die rissen sich regelrecht um diesen Ekelfisch. Das bisschen Geld, das Rafi sich in der Nacht verdient hatte, gab er gleich für frisches Obst und Tabac africain aus. Er musste sofort zurück. Was wollte er in Afrika ohne die Operation Namibia? Er hatte seine Freunde verloren. Nur das Schiff war noch da. Er hatte so viel Arbeit da reingesteckt, er konnte die Golden Harvest nicht kampflos Momo und Elise überlassen – das Schiff brauchte ihn. Es war immer noch sein Zuhause.

Das Dingi war nicht mehr da. Momo und Elise waren also an Bord und hatten wahrscheinlich inzwischen bemerkt, dass er versucht hatte, den Anker loszumachen.

Wie sollte er da hinkommen? Hier konnte er nicht mehr zum Schiff rüberbrüllen wie einst in Libreville. Er trieb am Strand einen Fischer auf, der ihn übersetzen sollte. Rafi zeigte auf die Golden Harvest und machte dazu Paddelbewegungen.

Der Fischer machte das bekannte Zeichen für Geld: »Et en échange?«

Geld hatte Rafi nicht. Doch an Bord gab es jede Menge Bücher. Momo versilberte die schließlich auch bei jeder Gelegenheit.

Es dauerte ein Weilchen, bis sein Fährmann verstand, dass er ein Buch kriegen sollte. Erst schien er nichts zu kapieren – vielleicht konnte er nicht lesen. Dann dämmerte es ihm, und er wirkte plötzlich sehr interessiert: »Quoi, comme livre?«

Rafi nickte hastig.

»Un bon livre? Un livre vraiment bien?«

Rafi wusste auch nicht genau, wie er es nennen sollte. Ein

gutes Buch eben. Ein sehr gutes Buch, »oui, oui«. Er musste nur rübergerudert werden. Da würde man schon das richtige Buch für ihn finden.

»Un bon livre?«

Ach so. Deshalb war er so heftig interessiert. Deshalb hatte er plötzlich diesen geilen Blick. Jetzt wurde es klar: Der dachte, er würde Pornos kriegen. Was sonst? Wieso war Rafi da nicht gleich drauf gekommen!

Je näher sie der Golden Harvest kamen, desto mehr nahm auch das bekannte Würgegefühl im Hals zu. Es war doch ein Fehler gewesen. Er hatte es gewusst. Warum nur eilte er so ungeduldig seinem Unglück entgegen?

Momo half ihnen über die Reling. »Hello!«

Rafi musste sich erst mal um die Bezahlung kümmern. Solange sein Fährmann noch da war, würde sich Momo zurückhalten. Eine der Bücherkisten stand immer noch an Deck. Der Fischer warf einen Blick darauf und fühlte sich sofort betrogen. Er wandte sich Hilfe suchend an Momo: »J'ai ramé tout du long.«

Der Arme! Die ganze Strecke war er gerudert. Na und? So was machte Momo auch. »Il m'avait promis …« Ja und? Was hatte Rafi ihm denn versprochen: ein Buch. Gut, das sollte er haben.

Nun erschien auch Elise mit ihrem mäkeligen Gesichtsausdruck. Damit war dem Mann endgültig klar, dass er keinesfalls so ein Buch kriegen würde, wie er sich erhofft hatte. Momo hatte die Situation schnell erfasst; er übernahm das: Großzügig griff er das erstbeste Buch heraus und überreichte es, ohne auch nur einen Blick auf den Titel zu werfen.

»… quelle fraude!« Er verzog sich schimpfend.

Das Donnerwetter konnte beginnen.

Elise fing an: Wo hatte er sich rumgetrieben? Wie hatte er es wagen können, den Anker zu lichten?

Plötzlich fiel Rafi die passende Ausrede ein. Er hatte immer gedacht, dass ihn keine Entschuldigungen retten könnten, aber es war ganz einfach. Er behauptete, dass sich die Golden Harvest von selbst losgerissen hatte. Einer alleine könnte den Anker sowieso nicht gelichtet haben. Er hatte sie wieder festgemacht.

Die beiden sahen sich fragend an. Das klang glaubwürdig. Die Beschimpfungsattacke in diesem Punkt blieb ihm erspart.

Rafi fühlte sich sofort schrecklich schwach in ihrer Nähe. Seine Knie wurden weich. Er war ihnen ausgeliefert. Die waren stärker. Warum nur hatte er so dringend zurückgewollt? Er wusste doch längst, was hier los war.

Statt zu schimpfen, gab Momo feierlich eine Erklärung ab: Er wollte sich ab jetzt vom Schicksal treiben lassen – okay, sie waren nicht in Luanda, doch warum sollten sie da hin? Warum nach Walfischbai? Momo wollte endlich Antwort geben auf die Frage, die ihm Roy einst gestellt hatte: ob er denn überhaupt nach Namibia wolle. Er hatte darüber nachgedacht. Nun wusste er die Antwort: Er konnte überall sein Wirken entfalten. Deshalb war auch diese Navigationsspielerei völlig überbewertet. Sie waren immer in Afrika. Da gab es überall die Ärmsten unter den Armen, denen geholfen werden musste.

Rafi konnte es nicht mehr hören. Er drehte sich mitten im Satz um und ging.

Momo folgte ihm und redete weiter auf ihn ein.

Rafi holte sich die Angel; er wusste genau, was passieren würde.

Er warf sie aus und es passierte.

Momo riss ihm die Angel aus der Hand. Was war er doch für ein Feigling, der sich an wehrlosen Fischen vergriff. Rafi durfte in Momos Nähe nichts, aber auch rein gar nichts tun, wozu Momo nicht ausdrücklich den Befehl gegeben hatte.

Elise spielte zuverlässig mit und sagte was von Mördern und Feiglingen und wie sehr sie doch Gottes Kreatur in all ihren Ausprägungen liebe. Sollte sie; sollte sie endlich Klarheit in ihr quälendes Verhältnis bringen. Jedes Wort war ein letzter Tropfen, der das Fass zum Überlaufen brachte. Es war ein Fehler gewesen zurückzukommen. Na gut. Das wollte er nur wissen.

Ausgerechnet jetzt legte ein Boot mit mehreren Personen an, darunter Rose und – Rafi traute seinen Augen nicht – Momo Two. Dieser Idiot kam freiwillig wieder und brachte sogar frisches Baguette mit. War der etwa gar nicht entlaufen, oder hatten sie ihn wieder eingefangen? Rose grüßte Rafi mit wild fuchtelnden Armbewegungen.

Momo führte ihnen mit angeberischen Gesten das Schiff vor. Seine Gäste staunten. Selbst Momo Two guckte alles an, als hätte er es noch nie gesehen; er nickte und hörte sich ergeben Momos Gedankenfluss an. Rose nicht. Sie verzog sich in die Kombüse. Rafi auch. Rose setzte sich an den Tisch, als würde sie da hingehören. Elise spülte. Rose formte aus einem Baguette einen riesigen Phallus, ließ Dosenmilch darüber laufen und lutschte sie ab. Erst guckte Elise missbilligend – irgendeine Bemerkung lag ihr offenbar auf der Zunge, dann erkannte sie, dass Rafi sich an den Kopf fasste und keineswegs angemacht wirkte.

Elise musste lauthals lachen. Rose legte unbeirrt ihre Brüste frei, es war völlig lächerlich, es wirkte wie bei einer landwirtschaftlichen Leistungsschau. Die Riesenmöpse lagen fast auf dem Tisch. Rose wog ihre Brüste in den Händen, um zu zeigen, wie schwer sie waren, als wenn das nicht offensichtlich wäre. Rafi konnte sich nur an den Kopf fassen. Diese Mamis verarschten ihn doch, alle.

Elise lachte. Er hatte sie so lange nicht mehr lachen gesehen, so lange nicht mehr. Es war ein wunderbar erlösendes Lachen, und es machte ihm doppelt schwer, das Schiff zu verlassen. Warum lachte Elise nur so wunderbar?

Als Momo reinguckte, verkündete Rafi schnell, dass er sich ein anderes Schiff suchen wolle. Er hatte neutrale Zeugen. Rafi war erstaunt, wie leicht er das sagen konnte: »I look for a new ship.«

Momo tat, als wäre er nicht überrascht. Er nahm es hin.

Dann verkündete er, dass er ihm vierundzwanzig Stunden Zeit gebe, sich ein anderes Schiff zu suchen.

Es war lächerlich. Was wollte Momo denn machen, wenn er innerhalb dieser Frist nichts gefunden hätte? Das war nur einer seiner überflüssigen Triumphe. Momo musste einfach die Tatsache, dass Rafi gehen würde, irgendwie in einen Sieg ummünzen und so tun, als hätte er dazu die nötigen Anweisungen erteilt. Es war sinnlos – und so typisch für Momo. Rafi kochte. Momo verdarb ihm noch seinen Abgang.

Es war nicht leicht, was zu finden. Es gab nicht gerade viel Auswahl. Eine Fähre nach Lambarene lag hier – auch das noch: So würde er doch noch enden, weil sie ihm immer Albert Schweitzer als Vorbild hingestellt hatten. Lambarene, das wäre ein Rückschritt in eine Zeit, als er vierzehn war. Auf Reede lag die Pangani, aber wie sollte er da hinkommen? Als deutscher Seemann konnte er im Ausland sowieso nicht einfach so anmustern.

Nun ging es also wieder los: riesige Fallreeps hoch und runter. Er führte Selbstgespräche mit Kris. Eines der Schiffe kam aus Liberia, dem Heimatland von Tolbert, immerhin ein gutes Zeichen, aber die Rostlaube erwies sich als schwimmende Irrenanstalt: Alle wirkten überdreht und kicherten nur; keiner schien zu arbeiten, und natürlich war keiner zuständig.

Auf dem nächsten kriegten sie irgendwas mit einem Ventil nicht geregelt, alle fluchten nur und ignorierten Rafi einfach. Na gut. Dann musste er eben warten. Er stellte sich daneben und wartete. Bis sie genug mit dem Ventil geschimpft hatten und ihn fragten, was er wollte:

»Job.«

Wann könnte er anfangen?

»Now!«

Der Offizier drückte ihm einen Geldschein in die Hand –

meine Güte, das waren fast fünfzig Mark! Er solle sich ein Taxi nehmen, seine Sachen holen und anfangen. Es tat ihm richtig Leid, das viele Geld für ein Taxi auszugeben, aber so kam er gerade noch rechtzeitig zum Yachtclub – kein Vergleich zu dem in Lalala, das hier war eine Bruchbude. Einer der Franzosen hatte gerade sein Speedboot zu Wasser gelassen. Rafi konnte ihn überreden, ihn mitzunehmen. So viel Kraft konnte er noch aufbringen, um diesen Franzosen auszupowern; so machte man das in Afrika: Alles war eine einzige Kraftprobe. Alles kostete Kraft – oder Geld.

Bien, der Franzose ließ sich breitschlagen, vielleicht war er neugierig, einen Blick auf das schwarze Schiff zu werfen, das er bestimmt schon von weitem gesehen hatte.

Momo und Elise erschienen an Deck und wollten schon anfangen zu schimpfen.

»Stop it!« Rafi hatte einen Job, er würde gehen, Momo konnte sich seine Ausbrüche sparen.

Na gut, Momo folgte ihm wie ein Schatten und guckte sich ganz genau an, was er mitnehmen wollte. Handtücher nicht. Die gehörten zur Golden Harvest. Die Gitarre, okay, auch die Fallschirmspringerstiefel, die er nie getragen hatte.

Elise stand an der Spüle, wie sie da gestanden hatte, als Rose noch da war. Rafi sprach ganz automatisch: »Elise, I go now. I feel sorry about you.«

Elise drehte den Kopf nur halb zu ihm: »I feel sorry about you too, Raphael.«

Sie mussten das später mal klären. Rafi wusste gar nicht, ob man das so sagte – war das überhaupt ein richtiger Satz? Elise hatte es jedenfalls genau so wiederholt. I fell sorry about you. Jetzt musste er schnell weg. Der Franzose wartete.

Er erklärte Momo, dass es Brauch unter Seeleuten war, einen Belegnagel mitzunehmen. Darauf hatte er ein Recht.

Momo hatte verstanden. Es handelte sich offenbar wieder mal um einen Aberglauben unter verrückten Seeleuten. Aber gut, er wollte großzügig sein. Er verzichtete darauf – nun, da es sowieso zu spät war –, ihn zu belehren. Wenn diesem Deutschen so viel daran lag – bitte sehr. Allerdings wollte Momo den Belegnagel selber aussuchen. Der, den Rafi schon eingesteckt hatte, war viel zu gut. Zu neu. Rafi war es gar nicht wert, so einen guten Belegnagel mitzunehmen. Momo kostete diese letzte Demütigung voll aus.

Er überprüfte noch einen weiteren Belegnagel.

Nein, auch der war zu gut.

Schließlich suchte er einen aus, der alt genug aussah. Momo war sehr zufrieden, dass er wieder eine richtige Entscheidung getroffen hatte.

Raphael steckte den Belegnagel in seinen Seesack und ging, ohne sich umzudrehen. Auch unterwegs nicht. Auch an Land nicht. Er musste sich beeilen. Es tat ihm gut, dass es dringend war, dass er unter Druck stand, dass er auf keinen Fall sein neues Schiff verpassen durfte.

Ihm wurde eine Koje zugeteilt, und er bekam sein erstes warmes Essen auf der Sampson Service. Er schlief schnell ein und hatte fürchterliche Träume. Die Segel waren in Wirklichkeit gefesselte Wolken. Aber erstaunlich schwer. Vielleicht waren es auch keine gefesselten Wolken, sondern irgendetwas Monströses, von dem er selber nicht wusste, was es sein konnte; es wabbelte, als würde es leben, und drückte das ganze Schiff unter Wasser.

Sie fuhren noch in der Nacht raus und kamen in die Nähe des Bohrfeldes vor der Küste. Rafi wurde aus seinen Träumen gerissen und durfte – nein, musste sogar – am Ruder stehen, acht Stunden lang.

Es war stinklangweilig. Den Rest der Zeit konnte er machen, was er wollte, aber was wollte er schon? Nichts wollte er. Er hatte keine Lust mehr, Gitarre zu spielen. Die passte nicht auf die Sampson Service, die war schon auf der Patria ein Fremdkörper gewesen, auch wenn es einen guten Sound gab, wenn er sich direkt vor das Bullauge stellte. Ab und zu ertappte er die Finger seiner linken Hand, wie sie Akkorde griffen, D-Dur, E-Dur, leere Akkorde, ohne dass er dazu einen Song im Kopf hatte. Die Zeit der Lieder war vorbei; er wusste es längst, nur seine Finger hatten es noch nicht eingesehen.

Er versuchte wieder, den Zeitpunkt abzupassen, wenn die Träume kamen und er durch die Schwingtüren in die Traumwelt eintauchen könnte, um ein bisschen Regie zu führen. Er machte es, weil er Angst hatte vor den Träumen und versuchen musste, das Schlimmste zu verhindern. Er rauchte wieder Krebszigaretten, doch die schmeckten ihm nicht mehr, er wollte lieber African tobacco. Er musste das Deck streichen – mit aufgerauter Farbe! So war es richtig. Sand gleich in den Eimer. Er hatte es immer schon gewusst.

Jeden Tag kriegte er dreißig Dollar – theoretisch. Das Geld wurde angeschrieben, er konnte es sich beim Abmustern auszahlen lassen, falls er zwischendurch etwas brauchte, musste er um Vorschuss bitten. Das Schiff gehörte zum Zapata-Marina-Service aus Houston, Texas; die gesamte Flotte gehörte dem CIA-Chef George Bush. Da wurde nicht aufgemuckt. Da musste Rafi froh sein, wenn er sein Geld am Ende tatsächlich kriegte. Es wurde kein Wort darüber verloren, dass die Schwarzen an Bord nur fünf Dollar pro Tag kriegten. Rafi machte sich eine Liste über sein Guthaben, er schlief schlecht und dachte: Das kommt nur von diesem schmutzigen Geld. Manchmal schlief er überhaupt nicht, lag wach und dachte, dass er nichts tat, gar nichts: Er schlief nicht, arbeitete nicht wirklich – das war ja auch keine echte Arbeit. Er dachte an nichts, träumte nicht, er atmete nur noch. Er hatte nicht mal mehr Lust zur Selbstbefriedigung. Er war völlig abgestumpft. Er notierte sich, wie oft sie den Äquator passierten, sie fuhren hin und her, da wollte er sich wenigstens merken, wie oft er diese Linie überquerte – wer konnte wissen, wozu es gut war.

Was sollte er tun!? Er führte eine Strichliste wie ein Gefangener: vier senkrecht, einer quer. Er war froh, wenn er aus dem

Schlaf gerissen wurde und seinen Job wie in Trance erledigen konnte, dann ging wenigstens alles ziemlich schnell vorbei. Bei solcher Art von Arbeit lohnte es nicht, die volle Aufmerksamkeit dafür hinzugeben und sich ins Zeug zu legen. Wenn er je wieder an Land kommen würde und sich auszahlen ließ, würde er von dem Geld Bücher kaufen – die Bücher, die Momo über Bord geworfen hatte. Er machte sich schon eine Liste von allen Titeln, an die er sich erinnern konnte: *The Mariner's Handbook, Practical Navigation For Second Mates.*

Seine Schlaflosigkeit hatte außerdem den Vorteil, dass sie den Tagesrhythmus durcheinander brachte. Er befand sich nun außerhalb einer normalen Ordnung in einem kontrollierten Ausnahmezustand. Alle anderen an Bord der Sampson Service spielten von vornherein keine Rolle in seinem Leben, er musste sich gar nicht erst mit ihnen anfreunden oder sich mit ihnen streiten. Das Gute war, dass sie ihn auch in Ruhe ließen. Ein geselliges Leben wie auf der Patria gab es hier Gott sei Dank gar nicht. Der Erste hatte gleich gesagt: »Listen, Thomas, I was divorced three times.« So viel dazu. Mehr musste gar nicht gesagt werden. Sie waren alle wie im Gefängnis. Jeder brütete über sein Schicksal und wollte in Ruhe stumpfsinnig sein.

Er war regelmäßig im Hafen von Port Gentil, ging jedoch nie an Land, er fühlte sich sicher an Bord. So verbrauchte er auch keinen Vorschuss. Keiner wusste, dass er auf der Sampson Service war, das war ein Vorteil, den er nicht verspielen wollte. Er überquerte mit fast jeder Tour den Äquator. Meistens mussten sie irgendeinen Tanker schleppen. Es war ihm alles schnurzegal. Einmal wurde die Ölplattform Ocean King, die er auf dem Weg nach Port Gentil gesehen hatte, abgeschleppt. Auch egal.

Er hielt, so oft er konnte, mit dem Fernrohr Ausschau. Er verpasste die Golden Harvest jedes Mal – es sollte wohl so sein, seine Zeiten waren so eingeteilt, dass er sie nicht zu sehen kriegte, als hätte der Erste der Sampson Service das extra so eingefädelt. Er dachte auch gar nicht mehr so oft an die Golden

Harvest, wirklich nicht. Einmal dachte er eine ganze Schicht lang ausschließlich an Gregor und redete in seinen Selbstgesprächen unaufhörlich auf ihn ein: Was er doch für ein hoffnungslos kaputter Typ sei und obendrein ein lausiger Koch. Die ganze Schicht lang legte er ausführlich dar, dass er immer schon Recht gehabt hatte. Und sonst?

Man konnte nicht gerade behaupten, dass er viel von der Golden Harvest träumte. Einmal stieg er eine Jakobsleiter runter, und in seinen Händen zerbröselte die Leiter und rieselte wie Sand zwischen seinen Händen, alles Rost; er stürzte aber nicht in die Tiefe – sollte das ein Traum sein, der irgendwas mit der Golden Harvest zu tun hatte? Er wollte gar nicht wissen, was sie für Schiffe abschleppten, vielleicht hatten sie Kanonen für Omar Bongo geladen – na und? Das sollten die zuständigen Herren mit ihrem Gewissen ausmachen, falls sie eins hatten; die konnten schon mal überlegen, wohin die nächste größere Fahrt ging. Er wollte nicht wissen, ob sie nach Libreville fahren würden – das machte eine weitere Äquatorüberquerung auf der Hinfahrt, einen weiteren Strich auf seiner Liste – da würden sie dann ein paar Tage bleiben, die er frei habe –, ob er was dagegen habe? Was sollte er dagegen haben? Die fragten aus verlogener Höflichkeit, die machten sowieso, was sie wollten. Er könnte versuchen, Hervé zu treffen oder Claude, vielleicht wusste einer von ihnen, wo Hans, Kris und Roy abgeblieben waren.

Nein, er hatte nichts dagegen, nach Libreville zu fahren. Es wäre genauso okay gewesen, wenn sie ihm das am selbigen Tag mitgeteilt hätten: heute Libreville. Dann hätte er sich auf der Tour nicht so viel Gedanken machen müssen. Dann hätte er sich nicht darüber ärgern müssen, dass er doch aufgeregt war. Es war irgendwie ein Rückschritt. Sie mussten ein Seegebiet passieren, das er nicht mochte. Da wäre er beinahe versunken. In einem Schiff von der Größenordnung der Sampson Service wirkte es geradezu lächerlich ungefährlich.

Er erkannte alles wieder. Schon beim Einlaufen überkam ihn eine Art Heimatgefühl, das ihn eher unangenehm berührte. Er fand auch schnell den Weg nach Lalala und traf Claude, der sich überhaupt nicht wunderte, ihn wieder zu sehen. Er war gerade bei seinen Vorbereitungen für eine Fahrt in den Urwald – wollte er mit? Sofort? »Tu veux venir?«

Rafi war erleichtert: Nun brauchte er sich gar nicht nach Kris, Roy und Hans erkundigen. Ihm fiel richtig ein Stein vom Herzen. Es war viel einfacher so. Es war ein echtes Glück gewesen, Claude zu treffen. Claude war fast nie zu Hause, immer unterwegs. Er hätte genauso gut Hervé treffen können. Oder seine alten Freunde. Rafi hatte immer noch dieses Bild vor Augen, wie sie unschlüssig am Strand standen.

Claude packte zwanzig Liter Diesel und vier Ersatzreifen ein, die einfach hinten auf die Pritsche geworfen wurden. »Quatre pneus de rechange«, so viel brauchten sie, »pas moins« – sie konnten los. Die Nacht war sternenklar und warm; es war wunderschön, durch das nächtliche Libreville zu brausen, das flüchtig vom Scheinwerferlicht gestreift wurde.

Man sollte allen raten, nachts durch Afrika zu fahren, nachts war das Geheimnis wieder da. Kurz hinter Libreville ging es gleich in den Busch, tief rein. Der Geruch wurde sofort stärker, es war nicht genau der gleiche, den er schon in Apapa wahrgenommen hatte, aber so ähnlich. Mit schrillen Schreien wurden hier Botschaften überbracht, die für ein Lebewesen, wie er eins war, nicht verständlich waren. Es ging immer tiefer in das Herz der Finsternis. Schwarze Boten huschten am Straßenrand entlang und trugen irgendetwas auf dem Kopf. Claude bremste nie. Er hupte leidenschaftlich, die Leute schienen das als Freundlichkeit zu empfinden und winkten zurück. Rafi musste daran denken, dass Hans – wie mochte es ihm jetzt gehen? – einmal gesagt hatte, dass in Afrika immer nachts gearbeitet wurde, so sei hier das Nachtleben: Arbeit, Arbeit, Arbeit. Nachts würden die Reparaturen gemacht, Frisöre schnitten die

Haare – hier liefen schwarze Gestalten an der Straße entlang, völlig im Dunkeln, zwischendurch aufgescheucht und angehupt, furchtlos mussten diese Träger sein, die im leichten Trab Güter durch den Busch trugen!

Claude fluchte und bremste scharf; da war schon die erste Militärkontrolle mit brennender Öltonne. Im Licht der Scheinwerfer wirkte die Szenerie faszinierend bedrohlich. Claude machte eilig klar, dass der Tabak versteckt werden musste: »Planque ça!« Rafi steckte ihn in den Hosenbund. Der Motor wurde abgewürgt. Rafi hatte wieder das mulmige Gefühl wie in Lagos bei King Kong und merkte zugleich, dass es gerade das erste Mal war, dass er Urwaldboden mit nackten Füßen berührte, die Piste war nichts anderes als Urwaldboden, und nun stand er – ein historischer Moment – auf richtigem Urwaldboden, auf rotem, grob kieseligem Schlammstaub, halb durchgetrocknet, angenehm kühl.

Die Militärs wollten, dass hinten die Planen geöffnet wurden. Na gut, das wurde brav getan. Dabei durfte allerdings das Päckchen in der Hose nicht verrutschen. Die Soldaten guckten sich die Kanister und Reservereifen an; Claude steckte ihnen Geld zu, schon ging es weiter.

Sie sausten rein in den Urwald: Blätter witschten über die Windschutzscheibe, über den Wagen, ständig gab es Geräusche, als würde ihr Opel Blitz ausgepeitscht und zerkratzt. Claude ließ sich nicht dazu bringen, langsamer zu fahren. Hier hörten alle Wege auf. Es waren nur breit gefahrene Spuren zu erkennen. Manchmal war das Holz zurückgeschlagen. Manchmal steckten sie fest, und Claude musste sich mit fluchenden Manövern freifahren.

Plötzlich hielt er an, machte das Fenster auf, lauschte und führte begeistert die Geräusche vor, es waren entfernte Trommeln zu hören. »Ecoute un peu ça.«

Weiter.

In seinen stillen Selbstgesprächen erklärte er Kris das Geheimnis des Urwalds: Undurchdringlich wirkte er eigentlich nur an den Rändern, da war der Lichteinfall so stark, dass die Zugänge zugewuchert und versperrt waren. Der Urwald war nämlich ein permanenter Krieg der Pflanzen – denen gehörte der Tag; den Tieren die Nacht. Die Pflanzen kämpften um das Licht, wobei sie sich gegenseitig überboten. Im Schatten des Wettbewerbs war der Urwald nicht mehr so undurchdringlich, auch wenn sie im Moment wie durch einen Tunnel rauschten. Der Wettbewerb brachte wahre Giganten hervor, Saurier der Pflanzenwelt, stille Majestäten. Gerade hatten die Scheinwerferkegel so einen Brettwurzelbaum erfasst, bei dem es sich lohnte, kurz auszusteigen. Der Baum wirkte titanisch groß. Es ging eine Kraft davon aus – das war nicht gesponnen, man wurde fühlbar stärker, wenn man sich in die Nähe so eines Baumes begab. Aus genauso einem märchenhaften Holz wurden Schiffe gebaut.

Nun wurde das Trommeln so laut, das man es über dem Motorenlärm hören konnte. Es war sogar ab und zu ein kleiner Lichtschein zu sehen, der aus den offenen Strohdachhütten kam. Die Dächer standen hier wie auf Stelzen; hier stand die Welt auf dem Kopf; fast konnte man meinen, die Dächer schwebten im Urwald.

Schon liefen ihnen die Bewohner entgegen und riefen aufgeregt durcheinander. Rafi brauchte sich gar nicht erst die Mühe machen, irgendwas verstehen zu wollen. Claude war sichtlich stolz, so begrüßt zu werden. Hier galt er was, die hatten hier auf ihn gewartet, sich auf ihn gefreut. Er wurde wie ein Sieger gefeiert – und plötzlich wurde Rafi klar, warum Claude so freundlich gewesen war, ihn mitzunehmen: Er wollte einen Zeugen haben bei so einer Begrüßung. Das war sein Glück. Die mochten ihn. Sie klopften wild auf sein Auto, nur aus Spaß am Krach. Es war eine unglaublich herzliche Begrüßung. Der blonde Fremde wurde genauso begrüßt – ein Freund von Claude, das genügte. Eine Frau reichte beiden eine halbe Avocado.

Die Verkaufsverhandlungen fanden in einer der offenen Hütten statt, die zugleich ein Laden war. Es ging um fünf Produkte, erstaunlicherweise auch um Bier und um Zigaretten. Das Maniok war in Blätter eingewickelt wie dicke grüne Zigarren, von Fasern zusammengehalten – es sah aus wie Dynamitstangen, roch angenehm und war wunderbar warm. Davon wurden Hunderte von Stangen aufgekauft und auf den Wagen geladen. Jeder kriegte ein halbes, pisswarmes Bier geschenkt. Mehr hätte Rafi sowieso nicht vertragen.

Dann wurde eine Zigarre geraucht. Genauso ein Ding, wie es die Weiber in Tomis cabin gedreht hatten: Tabac africain vermischt mit normalem Tabak, in Zementsackpapier eingedreht. Rafi musste bei jedem Zug husten, was alle sehr amüsierte. Dieses Papier war wohl das einzige Papier, das sie sich besorgen konnten. Irgendjemand machte hier in Zement. Das Papier wurde aufbewahrt und weiter benutzt. Raphael musste plötzlich lachen – wahrscheinlich wunderten sich alle: Schade, dass Beton nicht brennt, fiel ihm ein, eine der letzten Parolen, die er noch aus der BRD mitgebracht hatte. Beton brannte doch. Jedenfalls das Papier dazu.

Eine große Dose Nescafé wurde aufgemacht – sicher ein Statussymbol: löslicher Kaffee! Die Frauen bedienten sie mit Freude und Würde. Es gab heißes Wasser und gesüßte Dosenmilch.

Hier hatte keiner Angst. Das merkte man sofort. Es waren naive Gesichter und – er konnte es nicht anders sagen – ganz, ganz liebe Gesichter, und das war ihr großes Geheimnis: Sie hatten keine Angst.

Der Häuptling rauchte. Eine Frau setzte sich breitbeinig dazu und zündete sich eine Pfeife an – beneidenswert. Rafi musste sofort an eine Bekannte von Birgit denken, die es versuchsweise mit einer Pfeife probiert hatte und eine Zeit lang peinlich demonstrativ Pfeifen angezündet hatte, als Akt der Emanzipation, das aber ziemlich bald wieder gelassen hatte. Wie anders diese Dicke: Die machte das nicht, um damit aufzutrumpfen, dass sie sich eine Männerdomäne erkämpfte. Es war ein wunderbares Bild, wie sie genüsslich rauchte und es genoss. Ihre

Lippen schienen zu glänzen, ihre Augen strahlten, es tat gut, einfach nur zuzugucken.

So war Afrika wirklich. Man musste diese Afrikaner einfach lieben. Die Vorstellung vom lieben Neger Onkel Tom lebte gleich wieder auf, so leicht ließ sich das Bild sowieso nicht löschen. Die waren wirklich lieb. Die waren friedfertig. Es waren so wunderbare Menschen mit würdevollen Bewegungen, die sogar Mori beeindrucken würden. Die nahmen sich Zeit. Die hatten Zeit. Die hatten das Leben. Hier konnte selbst Rafi seinen Unmut zurücklassen. Das kribbelnde Gefühl, gescheitert zu sein, das unterschiedlich stark immer in ihm brodelte, verflog.

Die Frauen waren toll, auch wenn sie nicht schön waren, hatten sie die Ausstrahlung einer ruhigen Schönheit. Man hätte mit solchen Frauen keineswegs so einen Stress wie mit den weißen Frauen, die einen in Psychokriege verstrickten, umso schlimmer, je schöner sie waren. Es wusste doch sowieso jeder, dass Amerikanerinnen die schrecklichsten Frauen der Welt waren. Hier waren sie schön und nicht arrogant. Sie hatten den offenen Blick. Ihre Erotik war nicht so furchtbar beunruhigend. Die Frauen hatten alle eine natürliche Macht, das konnte man gut an dieser Mami mit Pfeife sehen; sie mussten nicht ständig irgendwas einklagen, irgendwas beweisen. Hier fiel ihm auf, wie unglücklich weiße Frauen sein mussten: ständig unzufrieden mit ihrer Rolle, die von Saison zu Saison neu überdacht wurde, mit immer neuen Moden, mal in Latzhosen, in denen jede Fraulichkeit versteckt wurde, dann wieder mit Stöckelschuhen und Nylonstrümpfen – was machten die nicht alles durch! Die würden doch nie diese selbstverständliche Ruhe erlangen.

Warum hetzten sie hier nicht?

Warum waren sie so freundlich?

Es gab Schlange in Piri-Piri-Soße – toll! –, eine echte grüne Mamba. Junge Mädchen mit einer reinen Ausstrahlung, mit freiem Oberarm, nur in ein Tuch gehüllt. Wunderschön. Er hatte schon lange nichts mehr gesehen, das so sexy war wie dieser nackte Oberarm.

»Tu viens d'où?«

Alemania kannten sie nicht. Claude versuchte es irgendwie zu erklären. Sie konnten sich das nicht vorstellen: »Quoi? Si loin?!«

Doch zuerst wollten sie wissen, ob er gekommen war, um eine ihrer Schönheiten zu heiraten. »Tu veux une des femmes?« Sie lachten so, dass Rafi gar nicht wusste, ob es ernst gemeint war.

Offenbar doch. Es wurde ganz ernsthaft diskutiert, dass es für eine Frau nicht gut wäre, so weit weg zu fahren, schon gar nicht über das Wasser, besser wäre in diesem Fall, wenn er bei ihnen bleiben würde. »Tu reste ici, c'est mieux.«

Zum Abschluss dieser Besprechung kam eine furchtbar liebe Dicke mit mütterlicher Ausstrahlung auf ihn zu und küsste ihn feucht und nass mitten auf den Mund, richtig mit Genuss, nicht rituell wie bei diesem französischen Getue, viermal links, viermal rechts, sondern frontal, mitten auf die Lippen, ohne zu fragen, ganz selbstverständlich, ein richtiger Kuss – voll auf den Mund. Wo passierte das schon, dass man gleich auf den Mund geküsst wurde?

30
Es gibt noch viel zu lernen

Er stand an der Rostmaschine, über und über mit Rost bekleckert, halb taub von dem Lärm, durchgeschüttelt von der Maschine. Der Erste schlug ihm auf die Schulter, als wäre er begriffsstutzig: Besuch für ihn.

Er drehte sich langsam um.

Hans!

Hans kam auf das Oberdeck geschlichen. Rafi erschrak. Er sah gleich, dass es ihm nicht gut ging. Sie fielen sich in die Arme. Der Erste gab ausnahmsweise Erlaubnis, sich eine Stunde zurückzuziehen. »Erzähl!«

Es fiel ihm schwer, also: Sie hatten bemerkt, dass die Golden Harvest Libreville verlassen hatte, aber irgendwie hatten sie es nicht glauben wollen. Sie waren völlig überrascht gewesen, als das Schiff weg war. Roy hatte irgendwie die Möglichkeit gehabt, sich ausfliegen zu lassen – Rafi nickte. Kris war zu Hervé gezogen – das hatte Rafi erwartet. Hans hatte daraufhin alleine versucht, sich über Land durchzuschlagen. Er hatte den Kongo erreicht, nicht Zaïre, sondern den Teil, der sich immer noch Kongo nannte, Rafi nickte ungeduldig. In Brazzaville war er verhaftet worden. Er war sehr schwach gewesen, sehr durstig und war immer wieder verhört worden. Schließlich war er so verzweifelt, dass er das Wasser aus irgendeiner Blumenvase in irgendeinem Büro getrunken hatte. Davon war er dann richtig krank geworden und hatte tagelang im Fieberrausch gelegen.

Der Koch bot ihnen Eintopf an. Rafi war froh, dass Hans

wieder etwas zu essen kriegte, und gleichzeitig erleichtert über die kurze Unterbrechung. Er konnte nicht mit anhören, wie dreckig es Hans ergangen war; er fühlte sich schon schlecht genug, weil er der Operation Namibia den Rücken gekehrt hatte und ein relativ bequemes Leben führte und nicht all die Qualen durchgemacht hatte wie Hans, der wirklich das Zeug zum Märtyrer hatte.

Nach Port Gentil war Hans nur gekommen, weil sie ihn im Kongo wieder loswerden wollten und er rein zufällig eine Mitfahrgelegenheit bekommen hatte. Er war automatisch an den Strand gegangen, um ein Schiff nach Luanda zu finden – da war die Golden Harvest schon, verrückt nicht wahr?

Nun war Hans wieder auf der Golden Harvest und schlief sogar da.

Konnte er Momo aushalten?

Hans zuckte mit den Schultern, wie nur er es tun konnte.

»Wie geht es denn Elise?«

Er zuckte wieder nur mit den Schultern. »Do you want to come back to the Golden Harvest?« Dann konnte es bald weitergehen. Zwei Leute aus Philadelphia waren schon da, Ken und Priscilla, die wollten das Projekt – wie sagte man auf Deutsch? – evaluieren. Kris und Hervé wollten auch noch kommen.

Rafi gab Hans ein Tagebuch. Das sollte er für die beiden aus Philadelphia übersetzen. Vielleicht würde ihnen das bei einer Bewertung helfen. Rafi entschuldigte sich natürlich ausgiebig dafür, dass er manchmal nur Stichworte aufgeschrieben hatte, er könnte das gerne ausführlich erklären, wenn da zum Beispiel nur *Nero* stand.

Hans winkte ab. Nicht nötig.

Rafi traute sich wieder an Land. Nun war Hans da – und die beiden aus Philadelphia.

Victor wohnte in Mosqué, etwas außerhalb von Port Gentil, am Kap Lopez, in einer Bucht, die man von der Golden Harvest aus nicht einsehen konnte. Da fanden sich einige verlorene

Bungalows von reichen Franzosen, eine Kirche, eine Raffinerie und ein Funkturm, der da nicht so richtig hinpasste. Victor lebte da mit seiner Katze Black Power in einer Bude aus Sperrholz, die er yellow house nannte.

Rafi war das stümperhafte Englisch leid, das sie extra seinetwegen versuchten. Er langweilte sich von der ersten Minute an. Er wusste selber, dass er bei seinen neuen Freunden in der Band ohne Namen keine Zukunft hatte. Nun ging es ihm auch schon so: Er hatte Zeit und wusste nicht, was er damit in Afrika anfangen sollte.

»Il faut que tu vienne nous voir.«

Ja, ja.

»Tu promets!?«

Rafi versprach, wieder vorbeizukommen, obwohl er schon in dem Moment keine Lust mehr dazu hatte, aber es war so üblich, erst mal oui zu sagen. Er war in Gedanken sowieso woanders. Er mochte Afrika nicht mehr; die hatten es irgendwie geschafft, die hatten ihn zermürbt, gewawat. Schon wieder liefen halb nackte Kinder hinter ihm her und riefen Unverständliches; eins der Kinder trug eine Ente, und man konnte nicht sagen, ob die tot war oder nicht.

Hans brachte einen Mischling und eine junge Frau mit – sie war weiß. Sie hießen Ken und Priscilla. Auf den ersten Eindruck wirkte sie sehr streng. Sie hatte die Haare hinten zusammengesteckt wie die Heimleiterin im Haus Sonnenschein. Er war ein Mischling, sah jedoch eher aus wie ein weißer Tourist, der zu lange auf Teneriffa in der Sonne gebadet hatte. Das waren die Mitarbeiter von PNAG, extra aus USA eingeflogen.

Es gab Kaffee. Rafi hatte zwar im Moment keine Zeit, er musste eigentlich arbeiten. Er riskierte es aber. Er wollte so lange bleiben, bis der Erste ihn erwischte.

Die beiden aus Philadelphia bedankten sich für das Tagebuch und wollten seine Meinung in ihrem Bericht berücksichtigen. Rafi merkte sofort, worauf das alles hinauslaufen sollte: Sie wollten ihnen zeigen, dass es ihre Angelegenheit war. Philadelphia wollte bestimmen, wie es weiterging mit der Operation Namibia, weil sie damit angefangen und so viel Arbeit reingesteckt hatten. Priscilla hatte viel Geld investiert, dass sie nun wieder raushaben wollte. PNAG war ja auch zufrieden – wenn man davon absah, dass es Kommunikationsprobleme gegeben und sich alles zu sehr in die Länge gezogen hatte. Sie waren insgesamt zufrieden gewesen mit dem Verlauf der Reise – bis Nigeria. »What happened in Lagos?«

Hans hatte das schon erklärt, jedenfalls versucht, er wiederholte nur müde: »Everything fell apart.«

Warum hatte das Treffen mit Wole Soyinka nicht stattgefunden? Das war ein Fehler gewesen – jedenfalls waren sie in Philadelphia überrascht, dass die Crew ihnen mangelnde Unterstützung vorwarf. Sie hätten in Wahrheit eine Menge getan: Die Botschaften Nigerias wurden in verschiedenen Ländern unter Druck gesetzt, die Frage wurde sogar auf einer Sitzung der UN-Apartheidskommission angesprochen; die Quäker hatten versucht, sich direkt einzuschalten, ebenso das American Friends Service Committee; ein Protestschreiben von PNAG wurde in voller Länge in der *Lagos Times* gedruckt, und ihre Telefonrechnung schoss in dem Monat um mehrere hundert Dollar in die Höhe. Wole Soyinka hätte ihnen ganz sicher helfen können.

PNAG hatte noch weitere Kritikpunkte vorzutragen: »The letter of Roy has been discussed in different groups« – alles, was Ken jetzt zum Ausdruck bringen wollte, war nicht seine persönliche Ansicht, der Brief von Roy war ausführlich diskutiert worden. Alle waren sich einig gewesen: »A white middle class westener still has to learn a lot when he wants to talk about Third World issues.«

Rafi war fertig mit den beiden, ehe sie so richtig losgelegt hatten: Letztlich waren sie Egoisten, die über sich selbst redeten, über ihre Gefühle und die Gefühle, die sie dabei hatten, wenn sie über ihre Gefühle redeten, und wie begeistert sie davon waren, dass sie alles richtig machten.

Die beiden Deutschen saßen da wie Schüler, die nachsitzen mussten. Der Kaffee wurde kalt.

Zur Sache. Ken holte eine Abschrift von Roys Brief heraus: »When you write: The voyage was politically disillusioning« – daran konnte sich Rafi gut erinnern –, »you seem to be saying that West Africa and West Africans didn't live up to your expectations.«

Priscilla fand Roys Äußerung schlichtweg arrogant. Natürlich hörten die Probleme nicht mit der Unabhängigkeit auf, das sei schließlich in Amerika nicht anders. Sie konnte Roy sowieso nicht verstehen; dass er sich zurückgeworfen fühlte – sie las ab und zitierte wörtlich: »fighting against someone else's oppression.« Ihr kam es vor, als wollte er sagen, warum soll ich eigentlich meinem schwarzen Bruder helfen, wenn der mich so behandelt. Da steckten gleich mehrere Fehler drin. Zunächst mal sollten sie sich nicht anmaßen, für die Leute in Namibia etwas erkämpfen zu können; das würden die schon selber machen. Sie konnte auch nicht verstehen, wie man sich geschwächt fühlen konnte in seinem Engagement, wenn man am eigenen Leib Unrecht erlebte – im Gegenteil: Sie werde als Frau unterdrückt, Ken wegen seiner Hautfarbe. Aber das hindere sie nicht daran, die Operation Namibia mit ganzen Kräften zu unterstützen.

Das Problem, als Frau durch Männer jederzeit oppressed zu werden, war stets latent vorhanden, auch wenn die Männer, mit denen sie zusammenarbeitete, sich dessen nicht bewusst waren. Deshalb war sie auch als Frau gekommen, um mit Elise als Frau zu reden. Sie hatte außerdem Geschenke mit für Elise, eine Kamera, Schokolade und Kleidung, die ihr die Eltern von Elise mitgegeben hatten. Sie wollten zunächst ihre Meinung hören und dann zu einer endgültigen Entscheidung kommen. Lange wollten sie eh nicht bleiben, da jeder Tag Unkosten verursachte.

Rafi war froh, dass er die beiden los war. So waren sie also: Diese Amis dachten, es sei ihre Operation Namibia. Die hatten auch was getan, sie hatten telefoniert, während sie in Nigeria ihren Arsch hinhalten mussten.

Rafi musste die ganze Zeit lang, als er sich an der Rostmaschine eindreckte, an die beiden denken, und in seinen stummen Selbstgesprächen versuchte er sich in einer Mischung aus deutschen und englischen Formulierungen vor dieser Priscilla zu rechtfertigen. Sie konnte sich seinetwegen gestärkt fühlen in ihrem Kampf, weil sie als Frau unterdrückt war, aber sie hatte kein Recht, so über Roy zu urteilen. Rafi hatte keine Chance, ihr etwas zu erklären. Sie war ihm weit überlegen. Sie hatte Übung darin, einen wie ihn in Grund und Boden zu diskutieren. Ihr war die englische Sprache selbstverständlich, und sie schien sich nicht darüber im Klaren zu sein, dass sie mit zwei Deutschen redete, die womöglich Schwierigkeiten hatten, ihr zu folgen. Da hatte sie einen echten Vorteil. Dann war sie auch noch eine Frau. Nicht mal eine attraktive. Rafi wäre bestimmt keiner von diesen Kampfgefährten, von dem sie in irgendeiner Form Sexismus erfahren würde. Die könnte man mir nackt auf den Bauch binden, sagte er sich halblaut und kicherte. Dennoch sah sie einen Trumpf darin, dass sie eine Frau war, und würde sich den nicht nehmen lassen.

Man konnte es auf den ersten Blick sehen: Die beiden waren wie ausgewechselt. Sie waren auf der Golden Harvest gewesen – so schlimm hatten sie sich das nicht vorgestellt: der Schmutz, die Kakerlaken! Besonders entsetzt waren sie darüber, dass Momo und Elise völlig übergeschnappt waren.

Sie waren ratlos. Ken war still. Priscilla fing vorsichtig an; sie hatte sich lange mit Elise unterhalten. Sie waren zunächst herzlich an Bord begrüßt worden, aber irgendwie auch …

Rafi wusste genau, wie: verkrampft.

Priscilla versuchte es sachlich. Die Crew hatte versagt, Momo und Elise zu unterstützen; denn die beiden mussten Unterdrückung erleiden, als Frau beziehungsweise Schwarzer. Es wäre die Aufgabe der Crew gewesen, den beiden zu helfen, sich vollwertig akzeptiert zu fühlen, und die beiden zu integrieren, beklagte Priscilla.

Nun war es zu spät. Momo sah sich inzwischen nicht mehr als Mitglied von Operation Namibia. Vielmehr sei er auf einer Mission der Liebe, bei der die Hautfarbe keine Rolle spiele – unterwegs mit unbekanntem Ziel. Momo hatte zunächst nichts dagegen, dass die Operation Namibia beendet werden sollte, auch nicht, dass die Bücher von Bord geschafft werden sollten, sie hatten sowieso eine »general hostility towards books« geäußert. Doch als Ken erwähnte, dass sie das Schiff verkaufen wollten, hatte Elise nur traurig gesagt: You are stepping on my heart.

Darin sah auch Priscilla ein gewisses Problem.

Rafi guckte Hans an, der mit seinem Arme-Sünder-Gesichtsausdruck nur stumm dagesessen hatte. Hans sah ihn an. Rafi war es, als wenn er ganz entfernt und leise seine Stimme hörte: It is forbidden to step on her heart.

Priscilla wollte jetzt nicht den gleichen Fehler machen, den Roy und Kris gemacht hatten. Nachdem sie selber einen Eindruck davon gewonnen hatte, in welch kritischem Zustand Momo und Elise waren, war es ihr schlicht unverständlich, wie es die Ex-Crew hatte zulassen können, dass die beiden Libreville verlassen und sich in große Gefahr gebracht hatten. Die Gefahr bestand wieder. Die beiden könnten überstürzt handeln und sofort aufbrechen. Deshalb war es wichtig gewesen, dass sie sich freundlich verabschiedet hatten, ohne dass die beiden in Angst versetzt worden waren.

Ken wollte auf der Golden Harvest einen Kontakt zu Philadelphia herstellen– mit dem Funkgerät. Doch Elise hatte gesagt: »No radio, too many problems, too many guns.«

Zuerst hatten sie gedacht, dass sie das Funkgerät über Bord geworfen hätten; denn Elise hatte die Kamera, die Priscilla von ihren Eltern mitgebracht hatte, auch nicht gewollt und gemeint, sie hätten alle Fotoapparate über Bord geworfen, auch die

Schokolade, nur die Jeans wollte sie behalten. Aber dann hatten sie das Funkgerät doch aus dem Schrank geholt.

Rafi verstand das alles längst nicht mehr. Er hatte selber gehört, wie das Gerät über Bord gegangen war, hatte gesehen, dass Momo es an Land gebracht hatte. Nun hatte Ken das Ding ausprobiert – und auch keinen Kontakt herstellen können.

Ken hatte sich auch an Land umgehört. Das Schiff hatte einen sehr schlechten Ruf; alle hielten es für ein Drogenschiff. Eine von den Gästen, wie Momo und Elise sie nannten, die sich an Bord befanden, war eine Prostituierte, die umerzogen und gerettet werden sollte, ergänzte Priscilla vorwurfsvoll.

Sie hätten sich mit Wole Soyinka treffen sollen, das konnte Ken nur wiederholen, das war so verabredet, das wäre besser gewesen als diese Kontakte zu Fela Kuti, der sich hauptsächlich um Drogen und seine Sexgeschichten kümmerte. Anyway: Sie mussten schnell handeln. Die beiden wollten die Polizei holen, um Momo und Elise von Bord bringen zu lassen – was hielten sie davon?

Nein, nein, nein, dachte Rafi, keine Polizei. »No«.

Hans sagte gar nichts. Die beiden Amerikaner nahmen den Einwand von Rafi zur Kenntnis und fragten, ob sie sich die Hände waschen könnten. So war das also: Sie hatten ihn gefragt, legten aber eigentlich keinen Wert auf seine Meinung. Es würde vielleicht einen Vermerk in ihrem Protokoll geben, mehr nicht.

Rafi hatte jetzt einen Job. Da musste er tun, was er eben tun musste. Da wurde er sowieso nicht gefragt. Er stand an der Rostmaschine und hatte keine Zeit, auf dumme Gedanken zu kommen. Hans kam wortlos zur Sampson Service und durfte sich in seiner Kammer schlafen legen, ausnahmsweise, damit er es wenigstens eine Nacht lang ein wenig komfortabler hatte, er wollte nicht auf die Golden Harvest – nach allem, was geschehen war. Die Amerikaner waren wieder im Hotel und duschten wahrscheinlich gerade.

Hans wirkte sehr geknickt. Also: Die Polizei war gekommen und hatte die Golden Harvest geentert. Momo und Elise waren aus allen Wolken gefallen, sie hatten ihn angeguckt, als hätten sie es nicht glauben wollen. Dann hatten sie angefangen, wütend um sich zu schlagen – es war richtig schwer gewesen, sie zu überwältigen. Schließlich hatte man sie in Handschellen gelegt. Rafi hatte das Bild sofort vor Augen. Es tat ihm weh.

»Momo hat wie ein Verrückter rumgefuchtelt.« Als sie zusammengekettet wurden, hatte es so ausgesehen, als hätte Momo Elise als Geisel genommen. Er hatte wie wahnsinnig an ihr gezerrt, sie hatte jedes Mal aufgeschrien.

»Was hat Elise denn gesagt?«

»Hab ich auch nicht verstanden.« Vier Polizisten mussten zufassen – schrecklich! Anders ging es nicht: vier Polizisten! Ihre Sachen mussten auch noch von Bord gebracht werden. Hans musste zeigen, was ihnen gehörte. Bei der Gelegenheit war ihm aufgefallen, dass Elise neu eingekleidet war. Die sah ganz anders aus. Hans hatte auch überlegt, ob er den Becher mit der Aufschrift SHE mitgeben sollte, aber die Polizisten wollten nur ein Bündel Kleider, mehr nicht.

Hans war mit gesenktem Kopf hinterhergetrottet, immer mit diesem SHE-Becher in der Hand. »Als hätten die mich verhaftet. Ich hab mich so elend gefühlt … als würde ich an den Galgen geführt, das kannst du mir glauben.«

Rafi glaubte ihm auch und stellte sich gleich vor, wie er zusammen mit den beiden verhaftet worden wäre.

Im Polizeirevier hatte es sich dann als unmöglich erwiesen, ein ordentliches Verhör zu führen. Momo hatte so heftig mit den Armen gerudert, dass alle gefürchtet hatten, er breche Elise die Arme. Er musste eine Spritze kriegen.

Rafi zuckte zusammen. Das hatte Momo nicht verdient. Gefangenschaft schon, aber keine Spritze.

»Die haben mich so … so hasserfüllt angeguckt!«

Rafi war zum ersten Mal froh, dass Hans wenig redete; er wollte es gar nicht so genau wissen.

»Rafi, weißt du was: Ich geb dir eine von den Katzen ab. Kleopatra.«

Kleopatra wurde wenige Stunden, nachdem Hans sie auf die Sampson Service gebracht hatte, entdeckt. Rafi durfte sie nicht behalten, auch nicht in seiner Koje. Der Erste gab ihm vierundzwanzig Stunden Zeit, das Vieh wieder von Bord zu bringen. Rafi musste sich fügen – es schien langsam Mode zu werden, eine Frist von vierundzwanzig Stunden einzuräumen. Er brachte Kleopatra wieder auf die Golden Harvest und fand sogar Tunfisch.

Sie hatten sich geeinigt, dass Rafi, immer wenn er sich freinehmen konnte, nach den Katzen guckte. Die Amerikaner hatten die Golden Harvest nicht verkaufen können – hatten es auch nicht richtig versucht. Priscilla hatte sich grundsätzlich nicht zuständig gefühlt, sie war in erster Linie gekommen, um als Frau zu agieren; die Frage des Verkaufs gehörte nicht dazu. Ken hatte sich überfordert gefühlt und Hans gefragt, wie hoch er denn den Verkaufswert einschätze.

Hans war wieder unterwegs. Er hatte eine Mitfahrgelegenheit nach Libreville, da wollte er hin und sich umgucken.

Die Golden Harvest war zu einem Geisterschiff geworden. Sie hatte eine düstere Ausstrahlung. Rafi war wahrscheinlich tropo, wenn er solche Stimmungen so stark wahrnahm; er konnte es aber auch nicht ändern: Er musste sofort an Principe denken.

Allein an Bord war es furchtbar – noch gruseliger als in der Kompassbucht, als er sich nicht mal getraut hatte, im Maschinenraum nachzugucken. Mit Menschenfressern hätte es Rafi allemal aufgenommen, aber nicht mit den Geistern. Er sah aus allen Ritzen Blut tropfen. Jedes Stück Holz war gesplittert, die Segel zerfetzt, aus jedem Buch waren Seiten herausgerissen, der Bugspriet war gebrochen, nur die Kakerlaken hatten überlebt und sich vermehrt. Die Vorräte von Tolbert waren fast verbraucht, selbst der Kakao. Die Kerosinlampe funktionierte nicht mehr.

Es war kein Licht mehr an Bord. Kein gutes Licht von Mori. Es waren nicht mal mehr Kerzen da, die Positionslichter waren tot, es war wirklich ein schwarzes Schiff geworden. Jeder Flecken war von Soldatenstiefeln getreten worden. Auf dem Herd stand immer noch ein Topf mit steinharten Bohnen. Der Mordillo hing noch da – unangemessen bunt und putzig. Rafi hatte das Schiff längst nicht so schmutzig in Erinnerung.

Hans hatte inzwischen Neuigkeiten aus Libreville. Hervé war entschlossen, bei der Operation Namibia mitzumachen, nun waren Ferien; Kris war, so viel Hans wusste, schon unterwegs nach Gabun, zusammen mit Barry. Es könnte also bald weitergehen.

Hans fühlte sich sichtlich besser, »Barry is coming back!«. Es ermutigte ihn gleich, Rafi anzuvertrauen, dass Barry immer schon den Verdacht gehabt hatte, dass Momo für die CIA arbeiten würde oder für den südafrikanischen Geheimdienst. Barry hatte darüber auch mit Roy gesprochen, aber – um das gleich klarzustellen – Roy und Hans glaubten eigentlich nicht daran.

Rastaman work for no CIA, dachte Rafi sofort. Die Beatles waren damals aus Indien abgereist, weil George die Vermutung hatte, dass sich der Yogi an die Frauen ranmachte; und John in seiner herablassenden Art hatte nur gemeint: Wenn schon George so was vermutete, dann stimmte es auch. Sie waren alle kleine Harrisons, Softies, die sich solche Dinge nicht vorstellen konnten. Barry war der Einzige, der so was überhaupt zu denken wagte.

Hans musste noch ein bisschen ausholen: Womöglich hatte es ihm keiner erzählt, aber die Crew hatte von Anfang an Bedenken gehabt gegen Momo, Glyn hatte sogar den Vorschlag gemacht, Erkundigungen über Momo einzuziehen, aber alle waren dagegen. Das passte nicht zur Operation Namibia. Es war ihnen jedoch merkwürdig vorgekommen, dass Momo in Europa gewesen war – er musste da irgendeinen Geldgeber im Hintergrund haben. Glyn … Hans überlegte, also, diesen Glyn hatte Rafi nicht kennen gelernt, oder? Nein, das konnte er auch gar nicht, Glyn war noch vor Rafi abgesprungen, Glyn jedenfalls hat wegen Momo aufgehört.

Hans hatte sehr viel darüber nachgedacht, auch jetzt, und er wusste immer noch nicht, was er davon halten sollte. Er hatte – übrigens – Momo getroffen.

»Was? Elise auch? Wo denn?«

»In Libreville. Rein zufällig.«

»Was machen die denn in Libreville?«

Sie hatten Hans verprügelt. Momo hatte so heftig auf ihn eingeschlagen, dass er das Bewusstsein verloren hatte – nur kurz.

»General beating.«

Hans war im PARIS-GABUN gewesen; er wollte einen Kaffee trinken, plötzlich waren die über ihn hergefallen.

»Elise auch?«

»Sure.« Hans schien das ganz normal zu finden. Sie hatte allen Grund dazu. Für die anderen Gäste im Café musste das ein ziemliches Ereignis gewesen sein. Rafi erinnerte sich, wie schon seine Anwesenheit auffällig gewesen war und alle hinter seinem Rücken von Friedenspiraten getuschelt hatten. Hans musste es ebenso ergangen sein. Dann waren plötzlich zwei Piraten reingekommen und hatten Hans verprügelt: Er sollte ja nicht denken, dass es so leicht wäre, sie einzusperren, das hätte er sich wohl so gedacht: Polizei rufen, dann wäre das Problem gelöst.

Die beiden wollten zurück nach Banjul. Ihren Vater wollte Elise nicht treffen. Sie warf Hans und allen anderen, die sowieso alle unter einer Decke steckten, vor, dass sie ihren Vater nach Libreville gelockt hatten, um sie zurückzuholen, aber sie würde nicht aufgeben. Die Polizisten hatten sie in ein Flugzeug gesteckt, da hatten sie Gelegenheit zu fliehen und waren in die Stadt gelaufen, ganz automatisch zum PARIS-GABUN. Nun wollten sie in Gambia ein Hospital für die Ärmsten unter den Armen aufmachen.

»Und wie geht es dir?«

Hans zuckte mit den Schultern. Das sollte wohl heißen, dass er sich erholt hatte. Er hatte das Gefühl, dass er diese Tracht Prügel irgendwie verdient hatte. Nun ging es ihm besser.

Als Rafi ihn das nächste Mal besuchte, ging es ihm schlechter, und Rafi erschrak richtig, wie verwahrlost die Golden Harvest inzwischen war – in seiner Erinnerung war es schon schlimm genug; jetzt sah das Schiff aber noch desolater aus.

Hans wirkte krank, er hatte wieder einen Topf mit Bohnen auf dem Herd, die nie richtig weich wurden. Es war immer noch dieselbe Portion Bohnen. Hans hatte sich in der Kombüse eingerichtet und blieb wahrscheinlich die meiste Zeit an seinem Platz. Er hatte um sich herum Bücher über Navigation versammelt. Mittendrin saß er in seinem Nest aus Müll, blieb einfach sitzen und hielt die Katzen mit dem Besenstiel fern.

Hans hatte schlechte Neuigkeiten. Er wirkte sehr unglücklich – es dauerte lange, bis er damit herausrückte:

»Tolbert is dead!«

Tolbert war erschossen worden. Es hatte einen Militärputsch gegeben, wie er in Afrika nach allem, was Rafi inzwischen wusste, fast schon die Regel war. Aber es war doch ihr Tolbert. Er hatte ihnen Kakao und Maniok gespendet. Er war der Schutzpatron der Golden Harvest. Tolbert durfte nicht erschosssen werden.

»Tolbert is dead.«

Hans konnte das Schiff nicht alleine in Schuss halten – das sollte man auch nicht von einem Einzelnen erwarten –, rein körperlich war das viel zu viel. Hans erhob sich sehr langsam und schlurfte zu seinen Bohnen. Seine Hose rutschte, Rafi konnte sehen, wie der Schweiß in die Kuhle zwischen seinen Pobacken rann. Hans flötete vor sich hin, immer dasselbe, vermutlich ein klassisches Motiv, der Speichel tropfte ihm von der Unterlippe. Hans unterbrach sein Pfeifkonzert und erklärte, dass er dabei war, eine Formel zur Standortbestimmung zu finden. Er wollte die Zeit sinnvoll nutzen und sich mit Astronavigation beschäftigen. Es war gerade Vollmond, gute Sicht. Ihm fehlte nur der zweite Mann.

Hans ruderte ihn zurück an den Strand. Es dauerte diesmal viel länger als eine halbe Stunde. Rafi saß hinter Hans und starrte die ganze Zeit auf die halb heruntergerutschte Hose – ich sollte besser nicht mehr zur Golden Harvest kommen, dachte er immer wieder, es wird jetzt immer schlimmer werden, wie wenn man einen Schwerkranken besucht, dessen Zustand sich verschlechtert. Jedes Mal würde die Überfahrt länger dauern. Rafi rechnete ganz fest damit, dass Hans zum Abschied so was sagen würde wie: Bitte, lass mich nicht allein, bitte nicht.

Hans sagte gar nichts.

Rafi traf sich mit Victor in einer Bar, in der man Schallplatten kaufen konnte. Rafi spendierte Victor eine Cola. Victor war grundlos gefeuert worden und konnte sich seine kleine Bude nicht mehr leisten: zwei Fenster, eine glaslose Tür. Dafür verlangten die Franzosen umgerechnet hundert Mark.

Genug geklagt. Victor wollte sich was Besonderes zum Essen gönnen. Pascha wurde auch noch erwartet. Victor mietete ein Taxi unter der ständigen Beteuerung, dass so was nicht teuer sei, und bat den Fahrer, langsam durch die Nebenstraßen zu fahren und auf Katzen zu achten. Nach einer Viertelstunde sahen sie neben einer Mülltonne einen großen weißen Kater. Es ging sehr schnell. Victor schrie »Stopp!«, zog selber die Handbremse und stürzte aus dem Auto, sodass einige Frauen schreiend davonrannten. Schon saß Victor wieder neben dem Taxifahrer, der ebenfalls plötzlich aufschrie – Augen weit geöffnet, nun sprang auch der Taxifahrer aus dem Auto. Victor hielt die Katze fest. Er hatte Vorder- und Hinterpfoten umklammert und hielt das Tier so, als würde er es auseinander ziehen – die gekreuzigte Kreatur. Victor schwitzte.

Der Fahrer ließ sich überreden, wieder einzusteigen und zu Victor nach Hause zu fahren. Dabei jammerte er ununterbrochen. Victor solle die Bestie nur ja nicht loslassen, und überhaupt sollten sie sofort verschwinden, er wolle so viel Unglück nicht in seinem Auto haben, er wolle auch kein Geld von ihnen, nicht von solchen Leuten.

Victor hatte Schwierigkeiten, das Vieh zu bändigen. Pascha war inzwischen aufgetaucht und hatte einen Eimer Wasser besorgt. »Come quick, my brother!« Rafi konnte nicht mehr ertragen, wie die Englisch redeten, schon gar nicht, wenn irgendwas mit brother vorkam. Sollten sie doch Französisch palavern. Davon verstand Rafi wenigstens nichts.

Victor hielt den Kater kopfüber in den Eimer. Victors Adern traten hervor – und Rafi wurde sofort schlecht, als sie den toten Kater ausbluten ließen und enthäuteten. Trotzdem musste er hingucken; er war so ein Typ, er guckte hin.

Es war eine seltene Delikatesse, extra für Rafi, den weißen Ehrengast, zubereitet in einer speziellen Pfeffersoße. Rafi tat sein Bestes, sich nicht anmerken zu lassen, wie schlecht es ihm ging. Seekrank – das war es, er war seekrank. Sein Magen drehte sich. Er spürte einen inneren Widerstand. Davon war ihm so elend.

Er warf beim Abschied noch einen Blick auf die Katze von Victor, der sofort wusste, was Rafi dachte. Victor strahlte:

»Black Power never dies!«

Hans holte ihn vom Strand ab. Er redete während der ganzen Überfahrt kein Wort. Erst als sie es sich bei einem Kakao und bei schönstem Sonnenuntergang an Deck gemütlich gemacht hatten wie einst bei ihren legendären Cocoa-&-weed-Partys, fing Hans in seiner langsamen Art an:

»Elise is dead.«

»Elise is what?«

Im ersten Moment hatte Rafi gedacht, Hans hätte gesagt: Tolbert is dead, aber das wusste er schon; es musste sich um ein Missverständnis handeln, Rafi musste sich setzen.

»Elise is what?«

Ihre Leiche, so hatte Hans gehört, würde nach New York überführt werden. Sie war an Schwarzwasserfieber gestorben. Sie war plötzlich krank geworden und binnen weniger Tage gestorben, weil sie jede ärztliche Behandlung abgelehnt hatte.

Rafi nickte.

Stimmt genau, da hatte Hans Recht, typisch Elise, die nimmt keine medizinische Hilfe an, das tut sie nicht, so kennt man sie an Bord, so ist Elise. Aber ... Schwarzwasserfieber – davon hatte Rafi noch nie gehört. Ihm konnte man nichts vormachen, er wusste genau, woran Elise gestorben war. Hans wusste es auch, dem brauchte man das nicht extra zu sagen: She died because they stepped on her heart.

Sie schwiegen.

Gut, dass ich Nein zur Polizei gesagt habe, dachte Rafi immerzu – wie eine Platte, die an einer Stelle hakte. Ich war gegen die Polizei, das habe ich klar gesagt. Rafi schloss die Augen und sah Elise, wie sie sich mit ihrem nackten Hinterteil in die natürliche Wasserspülung hängte. Wieso war es gerade dieses Bild, das bei ihm in Erinnerung gerufen wurde, ausgerechnet!

Hans hatte irgendetwas gesagt, aber Rafi hatte nicht zugehört. Er wollte in Libreville ihren Vater treffen, John, ihm wollte er den Becher übergeben mit SHE drauf, irgendwas sollte man schon machen ...

Sie umarmten sich lange.

»I am sorry, Hans.«

Rafi sagte nicht, dass er unglücklich war auf der Sampson Service und wahrscheinlich um sein Geld betrogen wurde. Hans wusste es wahrscheinlich. Rafi sagte auch nicht: I am sorry about you. Er war wirklich unglücklich auf der Sampson Service; er konnte überhaupt nicht schlafen.

Die Route führte sie wieder mal an der Golden Harvest vorbei. Rafi wusste genau, wo sie liegen musste, ging an Deck und strengte seine Augen an. Er konnte sie nicht sehen. Wieder nicht. Jetzt fiel ihm auf, das es gefährlich war, wie sie da unbeleuchtet lag, sie konnte leicht gerammt werden. Es verstieß gegen jegliche Sicherheitsbestimmungen, aber er wusste ja, wie es an Bord war: kein Petroleum für die Positionslampe, keine Ankerlaterne, jedoch am meisten vermisste er den Lichtkreis an Deck von der kleinen Lampe, die an der Fockstag baumelte.

Es war einfach nur schwarz da draußen. Irgendwo in diesem schwarzen Schwarz lag die Golden Harvest – wie in dem Witz, von dem er nicht mehr genau wusste, wie er ging: irgendwas von einem oder zehn Negern in einem Tunnel oder in einem Kohlenschacht. Die Pointe war, dass man sowieso nichts erkennen konnte.

Er konnte aber ungefähr den Platz orten, an dem sie liegen musste. Elise ist tot, ging ihm durch den Kopf – oder durch das Herz. Wie nannte man das eigentlich? Hans saß mit Sicherheit gerade hinter den Büchern verschanzt, sabberte, kochte Bohnen und tüftelte an einer Formel, mit der man möglichst einfach die Position bestimmen könnte.

Als die Maschine aufheulte, schrie er in die Nacht hinaus: »Respect yourself, Hans! You're losing your trousers!«